Second Edition

Python을 사용한 심층 강화 학습

마스터 클래식 RL, 딥 RL, 분포 RL, 역 RL 등
OpenAI Gym 및 TensorFlow 포함

Deep Reinforcement Learning with Python

Master classic RL, deep RL, distributional RL, inverse RL, and more with OpenAI Gym and TensorFlow

Deep Reinforcement Learning with Python *Second Edition*

by Sudharsan Ravichandiran

Second Edition

Python을 사용한 심층 강화 학습

인 쇄: 2023년 4월 10일 초판 1쇄
발 행: 2023년 4월 20일 초판 1쇄

역 자: 김귀훈 · 임현교 · 김주봉 · 최호빈
발행인: 송 준
발행처: 도서출판 홍릉
주 소: 01093 서울시 강북구 인수봉로 50길 10
등 록: 1976년 10월 21일 제5-66호

전 화: 02-999-2274~5, 903-7037
팩 스: 02-905-6729
e-mail: hongpub@hongpub.co.kr
http://www.hongpub.co.kr
ISBN: 979-11-5600-099-0(93000)

정 가: 49,000원

EXPERT INSIGHT

Python을 사용한 심층 강화 학습

마스터 클래식 RL, 딥 RL, 분포 RL, 역 RL 등
OpenAI Gym 및 TensorFlow 포함

Deep Reinforcement Learning with Python

Master classic RL, deep RL, distributional RL, inverse RL, and more with OpenAI Gym and TensorFlow

Sudharsan Ravichandiran 지음
김귀훈, 임현교, 김주봉, 최호빈 옮김

Packt>

도서출판 홍릉

역자소개

김귀훈 한국교원대학교 인공지능융합교육전공 전공주임 교수

김귀훈 교수는 KAIST에서 학사, 석사, 박사학위를 취득했다. LG데이콤, 한국전자통신연구원(ETRI)에서 지식융합슈퍼브레인 자가학습엔진 등을 개발하였고 2020년부터 한국교원대학교 인공지능융합교육전공에서 대학생과 현직교사들에게 인공지능을 가르치는 역할을 하고 있다. 산학연 인공지능 커뮤니티인 AI프렌즈 부대표를 역임하고 있고, 한국컴퓨터정보학회, 한국컴퓨터교육학회, 한국통신학회에서 이사 역할을 수행하며 인공지능플랫폼, 지능형에지컴퓨팅, 산업형 강화학습, 인공지능융합교육에 관한 논문을 투고하며 연구 활동을 수행하고 있다. 영재교육원에서 영재교육부장으로 다양한 정보AI 영재 꿈나무를 키우고 있으며, SW/AI 새싹캠프 등을 통해 초중고 아이들에게 재밌는 AI, 따뜻한 AI를 전파하는 전도사 역할을 하고 있다. 주요 저서로는 2015 개정 교육 과정 교과서 인공지능 프로그래밍 기초(파이선), 꼬리에 꼬리는 무는 인공지능 이야기 with 파이썬, 인공지능I/II, 인공지능프로그래밍I/II, 인공지능융합교육프로젝트 등이 있다.

임현교 한국기술교육대학교 융합형 인재양성사업단 박사후연구원

임현교 박사는 2022년에 한국기술교육대학교 창의융합공학협동과정의 ICT융합전공으로 박사학위를 취득했다. 2021년부터 한국교원대학교 교육대학원 인공지능융합교육전공에서 4차 산업혁명 시대에 접어들면서 미래사회에 필요한 역량을 학생들에게 가르칠 수 있는 교사양성을 위한 시간강사와 2022년부터 한국기술교육대학교에서 융합형 인재양성사업단에서 박사후연구원으로 재직 중이다. 석사과정동안 모빌리티 관리분야를 연구했으며, 특히 소프트웨어 정의 네트워킹에서 분산 모빌리티 관리를 연구으며, 박사과정 동안에는 딥러닝과 강화학습을 네트워크 환경 및 다양한 애플리케이션에 적용하기 위한 융합연구를 수행했으며, 다수의 연구 논문 및 특허 실적을 보유하고 있다.

김주봉 한국기술교육대학교 미래융합공학 박사과정

김주봉 연구원은 한국기술교육대학교에서 2021년 컴퓨터공학과 박사과정을 수료하였으며, 교내 LINK 연구실에서 2016년부터 현재까지 머신러닝, 강화학습, 다중 에이전트 강화학습 분야에 흥미를 갖고 연구하고 있다. 특히 로봇 및 군집 드론과 같은 현실의 복잡한 문제 해결의 주요한 기술 중 하나인 다중 에이전트 강화학습 알고리즘 연구 개발에 힘쓰고 있다. 강화학습과 관련된 다수의 국책 연구사업에 연구원으로써 참여하고 있으며, 대학 및 고등학교 강사로써 강화학습 관련 지식 전파를 위해 노력하고 있다.

최호빈 한국기술교육대학교 미래융합공학 박사과정

최호빈 연구원은 한국기술교육대학교에서 2023년 컴퓨터공학과 박사과정을 수료하였다. 강화학습을 전공으로 하고 있으며, 구체적으로는 실세계의 복잡한 문제들의 MDP를 정의하고 시뮬레이션 환경을 구현하여 다중 에이전트 강화학습을 활용해 효율적으로 문제를 해결할 수 있는 다양한 연구를 진행하고 있다. 특히, 다중 AGV의 충돌 처리와 최적 경로 제어 및 트래픽 제어를 중점적으로 연구하고 있으며 해외 저널 및 특허 등을 통해 성과를 내고 있다.

머리말

이 책은 예제로 가득한 강화 학습과 딥 강화 학습을 시작하는 초보자를 위한 최첨단 알고리즘 가이드입니다.

최근에 ChatGPT 열풍으로 인해서 인공지능이 재조명 받고 있고, 특히 ChatGPT에 사용된 강화학습 기술인 RLHF 등이 좀더 자연스럽게 자연어 처리를 하는 키포인트 임이 조명 받고 있습니다.

최근 몇 년 동안 알고리즘의 품질과 양이 크게 향상되어, 이 책의 두 번째 판은 TensorFlow 2와 OpenAI Gym 툴킷을 사용하여 최첨단 강화 학습(RL) 및 딥 강화학습(Deep RL) 알고리즘을 배우는 예제 풍부한 가이드로 개정되었습니다. 본 도서는 벨만 방정식, 마르코프 의사 결정 과정, 동적 프로그래밍 알고리즘과 같은 RL의 기본 개념 및 기초를 탐구할 뿐만 아니라, Value 기반, Policy 기반 및 Actor-Critic RL 방법의 전체 스펙트럼을 깊이 다룹니다.

이 책의 주요 특징은 다음과 같습니다:

- 기본부터 고급 RL 알고리즘까지 넓은 스펙트럼을 수학적 설명과 함께 다룹니다.
- 각 줄마다 설명이 있는 예제를 따라 알고리즘을 구현하는 방법을 배웁니다.
- 최신 RL 방법론인 DQN, TRPO, PPO, ACKTR, DDPG, TD3, SAC 등을 살펴봅니다.

또한, 새로운 RL 기법인 distributional RL, imitation learning, inverse RL 및 meta RL을 다루는 여러 개의 새로운 장이 추가되었습니다. 이를 통해 안정된 기준선을 활용하여 인기 있는 RL 알고리즘을 쉽게 구현할 수 있게 됩니다. 최종적으로, 메타 러닝 및 상상력 강화된 에이전트와 같은 연구의 유망한 접근법에 대한 개요로 마무리됩니다. 이 책을 끝까지 읽으면 실제 프로젝트에서 강화학습 및 딥 강화학습을 효과적으로 사용하는 데 능숙해질 것입니다.

이 책을 통해 여러분을 최신 강화학습 여행으로 안내하도록 하겠습니다.

본 책이 마무리 되기까지 도와주신 김승현 교수님, 이정원 박사님, 번역 작업을 함께 해준 임현교 박사님, 김주봉 연구원님, 최호빈 연구원님께 감사 말씀을 드립니다. 좋은 책으로 나올 수 있도록 함께 고민해주신 도서출판 홍릉 관련자 여러분께도 감사 말씀드립니다. 마지막으로 항상 부족한 저를 응원해주는 사랑하는 아내 진영이와 제희, 연영이에게도 깊은 감사를 드립니다.

2023년 3월 20일

김귀훈

차례

CHAPTER 1

Fundamentals of Reinforcement Learning

CHAPTER 2

A Guide to the Gym Toolkit

CHAPTER 3

The Bellman Equation and Dynamic Programming

CHAPTER 4

Monte Carlo Methods

CHAPTER 5

Understanding Temporal Difference Learning

CHAPTER 6

Case Study-The MAB Problem

CHAPTER 7

Deep LearningFoundation

CHAPTER 8

A Primer on TensorFlow

CHAPTER 9

Deep Q Networkand Its Variants

CHAPTER 10
Policy Gradient Method

CHAPTER 11

Actor-Critic Methods - A2C and A3C

CHAPTER 12

Learning DDPG, TD3 and SAC

CHAPTER 13

TRPO, PPO and ACKTR Methods

CHAPTER 14
Distributional Reinforcement Learning

CHAPTER 15
Imitation Learning and Inverse RL

CHAPTER 16

Deep Reinforcement Learning with Stable Baselines

CHAPTER 17

Reinforcement Learning Frontiers

1

Fundamentals of Reinforcement Learning

강화 학습 기초

강화 학습(Reinforcement Learning, RL)은 기계 학습(Machine Learning, ML)의 영역 중 하나입니다. 지도 및 비지도 학습과 같은 다른 기계 학습 패러다임과 달리 강화 학습은 환경과 상호 작용하는 시행착오 방식을 기반으로 작동합니다.

강화 학습은 인공 지능에서 가장 활발한 연구 분야 중 하나이며 인공 일반 지능의 달성에 한 걸음 더 다가갈 수 있습니다. 강화 학습은 추천 시스템 구축에서 자율주행차에 이르기까지 다양한 애플리케이션으로 지난 몇 년 동안 빠르게 발전했습니다. 이러한 진화의 주요 원인은 딥러닝과 강화 학습을 결합한 심층 강화 학습의 발전입니다. 새로운 강화 학습 알고리즘과 라이브러리가 등장하고 있어 강화 학습은 분명히 기계 학습의 가장 유망한 영역 중 하나입니다.

이번 장에서는 강화 학습과 관련된 몇 가지 중요하고 기본적인 개념을 탐색하여 강화 학습의 강력한 기반을 구축할 것입니다. 이번 장에서 다루는 주제들은 다음과 같습니다.

- 강화 학습의 핵심 요소
- 강화 학습의 기본 아이디어
- 강화 학습 알고리즘
- 강화 학습이 다른 기계 학습 패러다임과 다른 점
- 마르코프 의사결정 과정
- 강화 학습의 기본 개념
- 강화 학습의 응용
- 강화 학습 용어집

강화 학습의 핵심 요소를 정의하는 것으로 시작하며, 강화 학습의 기본 개념을 이해하는 데 도움이 될 것입니다.

1.1 강화 학습의 핵심 요소

강화 학습의 몇 가지 핵심 요소를 이해하는 것으로 시작해봅시다.

1.1.1 에이전트 Agent

에이전트는 지능적인 결정을 내리는 방법을 배우는 소프트웨어 프로그램입니다. 에이전트는 강화 학습 설정에서 학습자라고 말할 수 있습니다. 예를 들어, 체스 플레이어는 게임에서 이기기 위해 최선의 움직임(결정)을 만드는 법을 배우기 때문에 에이전트로 간주될 수 있습니다. 마찬가지로, 슈퍼 마리오 브라더스 비디오 게임의 마리오는 마리오가 게임을 탐색하고 게임에서 최고의 움직임을 만드는 법을 배우기 때문에 에이전트로 간주될 수 있습니다.

1.1.2 환경 Environment

환경은 에이전트의 세계이며 에이전트는 환경 내에 있습니다. 예를 들어, 체스 게임으로 돌아가서, 체스 플레이어(에이전트)가 체스판(환경) 내에서 체스 게임을 하는 법을 배우기 때문에 체스판을 환경이라고 합니다. 마찬가지로 슈퍼 마리오 브라더스에서는 마리오의 세계를 환경이라고 합니다.

1.1.3 상태 State와 행동 Action

상태는 환경에서 에이전트가 있을 수 있는 위치 또는 순간입니다. 에이전트가 환경 내에 머물며 에이전트가 머물 수 있는 환경에는 여러 위치가 있을 수 있으며 이러한 위치를 상태라고 합니다. 예를 들어, 체스 게임 예제에서 체스판의 각 위치를 상태라고 합니다. 상태는 일반적으로 s로 표시됩니다.

에이전트는 환경과 상호 작용하고 작업을 수행하여서 한 상태에서 다른 상태로 이동합니다. 체스 게임 환경에서 행동은 플레이어(에이전트)가 수행하는 이동입니다. 행동은 일반적으로 a로 표시됩니다.

1.1.4 보상 Reward

우리는 에이전트가 작업을 수행하여 환경과 상호 작용하고 한 상태에서 다른 상태로 이동한다는 것을 배웠습니다. 에이전트는 행동에 따라 보상을 받으며 일반적인 수치입니다. 예를 들어 좋은 행동은 +1, 나쁜 행동은 −1일 수 있습니다. 행동이 좋은지 나쁜지는 어떻게 결정할 수 있을까요?

체스 게임 예제에서 에이전트가 상대방의 체스 말 중 하나를 가져가는 이동을 하면 좋은 행동으로 간주되고 에이전트는 긍정적인 보상을 받습니다. 반대로, 에이전트가 이동하여 상대방이 에이전트의 체스 말을 가져가면 에이전트의 이동은 나쁜 행동으로 간주되고 에이전트는 부정적인 보상을 받습니다. 보상은 r로 표시됩니다.

1.2 강화 학습의 기본 아이디어

비유로 시작해보겠습니다. 개(에이전트)에게 공을 잡도록 가르친다고 가정해 봅시다. 개에게 공을 잡는 법을 명시적으로 가르치는 대신 공을 던지고 개가 공을 잡을 때마다 개에게 쿠키(보상)를 줍니다. 개가 공을 잡지 못하면 쿠키를 주지 않습니다. 그러면 개는 쿠키를 받은 원인을 파악할 것이고 이러한 과정을 반복합니다. 결국, 개는 공을 잡으면 쿠키를 받는다는 것을 이해하고 공 잡기를 반복하려고 시도할 것 입니다. 따라서, 이러한 방식으로 개는 받을 수 있는 쿠키를 최대화하는 것을 목표로 공을 잡는 법을 배웁니다.

강화 학습은 에이전트에게 무엇을 해야 하는지 또는 어떻게 하는지는 가르치지 않습니다. 대신 에이전트가 수행하는 모든 행동에 대해 에이전트에게 보상을 제공합니다. 에이전트가 좋은 행동을 하면 긍정적인 보상을 주고 나쁜 행동을 하면 부정적인 보상을 줄 것입니다. 에이전트는 임의의 행동을 수행하는 것으로 시작하고 행동이 좋은 경우 에이전트가 좋은 행동을 수행했음을 이해하고 해당 행동을 반복할 수 있도록 긍정적인 보상을 에이전트에 제공합니다. 에이전트가 수행한 행동이 나쁜 경우 에이전트가 나쁜 행동을 수행하고 해당 작업을 반복하면 안된다는 것을 알 수 있도록 에이전트에 부정적인 보상을 제공합니다.

따라서 강화 학습은 에이전트가 다양한 행동을 시도하고 좋은 행동을 학습하여 긍정적인 보상을 얻는 시행착오 학습 과정으로 볼 수 있습니다.

개 비유에서 개는 에이전트를 나타내며 공을 잡으면 개에게 쿠키를 주는 것은 긍정적인 보상이고 쿠키를 주지 않는 것은 부정적인 보상입니다. 그래서 개(에이전트)는 공을 잡는 것과 잡지 않는 것의 다양한 행동을 탐구하고, 공을 잡는 것이 개에게 긍정적인 보상(쿠키 받기)을 가져다주기 때문에 좋은 행동임을 이해합니다.

간단한 예로 강화 학습의 개념을 더 자세히 살펴보겠습니다. 그림 1.1과 같이 산에 부딪히지 않고 걷도록 로봇(에이전트)을 가르치고 싶다고 가정해 보겠습니다.

그림 1.1 로봇 걷기

로봇에게 산 방향으로 가지 말라고 명시적으로 가르치지 않을 것입니다. 대신 로봇이 산에 부딪혀 막히면 로봇에게 마이너스 보상(예 : −1)을 줍니다. 따라서 로봇은 산에 부딪히는 것이 잘못된 행동임을 이해하고 그 행동을 반복하지 않을 것입니다.

그림 1.2 산에 부딪힌 로봇

마찬가지로 로봇이 산에 부딪히지 않고 올바른 방향으로 걸으면 로봇에게 긍정적인 보상(예 : +1)을 줍니다. 따라서 로봇은 산에 부딪히지 않는 것이 좋은 행동임을 이해하고 그 행동을 반복합니다.

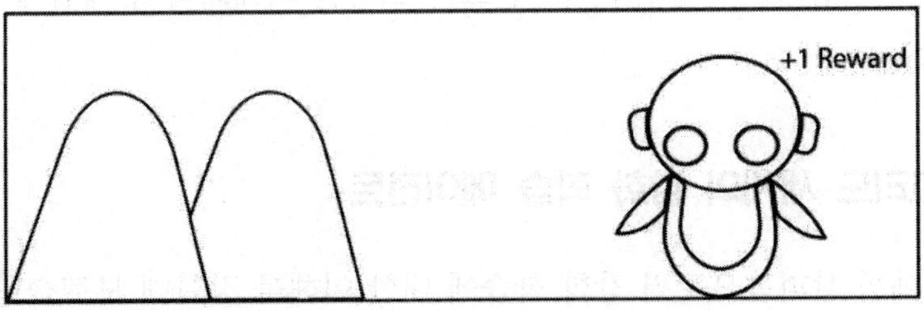

그림 1.3 산을 피한 로봇

따라서 강화 학습 설정에서 에이전트는 다양한 행동을 탐색하고 얻은 보상을 기반으로 최고의 행동을 학습합니다. 이제 강화 학습이 어떻게 작동하는지에 대한 기본 아이디어를 얻었으므로 다음 섹션에서 더 자세히 살펴보고 강화 학습과 관련된 중요한 개념도 배울 것입니다.

1.3 강화 학습 알고리즘

일반적인 강화 학습 알고리즘과 관련된 과정은 다음과 같습니다.

1. 먼저 에이전트는 행동을 수행하여 환경과 상호 작용합니다.
2. 에이전트는 행동을 수행하여 한 상태에서 다른 상태로 이동합니다.
3. 그런 다음 에이전트는 수행한 행동에 따라 보상을 받습니다.
4. 보상을 기반으로 에이전트는 행동이 좋은지 나쁜지 이해할 것입니다.
5. 행동이 좋았다면, 즉 에이전트가 긍정적인 보상을 받았다면 에이전트는 그 행동을 선호할 것이고, 그렇지 않으면 에이전트는 긍정적인 보상을 찾아 다른 행동을 시도할 것입니다.

강화 학습은 기본적으로 시행착오 학습 과정입니다. 이제 체스 게임의 예를 다시 살펴보겠습니다. 에이전트(소프트웨어 프로그램)는 체스 플레이어입니다. 따라서 에이전트는 행동(이동)을 수행하여 환경(체스판)과 상호 작용합니다. 에이전트가 행동에 대해 긍정적인 보상을 받으면 해당 행동을 수행하는 것을 선호합니다. 그렇지 않으면 긍정적인 보상을 제공하는 다른 행동을 찾을 것입니다.

궁극적으로 에이전트의 목표는 받는 보상을 극대화하는 것입니다. 에이전트가 좋은 보상을 받으면 좋은 행동을 했다는 의미입니다. 에이전트가 좋은 행동을 취하면 게임에서 이길 수 있음을 의미합니다. 따라서 에이전트는 보상을 최대화하여 게임에서 승리하는 방법을 배웁니다.

1.3.1 그리드 세계의 강화 학습 에이전트

다른 간단한 예를 살펴봄으로써 강화 학습에 대한 이해를 강화해 보겠습니다. 다음의 그리드 세계 환경을 고려해 봅시다.

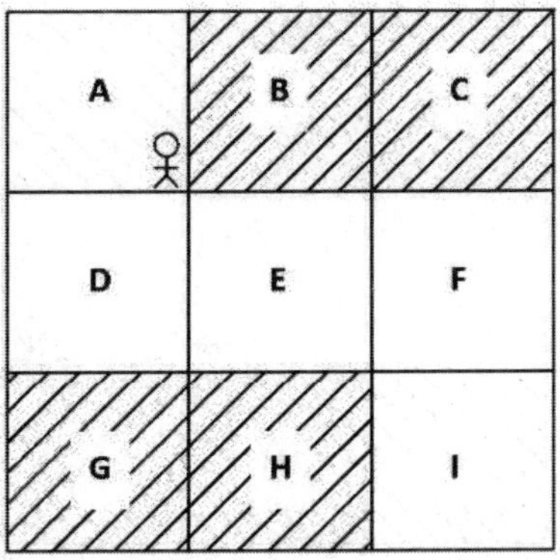

그림 1.4 그리드 세계 환경

환경에서 A부터 I까지의 위치를 환경 상태라고 합니다. 에이전트의 목표는 음영 상태(B, C, G 및 H)를 방문하지 않고 상태 A에서 시작하여 상태 I에 도달하는 것입니다. 따라서 목표를 달성하기 위해 에이전트가 음영 처리된 상태를 방문할 때마다 부정적인 보상(예 : −1)을 제공하고 음영 처리되지 않은 상태를 방문할 때마다 긍정적인 보상(예 : +1)을 제공합니다. 환경에서의 행동은 위, 아래, 오른쪽, 왼쪽으로 움직입니다. 에이전트는 상태 A에서 상태 I에 도달하기 위해 이 네 가지 행동 중 하나를 수행할 수 있습니다.

에이전트가 환경과 처음 상호 작용할 때(첫 번째 반복) 에이전트는 각 상태에서 올바른 행동을 수행할 가능성이 낮으므로 부정적인 보상을 받습니다. 즉, 첫 번째 반복에서 에이전트는 각 상태에서 임의의 행동을 수행하며 부정적인 보상을 받게 될 수 있습니다. 그러나 일련의 반복을 통해 에이전트는 획득한 보상을 통해 각 상태에서 올바른 행동을 수행하는 방법을 학습하여 목표를 달성합니다. 이에 대해 자세히 살펴보겠습니다.

반복 1

위에서 배운 것처럼 첫 번째 반복에서 에이전트는 각 상태에서 임의의 행동을 수행합니다. 예를 들어 다음 그림을 봅시다. 첫 번째 반복에서 에이전트는 상태 A에서 오른쪽으로 이동하여 새로운 상태 B에 도달합니다. 그러나 B는 음영 상태이므로 에이전트는 부정적인 보상을 받게 되므로 에이전트는 오른쪽으로 이동하는 것이 상태 A에서는 좋은 행동이 아닙니다. 다음에 상태 A를 방문하면 오른쪽으로 이동하는 대신 다른 행동을 시도합니다.

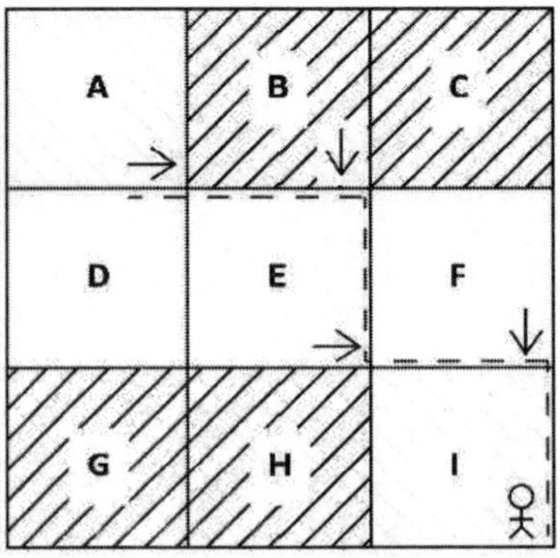

그림 1.5 반복 1에서 에이전트가 취한 행동들

그림 1.5에서 알 수 있듯이 에이전트는 상태 B에서 아래로 이동하여 새로운 상태 E에 도달합니다. E는 음영 처리되지 않은 상태이므로 에이전트는 긍정적인 보상을 받게 되므로 에이전트는 상태 B에서 아래로 이동하는 것이 좋은 행동임을 이해할 것입니다.

상태 E에서 에이전트는 오른쪽으로 이동하여 상태 F에 도달합니다. F는 음영이 없는 상태이므로 에이전트는 긍정적인 보상을 받고 상태 E에서 오른쪽으로 이동하는 것이 좋은 행동임을 이해할 것입니다. 상태 F에서 에이전트는 아래로 이동하여 목표 상태 I에 도달하고 긍정적인 보상을 받으므로 에이전트는 상태 F에서 아래로 이동하는 것이 좋은 행동임을 이해할 것입니다.

반복 2

두 번째 반복에서 에이전트는 이전 반복에서 에이전트가 상태 A에서 오른쪽으로 이동하는 것이 좋은 행동이 아니라는 것을 알게 되었기 때문에 다른 행동을 시도합니다.

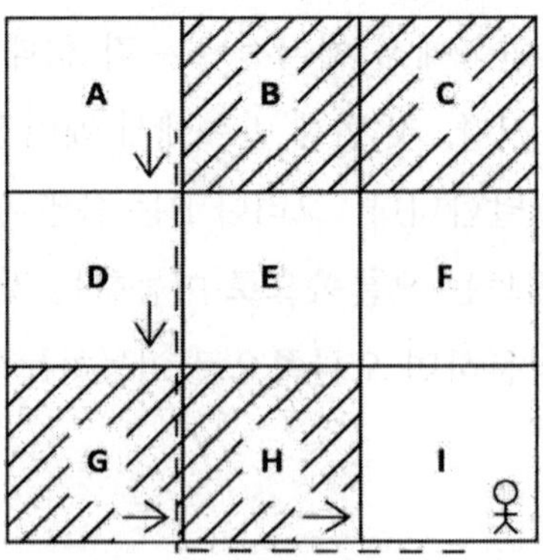

그림 1.6 반복 2에서 에이전트가 취한 행동들

따라서 그림 1.6에서 볼 수 있듯이 이 반복에서 에이전트는 상태 A에서 아래로 이동하여 상태 D에 도달합니다. D는 음영 처리되지 않은 상태이므로 에이전트는 긍정적인 보상을 받고 이제 에이전트는 아래로 이동하는 것이 상태 A에서 좋은 행동임을 이해하게 됩니다.

앞의 그림과 같이 에이전트는 상태 D에서 아래로 이동하여 상태 G에 도달합니다. 그러나 G는 음영 상태이므로 에이전트는 부정적인 보상을 받게 되므로 에이전트는 아래로 이동하는 것이 D 상태에서 좋은 행동이 아니라는 것을 이해하고 다음에 D 상태를 방문할 때 아래로 이동하는 행동 대신 다른 행동을 시도할 것 입니다.

에이전트는 G에서 오른쪽으로 이동하여 상태 H에 도달합니다. H는 음영 상태이므로 부정적인 보상을 받고 상태 G에서 오른쪽으로 이동하는 것이 좋은 행동이 아님을 이해합니다.

H에서 오른쪽으로 이동하여 목표 상태 I에 도달하고 긍정적인 보상을 받으므로 에이전트는 상태 H에서 오른쪽으로 이동하는 것이 좋은 행동임을 이해할 것입니다.

반복 3

세 번째 반복에서 에이전트는 상태 A에서 아래로 이동하는데, 두 번째 반복에서 에이전트는 아래로 이동하는 것이 상태 A에서 좋은 행동이라는 것을 배웠기 때문입니다. 따라서 에이전트는 상태 A에서 아래로 이동하여 그림 1.7과 같이 다음 상태 D에 도달합니다.

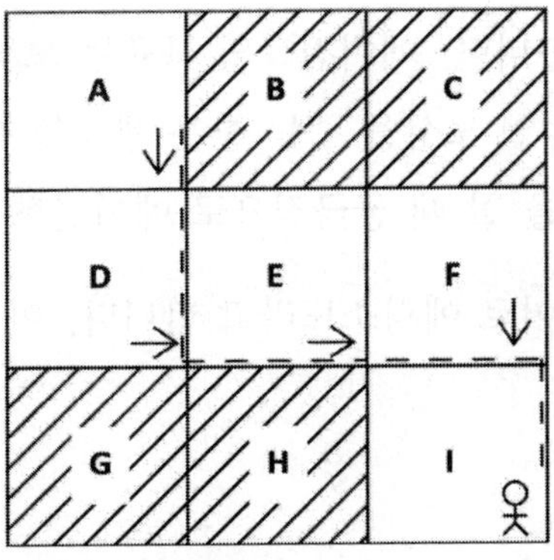

그림 1.7 반복 3에서 에이전트가 취한 행동들

이제 상태 D에서 에이전트는 두 번째 반복에서 아래로 이동하는 것이 상태 D에서 좋은 행동이 아니라는 것을 배웠기 때문에 아래로 이동하는 대신 다른 행동을 시도합니다. 따라서 이 반복에서 에이전트는 상태 D에서 오른쪽으로 이동하여 상태 E에 도달합니다.

에이전트는 상태 E에서 오른쪽으로 이동하는 것이 좋은 행동이며 상태 F에 도달한다는 것을 첫 번째 반복에서 이미 배웠으므로 오른쪽으로 이동합니다.

에이전트는 첫 번째 반복에서 에이전트가 아래로 이동하는 것이 상태 F에서 좋은 행동임을 알게 되었으므로 아래로 이동하고 목표 상태 I에 도달합니다.

그림 1.8은 세 번째 반복의 결과를 보여줍니다.

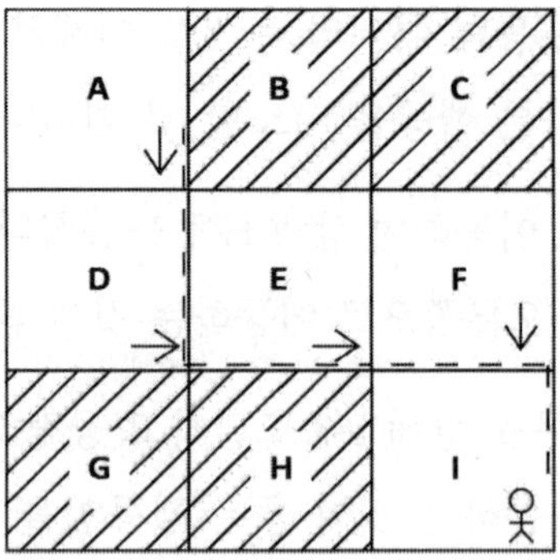

그림 1.8 에이전트는 음영 상태를 방문하지 않고 목표 상태에 도달함

위 과정에서 에이전트는 보상을 기반으로 음영 처리된 상태를 방문하지 않고 상태 A에서 목표 상태 I에 도달하는 방법을 성공적으로 학습했습니다.

이러한 방식으로 에이전트는 각 상태에서 여러 행동을 시도하고 얻은 보상을 기반으로 행동이 좋은지 나쁜지 이해합니다. 에이전트의 목표는 보상을 극대화하는 것입니다. 따라서 에이전트는 항상 긍정적인 보상을 주는 좋은 행동을 하려고 노력할 것이고, 에이전트가 각 상태에서 좋은 행동을 할 때 궁극적으로 에이전트가 목표를 달성하게 됩니다.

이러한 반복을 강화 학습 용어로 에피소드라고 합니다. 이 장의 뒷부분에서 에피소드에 대해 자세히 알아보겠습니다.

1.4 강화 학습이 다른 기계 학습 패러다임과 다른 점

기계 학습은 세 가지 유형으로 분류할 수 있습니다.

- 지도 학습
- 비지도 학습
- 강화 학습

지도 학습은 훈련 데이터로부터 학습됩니다. 훈련 데이터는 레이블이 지정된 입력 및 출력 쌍으로 구성됩니다. 지도 학습은 새로운 데이터를 일반화할 수 있는 방식으로 훈련 데이터를 사용하여 모델(에이전트)을 훈련합니다. 훈련 데이터가 감독자 역할을 하기 때문에 지도 학습이라고 하는데, 레이블이 지정된 입력 및 출력 쌍이 있고 주어진 작업을 학습할 때 모델을 안내하기 때문입니다.

이제 예를 들어 지도 학습과 강화 학습의 차이점을 이해해 보겠습니다. 지도 학습에서는 강아지에게 공 잡는 법을 가르치기 위해 훈련 데이터의 형태로 좌회전, 우회전, 7보 전진, 공 잡기 등을 지정하여 명시적으로 가르칩니다. 하지만 강화 학습에서는 그냥 공을 던지고 개가 공을 잡을 때마다 쿠키(보상)를 줍니다. 따라서 개는 얻을 수 있는 쿠키(보상)를 최대화하면서 공을 잡는 법을 배웁니다.

한 가지 예를 더 살펴보겠습니다. 지도 학습을 사용하여 체스를 하도록 모델을 훈련시키고 싶다고 가정해 보겠습니다. 이 경우 플레이어가 각 상태에서 할 수 있는 모든 움직임을 포함하는 훈련 데이터와 좋은 움직임인지 여부를 나타내는 레이블이 있습니다. 지도 학습은 이 훈련 데이터에서 학습하도록 모델을 훈련하는 반면 강화 학습의 경우 에이전트에게 어떤 종류의 훈련 데이터도 제공되지 않습니다. 대신 에이전트가 수행하는 각 행동에 대해 에이전트에게 보상을 제공합니다. 즉, 에이전트는 환경과 상호 작용하여 학습하며 받는 보상에 따라 행동을 선택합니다.

지도 학습과 유사하게 비지도 학습도 학습 데이터를 기반으로 모델(에이전트)을 학습합니다. 그러나 비지도 학습의 경우 훈련 데이터에는 레이블이 포함되어 있지 않습니다. 즉, 데이터는 출력이 아닌 입력으로만 구성됩니다. 비지도 학습의 목표는 입력으로부터 숨겨진 패턴을 파악하는 것입니다. 강화 학습이 일종의 비지도 학습이라는 일반적인 오해가 있지만 그렇지 않습니다. 비지도 학습에서 모델은 숨겨진 구조를 학습하는 반면 강화 학습에서는 모델이 보상을 최대화하여 학습합니다.

예를 들어 영화 추천 시스템에서 사용자에게 새 영화를 추천하고 싶다고 가정해 보겠습니다. 비지도 학습을 통해 모델(에이전트)은 사용자(또는 사용자와 프로필이 유사한 다른 사용자)가 이전에 본 영화와 유사한 영화를 찾아 사용자에게 새 영화를 추천합니다.

강화 학습을 사용하면 에이전트는 사용자로부터 지속적으로 피드백을 받습니다. 이 피드백은 보상을 나타냅니다(보상은 사용자가 본 영화에 대해 부여한 등급, 영화 감상 시간, 예고편 감상 시간 등일 수 있음). 보상을 기반으로 강화 학습 에이전트는 사용자의 영화 선호도를 파악하고 그에 따라 새로운 영화를 제안합니다.

강화 학습 에이전트는 보상을 통해 학습하므로 사용자의 영화 선호도가 변경되는지를 파악하고 사용자의 변경된 영화 선호도에 따라 동적으로 새로운 영화를 제안할 수 있습니다.

따라서 지도 학습과 비지도 학습 모두 모델(에이전트)은 주어진 훈련 데이터 세트를 기반으로 학습하는 반면 강화 학습은 에이전트가 환경과 직접 상호 작용하여 학습한다고 말할 수 있습니다. 따라서 강화 학습은 본질적으로 에이전트와 환경 간의 상호 작용입니다.

강화 학습의 기본 개념으로 넘어가기 전에 강화 학습 환경에서 의사 결정을 돕기 위해 널리 사용되는 프로세스를 소개합니다.

1.5 마르코프 의사결정 과정

Markov Decision Process(MDP)는 강화 학습 문제를 해결하기 위한 수학적 프레임워크를 제공합니다. 거의 모든 강화 학습 문제는 MDP로 모델링할 수 있습니다. MDP는 다양한 최적화 문제를 해결하는 데 널리 사용됩니다. 이 섹션에서는 MDP가 무엇이며 강화 학습에서 어떻게 사용되는지 이해해 보겠습니다.

MDP를 이해하려면 먼저 Markov 속성과 Markov 체인에 대해 알아야 합니다.

1.5.1 마르코프 속성과 마르코프 체인

Markov 속성은 미래가 과거가 아닌 현재에만 의존한다고 말합니다. Markov 프로세스라고도 하는 Markov 체인은 Markov 속성을 엄격하게 준수하는 일련의 상태로 구성됩니다. 즉, Markov 체인은 이전 상태가 아닌 현재 상태에만 의존하여 다음 상태를 예측하는 확률 모델이며 미래는 과거와 조건부로 독립적입니다.

예를 들어 날씨를 예측하고 현재 상태가 흐리다는 것을 알고 있으면 다음 상태가 비가 올 수 있음을 예측할 수 있습니다. 우리는 이전 상태(맑음, 바람 등)가 아닌 현재 상태(흐림)만을 고려하여 다음 상태가 비가 올 가능성이 있다는 결론을 내립니다.

그러나 Markov 속성이 모든 프로세스에 적용되는 것은 아닙니다. 예를 들어, 주사위를 던지는 것(다음 상태)은 주사위에서 나타난 이전 숫자(현재 상태)에 의존하지 않습니다.

한 상태에서 다른 상태로 이동하는 것을 전이라고 하며, 그 확률을 전이 확률이라고 합니다. 이 전이 확률을 $P(s'|s)$로 표시하며 상태 s에서 다음 상태 s'로 이동할 확률을 나타냅니다. Markov 체인에 세 가지 상태(cloudy, rain, windy)가 있다고 가정해 보겠습니다. 그런 다음 표 1.1과 같이 Markov 표를 사용하여서 한 상태에서 다른 상태로 전이할 확률을 나타낼 수 있습니다.

Current State	Next State	Transition Probability
Cloudy	Rainy	0.7
Cloudy	Windy	0.3
Rainy	Rainy	0.8
Rainy	Cloudy	0.2
Windy	Rainy	1.0

표 1.1 마르코프 표의 예

표 1.1에서 다음을 관찰할 수 있습니다.

- 흐림 상태에서 70% 확률로 비가 오는 상태로, 30% 확률로 바람이 부는 상태로 전이합니다.
- 비가 오는 상태에서 80% 확률로 동일한 상태의 비가 오는 상태로, 20% 확률로 흐림 상태로 전이합니다.
- 바람이 많이 부는 상태에서 100% 확률로 비가 오는 상태로 전이합니다.

또한 그림 1.9와 같이 상태 다이어그램의 형태로 Markov 체인의 전이 정보를 나타낼 수 있습니다.

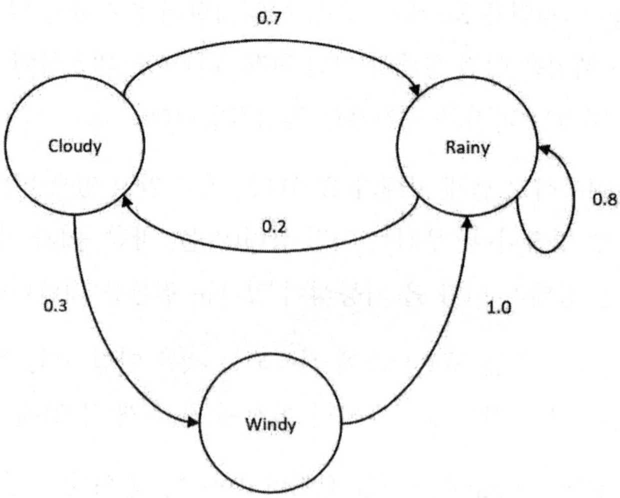

그림 1.9 Markov 체인의 상태 다이어그램

그림 1.10과 같이 전이 확률을 전이 행렬이라고 하는 행렬로 공식화할 수도 있습니다.

	Cloudy	Rainy	Windy
Cloudy	0.0	0.7	0.3
Rainy	0.2	0.8	0.0
Windy	0.0	1.0	0.0

그림 1.10 전이 행렬

결론적으로 Markov 체인 또는 Markov 프로세스는 전이 확률과 함께 상태 집합으로 구성되어 있다고 말할 수 있습니다.

1.5.2 Markov 보상 프로세스

Markov 보상 프로세스(Markov Reward Process, MRP)는 보상 함수가 있는 Markov 체인의 확장입니다. Markov chain은 상태와 전이 확률로 구성되어 있음을 위에서 배웠습니다. MRP는 상태, 전이 확률 및 보상 함수로 구성됩니다. 보상 함수는 우리가 각 상태에서 얻는 보상을 알려줍니다. 예를 들어, 날씨를 기반으로 보상 함수는 흐린 상태에서 얻는 보상, 바람이 많이 부는 상태에서 얻는 보상 등을 알려줍니다. 보상 함수는 일반적으로 $R(s)$로 표시됩니다.

따라서 MRP는 상태 s, 전이 확률 $P(s'|s)$ 및 보상 함수 $R(s)$로 구성됩니다.

1.5.3 Markov 결정 프로세스

Markov 결정 프로세스(Markov Decision Process, MDP)는 행동이 포함된 MRP의 확장입니다. MRP는 상태, 전이 확률, 보상 함수로 구성되어 있으며 MDP는 상태, 전이 확률, 보상 함수 및 행동으로 구성됩니다. 우리는 Markov 속성이 다음 상태가 현재 상태에만 의존하고 이전 상태를 기반으로 하지 않는다고 배웠습니다. Markov 속성을 강화 학습 설정에 적용할 수 있을까요? 네! 강화 학습 환경에서 에이전트는 과거 상태가 아닌 현재 상태만을 기반으로 결정을 내립니다. 따라서 강화 학습 환경을 MDP로 모델링할 수 있습니다.

이 예제를 이해해 봅시다. 주어진 환경에서 우리는 MDP를 사용하여 환경을 공식화할 수 있습니다. 예를 들어, 이전에 배운 것과 동일한 그리드 세계 환경을 고려해 보겠습니다. 그림 1.11은 그리드 세계 환경을 보여주며 에이전트의 목표는 음영 상태를 방문하지 않고 상태 A에서 상태 I에 도달하는 것입니다.

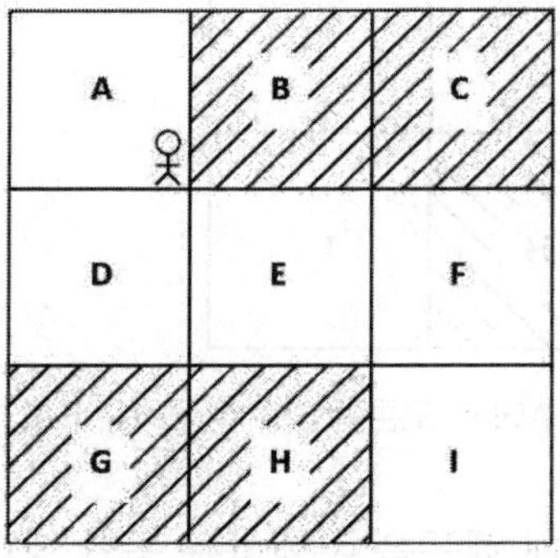

그림 1.11 그리드 세계 환경

에이전트는 과거 상태가 아닌 현재 상태만을 기반으로 환경에서 결정(행동)을 합니다. 따라서 환경을 MDP로 공식화할 수 있습니다. 우리는 MDP가 상태, 행동, 전이 확률, 보상 함수로 구성되어 있다는 것을 배웠습니다. 이제 이것이 강화 학습 환경과 어떤 관련이 있는지 알아보겠습니다.

상태 : 환경에 있는 상태 집합입니다. 그리드 세계 환경에서는 상태 A에서 I까지 있습니다.

행동 : 에이전트가 각 상태에서 수행할 수 있는 행동 집합입니다. 에이전트는 행동을 수행하고 한 상태에서 다른 상태로 이동합니다. 그리드 세계 환경에서 행동 집합은 위, 아래, 왼쪽 및 오른쪽입니다.

전이 확률 : 전이 확률은 $P(s'|s,a)$로 표시됩니다. a 행동을 수행하는 동안 상태 s에서 다음 상태 s'로 이동할 확률을 의미합니다. MRP에서 전이 확률은 $P(s'|s)$, 즉 상태 s에서 상태 s'로 갈 확률이며 행동은 포함하지 않습니다. 그러나 MDP에서는 행동을 포함하므로 전이 확률은 $P(s'|s,a)$로 표시됩니다.

예를 들어, 그리드 세계 환경에서 오른쪽 행동을 수행하는 동안 상태 A에서 상태 B로 이동할 수 있는 전이 확률이 100%라고 가정한다면, $P(B|A,right) = 1.0$으로 표현될 수 있습니다. 그림 1.12와 같이 상태 다이어그램에서도 이를 볼 수 있습니다.

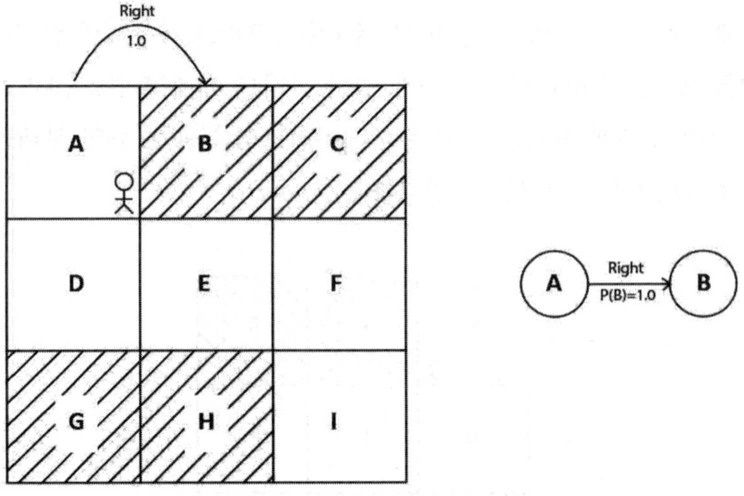

그림 1.12 A에서 오른쪽으로 이동해서 B로 갈 전이 확률

에이전트가 상태 C에 있고 아래 행동을 수행하는 동안 상태 C에서 상태 F로 이동할 확률이 90%라고 가정하면 $P(F|C,down) = 0.9$로 표현할 수 있습니다. 그림 1.13과 같이 상태 다이어그램에서도 이를 볼 수 있습니다.

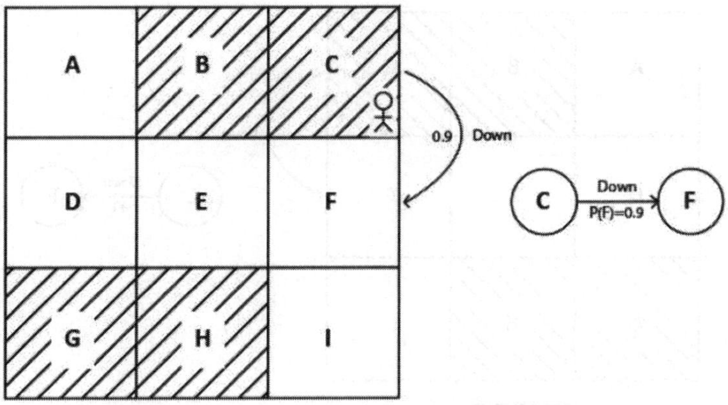

그림 1.13 C에서 아래로 이동해서 F로 갈 전이 확률

보상 함수 : 보상 함수는 $R(s,a,s')$로 표시됩니다. 에이전트가 행동 a를 수행하여 상태 s에서 상태 s'로 전이하며 얻는 보상을 나타냅니다.

A 상태에서 B 상태로 전이하면서 얻는 보상이 -1이라고 하면 $R(A,right,B) = -1$로 표현할 수 있습니다. 그림 1.14와 같이 상태 다이어그램에서도 이를 볼 수 있습니다.

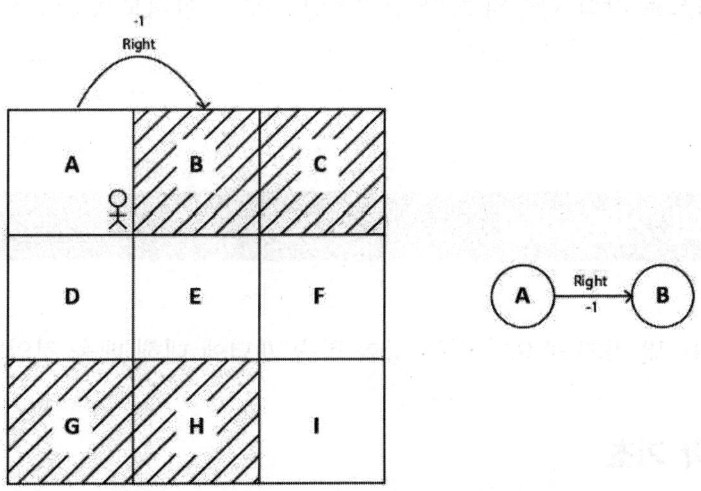

그림 1.14 A에서 B로 오른쪽으로 이동한 보상

에이전트가 상태 C에 있을 때, 아래로 행동을 수행하여 상태 C에서 상태 F로 전이하며 얻는 보상이 +1이라고 가정하면 $R(C,down,F) = +1$로 표현될 수 있습니다. 그림 1.15와 같이 상태 다이어그램에서도 이를 볼 수 있습니다.

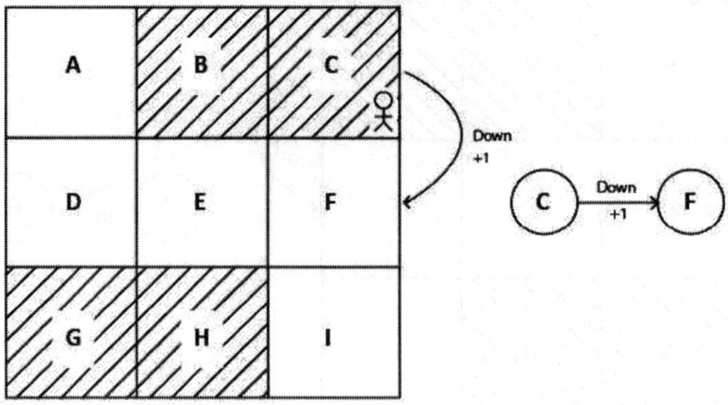

그림 1.15 C에서 F로 아래로 이동한 보상

따라서 강화 학습 환경은 상태, 행동, 전이 확률 및 보상 함수가 있는 MDP로 나타낼 수 있습니다. 하지만 MDP를 사용하여 강화 학습 환경을 나타내는 이유는 무엇일까요? 환경을 MDP로 모델링하면 강화 학습 문제를 쉽게 해결할 수 있습니다. 예를 들어 MDP를 사용하여 그리드 세계 환경을 모델링하면 음영 상태를 방문하지 않고 상태 A에서 목표 상태 I에 도달하는 방법을 쉽게 찾을 수 있습니다. 다음 장에서 이에 대해 자세히 알아볼 것입니다. 다음으로 강화 학습의 보다 필수적인 개념을 살펴보겠습니다.

1.6 강화 학습의 기본 개념

이번 섹션에서는 몇 가지 중요한 기본 강화 학습 개념에 대해 배울 것입니다.

1.6.1 수학 기초

계속 진행하기 전에 책 전체에서 기댓값을 다룰 것이기 때문에 기댓값을 빠르게 요약해 보겠습니다.

1.6.1.1 기댓값

변수 X가 있고 나올 수 있는 값이 1, 2, 3, 4, 5, 6이라고 가정해 보겠습니다. X의 평균

값을 계산하려면 가능한 X의 모든 값을 가능한 X의 수로 나누면 됩니다. 따라서 X의 평균은 (1+2+3+4+5+6)/6 = 3.5입니다.

이제 X가 확률 변수라고 가정해 보겠습니다. 확률 변수는 주사위 던지기, 동전 던지기 등과 같은 무작위 실험을 기반으로 하는 값을 취합니다. 확률 변수는 몇 가지 확률로 서로 다른 값을 취합니다. 공정한 주사위를 던진다고 가정하고 가능한 결과(X)는 1, 2, 3, 4, 5, 6이고 표 1.2와 같이 이러한 각 결과의 발생 확률은 1/6입니다.

X	1	2	3	4	5	6
P(x)	1/6	1/6	1/6	1/6	1/6	1/6

표 1.2 주사위 던지기의 확률

확률변수 X의 평균값을 어떻게 계산할 수 있을까요? 각 값에는 발생할 확률이 있으므로 단순한 평균을 취할 수는 없습니다. 그래서 가중 평균, 즉 각 X 값에 각각의 확률을 곱한 값을 계산하며 이를 기대라고 합니다. 확률 변수 X의 기댓값은 다음과 같이 정의할 수 있습니다.

$$E(X) = \sum_{i=1}^{N} x_i p_i(x_i)$$

따라서 확률 변수 X의 기댓값은 $E(X)$ = 1(1/6) + 2(1/6) + 3(1/6) + 4(1/6) + 5(1/6) + 6(1/6) = 3.5입니다.

기댓값은 예상되는 값이라고도 합니다. 따라서 확률변수 X의 예상되는 값은 3.5입니다. 따라서 확률변수의 기대값이나 예상되는 값은 기본적으로 가중평균을 의미합니다.

이제 확률 변수의 함수에 대한 기댓값을 살펴보겠습니다. $f(x) = x^2$일 때, 다음과 같이 쓸 수 있습니다.

X	1	2	3	4	5	6
f(x)	1	4	9	16	25	36
P(x)	1/6	1/6	1/6	1/6	1/6	1/6

표 1.3 주사위 던지기의 확률

확률 변수의 함수에 대한 기댓값은 다음과 같이 계산할 수 있습니다.

$$\mathbb{E}_{x \sim p(x)}[f(X)] = \sum_{i=1}^{N} f(x_i) p_i(x_i)$$

$E(X) = \sum_{i=1}^{N} x_i p_i(x_i)$따라서 $f(X)$의 기댓값은 $E(f(X)) = 1(1/6) + 4(1/6) + 9(1/6) + 16(1/6) + 25(1/6) + 36(1/6) = 15.1$입니다.

1.6.2 행동 공간

그림 1.16에 표시된 그리드 세계 환경을 고려해 봅시다.

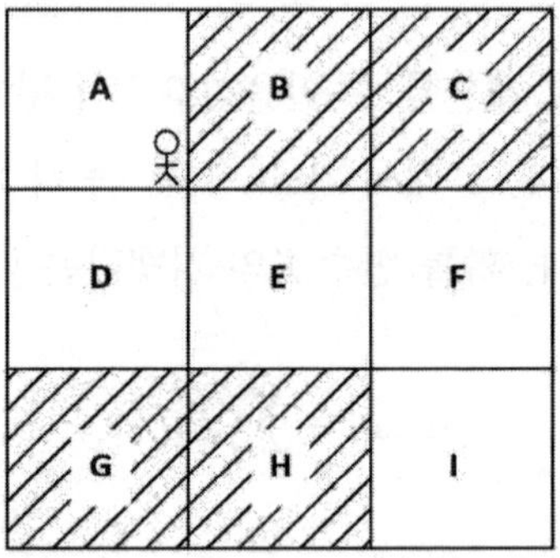

그림 1.16 Grid world environment

그리드 세계 환경에서 에이전트의 목표는 음영 상태를 방문하지 않고 상태 A에서 시작하여 상태 I에 도달하는 것입니다. 각 상태에서 에이전트는 목표를 달성하기 위해 위, 아래, 왼쪽 및 오른쪽의 네 가지 행동 중 하나를 수행할 수 있습니다. 환경에서 가능한 모든 행동의 집합을 행동 공간이라고 합니다. 따라서 이 그리드 세계 환경에서 행동 공간은 [위, 아래, 왼쪽, 오른쪽]이 됩니다.

행동 공간은 두 가지 유형으로 분류할 수 있습니다.

- 이산 행동 공간
- 연속 행동 공간

이산 행동 공간 : 행동 공간이 불연속적인 행동들로 구성되어 있을 때, 그것을 이산 행동 공간이라고 합니다. 예를 들어, 그리드 세계 환경에서 행동 공간은 위, 아래, 왼쪽, 오른쪽의 4가지 개별 행동으로 구성되어 있으므로 이산 행동 공간이라고 합니다.

연속 행동 공간 : 행동 공간이 연속적인 행동들로 구성되어 있을 때, 그것을 연속 행동 공간이라고 합니다. 예를 들어, 에이전트가 자동차를 운전하도록 훈련한다고 가정하면, 행동 공간은 자동차를 운전하는 속도, 바퀴를 회전하는 각도와 같은 연속 값을 갖는 여러 행동으로 구성됩니다. 행동 공간이 연속적인 행동으로 구성된 경우, 연속 행동 공간이라고 합니다.

1.6.3 정책

정책은 환경에서 에이전트의 행동을 정의합니다. 정책은 에이전트에게 각 상태에서 수행할 행동을 알려줍니다. 예를 들어, 그리드 세계 환경에서는 상태들과 네 가지 가능한 행동이 있습니다. 정책은 에이전트에게 상태 A에서 아래로 이동하고 상태 D에서 오른쪽으로 이동하는 식으로 지시할 수 있습니다.

처음으로 환경과 상호 작용하기 위해 임의 정책을 초기화합니다. 임의 정책은 에이전트가 각 상태에서 임의 행동을 수행하도록 지시합니다. 초기 반복에서 에이전트는 각 상태에서 임의의 행동을 수행하고 얻은 보상을 기반으로 해당 행동이 좋은지 나쁜지 알아봅니다. 일련의 반복을 통해 에이전트는 각 상태에서 긍정적인 보상을 제공하는 좋은 행동을 수행하는 방법을 배웁니다. 따라서 일련의 반복을 통해 에이전트가 긍정적인 보상을 받을 수 있는 좋은 정책을 학습한다고 말할 수 있습니다.

이 좋은 정책을 최적 정책이라고 합니다. 최적의 정책은 에이전트에게 좋은 보상을 제공하고 에이전트가 목표를 달성하도록 돕는 정책입니다. 예를 들어, 그리드 세계 환경에서 최적의 정책은 에이전트가 음영 상태를 방문하지 않고 상태 A에서 상태 I에 도달할 수 있도록 각 상태에서 행동을 수행하도록 에이전트에 지시합니다.

최적의 정책은 그림 1.17에 나와 있습니다. 에이전트는 최적의 정책에 따라 각 상태에서 행동을 선택하면서 음영 상태를 방문하지 않고 시작 상태 A에서 최종 상태 I에 도달합니다.

Optimal Policy

State	Action
A	Down
D	Right
E	Right
F	Down

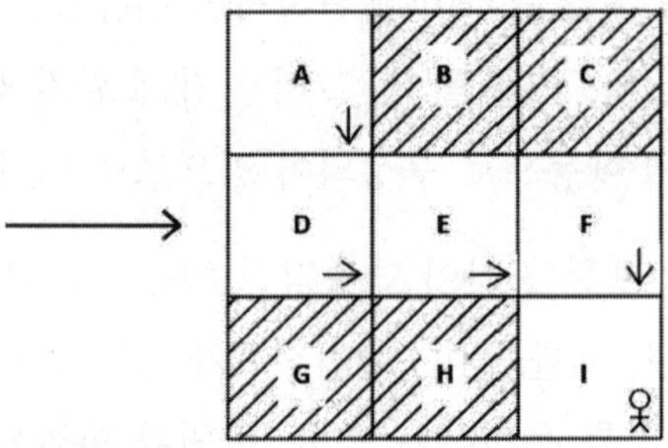

그림 1.17 The optimal policy in the grid world environment

따라서 최적의 정책은 에이전트가 좋은 보상을 받을 수 있도록 에이전트가 각 상태에서 올바른 행동을 하도록 지시합니다.

정책은 다음과 같이 분류될 수 있습니다.

- 결정적 정책
- 확률적 정책

1.6.3.1 결정적 정책

방금 다룬 정책을 결정적 정책이라고 합니다. 결정적 정책은 에이전트가 특정 상태에서 하나의 특정 행동을 수행하도록 지시합니다.

따라서 결정적 정책은 각 상태를 하나의 특정 행동에 매핑하고 주로 u로 표시됩니다. 시간 t에서 상태 s가 주어지면 결정적 정책은 에이전트에게 하나의 특정 행동 a를 수행하도록 지시합니다. 이는 다음과 같이 표현할 수 있습니다.

$$a_t = \mu(s_t)$$

예를 들어, 그리드 세계 예제를 고려해 봅시다. 상태 A가 주어지면 결정적 정책은 에이전트에게 아래쪽으로 이동하라는 행동을 지시합니다. 이것은 다음과 같이 표현할 수 있습니다.

$$\mu(A) = \text{Down}$$

따라서 결정적 정책에 따르면 에이전트는 상태 A를 방문할 때마다 아래쪽 이동 행동을 수행합니다.

1.6.3.2 확률적 정책

결정적 정책과 달리 확률적 정책은 상태를 하나의 특정 행동에 직접 매핑하지 않습니다. 대신 상태를 행동 공간의 확률 분포에 매핑합니다.

즉, 주어진 상태에서 결정적 정책은 에이전트에게 주어진 상태에서 하나의 특정 행동을 수행하도록 지시하므로 에이전트가 해당 상태를 방문할 때마다 항상 동일한 특정 행동을 수행한다는 것을 배웠습니다. 그러나 확률적 정책은 상태가 주어지면 행동 공간에 대한 확률 분포를 반환합니다. 따라서 에이전트는 상태를 방문할 때마다 동일한 행동을 수행하는 대신 확률적 정책에서 반환된 확률 분포를 기반으로 매번 다른 행동을 수행합니다.

예를 들어 그리드 세계 환경의 행동 공간이 [위, 아래, 왼쪽, 오른쪽]의 4가지 행동으로 구성된다고 가정해 봅시다. 상태 A가 주어지면 확률적 정책은 행동 공간에 대한 확률 분포를 [0.10, 0.70, 0.10, 0.10]으로 반환할 수 있습니다. 이제 에이전트가 상태 A를 방문할 때마다 매번 동일한 특정 행동을 선택하는 대신, 에이전트가 위쪽 10%, 아래쪽 70%, 왼쪽 10%, 오른쪽 10%의 확률로 행동을 선택합니다.

결정적 정책과 확률적 정책의 차이점은 그림 1.18과 같습니다. 결정적 정책은 상태를 하나의 특정 행동에 매핑하는 반면, 확률적 정책은 상태를 행동 공간에 대한 확률 분포에 매핑합니다.

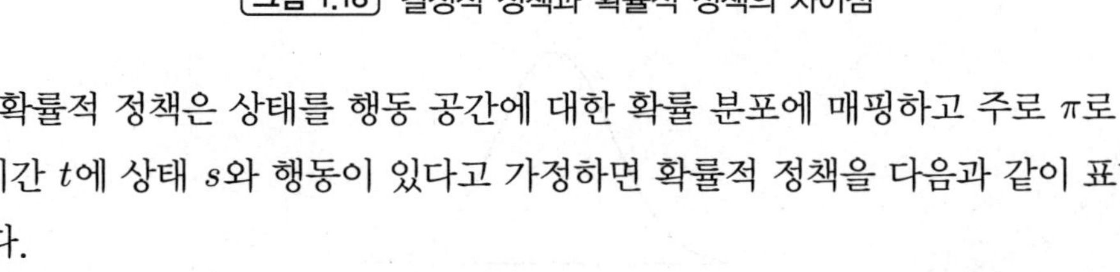

그림 1.18 결정적 정책과 확률적 정책의 차이점

따라서 확률적 정책은 상태를 행동 공간에 대한 확률 분포에 매핑하고 주로 π로 표시됩니다. 시간 t에 상태 s와 행동이 있다고 가정하면 확률적 정책을 다음과 같이 표현할 수 있습니다.

$$a_t \sim \pi(s_t)$$

또는 $\pi(a_t|s_t)$로 나타낼 수도 있습니다.

확률적 정책은 두 가지 유형으로 분류할 수 있습니다.

- 범주형 정책
- 가우시안 정책

범주형 정책

확률적 정책은 행동 공간이 이산적일 때 범주형 정책이라고 합니다. 즉, 확률적 정책은 행동 공간이 이산적일 때 행동을 선택하기 위해 행동 공간에 대한 범주형 확률 분포를 사용합니다. 예를 들어, 이전 예제의 그리드 세계 환경에서는 환경의 행동 공간이 이산적이므로 범주형 확률 분포(이산 분포)를 기반으로 행동을 선택합니다. 그림 1.19에서 볼 수 있듯이 상태 A가 주어지면 행동 공간에 대한 범주형 확률 분포를 기반으로 행동을 선택합니다.

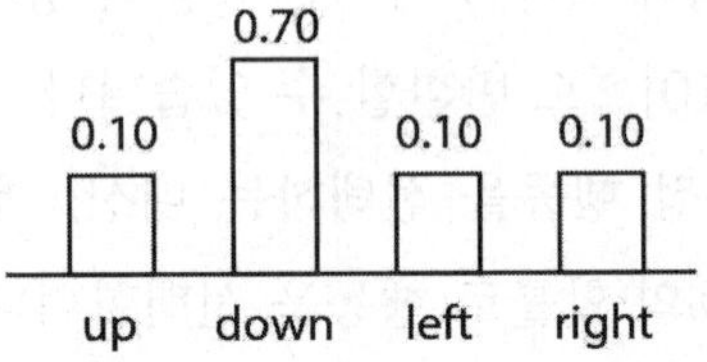

그림 1.19 이산 행동 공간에 대한 상태 A에서 다음 이동의 확률

가우시안 정책

행동 공간이 연속적일 때의 확률적 정책을 가우시안 정책이라고 합니다. 즉, 확률적 정책은 행동 공간이 연속적일 때 행동을 선택하기 위해 행동 공간에 대한 가우시안 확률 분포를 사용합니다. 간단한 예를 들어 이것을 이해합시다. 에이전트가 자동차를 운전하도록 훈련할 때 행동 공간에서 하나의 연속 액션이 있다고 가정해 보겠습니다. 행동을 자동차의 속도라고 하고 자동차의 속도 값은 0에서 150kmph 사이입니다. 그런 다음 확률적 정책은 그림 1.20과 같이 행동 공간에 대한 가우시안 분포를 사용하여 행동을 선택합니다.

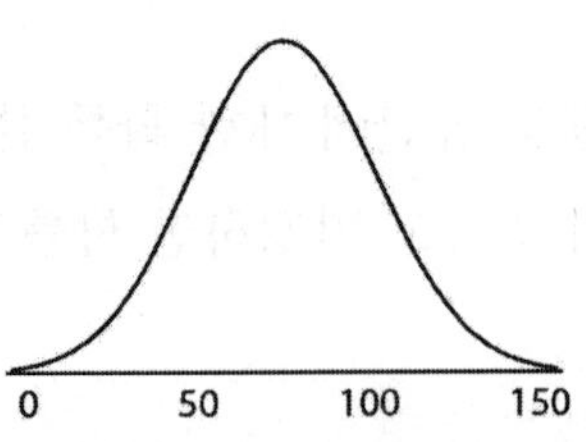

그림 1.20 가우시안 분포

다음 장에서 가우시안 정책에 대해 더 자세히 배울 것입니다.

1.6.4 에피소드

에이전트는 초기 상태에서 시작하여 최종 상태에 도달하는 몇 가지 행동을 수행하여 환경과 상호 작용합니다. 이렇게 초기 상태에서 시작하여 최종 상태까지의 에이전트-환경 상호작용을 에피소드라고 합니다. 예를 들어 자동차 경주 비디오 게임에서 에이전트가 초기 상태(경주 시작점)에서 시작하여 최종 상태(경주 종료점)에 도달하는 것이 에피소드입니다. 에피소드는 주로 궤적(에이전트가 선택한 경로)이라고도 하며 τ로 표시됩니다.

에이전트는 에피소드 수에 관계없이 게임을 플레이할 수 있으며 각 에피소드는 다른 에피소드와 독립적입니다. 여러 에피소드에 대해 게임을 하는 것이 무슨 소용일까요? 최적의 정책, 즉 에이전트가 각 상태에서 올바른 행동을 하도록 지시하는 정책을 학습하기 위해 에이전트는 여러 에피소드 동안 게임을 해야 합니다.

예를 들어 자동차 경주 게임을 한다고 가정해 보겠습니다. 처음에는 게임에서 이기지 못할 수 있으므로 게임에 대해 더 많이 이해하고 게임에서 승리하기 위한 몇 가지 좋은 전략을 찾기 위해 여러 번 게임을 합니다. 마찬가지로 초반 에피소드에서 에이전트는 게임에서 승리하지 못할 수 있으며, 게임에서 승리하기 위한 좋은 전략에 대해 더 많이 이해하기 위해 여러 에피소드 동안 게임을 합니다.

시간 단계 $t=0$인 초기 상태에서 게임을 시작하고 시간 단계 T에서 최종 상태에 도달한다고 가정하면, 에피소드 정보는 초기 상태에서 최종 상태까지의 에이전트와 환경의 상호작용인 상태, 행동, 보상 즉, $(s_0,a_0,r_0,s_1,a_1,r_1,...,s_T)$로 구성됩니다.

그림 1.21은 에피소드(궤적)의 예를 보여줍니다.

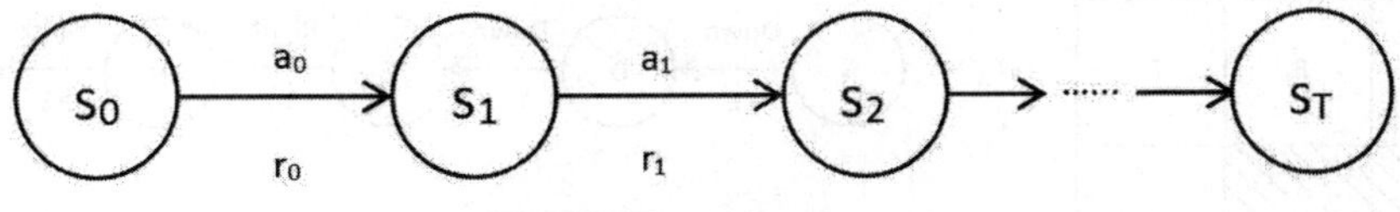

그림 1.21 에피소드의 예

그리드 세계 환경과 함께 에피소드와 최적의 정책에 대한 이해를 강화해 봅시다. 그리드 세계 환경에서 에이전트의 목표는 음영 상태를 방문하지 않고 초기 상태 A에서 시작하여 최종 상태 I에 도달하는 것임을 배웠습니다. 에이전트는 음영 처리되지 않은 상태를 방문할 때 +1 보상을 받고 음영 처리된 상태를 방문할 때 −1 보상을 받습니다.

에피소드를 생성한다는 것은 초기 상태에서 최종 상태로 가는 것을 의미합니다. 에이전트는 무작위 정책을 사용하여 첫 번째 에피소드를 생성하고 환경을 탐색하며 여러 에피소드를 통해 최적의 정책을 학습합니다.

에피소드 1

그림 1.22에서 볼 수 있듯이 첫 번째 에피소드에서 에이전트는 임의 정책을 사용하여 초기 상태에서 최종 상태까지 각 상태에서 임의의 행동을 선택하고 보상을 받습니다.

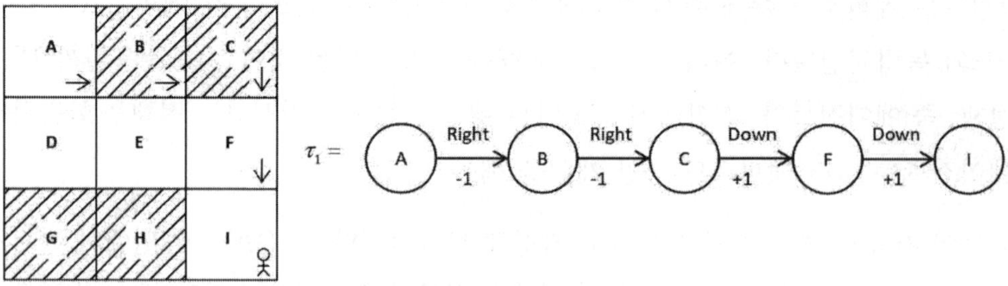

그림 1.22 에피소드 1

에피소드 2

두 번째 에피소드에서 에이전트는 이전 에피소드에서 받은 부정적인 보상을 피하기 위해 다른 정책을 시도합니다. 예를 들어, 이전 에피소드에서 에이전트는 상태 A에서 오른쪽 행동을 선택하고 부정적인 보상을 받았습니다. 따라서 이번 에피소드에서는 상태 A에서 오른쪽 행동을 선택하는 대신 그림 1.23과 같이 아래쪽 행동을 시도합니다.

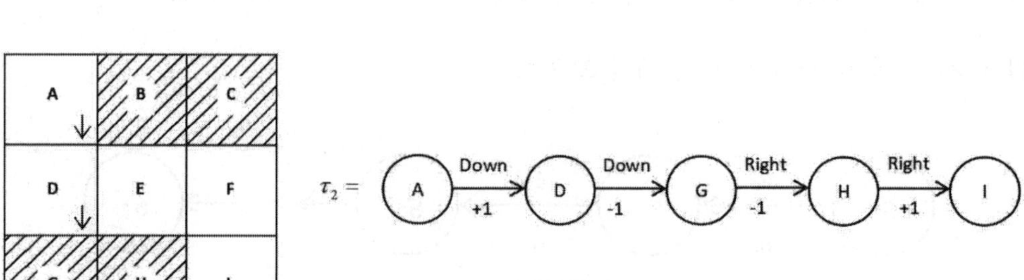

그림 1.23 에피소드 2

에피소드 n

일련의 에피소드를 통해 에이전트는 최적의 정책, 즉 그림 1.24와 같이 음영 처리된 상태를 방문하지 않고 에이전트를 상태 A에서 최종 상태 I로 이동시키는 정책을 학습합니다.

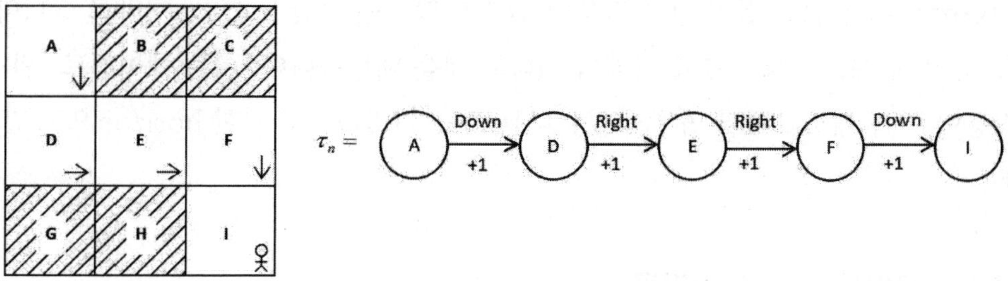

그림 1.24 에피소드 n

1.6.5 에피소드 태스크 및 연속 태스크

강화 학습 작업은 다음과 같이 분류할 수 있습니다.

- 에피소드 태스크
- 연속 태스크

에피소드 태스크 : 이름에서 알 수 있듯이 에피소드 태스크는 종료/최종 상태가 있는 태스크입니다. 즉, 에피소드 태스크는 에피소드로 구성된 태스크이므로 종료 상태를 갖습니다. 예를 들어, 자동차 경주 게임에서는 출발점(초기 상태)에서 시작하여 목적지(종말 상태)에 도달합니다.

연속 태스크 : 에피소드 태스크와 달리 연속 태스크에는 에피소드가 포함되지 않으므로 종료 상태가 없습니다. 예를 들어, 개인 보조 로봇에는 종료 상태가 없습니다.

1.6.6 Horizon

Horizon은 에이전트가 환경과 상호 작용할 때까지의 시간 단계이며 두 가지 범주로 분류할 수 있습니다.

- 유한 horizon
- 무한 horizon

유한 horizon : 에이전트–환경 상호작용이 특정 시간 단계에서 멈추면 유한 horizon이라고 합니다. 예를 들어, 에피소드 태스크에서 에이전트는 시간 단계 $t = 0$의 초기 상태에서 시작하여 환경과 상호 작용하며 시간 단계 T에서 최종 상태에 도달합니다. 에이전트–환경 상호작용은 시간 단계 T에서 중지되므로 유한한 horizon으로 간주됩니다.

무한 horizon: 에이전트-환경 상호 작용이 멈추지 않으면 무한 horizon이라고 합니다. 예를 들어, 연속 태스크에는 종료 상태가 없다는 것을 배웠습니다. 이는 에이전트-환경 상호 작용이 연속 태스크에서 멈추지 않는다는 것을 의미하므로 무한 horizon으로 간주됩니다.

1.6.7 리턴 Return과 감가율

리턴은 에피소드에서 에이전트가 얻은 보상의 합계로 정의할 수 있습니다. 리턴은 종종 R 또는 G로 표시됩니다. 에이전트가 시간 단계 $t = 0$에서 초기 상태에서 시작하여 시간 단계 T에서 최종 상태에 도달한다고 가정하면 에이전트가 얻은 리턴은 다음과 같이 주어집니다.

$$R(\tau) = r_0 + r_1 + r_2 + ... + r_T$$

$$R(\tau) = \sum_{t=0}^{T} r_t$$

궤적(에피소드) τ를 생각해 봅시다.

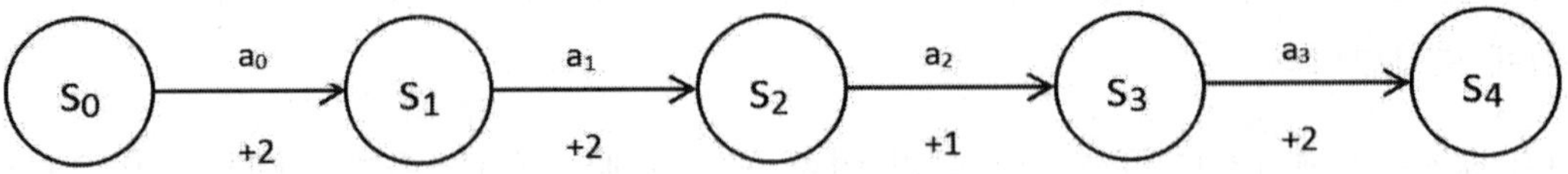

그림 1.25 궤적/에피소드 τ

궤적의 리턴은 보상들의 합입니다. 즉, $R(\tau) = 2 + 2 + 1 + 2 = 7$입니다.

따라서 에이전트의 목표는 리턴을 극대화하는 것, 즉 에피소드 동안 얻은 보상(누적 보상)의 합을 최대화하는 것이라고 말할 수 있습니다. 어떻게 하면 수익을 극대화할 수 있을까요? 각 상태에서 올바른 행동을 취하면 리턴을 극대화할 수 있습니다. 각 상태에서 올바른 행동을 수행하려면 어떻게 해야 할까요? 최적의 정책을 사용하면 각 상태에서 올바른 행동을 수행할 수 있습니다. 따라서 최적의 정책을 사용하여 수익을 극대화할 수 있으며, 최적의 정책은 각 상태에서 올바른 행동을 수행하여 에이전트가 최대의 리턴(보상 합계)을 얻도록 하는 정책입니다.

연속 태스크에 대한 수익을 어떻게 정의할 수 있을까요? 연속 태스크에는 종료 상태가 없으므로 리턴을 무한대까지 보상의 합으로 정의할 수 있습니다.

$$R(\tau) = r_0 + r_1 + r_2 + ... + r_\infty$$

그러나 합이 무한대로 되는 리턴을 어떻게 최대화할 수 있을까요? 감가율 γ라는 새로운 용어를 도입하여 리턴을 다음과 같이 다시 작성해보겠습니다.

$$R(\tau) = \gamma^0 r_0 + \gamma^1 r_1 + \gamma^2 r_2 + ... + \gamma^n r_\infty$$

$$R(\tau) = \sum_{t=0}^{\infty} \gamma^t r_t$$

이 감가율은 미래의 보상과 즉각적인 보상을 얼마나 중요하게 생각하는지 결정함으로써 무한에 도달하는 것을 방지하는 데 도움이 됩니다. 감가율 값의 범위는 0에서 1 사이입니다. 감가율을 작은 값(0에 가까움)으로 설정하면 미래의 보상보다 즉각적인 보상을 더 중요시한다는 의미입니다. 감가율을 높은 값(1에 가까움)으로 설정하면 즉각적인 보상보다 미래의 보상을 더 중요시한다는 의미입니다. 감가율 값에 따른 예를 들어 이를 이해해 보겠습니다.

1.6.7.1 작은 감가율

감가율을 0.2와 같이 작은 값으로 설정해 보겠습니다.

$$\begin{aligned} R &= (\gamma)^0 r_0 + (\gamma)^1 r_1 + (\gamma)^2 r_2 + ... \\ &= (0.2)^0 r_0 + (0.2)^1 r_1 + (0.2)^2 r_2 + ... \\ &= (1)^0 r_0 + (0.2)^1 r_1 + (0.04)^2 r_2 + ... \end{aligned}$$

이 방정식에서 우리는 각 시간 단계의 보상이 감가율에 의해 가중됨을 관찰할 수 있습니다. 시간 단계가 증가함에 따라 감가율(가중치)이 감소하므로 미래 시간 단계에서 보상의 중요성도 감소합니다. 즉, 방정식을 살펴보면 다음과 같습니다.

- 시간 단계 0에서 보상 r_0은 1의 감가율로 가중됩니다.
- 시간 단계 1에서 보상 r_1은 0.2의 대폭 감소된 감가율에 의해 가중치가 부여됩니다.
- 시간 단계 2에서 보상 r_2는 0.04의 대폭 감소된 감가율로 가중됩니다.

감가율은 후속 시간 단계에 대해 크게 감소하고 미래 시간 단계에서 얻은 보상보다 즉각적인 보상 r0에 더 많은 중요성이 부여됩니다. 따라서 감가율을 작은 값으로 설정하면 미래의 보상보다 즉각적인 보상을 더 중요하게 생각합니다.

1.6.7.2 큰 감가율

감가율을 큰 값, 예를 들어 γ=0.9로 설정하면 다음과 같이 작성할 수 있습니다.

$$\begin{aligned} R &= (\gamma)^0 r_0 + (\gamma)^1 r_1 + (\gamma)^2 r_2 + ... \\ &= (0.9)^0 r_0 + (0.9)^1 r_1 + (0.9)^2 r_2 + ... \\ &= (1)^0 r_0 + (0.9)^1 r_1 + (0.81)^2 r_2 + ... \end{aligned}$$

이 방정식에서 시간 단계가 증가함에 따라 감가율(가중치)이 감소한다는 것을 추론할 수 있습니다. 그러나 여기에서 γ=0.9로 시작했기 때문에 (이전의 경우와 달리) 크게 감소하지 않습니다. 따라서 이 경우에는 미래의 보상을 더 중요하게 생각한다고 말할 수 있습니다. 즉, 방정식을 살펴보면 다음과 같습니다.

- 시간 단계 0에서 보상 r_0은 1의 감가율로 가중됩니다.
- 시간 단계 1에서 보상 r_1은 0.9의 약간 감소된 감가율로 가중됩니다.
- 시간 단계 2에서 보상 r_2는 0.81의 약간 감소된 감가율로 가중됩니다.

감가율은 후속 시간 단계에 대해 감소하지만 이전의 경우와 달리 감가율은 크게 감소하지 않습니다. 따라서 감가율을 큰 값으로 설정하면 즉각적인 보상보다 미래의 보상을 더 중요하게 생각합니다.

1.6.7.3 감가율이 0이라면

감가율을 0, 즉 γ=0으로 설정하면 즉각적인 보상 r_0만 고려하고 미래 시간 단계에서 얻은 보상은 고려하지 않음을 의미합니다. 따라서 감가율을 0으로 설정하면 다음과 같이 즉시 보상 r_0만 고려하므로 에이전트는 학습하지 않습니다.

$$\begin{aligned} R &= (\gamma)^0 r_0 + (\gamma)^1 r_1 + (\gamma)^2 r_2 + ... \\ &= (0)^0 r_0 + (0)^1 r_1 + (0)^2 r_2 + ... \\ &= (1) r_0 + (0) r_1 + (0) r_2 + ... \\ &= r_0 \end{aligned}$$

γ=0으로 설정하면 리턴은 즉각적인 보상 r_0가 될 것입니다.

1.6.7.4 감가율이 1이라면

감가율을 1, 즉 γ=1로 설정하면 미래의 모든 보상을 고려한다는 의미입니다. 따라서 감가율을 1로 설정하면 에이전트는 영원히 학습하여 다음과 같이 무한대로 이어질 수 있는 미래의 모든 보상을 찾습니다.

$$\begin{aligned} R &= (\gamma)^0 r_0 + (\gamma)^1 r_1 + (\gamma)^2 r_2 + \ldots \\ &= (1)^0 r_0 + (1)^1 r_1 + (1)^2 r_2 + \ldots \\ &= r_0 + r_1 + r_2 + \ldots \end{aligned}$$

γ=1로 설정하면 리턴은 무한한 보상의 합이 됩니다.

따라서 감가율을 0으로 설정하면 에이전트는 즉각적인 보상만 고려하여 학습하지 않고, 감가율을 1로 설정하면 에이전트는 영원히 학습하여 무한으로 이어지는 미래 보상을 찾습니다. 따라서 감가율의 최적 값은 0.2에서 0.8 사이입니다.

그러나 문제는 왜 우리가 즉각적 또는 미래의 보상에 관심을 가져야 하는 걸까요? 태스크에 따라 즉각적, 미래적 보상의 조절이 중요하기 때문입니다. 어떤 태스크에서는 미래의 보상이 즉각적인 보상보다 더 바람직할 수 있으며 그 반대의 경우도 마찬가지입니다. 체스 게임에서 목표는 상대의 왕을 물리치는 것입니다. 우리 폰이 상대편 체스를 물리치는 것과 같은 행동에 의해 획득되는 즉각적인 보상을 더 중요하게 여긴다면 에이전트는 실제 목표를 배우는 대신 이 하위 목표를 수행하는 방법을 배울 것입니다. 따라서 이 경우에는 즉각적인 보상보다 미래의 보상을 더 중요하게 생각해야 하지만 경우에 따라 미래의 보상보다 즉각적인 보상이 중요할 때도 있습니다.

다음 두 섹션에서는 강화 학습의 두 가지 기초 함수를 분석해 보겠습니다.

1.6.8 가치 함수

상태 가치 함수라고도 하는 가치 함수는 상태의 가치를 나타냅니다. 상태 가치는 정책 π에 따라 해당 상태에서 시작하여 에이전트가 얻을 수 있는 리턴입니다. 가치 함수는 일반적으로 $V(s)$로 표시되며 다음과 같이 표현할 수 있습니다.

$$V^{\pi}(s) = [R(\tau)|s_0 = s]$$

여기서 $s_0 = s$는 시작 상태가 s임을 의미합니다.

그림 1.26과 같이 그리드 세계 환경에서 특정 정책 π에 따라 궤적을 생성한다고 가정해 보겠습니다.

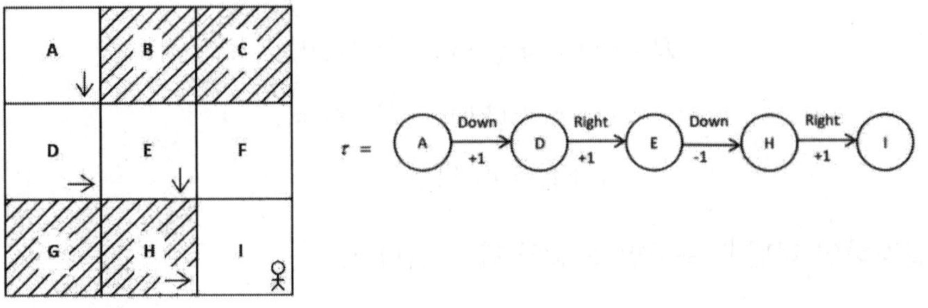

그림 1.26 가치 함수의 예

궤적에 있는 모든 상태의 값을 어떻게 계산할까요? 상태의 가치는 정책 π에 따라 해당 상태에서 시작하여 에이전트가 얻을 수 있는 리턴(보상 합계)이라는 것을 배웠습니다. 궤적은 정책 π를 사용하여 생성되므로 상태의 가치는 해당 상태에서 시작하는 궤적의 리턴(보상 합계)이라고 말할 수 있습니다.

- 상태 A의 가치는 상태 A에서 시작하는 궤적의 리턴입니다. 따라서 $V(A) = 1+1-1+1 = 2$입니다.
- 상태 D의 가치는 상태 D에서 시작하는 궤적의 리턴입니다. 따라서 $V(D) = 1-1+1 = 1$입니다.
- 상태 E의 가치는 상태 E에서 시작하는 궤적의 리턴입니다. 따라서 $V(E) = -1+1 = 0$입니다.
- 상태 H의 가치는 상태 H에서 시작하는 궤적의 리턴입니다. 따라서 $V(H) = 1$입니다.

상태 I는 최종 상태이며 최종 상태에서는 전이가 일어날 수 없으므로 최종 상태 I에 대한 가치는 없습니다.

간단히 말해서 상태의 가치는 해당 상태에서 시작하는 궤적의 리턴입니다.

리턴을 상태 가치로 직접 사용하는 대신 예상 리턴을 사용할 수 있습니다. 따라서 가치 함수 또는 상태 s의 가치는 정책 π에 따라 상태 s에서 시작하여 에이전트가 얻을 기대 리턴으로 정의할 수 있습니다.

$$V^{\pi}(s) = \underset{\tau \sim \pi}{\mathrm{IE}}\left[R(\tau)|s_0 = s\right]$$

상태 가치를 리턴으로 직접 계산할 수 없는 이유는 무엇일까요? 리턴은 확률 변수이고 확률적으로 다른 값을 취할 수 있기 때문입니다.

확률적 정책 PI가 있다고 가정해 보겠습니다. 상태를 행동에 직접 매핑하는 결정적 정책과 달리 확률적 정책은 행동 공간에 대한 확률 분포에 상태를 매핑한다는 것을 배웠습니다. 따라서 확률적 정책은 확률 분포를 기반으로 행동을 선택합니다.

에이전트가 상태 A에 있고 확률적 정책이 행동 공간에 대한 확률 분포를 [0.0, 0.80, 0.00, 0.20]으로 산출했다고 가정해 봅시다. 이것은 확률적 정책을 사용하여 상태 A에서 80%의 확률로 아래쪽 행동(즉, $\pi(down|A)$)를 수행하고, 20%의 확률로 오른쪽 행동(즉, $\pi(right|A)$)을 수행하는 것을 의미합니다.

그림 1.27과 같이 확률적 정책 π를 사용하여 에피소드 t_1을 생성해 보겠습니다.

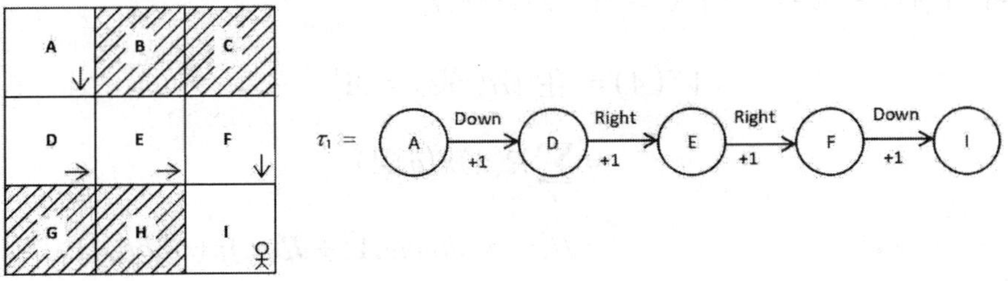

그림 1.27 에피소드 t_1

더 나은 이해를 위해 상태 A의 가치에만 초점을 맞추겠습니다. 상태 A의 가치는 상태 A에서 시작하는 궤적의 리턴(보상 합계)입니다. 즉, $V(A) = R(\tau_1) = 1+1+1+1 = 4$.

그림 1.28과 같이 동일한 확률적 정책 π를 사용하여 에피소드 t_2를 생성해 보겠습니다.

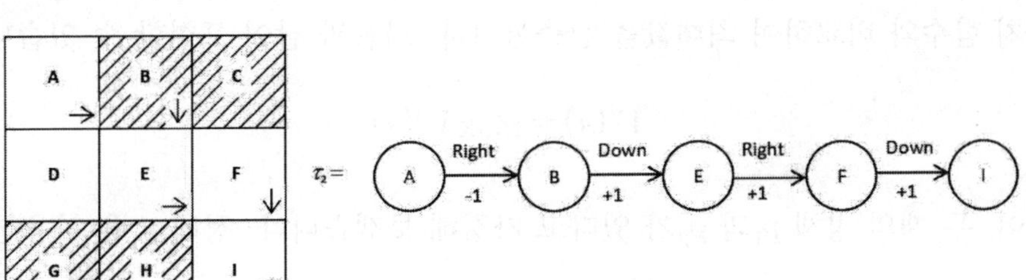

그림 1.28 에피소드 t_2

상태 A의 가치는 상태 A에서 궤적의 리턴(보상 합계)입니다. 즉, $V(A)=R(\tau_2)=-1+1+1+1=2$.

동일한 정책을 사용하더라도 궤적 t_1과 t_2에서 상태 A의 가치는 다릅니다. 이는 정책이 확률적 정책이고 80%의 확률로 상태 A에서 아래쪽 행동을 수행하고 20%의 확률로 상태 A에서 오른쪽 행동을 수행하기 때문입니다. 따라서 정책 π를 사용하여 궤적을 생성할 때 궤적 t_1은 80%의 확률로 발생하고 궤적 t_2는 20%의 확률로 발생합니다. 따라서 리턴은 80%의 경우 4이고 20%의 경우 2입니다.

따라서 상태 가치를 직접 리턴으로 취하는 대신 예상 리턴을 취합니다. 리턴은 어느 정도 확률로 다른 값을 취하기 때문입니다. 기대 리턴은 기본적으로 가중 평균, 즉 리턴의 합계에 확률을 곱한 것입니다. 따라서 다음과 같이 작성할 수 있습니다.

$$V^{\pi}(s)=\underset{\tau\sim\pi}{\mathbb{E}}[R(\tau)|s_0=s]$$

상태 A의 가치는 다음과 같이 얻을 수 있습니다.

$$\begin{aligned}V^{\pi}(A)&=\underset{\tau\sim\pi}{\mathbb{E}}[R(\tau)|s_0=A]\\&=\sum_i R(\tau_i)\pi(a_i|A)\\&=R(\tau_1)\pi(down|A)+R(\tau_2)\pi(right|A)\\&=4(0.8)+2(0.2)\\&=3.6\end{aligned}$$

따라서 상태의 가치는 해당 상태에서 시작하는 궤적의 예상 리턴입니다.

가치 함수는 정책에 따라 달라집니다. 즉, 상태 가치는 선택한 정책에 따라 달라집니다. 다양한 정책에 따라 다양한 가치 함수가 있을 수 있습니다. 최적 가치 함수 $V^*(s)$는 다른 모든 가치 함수와 비교하여 최대값을 산출합니다. 다음과 같이 표현할 수 있습니다.

$$V^*(s)=\max_{\pi}V^{\pi}(s)$$

예를 들어, 두 개의 정책 p_1과 p_2가 있다고 가정해 보겠습니다. 정책 p_1을 사용한 상태 s의 가치를 $V^{\pi_1}(s)=13$이라고 하고 정책 p_2를 사용한 상태 s의 가치를 $V^{\pi_2}(s)=11$라고 해보겠습니다. 그러면 상태 s의 최적 가치는 최대값인 $V^*(s)=13$가 됩니다. 최대 상태 가치를 제공하는 정책을 최적 정책 π^*라고 합니다. 따라서 이 경우 p_1은 최대 상태 가치를 제공하므로 최적의 정책입니다.

두 가지 상태 s_0와 s_1이 있다고 가정하면 가치 함수는 다음과 같이 나타낼 수 있습니다.

State	Value
s_0	7
s_1	11

표 1.4 가치 테이블

가치 테이블에서 s_1이 더 높은 가치를 가지므로 상태 s_0보다 상태 s_1에 있는 것이 더 낫다는 것을 알 수 있습니다. 따라서 상태 s_1이 최적 상태라고 말할 수 있습니다.

1.6.9 Q 함수

상태-행동 가치 함수라고도 하는 Q 함수는 상태-행동 쌍의 가치를 나타냅니다. 상태-행동 쌍의 가치는 에이전트가 상태 s에서 시작하여 정책 π에 따라 행동 a을 수행하여 얻을 수 있는 리턴입니다. 상태-행동 쌍 또는 Q 함수의 가치는 일반적으로 $Q(s,a)$로 표시되며 Q 값 또는 상태-행동 가치로 알려져 있습니다. 다음과 같이 표현됩니다.

$$Q^\pi(s,a)=[R(\tau)|s_0=s,a_0=a]$$

가치 함수와 Q 함수의 유일한 차이점은 가치 함수에서는 상태 가치를 계산하는 반면 Q 함수에서는 상태-행동 쌍의 가치를 계산한다는 것입니다. 예를 들어 Q 함수를 이해해 봅시다. 정책 π을 사용하여 생성된 그림 1.29의 궤적을 고려해 보겠습니다.

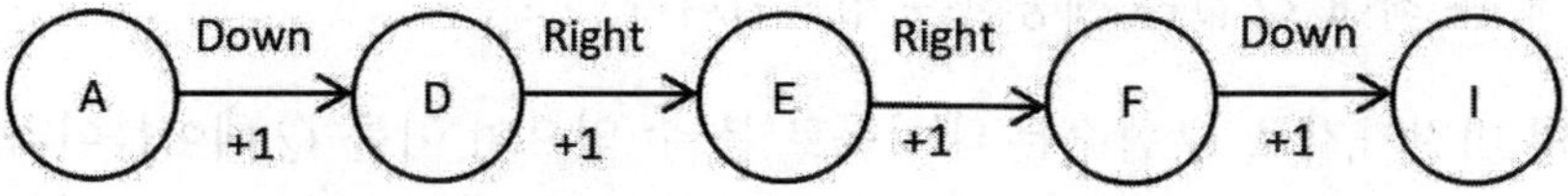

그림 1.29 궤적/에피소드의 예

우리는 Q 함수가 상태-행동 쌍의 가치를 계산한다는 것을 배웠습니다. 상태-행동 쌍 A-down의 Q 값을 계산해야 한다고 가정해 봅시다. 이것은 상태 A에서 아래로 이동하는 Q 값입니다. 그러면 이 Q 값은 상태 A에서 시작하여 아래로 행동을 수행하는 궤적의 리턴이 됩니다.

$$Q^{\pi}(A, down) = [R(\tau)|s_0 = A, a_0 = down]$$
$$Q(A, down) = 1+1+1+1 = 4$$

상태-행동 쌍 D-right의 Q 값을 계산해야 한다고 가정해 봅시다. 이것은 상태 D에서 오른쪽으로 이동하는 Q 값입니다. Q 값은 상태 D에서 시작하여 오른쪽 행동을 수행하는 궤적의 리턴입니다.

$$Q^{\pi}(A, right) = [R(\tau)|s_0 = D, a_0 = right]$$
$$Q(A, right) = 1+1+1+1 = 3$$

마찬가지로 모든 상태-행동 쌍에 대한 Q 값을 계산할 수 있습니다. 가치 함수에 대해 배운 것과 유사하게 상태-행동 쌍의 Q 값으로 직접 리턴을 취하는 대신 예상 리턴을 사용합니다. 리턴은 확률 변수이고 약간의 확률로 다른 값을 취할 수 있기 때문입니다. 따라서 Q 함수를 다음과 같이 재정의할 수 있습니다.

$$Q^{\pi}(s, a) = \underset{\tau \sim \pi}{\mathbb{E}} [R(\tau)|s_0 = s, a_0 = a]$$

이는 Q 값이 상태 s에서 시작하여 정책 π에 따라 행동을 수행하는 에이전트가 얻을 것으로 예상되는 리턴을 의미합니다.

가치 함수와 유사하게 Q 함수는 정책에 따라 달라집니다. 즉, Q 값은 선택한 정책에 따라 달라집니다. 다양한 정책에 따라 다양한 Q 함수가 있을 수 있습니다. 최적의 Q 함수는 다른 Q 함수보다 최대 Q 값을 갖는 함수이며 다음과 같이 표현할 수 있습니다.

$$Q^{*}(s, a) = \max_{\pi} Q^{\pi}(s, a)$$

최적 정책 π^{*}는 최대 Q 값을 제공하는 정책입니다.

가치 함수와 마찬가지로 Q 함수는 테이블로 볼 수 있으며 이를 Q 테이블이라고 합니다. 두 개의 상태 s_0, s_1과 두 개의 행동 0, 1이 있다고 가정해 보겠습니다. Q 함수는 다음과 같이 나타낼 수 있습니다.

State	Action	Value
s_0	0	9
s_0	1	11
s_1	0	17
s_1	1	13

표 1.5 Q 테이블

Q 테이블은 가능한 모든 상태-행동 쌍의 Q 값을 나타냅니다. 최적의 정책은 에이전트가 최대 리턴(보상 합계)을 얻는 정책임을 배웠습니다. 각 상태에서 최대 Q 값을 갖는 행동을 선택하기만 하면 Q 테이블에서 최적의 정책을 추출할 수 있습니다. 따라서 최적의 정책은 표 1.6에 표시된 것처럼 높은 Q 값을 가지므로 상태 s_0에서 행동 1과 상태 s_1에서 행동 0을 선택합니다.

Q Table

State	Action	Value
s_0	0	9
s_0	1	11
s_1	0	17
s_1	1	13

→

Optimal policy

State	Action
s_0	1
s_1	0

표 1.6 Q 테이블에서 추출한 최적의 정책

1.6.10 모델 기반 및 모델 없는 학습

이제 모델 기반 학습과 모델 없는 학습이라는 두 가지 다른 유형의 학습을 살펴보겠습니다.

모델 기반 학습 : 모델 기반 학습에서 에이전트는 환경에 대한 완전한 이해를 갖게 됩니다. 전이 확률은 행동 a를 수행하여 상태 s에서 다음 상태 s'로 전이할 확률을 알려줍니다. 보상 함수는 행동 a를 수행하여 상태 s에서 다음 상태 s'로 이동하는 동안 얻을 수 있는 보상을 알려줍니다. 에이전트가 환경의 모델 역학을 알 때, 즉 에이전트가 환경의 전이 확률을 알 때의 학습을 모델 기반 학습이라고 합니다. 따라서 모델 기반 학습에서 에이전트는 모델 역학을 사용하여 최적의 정책을 찾습니다.

모델 없는 학습 : 모델 없는 학습은 에이전트가 환경의 모델 역학을 모르는 경우입니다. 즉, 모델 없는 학습에서 에이전트는 모델 역학 없이 최적의 정책을 찾으려고 합니다.

다음으로 에이전트가 작업하는 다양한 유형의 환경을 살펴보겠습니다.

1.6.11 다양한 유형의 환경

이 장의 시작 부분에서 우리는 환경이 에이전트의 세계이고 에이전트가 환경 내에 사는/머무는 것임을 배웠습니다. 이 환경은 다양한 유형으로 분류할 수 있습니다.

1.6.11.1 결정적 및 확률적 환경

결정적 환경 : 결정적 환경에서 에이전트가 상태 s에서 행동을 수행하면 항상 상태 s'에 도달합니다. 예를 들어 그리드 세계 환경을 고려해 보겠습니다. 에이전트가 상태 A에 있고 상태 A에서 아래로 이동할 때 항상 상태 D에 도달한다면 결정적 환경이라고 합니다.

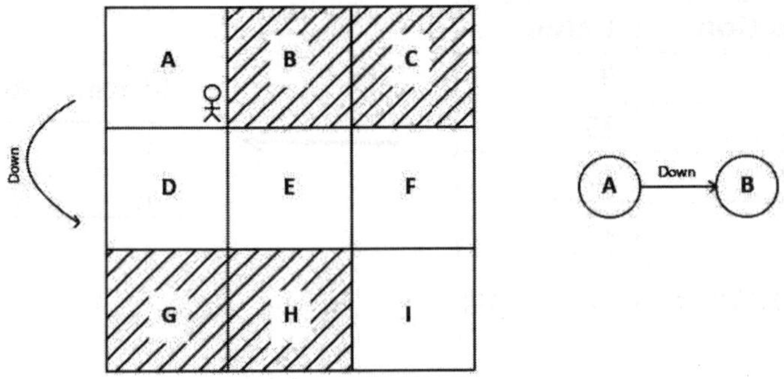

그림 1.30 그림 1.30 결정적 환경

확률적 환경 : 확률적 환경에서는 상태 s에서 행동 a를 수행함으로써 에이전트가 항상 상태 s'에 도달한다고 말할 수 없으며 관련된 임의성이 있을 수 있습니다. 예를 들어, 그리드 세계 환경이 확률적 환경이라고 가정해 보겠습니다. 에이전트가 상태 A에 있을 때, 상태 A에서 아래로 이동하면 에이전트가 항상 상태 D에 도달하는 것은 아닙니다. 상태 D에 도달하는 확률은 70%, 상태 B에 도달하는 확률은 30%일 수 있습니다. 즉, 에이전트가 상태 A에서 아래로 이동하면 에이전트는 그림 1.31과 같이 70% 확률로 상태 D에 도달하고 30% 확률로 상태 B에 도달합니다.

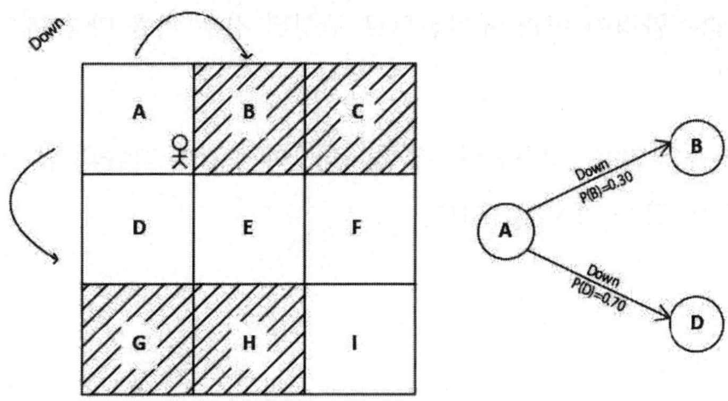

그림 1.31 확률적 환경

1.6.11.2 이산 및 연속 환경

이산 환경 : 이산 환경은 환경의 행동 공간이 이산적인 환경입니다. 예를 들어, 그리드 세계 환경은 행동 [위, 아래, 왼쪽, 오른쪽]으로 구성된 이산적인 행동 공간을 가지고 있으므로 그리드 세계 환경은 이산적입니다.

연속 환경 : 연속 환경은 환경의 행동 공간이 연속적인 환경입니다. 예를 들어 에이전트가 자동차를 운전하도록 훈련한다고 가정하면 자동차 속도 변경, 바퀴 회전 각도 등의 몇 가지 연속 행동이 포함된 행동 공간이 필요할 수 있으며 그러한 경우 환경의 행동 공간은 연속적입니다.

1.6.11.3 에피소드 및 비 에피소드 환경

에피소드 환경 : 에피소드 환경에서 에이전트의 현재 행동은 미래 행동에 영향을 미치지 않으므로 에피소드 환경을 비순차적 환경이라고도 합니다.

비 에피소드 환경 : 비 에피소드 환경에서 에이전트의 현재 행동은 미래의 행동에 영향을 미치므로 비 에피소드 환경을 순차적 환경이라고도 합니다. 예를 들어, 체스판은 에이전트의 현재 행동이 체스 경기의 미래 행동에 영향을 미치기 때문에 순차적 환경입니다.

1.6.11.4 단일 및 다중 에이전트 환경

단일 에이전트 환경 : 환경이 단일 에이전트로만 구성되는 경우 이를 단일 에이전트 환경이라고 합니다.

다중 에이전트 환경 : 환경이 여러 에이전트로 구성된 경우 이를 다중 에이전트 환경이라고 합니다.

지금까지 강화 학습의 많은 개념을 다루었습니다. 이제 강화 학습의 몇 가지 흥미로운 응용들을 살펴보고 이 장을 마치겠습니다.

1.7 강화 학습의 응용

강화 학습은 지난 몇 년 동안 게임에서 자율주행차에 이르기까지 다양한 응용으로 빠르게 발전했습니다. 이러한 진화의 주요 원인 중 하나는 강화 학습과 딥 러닝의 조합인 심층 강화 학습(Deep Reinforcement Learning, DRL) 때문입니다. 우리는 다음 장에서 다양한 최첨단 심층 강화 학습 알고리즘에 대해 배울 것입니다. 이 섹션에서는 강화 학습의 몇 가지 실제 응용을 살펴보겠습니다.

제조업 : 제조 분야에서 지능형 로봇은 강화 학습을 사용하여 물체를 올바른 위치에 배치하도록 훈련됩니다. 지능형 로봇을 사용하면 인건비를 줄이고 생산성을 높일 수 있습니다.

동적 가격 책정 : 강화 학습의 인기 있는 응용 중 하나는 동적 가격 책정입니다. 동적 가격 책정은 수요와 공급에 따라 제품 가격을 변경하는 것을 의미합니다. 수익 극대화를 목표로 제품의 동적 가격 책정을 위해 강화 학습 에이전트를 훈련할 수 있습니다.

재고 관리 : 강화 학습은 중요한 비즈니스 활동인 재고 관리에 광범위하게 사용됩니다. 이러한 활동 중 일부에는 공급망 관리, 수요 예측 및 여러 창고 작업 처리(예 : 공간을 효율적으로 관리하기 위해 창고에 제품 배치)가 포함됩니다.

추천 시스템 : 강화 학습은 사용자의 행동이 끊임없이 변화하는 추천 시스템을 구축하는 데 널리 사용됩니다. 예를 들어, 음악 추천 시스템에서 사용자의 행동이나 음악 선호도는 수시로 바뀝니다. 따라서 이러한 경우 에이전트가 환경과 상호 작용하여 지속적으로 학습하므로 강화 학습 에이전트를 사용하는 것이 매우 유용할 수 있습니다.

신경 구조 검색 : 신경망이 주어진 작업을 좋은 정확도로 수행하기 위해서는 네트워크의 아키텍처가 매우 중요하며 적절하게 설계되어야 합니다. 강화 학습을 사용하면 정확도를 최대화하는 것을 목표로 주어진 작업에 가장 적합한 신경 아키텍처를 찾도록 에이전트를 훈련함으로써 복잡한 신경 아키텍처 검색 프로세스를 자동화할 수 있습니다.

자연어 처리(Natural Language Processing, NLP) : 심층 강화 학습 알고리즘의 인기가 높아짐에 따라 강화 학습은 추상 텍스트 요약, 챗봇 등과 같은 여러 자연어 처리 작업에서 널리 사용되었습니다.

재정 : 강화 학습은 펀드를 다양한 금융 상품으로 지속적으로 재분배하는 과정인 금융 포트폴리오 관리에 널리 사용됩니다. 강화 학습은 상거래 시장의 예측 및 거래에도 사용됩니다. JP Morgan은 대규모 주문에 대해 더 나은 거래 실행 결과를 제공하기 위해 강화 학습을 성공적으로 사용했습니다.

1.8 강화 학습 용어집

지금까지 강화 학습의 몇 가지 중요하고 기본적인 개념을 배웠습니다. 이 섹션에서는 다음 장을 이해하는 데 매우 유용한 몇 가지 중요한 용어를 다시 살펴보겠습니다.

에이전트 : 에이전트는 지능적으로 체스를 두는 소프트웨어 프로그램과 같이 지능적인 결정을 내리는 방법을 배우는 소프트웨어 프로그램입니다.

환경 : 환경은 에이전트의 세계입니다. 체스 예제에서, 체스판은 에이전트가 체스를 두는 환경입니다.

상태 : 상태는 에이전트가 있을 수 있는 환경의 위치 또는 순간입니다. 예를 들어 체스판의 모든 위치를 상태라고 합니다.

행동 : 에이전트는 행동을 수행하여 환경과 상호 작용하고 한 상태에서 다른 상태로 이동합니다. 예를 들어 체스 말의 움직임은 행동입니다.

보상 : 보상은 에이전트가 행동에 따라 받는 숫자 값입니다. 예를 들어 에이전트는 좋은 행동에 대해 +1점(보상)을 받고 나쁜 행동에 대해 −1점(보상)을 받습니다.

행동 공간 : 환경에서 가능한 모든 행동의 집합을 행동 공간이라고 합니다. 행동 공간이 이산적인 행동으로 구성되어 있을 때 행동 공간은 이산 행동 공간이라고 하고, 행동 공간이 연속적 행동으로 구성되어 있을 때 행동 공간을 연속 행동 공간이라고 합니다.

정책 : 에이전트는 정책에 따라 결정을 내립니다. 정책은 에이전트에게 각 상태에서 수행할 행동을 알려줍니다. 에이전트의 두뇌라고 할 수 있습니다. 상태를 특정 행동에 정확히 매핑하는 경우 정책을 결정적 정책이라고 합니다. 결정적 정책과 달리 확률적 정책은 상태를 행동 공간의 확률 분포에 매핑합니다. 최적의 정책은 최대의 보상을 제공하는 정책입니다.

에피소드 : 초기 상태에서 종료 상태까지 에이전트−환경 상호 작용을 에피소드라고 합니다. 에피소드는 종종 궤적 또는 롤아웃이라고 합니다.

에피소드 태스크 및 연속 태스크 : 강화 학습 작업은 종료 상태가 있는 경우 에피소드 태스크라고 하고 종료 상태가 없는 경우 연속 태스크라고 합니다.

Horizon : Horizon은 에이전트의 수명, 즉 에이전트가 환경과 상호 작용할 때까지의 시간 단계로 간주될 수 있습니다. 에이전트−환경 상호작용이 특정 시간 단계에서 멈추면 그 horizon을 유한 horizon이라고 하고, 에이전트 환경 상호작용이 영원히 계속될 때를 무한 horizon이라고 합니다.

리턴 : 리턴은 에피소드에서 에이전트가 받은 보상의 합계입니다.

감가율 : 감가율은 즉각적인 보상을 중시할지 미래 보상을 중시할지 여부를 제어하는 데 도움이 됩니다. 감가율의 값은 0에서 1 사이입니다. 감가율은 0에 가까울수록 즉각적인 보상을 더 중요하게 여기고, 1에 가까울수록 즉각적인 보상보다 미래의 보상을 더 중요시한다는 의미입니다.

가치 함수 : 가치 함수 또는 상태의 가치는 에이전트가 정책 π를 따르는 상태에서 시작하여 얻을 것으로 예상되는 리턴입니다.

Q 함수 : Q 함수 또는 상태−행동 쌍의 가치는 에이전트가 상태 s에서 시작하여 정책 π에 따라 행동을 수행할 때의 예상 리턴을 의미합니다.

모델 기반 학습 및 모델 없는 학습 : 에이전트가 모델 역학으로 최적의 정책을 학습하려고 할 때 이를 모델 기반 학습이라고 합니다. 에이전트가 모델 역학 없이 최적의 정책을 학습하려고 할 때 이를 모델 없는 학습이라고 합니다.

결정적 환경 및 확률적 환경 : 에이전트가 상태 s에서 행동 a를 수행하고 매번 상태 s'에 도달하는 경우 환경을 결정적 환경이라고 합니다. 에이전트가 상태 s에서 행동 a를 수행하고 어떤 확률 분포를 기반으로 매번 다른 상태에 도달하는 경우 환경을 확률적 환경이라고 합니다.

요약

강화 학습의 기본 개념을 이해하는 것으로 이 장을 시작했습니다. 강화 학습이 시행착오 학습 과정이며 강화 학습에서의 학습은 보상을 기반으로 진행된다는 것을 배웠습니다. 그런 다음 강화 학습과 지도 학습 및 비지도 학습과 같은 다른 기계 학습 패러다임 간의 차이점을 탐구했습니다. 계속해서 MDP와 강화 학습 환경을 MDP로 모델링하는 방법에 대해 배웠습니다. 마지막으로 강화 학습과 관련된 몇 가지 중요한 기본 개념을 이해하고 장의 끝에서 강화 학습의 몇 가지 실제 응용을 살펴보았습니다.

따라서 이 장에서는 강화 학습의 몇 가지 기본 개념을 배웠습니다. 다음 장에서는 Gym이라는 인기 있는 툴킷을 사용하여 이 장에서 배운 모든 기본 개념을 구현하여 실습 강화 학습 여정을 시작할 것입니다.

평가

다음 질문에 답하여 새로 얻은 지식을 평가해 보겠습니다.

1. 강화 학습은 다른 기계 학습 패러다임과 어떻게 다릅니까?
2. 강화 학습 설정에서 환경이라고 하는 것은 무엇입니까?
3. 결정적 정책과 확률적 정책의 차이점은 무엇입니까?
4. 에피소드란?

5. 감가율이 필요한 이유는 무엇입니까?
6. 가치 함수는 Q 함수와 어떻게 다릅니까?
7. 결정적 환경과 확률적 환경의 차이점은 무엇입니까?

참고문헌

추가 내용은 다음 링크를 참조해주세요.

- Reinforcement Learning : A Survey by L. P. Kaelbling, M. L. Littman, A. W. Moore, available at https://arxiv.org/abs/cs/9605103

2

A Guide to the Gym Toolkit

Gym 툴킷 가이드

OpenAI는 인공 지능(AI) 연구 기관으로 인공 일반 지능(AGI) 구축을 목표로 합니다. 또, OpenAI는 강화 학습 에이전트를 훈련하기 위해 Gym이라는 유명한 툴킷을 제공합니다.

에이전트가 자동차를 운전하도록 훈련하려면 환경이 필요합니다. 실제 환경에서 에이전트를 훈련시켜 자동차를 운전할 수 있을까요? 강화 학습이 시행착오 학습 프로세스라는 것을 배웠기 때문에 에이전트를 훈련하는 동안 학습 중에 많은 실수를 범할 것입니다. 예를 들어 에이전트가 다른 차량에 충돌하여 부정적인 보상을 받았다고 가정해 보겠습니다. 그런 다음 다른 차량을 공격하는 것은 좋은 행동이 아님을 알게 되고 다시는 이 행동을 하지 않으려고 합니다. 하지만 실제 환경에서 다른 차량을 치면서 강화 학습 에이전트를 훈련시킬 수는 없습니다. 이것이 시뮬레이터를 사용하고 시뮬레이션된 환경에서 강화 학습 에이전트를 훈련하는 이유입니다.

강화 학습 에이전트 훈련을 위한 시뮬레이션 환경을 제공하는 많은 툴킷이 있습니다. 그러한 인기 있는 툴킷 중 하나는 Gym입니다. Gym은 고전적인 제어 작업에서 Atari 게임 환경에 이르기까지 강화 학습 에이전트를 훈련하기 위한 다양한 환경을 제공합니다. 다양한 강화 학습 알고리즘을 사용하여 이러한 시뮬레이션된 환경에서 학습하도록 강화 학습 에이전트를 훈련할 수 있습니다. 이 장에서는 먼저 Gym을 설치한 후 다양한 Gym 환경을 살펴보도록 하겠습니다. 또한 Gym 환경을 사용하여 이전 장에서 배운 개념을 실습할 것입니다.

남은 책 전체에서 강화 학습 알고리즘을 구축하고 평가하기 위해 Gym 툴킷을 사용할 것이므로 이 장에서는 Gym 툴킷에 익숙해질 것입니다.

이 장에서는 다음 주제들에 대해 배웁니다.

- Anaconda 및 Gym 설치
- Gym 환경 이해하기
- Gym 환경에서 에피소드 생성
- 더 많은 Gym 환경 탐색
- 랜덤 에이전트로 Cart-Pole 밸런싱
- 테니스 게임을 하는 에이전트

2.1 설치

이 섹션에서는 책 전체에서 사용되는 코드를 실행하는 데 필요한 여러 종속성을 설치하는 방법을 배웁니다. 먼저 Anaconda를 설치하는 방법을 배우고 Gym을 설치하는 방법을 알아보겠습니다.

2.1.1 Anaconda 설치

Anaconda는 Python의 오픈 소스 배포판이며 과학 컴퓨팅 및 대용량 데이터 처리에 널리 사용됩니다. 우수한 패키지 관리 환경을 제공하며 Windows, Mac, Linux 운영 체제를 지원합니다. Anaconda에는 NumPy, SciPy 등과 같은 과학 컴퓨팅에 사용되는 인기 있는 패키지와 함께 Python이 설치되어 있습니다.

Anaconda는 https://www.anaconda.com/download/에서 다운로드 할 수 있습니다. 여기에서 다양한 플랫폼용 Anaconda를 다운로드할 수 있는 옵션이 표시됩니다. Windows 또는 macOS를 사용하는 경우 컴퓨터 아키텍처에 따라 그래픽 설치 프로그램을 직접 다운로드하고 그래픽 설치 프로그램을 사용하여 Anaconda를 설치할 수 있습니다.

Linux를 사용하는 경우 다음 단계를 따르세요.

1. 터미널을 열고 다음 명령을 입력하여 Anaconda를 다운로드합니다.

```
wget https://repo.continuum.io/archive/Anaconda3-5.0.1-
Linux-x86_64.sh
```

2. 다운로드 후 다음 명령을 사용하여 Anaconda를 설치할 수 있습니다.

```
bash Anaconda3-5.0.1-Linux-x86_64.sh
```

Anaconda를 성공적으로 설치한 후에는 가상 환경을 만들어야 합니다. NumPy 버전 1.14를 사용하는 프로젝트 A와 NumPy 버전 1.13을 사용하는 프로젝트 B에서 작업하고 있다고 가정해 보겠습니다. 프로젝트 A에서 작업하다가, 프로젝트 B에서 작업하기 위해서는 NumPy를 다운그레이드하거나 NumPy를 다시 설치해야 합니다. 이처럼, 새 프로젝트를 위해 매번 버전을 다운그레이드하거나 업그레이드하거나 라이브러리를 다시 설치하는 대신 가상 환경을 사용할 수 있습니다.

가상 환경은 각 프로젝트가 고유한 종속성을 가질 수 있고 다른 프로젝트에 영향을 미치지 않을 수 있도록 특정 프로젝트에 대한 격리된 환경입니다. 다음 명령을 사용하여 universe라는 이름의 가상 환경을 만듭니다.

```
conda create --name universe python=3.6 anaconda
```

이 책에서는 Python 버전 3.6을 사용합니다. 가상 환경이 생성되면 다음 명령을 사용하여 활성화할 수 있습니다.

```
source activate universe
```

2.1.2 Gym 설치

이 섹션에서는 Gym 툴킷을 설치하는 방법을 배웁니다. 계속 진행하기 전에 먼저 가상 환경인 universe를 활성화해 보겠습니다.

```
source activate universe
```

이제 다음 종속성을 설치합니다.

```
sudo apt-get update
sudo apt-get install golang libcupti-dev libjpeg-turbo8-dev make tmux
htop chromium-browser git cmake zlib1g-dev libjpeg-dev xvfb libav-tools
xorg-dev python-opengl libboost-all-dev libsdl2-dev swig
conda install pip six libgcc swig
conda install opencv
```

pip를 사용하여 직접 Gym을 설치할 수 있습니다. 이 책 전체에서 Gym 버전 0.15.4를 사용할 것입니다. 다음 명령을 사용하여 Gym을 설치할 수 있습니다.

```
pip install gym==0.15.4
```

다음과 같이 Gym 저장소를 복제하여 Gym을 설치할 수도 있습니다.

```
cd ~
git clone https://github.com/openai/gym.git
cd gym
pip install -e '.[all]'
```

2.1.2.1 일반적인 오류

만일을 대비하여 Gym을 설치하는 동안 다음 오류가 발생하면 다음 명령이 도움이 될 것입니다.

- **Failed building wheel for pachi-py** or **failed building wheel for pachi-py atari-py**:

```
sudo apt-get update
sudo apt-get install xvfb libav-tools xorg-dev libsdl2-dev swig
cmake
```

- **Failed building wheel for mujoco-py**:

```
git clone https://github.com/openai/mujoco-py.git
cd mujoco-py

sudo apt-get update
sudo apt-get install libgl1-mesa-dev libgl1-mesa-glx libosmesa6-
dev python3-pip python3-numpy python3-scipy

pip3 install -r requirements.txt
sudo python3 setup.py install
```

- **error: command 'gcc' failed with exit status 1**:

```
sudo apt-get update

sudo apt-get install python-dev
sudo apt-get install libevent-dev
```

2.2 Gym 환경 만들기

Gym이 강화학습 에이전트를 훈련시키기 위한 다양한 환경을 제공한다는 것을 배웠습니다. Gym 환경이 어떻게 설계되었는지 명확하게 이해하기 위해 기본 Gym 환경부터 시작하겠습니다. 그 후, 다른 복잡한 Gym 환경을 이해할 것입니다.

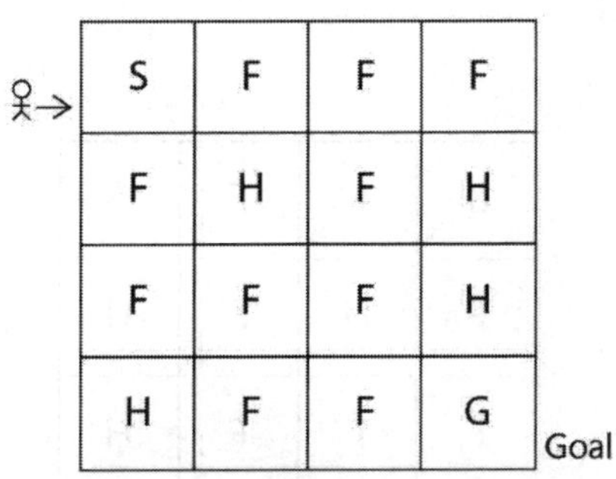

그림 2.1 Frozen Lake 환경

Frozen Lake 환경이라는 가장 간단한 환경 중 하나를 소개하겠습니다. 그림 2.1은

Frozen Lake 환경을 보여줍니다. Frozen Lake 환경에서 에이전트의 목표는 초기 상태 S에서 시작하여 목표 상태 G에 도달하는 것입니다.

이 환경의 상태들은 다음과 같습니다.

- S는 시작 상태를 나타냅니다.
- F는 동결 상태를 나타냅니다.
- H는 구멍 상태를 나타냅니다.
- G는 목표 상태를 나타냅니다.

따라서 에이전트는 상태 S에서 시작하여 목표 상태 G에 도달해야 합니다. 그러나 한 가지 문제는 에이전트가 구멍 상태인 상태 H를 방문하면 에이전트가 그림 2.2와 같이 구멍에 빠져 죽는다는 것입니다.

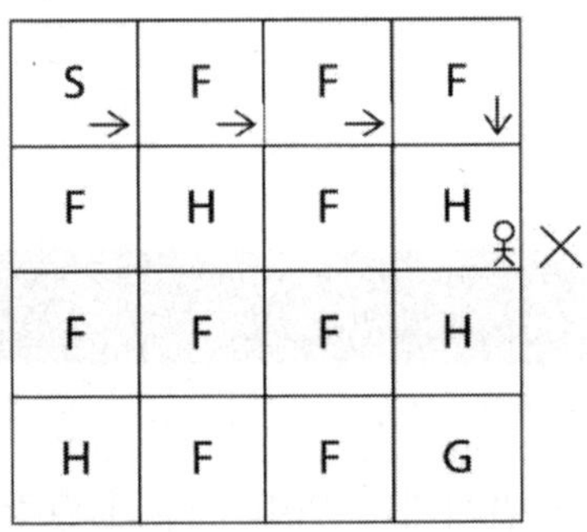

그림 2.2 구멍에 빠진 에이전트

따라서 에이전트가 그림 2.3과 같이 구멍 상태 H에 떨어지지 않고 S에서 시작하여 G에 도달하는지 확인해야 합니다.

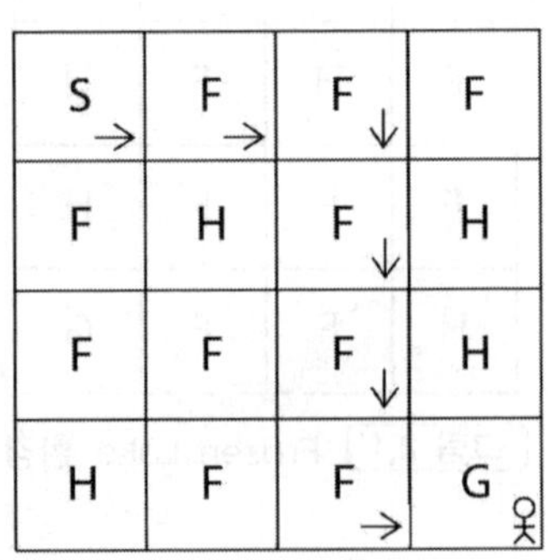

그림 2.3 목표 상태에 도달한 에이전트

환경의 각 그리드 상자를 상태라고 하므로 16개의 상태(S에서 G)가 있고 위, 아래, 왼쪽 및 오른쪽의 4가지 행동이 있습니다. 목표는 H를 방문하지 않고 S에서 상태 G에 도달하는 것임을 배웠습니다. 따라서 목표 상태 G에 대해 +1 보상을 할당하고 다른 모든 상태에 대해 0을 할당합니다.

지금까지 Frozen Lake 환경이 작동하는 방식을 배웠습니다. 이제 Frozen Lake 환경에서 에이전트를 훈련시키려면 Python을 사용하여 환경을 만들어야 합니다. 하지만 다행히도 그렇게 할 필요가 없습니다! Gym은 다양한 환경을 제공하기 때문에 Gym 툴킷을 직접 가져와서 Frozen Lake 환경을 생성할 수 있습니다.

이제 Gym을 사용하여 Frozen Lake 환경을 만드는 방법을 배워보겠습니다. 코드를 실행하기 전에 가상 환경 universe를 활성화했는지 확인하세요. 먼저 Gym 라이브러리를 가져오겠습니다.

```
import gym
```

다음으로 make 함수를 사용하여 Gym 환경을 만들 수 있습니다. make 함수에는 환경 id가 매개변수로 필요합니다. Gym에서 Frozen Lake 환경의 id는 FrozenLake-v0입니다. 따라서 다음과 같이 Frozen Lake 환경을 만들 수 있습니다.

```
env = gym.make("FrozenLake-v0")
```

환경을 생성한 후 render 함수를 사용하여 환경이 어떻게 보이는지 확인할 수 있습니다.

```
env.render()
```

앞의 코드는 다음 환경을 렌더링합니다.

```
SFFF
FHFH
FFFH
HFFG
```

그림 2.4 Gym의 Frozen Lake 환경

Frozen Lake 환경은 16개 상태(S에서 G까지)로 구성됩니다. 상태 S가 강조 표시되어 현재 상태, 즉 에이전트가 상태 S에 있음을 나타냅니다. 따라서 환경을 만들 때마다 에이전트는 항상 초기 상태(상태 S)에서 시작합니다.

Gym을 사용하여 환경을 만드는 것은 간단합니다. 다음 섹션에서는 이전 장에서 배운 모든 개념을 연결하여 Gym 환경에 대해 더 많이 이해해 보겠습니다.

2.2.1 환경 탐험

이전 장에서 강화 학습 환경이 MDP(Markov Decision Process)로 모델링될 수 있으며 MDP는 다음으로 구성된다는 것을 배웠습니다.

- **상태** : 환경에 존재하는 상태 집합입니다.
- **행동** : 에이전트가 각 상태에서 수행할 수 있는 행동 집합입니다.
- **전이 확률** : 전이 확률은 $P(s'|s,a)$로 표시됩니다. 이는 행동 a를 수행하는 동안 상태 s에서 상태 s'로 이동할 확률을 의미합니다.
- **보상 함수** : 보상 함수는 $R(s,a,s')$로 표시됩니다. 이는 에이전트가 행동 a를 수행하는 동안 상태 s에서 상태 s'로 이동하여 얻는 보상을 의미합니다.

이제 Gym.을 사용하여 방금 만든 Frozen Lake 환경에서 위의 모든 정보를 얻는 방법을 이해해 보겠습니다.

2.2.1.1 상태

상태 공간은 모든 상태로 구성됩니다. 다음과 같이 env.observation_space를 입력하여 환경의 상태 수를 얻을 수 있습니다.

```
print(env.observation_space)
```

앞의 코드는 다음을 출력합니다.

```
Discrete(16)
```

상태 공간에 상태 S에서 G까지 16개의 개별 상태가 있음을 의미합니다. Gym에서 상태는 숫자로 인코딩되므로 상태 S는 0으로 인코딩되고 상태 F는 1로 인코딩되는 식으로 그림 2.5에서 볼 수 있는 것과 같습니다.

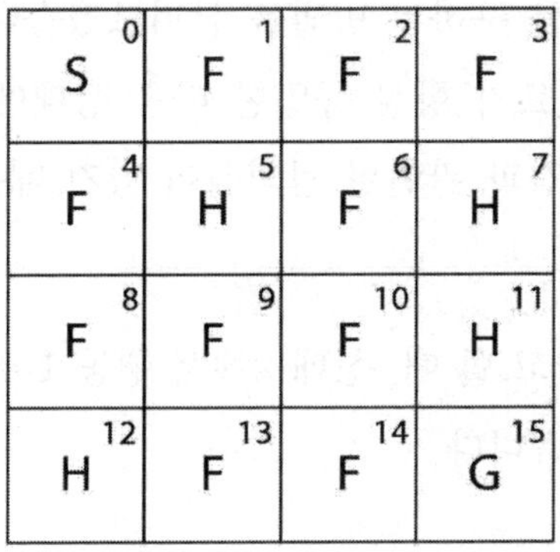

그림 2.5 16개의 이산 상태

2.2.1.2 행동

행동 공간이 환경에서 가능한 모든 행동으로 구성된다는 것을 배웠습니다. env.action_space를 사용하여 행동 공간을 얻을 수 있습니다.

```
print(env.action_space)
```

앞의 코드는 다음을 출력합니다.

```
Discrete(4)
```

이것은 행동 공간에 4개의 개별 행동인 왼쪽, 아래쪽, 오른쪽, 위쪽이 있음을 보여줍니다. 상태와 유사하게 행동도 표 2.1과 같이 숫자로 인코딩됩니다.

Number	Action
0	Left
1	Down
2	Right
3	Up

표 2.1 4가지 이산 행동

2.2.1.3 전이 확률 및 보상 함수

이제 전이 확률과 보상 함수를 구하는 방법을 살펴보겠습니다. 확률적 환경에서는 어떤 행동을 수행함으로써 에이전트가 항상 동일한 다음 상태에 도달한다고 말할 수 없다는 것을 배웠습니다. 확률적 환경과 관련된 임의성이 있기 때문에 에이전트는 확률에 따라 다음 상태에 도달합니다.

에이전트가 상태 2(F)에 있다고 할 때, 상태 2에서 행동 1(down)을 수행하면 그림 2.6과 같이 상태 6에 도달할 수 있습니다.

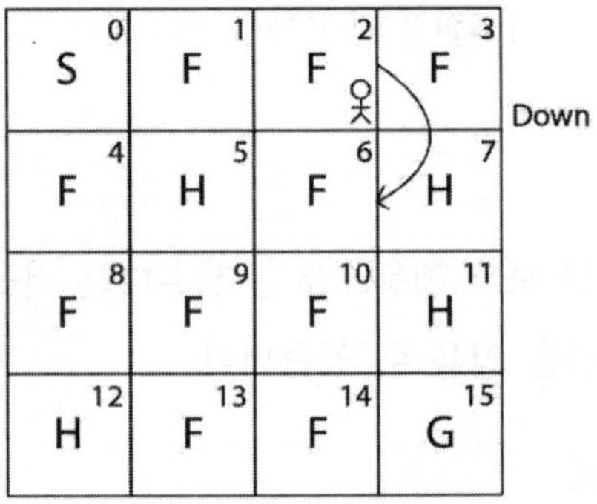

그림 2.6 상태 2에서 아래쪽 행동을 수행하는 에이전트

Frozen Lake 환경은 확률적 환경입니다. 환경이 확률적일 때 상태 2에서 행동 1(down)을 수행하여 항상 상태 6에 도달하는 것은 아니며 어느 정도 확률로 다른 상태에 도달합니다. 따라서 상태 2에서 행동 1(down)을 수행하면 그림 2.7과 같이 0.33333의 확률로 상태 1에 도달하고 0.33333의 확률로 상태 6에 도달하며 0.33333의 확률로 상태 3에 도달합니다.

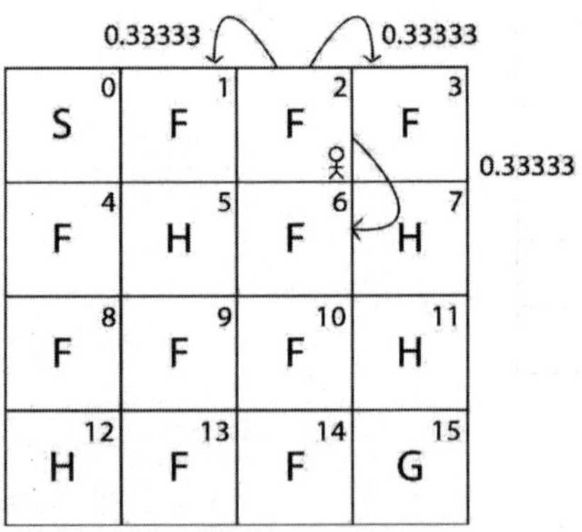

그림 2.7 상태 2에 있는 에이전트의 전이 확률

확률적 환경에서 확률 분포에 따라 다음 상태에 도달합니다. 이제 Gym 환경을 사용하여 이 전이 확률을 구하는 방법을 알아보겠습니다.

env.P[state][action]을 입력하면 전이 확률과 보상 함수를 얻을 수 있습니다. 따라서 오른쪽 행동을 수행하여 상태 S에서 다른 상태로 이동할 수 있는 전이 확률을 얻으려면 env.P[S][right]를 입력할 수 있습니다. 하지만 상태 S와 행동은 숫자로 인코딩되어 있기 때문에 바로 입력할 수 없습니다. 상태 S는 0으로 인코딩되고 오른쪽 행동은 2로 인코딩되므로 오른쪽 행동을 수행하여 상태 S의 전이 확률을 얻으려면 다음과 같이 env.P[0][2]를 입력합니다.

```
print(env.P[0][2])
```

위의 코드는 다음과 같이 출력됩니다.

```
[(0.33333, 4, 0.0, False),
 (0.33333, 1, 0.0, False),
 (0.33333, 0, 0.0, False)]
```

출력은 [(전이 확률, 다음 상태, 보상, 최종 상태 여부)] 형식입니다. 상태 0(S)에서는 다음과 같습니다.

- 0.33333의 확률로 상태 4(F)에 도달하고 0의 보상을 받습니다.
- 0.33333의 확률로 상태 1(F)에 도달하고 0의 보상을 받습니다.
- 0.33333의 확률로 동일한 상태 0(S)에 도달하고 0의 보상을 받습니다.

그림 2.8은 전이 확률을 보여줍니다.

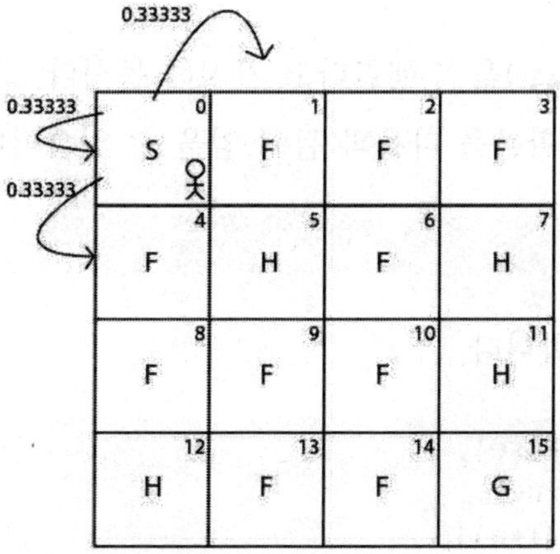

그림 2.8 상태 0에 있는 에이전트의 전이 확률

따라서 env.P[state][action]를 입력하면 [(전환 확률, 다음 상태, 보상, 종료 상태 여부)] 형식으로 결과를 얻습니다. 마지막 값은 Boolean이며 다음 상태가 터미널 상태인지의 여부를 알려줍니다. 4, 1, 0은 최종 상태가 아니므로 false로 제공됩니다.

env.P[0][2]의 출력은 보다 명확하게 표 2.2에 나와 있습니다.

Transition Probability	Next State	Reward	Is terminal state
0.33333	4(F)	0.0	False
0.33333	1(F)	0.0	False
0.33333	0(S)	0.0	False

표 2.2 env.P[0][2]의 출력

그림 2.9에서 볼 수 있듯이 에이전트가 상태 3(F)에 있다고 가정해 보겠습니다.

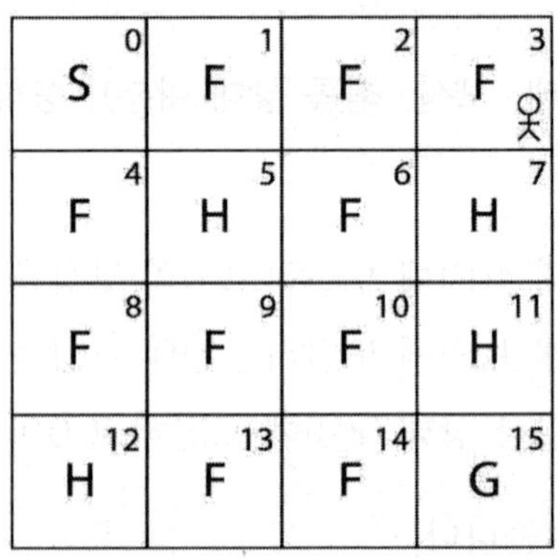

그림 2.9 상태 3의 에이전트

상태 3(F)에서 행동 1(down)을 수행한다고 가정해 봅시다. 그러면 행동 1(down)을 수행하여 상태 3(F)의 전이 확률을 다음과 같이 얻을 수 있습니다.

```
print(env.P[3][1])
```

앞의 코드는 다음을 출력합니다.

```
[(0.33333, 2, 0.0, False),
 (0.33333, 7, 0.0, True),
 (0.33333, 3, 0.0, False)]
```

배웠듯이 출력은 [(전환 확률, 다음 상태, 보상, 최종 상태 여부)] 형식입니다. 이는 상태 3(F)에서 행동 1(down)을 수행하면 다음을 의미합니다.

- 0.33333의 확률로 상태 2(F)에 도달하고 0의 보상을 받습니다.
- 0.33333의 확률로 상태 7(H)에 도달하고 0의 보상을 받습니다.
- 0.33333의 확률로 동일한 상태 3(F)에 도달하고 0의 보상을 받습니다.

그림 2.10은 전이 확률을 보여줍니다.

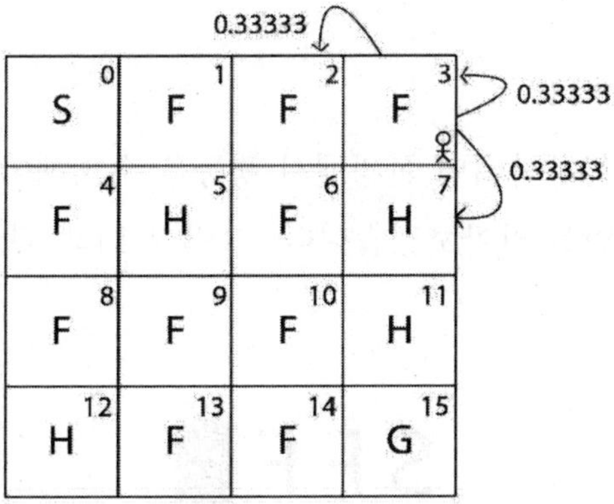

그림 2.10 상태 3에 있는 에이전트의 전이 확률

env.P[3][1]의 출력은 보다 명확하게 표 2.3에 나와 있습니다.

Transition Probability	Next State	Reward	Is terminal State
0.33333	2(F)	0.0	False
0.33333	7(H)	0.0	True
0.33333	3(F)	0.0	False

표 2.3 env.P[3][1]의 출력

출력의 두 번째 행에는 (0.33333, 7, 0.0, True)가 있고 마지막 값은 True로 표시됩니다. 상태 7이 종료 상태임을 의미합니다. 즉, 상태 3(F)에서 행동 1(down)을 수행하면 0.33333의 확률로 상태 7(H)에 도달하고 7(H)은 구멍이므로 에이전트가 상태 7(H)에 도달하면 에이전트가 죽는다. 따라서 7(H)는 종료 상태이므로 True로 표시됩니다.

Gym 환경을 이용하여 상태 공간, 행동 공간, 전이 확률, 보상 함수를 구하는 방법을 배웠다. 다음 섹션에서는 에피소드를 생성하는 방법을 배워보겠습니다.

2.2.2 에피소드 생성

에이전트-환경 상호작용은 초기 상태에서 시작하여 종료 상태까지의 에피소드라고 배웠습니다. 이 섹션에서는 Gym 환경에서 에피소드를 생성하는 방법을 배워보겠습니다.

시작하기 전에 환경을 재설정하여 상태를 초기화합니다. 재설정은 에이전트를 초기 상태로 되돌립니다. 다음과 같이 reset() 함수를 사용하여 환경을 재설정할 수 있습니다.

```
state = env.reset()
```

2.2.2.1 행동 선택

에이전트가 환경과 상호 작용하려면 환경에서 행동을 수행해야 합니다. 먼저 Gym 환경에서 행동을 수행하는 방법을 알아보겠습니다. 그림 2.11과 같이 상태 3(F)에 있다고 가정해 보겠습니다.

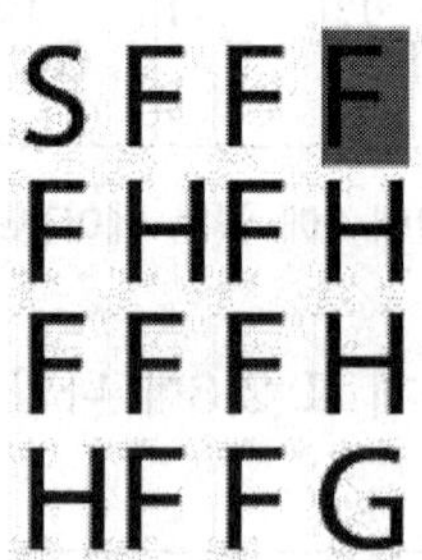

그림 2.11 Frozen Lake 환경에서 상태 3에 있는 에이전트

행동 1(down)을 수행하고 새 상태 7(H)로 이동해야 한다고 가정해 보겠습니다. 이때, step 함수를 사용하여 행동을 수행할 수 있습니다. step 함수에 대한 매개변수로 행동을 입력하기만 하면 됩니다. 따라서 다음과 같이 step 함수를 사용하여 상태 3(F)에서 행동 1(down)을 수행할 수 있습니다.

```
env.step(1)
```

이제 render 함수를 사용하여 환경을 렌더링해 보겠습니다.

```
env.render()
```

그림 2.12와 같이 에이전트는 상태 3(F)에서 행동 1(down)을 수행하고 다음 상태 7(H)에 도달합니다.

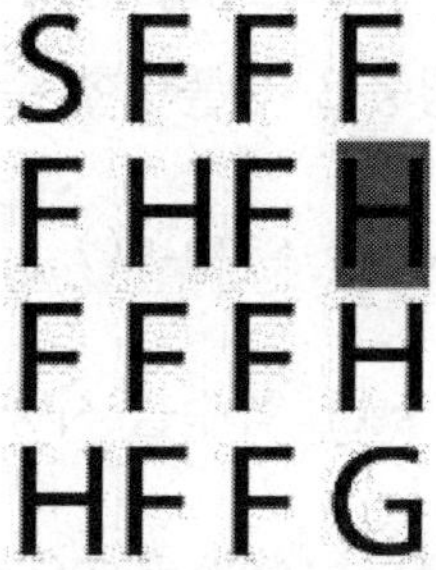

그림 2.12 Frozen Lake 환경에서 상태 7에 있는 에이전트

env.step()을 사용하여 행동을 수행할 때마다 4개의 값을 포함하는 튜플이 출력됩니다. 따라서, env.step(1)을 사용하여 상태 3(F)에서 행동 1(down)을 수행할 때의 출력은 다음과 같습니다.

```
(7, 0.0, True, {'prob': 0.33333})
```

상태 3(F)에서 행동 1(down)을 수행하는 것은 다음을 의미합니다.

- 다음 상태 7(H)에 도달합니다.
- 에이전트는 보상 0.0을 받습니다.
- 다음 상태 7(H)은 종료 상태이므로 True로 표시합니다.
- 0.33333의 확률로 다음 상태 7(H)에 도달합니다.

이 정보를 다음과 같이 저장할 수 있습니다.

```
(next_state, reward, done, info) = env.step(1)
```

각 변수가 의미하는 바는 다음과 같습니다.

- next_state는 다음 상태를 나타냅니다.
- reward는 획득한 보상을 나타냅니다.
- done은 에피소드가 종료되었는지 여부를 의미합니다. 즉, 다음 상태가 종료 상태이면 에피소드가 종료되므로 done은 True로 표시되고 그렇지 않으면 False로 표시됩니다.

- info에는 전이 확률 외에도 경우에 따라 디버깅 목적으로 사용되는 정보 같은 다른 정보들이 포함됩니다.

또한 행동 공간에서 행동을 샘플링하고 환경을 탐색하기 위해 무작위 행동을 수행할 수 있으며 sample 함수를 사용하여 행동을 샘플링할 수 있습니다.

```
random_action = env.action_space.sample()
```

행동 공간에서 행동을 샘플링한 후 step 함수를 사용하여 샘플링된 행동을 수행합니다.

```
next_state, reward, done, info = env.step(random_action)
```

환경에서 행동을 선택하는 방법을 배웠으니 이제 에피소드를 생성하는 방법을 살펴보겠습니다.

2.2.2.2 에피소드 생성

에피소드는 초기 상태에서 종료 상태까지의 에이전트-환경 상호 작용입니다. 에이전트는 각 상태에서 몇 가지 행동을 수행하여 환경과 상호 작용합니다. 에이전트가 최종 상태에 도달하면 에피소드가 종료됩니다. 따라서 Frozen Lake 환경에서는 에이전트가 구멍 상태(H) 또는 목표 상태(G)인 최종 상태에 도달하면 에피소드가 종료됩니다.

무작위 정책으로 에피소드를 생성하는 방법을 알아보겠습니다. 무작위 정책은 각 상태에서 무작위 행동을 선택한다는 것을 배웠습니다. 따라서 각 상태에서 임의의 행동을 수행하여 에피소드를 생성합니다. 에피소드의 각 시간 단계에 대해 각 상태에서 임의의 행동을 수행하고 에이전트가 최종 상태에 도달하면 에피소드가 종료됩니다.

먼저 시간 단계 수를 설정합니다.

```
num_timesteps = 20
```

각 시간 단계에 대해 수행합니다.

```
for t in range(num_timesteps):
```

행동 공간에서 샘플링하여 행동을 무작위로 선택합니다.

```
random_action = env.action_space.sample()
```

선택한 행동을 수행합니다.

```
next_state, reward, done, info = env.step(random_action)
```

다음 상태가 종료 상태이면 중단합니다. 이것은 에피소드가 끝남을 의미합니다.

```
if done:
    break
```

명확성을 위해 앞의 전체 코드를 제공합니다. 다음 코드는 각 시간 단계마다 행동 공간에서 무작위로 샘플링한 행동을 선택하고 에이전트가 최종 상태에 도달하면 에피소드가 종료됨을 나타냅니다.

```
import gym
env = gym.make("FrozenLake-v0")

state = env.reset()

print('Time Step 0 :')
env.render()

num_timesteps = 20

for t in range(num_timesteps):
  random_action = env.action_space.sample()

  new_state, reward, done, info = env.step(random_action)
  print ('Time Step {} :'.format(t+1))


  env.render()

  if done:
    break
```

에이전트가 각 시간 단계에서 임의의 행동을 수행하기 때문에 앞의 코드를 실행할 때마다 다른 결과를 얻을 수 있습니다.

각 시간 단계에서 에이전트는 각 상태에서 임의의 행동을 수행하고 에이전트가 최종 상태에 도달하면 에피소드가 종료됩니다. 그림 2.13에서 볼 수 있듯이 시간 단계 4에서 에이전트는 최종 상태 H에 도달하므로 에피소드가 종료됩니다.

그림 2.13 각 시간 단계에서 에이전트가 취한 행동

하나의 에피소드를 생성하는 대신 일련의 에피소드를 생성할 수도 있습니다.

```
import gym
env = gym.make("FrozenLake-v0")
```

```
num_episodes = 10
num_timesteps = 20

for i in range(num_episodes):

    state = env.reset()
    print('Time Step 0 :')
    env.render()

    for t in range(num_timesteps):
        random_action = env.action_space.sample()

        new_state, reward, done, info = env.step(random_action)
        print ('Time Step {} :'.format(t+1))


        env.render()
        if done:
            break
```

행동 공간에서 샘플링하여 각 상태에서 임의의 행동을 선택하여 에피소드를 생성할 수 있습니다. 에피소드를 생성해야 하는 이유는 무엇일까요?

이전 장에서는 에이전트가 여러 에피소드를 생성하여 최적의 정책(즉, 각 상태에서 올바른 행동)을 찾을 수 있음을 배웠습니다. 그러나 앞의 예제에서는 모든 에피소드에 대해 각 상태에서 임의의 행동을 수행했습니다. 에이전트는 어떻게 최적의 정책을 찾을 수 있을까요? Frozen Lake 환경의 경우 에이전트가 구멍 상태 H를 방문하지 않고 상태 S에서 상태 G에 도달하도록 알려주는 최적의 정책을 어떻게 찾을 수 있을까요?

여기서 강화 학습 알고리즘이 필요합니다. 강화 학습은 최적의 정책, 즉 각 상태에서 수행할 행동을 알려주는 정책을 찾는 것입니다. 다음 장에서 다양한 강화 학습 알고리즘을 사용하여 일련의 에피소드를 생성하여 최적의 정책을 찾는 방법을 배우게 됩니다. 이 장에서는 책 전체에 걸쳐 Gym 환경을 사용할 것이기 때문에 Gym 환경과 다양한 Gym 함수에 익숙해지는 데 초점을 맞출 것입니다.

지금까지 기본 Frozen Lake 환경을 사용하여 Gym 환경이 어떻게 작동하는지 이해했지만, Gym에는 다른 많은 함수와 몇 가지 흥미로운 환경이 있습니다. 다음 섹션에서는 다른 Gym 환경과 함께 Gym의 함수에 대해 알아볼 것입니다.

2.3 Gym 환경

이 섹션에서는 여러 가지 흥미로운 Gym 환경과 함께 Gym의 다양한 함수를 탐색할 것입니다.

2.3.1 클래식 제어 환경

Gym은 Cart-Pole 밸런싱, 역진자 스윙, 산악차 등반 등과 같은 몇 가지 고전적인 제어 작업을 위한 환경을 제공합니다. Cart-Pole 밸런싱 작업을 위한 체육관 환경을 만드는 방법을 이해해 봅시다. Cart-Pole 환경은 아래와 같습니다.

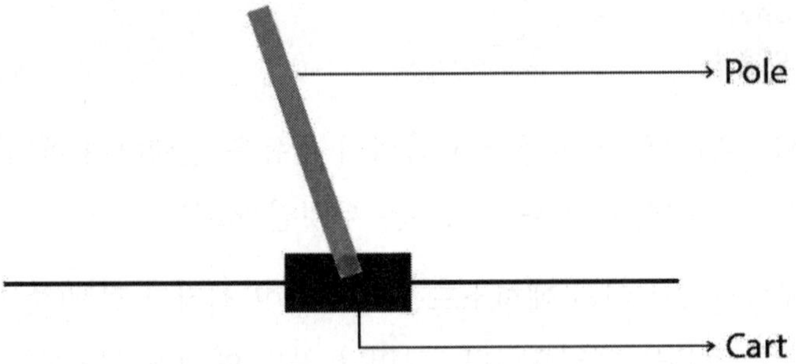

그림 2.14 Cart-Pole 예제

Cart-Pole 밸런싱은 고전적인 제어 문제 중 하나입니다. 그림 2.14에서 볼 수 있듯이 기둥이 카트에 부착되어 있고 에이전트의 목표는 그림 2.15와 같이 카트에서 기둥의 균형을 맞추는 것입니다.

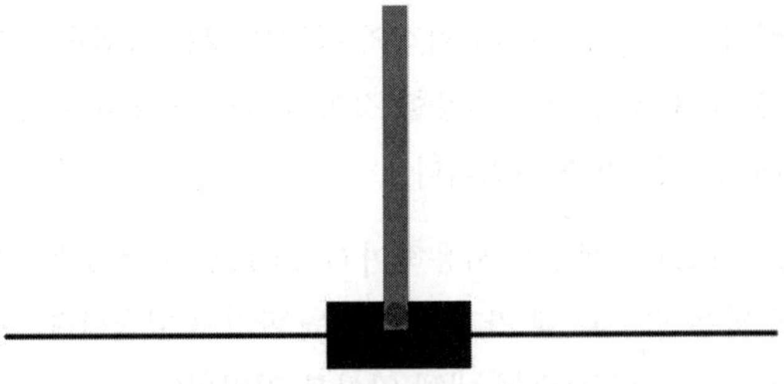

그림 2.15 기둥을 똑바로 유지하는 목표

따라서 에이전트는 막대가 카트에 똑바로 서 있도록 카트를 좌우로 밀어야 합니다. 에이전트는 카트를 왼쪽으로 밀고 카트를 오른쪽으로 미는 두 가지 행동을 수행하여 막대가 카트에 똑바로 서 있도록 해야 합니다. 또한 https://youtu.be/qMlcsc43-lg에서는 흥미로운 비디오를 확인할 수 있습니다. 이 비디오는 강화 학습 에이전트가 카트를 좌우로 움직여 카트의 기둥 균형을 잡는 방법을 보여줍니다.

이제 Gym을 이용하여 Cart-Pole 환경을 만드는 방법을 알아봅시다. Gym에서 Cart-Pole 환경의 환경 id는 CartPole-v0이므로 make 함수를 사용하여 아래와 같이 Cart-Pole 환경을 생성할 수 있습니다.

```
env = gym.make("CartPole-v0")
```

환경을 만든 후 render 함수를 사용하여 환경을 볼 수 있습니다.

```
env.render()
```

close 함수를 사용하여 렌더링된 환경을 닫을 수도 있습니다.

```
env.close()
```

2.3.1.1 상태 공간

이제 Cart-Pole 환경의 상태 공간을 살펴보겠습니다. 기다리다! Frozen Lake 환경에서는 S에서 G까지 16개의 개별 상태가 있었습니다. 하지만 여기서는 상태가 카트 위치의 연속 값입니다. 따라서 이 경우 상태 공간에 이산 값(S에서 G까지)이 있었던 Frozen Lake 환경과 달리 상태 공간은 연속 값이 됩니다.

그러나 카트 위치만으로는 환경 상태를 완전히 설명할 수 없습니다. 따라서 카트 속도, 막대 각도 및 막대 속도를 포함합니다. 따라서 다음과 같이 값의 배열로 상태 공간을 설명할 수 있습니다.

```
array([cart position, cart velocity, pole angle, pole velocity at the
tip])
```

이러한 값은 모두 연속적인 값이며 다음과 같습니다.

1. 카트 위치 값의 범위는 −4.8에서 4.8 사이입니다.
2. 카트 속도 값의 범위는 −∞(−Inf)에서 ∞(+Inf)입니다.
3. 막대 각도 값의 범위는 −0.418 라디안에서 0.418 라디안입니다.
4. 막대 속도 값의 범위는 −∞에서 ∞까지입니다.

따라서 상태 공간에는 연속 값의 배열이 포함됩니다. 이것을 Gym에서 어떻게 얻을 수 있는지 알아봅시다. 상태 공간을 얻으려면 다음과 같이 env.observation_space를 입력하면 됩니다.

```
print(env.observation_space)
```

앞의 코드는 다음을 출력합니다.

```
Box(4,)
```

Box는 상태 공간이 이산 값이 아닌 연속 값으로 구성되어 있음을 의미합니다. 즉, Frozen Lake 환경에서는 상태 공간을 Discrete(16)로 얻었으며, 이는 16개의 이산 상태(S에서 G까지)가 있음을 보여줍니다. 그러나 Box(4,)는 상태 공간이 연속적이고 4개 값의 배열로 구성되어 있음을 의미합니다.

예를 들어, 환경을 재설정하고 초기 상태 공간이 어떻게 생겼는지 살펴보겠습니다. reset 함수를 사용하여 환경을 재설정할 수 있습니다.

```
print(env.reset())
```

앞의 코드는 다음을 출력합니다.

```
array([ 0.02002635, -0.0228838 ,  0.01248453,  0.04931007])
```

여기서 상태 공간은 무작위로 초기화되므로 앞의 코드를 실행할 때마다 다른 값을 얻게 됩니다.

앞의 코드의 결과는 초기 상태 공간이 각각 카트 위치, 카트 속도, 막대 각도 및 막대 속도를 나타내는 4개 값의 배열로 구성되어 있음을 의미합니다.

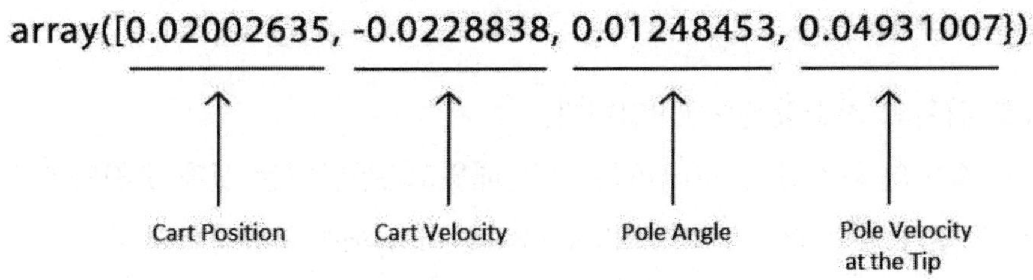

그림 2.16 초기 상태 공간

어떻게 상태 공간의 최대값과 최소값을 얻을 수 있을까요? env.observation_space를 사용하여 상태 공간의 최대값을 얻을 수 있고 env.observation_space.low를 사용하여 상태 공간의 최소값을 얻을 수 있습니다.

예를 들어 상태 공간의 최대값을 살펴보겠습니다.

```
print(env.observation_space.high)
```

앞의 코드는 다음을 출력합니다.

```
[4.8000002e+00 3.4028235e+38 4.1887903e-01 3.4028235e+38]
```

이는 다음을 의미합니다.

1. 카트 위치의 최대값은 4.8입니다.
2. 카트 속도의 최대값이 +Inf라는 것을 배웠고, 무한대는 실제 숫자가 아니므로 가장 큰 양의 실수 값 3.4028235e+38을 사용하여 표현됩니다.
3. 막대 각도의 최대값은 0.418 라디안입니다.
4. 막대 속도의 최대값은 +Inf이므로 가장 큰 양의 실수값 3.4028235e+38을 사용하여 표현됩니다.

마찬가지로 다음과 같이 상태 공간의 최소값을 얻을 수 있습니다.

```
print(env.observation_space.low)
```

앞의 코드는 다음을 출력합니다.

```
[-4.8000002e+00 -3.4028235e+38 -4.1887903e-01 -3.4028235e+38]
```

이는 다음을 의미합니다.

1. 카트 위치의 최소값은 -4.8입니다.
2. 카트 속도의 최소값이 -Inf라는 것을 배웠고, 무한대는 실제 숫자가 아니므로 가장 큰 음의 실수 값 -3.4028235e+38을 사용하여 표현됩니다.
3. 막대 각도의 최소값은 -0.418 라디안입니다.
4. 막대 속도의 최소값은 -Inf이므로 가장 큰 음의 실수값 -3.4028235e+38을 사용하여 표현됩니다.

2.3.1.2 행동 공간

이제 액션 공간을 살펴보겠습니다. Cart-Pole 환경에서 카트를 왼쪽으로 밀고 카트를 오른쪽으로 미는 두 가지 행동을 수행하므로 두 개의 개별 행동만 있기 때문에 행동 공간은 이산입니다.

행동 공간을 얻으려면 다음과 같이 env.action_space를 입력하면 됩니다.

```
print(env.action_space)
```

앞의 코드는 다음을 출력합니다.

```
Discrete(2)
```

Discrete(2)는 행동 공간이 이산적이며 행동 공간에 두 가지 행동이 있음을 의미합니다. 행동은 표 2.4와 같이 숫자로 인코딩됩니다.

Number	Action
0	Push cart to the left
1	Push cart to the right

표 2.4 두 가지 가능한 행동

2.3.1.3 무작위 정책으로 Cart-Pole 밸런싱

무작위 정책으로 에이전트를 생성해봅시다. 즉, 환경에서 무작위 행동을 선택하고 막대의 균형을 맞추는 에이전트를 생성합니다. 에이전트는 막대가 카트에 똑바로 서 있을 때마다 +1 보상을 받습니다. 100개 이상의 에피소드를 생성할 것이며 각 에피소드에서 얻은 리턴(보상 합계)을 볼 것입니다.

먼저 Cart-Pole 환경을 만들어 보겠습니다.

```
import gym
env = gym.make('CartPole-v0')
```

에피소드 수와 에피소드의 시간 단계 수를 설정합니다.

```
num_episodes = 100
num_timesteps = 50
```

에피소드마다 수행됩니다.

```
for i in range(num_episodes):
```

리턴을 0으로 설정합니다.

```
    Return = 0
```

환경을 재설정하여 상태를 초기화합니다.

```
    state = env.reset()
```

에피소드의 각 시간 단계마다 수행됩니다.

```
    for t in range(num_timesteps):
```

환경을 렌더링합니다.

```
        env.render()
```

환경에서 샘플링하여 무작위로 행동을 선택합니다.

```
        random_action = env.action_space.sample()
```

무작위로 선택한 행동을 수행합니다.

```
        next_state, reward, done, info = env.step(random_action)
```

리턴을 업데이트합니다.

```
        Return = Return + reward
```

다음 상태가 종료 상태인 경우 에피소드를 종료합니다.

```
        if done:
            break
```

10개의 에피소드마다 리턴(보상 합계)을 출력합니다.

```
    if i%10==0:
        print('Episode: {}, Return: {}'.format(i, Return))
```

환경을 종료합니다.

```
env.close()
```

앞의 코드는 10개의 에피소드마다 얻은 보상의 합계를 출력합니다.

```
Episode: 0, Return: 14.0
Episode: 10, Return: 31.0
Episode: 20, Return: 16.0
Episode: 30, Return: 9.0
Episode: 40, Return: 18.0
Episode: 50, Return: 13.0
Episode: 60, Return: 25.0
Episode: 70, Return: 21.0
Episode: 80, Return: 17.0
Episode: 90, Return: 14.0
```

따라서 Cart-Pole 밸런싱이라는 흥미롭고 고전적인 제어 문제와 Gym을 사용하여 Cart-Pole 밸런싱 환경을 만드는 방법에 대해 배웠습니다. Gym은 그림 2.17과 같이 몇 가지 다른 클래식 제어 환경을 제공합니다.

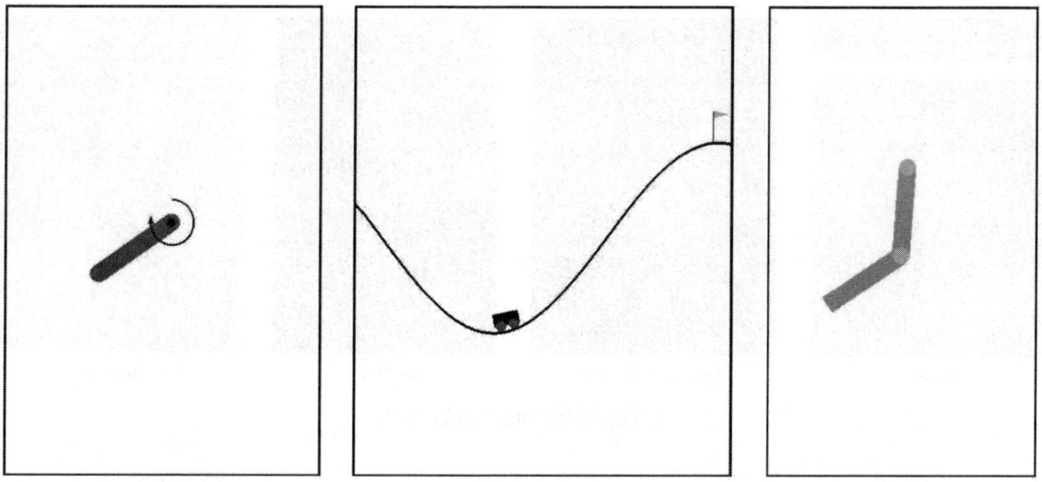

그림 2.17 클래식 제어 환경

Gym을 사용하여 위의 환경을 만들어 몇 가지 실험을 해볼 수도 있습니다. https://gym.openai.com/envs/#classic_control에서 Gym이 제공하는 모든 클래식 제어 환경을 확인할 수 있습니다.

2.3.2 Atari 게임 환경

Atari 2600은 Atari라는 게임 회사의 비디오 게임 콘솔입니다. Atari 게임 콘솔은 Pong, Space Invaders, Ms. Pac-Man, Break Out, Centipede 등 여러 인기 게임을 제공합니다. Atari 게임을 하도록 강화 학습 에이전트를 훈련시키는 것은 흥미롭고 도전적인 작업입니다. 대부분의 강화 학습 알고리즘은 정확성을 평가하기 위해 Atari 게임 환경에서 테스트됩니다.

이 섹션에서는 Gym을 사용하여 Atari 게임 환경을 만드는 방법을 배워보겠습니다. Gym은 Pong, Space Invaders, Air Raid, Asteroids, Centipede, Ms. Pac-Man 등을 포함한 약 59개의 Atari 게임 환경을 제공합니다. Gym에서 제공하는 일부 Atari 게임 환경은 그림 2.18에 나와 있습니다.

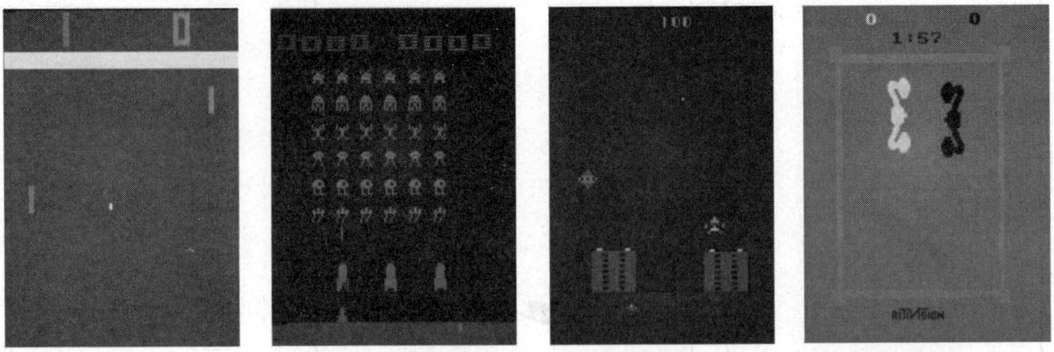

Pong Space Invaders Air Raid Boxing

그림 2.18 Atari 게임 환경

Gym의 모든 Atari 게임 환경에는 12가지 변형이 있습니다. Pong 게임 환경에서 이것을 이해해 봅시다. Pong 게임 환경에는 다음 섹션에 설명된 대로 12가지 변형이 있습니다.

2.3.3 일반 환경

- **Pong-v0 및 Pong-v4** : 환경 ID가 Pong-v0 또는 Pong-v4인 Pong 환경을 만들 수 있습니다. 게임 환경을 다루기 때문에 게임 화면의 이미지를 상태로 사용할 수 있습니다. 그러나 원시 이미지를 직접 처리할 수 없으므로 게임 화면의 픽셀 값을 상태로 사용합니다. 이에 대해서는 다음 섹션에서 자세히 알아보겠습니다.
- **Pong-ram-v0 및 Pong-ram-v4** : 각각 Pong-v0 및 Pong-v4와 유사합니다. 그러나 여기에서 환경의 상태는 게임 화면의 픽셀 값 대신 128바이트에 불과한 Atari 머신의 RAM입니다.

2.3.3.1 결정적 환경

- **PongDeterministic-v0 및 PongDeterministic-v4** : 이 유형은 이름에서 알 수 있듯이 게임의 초기 위치는 환경을 초기화할 때마다 동일하며 환경의 상태는 게임 화면의 픽셀 값입니다.
- **Pong-ramDeterministic-v0 및 Pong-ramDeterministic-v4** : 이것은 각각 PongDeterministic-v0 및 PongDeterministic-v4와 유사하지만 여기서의 상태는 Atari 시스템의 RAM입니다.

2.3.3.2 프레임 스킵 미사용

- **PongNoFrameskip-v0 및 PongNoFrameskip-v4** : 이 유형에서는 게임 프레임을 건너뛰지 않습니다. 모든 게임 화면은 에이전트가 볼 수 있으며 상태는 게임 화면의 픽셀 값입니다.
- **Pong-ramNoFrameskip-v0 및 Pong-ramNoFrameskip-v4** : 이것은 PongNoFrameskip-v0 및 PongNoFrameskip-v4와 유사하지만 여기서의 상태는 Atari 시스템의 RAM입니다.

따라서 Atari 환경에서 환경의 상태는 게임 화면이나 Atari 시스템의 RAM이 됩니다. Pong 게임과 유사하게 다른 모든 Atari 게임은 Gym 환경에서 동일한 방식으로 ID를 갖습니다. 예를 들어, 결정적 Space Invaders 환경을 만들고 싶다고 가정합니다. 그러면 ID SpaceInvadersDeterministic-v0으로 생성할 수 있습니다. 프레임 건너뛰기가 없는 Space Invaders 환경을 만들고 싶다고 가정해 보겠습니다. 그러면 ID SpaceInvadersNoFrameskip-v0으로 생성할 수 있습니다.

https://gym.openai.com/envs/#atari에서 Gym이 제공하는 모든 Atari 게임 환경을 확인할 수 있습니다.

2.3.3.3 상태 및 행동 공간

이제 아타리 게임 환경의 상태 공간과 행동 공간을 자세히 살펴보겠습니다.

상태 공간

이 섹션에서는 Gym 환경에서 Atari 게임의 상태 공간을 이해해 보겠습니다. 이것을 Pong 게임으로 배워봅시다. Atari 환경에서 환경의 상태가 게임 화면의 픽셀 값이나 Atari 시스템의 RAM 중 하나가 된다는 것을 배웠습니다. 먼저 환경의 상태가 게임 화면의 픽셀 값인 상태 공간을 이해해 보겠습니다.

make 함수를 사용하여 Pong 환경을 만들어 보겠습니다.

```
env = gym.make("Pong-v0")
```

여기에서 게임 화면은 환경의 상태입니다. 따라서 게임 화면의 이미지를 상태로 사용하겠습니다. 그러나 원시 이미지를 직접 처리할 수 없으므로 이미지(게임 화면)의 픽셀 값을 상태로 사용합니다. 이미지 픽셀의 크기는 이미지 높이, 이미지 너비 및 채널 번호를 포함하는 3입니다.

따라서 환경의 상태는 게임 화면의 픽셀 값을 포함하는 배열이 됩니다.

```
[Image height, image width, number of the channel]
```

픽셀 값의 범위는 0에서 255까지입니다. 상태 공간을 얻으려면 다음과 같이 env.observation_space를 입력하면 됩니다.

```
print(env.observation_space)
```

앞의 코드는 다음을 출력합니다.

```
Box(210, 160, 3)
```

이것은 상태 공간이 [210,160,3] 모양의 3D 배열임을 나타냅니다. 배운 것처럼 210은 이미지의 높이, 160은 이미지의 너비, 3은 채널 수를 나타냅니다.

예를 들어 환경을 재설정하고 초기 상태 공간이 어떻게 생겼는지 확인할 수 있습니다. reset 함수를 사용하여 환경을 재설정할 수 있습니다.

```
print(env.reset())
```

앞의 코드는 초기 게임 화면의 픽셀 값을 나타내는 배열을 출력합니다.

이제 환경의 상태가 게임 화면의 픽셀 값 대신 Atari 시스템의 RAM인 Pong 환경을 만들어 보겠습니다.

```
env = gym.make("Pong-ram-v0")
```

상태 공간을 살펴보겠습니다.

```
print(env.observation_space)
```

앞의 코드는 다음을 출력합니다.

```
Box(128,)
```

이것은 상태 공간이 128개의 값을 포함하는 1D 배열임을 의미합니다. 환경을 재설정하고 초기 상태 공간이 어떻게 보이는지 확인할 수 있습니다.

```
print(env.reset())
```

이것은 Gym 환경의 모든 Atari 게임에 적용됩니다. 예를 들어 환경 상태를 게임 화면의 픽셀 값으로 사용하여 Space Invaders 환경을 만드는 경우 상태 공간은 Box 형태의 3D 배열 (210, 160, 3)이 됩니다. 그러나 환경의 상태를 Atari 머신의 RAM으로 사용하여 Space Invaders 환경을 생성하면 상태 공간은 Box(128,) 형태의 배열이 됩니다.

행동 공간

이제 행동 공간을 탐색해 보겠습니다. 일반적으로 Atari 게임 환경은 행동 공간에 18개의 행동이 있으며 행동은 표 2.5와 같이 0에서 17까지 인코딩됩니다.

Name	Action
0	Noop
1	Fire
2	Up
3	Right
4	Left
5	Down
6	Up Right
7	Up Left
8	Down Right
9	Down Left
10	Up Fire
11	Right Fire
12	Left Fire
13	Down Fire
14	Up Right Fire
15	Up Left Fire
16	Down Right Fire
17	Down Left Fire

표 2.5 아타리 게임 환경 행동

앞의 18가지 행동이 모든 Atari 게임 환경에 적용되는 것은 아니며 행동 공간은 게임마다 다릅니다. 예를 들어, 어떤 게임은 앞의 행동 중 처음 6개만 행동 공간으로 사용하고, 어떤 게임은 앞의 행동 중 처음 9개만 행동 공간으로 사용하고, 다른 게임은 앞의 18개 행동을 모두 사용합니다. Pong 게임을 사용하는 예를 통해 이것을 이해해 봅시다.

```
env = gym.make("Pong-v0")
print(env.action_space)
```

앞의 코드는 다음을 출력합니다.

```
Discrete(6)
```

코드는 Pong 행동 공간에 6개의 행동이 있고 행동은 0에서 5까지 인코딩되어 있음을 보여줍니다. 따라서 Pong 게임에서 가능한 행동은 noop(행동 없음), fire, up, right, left, down입니다.

이제 Road Runner 게임의 행동 공간을 살펴보겠습니다. 이전에 이 게임을 접한 적이 없는 경우를 대비하여 게임 화면은 다음과 같습니다.

그림 2.19 Road Runner 환경

Road Runner 게임의 행동 공간을 살펴보겠습니다.

```
env = gym.make("RoadRunner-v0")
print(env.action_space)
```

앞의 코드는 다음을 출력합니다.

```
Discrete(18)
```

이것은 Road Runner 게임의 행동 공간에 18개의 행동이 모두 포함되어 있음을 보여줍니다.

2.3.3.4 테니스 게임을 하는 에이전트

이 섹션에서는 테니스 게임을 할 에이전트를 만드는 방법을 살펴보겠습니다. 무작위 정책을 사용하여 에이전트를 만들어 보겠습니다. 즉, 에이전트가 행동 공간에서 무작위로 행동을 선택하고 무작위로 선택된 행동을 수행합니다.

먼저 테니스 환경을 만들어 보겠습니다.

```
import gym
env = gym.make('Tennis-v0')
```

테니스 환경을 살펴보겠습니다.

```
env.render()
```

앞의 코드는 다음을 출력합니다.

그림 2.20 테니스 게임 환경

에피소드 수와 에피소드의 시간 단계 수를 설정합니다.

```
num_episodes = 100
num_timesteps = 50
```

에피소드마다 수행합니다.

```
for i in range(num_episodes):
```

리턴을 0으로 설정합니다.

```
    Return = 0
```

환경을 재설정하여 상태를 초기화합니다.

```
    state = env.reset()
```

에피소드의 각 시간 단계마다 수행합니다.

```
    for t in range(num_timesteps):
```

환경을 렌더링합니다.

```
        env.render()
```

환경에서 샘플링하여 무작위로 행동을 선택합니다.

```
        random_action = env.action_space.sample()
```

무작위로 선택한 행동을 수행합니다.

```
        next_state, reward, done, info = env.step(random_action)
```

리턴을 업데이트합니다.

```
        Return = Return + reward
```

다음 상태가 종료 상태인 경우 에피소드를 종료합니다.

```
        if done:
            break
```

10개의 에피소드마다 리턴(보상 합계)을 출력합니다.

```
    if i%10==0:
        print('Episode: {}, Return: {}'.format(i, Return))
```

환경을 닫습니다.

```
env.close()
```

앞의 코드는 10개의 에피소드마다 얻은 리턴(보상 합계)을 출력합니다.

```
Episode: 0, Return: -1.0
Episode: 10, Return: -1.0
Episode: 20, Return: 0.0
Episode: 30, Return: -1.0
Episode: 40, Return: -1.0
Episode: 50, Return: -1.0
Episode: 60, Return: 0.0
Episode: 70, Return: 0.0
Episode: 80, Return: -1.0
Episode: 90, Return: 0.0
```

2.3.3.5 게임 녹화

행동 공간에서 무작위로 행동을 선택하고 테니스 게임을 하는 에이전트를 만드는 방법을 배웠습니다. 에이전트가 플레이한 게임을 녹화하여 동영상으로 저장할 수도 있습니다. Gym은 에이전트의 게임 플레이를 비디오로 저장하는 데 사용할 수 있는 래퍼 클래스를 제공합니다.

게임을 녹화하려면 시스템이 FFmpeg를 지원해야 합니다. FFmpeg는 미디어 파일 처리에 사용되는 프레임워크입니다. 따라서 계속 진행하기 전에 시스템이 FFmpeg 지원을 제공하는지 확인해 보세요.

다음 코드와 같이 Monitor 래퍼를 사용하여 게임을 녹화할 수 있습니다. 필요한 세 가지 매개변수는 환경, 녹음을 저장하려는 디렉터리, 그리고 force 옵션입니다. force = False

로 설정하면 새 녹음을 저장할 때마다 새 디렉터리를 만들어야 하고 force = True로 설정하면 디렉터리의 기존 녹음이 지워지고 새 녹음으로 대체됩니다.

```
env = gym.wrappers.Monitor(env, 'recording', force=True)
```

환경을 생성한 후 앞의 코드 줄을 추가하기만 하면 됩니다. 간단한 예를 들어 녹음이 어떻게 작동하는지 봅시다. 에이전트가 단일 에피소드에 대해 테니스 게임을 무작위로 플레이하게 하고 에이전트의 게임 플레이를 비디오로 녹화하도록 합시다.

```
import gym
env = gym.make('Tennis-v0')

#Record the game
env = gym.wrappers.Monitor(env, 'recording', force=True)

env.reset()

for _ in range(5000):

    env.render()
    action = env.action_space.sample()
    next_state, reward, done, info = env.step(action)


    if done:
        break
env.close()
```

에피소드가 끝나면 recording이라는 새 디렉터리가 표시되고 이 디렉터리에서 MP4 형식의 비디오 파일을 찾을 수 있습니다. 이 디렉터리에는 그림 2.21과 같이 에이전트의 게임 플레이가 있습니다.

그림 2.21 테니스 게임 플레이

2.3.4 다른 환경

논의한 고전적인 컨트롤과 Atari 게임 환경 외에도, Gym은 다양한 범주의 환경도 제공합니다. 이에 대해 더 알아보겠습니다.

2.3.4.1 Box2D

Box2D는 걷기와 같은 지속적인 제어 작업을 수행하도록 에이전트를 훈련하는 데 주로 사용되는 2D 시뮬레이터입니다. 예를 들어, Gym은 에이전트가 걷도록 훈련하는 데 사용할 수 있는 BipedalWalker-v2라는 Box2D 환경을 제공합니다. BipedalWalker-v2 환경은 그림 2.22에 나와 있습니다.

그림 2.22 Bipedal Walker 환경

https://gym.openai.com/envs/#box2d에서 Gym이 제공하는 다른 여러 Box2D 환경을 확인할 수 있습니다.

2.3.4.2 MuJoCo

Mujoco는 Multi-Joint Dynamics with Contact의 약자이며 에이전트가 지속적인 제어 작업을 수행하도록 훈련하는 데 사용되는 가장 인기 있는 시뮬레이터 중 하나입니다. 예를 들어 MuJoCo는 HumanoidStandup-v2라는 흥미로운 환경을 제공하여 에이전트가 일어서도록 훈련하는 데 사용할 수 있습니다. HumanoidStandup-v2 환경은 그림 2.23에 나와 있습니다.

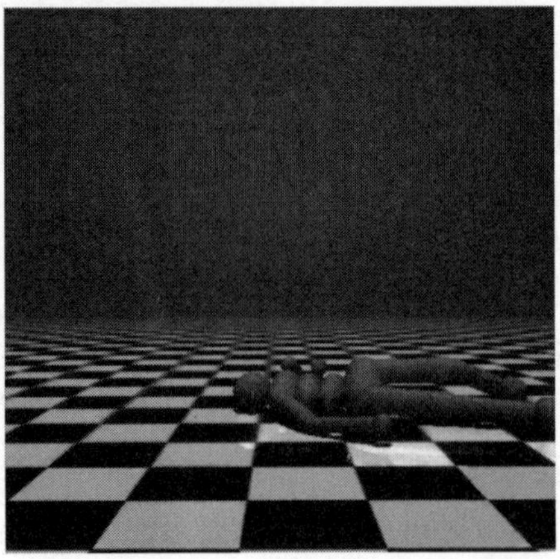

그림 2.23 Humanoid Stand Up 환경

https://gym.openai.com/envs/#mujoco에서 Gym이 제공하는 다른 여러 Mujoco 환경을 확인할 수 있습니다.

2.3.4.3 Robotics

Gym은 가져오기 및 그림자 손 로봇에 대한 목표 기반 작업을 수행하기 위한 여러 환경을 제공합니다. 예를 들어, Gym은 로봇 손을 사용하여 상자의 방향을 지정하도록 에이전트를 훈련하는 데 사용할 수 있는 HandManipulateBlock-v0이라는 환경을 제공합니다. HandManipulateBlock-v0 환경은 그림 2.24에 나와 있습니다.

그림 2.24 Hand Manipulate Block 환경

https://gym.openai.com/envs/#robotics에서 Gym이 제공하는 여러 로봇 공학 환경을 확인할 수 있습니다.

2.3.4.4 Toy text

Toy text는 가장 단순한 텍스트 기반 환경입니다. 이 장의 시작 부분에서 Frozen Lake 환경에 대해 배웠습니다. https://gym.openai.com/envs/#toy_text에서 Gym이 제공하는 다른 흥미로운 Toy text 환경을 확인할 수 있습니다.

2.3.4.5 알고리즘

강화 학습 에이전트를 사용하여 게임을 하는 대신 에이전트를 사용하여 몇 가지 흥미로운 문제를 해결할 수 있습니다. 알고리즘 환경은 주어진 시퀀스 복사, 덧셈 수행 등과 같은 몇 가지 흥미로운 문제를 제공합니다. 계산 수행 방법을 학습하여 이러한 문제를 해결하기 위해 강화 학습 에이전트를 사용할 수 있습니다. 예를 들어, Gym은 ReversedAddition-v0이라는 환경을 제공합니다. 이 환경은 에이전트가 여러 자리 숫자를 추가하도록 훈련하는 데 사용할 수 있습니다.

https://gym.openai.com/envs/#algorithmic에서 Gym이 제공하는 알고리즘 환경을 확인할 수 있습니다.

2.4 환경 개요

지금까지 여러 유형의 Gym 환경에 대해 배웠습니다. 모든 환경에 대한 정보를 한 곳에서 얻을 수 있다면 좋지 않을까요? Gym wiki는 https://github.com/openai/gym/wiki/Table-of-environments에서 환경 ID, 상태 공간, 행동 공간 및 보상 범위와 함께 모든 환경에 대한 설명을 제공합니다.

또한 registry.all() 메서드를 사용하여 Gym에서 사용 가능한 모든 환경을 확인할 수도 있습니다.

```
from gym import envs
print(envs.registry.all())
```

앞의 코드는 Gym에서 사용 가능한 모든 환경을 출력합니다.

따라서 이 장에서는 Gym 툴킷과 Gym이 제공하는 몇 가지 흥미로운 환경에 대해 배웠습니다. 다음 장에서는 최적의 정책을 찾기 위해 Gym 환경에서 강화 학습 에이전트를 훈련시키는 방법을 배워보겠습니다.

요약

Anaconda와 Gym 툴킷을 설치하여 머신을 설정하는 방법을 이해하는 것으로 이 장을 시작했습니다. 이어서, gym.make() 함수를 사용하여 Gym 환경을 만드는 방법을 배웠고 env.observation_space를 사용하여 환경의 상태 공간을 얻는 방법과 env.action_space를 사용하여 환경의 행동 공간을 얻는 방법도 살펴보았습니다. 그런 다음 env.P를 사용하여 환경의 전이 확률과 보상 함수를 얻는 방법을 배웠습니다. 이어서, Gym 환경을 사용하여 에피소드를 생성하는 방법도 배웠고 에피소드의 각 시간 단계에서 env.step() 함수를 사용하여 행동을 선택한다는 것을 이해했습니다.

Gym 환경에서 고전적인 제어 방법을 이해했습니다. 고전적인 제어 환경의 연속 상태 공간과 그것들이 배열에 저장되는 방법에 대해 배웠습니다. 또한 무작위 에이전트를 사용하여 막대의 균형을 맞추는 방법도 배웠습니다. 흥미로운 Atari 게임 환경과 Gym에서 Atari 게임 환경의 이름을 지정하는 방법에 대해 배우고 상태 공간과 행동 공간을 탐색했습니다. 또한 래퍼 클래스를 사용하여 에이전트의 게임 플레이를 기록하는 방법을 배웠고 장이 끝날 때 Gym이 제공하는 다른 환경을 살펴보았습니다.

다음 장에서는 가치 반복과 정책 반복이라는 두 가지 흥미로운 알고리즘을 사용하여 최적의 정책을 찾는 방법을 배워보겠습니다.

평가

다음 질문에 답하여 새로 얻은 지식을 평가해 보겠습니다.

1. Gym 툴킷의 용도는 무엇입니까?
2. Gym에서 환경을 만드는 방법은 무엇입니까?
3. Gym 환경의 행동 공간은 어떻게 얻습니까?
4. Gym 환경을 시각화하는 방법은 무엇입니까?
5. Gym에서 제공하는 몇 가지 고전적인 제어 환경의 이름은 무엇입니까?
6. Gym 환경을 사용하여 에피소드를 생성하는 방법은 무엇입니까?
7. Atari Gym 환경의 상태 공간은 무엇입니까?
8. 에이전트의 게임 플레이를 어떻게 기록합니까?

참고문헌

추가 내용은 다음 링크를 참조해주세요.

- Gym에 대해 자세히 알아보려면 http://gym.openai.com/docs/를 살펴보세요.
- Gym 환경이 코딩되는 방식을 이해하기 위해 https://github.com/openai/gym에서 Gym 저장소를 확인할 수도 있습니다.

3

The Bellman Equation and Dynamic Programming

벨만 방정식과 동적 계획법

이전 장에서 강화 학습의 목표가 최적의 정책을 찾는 것임을 배웠습니다. 최적의 정책은 에이전트가 최대의 리턴을 얻고 목표를 달성할 수 있도록 각 상태에서 올바른 행동을 선택하는 정책입니다. 이 장에서는 최적의 정책을 찾는 데 사용할 수 있는 가치 반복 및 정책 반복 방법이라는 두 가지 흥미로운 고전적인 강화 학습 알고리즘에 대해 학습합니다.

가치 반복과 정책 반복 방법에 대해 직접 알아보기 전에 먼저 벨만 방정식에 대해 알아보겠습니다. 벨만 방정식은 강화 학습에서 유비쿼터스이며 최적의 값과 Q 함수를 찾는 데 사용됩니다. 벨만 방정식이 무엇이며 최적의 가치와 Q 함수를 찾는 방법을 이해해 봅시다.

벨만 방정식을 이해한 후에는 벨만 방정식을 사용하여 최적의 정책을 찾는 가치 반복 및 정책 반복이라는 두 가지 흥미로운 동적 계획법에 대해 배웁니다. 이 장의 끝에서는 가치 반복과 정책 반복 방법을 사용하여 최적의 정책을 찾아 Frozen Lake 문제를 해결하는 방법을 배웁니다.

이 장에서는 다음 주제에 대해 배웁니다.

- 벨만 방정식
- 벨만 최적 방정식
- 가치 함수와 Q 함수의 관계
- 동적 계획법 – 가치 반복 및 정책 반복 방법
- 가치 반복 및 정책 반복을 사용하여 Frozen Lake 문제 해결

3.1 벨만 방정식

Richard Bellman의 이름을 따서 명명된 벨만(Bellman) 방정식은 Markov Decision Process(MDP)를 푸는 데 도움이 됩니다. MDP를 푼다는 것은 최적의 정책을 찾는 것을 의미합니다.

이 장의 서두에서 언급한 바와 같이 벨만 방정식은 강화 학습의 근간이며 최적의 가치와 Q 함수를 재귀적으로 찾는 데 널리 사용됩니다. 최적 가치와 Q 함수를 계산하는 것은 매우 중요합니다. 최적 가치나 최적 Q 함수가 있으면 이를 사용하여 최적의 정책을 도출할 수 있기 때문입니다.

이 섹션에서는 벨만 방정식이 정확히 무엇이며 이를 사용하여 최적의 가치와 Q 함수를 찾는 방법을 알아보겠습니다.

3.1.1 가치 함수의 벨만 방정식

벨만 방정식은 상태의 가치는 즉각적인 보상과 다음 상태의 감가된 가치의 합으로 얻을 수 있다고 말합니다. 상태 s에서 행동 a를 수행하고 다음 상태 s'로 이동하여 보상 r을 얻는다고 가정하면 가치 함수의 벨만 방정식은 다음과 같이 표현될 수 있습니다.

$$V(s) = R(s, a, s') + \gamma V(s')$$

위의 방정식에서 다음 내용이 적용됩니다.

- $R(s,a,s')$은 상태 s에서 행동 a를 수행하고 다음 상태로 이동하는 동안 얻는 즉각적인 보상을 의미합니다.
- γ은 감가율입니다.
- $V(S')$는 다음 상태의 가치를 의미합니다.

벨만 방정식을 예를 들어 이해해 봅시다. 특정 정책 π를 사용하여 궤적 τ를 생성한다고 가정해 보겠습니다.

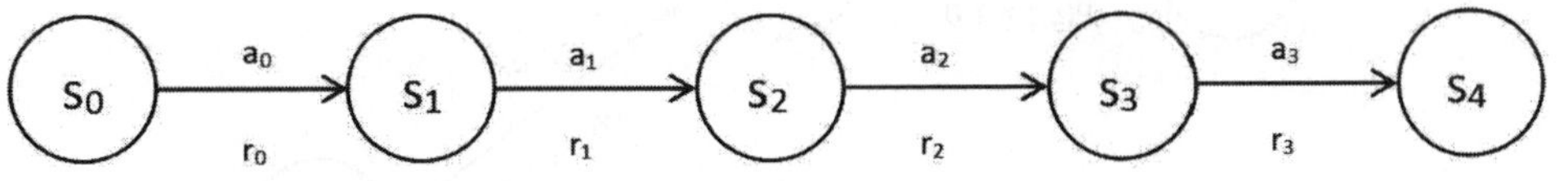

그림 3.1 궤적

상태 s_2의 가치를 계산해야 한다고 가정해 봅시다. 벨만 방정식에 따르면 상태 s_2의 가치는 다음과 같이 주어집니다.

$$V(s_2) = R(s_2,\ a_2,\ s_3) + \gamma V(s_3)$$

앞의 방정식 $R(s_2,a_2,s_3)$은 상태 s_2에서 행동 a_2를 수행하고 상태 s_3으로 이동하는 동안 얻는 즉각적인 보상을 의미합니다. 궤적에서 즉각적인 보상 $R(s_2,a_2,s_3)$이 r_2임을 알 수 있습니다. 그리고 항 $\gamma V(s_3)$는 다음 상태의 감가된 가치입니다.

따라서 벨만 방정식에 따르면 상태 s_2의 가치는 다음과 같이 주어집니다.

$$V(s_2) = r_2 + \gamma V(s_3)$$

따라서 가치 함수의 벨만 방정식은 다음과 같이 표현할 수 있습니다.

$$V^{\pi}(s) = R(s, a, s') + \gamma V^{\pi}(s')$$

위 첨자 π는 정책 π를 사용하고 있음을 의미합니다. 오른쪽 용어 $R(s,a,s') + \gamma V^{\pi}(s')$는 종종 벨만 백업이라고 합니다.

앞의 벨만 방정식은 결정적 환경이 있는 경우에만 작동합니다. 환경이 확률적이라고 가정하고 그 경우 상태 s에서 행동을 수행할 때 다음 상태가 항상 s'일 것이라는 보장은 없습니다. 예를 들어, 그림 3.2의 궤적을 살펴보겠습니다.

상태 s_1에서 행동 a_1을 수행하면 0.7의 확률로 상태 s_2에 도달하고 0.3의 확률로 상태 s_3에 도달합니다.

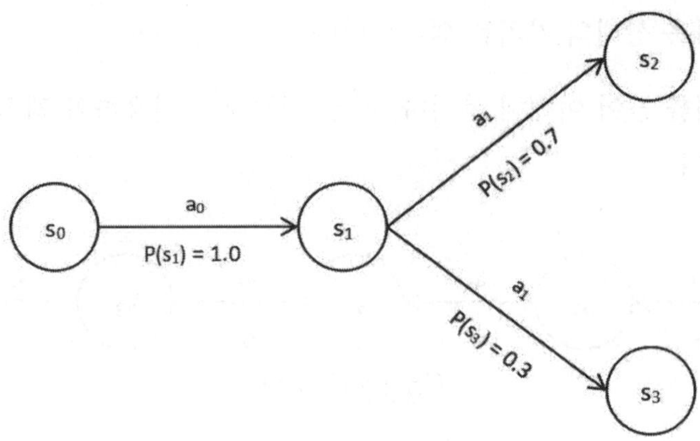

그림 3.2 상태 s_1에서 행동 a_1을 수행할 때의 전이 확률

따라서 상태 s_1에서 행동 a_1을 수행할 때 다음 상태가 s_2일 확률은 70%이고 다음 상태가 s_3일 확률은 30%입니다. 벨만 방정식이 즉각적인 보상과 다음 상태의 감가된 가치의 합이라는 것을 배웠습니다. 그러나 환경에 존재하는 확률로 인해 다음 상태가 보장되지 않는 경우 벨만 방정식을 어떻게 정의할 수 있을까요?

이 경우 기댓값(가중 평균)으로 벨만 방정식을 약간 수정할 수 있습니다. 즉, 벨만 백업의 합계에 다음 상태의 해당 전이 확률을 곱한 값입니다.

$$V^{\pi}(s) = \sum_{s'} P(s'|s, a)[R(s, a, s') + \gamma V^{\pi}(s')]$$

앞의 방정식에서 다음 내용이 적용됩니다.

- $P(s'|s,a)$는 상태 s에서 행동 a를 수행하여 도달할 전이 확률을 나타냅니다.
- $[R(s,a,s') + \gamma V^{\pi}(s')]$은 벨만 백업을 나타냅니다.

방금 사용한 것과 동일한 궤적을 고려하여 이 방정식을 더 잘 이해해 봅시다. 상태 s_1에서 행동 a_1을 수행할 때 0.70의 확률로 s_2로 이동하고 0.30의 확률로 s_3으로 이동합니다. 따라서 다음과 같이 작성할 수 있습니다.

$$V(s_1) = P(s_2|s_1, a_1)[R(s_1, a_1, s_2) + V(s_2)] + P(s_3|s_1, a_1)[R(s_1, a_1, s_3) + V(s_3)]$$

$$V(s_1) = 0.70[R(s_1, a_1, s_2) + V(s_2)] + 0.30[R(s_1, a_1, s_3) + V(s_3)]$$

따라서 기댓값(가중 평균)을 사용하여 환경에 존재하는 확률을 포함하는 가치 함수의 벨만 방정식은 다음과 같이 표현됩니다.

$$V^{\pi}(s) = \sum_{s'} P(s'|s, a)[R(s, a, s') + \gamma V^{\pi}(s')]$$

하지만 정책이 확률적 정책이라면 어떻게 될까요? 확률적 정책은 확률 분포를 기반으로 행동을 선택한다는 것을 배웠습니다. 즉, 상태에서 동일한 행동을 수행하는 대신 행동 공간에 대한 확률 분포를 기반으로 행동을 선택합니다. 그림 3.3과 같이 다른 궤적으로 이것을 이해합시다. 상태 s_1에서 0.8의 확률로 행동 a_1을 선택하여 상태 s_2에 도달하고 확률 0.2로 행동 a_2를 선택하여 상태 s_3에 도달합니다.

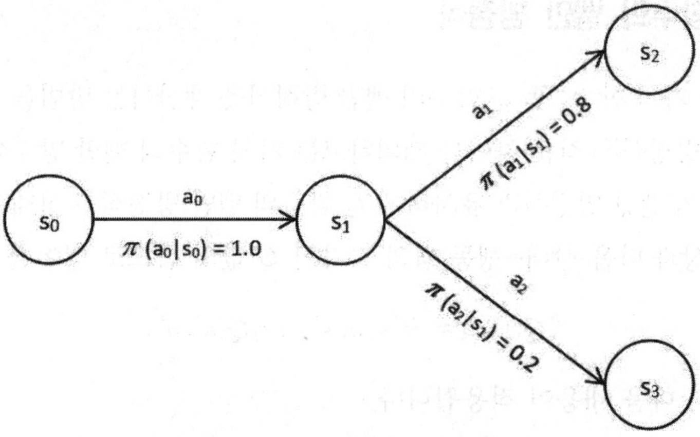

그림 3.3 확률적 정책을 사용한 궤적

확률적 정책을 사용할 때 다음 상태가 항상 같지는 않습니다. 약간의 확률로 다른 상태가 될 수 있습니다. 그렇다면 확률적 정책을 포함한 벨만 방정식을 어떻게 정의할 수 있을까요?

- 환경의 확률적 특성을 포함하기 위해 기댓값(가중 평균), 즉 벨만 백업의 합계에 다음 상태의 해당 전이 확률을 곱한 값을 사용할 수 있습니다.
- 마찬가지로 정책의 확률적 특성을 포함하기 위해 기댓값(가중 평균), 즉 벨만 백업의 합계에 해당 행동의 확률을 곱한 값을 사용할 수 있습니다.

따라서 가치 함수의 최종 벨만 방정식은 다음과 같이 쓸 수 있습니다.

$$V^{\pi}(s)=\sum_{a}\pi(a|s)\sum_{s'}P(s'|s,a)[R(s,a,s')+\gamma V^{\pi}(s')] \quad (1)$$

앞의 방정식은 가치 함수의 벨만 기대 방정식으로도 알려져 있습니다. 위의 방정식을 기댓값 형태로 표현할 수도 있습니다. 기댓값의 정의를 기억해 봅시다.

$$\mathbb{E}_{x \sim p(x)}[f(X)]=\sum_{x}p(x)f(x)$$

따라서, 가치 함수의 벨만 방정식을 다음과 같이 쓸 수 있습니다.

$$V^{\pi}(s)=\underset{\substack{a \sim \pi \\ s' \sim P}}{\mathbb{E}}[R(s,a,s')+\gamma V^{\pi}(s')]$$

$$V^{\pi}(s)=\mathbb{E}_{\substack{a \sim \pi \\ s' \sim P}}[R(s,a,s')+\gamma V^{\pi}(s')] \quad (2)$$

3.1.2 Q 함수의 벨만 방정식

이제 상태-행동 가치 함수, 즉 Q 함수의 벨만 방정식을 계산하는 방법을 알아보겠습니다. Q 함수의 벨만 방정식은 작은 차이를 제외하고는 가치 함수의 벨만 방정식과 매우 유사합니다. 가치 함수의 벨만 방정식과 유사하게 Q 함수의 벨만 방정식은 상태-행동 쌍의 Q 값이 즉각적인 보상과 다음 상태-행동 쌍의 감가된 Q 값의 합으로 얻어질 수 있습니다.

$$Q(s,a)=R(s,a,s')+\gamma Q(s',a')$$

앞의 방정식에서 다음 내용이 적용됩니다.

- $R(s,a,s')$은 상태 s에서 행동 a를 수행하고 다음 상태로 이동하는 동안 얻는 즉각적인 보상을 의미합니다.
- γ은 감가율입니다.
- $Q(s',a')$는 다음 상태-행동 쌍의 Q 값입니다.

그림 3.4와 같이 특정 정책 π를 사용하여 궤적 τ를 생성한다고 가정해 보겠습니다.

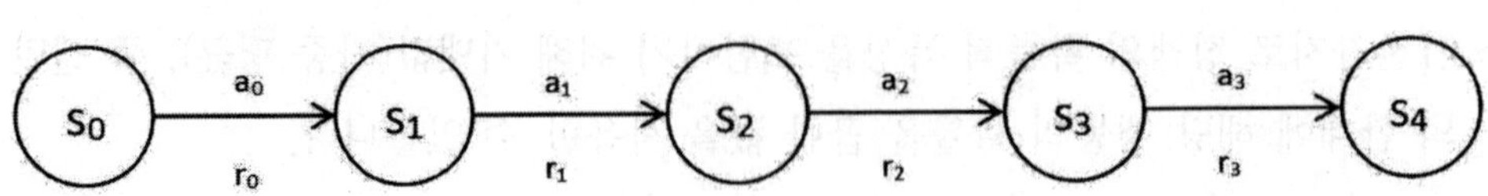

그림 3.4 궤적

상태-행동 쌍(s_2, a_2)의 Q 값을 계산해야 한다고 가정해 보겠습니다. 그러면 벨만 방정식에 따라 다음과 같이 쓸 수 있습니다.

$$Q(s_2,a_2) = R(s_2, a_2, s_3) + \gamma Q(s_3, a_3)$$

위의 방정식에서 $R(s_2,a_2,s_3)$은 상태 s_2에서 행동 a_2를 수행하고 상태 s_3으로 이동하는 동안 얻는 즉각적인 보상을 나타냅니다. 앞의 궤적에서 즉각적인 보상 $R(s_2,a_2,s_3)$이 r_2임을 알 수 있습니다. 그리고 $\gamma Q(s_3,a_3)$는 다음 상태-행동 쌍의 감가된 Q 값을 나타냅니다.

$$Q(s_2,a_2) = r_2 + \gamma Q(s_3, a_3)$$

따라서 Q 함수에 대한 벨만 방정식은 다음과 같이 표현할 수 있습니다.

$$Q^{\pi}(s, a) = R(s, a, s') + \gamma Q^{\pi}(s', a')$$

위 첨자 π는 정책 π를 사용하고 있음을 의미하고 오른쪽 항 $R(s,a,s') + \gamma Q^{\pi}(s',a')$은 벨만 백업입니다.

가치 함수의 벨만 방정식에서 배운 것과 유사하게 앞의 벨만 방정식은 확률적 환경에서 다음 상태가 항상 같지 않고 확률 분포를 기반으로 하기 때문에 결정적 환경에서만 작동합니다. 확률적 환경이 있다고 가정하고 상태 s에서 행동 a를 수행할 때, 다음 상태가 항상 s'일 것이라는 보장은 없습니다. 어느 정도 가능성이 있는 다른 상태일 수도 있습니다.

따라서 이전 섹션에서 했던 것처럼 기댓값(가중 평균), 즉 벨만 백업의 합계에 다음 상태의 해당 전이 확률을 곱한 값을 사용하여 Q의 벨만 방정식을 다시 작성할 수 있습니다.

$$Q^{\pi}(s, a) = \sum_{s'} P(s'|s, a)[R(s, a, s') + \gamma Q^{\pi}(s', a')]$$

마찬가지로 확률적 정책을 사용할 때 다음 상태가 항상 같지는 않습니다. 약간의 확률로 다른 상태가 될 수 있습니다. 따라서 정책의 확률적 특성을 포함하기 위해 기댓값(가중 평균)으로 벨만 방정식을 다시 작성할 수 있습니다. 따라서 Q 함수의 벨만 방정식은 다음과 같이 주어집니다.

$$Q^{\pi}(s, a) = \sum_{a} \pi(a|s) \sum_{s'} P(s'|s, a)[R(s, a, s') + \gamma Q^{\pi}(s', a')]$$

위의 방정식에 약간의 변화가 필요합니다. 가치 함수 V(s)에서 상태 s만 주어지고 정책 P

를 기반으로 행동을 선택하기 때문에 정책의 확률적 특성을 포함하기 위해 $\sum_a \pi(a|s)$라는 용어를 추가했습니다. 그러나 Q 함수 Q(s, a)의 경우 상태 s와 행동 a가 모두 주어질 것이므로 다음을 기반으로 행동 A를 선택하지 않기 때문에 방정식에 항 $\sum_a \pi(a|s)$를 추가할 필요가 없습니다.

그러나 위의 방정식을 보면 a'가 주어지지 않기 때문에 다음 상태-행동 쌍 Q(s', a')의 Q 값을 계산하면서 정책 π를 기반으로 행동 a'를 선택해야 합니다. 따라서 다음 상태-행동 쌍의 Q 값 앞에 $\sum_{a'} \pi(a'|s')$를 배치할 수 있습니다. 따라서 Q 함수의 최종 벨만 방정식은 다음과 같이 쓸 수 있습니다.

$$Q^{\pi}(s,a) = \sum_{s'} P(s'|s,a)\left[R(s,a,s') + \gamma \sum_{a'} \pi(a'|s') Q^{\pi}(s',a')\right] \tag{3}$$

방정식 (3)은 Q 함수의 벨만 기대 방정식으로도 알려져 있습니다. 방정식 (3)을 기댓값 형식으로 다음과 같이 표현할 수도 있습니다.

$$Q^{\pi}(s,a) = \mathbb{E}_{s' \sim p}[R(s,a,s') + \gamma \mathbb{E}_{a' \sim \pi} Q^{\pi}(s',a')] \tag{4}$$

이제 벨만 기대 방정식이 무엇인지 이해했으므로 다음 섹션에서는 벨만 최적 방정식에 대해 배우고 최적의 벨만 가치 함수와 Q 함수를 찾는 데 유용한 방법을 살펴보겠습니다.

3.1.3 벨만 최적 방정식

벨만 최적 방정식은 최적의 벨만 가치 함수와 Q 함수를 제공합니다. 먼저 최적의 벨만 가치 함수를 살펴보겠습니다. 가치 함수의 벨만 방정식이 다음과 같이 표현된다는 것을 배웠습니다.

$$V^{\pi}(s) = \underset{\substack{a \sim \pi \\ s' \sim P}}{\mathbb{E}} [R(s,a,s') + \gamma V^{\pi}(s')]$$

첫 번째 장에서 가치 함수가 정책에 의존한다는 것을 배웠습니다. 즉, 상태의 가치는 선택한 정책에 따라 다릅니다. 다양한 정책에 따라 다양한 가치 함수가 있을 수 있습니다. 최적 가치 함수 $V^*(s)$는 다른 모든 가치 함수와 비교하여 최대값을 산출하는 함수입니다. 마찬가지로 서로 다른 정책에 따라 다양한 벨만 가치 함수가 있을 수 있습니다. 최적의 벨만 가치 함수는 최대값을 갖는 함수입니다.

최대값을 갖는 최적의 벨만 가치 함수를 어떻게 계산할 수 있을까요?

최대값을 제공하는 행동을 선택하여 최적의 벨만 가치 함수를 계산할 수 있습니다. 그러나 어떤 행동이 최대값을 주는지 모르기 때문에 가능한 모든 행동을 사용하여 상태 값을 계산한 다음 최대값을 상태 가치로 선택합니다.

즉, 특정 정책 π를 사용하여 행동을 선택하는 대신 가능한 모든 행동을 사용하여 상태 가치를 계산한 다음 최대값을 상태 가치로 선택합니다. 어떤 정책도 사용하지 않기 때문에 정책 π에 대한 기댓값을 제거하고 행동의 최대값을 더하여 최적의 벨만 가치 함수를 다음과 같이 표현할 수 있습니다.

$$V^*(s) = \max_a \mathbb{E}_{s' \sim p}[\mathrm{R}(\mathrm{s}, \mathrm{a}, \mathrm{s}') + \gamma \mathrm{V}^*(\mathrm{s}')] \tag{5}$$

최대값에만 관심이 있기 때문에 정책에 대한 기댓값(가중 평균) 대신 가능한 모든 행동에 대해 최대값을 취한다는 점을 제외하고는 벨만 방정식과 동일합니다. 예를 들어 상태 s에 있고 그 상태에서 두 가지 가능한 행동이 있다고 가정해 봅시다. 그러면 $V^*(s)$는 다음과 같이 주어집니다.

$$V^*(s) = \max\begin{pmatrix} \mathbb{E}_{s' \sim p}[\mathrm{R}(\mathrm{s}, 0, \mathrm{s}') + \gamma \mathrm{V}^*(\mathrm{s}')] \\ \mathbb{E}_{s' \sim p}[R(s, 1, s') + \gamma V^*(s')] \end{pmatrix}$$

위의 방정식에서 알 수 있듯이 가능한 모든 행동(0 및 1)을 사용하여 상태 가치를 계산한 다음 상태 가치로 최대값을 선택합니다.

이제 최적 벨만 Q 함수를 살펴보겠습니다. Q 함수의 벨만 방정식이 다음과 같이 표현된다는 것을 배웠습니다.

$$Q^\pi(s, a) = \mathbb{E}_{s' \sim p}[R(s, a, s') + \gamma \mathbb{E}_{a' \sim \pi} Q^\pi(s', a')]$$

최적 벨만 가치 함수로 학습한 것처럼 다음 상태 s'에서 행동 a'를 선택하는 정책을 사용하는 대신 해당 상태 s'에서 가능한 모든 행동을 선택하고 최대 Q 값을 계산합니다. 다음과 같이 표현할 수 있습니다.

$$Q^*(s, a) = \mathbb{E}_{s' \sim P}\Big[R(s, a, s') + \gamma \max_{a'} Q^*(s', a') \tag{6}$$

예를 들어 상태 s에서 행동 a를 수행하고 다음 상태 s'에 도달합니다. 다음 상태 s'에 대한 Q 값을 계산해야 합니다. 상태s'에는 많은 행동이 있을 수 있습니다. 상태 s'에 두 개의 행동 0과 1이 있다고 가정해 보겠습니다. 그러면 최적 벨만 Q 함수를 다음과 같이 작성할 수 있습니다.

$$Q^*(s,a) = \mathbb{E}_{s' \sim P}\left[R(s,a,s') + \gamma \max\begin{pmatrix} Q^*(s',0) \\ Q^*(s',1) \end{pmatrix}\right]$$

요약하면 가치 함수와 Q 함수의 벨만 최적 방정식은 다음과 같습니다.

$$V^*(s) = \max_a \mathbb{E}_{s' \sim P}[R(s,a,s')] + \gamma V^*(s')]$$

$$Q^*(s,a) = \mathbb{E}_{s' \sim P}\left[\gamma \max_{a'} Q^*(s',a')\right]$$

기댓값을 확장하여 벨만 최적 방정식을 다음과 같이 다시 작성할 수도 있습니다.

$$V^*(s) = \max_a \sum_{s'} P(s'|s,a)[R((s,a,s') + \gamma V^*((s')]$$

$$Q^*(s,a) = \sum_{s'} P(s'|s,a)[R(s,a,s') + \gamma \max_{a'} Q^*(s',a')]$$

3.1.4 가치 함수와 Q 함수의 관계

1장 강화 학습의 기초에서 다룬 가치 함수와 Q 함수를 요약해 보겠습니다. 상태의 가치(가치 함수)가 정책 π에 따라 해당 상태에서 시작하는 기대 리턴을 의미한다는 것을 배웠습니다.

$$V^\pi(s) = \mathbb{E}_{\tau \sim \pi}[R(\tau)|s_0 = s]$$

마찬가지로 상태-행동 쌍(Q 함수)의 Q 값은 정책 π에 따라 해당 상태-행동 쌍에서 시작하는 기대 리턴을 나타냅니다.

$$Q^\pi(s,a) = \mathbb{E}_{\tau \sim \pi}[R(\tau)|s_0 = s, a_0 = a]$$

최적 가치 함수가 최대 상태 가치를 제공한다는 것을 배웠습니다.

$$V^*(s) = \max_\pi V^\pi(s)$$

그리고 최적 Q 함수는 최대 상태-행동 가치(Q 값)를 제공합니다.

$$Q^{\pi}(s,a) = \max_{\pi} Q^{\pi}(s,a)$$

최적 가치 함수와 최적 Q 함수 사이의 관계를 도출할 수 있을까요? 최적 가치 함수가 상태 s에서 시작할 때 최대 기대 리턴을 갖고 최적 Q 함수가 어떤 행동 a를 수행하는 상태에서 시작할 때 최대 기대 리턴을 갖는다는 것을 알고 있습니다. 따라서 최적 가치 함수는 가능한 모든 행동에 대한 최적 Q값의 최대값이라고 할 수 있으며 다음과 같이 표현할 수 있습니다(즉, Q에서 V를 도출할 수 있음).

$$V^{*}(s) = \max_{a} Q^{*}(s,a)$$

계속 진행하기 전에 벨만 방정식을 요약해 보겠습니다.

가치 함수와 Q 함수의 벨만 기대 방정식

$$V^{\pi}(s) = \sum_{a} \pi(a|s) \sum_{s'} P(s'|s,a)[R(s,a,s') + \gamma V^{\pi}(s')]$$

$$Q^{\pi}(s,a) = \sum_{s'} P(s'|s,a)[R(s,a,s') + \gamma \sum_{a'} \pi(a'|s') Q^{\pi}(s',a')]$$

가치 함수와 Q 함수의 벨만 최적 방정식

$$V^{*}(s) = \max_{a} \sum_{s'} P(s'|s,a)[R(s,a,s') + \gamma V^{*}(s')]$$

$$Q^{*}(s,a) = \sum_{s'} P(s'|s,a)[R(s,a,s') + \gamma \max_{a'} Q^{**}(s',a')$$

최적 벨만 Q 함수가 다음과 같이 표현된다는 것을 배웠습니다.

$$Q^{*}(s,a) = \sum_{s'} P(s'|s,a)[R(s,a,s') + \gamma \max_{a'} Q^{**}(s',a')$$

최적 가치 함수 $V^*(s)$가 있는 경우 이를 사용하여 앞의 최적 벨만 Q 함수를 유도할 수 있습니다(즉, V에서 Q를 유도할 수 있음).

$$Q^{*}(s,a) = \sum_{s'} P(s'|s,a)[R(s,a,s') + \gamma V^{*}(s')]$$

앞의 방정식은 강화 학습에서 가장 유용한 특성 중 하나이며 다음 섹션에서 최적의 정책을 찾는 데 어떻게 도움이 되는지 살펴보겠습니다.

따라서 요약하자면 Q에서 V를 도출할 수 있다는 것을 배웠습니다.

$$V^*(s) = \max_a Q^*(s, a) \tag{7}$$

그리고 V에서 Q를 유도합니다.

$$Q^*(s, a) = \sum_{s'} P(s'|s, a)[R(s, a, s') + \gamma V^{**}(s')] \tag{8}$$

방정식 (7)에 방정식 (8)을 대입하면 다음과 같이 쓸 수 있습니다.

$$V^*(s) = \max_a \sum_{s'} P(s'|s, a)[R(s, a, s') + \gamma V^*(s')]$$

벨만 방정식 및 가치 함수와 Q 함수 간의 관계를 이해했으므로 이제 이러한 방정식을 사용하여 최적의 정책을 찾는 방법에 대한 다음 섹션으로 넘어갈 수 있습니다.

3.2 동적 계획법

동적 계획(Dynamic programming, DP)은 복잡한 문제를 해결하는 기술입니다. DPㄴ에서는 복잡한 문제를 전체적으로 해결하는 대신 문제를 간단한 하위 문제로 나눈 다음 각 하위 문제에 대해 솔루션을 계산하고 저장합니다. 동일한 하위 문제가 발생하면 다시 계산하지 않고 이미 계산된 솔루션을 사용합니다. 따라서 DP는 계산 시간을 획기적으로 최소화하는 데 도움이 됩니다. 컴퓨터 과학, 수학, 생물 정보학 등 다양한 분야에 걸쳐 응용이 있습니다.

이제 DP를 사용하여 최적의 정책을 찾는 두 가지 중요한 방법에 대해 알아보겠습니다. 두 가지 방법은 다음과 같습니다.

- 가치 반복
- 정책 반복

동적 계획법은 환경의 모델 역학(전이 확률)이 알려진 경우에만 최적의 정책을 찾는 데 도움이 되는 모델 기반 방법입니다. 모델 역학이 없으면 DP 방법을 적용할 수 없습니다.

3.2.1 가치 반복

최적의 정책은 에이전트가 각 상태에서 올바른 행동을 수행하도록 지시하는 정책임을 배웠습니다. 최적 정책을 찾기 위해 먼저 최적 가치 함수를 계산하고 최적 가치 함수를 얻은 후 이를 사용하여 최적 정책을 도출할 수 있습니다. 최적 가치 함수를 어떻게 계산할 수 있을까요? 가치 함수의 최적 벨만 방정식을 사용할 수 있습니다. 벨만 최적 방정식에 따라 최적 가치 함수를 다음과 같이 계산할 수 있음을 배웠습니다.

$$V^*(s) = \max_a \sum_{s'} P(s'|s,a)[R(s,a,s') + \gamma V^*(s')] \quad (9)$$

가치 함수와 Q 함수 사이의 관계 섹션에서 가치 함수가 주어졌을 때 Q 함수를 도출할 수 있다는 것을 배웠습니다.

$$Q^*(s,a) = \sum_{s'} P(s'|s,a)[R(s,a,s') + \gamma V^*(s')] \quad (10)$$

방정식 (9)에 방정식 (10)을 대입하면 다음과 같이 쓸 수 있습니다.

$$V^*(s) = \max_a Q^*(s,a)$$

따라서 최적 Q 함수에 최대값을 취함으로써 최적 가치 함수를 계산할 수 있고 상태 가치를 계산하기 위해 모든 상태-행동 쌍에 대한 Q 값을 계산합니다. 그런 다음 상태 가치로 최대 Q 값을 선택합니다.

s_0과 s_1의 두 가지 상태가 있고 이 상태에서 두 가지 가능한 행동 0과 1이 있다고 가정해 봅시다. 먼저, 가능한 모든 상태-행동 쌍에 대한 Q 값을 계산합니다. 표 3.1은 가능한 모든 상태-행동 쌍에 대한 Q 값을 보여줍니다.

State	Action	Value
s_0	0	2.7
s_0	1	3
s_1	0	4
s_1	1	2

표 3.1 가능한 모든 상태-행동 쌍의 Q 값

그런 다음 각 상태에서 최대 Q 값을 상태의 최적 가치로 선택합니다. 따라서 상태 s_0의 가치는 3이고 상태 s_1의 가치는 4입니다. 상태의 최적 가치(가치 함수)는 표 3.2에 나와 있습니다.

State	Value
s_0	3
s_1	4

표 3.2 최적 상태 가치

최적 가치 함수를 얻으면 이를 사용하여 최적 정책을 추출할 수 있습니다.

이제 가치 반복 방법으로 최적 가치 함수를 찾는 방법에 대한 기본적인 이해를 얻었으므로 다음 섹션에서 가치 반복 방법이 정확히 어떻게 작동하고 최적 가치 함수에서 최적의 정책을 찾는 방법에 대해 자세히 알아보겠습니다.

3.2.1.1 가치 반복 알고리즘

가치 반복 알고리즘은 다음과 같이 주어집니다.

1. Q 함수, 즉 $V^*(s) = \max_a Q^*(s, a)$에 대해 최대값을 취하여 최적 가치 함수를 계산합니다.
2. 계산된 최적 가치 함수에서 최적 정책을 추출합니다.

위의 두 단계가 어떻게 작동하는지 자세히 살펴봅시다. 더 나은 이해를 위해 가치 반복을 수동으로 수행해 보겠습니다. 그림 3.5에 표시된 소규모 그리드 환경을 고려해 봅시다. 에이전트가 상태 A에 있고 목표가 음영 처리된 상태 B를 방문하지 않고 상태 C에 도달하는 것이며 0-left/right 및 1-up/down의 두 가지 행동이 있다고 가정해 보겠습니다.

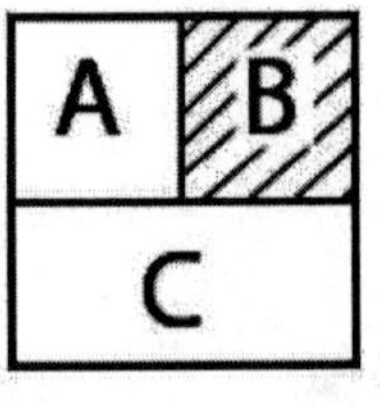

그림 3.5 그리드 세계 환경

여기서 최적의 정책은 B를 방문하지 않고 C에 도달할 수 있도록 상태 A에서 행동 1을 수행하도록 지시하는 것입니다. 이제 가치 반복을 사용하여 이 최적 정책을 찾는 방법을 살펴보겠습니다.

표 3.3은 상태 A의 모델 역학을 보여줍니다.

State (s)	Action (a)	Next State (s')	Transition Probability $P(s'\|s,a)$ or $P_{ss'}^{a}$	Reward Function $R(s,a,s')$ or $R_{ss'}^{a}$
A	0	A	0.1	0
A	0	B	0.8	-1
A	0	C	0.1	1
A	1	A	0.1	0
A	1	B	0.0	-1
A	1	C	0.9	0

표 3.3 상태 A의 모델 역학

1단계 – 최적 가치 함수 계산하기

Q 함수에 대해 최대값을 계산하여 최적 가치 함수를 계산할 수 있습니다.

$$V^{*}(s) = \max_{a} Q^{*}(s,a)$$

즉, 모든 상태-행동 쌍에 대한 Q 값을 계산한 다음 최대 Q 값을 상태 가치로 선택합니다.

상태 s 및 행동 a에 대한 Q 값은 다음과 같이 계산할 수 있습니다.

$$Q^{*}(s,a) = \sum_{s'} P(s'|s,a)[R(s,a,s') + \gamma V(s')]$$

간단하게 표기하기 위해 $P(s'|s,a)$를 P_{ss}^{a}로, $R(s,a,s')$을 R_{ss}^{a}로 표시하면 앞의 방정식을 다음과 같이 다시 작성할 수 있습니다.

$$Q(s,a) = \sum_{s'} P_{ss'}^{a} [R_{ss'}^{a} + \gamma V(s')] \tag{11}$$

따라서 앞의 방정식을 사용하여 Q 함수를 계산할 수 있습니다. 방정식을 보면 Q 함수를 계산하기 위해 전이 확률 $P_{ss'}^{a}$, 보상 함수 $R_{ss'}^{a}$ 및 다음 상태 $V(s')$의 값이 필요합니다. 모델 역학은 전이 확률 P_{ss}^{a}와 보상 함수 R_{ss}^{a}을 제공합니다. 그러나 다음 상태 $V(s')$의 값은 어떻게 얻을까요? 그래서 표 3.4와 같이 임의의 값이나 0으로 가치 함수(상태 가치)

를 초기화하고 Q 함수를 계산할 것입니다.

State	Value
A	0
B	0
C	0

표 3.4 초기 가치 테이블

반복 1

상태 A의 Q 값을 계산해 보겠습니다. 상태 A에는 0과 1의 두 가지 행동이 있습니다. 따라서 먼저 상태 A와 행동 0에 대한 Q 값을 계산해 보겠습니다(이 섹션 전체에서 감가율 γ=1을 사용합니다).

$$\begin{aligned}Q(A,0) &= P_{AA}^{0}[R_{AA}^{0}+\gamma V(A)]+P_{AB}^{0}[R_{AB}^{0}+\gamma V(B)]+P_{AC}^{0}[R_{AC}^{0}+\gamma V(C)]\\ &= 0.1(0+0)+0.8(-1+0)+0.1(1+0)\\ &= -0.7\end{aligned}$$

이제 상태 A와 행동 1에 대한 Q 값을 계산해 보겠습니다.

$$\begin{aligned}Q(A,1) &= P_{AA}^{1}[R_{AA}^{1}+\gamma V(A)]+P_{AB}^{1}[R_{AB}^{1}+\gamma V(B)]+P_{AC}^{1}[R_{AC}^{1}+\gamma V(C)]\\ &= 0.1(0+0)+0.0(-1+0)+0.9(1+0)\\ &= 0.9\end{aligned}$$

상태 A의 두 가지 행동에 대한 Q 값을 계산한 후 표 3.5와 같이 Q 테이블을 업데이트할 수 있습니다.

State	Action	Value
A	0	- 0.7
A	1	0.9
B	0	
B	1	
C	0	
C	1	

표 3.5 Q 테이블

상태의 최적 가치가 Q 함수의 최대값이라는 것을 배웠습니다(즉, $V^*(s) = \max_a Q^*(s, a)$).

표 3.5를 보면 상태 A의 가치 V(A)는 Q(A, 1)이 Q(A, 0)보다 높은 가치를 가지므로 Q(A, 1)이라고 말할 수 있습니다. 따라서 $V(A) = 0.9$입니다. 표 3.6과 같이 가치 테이블에서 상태 A의 가치를 업데이트할 수 있습니다.

State	Value
A	0.9
B	0
C	0

표 3.6 업데이트된 가치 테이블

마찬가지로 상태 B의 가치 V(B)를 계산하기 위해 Q(B, 0) 및 Q(B, 1)의 Q 값을 계산하고 가장 높은 Q 값을 상태 B의 가치로 선택합니다. 같은 방식으로 다른 상태의 가치를 계산하기 위해 모든 상태-행동 쌍에 대한 Q 값을 계산하고 최대 Q 값을 상태 가치로 선택합니다.

모든 상태의 가치를 계산한 후 업데이트된 가치 테이블은 표 3.7과 유사할 것입니다. 이것은 첫 번째 반복의 결과입니다.

State	Value
A	0.9
B	- 0.2
C	0.5

표 3.7 반복 1로 업데이트된 가치 테이블

그러나 첫 번째 반복의 결과로 얻은 표 3.7의 가치 함수(가치 테이블)는 최적의 가치가 아닙니다. 최적 가치 함수는 최적 Q 함수의 최대값이라는 것을 배웠습니다(즉, $V^*(s) = \max_a Q^*(s, a)$).

따라서 최적 가치 함수를 찾으려면 최적의 Q 함수가 필요합니다. 그러나 첫 번째 반복에서는 Q 함수가 무작위로 초기화된 상태 가치를 기반으로 Q 함수를 계산했기 때문에 최적이 아닐 수 있습니다.

다음과 같이 Q 함수 계산을 시작할 때 무작위로 초기화된 상태 가치를 사용했습니다.

$$V^*(s) = \max_a Q^*(s, a)$$

$$\longrightarrow \sum_{s'} P^a_{ss'}[R^a_{ss'} + \gamma V(s')]$$

$\longrightarrow$ Random Values

여기서 할 수 있는 것은 다음 반복에서 Q 함수를 계산하는 동안 첫 번째 반복의 결과로 얻은 업데이트된 상태 가치를 사용할 수 있다는 것입니다.

즉, 두 번째 반복에서 가치 함수를 계산하기 위해 모든 상태-행동 쌍의 Q 값을 계산하고 최대 Q 값을 상태 가치로 선택합니다. Q 값을 계산하려면 상태 가치를 알아야 합니다. 첫 번째 반복에서 무작위로 초기화된 상태 가치를 사용했습니다. 그러나 두 번째 반복에서는 다음과 같이 첫 번째 반복에서 얻은 업데이트된 상태 가치(가치 테이블)를 사용합니다.

$$V^*(s) = \max_a Q^*(s, a)$$

$$\longrightarrow \sum_{s'} P^a_{ss'}[R^a_{ss'} + \gamma V(s')]$$

$\longrightarrow$ Use state values from 1st iteration

반복 2

상태 A의 Q 값을 계산해 보겠습니다. Q 값을 계산하는 동안 이전 반복에서 업데이트된 상태 가치를 사용한다는 것을 기억합시다.

먼저 상태 A와 행동 0의 Q 값을 계산해 보겠습니다.

$$\begin{aligned} Q(A,0) &= P^0_{AA}[R^0_{AA} + \gamma V(A)] + P^0_{AB}[R^0_{AB} + \gamma V(B)] + P^0_{AC}[R^0_{AC} + \gamma V(C)] \\ &= 0.1(0+0.9) + 0.8(-1-0.2) + 0.1(1+0.5) \\ &= -0.72 \end{aligned}$$

이제 상태 A와 행동 1에 대한 Q 값을 계산해 보겠습니다.

$$\begin{aligned} Q(A,1) &= P^1_{AA}[R^1_{AA} + \gamma V(A)] + P^1_{AB}[R^1_{AB} + \gamma V(B)] + P^1_{AC}[R^1_{AC} + \gamma V(C)] \\ &= 0.1(0+0.9) + 0.0(-1-0.2) + 0.9(1+0.5) \\ &= 1.44 \end{aligned}$$

상태 A에서 행동 1의 Q 값이 행동 0보다 높기 때문에 상태 A의 가치는 1.44가 됩니다. 마찬가지로 모든 상태에 대한 가치를 계산하고 가치 테이블을 업데이트합니다. 표 3.8은 업데이트된 가치 테이블을 보여줍니다.

State	Value
A	1.44
B	- 0.50
C	1.0

표 3.8 반복 2로 업데이트된 가치 테이블

반복 3

이전 반복에서 본 것과 동일한 단계를 반복하고 최대 Q 값을 선택하여 모든 상태의 가치를 계산합니다. Q 값을 계산하는 동안 이전 반복에서 얻은 업데이트된 상태 가치(가치 테이블)를 사용한다는 것을 기억합시다. 따라서 반복 2에서 업데이트된 상태 가치를 사용하여 Q 값을 계산합니다.

표 3.9는 세 번째 반복의 결과로 얻은 업데이트된 상태 가치를 보여줍니다.

State	Value
A	1.94
B	- 0.70
C	1.3

표 3.9 반복 3으로 업데이트된 가치 테이블

따라서 최적 가치 함수를 찾을 때까지 많은 반복을 수행합니다. 그러나 최적 가치 함수를 찾았는지 어떻게 판단할 수 있을까요? 가치 함수(가치 테이블)가 반복을 통해 변경되지 않거나 매우 작게 변경되면 수렴에 도달했다고 말할 수 있습니다. 즉, 최적 가치 함수를 찾은 것 입니다.

이전 반복에서 얻은 가치 테이블과 현재 반복에서 얻은 가치 테이블의 차이를 계산할 수 있습니다. 차이가 매우 작은 경우(예 : 차이가 매우 작은 임계값보다 작은 경우) 가치 함수에 큰 변화가 없기 때문에 수렴에 도달했다고 말할 수 있습니다.

예를 들어, 표 3.10이 반복 4의 결과로 얻은 가치 테이블을 보여준다고 가정해 봅시다:

State	Value
A	1.94
B	- 0.70
C	1.3

표 3.10 반복 4로 업데이트된 가치 테이블

반복 4와 반복 3의 결과로 얻은 가치 테이블의 차이는 매우 작습니다. 따라서 수렴을 달성했다고 말할 수 있으며 반복 4의 결과로 얻은 가치 테이블을 최적 가치 함수로 취합니다. 위의 예는 단지 이해를 돕기 위한 것입니다. 실제로, 단 4번의 반복으로 수렴에 도달할 수는 없으며 일반적으로 많은 반복이 필요합니다.

이제 최적 가치 함수를 찾았으므로 다음 단계에서 이 최적 가치 함수를 사용하여 최적 정책을 추출합니다.

2단계 – 1단계에서 얻은 최적 가치 함수에서 최적 정책 추출하기

1단계의 결과로 최적 가치 함수를 얻었습니다.

State	Value
A	1.95
B	- 0.72
C	1.3

표 3.11 최적 가치 테이블(가치 함수)

이제 획득한 최적 가치 함수에서 최적의 정책을 어떻게 추출할 수 있을까요?

일반적으로 Q 함수를 사용하여 정책을 계산합니다. Q 함수가 모든 상태-행동 쌍에 대해 Q 값을 제공한다는 것을 배웠습니다. 모든 상태-행동 쌍에 대한 Q 값이 있으면 각 상태에서 최대 Q 값을 갖는 행동을 선택하여 정책을 추출합니다. 예를 들어, 표 3.12의 Q 테이블을 고려해 봅시다. 모든 상태-행동 쌍에 대한 Q 값을 보여줍니다. 이제 상태 s_0에서 행동 1을 선택하고 상태 s_1에서 행동 0을 선택하여 Q 함수(Q 테이블)에서 정책을 추출할 수 있습니다.

State	Action	Value
s_0	0	1
s_0	1	4
s_1	0	7
s_1	1	2

표 3.12 Q 테이블

이제 1단계에서 얻은 최적 가치 함수를 사용하여 Q 함수를 계산합니다. Q 함수가 있으면 각 상태에서 최대 Q 값을 갖는 행동을 선택하여 정책을 추출합니다. 최적 가치 함수를 사용하여 Q 함수를 계산하므로 Q 함수에서 추출한 정책이 최적 정책이 됩니다.

Q 함수가 다음과 같이 계산될 수 있다는 것을 배웠습니다.

$$Q(s,a)=\sum_{s'}P_{ss'}^{a}[R_{ss'}^{a}+\gamma V(s')]$$

이제 Q 값을 계산하는 동안 1단계에서 얻은 최적 가치 함수를 사용합니다. Q 함수를 계산한 후 최대 Q 값을 갖는 행동을 선택하여 최적의 정책을 추출할 수 있습니다.

$$\pi^{*}=\arg\max_{a} Q(s,a)$$

최적 가치 함수를 사용하여 상태 A의 모든 행동에 대한 Q 값을 계산해 보겠습니다. 상태 A의 행동 0에 대한 Q 값은 다음과 같이 계산됩니다.

$$\begin{aligned}Q(A,0)&=P_{AA}^{0}[R_{AA}^{0}+\gamma V(A)]+P_{AB}^{0}[R_{AB}^{0}+\gamma V(B)]+P_{AC}^{0}[R_{AC}^{0}+\gamma V(C)]\\&=0.1(0+1.95)+0.8(-1-0.72)+0.1(1+1.3)\\&=-0.951\end{aligned}$$

상태 A의 행동 1에 대한 Q 값은 다음과 같이 계산됩니다.

$$\begin{aligned}Q(A,1)&=P_{AA}^{1}[R_{AA}^{1}+\gamma V(A)]+P_{AB}^{1}[R_{AB}^{1}+\gamma V(B)]+P_{AC}^{1}[R_{AC}^{1}+\gamma V(C)]\\&=0.1(0+1.95)+0.0(-1-0.72)+0.9(1+1.3)\\&=2.26\end{aligned}$$

Q(A, 1)이 Q(A, 0)보다 높기 때문에 최적 정책은 상태 A에서 최적의 행동으로 행동 1을 선택합니다. 표 3.13은 최적 가치 함수를 사용하여 모든 상태-행동 쌍에 대한 Q 값을 계산한 Q 테이블을 보여줍니다.

State	Action	Value
A	0	- 0.95
A	1	2.26
B	0	- 0.5
B	1	0.5
C	0	- 1.1
C	1	1.4

표 3.13 Q 테이블

이 Q 테이블에서 최적 정책으로 최대값을 갖는 각 상태의 행동을 선택합니다. 따라서 최적 정책은 상태 A에서 행동 1, 상태 B에서 행동 1, 상태 C에서 행동 1을 선택합니다.

따라서 최적 정책에 따르면 상태 A에서 행동 1을 수행하면 상태 B를 방문하지 않고도 상태 C에 도달할 수 있습니다.

이 섹션에서는 가치 반복 방법을 사용하여 최적 정책을 계산하는 방법을 배웠습니다. 다음 섹션에서는 Gym 툴킷을 사용하여 Frozen Lake 환경에서 최적 정책을 계산하는 가치 반복 방법을 구현하는 방법을 학습해 보겠습니다.

3.2.1.2 가치 반복으로 Frozen Lake 문제 해결하기

이전 장에서 Frozen Lake 환경에 대해 배웠습니다. Frozen Lake 환경은 그림 3.6에 나와 있습니다.

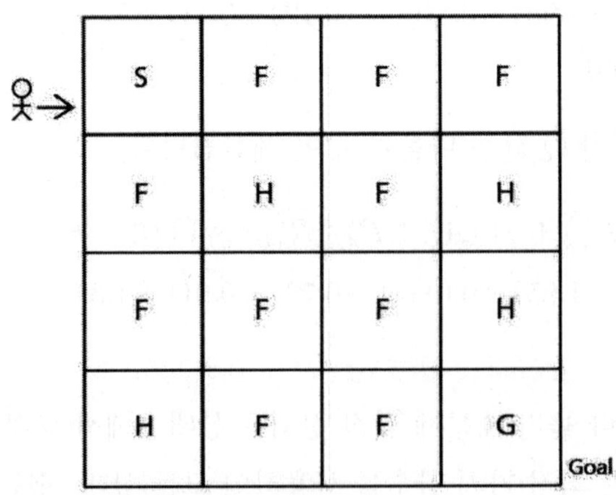

그림 3.6 Frozen Lake 환경

Frozen Lake을 요약해 보겠습니다. 그림 3.6에 표시된 Frozen Lake 환경에서는 다음 내용이 적용됩니다.

- S는 시작 상태를 의미합니다.
- F는 동결 상태를 의미합니다.
- H는 구멍 상태를 의미합니다.
- G는 목표 상태를 의미합니다.

Frozen Lake 환경에서 구멍 상태 H를 방문하지 않고 시작 상태 S에서 목표 상태 G에 도달하는 것이 목표라는 것을 배웠습니다. 즉, 에이전트가 시작 상태 S에서 목표 상태 G에 도달하려고 하는 동안 구멍 상태 H를 방문하면 그림 3.7과 같이 구멍에 빠져 죽을 것입니다.

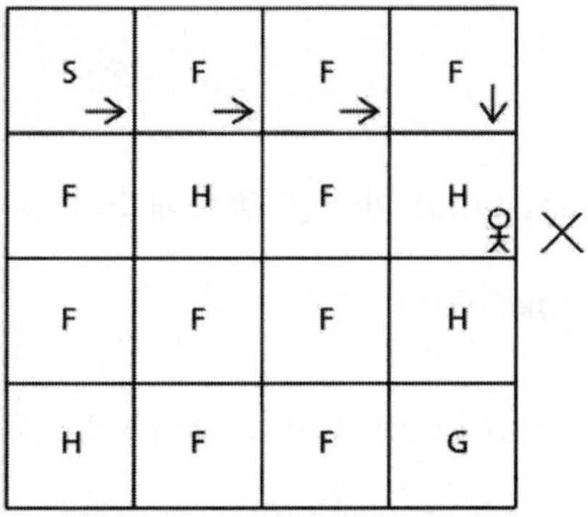

그림 3.7 구멍에 빠진 에이전트

따라서 에이전트는 다음과 같이 목표 상태 G에 도달하기 위해 구멍 상태 H를 회피해야 합니다.

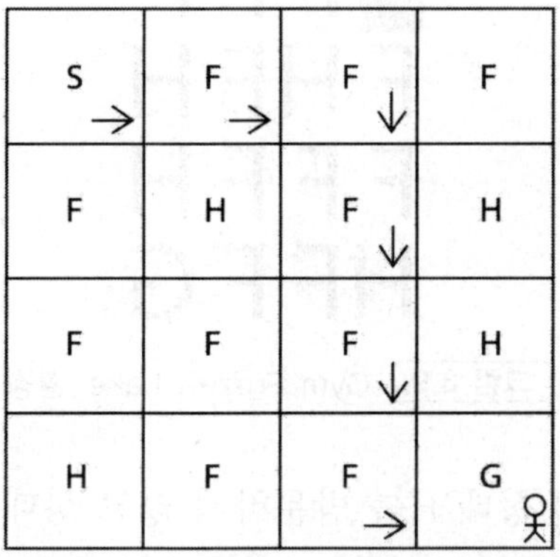

그림 3.8 목표 상태에 도달한 에이전트

H를 방문하지 않고 어떻게 S에서 G에 도달할 수 있을까요? 최적 정책은 에이전트가 각 상태에서 올바른 행동을 수행하도록 지시한다는 것을 배웠습니다. 따라서 최적 정책을 찾으면 상태 H를 방문하지 않고 S에서 상태 G에 도달할 수 있습니다. 최적 정책은 위에서 배운 가치 반복 방법을 사용하여 찾을 수 있습니다.

모든 상태(S에서 G)는 0에서 16으로 인코딩되며 네 가지 행동[left, down, up, right]은 모두 Gym 툴킷에서 0에서 3으로 인코딩됩니다.

이 섹션에서는 에이전트가 H를 방문하지 않고 S에서 G에 도달할 수 있도록 가치 반복 방법을 사용하여 최적 정책을 찾는 방법을 학습합니다.

먼저 필요한 라이브러리를 가져오겠습니다.

```
import gym
import numpy as np
```

이제 Gym을 사용하여 Frozen Lake 환경을 생성해 보겠습니다.

```
env = gym.make('FrozenLake-v0')
```

render 함수를 사용하여 Frozen Lake 환경을 살펴보겠습니다.

```
env.render()
```

앞의 코드는 다음을 출력합니다.

```
SFFF
FHFH
FFFH
HFFG
```

그림 3.9 Gym Frozen Lake 환경

에이전트는 상태 S에 있으며 상태 H를 방문하지 않고 상태 G에 도달해야 합니다. 그럼 가치반복법을 이용하여 최적 정책을 계산하는 방법을 알아보겠습니다.

가치 반복 방법에서는 두 단계를 수행합니다.

- Q 함수, 즉 $V^*(s) = \max_a Q^*(s, a)$에 대해 최대값을 취하여 최적 가치 함수를 계산합니다.
- 계산된 최적 가치 함수에서 최적 정책을 추출합니다.

먼저 최적 가치 함수를 계산하는 방법을 알아보고, 계산된 최적 가치 함수에서 최적 정책을 추출하는 방법을 알아보겠습니다.

최적 가치 함수 계산

Q 함수, 즉 $V^*(s) = \max_a Q^*(s, a)$에 대해 최대값을 취하여 최적 가치 함수를 반복적으로 계산하는 value_iteration이라는 함수를 정의할 것입니다. 더 나은 이해를 위해 함수의 모든 행을 자세히 살펴보겠습니다. 끝에서는 명확성을 위해 완전한 함수를 제공합니다.

환경을 매개변수로 사용하는 value_iteration 함수를 정의합니다.

```
def value_iteration(env):
```

반복 횟수를 설정합니다.

```
    num_iterations = 1000
```

가치 함수의 수렴을 확인하기 위한 임계값을 설정합니다.

```
    threshold = 1e-20
```

감가율 γ를 1로 설정합니다.

```
    gamma = 1.0
```

이제 모든 상태의 값을 0으로 설정하여 가치 테이블을 초기화합니다.

```
    value_table = np.zeros(env.observation_space.n)
```

반복마다 수행합니다.

```
    for i in range(num_iterations):
```

가치 테이블을 업데이트합니다. 즉, 모든 반복에서 이전 반복에서 업데이트된 가치 테이블(상태 가치)을 사용한다는 것을 배웠습니다.

```
        updated_value_table = np.copy(value_table)
```

이제 Q 값의 최대값을 취하여 가치 함수(상태 가치)를 계산합니다.

$$V^*(s) = \max_a Q^*(s,a)$$

$$\text{Where } Q(s,a) = \sum_{s'} P_{ss'}^a [R_{ss'}^a + \gamma V(s')]$$

각 상태에 대해 상태에 있는 모든 행동의 Q 값을 계산한 다음 상태 가치를 최대 Q 값을 갖는 값으로 업데이트합니다.

```
        for s in range(env.observation_space.n):
```

모든 행동의 Q 값 $Q(s,a) = \sum_{s'} P_{ss'}^a [R_{ss'}^a + \gamma V(s')]$을 계산합니다.

```
            Q_values = [sum([prob*(r + gamma * updated_value_table[s_])
                             for prob, s_, r, _ in env.P[s][a]])
                                 for a in range(env.action_space.n)]
```

상태 가치를 최대 Q 값 $V^*(s) = \max_a Q^*(s,a)$으로 업데이트합니다.

```
            value_table[s] = max(Q_values)
```

가치 테이블, 즉 모든 상태의 가치를 계산한 후, 현재 반복에서 얻은 가치 테이블과 이전 반복에서 얻은 가치 테이블의 차이가 임계값 이하인지 확인합니다. 차이가 임계값보다 작으면 루프를 끊고 가치 테이블을 다음 코드와 같이 최적 가치 함수로 반환합니다.

```
        if (np.sum(np.fabs(updated_value_table - value_table)) <=
threshold):
            break

    return value_table
```

명확성을 위해 value_iteration 함수의 다음 전체 코드를 제공합니다.

```
def value_iteration(env):

    num_iterations = 1000
    threshold = 1e-20
    gamma = 1.0
    value_table = np.zeros(env.observation_space.n)

    for i in range(num_iterations):

        updated_value_table = np.copy(value_table)

        for s in range(env.observation_space.n):

            Q_values = [sum([prob*(r + gamma * updated_value_table[s_])
                             for prob, s_, r, _ in env.P[s][a]])
                                 for a in range(env.action_space.n)]

            value_table[s] = max(Q_values)


        if (np.sum(np.fabs(updated_value_table - value_table)) <=
threshold):
             break

    return value_table
```

이제 Q 값의 최대값을 취하여 최적 가치 함수를 계산했으므로 최적 가치 함수에서 최적 정책을 추출하는 방법을 살펴보겠습니다.

최적 가치 함수에서 최적 정책 추출

이전 단계에서 최적 가치 함수를 계산했습니다. 이제 계산된 최적 가치 함수에서 최적 정책을 추출하는 방법을 살펴보겠습니다.

먼저, value_table을 매개변수로 사용하는 extract_policy라는 함수를 정의합니다.

```
def extract_policy(value_table):
```

감가율 γ를 1로 설정합니다.

```
    gamma = 1.0
```

먼저 정책을 0으로 초기화합니다. 즉, 모든 상태에 대한 행동을 0으로 설정합니다.

```
    policy = np.zeros(env.observation_space.n)
```

이제 이전 단계에서 얻은 최적 가치 함수를 사용하여 Q 함수를 계산합니다. Q 함수가 다음과 같이 계산될 수 있다는 것을 배웠습니다.

$$Q(s,a)=\sum_{s'}P_{SS'}^{a}[R_{SS'}^{a}+\gamma V(s')]$$

Q 함수를 계산한 후 최대 Q 값을 갖는 행동을 선택하여 정책을 추출할 수 있습니다. 최적 가치 함수를 사용하여 Q 함수를 계산하므로 Q 함수에서 추출한 정책이 최적 정책이 됩니다.

$$\pi^{*}=\arg\max_{a} Q(s,a)$$

각 상태에 대해 해당 상태의 모든 행동에 대한 Q 값을 계산한 다음 최대 Q 값을 갖는 행동을 선택하여 정책을 추출합니다.

상태마다 수행합니다.

```
    for s in range(env.observation_space.n):
```

상태에 있는 모든 행동의 Q 값 $Q(s,a)=\sum_{s'}P_{ss'}^{a}[R_{ss'}^{a}+\gamma V(s')]$을 계산합니다.

```
        Q_values = [sum([prob*(r + gamma * value_table[s_])
                             for prob, s_, r, _ in env.P[s][a]])
                                 for a in range(env.action_space.n)]
```

Q값이 최대인 행동을 선택하여 정책 $\pi^{*}=\arg\max_{a} Q(s,a)$을 추출합니다.

```
        policy[s] = np.argmax(np.array(Q_values))


    return policy
```

명확성을 위해 위해 extract_policy 함수의 전체 코드를 제공합니다.

```
def extract_policy(value_table):

    gamma = 1.0

    policy = np.zeros(env.observation_space.n)

    for s in range(env.observation_space.n):

        Q_values = [sum([prob*(r + gamma * value_table[s_])
                            for prob, s_, r, _ in env.P[s][a]])
                                for a in range(env.action_space.n)]

        policy[s] = np.argmax(np.array(Q_values))

    return policy
```

이제 Frozen Lake 환경에서 최적 정책을 추출하는 방법을 살펴보겠습니다.

종합

Frozen Lake 환경에서 구멍 상태를 방문하지 않고 상태 A에서 상태 G에 도달할 수 있도록 각 상태에서 올바른 행동을 선택하는 최적 정책을 찾는 것이 목표임을 배웠습니다.

먼저 Frozen Lake 환경을 매개변수로 전달하여 value_iteration 함수를 사용하여 최적 가치 함수를 계산합니다.

```
optimal_value_function = value_iteration(env)
```

다음으로, extract_policy 함수를 사용하여 최적 가치 함수에서 최적 정책을 추출합니다.

```
optimal_policy = extract_policy(optimal_value_function)
```

얻은 최적 정책을 출력할 수 있습니다.

```
print(optimal_policy)
```

앞의 코드는 다음을 출력합니다. 최적 정책은 각 상태에서 올바른 행동을 수행하도록 지시합니다.

```
[0. 3. 3. 3. 0. 0. 0. 0. 3. 1. 0. 0. 0. 2. 1. 0.]
```

이제 가치 반복이 무엇인지, Frozen Lake 환경에서 최적 정책을 계산하기 위해 가치 반복 방법을 수행하는 방법을 배웠으므로 다음 섹션에서는 정책 반복이라는 또 다른 흥미로운 방법에 대해 알아보겠습니다.

3.2.2 정책 반복

가치 반복 방법에서는 먼저 Q 함수(Q 값)에 대해 최대값을 반복적으로 취하여 최적 가치 함수를 계산했습니다. 최적 가치 함수를 찾은 후 이를 사용하여 최적 정책을 추출했습니다. 정책 반복에서는 정책을 반복적으로 사용하여 최적 가치 함수를 계산하고 최적 가치 함수를 찾으면 이를 사용하여 최적 정책을 추출할 수 있습니다.

먼저 정책을 사용하여 가치 함수를 계산하는 방법을 알아보겠습니다. 정책 π가 있다고 가정하면 정책 π를 사용하여 가치 함수를 어떻게 계산할 수 있을까요? 여기서 벨만 방정식을 사용할 수 있습니다. 벨만 방정식에 따라 다음과 같이 정책을 사용하여 가치 함수를 계산할 수 있다는 것을 배웠습니다.

$$V^{\pi}(s)=\sum_{a}\pi(a|s)\sum_{s'}P(s'|s,a)[R(s,a,s')+\gamma V^{\pi}(s')]$$

정책이 결정적 정책이라고 가정하고 정책에 확률성이 없기 때문에 앞의 방정식에서 항 $\sum_{a}\pi(a|s)$를 제거하고 벨만 방정식을 다음과 같이 다시 작성할 수 있습니다.

$$V^{\pi}(s)=\sum_{s'}P(s'|s,a)[R(s,a,s')+\gamma V^{\pi}(s')]$$

간단하게 표기하기 위해 $P(s'|s,a)$를 P_{ss}^{a}로, $R(s,a,s')$을 R_{ss}^{a}로 표시하면 앞의 방정식을 다음과 같이 다시 작성할 수 있습니다.

$$V^{\pi}(s)=\sum_{s'}P_{ss}^{a}[R_{ss}^{a}+\gamma V(s')]$$

따라서 위의 방정식으로 정책을 사용하여 가치 함수를 계산할 수 있습니다. 목표는 최적 가치 함수를 찾는 것입니다. 일단 최적 가치 함수를 찾으면 그것으로 최적 정책을 추출하는 데 사용할 수 있기 때문입니다.

어떤 정책도 입력으로 제공되지 않습니다. 따라서 무작위 정책을 초기화하고 무작위 정책을 사용하여 가치 함수를 계산합니다. 그런 다음 계산된 가치 함수가 최적인지 여부를 확인합니다. 무작위 정책을 기반으로 계산되기 때문에 최적은 아닙니다.

따라서 계산된 가치 함수에서 새 정책을 추출한 다음 추출된 새 정책을 사용하여 새 가치 함수를 계산하고 새 가치 함수가 최적인지 확인합니다. 최적이면 중지하고, 그렇지 않으면 일련의 반복에 대해 이 단계를 반복합니다. 더 나은 이해를 위해 다음 단계를 살펴보겠습니다.

반복 1 : π_0를 무작위 정책이라고 가정하고 이 무작위 정책을 사용하여 가치 함수 v^{π_0}를 계산합니다. 가치 함수는 무작위 정책을 기반으로 계산되기 때문에 최적이 아닙니다. 따라서 v^{π_0}에서 새로운 정책 π_1을 추출합니다.

반복 2 : 이제 이전 반복에서 파생된 새 정책 π_1을 사용하여 새 가치 함수 v^{π_1}을 계산한 다음 v^{π_1}이 최적인지 확인합니다. 최적이면 중지하고, 그렇지 않으면 이 가치 함수 v^{π_1}에서 새 정책 π_2를 추출합니다.

반복 3 : 이제 이전 반복에서 파생된 새 정책 π_2을 사용하여 새 가치 함수 v^{π_2}을 계산한 다음 v^{π_2}이 최적인지 확인합니다. 최적이면 중지하고, 그렇지 않으면 이 가치 함수 v^{π_2}에서 새 정책 π_3를 추출합니다.

다음과 같이 최적 가치 함수 V^{π^*}를 찾을 때까지 많은 반복에 대해 이 프로세스를 반복합니다.

$$\pi_0 \rightarrow V^{\pi_0} \rightarrow \pi_1 \rightarrow V^{\pi_1} \rightarrow \pi_2 \rightarrow V^{\pi_2} \rightarrow \pi_3 \rightarrow V^{\pi_3} \rightarrow \cdots \rightarrow \pi^* \rightarrow V^{\pi^*}$$

앞의 단계를 정책 평가 및 정책 개선이라고 합니다. 정책 평가는 각 단계에서 해당 정책을 사용하여 계산된 가치 함수가 최적인지 확인하여 정책을 평가하는 것을 의미합니다. 정책 개선은 각 단계에서 최적 가치 함수를 계산하기 위해 새로 개선된 정책을 찾는 것을 의미합니다.

최적 가치 함수 V^{π^*}를 찾았으면 최적 정책도 찾았음을 의미합니다. 즉, V^{π^*}가 최적이면 V^{π^*}를 계산하는 데 사용되는 정책이 최적의 정책이 됩니다.

정책 반복이 작동하는 방식을 더 잘 이해하기 위해 의사 코드를 사용하여 아래 단계를 살펴보겠습니다. 첫 번째 반복에서는 임의 정책을 초기화하고 이를 사용하여 가치 함수를 계산합니다.

```
policy = random_policy
value_function = compute_value_function(policy)
```

무작위 정책을 사용하여 가치 함수를 계산했기 때문에 계산된 가치 함수는 최적이 아닙니다. 따라서 최적 가치 함수를 계산할 수 있는 새로운 정책을 찾아야 합니다.

따라서 무작위 정책을 사용하여 계산된 가치 함수에서 새 정책을 추출합니다.

```
new_policy = extract_policy(value_function)
```

이제 이 새 정책을 사용하여 새 가치 함수를 계산합니다.

```
policy = new_policy
value_function = compute_value_function(policy)
```

새 가치 함수가 최적이면 중지하고, 그렇지 않으면 최적 가치 함수를 찾을 때까지 여러 반복에 대해 이전 단계를 반복합니다. 다음 의사 코드는 더 나은 이해를 돕습니다.

```
policy = random_policy
for i in range(num_iterations):
    value_function = compute_value_function(policy)
    new_policy = extract_policy(value_function)

    if value_function = optimal:
        break
    else:
        policy = new_policy
```

가치 함수가 최적이라고 어떻게 판단할 수 있을까요? 가치 함수가 반복을 통해 변경되지 않으면 가치 함수가 최적이라고 말할 수 있습니다. 가치 함수가 반복을 통해 변경되지 않는지는 어떻게 확인할 수 있을까요?

정책을 사용하여 가치 함수를 계산한다는 것을 배웠습니다. 정책이 반복을 통해 변경되지 않는 경우 가치 함수도 반복을 통해 변경되지 않습니다. 따라서 정책이 반복을 통해 변경되지 않을 때 최적 가치 함수를 찾았다고 말할 수 있습니다.

따라서 일련의 반복을 통해 정책과 새 정책이 동일해지면 최적 가치 함수를 얻었다고 말할 수 있습니다. 명확성을 위해 다음 최종 의사 코드를 제공합니다.

```
policy = random_policy
for i in range(num_iterations):
    value_function = compute_value_function(policy)
    new_policy = extract_policy(value_function)

    if policy == new_policy:
        break
    else:
        policy = new_policy
```

정책이 변경되지 않는 경우, 즉 정책과 새로운 정책이 동일하게 될 때 최적 가치 함수를 얻었고 최적 가치 함수를 계산하는 데 사용된 정책이 최적 정책이 된다고 말할 수 있습니다.

가치 반복 방법에서는 Q 함수(Q 값)에 대한 최대값을 사용하여 최적 가치 함수를 반복적으로 계산하고 최적 가치 함수를 찾으면 최적 정책을 추출합니다. 그러나 정책 반복 방법에서는 정책을 반복적으로 사용하여 최적 가치 함수를 계산하며 최적 가치 함수를 계산하는 데 사용되는 정책이 최적 정책이 됩니다.

이제 정책 반복 방법이 어떻게 작동하는지 기본적으로 이해했으므로 다음 섹션에서 세부 사항을 살펴보고 수동으로 정책 반복을 계산하는 방법을 배워보겠습니다.

3.2.2.1 알고리즘 – 정책 반복

정책 반복 알고리즘의 단계는 다음과 같습니다.

1. 무작위 정책을 초기화합니다.
2. 주어진 정책을 사용하여 가치 함수를 계산합니다.
3. 2단계에서 얻은 가치 함수를 사용하여 새 정책을 추출합니다.
4. 추출된 정책이 2단계에서 사용한 정책과 같으면 중지하고, 그렇지 않으면 추출된 새 정책을 2단계로 보내고 2~4단계를 반복합니다.

이제 세부 사항으로 들어가 이전 단계가 정확히 어떻게 작동하는지 알아보겠습니다. 명확한 이해를 위해 수동으로 정책 반복을 수행해 보겠습니다. 가치 반복 방법에서 사용한 것과 동일한 그리드 세계 환경을 가정해 보겠습니다. 에이전트가 상태 A에 있고 목표가 음영 처리된 상태 B를 방문하지 않고 상태 C에 도달하는 것이며 0(left/right)과 1(up/down)의 두 가지 행동이 있다고 가정해 보겠습니다.

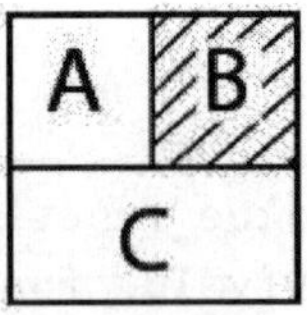

그림 3.10 그리드 세계 환경

위의 환경에서 최적 정책은 B를 방문하지 않고 C에 도달할 수 있도록 상태 A에서 행동 1을 수행하는 것임을 알고 있습니다. 이제 정책 반복을 사용하여 이 최적 정책을 찾는 방법을 살펴보겠습니다.

표 3.14는 상태 A의 모델 역학을 보여줍니다.

State (s)	Action (a)	Next State (s')	Transition Probability $P(s'\|s,a)$ or $P^a_{ss'}$	Reward Function $R(s,a,s')$ or $R^a_{ss'}$
A	0	A	0.1	0
A	0	B	0.8	-1
A	0	C	0.1	1
A	1	A	0.1	0
A	1	B	0.0	-1
A	1	C	0.9	0

표 3.14 상태 A의 모델 역학

1단계 – 무작위 정책 초기화

먼저 무작위 정책을 초기화합니다. 무작위 정책은 상태 A에서 행동 1, 상태 B에서 행동 0, 상태 C에서 행동 1을 수행하도록 지시합니다.

$$A \to 1$$
$$B \to 0$$
$$C \to 1$$

2단계 – 주어진 정책을 사용하여 가치 함수 계산

이 단계는 가치 반복에서 가치 함수를 계산하는 방법과 정확히 같지만 약간의 차이가 있습니다. 가치 반복에서 Q 함수에 대해 최대값을 취하여 가치 함수를 계산했습니다. 그러나 여기 정책 반복에서는 정책을 사용하여 가치 함수를 계산합니다.

이 단계를 더 잘 이해하기 위해 가치 반복에서 가치 함수를 계산하는 방법을 빠르게 기억해 보겠습니다. 가치 반복에서 다음과 같이 최적의 Q 함수에 대한 최대값으로 최적 가치 함수를 계산합니다.

$$V^*(s) = \max_a Q^*(s,a)$$

$$\text{Where } Q^*(s,a) = P_{ss'}^a [R_{ss'}^a + \gamma V(s')]$$

정책 반복에서는 Q 함수에 대한 최대값을 사용하여 가치 함수를 계산하는 가치 반복과 달리 정책 π를 사용하여 가치 함수를 계산합니다. 정책 π를 사용하는 가치 함수는 다음과 같이 계산할 수 있습니다.

$$V^\pi(s) = \sum_{s'} P_{ss'}^a [R_{ss'}^a + \gamma V^\pi(s')]$$

앞의 방정식에서 가치 함수를 계산하려면 전이 확률 P_{ss}^a, 보상 함수 R_{ss}^a 및 다음 상태 $V(s')$의 가치가 필요합니다. 전이 확률 P_{ss}^a와 보상 함수 R_{ss}^a의 값은 모델 역학으로부터 얻을 수 있습니다. 그러나 다음 상태 $V(s')$의 값은 어떻게 구할까요? 아직 어떠한 상태의 가치도 모르기 때문에 그림 3.15와 같이 임의의 값이나 0으로 가치 함수(상태 가치)를 초기화하고 가치 함수를 계산할 것입니다.

State	Value
A	0
B	0
C	0

표 3.15 초기 가치 테이블

반복 1

상태 A의 가치를 계산해 보겠습니다(여기에서는 상태의 모든 행동에 대한 Q 값을 계산하고 최대값을 선택하는 가치 반복과 달리 정책에 의해 제공된 행동에 대한 가치만 계산합니다).

따라서 상태 A에 대한 정책이 제공하는 행동은 1이고 다음과 같이 상태 A의 가치를 계산할 수 있습니다(이 섹션 전체에서 감가율을 사용했음에 유의하세요).

$$\begin{aligned} V(A) &= P_{AA}^1 [R_{AA}^1 + \gamma V(A)] + P_{AB}^1 [R_{AB}^1 + \gamma V(B)] + P_{AC}^1 [R_{AC}^1 + \gamma V(C)] \\ &= 0.1(0+0) + 0.0(-1+0) + 0.9(1+0) = 0.9 \end{aligned}$$

마찬가지로 정책에서 제공하는 행동을 사용하여 모든 상태에 대한 가치를 계산합니다. 표 3.16은 첫 번째 반복의 결과로 얻은 업데이트된 상태 가치를 보여줍니다.

State	Value
A	0.9
B	- 0.2
C	0.1

표 3.16 첫 번째 반복으로 업데이트된 상태 가치 테이블

그러나 첫 번째 반복의 결과로 얻은 표 3.16의 가치 함수(가치 테이블)는 정확하지 않습니다. 즉, 주어진 정책에 따라 상태 가치(가치 함수)가 정확하지 않습니다.

가치 반복 방법과 달리 여기서는 가치 함수가 최적인지 여부를 확인하지 않습니다. 주어진 정책에 따라 가치 함수가 정확하게 계산되었는지 확인하기만 하면 됩니다.

주어진 정책을 사용하여 가치 함수 계산을 시작할 때 무작위로 초기화된 상태 가치를 사용했기 때문에 가치 함수는 정확하지 않습니다.

$$V^*(s) = \sum_{s'} P^a_{ss'}[R^a_{ss'} + \gamma V^\pi(s')]$$

→ Random Values

따라서 다음 반복에서 가치 함수를 계산하는 동안 첫 번째 반복의 결과로 얻은 업데이트된 상태 가치를 사용합니다.

$$V^*(s) = \sum_{s'} P^a_{ss'}[R^a_{ss'} + \gamma V^\pi(s')]$$

→ Use state values from 1st iteration

반복 2

이제 반복 2에서 정책을 사용하여 가치 함수를 계산합니다. 가치 함수를 계산하는 동안 반복 1에서 얻은 업데이트된 상태 가치(가치 테이블)를 사용한다는 것을 기억하세요.

예를 들어 상태 A의 가치를 계산해 보겠습니다.

$$V(A) = P^1_{AA}[R^1_{AA} + \gamma V(A)] + P^1_{AB}[R^1_{AB} + \gamma V(B)] + P^1_{AC}[R^1_{AC} + \gamma V(C)]$$
$$= 0.1(0+0.9) + 0.0(-1-0.2) + 0.9(1+0.1)$$
$$= 1.08$$

마찬가지로 정책에서 제공하는 행동을 사용하여 모든 상태에 대한 가치를 계산합니다. 표 3.17은 두 번째 반복의 결과로 얻은 업데이트된 상태 가치를 보여줍니다.

State	Value
A	1.08
B	- 0.5
C	0.5

표 3.17 두 번째 반복으로 업데이트된 상태 가치 테이블

반복 3

마찬가지로 반복 3에서 정책을 사용하여 가치 함수를 계산하고 가치 함수를 계산하는 동안 반복 2에서 얻은 업데이트된 상태 가치(가치 테이블)를 사용합니다.

표 3.18은 세 번째 반복에서 얻은 업데이트된 상태 가치를 보여줍니다.

State	Value
A	1.45
B	- 0.9
C	0.6

표 3.18 세 번째 반복으로 업데이트된 상태 가치 테이블

가치 테이블이 변경되지 않거나 반복을 통해 거의 변경되지 않을 때까지 많은 반복에 대해 이것을 반복합니다. 예를 들어, 표 3.19가 반복 4의 결과로 얻은 가치 테이블을 보여준다고 가정해 봅시다.

State	Value
A	1.46
B	- 0.9
C	0.61

표 3.19 네 번째 반복으로 업데이트된 상태 가치 테이블

보시다시피, 반복 4와 반복 3에서 얻은 가치 테이블의 차이는 매우 작습니다. 가치 테이블이 반복을 통해 많이 변경되지 않았으므로 이 반복에서 멈추고 이것을 최종 가치 함수로 사용할 수 있습니다.

3단계 – 이전 단계에서 얻은 가치 함수를 사용하여 새 정책 추출

2단계의 결과로 주어진 무작위 정책을 사용하여 계산된 가치 함수를 얻었습니다. 그러나 이 가치 함수는 무작위 정책을 사용하여 계산되므로 최적이 아닙니다. 따라서 이전 단계에서 얻은 가치 함수에서 새 정책을 추출합니다. 이전 단계에서 얻은 가치 함수(가치 테이블)는 표 3.20에 나와 있습니다.

State	Value
A	1.46
B	- 0.9
C	0.61

표 3.20 이전 단계에서 얻은 가치 테이블

가치 함수에서 새로운 정책을 어떻게 추출할 수 있을까요? (힌트 : 이 단계는 가치 반복 방법의 2단계에서 가치 함수가 지정된 정책을 추출하는 방법과 정확히 동일합니다)

새로운 정책을 추출하기 위해 이전 단계에서 얻은 가치 함수(가치 테이블)를 사용하여 Q 함수를 계산합니다. Q 함수를 계산하면 각 상태에서 최대값을 갖는 행동을 새 정책으로 선택합니다. Q 함수는 다음과 같이 계산할 수 있습니다.

$$Q(s,a)=\sum_{s'} P_{ss'}^{a}[R_{ss'}^{a}+\gamma V(s')]$$

이제 Q 값을 계산하는 동안 이전 단계에서 얻은 가치 함수를 사용합니다.

예를 들어, 이전 단계에서 얻은 가치 함수를 사용하여 상태 A의 모든 행동에 대한 Q 값을 계산해 보겠습니다. 상태 A의 행동 0에 대한 Q 값은 다음과 같이 계산됩니다.

$$\begin{aligned}Q(A,0) &= P^0_{AA}[R^0_{AA}+\gamma V(A)]+P^0_{AB}[R^0_{AB}+\gamma V(B)]+P^0_{AC}[R^0_{AC}+\gamma V(C)]\\ &= 0.1(0+1.46)+0.8(-1-0.9)+0.1(1+0.61)\\ &= -1.21\end{aligned}$$

상태 A의 행동 1에 대한 Q 값은 다음과 같이 계산됩니다.

$$\begin{aligned}Q(A,1) &= P^1_{AA}[R^1_{AA}+\gamma V(A)]+P^1_{AB}[R^1_{AB}+\gamma V(B)]+P^1_{AC}[R^1_{AC}+\gamma V(C)]\\ &= 0.1(0+1.46)+0.0(-1-0.9)+0.9(1+0.61)\\ &=1.59\end{aligned}$$

표 3.21은 모든 상태-행동 쌍에 대한 Q 값을 계산한 후의 Q 테이블을 보여줍니다.

State	Action	Value
A	0	- 1.21
A	1	1.59
B	0	0.1
B	1	0.0
C	0	0.5
C	1	0.0

표 3.21 Q 테이블

이 Q 테이블에서 새로운 정책으로 최대값을 갖는 각 상태의 행동을 선택합니다.

$$\begin{aligned}A &\to 1\\ B &\to 0\\ C &\to 0\end{aligned}$$

4단계 – 새 정책 확인

이제 3단계에서 추출한 새 정책이 2단계에서 사용한 정책과 동일한지 확인합니다. 동일하면 중지하고, 그렇지 않으면 추출한 새 정책을 2단계로 보내고 2~4단계를 반복합니다.

이번 섹션에서는 정책 반복 방법을 사용하여 최적 정책을 계산하는 방법을 배웠습니다. 다음 섹션에서는 Gym 툴킷을 사용하여 Frozen Lake 환경에서 최적 정책을 계산하기 위한 정책 반복 방법을 구현하는 방법을 학습해 보겠습니다.

3.2.2.2 정책 반복으로 Frozen Lake 문제 해결하기

Frozen Lake 환경에서 목표는 구멍 상태 H를 방문하지 않고 시작 상태 S에서 목표 상태 G에 도달하는 것임을 배웠습니다. 이제 Frozen Lake 환경에서 정책 반복 방법을 사용하여 최적 정책을 계산하는 방법을 알아보겠습니다.

먼저 필요한 라이브러리를 가져오겠습니다.

```
import gym
import numpy as np
```

이제 Gym을 사용하여 Frozen Lake 환경을 생성해 보겠습니다.

```
env = gym.make('FrozenLake-v0')
```

정책 반복에서 정책을 반복적으로 사용하여 가치 함수를 계산한다는 것을 배웠습니다. 최적 가치 함수를 찾은 다음에는 최적 가치 함수를 계산하는 데 사용되는 정책이 최적 정책이 됩니다.

먼저 정책을 사용하여 가치 함수를 계산하는 방법을 알아보겠습니다.

정책을 사용하여 가치 함수 계산

이 단계는 가치 반복 방법에서 가치 함수를 계산하는 방법과 정확히 같지만 약간의 차이가 있습니다. 여기서는 정책을 사용하여 가치 함수를 계산하지만 가치 반복 방법에서는 Q 값에 대해 최대값을 취하여 가치 함수를 계산합니다. 이제 주어진 정책을 사용하여 가치 함수를 계산하는 함수를 정의하는 방법을 알아보겠습니다.

정책을 매개변수로 사용하는 compute_value_function이라는 함수를 정의해 보겠습니다.

```
def compute_value_function(policy):
```

이제 반복 횟수를 정의해 보겠습니다.

```
    num_iterations = 1000
```

임계값을 정의합니다.

```
    threshold = 1e-20
```

감가율 γ를 1.0으로 설정합니다.

```
gamma = 1.0
```

이제 모든 상태 가치를 0으로 설정하여 가치 테이블을 초기화합니다.

```
value_table = np.zeros(env.observation_space.n)
```

반복마다 수행합니다.

```
for i in range(num_iterations):
```

가치 테이블을 업데이트합니다. 즉, 모든 반복에서 이전 반복에서 업데이트된 가치 테이블(상태 가치)을 사용한다는 것을 배웠습니다.

```
    updated_value_table = np.copy(value_table)
```

이제 주어진 정책을 사용하여 가치 함수를 계산합니다. 가치 함수가 다음과 같이 특정 정책 π에 따라 계산될 수 있다는 것을 배웠습니다.

$$V^{\pi}(s) = \sum_{s'} P_{SS'}^{a} [R_{SS'}^{a} + \gamma V^{\pi}(s')]$$

각 상태에 대해 정책에 따라 행동을 선택하고 다음과 같이 선택한 행동을 사용하여 상태 가치를 업데이트합니다.

상태마다 수행합니다.

```
    for s in range(env.observation_space.n):
```

정책에 따라 상태에서 행동을 선택합니다.

```
        a = policy[s]
```

선택한 행동을 사용하여 상태 가치 $V^{\pi}(s) = \sum_{s'} P_{SS'}^{a} [R_{SS'}^{a} + \gamma V^{\pi}(s')]$를 계산합니다.

```
            value_table[s] = sum(
                [prob * (r + gamma * updated_value_table[s_])
                    for prob, s_, r, _ in env.P[s][a]])
```

가치 테이블, 즉 모든 상태의 가치를 계산한 후, 현재 반복에서 얻은 가치 테이블과 이전 반복에서 얻은 가치 테이블의 차이가 임계값 이하인지 확인합니다. 더 작으면 루프를 끊고 주어진 정책의 정확한 가치 함수로 가치 테이블을 반환합니다.

```
        if (np.sum(np.fabs(updated_value_table - value_table)) <=
threshold):
             break

    return value_table
```

이제 정책의 가치 함수를 계산했으므로 가치 함수에서 정책을 추출하는 방법을 살펴보겠습니다.

가치 함수에서 정책 추출

이 단계는 가치 반복 방법의 가치 함수에서 정책을 추출한 방법과 정확히 동일합니다. 따라서 가치 반복 방법에서 배운 것과 유사하게 가치 함수에서 정책을 추출하기 위해 extract_policy라는 함수를 정의합니다.

```
def extract_policy(value_table):

    gamma = 1.0
    policy = np.zeros(env.observation_space.n)
    for s in range(env.observation_space.n):

        Q_values = [sum([prob*(r + gamma * value_table[s_])
                            for prob, s_, r, _ in env.P[s][a]])
                                for a in range(env.action_space.n)]

        policy[s] = np.argmax(np.array(Q_values))

    return policy
```

종합

먼저 환경을 매개변수로 사용하는 policy_iteration이라는 함수를 정의해 보겠습니다.

```
def policy_iteration(env):
```

반복 횟수를 설정합니다.

```
    num_iterations = 1000
```

정책 반복 방법에서 무작위 정책을 초기화하는 것으로 시작한다는 것을 배웠습니다. 따라서 모든 상태에서 행동 0을 선택하는 무작위 정책을 초기화합니다.

```
    policy = np.zeros(env.observation_space.n)
```

반복마다 수행합니다.

```
    for i in range(num_iterations):
```

정책을 사용하여 가치 함수를 계산합니다.

```
        value_function = compute_value_function(policy)
```

계산된 가치 함수에서 새 정책을 추출합니다.

```
        new_policy = extract_policy(value_function)
```

policy와 new_policy가 같으면 루프를 끊습니다.

```
        if (np.all(policy == new_policy)):
            break
```

그렇지 않으면 현재 정책을 new_policy로 업데이트합니다.

```
        policy = new_policy

    return policy
```

이제 Frozen Lake 환경에서 정책 반복을 수행하고 최적 정책을 찾는 방법을 알아보겠습니다. policy_iteration 함수에 Frozen Lake 환경을 제공하고 최적 정책을 얻습니다.

```
optimal_policy = policy_iteration(env)
```

최적 정책을 출력할 수 있습니다.

```
print(optimal_policy)
```

앞의 코드는 다음을 출력합니다.

```
array([0., 3., 3., 3., 0., 0., 0., 0., 3., 1., 0., 0., 0., 2., 1., 0.])
```

최적 정책은 각 상태에서 올바른 행동을 수행하도록 지시합니다. 지금까지 최적 정책을 계산하기 위한 정책 반복 방법을 수행하는 방법에 대해 배웠습니다.

3.3 동적계획법을 모든 환경에 적용할 수 있을까요?

동적 계획법, 즉 가치 반복 및 정책 반복 방법에서 최적 정책을 찾으려고 한다고 가정해 보겠습니다.

가치 반복 : 가치 반복 방법에서는 Q 함수(Q 값)에 대해 최대값을 반복적으로 취하여 최적 가치 함수를 계산합니다.

$$V^*(s) = \max_a Q^*(s,a)$$

여기서 $Q(s,a) = \sum_{s'} P_{ss'}^a [R_{ss'}^a + \gamma V(s')]$이고, 최적 가치 함수를 찾은 후 최적 정책을 추출합니다.

정책 반복 : 정책 반복 방법에서는 정책을 반복적으로 사용하여 최적 가치 함수를 계산합니다.

$$V^\pi(s) = \sum_{s'} P_{SS'}^a [R_{SS'}^a + \gamma V^\pi(s')]$$

무작위 정책으로 시작하여 가치 함수를 계산합니다. 최적 가치 함수를 찾으면 최적 가치 함수를 생성하는 데 사용되는 정책이 최적 정책이 됩니다.

앞의 두 방정식을 보면 최적 정책을 찾기 위해 가치 함수와 Q 함수를 계산합니다. 그러나 가치 함수와 Q 함수를 계산하려면 환경의 전이 확률 P_{ss}^{a} 를 알아야 하는데, 환경의 전이 확률을 모를 때 가치 함수와 Q 함수를 계산할 수 없습니다.

즉, 동적 계획법은 모델 기반 방법이며 이 방법을 적용하려면 환경의 모델 역학(전이 확률)을 알아야 하며 모델 역학을 모르면 동적 계획법 방법을 적용할 수 없습니다.

환경의 모델 역학을 모를 때 최적 정책을 어떻게 찾을 수 있을까요? 이러한 경우 모델 없는 방법을 사용할 수 있습니다. 다음 장에서는 Monte Carlo라고 하는 흥미로운 모델 없는 방법 중 하나와 이 방법을 사용하여 모델 역학 없이 최적 정책을 찾는 방법에 대해 알아볼 것입니다.

요약

가치와 Q 함수의 벨만 방정식을 이해함으로써 이 장을 시작했습니다. 벨만 방정식에 따르면 상태의 가치는 즉각적인 보상의 합이고, 다음 상태의 감가된 가치와 상태-행동 쌍의 가치는 즉각적인 보상과 다음 상태-행동 쌍의 감가된 가치라는 것을 배웠습니다. 또, 최적 벨만 가치 함수와 최대값을 제공하는 Q 함수에 대해 배웠습니다.

계속해서 가치와 Q 함수 사이의 관계에 대해 배웠습니다.
Q 함수에서 $V^{*}(s) = \max_{a} Q^{*}(s, a)$로 가치 함수를 추출할 수 있다는 것을 배웠고 가치 함수에서 Q 함수를 $Q(s, a) = \sum_{s'} P(s'|s, a)[R(s, a, s') + \gamma V^{*}(s')]$로 추출할 수 있음을 배웠습니다.

또한, 동적 계획법을 사용하여 최적 정책을 찾는 가치 반복 및 정책 반복이라는 두 가지 흥미로운 방법에 대해 배웠습니다.

가치 반복 방법에서는 먼저 Q 함수에 대해 최대값을 반복적으로 취하여 최적 가치 함수를 계산합니다. 최적 가치 함수를 찾은 다음 이를 사용하여 최적 정책을 추출합니다. 정책 반복 방법에서는 정책을 반복적으로 사용하여 최적 가치 함수를 계산합니다. 최적 가치 함수를 찾은 후 최적 가치 함수를 생성하는 데 사용된 정책이 최적 정책으로 추출됩니다.

평가

이 장에서 배운 내용을 평가하기 위해 다음 질문에 답해 보겠습니다.

1. 벨만 방정식을 정의해 보세요.
2. 벨만 기대 방정식과 벨만 최적 방정식의 차이점은 무엇입니까?
3. Q 함수에서 가치 함수를 어떻게 도출합니까?
4. 가치 함수에서 Q 함수를 어떻게 도출합니까?
5. 가치 반복과 관련된 단계들은 무엇입니까?
6. 정책 반복과 관련된 단계들은 무엇입니까?
7. 정책 반복은 가치 반복과 어떻게 다릅니까?

4

Monte Carlo Methods

몬테카를로 방법

이전 장에서 가치 반복과 정책 반복이라는 두 가지 흥미로운 동적 프로그래밍 계획법을 사용하여 최적 정책을 계산하는 방법을 배웠습니다. 동적 프로그래밍은 모델 기반 방법이며 최적 정책을 찾기 위해 가치 함수와 Q 함수를 계산하는 환경의 모델 역학이 필요합니다.

그러나 환경의 모델 역학이 없다고 가정해 보겠습니다. 이 경우 가치 함수와 Q 함수를 어떻게 계산할까요? 이때 모델 없는 방법을 사용합니다. 모델이 없는 방법은 최적 정책을 찾기 위해 가치 함수와 Q 함수를 계산하기 위해 환경의 모델 역학이 필요하지 않습니다. 이러한 인기 있는 모델 없는 방법 중 하나는 몬테카를로(Monte Carlo, MC) 방법입니다.

몬테카를로 방법이 무엇인지 이해하는 것으로 이 장을 시작한 다음 강화 학습에서 예측 및 제어 작업이라는 두 가지 중요한 유형의 작업을 살펴보겠습니다. 몬테카를로 방법이 강화 학습에서 어떻게 사용되는지 그리고 이전 장에서 배웠던 동적 프로그래밍 방법과 비교하여 그것이 얼마나 유익한지 배우게 될 것입니다. 앞으로 몬테카를로 예측 방법이 무엇이며 몬테카를로 예측 방법의 종류에 대해 알아보겠습니다. 또한 몬테카를로 예측 방법으로 블랙잭을 플레이하도록 에이전트를 훈련시키는 방법도 배워보겠습니다.

앞으로 몬테카를로 제어 방식과 다양한 유형의 몬테카를로 제어 방식에 대해 알아보겠습니다. 다음으로는 에이전트가 몬테카를로 제어 방식으로 블랙잭을 플레이하도록 훈련시키는 방법을 학습합니다.

요약하자면 이번 장에서는 다음 주제에 대해 학습합니다.

- 몬테카를로 방법의 이해
- 예측 및 제어 작업
- 몬테카를로 예측 방법
- 몬테카를로 예측 방법으로 블랙잭 플레이하기
- 몬테카를로 제어 방법
- 몬테카를로 제어 방법으로 블랙잭 플레이하기

4.1 몬테카를로 방법의 이해

강화 학습에서 몬테카를로 방법이 어떻게 유용한지 이해하기 전에 먼저 몬테카를로 방법이 무엇이며 어떻게 작동하는지 이해해 봅시다. 몬테카를로 방법은 샘플링을 통해 근사해를 찾는 데 사용되는 통계적 기법입니다.

예를 들어 몬테카를로 방법은 표본 추출을 통해 확률 변수의 기대치를 근사하고 표본 크기가 클수록 근사치가 더 좋습니다. 확률 변수 X가 있고 X의 기댓값을 계산해야 한다고 가정해 봅시다. 즉, E(X)인 경우 다음과 같이 X 값에 해당 확률을 곱하여 계산할 수 있습니다.

$$E(X) = \sum_{i=1}^{N} x_i p(x_i)$$

그러나 이와 같이 기대치를 계산하는 대신 몬테카를로 방법으로 근사할 수 있습니다. X의 값을 N번 샘플링하여 X의 기댓값을 추정하고 X의 평균값을 X의 기댓값으로 다음과 같이 계산할 수 있습니다.

$$\mathbb{E}_{x \sim p(x)}[X] \approx \frac{1}{N}\sum_i x_i$$

N이 더 크면 근사치가 더 좋아질 것입니다. 따라서 몬테카를로 방법을 사용하면 샘플링을 통해 솔루션을 근사할 수 있으며 샘플 크기가 클 때 근사가 더 좋습니다.

다음 섹션에서는 몬테카를로 방법이 강화 학습에서 정확히 어떻게 사용되는지 배울 것입니다.

4.2 예측 및 제어 작업

강화 학습에서는 두 가지 중요한 작업을 수행하며 다음과 같습니다.

- 예측 작업
- 제어 작업

4.2.1 예측 작업

예측 작업에서 정책 π가 입력으로 주어지고 주어진 정책을 사용하여 가치 함수 또는 Q 함수를 예측하려고 합니다. 목표는 주어진 정책을 평가하는 것입니다. 즉, 주어진 정책이 좋은지 나쁜지를 판단해야 합니다. 에이전트가 주어진 정책을 사용하여 좋은 리턴을 얻는다면 정책이 좋다고 말할 수 있습니다. 따라서 주어진 정책을 평가하려면 에이전트가 주어진 정책을 사용할 경우 얻을 수 있는 리턴을 예측해야 합니다. 리턴을 얻기 위해 주어진 정책을 사용하여 가치 함수 또는 Q 함수를 예측합니다.

즉, 상태의 가치 함수 또는 가치가 어떤 정책 π에 따라 해당 상태에서 시작하여 에이전트가 얻을 것으로 예상되는 리턴을 의미한다는 것을 배웠습니다. 따라서 주어진 정책 π를 사용하여 가치 함수를 예측함으로써 예상되는 것이 무엇인지 예측할 수 있습니다. 에이전트가 주어진 정책 π를 사용하는 경우 각 상태에서 얻을 수 있는 리턴이 양호하면 주어진 정책이 양호하다고 말할 수 있습니다.

유사하게, Q 함수 또는 Q 값이 상태 s와 정책 π에 따른 행동에서 시작하여 에이전트가 얻을 예상 리턴을 나타냄을 배웠습니다. 따라서 주어진 정책 π를 사용하여 Q 함수를 예측하면 다음이 무엇인지 예측할 수 있습니다. 에이전트가 주어진 정책을 사용하는 경우 각 상태-행동 쌍에서 얻을 것으로 예상되는 리턴입니다. 리턴이 좋으면 주어진 정책이 좋다고 말할 수 있습니다.

따라서 가치 함수와 Q 함수를 계산하여 주어진 정책을 평가할 수 있습니다.

예측 작업에서는 주어진 입력 정책을 변경하지 않습니다. 주어진 정책을 고정된 상태로 유지하고 주어진 정책을 사용하여 가치 함수 또는 Q 함수를 예측하고 기대 리턴을 얻습니다. 예상 리턴을 기반으로 주어진 정책을 평가합니다.

4.2.2 제어 작업

예측 작업과 달리 제어 작업에서는 입력으로 정책이 제공되지 않습니다. 제어 작업에서 목표는 최적 정책을 찾는 것입니다. 따라서 무작위 정책을 초기화하는 것으로 시작하여 최적 정책을 반복적으로 찾으려고 합니다. 즉, 최대 리턴을 제공하는 최적 정책을 찾습니다.

간단히 말해서 예측 작업에서 가치 함수 또는 Q 함수를 예측하여 주어진 입력 정책을 평가합니다. 이는 제어 작업에서 에이전트가 주어진 정책을 사용하는 경우 얻을 것으로 예상되는 리턴을 이해하는 데 도움이 됩니다. 목표는 최적 정책을 찾는 것이며 어떠한 정책도 입력으로 제공되지 않습니다. 따라서 무작위 정책을 초기화하는 것으로 시작하고 최적 정책을 반복적으로 찾으려고 합니다.

예측 및 제어 작업이 무엇인지 이해했으므로 다음 섹션에서는 예측 및 제어 작업을 수행하기 위해 몬테카를로 방법을 사용하는 방법을 배워보겠습니다.

4.3 몬테카를로 예측

이 섹션에서는 몬테카를로 방법을 사용하여 예측 작업을 수행하는 방법을 배웁니다. 예측 작업에서 정책이 주어지고 이를 평가하기 위해 주어진 정책을 사용하여 가치 함수 또는 Q 함수를 예측한다는 것을 배웠습니다. 먼저 몬테카를로 방법으로 주어진 정책을 사용하여 가치 함수를 예측하는 방법을 배워보겠습니다. 또, 주어진 정책을 사용하여 Q 함수를 예측하는 방법을 살펴보겠습니다.

주어진 정책의 가치 함수를 예측하기 위해 몬테카를로 방법이 필요한 이유는 무엇일까요? 이전 장에서 배운 동적 계획법을 사용하여 가치 함수를 예측할 수 없는 이유는 무엇일까요? 동적 계획법을 사용하여 가치함수를 계산하기 위해서는 모델의 역학(전이확률)을 알아야 하고, 모델의 역학을 모를 때는 모델 없는 방법을 사용한다는 것을 배웠습니다.

몬테카를로 방법은 모델 없는 방법입니다. 즉, 가치 함수를 계산하기 위해 모델 역학이 필요하지 않습니다.

먼저 가치 함수의 정의를 요약해 보겠습니다. 가치 함수 또는 상태 s의 가치는 에이전트가 상태 s에서 시작하여 정책 π에 따라 얻을 것으로 예상되는 리턴으로 정의할 수 있습니다. 다음과 같이 표현할 수 있습니다.

$$V^{\pi}(s) = \underset{\tau \sim \pi}{\mathbb{E}} [R(\tau)|s_0 = s]$$

몬테카를로 방법을 사용하여 상태 가치(가치 함수)를 어떻게 추정할 수 있을까요? 이번 장의 시작 부분에서 몬테카를로 방법이 샘플링을 통해 확률 변수의 기댓값을 근사화하고 표본 크기가 클수록 근사치가 더 좋다는 것을 배웠습니다. 몬테카를로 방법의 이 개념을 활용하여 상태의 가치를 예측할 수 있습니다.

몬테카를로 방법을 사용하여 상태 가치를 근사화하기 위해 주어진 정책에 따라 N회 동안 에피소드(궤적)를 샘플링한 다음 샘플링된 에피소드 전체에서 상태의 평균 리턴으로 상태 가치를 계산합니다. 다음과 같이 표현할 수 있습니다.

$$V(s) \approx \frac{1}{N}\sum_{i=1}^{N} R_i(s)$$

앞의 방정식에서 상태 s의 값은 N개의 에피소드에서 상태 s의 평균 리턴을 계산하여 근사할 수 있음을 이해할 수 있습니다. N이 더 높을 때 근사치가 더 나을 것입니다.

몬테카를로 방법이 상태의 가치(가치 함수)를 어떻게 추정하는지 예를 들어 더 잘 이해해 봅시다. 그림 4.1과 같이 1장 강화 학습 기초에서 다루었던 그리드 세계 환경을 살펴보겠습니다. 목표는 음영 상태를 방문하지 않고 상태 A에서 상태 I에 도달하는 것이며 에이전트는 음영 처리되지 않은 상태를 방문할 때 +1 보상을 받고 음영 상태를 방문할 때 −1 보상을 받습니다.

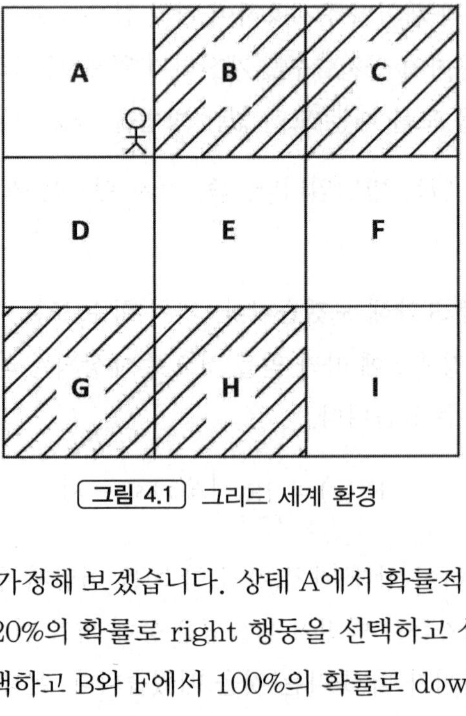

그림 4.1 그리드 세계 환경

확률적 정책 π가 있다고 가정해 보겠습니다. 상태 A에서 확률적 정책 π가 80%의 확률로 down 행동을 선택하고 20%의 확률로 right 행동을 선택하고 상태 D와 E에서 100%의 확률로 right 행동을 선택하고 B와 F에서 100%의 확률로 down 행동을 선택한다고 가정해 보겠습니다.

먼저 그림 4.2와 같이 주어진 확률적 정책 π를 사용하여 에피소드 τ_1을 생성합니다.

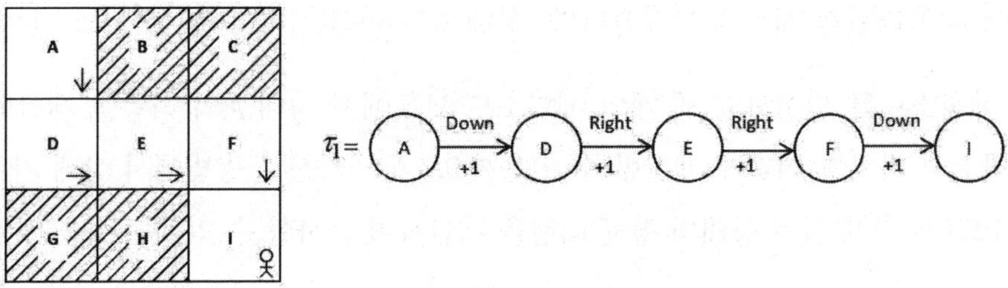

그림 4.2 에피소드 τ_1

더 나은 이해를 위해 상태 A에만 초점을 맞추어 상태 A의 리턴을 계산해 보겠습니다. 상태의 리턴은 해당 상태에서 시작하는 궤적의 보상 합계입니다. 따라서 상태 A의 리턴은 $R_1(A)$=1+1+1+1=4로 계산되며, 여기서 R_1의 첨자 1은 에피소드 1을 나타냅니다.

그림 4.3에서 볼 수 있는 것과 같은 동일한 확률 정책 π를 사용하여 또 다른 에피소드 τ_2를 생성한다고 가정해 보겠습니다.

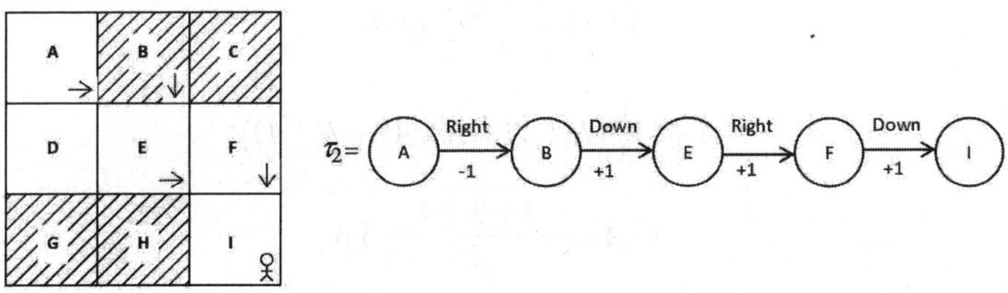

그림 4.3 에피소드 τ_2

이제 상태 A의 리턴을 계산해 보겠습니다. 상태 A의 리턴은 $R_2(A)$=−1+1+1+1=2입니다. 그림 4.4와 같이 동일한 확률 정책 π를 사용하여 다른 에피소드 τ_3를 생성한다고 가정해 보겠습니다.

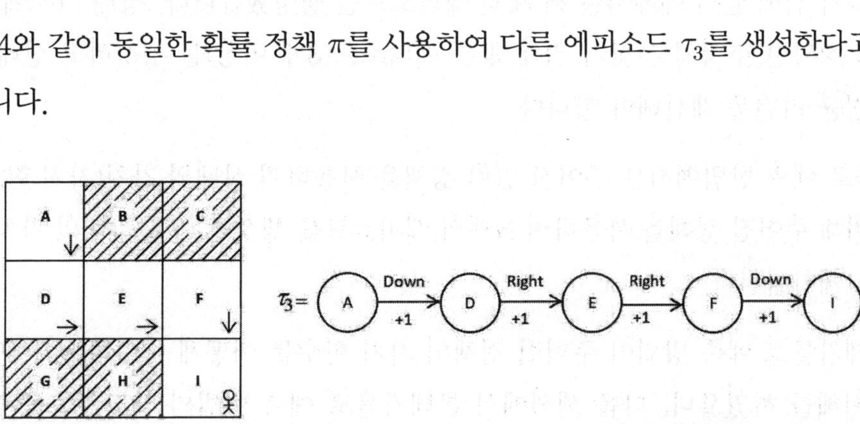

그림 4.4 에피소드 τ_3

이제 상태 A의 리턴을 계산해 보겠습니다. 상태 A의 리턴은 $R_3(A)$=1+1+1+1=4입니다.

세 개의 에피소드를 생성하고 세 개의 에피소드 모두에서 상태 A의 리턴을 계산했습니다. 이제 상태 A의 가치를 어떻게 계산할 수 있을까요? 몬테카를로 방법에서 상태 가치는 N개의 에피소드(궤적)에 걸쳐 상태의 평균 리턴을 계산하여 근사할 수 있다는 것을 배웠습니다.

$$V(s) \approx \frac{1}{N}\sum_{i=1}^{N} R_i(s)$$

상태 A의 가치를 계산해야 하므로 N개의 에피소드에서 상태 A의 평균 리턴을 다음과 같이 취하여 계산할 수 있습니다.

$$V(A) \approx \frac{1}{N}\sum_{i=1}^{N} R_i(A)$$

다음과 같이 세 개의 에피소드를 생성했습니다.

$$V(A) \approx \frac{1}{3}\sum_{i=1}^{3} R_i(A)$$

$$V(A) = \frac{1}{3}\left(R_1(A) + R_2(A) + R_3(A)\right)$$

$$V(A) = \frac{4+2+4}{3} = 3.3$$

따라서 상태 A의 가치는 3.3입니다. 마찬가지로, 3개의 에피소드에 걸쳐 상태의 평균 리턴을 취함으로써 다른 모든 상태의 가치를 계산할 수 있습니다.

이해를 돕기 위해 앞의 예에서는 세 개의 에피소드만 생성했습니다. 상태 가치에 대한 더 정확하고 정확한 추정치를 찾기 위해 많은 에피소드(3개 이상)를 생성하고 상태 가치로 상태의 평균 리턴을 계산해야 합니다.

몬테카를로 예측 방법에서는 주어진 입력 정책을 사용하여 상태의 가치(가치 함수)를 예측하기 위해 주어진 정책을 사용하여 N개의 에피소드를 생성한 다음 상태의 가치를 평균 리턴으로 계산합니다.

이제 몬테카를로 예측 방법이 주어진 정책의 가치 함수를 어떻게 예측하는지에 대한 기본적인 이해를 하였으니, 다음 섹션에서 몬테카를로 예측 방법의 알고리즘을 이해하여 좀 더 자세히 살펴보겠습니다.

4.3.1 몬테카를로 예측 알고리즘

몬테카를로 예측 알고리즘은 다음과 같습니다.

1. total_return(s)을 여러 에피소드에 걸친 상태 리턴의 합계라고 하고 N(s)을 카운터, 즉 여러 에피소드에 걸쳐 한 상태를 방문한 횟수라고 해 봅시다. 모든 상태에 대해 total_return(s) 및 N(s)을 0으로 초기화합니다. 정책 π가 입력으로 제공됩니다.
2. M번의 반복에 대해 수행합니다.
    1. 정책 π를 사용하여 에피소드 생성합니다.
    2. rewards라는 리스트에 에피소드에서 얻은 모든 보상을 저장합니다.
    3. 에피소드의 각 시간 단계 t에 대해 수행합니다.
        1. 상태 s_t의 리턴을 $R(s_t)$=sum(rewards[t:])으로 계산합니다.
        2. total_returns(s_t)=total_return(s_t)+R(s_t)로 상태 s_t의 총 리턴을 업데이트합니다.
        3. N(s_t)=N(s_t)+1로 카운터를 업데이트합니다.
3. 평균을 취하여 상태 가치를 계산합니다.

$$V(s) = \frac{\text{total\_return}(s)}{N(s)}$$

앞의 알고리즘은 상태의 가치가 여러 에피소드에 걸친 상태의 평균 리턴임을 의미합니다.

앞의 알고리즘이 정확히 어떻게 작동하는지 더 잘 이해하기 위해 간단한 예를 들어 각 상태의 가치를 수동으로 계산해 보겠습니다. 세 가지 상태 s_0, s_1, s_2의 가치를 계산해야 한다고 가정해 보겠습니다. 한 상태에서 다른 상태로 전이할 때 보상을 받는다는 것을 알고 있습니다. 따라서 최종 상태에서는 어떠한 전이도 하지 않기 때문에 최종 상태에 대한 보상은 0이 됩니다. 따라서 최종 상태 s_2의 가치는 0이 됩니다. 이제 두 상태 s_0과 s_1의 가치를 찾아야 합니다.

1단계

표 4.1에 표시된 것처럼 모든 상태에 대한 total_returns(s) 및 N(s)을 0으로 초기화합니다.

State	total_return(s)	N(s)
s_0	0	0
s_1	0	0

표 4.1 초기 가치

확률적 정책 π가 주어졌을 때, 상태 s_0에서 확률적 정책은 50%의 확률로 행동 0을 선택하고 50%의 확률로 행동 1을 선택합니다. 또, 상태 s_1에서 100%의 확률로 행동 1을 선택합니다.

2단계, 반복 1

그림 4.5와 같이 주어진 정책 π를 사용하여 에피소드를 생성합니다.

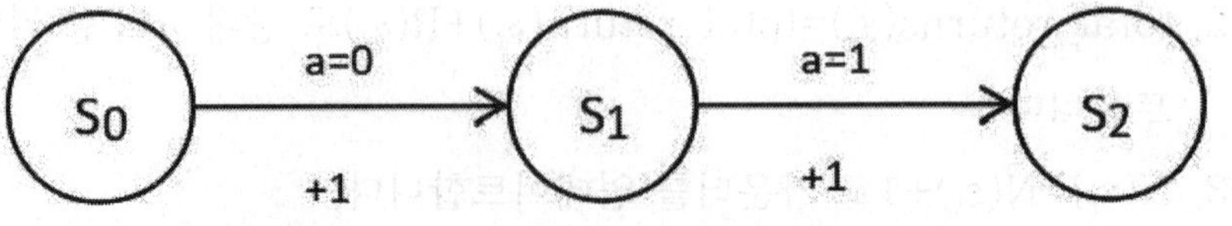

그림 4.5 주어진 정책 π를 사용한 에피소드 생성

rewards라는 리스트에 에피소드에서 얻은 모든 보상을 저장합니다. rewards = [1, 1]입니다.

먼저 상태 s_0(s_0부터의 보상 합계)의 리턴을 계산합니다.

$$\begin{aligned} R(s_0) &= \text{sum}(\text{rewards}[0:]) \\ &= \text{sum}([1, 1]) \\ &= 2 \end{aligned}$$

테이블에서 상태 s_0의 총 리턴을 다음과 같이 업데이트합니다.

$$\begin{aligned} \text{total\_returns}(s_0) &= \text{total\_returns}(s_0) + R(s_0) \\ &= 0 + 2 = 2 \end{aligned}$$

다음과 같이 테이블에서 상태 s_0을 방문한 횟수를 업데이트합니다.

$$\begin{aligned} N(s_0) &= N(s_0) + 1 \\ &= 0 + 1 = 1 \end{aligned}$$

이제 상태 s_1의 리턴을 계산해 보겠습니다.

$$\begin{aligned} R(s_1) &= \text{sum}(\text{rewards}[1:]) \\ &= \text{sum}([1]) \\ &= 1 \end{aligned}$$

테이블에서 상태 s_1의 총 리턴을 다음과 같이 업데이트합니다.

$$\begin{aligned} \text{total\_returns}(s_1) &= \text{total\_returns}(s_1) + R(s_1) \\ &= 0 + 1 = 1 \end{aligned}$$

다음과 같이 테이블에서 상태 s_1을 방문한 횟수를 업데이트합니다.

$$\begin{aligned} N(s_1) &= N(s_1) + 1 \\ &= 0 + 1 = 1 \end{aligned}$$

반복 1 이후에 업데이트된 테이블은 다음과 같습니다.

State	total_return(s)	N(s)
s_0	2	1
s_1	1	1

표 4.2 반복 1 이후에 업데이트된 테이블

2단계, 반복 2

그림 4.6과 같이 동일한 정책 π를 사용하여 다른 에피소드를 생성한다고 가정해 보겠습니다.

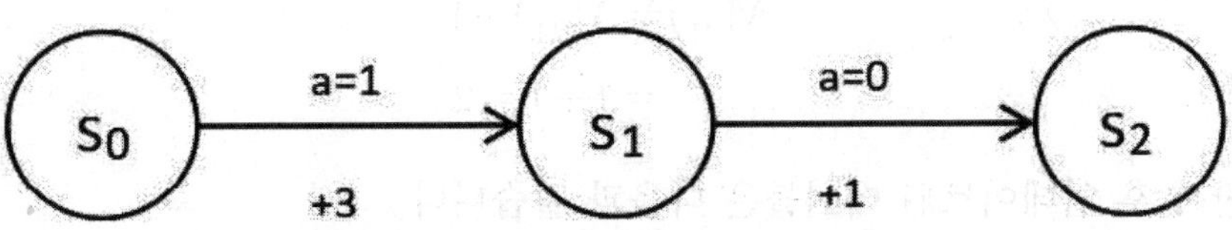

그림 4.6 정책 π를 사용한 에피소드 생성

rewards는 리스트에 에피소드에서 얻은 모든 보상을 저장합니다. 따라서 rewards = [3, 1]입니다.

먼저 상태 s_0의 리턴을 계산합니다.

$$R(s_0) = \text{sum}(\text{rewards}[0:]) = \text{sum}([3, 1]) = 4$$

테이블에서 상태 s_0의 총 리턴을 다음과 같이 업데이트합니다.

$$\text{total\_returns}(s_0) = \text{total\_returns}(s_0) + R(s_0) = 2 + 4 = 6$$

다음과 같이 테이블에서 상태 s_0을 방문한 횟수를 업데이트합니다.

$$N(s_0) = N(s_0) + 1 = 1 + 1 = 2$$

이제 상태 s_1의 리턴을 계산해 보겠습니다.

$$R(s_1) = \text{sum}(\text{rewards}[1:]) = \text{sum}([1]) = 1$$

다음과 같이 테이블에서 상태 s1의 리턴을 업데이트합니다.

$$\text{total\_returns}(s_1) = \text{total\_returns}(s_1) + R(s_1) = 1 + 1 = 2$$

상태를 방문한 횟수를 업데이트합니다.

$$N(s_1) = N(s_1) + 1 = 1 + 1 = 2$$

두 번째 반복 후 업데이트된 테이블은 다음과 같습니다.

State	total_return(s)	N(s)
s_0	6	2
s_1	2	2

표 4.3 두 번째 반복 후 업데이트된 테이블

수동으로 계산하기 때문에 단순화를 위해 두 번의 반복에서 멈추겠습니다. 즉, 두 개의 에피소드만 생성합니다.

3단계

이제 상태 가치를 다음과 같이 계산할 수 있습니다.

$$V(s) = \frac{\text{total\_return}(s)}{N(s)}$$

따라서,

$$V(s_0) = \frac{\text{total\_return}(s_0)}{N(s_0)} = \frac{6}{2} = 3$$

$$V(s_1) = \frac{\text{total\_return}(s_1)}{N(s_1)} = \frac{2}{2} = 1$$

여러 에피소드에 대한 평균 리턴을 취하여 상태의 가치를 계산했습니다. 앞의 예에서는 수동 계산을 위해 두 개의 에피소드를 생성했지만 상태 가치를 더 잘 추정하기 위해서는 여러 개의 에피소드를 생성한 다음 해당 에피소드에 대한 평균 리턴을 계산해야 합니다.

4.3.2 몬테카를로 예측의 유형

몬테카를로 예측 알고리즘이 어떻게 작동하는지 방금 배웠습니다. 몬테카를로 예측 알고리즘은 두 가지 유형으로 분류할 수 있습니다.

- 첫 방문 몬테카를로
- 모든 방문 몬테카를로

4.3.2.1 첫 방문 몬테카를로

몬테카를로 예측 방법에서 여러 에피소드에 걸쳐 상태의 평균 리턴을 취함으로써 상태의 가치를 추정한다는 것을 배웠습니다. 각 에피소드에서 상태를 여러 번 방문할 수 있다는 것을 알고 있습니다. 첫 방문 몬테카를로 방법에서는 동일한 에피소드에서 동일한 상태를 다시 방문하면 해당 상태에 대한 리턴을 다시 계산하지 않습니다. 예를 들어 에이전트가 뱀과 사다리 놀이를 하는 경우를 생각해 보겠습니다. 에이전트가 뱀에 닿으면 에이전트가 이전에 방문했던 상태로 돌아갈 가능성이 높습니다. 따라서 에이전트가 동일한 상태를 다시 방문할 때 해당 상태에 대한 리턴을 두 번 계산하지 않습니다.

다음은 첫 방문 몬테카를로의 알고리즘을 보여줍니다. 굵게 표시된 점에서 알 수 있듯이 에피소드에서 처음으로 발생하는 경우에만 상태 s_t에 대한 리턴을 계산합니다.

1. total_return(s)을 여러 에피소드에 걸친 상태 리턴의 합계라고 하고 N(s)을 카운터, 즉 여러 에피소드에 걸쳐 한 상태를 방문한 횟수라고 해 봅시다. 모든 상태에 대해 total_return(s) 및 N(s)을 0으로 초기화합니다. 정책 π가 입력으로 제공됩니다.
2. M번의 반복에 대해 수행합니다.
   1. 정책 π를 사용하여 에피소드 생성합니다.
   2. rewards라는 리스트에 에피소드에서 얻은 모든 보상을 저장합니다.
   3. 에피소드의 각 시간 단계 t에 대해 수행합니다.

      에피소드에서 상태 s_t가 처음으로 발생하는 경우:

      1. 상태 s_t의 리턴을 $R(s_t)$=sum(rewards[t:])으로 계산합니다.
      2. total_returns(s_t)=total_return(s_t)+R(s_t)로 상태 s_t의 총 리턴을 업데이트합니다.
      3. N(s_t)=N(s_t)+1로 카운터를 업데이트합니다.
3. 평균을 취하여 상태 가치를 계산합니다.

$$V(s) = \frac{\text{total\_return}(s)}{N(s)}$$

4.3.2.2 모든 방문 몬테카를로

짐작하셨겠지만, 모든 방문 몬테카를로는 첫 방문 몬테카를로와 정반대입니다. 에피소드에서 상태를 방문할 때마다 리턴을 계산합니다. 모든 방문 몬테카를로의 알고리즘은 이 섹션의 시작 부분에서 본 것과 동일하며 다음과 같습니다.

1. total_return(s)을 여러 에피소드에 걸친 상태 리턴의 합계라고 하고 N(s)을 카운터, 즉 여러 에피소드에 걸쳐 한 상태를 방문한 횟수라고 해 봅시다. 모든 상태에 대해 total_return(s) 및 N(s)을 0으로 초기화합니다. 정책 π가 입력으로 제공됩니다.
2. M번의 반복에 대해 수행합니다.
   1. 정책 π를 사용하여 에피소드 생성합니다.

2. rewards라는 리스트에 에피소드에서 얻은 모든 보상을 저장합니다.
3. 에피소드의 각 시간 단계 t에 대해 수행합니다.
   1. 상태 s_t의 리턴을 $R(s_t)$=sum(rewards[t:])으로 계산합니다.
   2. total_returns(s_t)=total_return(s_t)+R(s_t)로 상태 s_t의 총 리턴을 업데이트합니다.
   3. N(s_t)=N(s_t)+1로 카운터를 업데이트합니다.

3. 평균을 취하여 상태 가치를 계산합니다.

$$V(s) = \frac{\text{total\_return}(s)}{N(s)}$$

첫 방문 몬테카를로와 모든 방문 몬테카를로 방법의 유일한 차이점을 다시 한 번 강조하겠습니다. 첫 방문 몬테카를로 방법은 처음 방문한 상태에 대해서만 리턴을 계산하고 모든 방문 몬테카를로 방법은 상태를 방문할 때마다 리턴이 계산됩니다. 해결하려는 문제에 따라 첫 방문 몬테카를로와 모든 방문 몬테카를로 중에서 선택할 수 있습니다.

이제 몬테카를로 예측 방법이 주어진 정책의 가치 함수를 예측하는 방법을 이해했으므로 다음 섹션에서는 몬테카를로 예측 방법을 구현하는 방법을 배워보겠습니다.

4.3.3 몬테카를로 예측 방법 구현

카드 게임을 좋아한다면 이 섹션은 확실히 흥미로울 것입니다. 이 섹션에서는 몬테카를로 예측 방법으로 블랙잭을 플레이하는 방법을 배웁니다. 들어가기 전에 블랙잭 게임의 작동 원리와 규칙에 대해 알아보겠습니다.

4.3.3.1 블랙잭 게임의 이해

21이라고도 알려진 블랙잭은 가장 인기 있는 카드 게임 중 하나입니다. 게임은 플레이어와 딜러로 구성됩니다. 플레이어의 목표는 모든 카드의 합이 21이거나 21을 초과하지 않는 동안 딜러 카드의 합보다 큰 값이 되도록 하는 것입니다. 이러한 기준 중 하나가 충족되면 플레이어가 게임에서 승리합니다. 그렇지 않으면 딜러가 게임에서 승리합니다. 이것을 더 자세히 이해해 봅시다.

Jack(J), King(K), Queen(Q) 카드의 값은 10으로 간주됩니다. Ace(A)의 값은 플레이

어의 선택에 따라 1 또는 11이 될 수 있습니다. 즉, 플레이어는 게임 중에 에이스의 값이 1 이어야 하는지 11이어야 하는지 결정할 수 있습니다. 나머지 카드(2~10)의 가치는 자신의 숫자 값입니다. 예를 들어, 카드 2의 값은 2가 되고 카드 3의 값은 3이 되는 식입니다.

게임이 플레이어와 딜러로 구성되어 있다는 것을 배웠습니다. 한 번에 많은 플레이어가 있을 수 있지만 딜러는 한 명뿐입니다. 모든 플레이어는 다른 플레이어가 아닌 딜러와 경쟁합니다. 플레이어와 딜러가 한 명뿐인 경우를 생각해 보겠습니다. 다양한 경우와 함께 게임을 하며 블랙잭을 이해해 봅시다. 우리가 플레이어이고 딜러와 경쟁한다고 가정해 보겠습니다.

Case 1 : 플레이어가 게임에서 이겼을 때

처음에 플레이어는 두 장의 카드를 받습니다. 이 두 카드는 모두 앞면이 보이도록 되어 있습니다. 즉, 두 플레이어의 카드 모두 딜러가 볼 수 있습니다. 마찬가지로 딜러에게도 두 장의 카드가 제공됩니다. 그러나 딜러의 카드 중 하나는 앞면이 위로, 다른 하나는 뒷면이 아래로 되어 있습니다. 즉, 딜러는 자신의 카드 중 하나만 보여줍니다.

그림 4.7에서 볼 수 있듯이 플레이어는 두 장의 카드(둘 다 앞면이 보이도록)를 가지고 있고 딜러도 두 장의 카드를 가지고 있습니다(하나만 앞면이 위로).

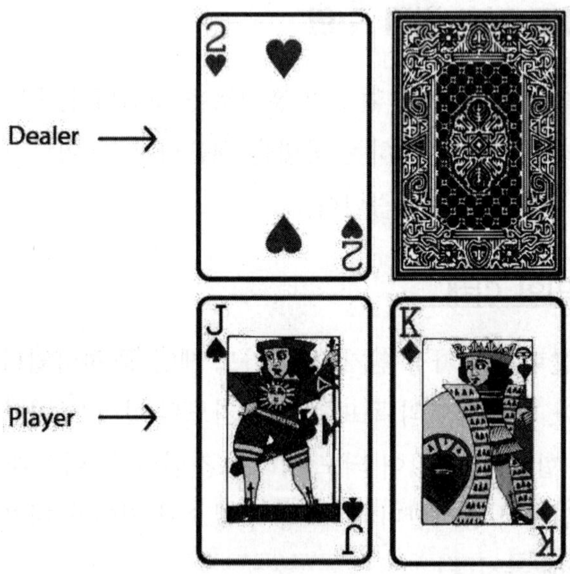

그림 4.7 플레이어는 20이고, 딜러는 2이며 한 장의 카드가 아래로 향해 있습니다.

이제 플레이어는 Hit와 Stand의 두 가지 행동 중 하나를 수행합니다. 우리(플레이어)가 액션 Hit를 수행하면 카드를 한 장 더 얻습니다. Stand를 수행하면 더 이상 카드가 필요하지 않으며 딜러에게 모든 카드를 보여주도록 지시합니다. 카드 값의 합이 21이거나 다른 플레이어보다 높지만 21을 초과하지 않는 사람이 게임에서 승리합니다.

J, K, Q의 값이 10이라는 것을 배웠습니다. 그림 4.7에서 볼 수 있듯이 J와 K 카드의 합은 20(10+10)입니다. 따라서 우리 카드의 총 가치는 이미 큰 숫자이고 21을 초과하지 않았습니다. 그래서 우리는 Stand 행동으로 딜러에게 카드를 보여주도록 지시합니다. 그림 4.8에서 볼 수 있듯이 딜러는 이제 모든 카드를 보여주고 딜러 카드의 총 가치는 12이고 우리(플레이어) 카드의 총 가치는 20입니다. 이는 더 크고 21을 초과하지 않습니다. 그래서 우리는 게임에서 승리합니다.

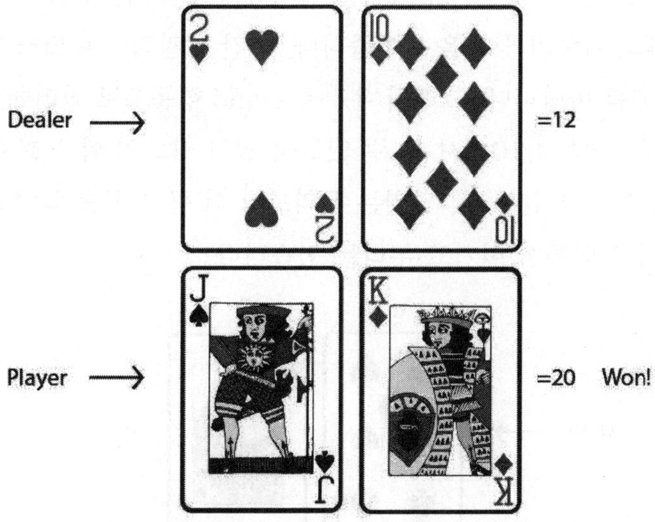

그림 4.8 플레이어 승리

Case 2 : 플레이어가 게임에서 졌을 때

그림 4.9는 두 장의 카드가 있고 딜러도 두 장의 카드를 가지고 있으며 딜러의 카드 중 하나만 볼 수 있음을 보여줍니다.

그림 4.9 플레이어는 13이고, 딜러는 7이며 한 장의 카드가 아래로 향해 있습니다.

이제 우리는 (행동을 수행) hit나 stand 중 결정해야 합니다. 그림 4.9는 K와 3, 합이 13(10+3)인 두 개의 카드가 있음을 보여줍니다. 약간 낙관적이며 딜러 카드의 총 가치가 우리보다 크지 않기를 바랍니다. 그래서 우리는 stand 행동으로 딜러에게 그들의 카드를 보여주도록 합니다. 그림 4.10에서 볼 수 있듯이 딜러 카드의 합은 17이지만 우리 카드는 13이므로 게임에서 집니다. 즉, 딜러는 우리보다 더 큰 가치를 얻었고 21을 초과하지 않았으므로 딜러가 게임에서 이기고 우리는 졌습니다.

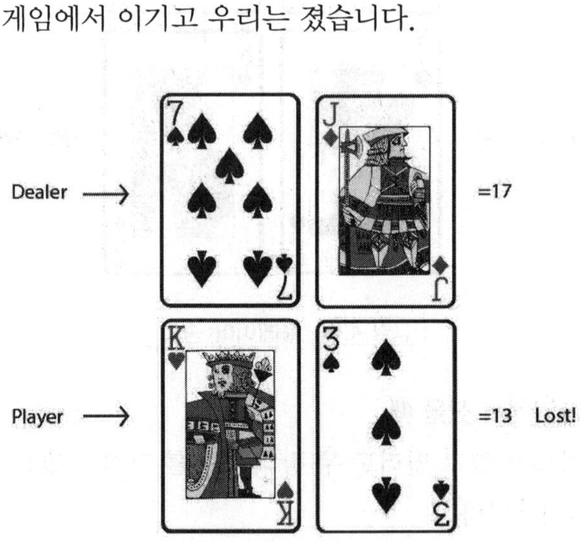

그림 4.10 딜러 승리

Case 3 : 플레이어가 파산했을 때

그림 4.11은 두 장의 카드가 있고 딜러도 두 장의 카드를 가지고 있지만 딜러의 카드 중 하나만 볼 수 있음을 보여줍니다.

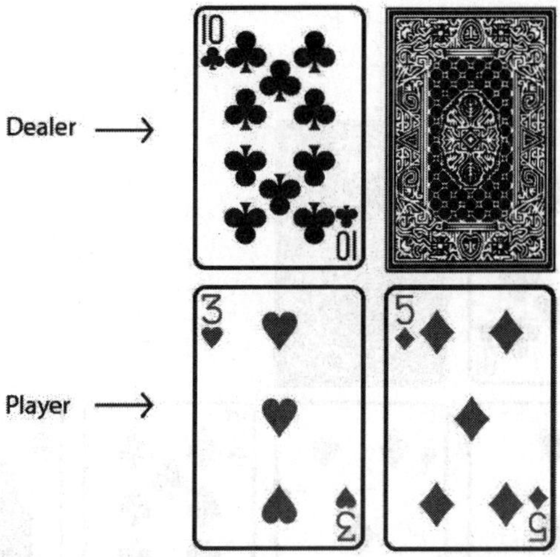

그림 4.11 플레이어는 8이고, 딜러는 10이며 한 장의 카드가 아래로 향해 있습니다.

이제 우리는 (동작을 수행) hit나 stand 중에 결정해야 합니다. 우리는 게임의 목표가 21의 카드 값의 합, 또는 21을 초과하지 않는 동안 딜러보다 큰 값을 갖는 것임을 배웠습니다. 현재 우리 카드의 총 가치는 3+5 = 8입니다. 따라서, 우리는 합 값을 더 크게 만들 수 있도록 hit 행동을 수행합니다. hit 후 그림 4.12와 같이 새 카드를 받습니다.

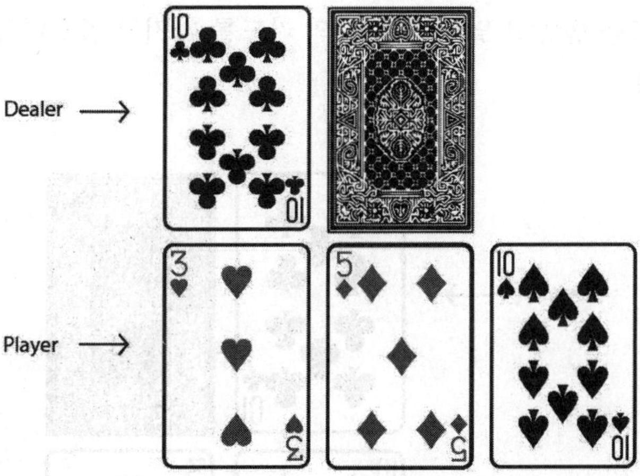

그림 4.12 플레이어는 18이고, 딜러는 10이며 한 장의 카드가 아래로 향해 있습니다.

이제, 우리 카드의 총 가치는 3+5+10 = 18입니다. 다시 말하지만, 우리는 hit나 stand 행동 중에 결정해야 합니다. 우리의 합 값을 조금 더 크게 만들 수 있도록 약간 욕심을 부리고 hit 행동을 수행해 봅시다. 그림 4.13에서 볼 수 있듯이 우리는 hit 후카드를 한 장 더 받았지만 이제 카드의 총 가치는 3+5+10+10 = 28이 되어 21을 초과합니다. 이것을 파산(Bust)이라고 하며 게임에서 집니다.

그림 4.13 플레이어 파산

Case 4 : 사용 가능한 에이스

에이스의 값은 1 또는 11이 될 수 있으며 플레이어는 게임 중에 에이스의 값을 결정할 수 있음을 배웠습니다. 이것이 어떻게 작동하는지 알아봅시다. 그림 4.14에서 볼 수 있듯이 우리는 두 장의 카드를 받았고 딜러도 두 장의 카드를 가지고 있으며 딜러의 카드 중 하나만 앞면이 보입니다.

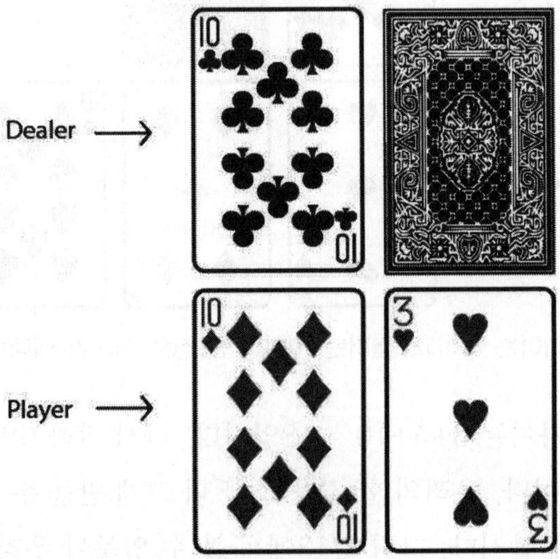

그림 4.14 플레이어는 10이고, 딜러는 5이며 한 장의 카드가 아래로 향해 있습니다.

볼 수 있듯이 우리 카드의 총 가치는 5+5 = 10입니다. 따라서 우리는 합을 더 크게 만들 수 있도록 hit를 수행했습니다. 그림 4.15에서 볼 수 있듯이 hit 행동을 수행한 후 Ace라는 새 카드를 받았습니다. 이제 Ace의 값을 1 또는 11로 결정할 수 있습니다. Ace의 값을 1로 간주하면 카드의 총 가치는 5+5+1 = 11이 됩니다. 그러나 Ace의 값이 11이면 카드의 총 가치는 5+5+11 = 21이 됩니다. 이 경우 Ace의 값을 11로 간주하여 합계 값이 21이 되도록 합니다.

따라서 에이스의 값을 11로 설정하여 게임에서 이겼고, 이 경우 게임에서 승리하는 데 도움이 되었기 때문에 사용 가능한 에이스라고 합니다.

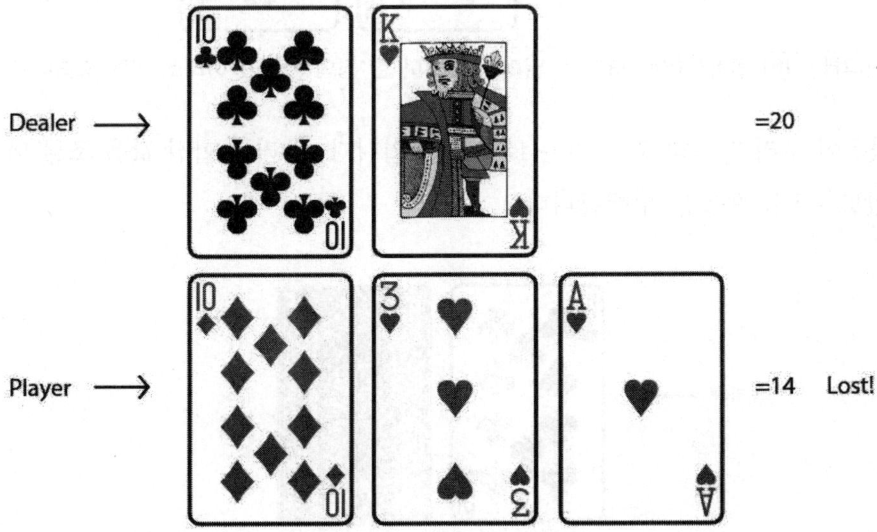

그림 4.15 플레이어는 에이스를 11로 사용하고 게임에서 승리합니다.

Case 5 : 사용 불가능한 에이스

그림 4.16은 우리가 두 장의 카드를 가지고 있고 딜러가 한 장의 앞면이 위로 향하게 하여 두 장의 카드를 가지고 있음을 보여줍니다.

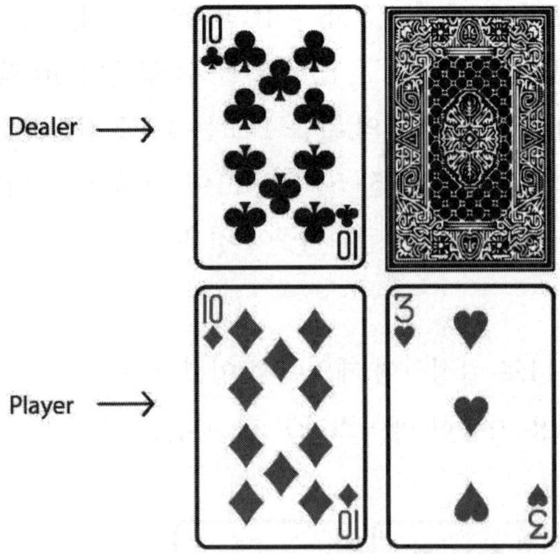

그림 4.16 플레이어는 13이고, 딜러는 10이며 한 장의 카드가 아래로 향해 있습니다.

볼 수 있듯이 우리 카드의 총 가치는 13(10+3)입니다. 우리는 합산 값을 조금 더 크게 만들 수 있도록 Hit 행동을 수행합니다.

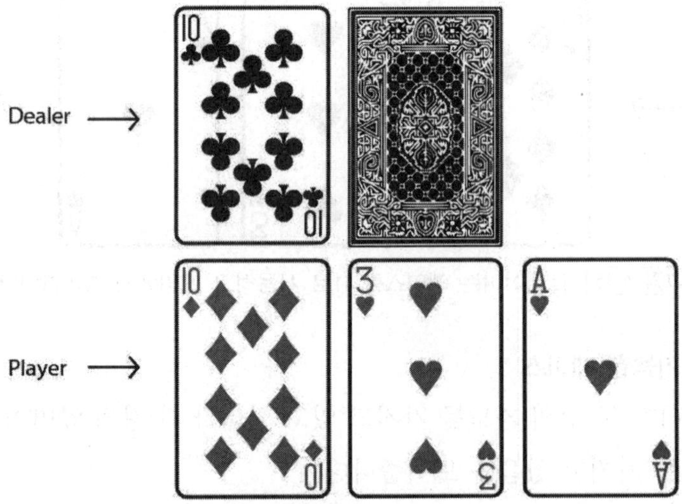

그림 4.17 플레이어는 에이스를 1로 사용해야합니다. 그렇지 않으면 파산됩니다.

그림 4.17에서 볼 수 있듯이 Hit 행동 후, Ace라는 새 카드를 받았습니다. 이제 Ace의 값을 1 또는 11로 결정할 수 있습니다. 11을 선택하면 합계 값은 10 + 3 + 11 = 23이 되지만 ace를 11로 설정하면 합계 값이 21을 초과합니다. 따라서 Ace = 11을 선택하는 대신 Ace 값을 1로 설정합니다. 따라서 합계 값은 10 + 3 + 1 = 14가 됩니다.

다시 말하지만, 우리는 Hit나 Stand 행동 중 수행해야 합니다. 딜러 합계 값이 우리보다 낮기를 기대한다고 가정해 보겠습니다. 그림 4.18과 같이 Stand 행동을 수행한 후 딜러의 카드가 모두 보여지고 딜러의 카드의 합은 20인데 우리 카드는 14이므로 게임에서 지고 이 경우 Ace는 우리가 게임에서 이기는 데 도움이 되지 않았기 때문에 사용 불가능한 에이스라고 합니다.

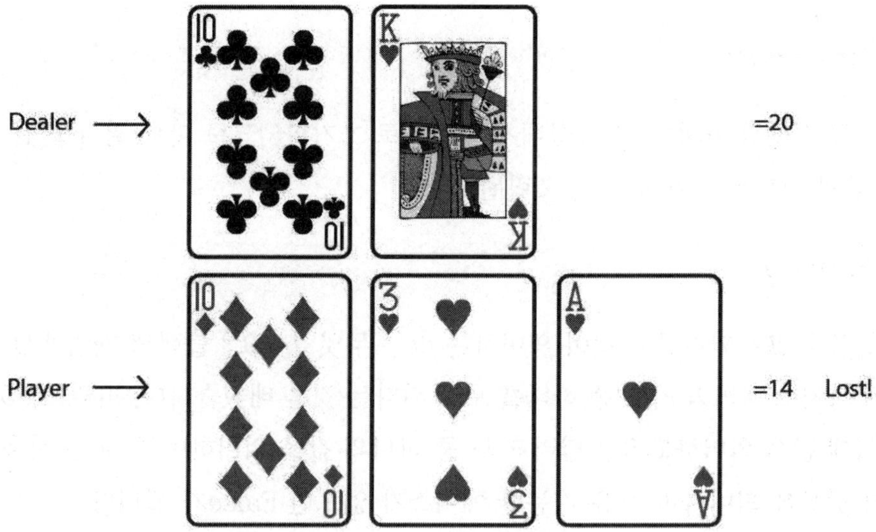

그림 4.18 플레이어는 14이고 딜러는 20이므로 딜러가 승리합니다.

Case 6 : 게임이 무승부일 때

플레이어와 딜러의 카드 합 값이 같으면(예 : 20) 게임은 무승부입니다.

블랙잭을 플레이하는 방법을 이해했으므로 이제 블랙잭 게임에서 몬테카를로 예측 방법을 구현해 보겠습니다. 하지만 진행하기 전에 먼저 Gym에서 블랙잭 환경이 어떻게 설계되었는지 알아보겠습니다.

4.3.3.2 Gym의 블랙잭 환경

Gym 라이브러리를 가져옵니다.

```
import gym
```

블랙잭의 환경 ID는 Blackjack-v0입니다. 따라서 다음과 같이 make 함수를 사용하여 블랙잭 게임을 만들 수 있습니다.

```
env = gym.make('Blackjack-v0')
```

이제 블랙잭 환경의 상태를 살펴보겠습니다. 환경을 재설정하고 초기 상태를 볼 수 있습니다.

```
print(env.reset())
```

이전 코드를 실행할 때마다 초기 상태가 무작위로 초기화되므로 다른 결과를 얻을 수 있습니다. 앞의 코드는 다음과 같이 출력됩니다.

```
(15, 9, True)
```

상태는 튜플로 표시되지만 이것이 의미하는 바는 무엇일까요? 블랙잭 게임에서 두 장의 카드가 주어지고 딜러의 카드 중 하나를 보게 된다는 것을 배웠습니다. 따라서 15는 우리 카드의 합계 값을 의미하고 9는 딜러 카드 중 하나의 값을 의미하며 True는 사용 가능한 에이스가 있음을 의미하며 사용 가능한 에이스가 없으면 False가 됩니다.

따라서 블랙잭 환경에서 상태는 세 가지 값으로 구성된 튜플로 표시됩니다.

1. 우리 카드들의 합계
2. 딜러 카드 중 하나의 값
3. 사용 가능한 에이스가 있으면 True이고 사용 가능한 에이스가 없으면 False인 Boolean 값

블랙잭 환경의 행동 공간을 살펴보겠습니다.

```
print(env.action_space)
```

앞의 코드는 다음을 출력합니다.

```
Discrete(2)
```

이는 행동 공간에 0과 1의 두 가지 행동이 있음을 의미합니다.

- Stand 행동은 0으로 표현됩니다.
- Hit 행동은 1로 표현됩니다.

보상은 다음과 같이 정의됩니다.

- 게임에서 이기면 +1.0
- 게임에서 지면 −1.0
- 게임이 무승부인 경우 0

이제 Gym에서 블랙잭 환경이 어떻게 설계되었는지 이해했으므로 블랙잭 게임에서 몬테카를로 예측 방법을 구현해 보겠습니다. 먼저 모든 방문 몬테카를로를 살펴본 다음 첫 방문 몬테카를로 예측을 구현하는 방법을 배워보겠습니다.

4.3.3.3 모든 방문 몬테카를로 예측으로 블랙잭 플레이

이 섹션을 명확하게 이해하려면 앞에서 배운 모든 방문 몬테카를로 방법을 복습해야 합니다. 이제 블랙잭 게임으로 모든 방문 몬테카를로 예측을 단계별로 구현하는 방법을 이해해 봅시다.

필요한 라이브러리를 가져옵니다.

```
import gym
import pandas as pd
from collections import defaultdict
```

블랙잭 환경을 만듭니다.

```
env = gym.make('Blackjack-v0')
```

정책 정의

예측 방법에서 입력 정책이 주어지고 주어진 입력 정책의 가치 함수를 예측한다는 것을 배웠습니다. 이제 입력 정책 역할을 하는 정책 함수를 정의합니다. 즉, 다음 단계에서 가치 함수가 예측될 입력 정책을 정의합니다.

다음 코드에서 볼 수 있듯이 정책 함수는 상태를 입력으로 사용하고 카드의 합 값인 state[0]이 19보다 크면 행동 0(Stand)을 반환하고, 그렇지 않으면 행동 1(히트)을 반환합니다.

```
def policy(state):
    return 0 if state[0] > 19 else 1
```

예를 들어 다음과 같이 환경을 재설정하여 초기 상태를 생성해 보겠습니다.

```
state = env.reset()
print(state)
```

앞의 코드가 다음을 출력한다고 가정해 보겠습니다.

```
(20, 5, False)
```

state[0] = 20, 즉, 카드 합계 값은 20이므로 이 경우 정책은 다음과 같이 행동 0(Stand)을 반환합니다.

```
print(policy(state))
```

앞의 코드는 다음을 출력합니다.

```
0
```

정책을 정의했으므로 다음 섹션에서는 이 정책의 가치 함수(상태 가치)를 예측합니다.

에피소드 생성

다음으로, 주어진 정책을 사용하여 에피소드를 생성하므로 정책을 입력으로 받아 주어진 정책을 사용하여 에피소드를 생성하는 generate_episode라는 함수를 정의합니다.

먼저 시간 단계 수를 설정합니다.

```
num_timesteps = 100
```

명확한 이해를 위해 함수를 한 줄씩 살펴보겠습니다.

```
def generate_episode(policy):
```

에피소드를 저장하기 위해 episode라는 리스트를 정의해 보겠습니다.

```
    episode = []
```

환경을 재설정하여 상태를 초기화합니다.

```
    state = env.reset()
```

그런 다음 각 시간 단계에 대해 다음을 수행합니다.

```
    for t in range(num_timesteps):
```

주어진 정책에 따라 행동을 선택합니다.

```
        action = policy(state)
```

행동을 수행하고 다음 상태 정보를 저장합니다.

```
        next_state, reward, done, info = env.step(action)
```

상태, 행동 및 보상을 episode 리스트에 저장합니다.

```
        episode.append((state, action, reward))
```

다음 상태가 최종 상태이면 루프를 중단하고, 그렇지 않으면 다음 상태를 현재 상태로 업데이트합니다.

```
        if done:
            break

        state = next_state

    return episode
```

generate_episode 함수의 출력이 어떻게 보이는지 살펴보겠습니다. 앞에서 정의한 정책을 사용하여 에피소드를 생성합니다.

```
print(generate_episode(policy))
```

앞의 코드는 다음과 같은 내용을 출력합니다.

```
[((10, 2, False), 1, 0), ((20, 2, False), 0, 1.0)]
```

출력은 [(상태, 행동, 보상)]의 형태입니다. 이전에 보았듯이 에피소드에는 두 가지 상태가 있습니다. 상태(10, 2, False)에서 행동 1(Hit)을 수행하여 0의 보상을 받았고, 상태(20, 2, False)에서 행동 0(Stand)을 수행하여 1.0의 보상을 받았습니다.

이제 주어진 정책을 사용하여 에피소드를 생성하는 방법을 배웠으므로 다음으로 모든 방문 몬테카를로 방법을 사용하여 상태(가치 함수)의 가치를 계산하는 방법을 살펴보겠습니다.

가치 함수 계산

가치 함수를 예측하기 위해 주어진 정책을 사용하여 여러 에피소드를 생성하고 여러 에피소드에 대한 평균 리턴으로 상태 가치를 계산한다는 것을 배웠습니다. 이를 구현하는 방법을 살펴보겠습니다.

먼저 total_return과 N을 총 리턴과 에피소드 전체에 걸쳐 방문한 횟수를 저장하기 위한 사전으로 정의합니다.

```
total_return = defaultdict(float)
N = defaultdict(int)
```

반복 횟수, 즉 생성하려는 에피소드 수를 설정합니다.

```
num_iterations = 500000
```

그런 다음 모든 반복에 대해 다음을 수행합니다.

```
for i in range(num_iterations):
```

주어진 정책을 사용하여 에피소드를 생성합니다. 즉, 앞에서 정의한 정책 함수를 사용하여 에피소드를 생성합니다.

```
    episode = generate_episode(policy)
```

에피소드에서 얻은 모든 상태, 행동 및 보상을 저장합니다.

```
    states, actions, rewards = zip(*episode)
```

그런 다음 에피소드의 각 단계에 대해 다음을 수행합니다.

```
    for t, state in enumerate(states):
```

상태의 리턴 R을 보상의 합으로 계산합니다. $R(s_t)$ = sum(rewards[t:]):

```
        R = (sum(rewards[t:]))
```

total_return(s_t) = total_return(s_t) + $R(s_t)$로 상태의 total_return을 업데이트합니다.

```
        total_return[state] =  total_return[state] + R
```

$N(s_t) = N(s_t) + 1$로 에피소드에서 상태를 방문한 횟수를 업데이트합니다.

```
        N[state] =  N[state] + 1
```

total_return과 N을 계산한 후 더 나은 이해를 위해 pandas 데이터 프레임으로 변환할 수 있습니다. 이것은 알고리즘에 대한 명확한 이해를 돕기 위한 것입니다. 반드시 pandas 데이터 프레임으로 변환할 필요는 없으며 사전을 사용하여 효율적으로 구현할 수도 있습니다.

total_returns 사전을 데이터 프레임으로 변환합니다.

```
total_return = pd.DataFrame(total_return.items(),columns=['state',
'total_return'])
```

카운터 N 사전을 데이터 프레임으로 변환합니다.

```
N = pd.DataFrame(N.items(),columns=['state', 'N'])
```

두 데이터 프레임을 병합합니다.

```
df = pd.merge(total_return, N, on="state")
```

데이터 프레임의 처음 몇 행을 살펴보겠습니다.

```
df.head(10)
```

앞의 코드는 다음을 출력합니다. 볼 수 있듯이 총 리턴과 해당 상태를 방문한 횟수가 있습니다.

	state	total_return	N
0	(7, 10, False)	-52.0	98
1	(11, 10, False)	6.0	190
2	(15, 10, False)	-219.0	394
3	(12, 10, False)	-160.0	331
4	(18, 10, False)	-269.0	406
5	(14, 10, True)	-21.0	49
6	(21, 10, True)	176.0	193
7	(16, 4, False)	-55.0	83
8	(10, 10, False)	-23.0	150
9	(20, 10, False)	275.0	585

그림 4.19 총 리턴 및 상태를 방문한 횟수

다음으로 상태 가치를 평균 리턴으로 계산할 수 있습니다.

$$V(s) = \frac{\text{total\_return}(s)}{N(s)}$$

따라서 다음과 같이 작성할 수 있습니다.

```
df['value'] = df['total_return']/df['N']
```

데이터 프레임의 처음 몇 행을 살펴보겠습니다.

```
df.head(10)
```

앞의 코드는 다음과 같이 출력됩니다.

	state	total_return	N	value
0	(7, 10, False)	-52.0	98	-0.530612
1	(11, 10, False)	6.0	190	0.031579
2	(15, 10, False)	-219.0	394	-0.555838
3	(12, 10, False)	-160.0	331	-0.483384
4	(18, 10, False)	-269.0	406	-0.662562
5	(14, 10, True)	-21.0	49	-0.428571
6	(21, 10, True)	176.0	193	0.911917
7	(16, 4, False)	-55.0	83	-0.662651
8	(10, 10, False)	-23.0	150	-0.153333
9	(20, 10, False)	275.0	585	0.470085

그림 4.20 가치는 각 상태 리턴의 평균으로 계산됩니다.

이제 여러 에피소드에 걸친 상태 리턴의 평균인 상태 가치를 갖게 되었습니다. 따라서 모든 방문 몬테카를로 방법을 사용하여 주어진 정책의 가치 함수를 성공적으로 예측했습니다.

일부 상태의 가치를 확인하고 주어진 정책에 따라 가치 함수가 얼마나 정확하게 추정되는지 이해해 보겠습니다. 시작할 때 에피소드를 생성하기 위해 합 값이 19보다 크면 행동 0(Stand)을 선택하고 합 값이 19보다 작을 때 행동 1(Hit)을 선택하는 최적 정책을 사용했음을 상기해야 합니다.

상태(21,9,False)의 가치를 평가해 보겠습니다. 카드 합계 값은 이미 21이므로 이것은 좋은 상태이며 높은 가치를 가져야 합니다. 상태의 추정 가치가 무엇인지 봅시다.

```
df[df['state']==(21,9,False)]['value'].values
```

앞의 코드는 다음과 같이 출력됩니다.

```
array([1.0])
```

상태의 가치가 높습니다.

이제 상태(5,8,False)의 가치를 확인해 보겠습니다. 카드의 합은 5에 불과하고 한 딜러의 단일 카드조차도 높은 가치인 8을 가집니다. 이 경우 상태 가치는 더 낮아야 합니다.

상태의 추정 가치가 무엇인지 봅시다.

```
df[df['state']==(5,8,False)]['value'].values
```

앞의 코드는 다음과 같이 출력됩니다.

```
array([-1.0])
```

알 수 있듯이 상태 가치는 낮습니다.

따라서 모든 방문 몬테카를로 예측 방법을 사용하여 주어진 정책의 가치 함수를 예측하는 방법을 배웠습니다. 다음 섹션에서는 첫 방문 몬테카를로 방법을 사용하여 상태 가치를 계산하는 방법을 살펴보겠습니다.

4.3.3.4 첫 방문 몬테카를로 예측으로 블랙잭 플레이

첫 방문 몬테카를로 방법을 사용하여 가치 함수를 예측하는 것은 모든 방문 몬테카를로 방법을 사용하여 가치 함수를 예측하는 방법과 정확히 동일합니다. 단, 여기서는 에피소드에서 처음 발생하는 상태의 리턴만을 계산합니다. 첫 방문 몬테카를로에 대한 코드는 이 부분을 제외하고 모든 방문 몬테카를로에서 본 것과 동일합니다. 다음 강조 표시된 코드와 같이 처음 발생한 경우에만 리턴을 계산합니다.

```
for i in range(num_iterations):

    episode = generate_episode(env,policy)
    states, actions, rewards = zip(*episode)

    for t, state in enumerate(states):
        if state not in states[0:t]:
            R = (sum(rewards[t:]))
            total_return[state] = total_return[state] + R
            N[state] = N[state] + 1
```

책의 GitHub 저장소에서 전체 코드를 얻을 수 있으며 모든 방문 몬테카를로 섹션에서 본 것과 유사한 결과를 얻을 수 있습니다.

지금까지 첫 방문 및 모든 방문 몬테카를로 방법을 사용하여 주어진 정책의 가치 함수를 예측하는 방법을 배웠습니다.

4.3.4 증분 평균 업데이트

첫 방문 몬테카를로와 모든 방문 몬테카를로 모두에서 다음과 같이 여러 에피소드에 걸쳐 상태의 평균(산술 평균) 리턴으로 상태 가치를 추정합니다.

$$V(s) = \frac{\text{total\_return}(s)}{N(s)}$$

상태 가치를 근사화하기 위해 산술 평균을 사용하는 대신 증분 평균을 사용할 수도 있으며 다음과 같이 표현됩니다.

$$N(s_t) = N(s_t) + 1$$

$$V(s_t) = V(s_t) + \frac{1}{N(s_t)}(R_t - V(s_t))$$

그러나 증분 평균이 필요한 이유는 무엇일까요? 환경을 비정상적이라고 생각해 보겠습니다. 이 경우 모든 에피소드에서 상태의 리턴과 평균을 계산할 필요가 없습니다. 환경이 고정적이지 않기 때문에 이전 에피소드의 리턴을 무시하고 평균을 계산하기 위해 최신 에피소드의 리턴만 사용할 수 있습니다. 따라서 다음과 같이 증분 평균을 사용하여 상태 가치를 계산할 수 있습니다.

$$V(s_t) = V(s_t) + \alpha(R_t - V(s_t))$$

여기서 $\alpha = 1/N(s_t)$이고 R_t는 상태 s_t의 리턴입니다.

4.3.5 몬테카를로 예측(Q 함수)

지금까지 몬테카를로 방법을 사용하여 주어진 정책의 가치 함수를 예측하는 방법을 배웠습니다. 이 섹션에서는 몬테카를로 방법을 사용하여 주어진 정책의 Q 함수를 예측하는 방법을 살펴봅니다.

몬테카를로 방법을 사용하여 주어진 정책의 Q 함수를 예측하는 것은 여기에서 상태-행동 쌍의 리턴을 사용하는 것을 제외하고 이전 섹션에서 가치 함수를 예측한 방법과 정확히 동일하지만 가치 함수의 경우 상태 리턴을 사용했습니다. 즉, 여러 에피소드에 걸쳐 상태의 평균 리턴을 계산하여 상태 가치(가치 함수)를 근사한 것처럼, 여러 에피소드에 걸쳐 상태-행동 쌍의 평균 리턴을 계산하여 상태-행동 쌍(Q 함수)의 가치를 근사화할 수도 있습니다.

따라서 주어진 정책을 사용하여 여러 에피소드를 생성한 다음 여러 에피소드에 걸친 상태-행동 쌍의 리턴 합계인 total_return(s, a)를 계산하고 여러 에피소드에서 상태-행동 쌍을 방문한 횟수인 N(s, a)도 계산합니다. 그런 다음 다음과 같이 상태-행동 쌍의 평균 리턴으로 Q 함수 또는 Q 값을 계산합니다.

$$Q(s,a)=\frac{\text{total\_return}(s,a)}{N(s,a)}$$

예를 들어, 간단한 예를 고려해 보겠습니다. 두 개의 상태 s_0과 s_1이 있고 두 가지 가능한 행동 0과 1이 있다고 가정합니다. 이제 total_return(s, a) 및 N(s, a)를 계산합니다. 계산 후 테이블이 표 4.4와 같다고 가정해 보겠습니다.

State	Action	total_return(s,a)	N(s,a)
s_0	0	4	2
s_0	1	2	2
s_1	0	2	2
s_1	1	2	1

표 4.4 두 상태에서 두 가지 행동의 결과

일단 이것을 갖게 되면, 평균을 취하여 Q 값을 계산할 수 있습니다.

$$Q(s,a)=\frac{\text{total\_return}(s,a)}{N(s,a)}$$

따라서 모든 상태-행동 쌍에 대한 Q 값을 다음과 같이 계산할 수 있습니다.

$$Q(s_0,0)=\text{total\_return}(s_0,0)/N(s_0,0)=4/2=2$$
$$Q(s_0,1)=\text{total\_return}(s_0,1)/N(s_0,1)=2/2=1$$
$$Q(s_1,0)=\text{total\_return}(s_1,0)/N(s_1,0)=2/2=1$$
$$Q(s_1,1)=\text{total\_return}(s_1,1)/N(s_1,1)=2/1=2$$

몬테카를로 방법을 이용하여 Q 함수를 예측하는 알고리즘은 다음과 같습니다. 상태-행동 쌍의 리턴을 사용하여 Q 함수를 예측한다는 점을 제외하고는 상태 리턴을 사용하여 가치 함수를 예측한 방법과 정확히 동일합니다.

1. total_return(s, a)을 여러 에피소드에 걸친 상태-행동 쌍 리턴의 합계라고 하고 N(s, a)을 카운터, 즉 여러 에피소드에 걸쳐 상태-행동 쌍을 방문한 횟수라고 해

봅시다. 모든 상태-행동 쌍에 대해 total_return(s, a) 및 N(s, a)을 0으로 초기화합니다. 정책 π가 입력으로 제공됩니다.

2. M번의 반복에 대해 수행합니다.
   1. 정책 π를 사용하여 에피소드 생성합니다.
   2. rewards라는 리스트에 에피소드에서 얻은 모든 보상을 저장합니다.
   3. 에피소드의 각 시간 단계 t에 대해 수행합니다.
      1. 상태-행동 쌍의 리턴 $R(s_t,a_t)$=sum(rewards[t:])을 계산합니다.
      2. total_returns(s_t,a_t)=total_return(s_t,a_t)+R(s_t,a_t)로 상태-행동 쌍의 총 리턴을 업데이트합니다.
      3. N(s_t,a_t)=N(s_t,a_t)+1로 카운터를 업데이트합니다.
3. 다음과 같이 평균을 취하여 Q 함수(Q 값)를 계산합니다.

$$Q(s,a) = \frac{\text{total\_return}(s,a)}{N(s,a)}$$

가치 함수의 몬테카를로 예측에서 첫 방문 몬테카를로와 모든 방문 몬테카를로의 두 가지 유형을 배웠습니다. 첫 방문 몬테카를로에서는 에피소드에서 해당 상태를 처음 방문할 때만 상태의 리턴을 계산하고 모든 방문 몬테카를로에서는 에피소드에서 해당 상태를 방문할 때마다 상태의 리턴을 계산합니다.

마찬가지로 Q 함수의 몬테카를로 예측에는 첫 방문 몬테카를로와 모든 방문 몬테카를로의 두 가지 유형이 있습니다. 첫 방문 몬테카를로에서는 에피소드에서 상태-행동 쌍을 처음 방문할 때만 상태-행동 쌍의 리턴을 계산하고 모든 방문 몬테카를로에서는 매번 상태-행동 쌍의 리턴을 계산합니다.

이전 섹션에서 언급했듯이 산술 평균을 사용하는 대신 증분 평균을 사용할 수도 있습니다. 상태 가치는 다음과 같이 증분 평균을 사용하여 계산할 수 있다는 것을 배웠습니다.

$$V(s_t) = V(s_t) + \alpha(R_t - V(s_t))$$

마찬가지로 다음과 같이 증분 평균을 사용하여 Q 값을 계산할 수도 있습니다.

$$Q(s_t,a_t) = Q(s_t,a_t) + \alpha(R_t - Q(s_t,a_t))$$

몬테카를로 방법을 사용하여 예측 작업을 수행하는 방법을 배웠으므로 다음 섹션에서는 몬테카를로 방법을 사용하여 제어 작업을 수행하는 방법을 배워보겠습니다.

4.4 몬테카를로 제어

제어 작업에서 목표는 최적 정책을 찾는 것입니다. 예측 작업과 달리 여기에서는 입력으로 정책이 제공되지 않습니다. 따라서 무작위 정책을 초기화하는 것으로 시작한 다음 반복적으로 최적 정책을 찾아야 합니다. 즉, 최대 리턴을 제공하는 최적 정책을 찾으려고 합니다. 이 섹션에서는 몬테카를로 방법을 사용하여 최적 정책을 찾기 위한 제어 작업을 수행하는 방법을 학습합니다.

제어 작업에서 목표는 최적 정책을 찾는 것임을 배웠습니다. 먼저, 정책을 어떻게 계산할 수 있을까요? Q 함수에서 정책을 추출할 수 있음을 배웠습니다. 즉, Q 함수가 있는 경우 다음과 같이 최대 Q 값을 갖는 각 상태의 행동을 선택하여 정책을 추출할 수 있습니다.

$$\pi = \arg\max_a Q(s,a)$$

정책을 계산하려면 Q 함수를 계산해야 합니다. 몬테카를로 예측 방법에서 배운 것과 유사하게 Q 함수를 계산할 수 있습니다. 즉, 몬테카를로 예측 방법에서 정책이 주어졌을 때 해당 정책을 사용하여 여러 에피소드를 생성하고 여러 에피소드에 걸친 상태-행동 쌍의 평균 리턴으로 Q 함수(Q 값)를 계산할 수 있다는 것을 배웠습니다.

여기에서 동일한 단계를 수행하여 Q 함수를 계산할 수 있습니다. 그러나 제어 방법에서는 정책을 입력으로 제공하지 않습니다. 따라서 무작위 정책을 초기화한 다음 무작위 정책을 사용하여 Q 함수를 계산합니다. 즉, 예측 방법에서 배운 것처럼 무작위 정책을 사용하여 여러 에피소드를 생성합니다. 그런 다음 다음과 같이 여러 에피소드에 걸쳐 상태-행동 쌍의 평균 리턴으로 Q 함수(Q 값)를 계산합니다.

$$Q(s,a) = \frac{\text{total\_return}(s,a)}{N(s,a)}$$

상태-행동 쌍의 평균 리턴 값으로 Q 함수를 계산한 후 Q 함수가 표 4.5와 같다고 가정해 보겠습니다.

State	Action	Value
s_0	0	2
s_0	1	1
s_1	0	1
s_1	1	2

표 4.5 Q 테이블

앞의 Q 함수에서 최대 Q 값을 갖는 각 상태의 행동을 선택하여 새 정책을 추출할 수 있습니다. 즉, $\pi = \arg\max_a Q(s, a)$입니다. 따라서 새로운 정책은 최대 Q 값을 가지므로 상태 s0에서 행동 0과 상태 s1에서 행동 1을 선택합니다.

그러나 이 새로운 정책은 무작위 정책을 사용하여 계산되는 Q 함수에서 추출되기 때문에 최적 정책이 아닙니다. 즉, 무작위 정책을 초기화하고 무작위 정책을 사용하여 여러 에피소드를 생성한 다음 여러 에피소드에 걸쳐 상태-행동 쌍의 평균 리턴을 취하여 Q 함수를 계산했습니다. 따라서 무작위 정책을 사용하여 Q 함수를 계산하므로 Q 함수에서 추출한 새 정책은 최적 정책이 아닙니다.

그러나 이제 Q 함수에서 새 정책을 추출했으므로 이 새 정책을 사용하여 다음 반복에서 에피소드를 생성하고 새 Q 함수를 계산할 수 있습니다. 그런 다음 이 새로운 Q 함수에서 새로운 정책을 추출합니다. 최적 정책을 찾을 때까지 이 단계를 반복합니다. 이것은 다음 단계에서 명확하게 설명됩니다.

반복 1 : π_0를 랜덤 정책이라고 해보겠습니다. 이 무작위 정책을 사용하여 에피소드를 생성한 다음 상태-행동 쌍의 평균 리턴 값을 취하여 Q 함수 Q^{π_0}을 계산합니다. 그런 다음 이 Q 함수 Q^{π_0}에서 새로운 정책 π_1을 추출합니다. 이 새로운 정책 π_1은 무작위 정책을 사용하여 계산되는 Q 함수에서 추출되기 때문에 최적 정책이 아닙니다.

반복 2 : 이전 반복에서 파생된 새 정책 π_1을 사용하여 에피소드를 생성하고 새 Q 함수 Q^{π_1}을 상태-행동 쌍의 평균 리턴으로 계산합니다. 그런 다음 이 Q 함수 Q^{π_1}에서 새로운 정책 π_2를 추출합니다. 정책 π_2가 최적이면 중지하고, 그렇지 않으면 반복 3으로 이동합니다.

반복 3 : 이제 이전 반복에서 파생된 새 정책 π_2를 사용하여 에피소드를 생성하고 새 Q 함수 Q^{π_2}를 계산합니다. 그런 다음 이 Q 함수 Q^{π_2}에서 새로운 정책 π_3을 추출합니다. π_3가 최적이면 중지하고, 그렇지 않으면 다음 반복으로 이동합니다.

그림 4.21과 같이 최적 정책 P^*를 찾을 때까지 이 과정을 여러 번 반복합니다.

$$\pi_0 \rightarrow Q^{\pi_0} \rightarrow \pi_1 \rightarrow Q^{\pi_1} \rightarrow \pi_2 \rightarrow Q^{\pi_2} \rightarrow \pi_3 \rightarrow Q^{\pi_3} \rightarrow \cdots \rightarrow \pi^* \rightarrow Q^{\pi^*}$$

그림 4.21 최적 정책을 찾는 과정

이 단계를 정책 평가 및 정책 개선이라고 하며 3장 벨만 방정식 및 동적 계획법에서 다룬 정책 반복 방법과 유사합니다. 정책 평가는 각 단계에서 정책을 평가하는 것을 의미합니다. 정책 개선은 각 단계에서 최대 Q 값을 취하여 정책을 개선하는 것을 의미합니다. 여기서 최대 Q 값을 취하여 정책 π를 선택하는 것인 탐욕적 방식으로 정책을 선택하므로 정책을 탐욕적 정책이라고 부를 수 있습니다.

이제 몬테카를로 제어 방법이 어떻게 작동하는지에 대한 기본적인 이해를 얻었으므로 다음 섹션에서는 몬테카를로 제어 방법의 알고리즘을 살펴보고 이에 대해 자세히 알아보겠습니다.

4.4.1 몬테카를로 제어 알고리즘

다음 단계는 몬테카를로 제어 알고리즘을 보여줍니다. 볼 수 있듯이 몬테카를로 예측 방법과 달리 여기에서는 정책이 제공되지 않습니다. 따라서 무작위 정책을 초기화하여 시작하고 무작위 정책을 사용하여 첫 번째 반복에서 에피소드를 생성합니다. 그런 다음 상태-행동 쌍의 평균 리턴으로 Q 함수(Q 값)를 계산합니다.

Q 함수가 있으면 각 상태에서 최대 Q 값을 갖는 행동을 선택하여 새 정책을 추출합니다. 다음 반복에서는 추출된 새 정책을 사용하여 에피소드를 생성하고 상태-행동 쌍의 평균 리턴으로 새 Q 함수(Q 값)를 계산합니다. 최적 정책을 찾기 위해 많은 반복에 대해 이러한 단계를 반복합니다.

여기서, 첫 방문 몬테카를로 예측 방법에서 배운 것처럼 에피소드에서 상태-행동 쌍을 처음 방문할 때만 상태-행동 쌍의 리턴을 계산한다는 점을 관찰해야 합니다.

더 나은 이해를 위해 몬테카를로 제어 알고리즘을 Q 함수의 몬테카를로 예측과 비교할 수 있습니다. 관찰할 수 있는 한 가지 차이점은 여기에서 각 반복에서 Q 함수를 계산한다는 것입니다. 그러나 Q 함수의 몬테카를로 예측에서 모든 반복 후에 Q 함수를 계산합니다. 모든 반복에서 Q 함수를 계산하는 이유는 다음 반복에서 추출된 새 정책을 사용하여 에피소드를 생성할 수 있도록 새 정책을 추출하기 위해 Q 함수가 필요하기 때문입니다.

1. total_return(s, a)을 여러 에피소드에 걸친 상태-행동 쌍 리턴의 합계라고 하고 N(s, a)을 카운터, 즉 여러 에피소드에 걸쳐 상태-행동 쌍을 방문한 횟수라고 해봅시다. 모든 상태-행동 쌍에 대해 total_return(s, a) 및 N(s, a)을 0으로 초기화합니다. 무작위 정책 π를 초기화합니다.
2. M번의 반복에 대해 수행합니다.
   1. 정책 π를 사용하여 에피소드 생성합니다.
   2. rewards라는 리스트에 에피소드에서 얻은 모든 보상을 저장합니다.
   3. 에피소드의 각 시간 단계 t에 대해 수행합니다.

   에피소드에서 (s_t, a_t)가 처음으로 발생하는 경우:

      1. 상태-행동 쌍의 리턴 $R(s_t, a_t)$=sum(rewards[t:])을 계산합니다.
      2. total_returns(s_t, a_t)=total_return(s_t, a_t)+R(s_t, a_t)로 상태-행동 쌍의 총 리턴을 업데이트합니다.
      3. N(s_t, a_t)=N(s_t, a_t)+1로 카운터를 업데이트합니다.
      4. 평균을 취하여 Q 값을 계산합니다.

$$Q(s, a) = \frac{\text{total\_return}(s, a)}{N(s, a)}$$

   4. Q 함수를 사용하여 새로 업데이트된 정책 P를 계산합니다.

$$\pi = \underset{a}{\arg\max}\, Q(s, a)$$

앞의 알고리즘에서 정책 π를 사용하여 에피소드를 생성하는 것을 볼 수 있습니다. 그런 다음 에피소드의 각 단계에 대해 상태-행동 쌍의 리턴을 계산하고 Q 함수 $Q(s_t,\ a_t)$를 평균 리턴으로 계산한 다음 이 Q 함수에서 새로운 정책 π를 추출합니다. 이 단계를 반복하여 최적 정책 π를 찾습니다. 지금까지 몬테카를로 방법을 사용하여 제어 작업을 수행하는 방법을 배웠습니다.

제어 방법을 두 가지 유형으로 분류할 수 있습니다.

- On-policy 제어
- Off-policy 제어

On-policy 제어 : on-policy 제어 방식에서 에이전트는 하나의 정책을 사용하여 행동하고 동일한 정책을 개선하려고 합니다. 즉, on-policy 방법에서는 하나의 정책을 사용하여 에피소드를 생성하고 동일한 정책을 반복적으로 개선하여 최적 정책을 찾습니다. 예를 들어, 위에서 배운 몬테카를로 제어 방법은 정책 π를 사용하여 에피소드를 생성하므로 on-policy 몬테카를로 제어라고 할 수 있으며, 최적 정책을 계산하기 위해 모든 반복에서 동일한 정책을 개선합니다.

Off-policy 제어 : off-policy 제어 방법에서 에이전트는 하나의 정책 b를 사용하여 행동하고 다른 정책 π를 개선합니다. 즉, off-policy 방법에서는 하나의 정책을 사용하여 에피소드를 생성하고 다른 한 정책을 반복적으로 개선하여 최적 정책을 찾습니다.

다음 섹션에서 앞의 두 가지 제어 방법이 정확히 어떻게 작동하는지 배울 것입니다.

4.4.2 On-policy 몬테카를로

정책에 따른 몬테카를로 제어 방법에는 두 가지 유형이 있습니다.

- 몬테카를로 탐험 시작
- 엡실론-탐욕 정책 몬테카를로

4.4.2.1 몬테카를로 탐험 시작

몬테카를로 제어 방법이 어떻게 작동하는지 배웠습니다. 중요한 고려사항 중 한 가지는 탐험입니다. 상태에는 몇 가지 행동이 있을 수 있습니다. 일부 행동은 최적이고 다른 행동은 그렇지 않습니다. 행동이 최적인지 여부를 이해하려면 에이전트는 해당 행동을 수행하여 탐험해야 합니다. 에이전트가 상태에서 특정 행동을 탐험하지 않으면 좋은 행동인지 아닌지 알 수 없습니다. 즉, 충분한 탐험을 어떻게 보장할 수 있을까요? 몬테카를로 탐험 시작이 도움이 됩니다.

몬테카를로 탐험 시작 방법에서 모든 상태-행동 쌍을 초기 상태-행동 쌍이 될 확률이 0이 아닌 값으로 설정합니다. 따라서 에피소드를 생성하기 전에 먼저 초기 상태-행동 쌍을 무작위로 선택한 다음 정책에 따라 이 초기 상태-행동 쌍에서 시작하는 에피소드를 생성합니다. 그런 다음 모든 반복에서 정책이 탐욕스러운 정책으로 업데이트됩니다(최대 Q 값 선택, 자세한 내용은 엡실론-탐욕적 정책이 있는 몬테카를로의 다음 섹션 참조).

다음 단계는 몬테카를로 제어 탐험 시작 알고리즘을 보여줍니다. 몬테카를로 제어 알고리즘 섹션에서 이전에 배운 것과 본질적으로 동일하지만 여기서는 초기 상태-행동 쌍을 선택하고 굵은 점으로 표시된 것처럼 이 초기 상태-행동 쌍에서 시작하는 에피소드를 생성합니다.

1. total_return(s, a)을 여러 에피소드에 걸친 상태-행동 쌍 리턴의 합계라고 하고 N(s, a)을 카운터, 즉 여러 에피소드에 걸쳐 상태-행동 쌍을 방문한 횟수라고 해 봅시다. 모든 상태-행동 쌍에 대해 total_return(s, a) 및 N(s, a)을 0으로 초기화합니다. 무작위 정책 π를 초기화합니다.
2. M번의 반복에 대해 수행합니다.
   1. 모든 상태-행동 쌍이 0보다 큰 확률을 갖도록 초기 상태 s_0 및 초기 행동 s_0을 무작위로 선택합니다.
   2. 정책 π를 사용하여 에피소드 생성합니다.
   3. rewards라는 리스트에 에피소드에서 얻은 모든 보상을 저장합니다.
   4. 에피소드의 각 시간 단계 t에 대해 수행합니다.
      에피소드에서 (s_t,a_t)가 처음으로 발생하는 경우:
      1. 상태-행동 쌍의 리턴 $R(s_t,a_t)$=sum(rewards[t:])을 계산합니다.
      2. total_returns(s_t,a_t)=total_return(s_t,a_t)+R(s_t,a_t)로 상태-행동 쌍의 총 리턴을 업데이트합니다.
      3. N(s_t,a_t)=N(s_t,a_t)+1로 카운터를 업데이트합니다.
      4. 평균을 취하여 Q 값을 계산합니다.

$$Q(s_t, a_t) = \frac{\text{total\_return}(s_t, a_t)}{N(s_t, a_t)}$$

   5. Q 함수를 사용하여 새로 업데이트된 정책 P를 계산합니다.

$$\pi = \arg\max_a Q(s, a)$$

탐험 시작 방법의 주요 단점 중 하나는 모든 환경에 적용할 수 없다는 것입니다. 즉, 일부 환경에서는 초기 상태-행동 쌍으로 작동할 수 있는 상태-행동 쌍이 하나만 있을 수 있기 때문에 초기 상태-행동 쌍으로 무작위로 선택할 수 없습니다. 따라서 초기 상태-행동 쌍으로 상태-행동 쌍을 임의로 선택할 수 없습니다.

예를 들어 자동차 경주 게임을 하도록 에이전트를 훈련한다고 가정해보겠습니다. 초기 상태와 행동으로 고정된 단일 시작 상태와 행동이 있기 때문에 임의의 위치, 임의 행동으로 에피소드를 시작할 수 없습니다.

따라서 탐험 시작의 문제를 극복하기 위해 다음 섹션에서는 엡실론-탐욕적(epsilon-greedy) 정책이라는 새로운 유형의 정책을 사용하는 몬테카를로 제어 방법에 대해 학습합니다.

4.4.2.2 엡실론-탐욕 정책 몬테카를로

계속 진행하기 전에 먼저 강화 학습에서 엡실론-탐욕 정책에 대해 이해합시다.

먼저 탐욕 정책이 무엇인지 알아보겠습니다. 탐욕 정책은 현재 가능한 최선의 행동을 선택하는 정책입니다. 예를 들어, 어떤 상태 A에 있고 그 상태에서 네 가지 가능한 행동이 있다고 가정해 봅시다. 행동을 Up, Down, Left 및 Right으로 설정합니다. 에이전트가 상태 A에서 Up 및 Right의 두 가지 행동만 탐험했다고 가정해보겠습니다. 상태 A에서 위쪽 및 오른쪽 행동의 Q 값은 표 4.6에 나와 있습니다.

State	Action	total_return(s,a)	N(s,a)
s_0	0	4	2
s_0	1	2	2
s_1	0	2	2
s_1	1	2	1

표 4.6 에이전트는 상태 A에서 두 가지 행동만 탐험했습니다.

탐욕 정책이 현재 가능한 최선의 행동이라는 것을 배웠습니다. 그래서 탐욕 정책은 Q 테이블을 확인하고 상태 A에서 최대 Q 값을 갖는 행동을 선택합니다. 보시다시피 Up 행동은 최대 Q 값을 가집니다. 따라서 탐욕 정책은 상태 A에서 Up 행동을 선택합니다.

그러나 탐욕 정책의 한 가지 문제는 다른 가능한 행동을 탐험하지 않는다는 것입니다. 대신 항상 현재 사용 가능한 최상의 행동을 선택합니다. 앞의 예에서 탐욕 정책은 항상 Up 행동을 선택합니다. 그러나 에이전트가 아직 탐험하지 않은 Up 행동보다 더 최적일 수 있는 상태 A의 다른 행동이 있을 수 있습니다. 즉, 에이전트가 아직 탐험하지 않은 상태 A에서 두 가지 행동(Down 및 Left)이 더 있으며 이러한 행동이 Up 행동보다 더 최적일 수 있습니다.

따라서 이제 문제는 에이전트가 상태의 다른 모든 행동을 탐험하고 최대 Q 값을 가진 것으로 최상의 행동을 선택하거나 이미 탐험된 행동 중에서 최상의 행동을 활용해야 하는지 여부입니다. 이것을 **탐험-이용(exploration-exploitation) 딜레마**라고 합니다.

직장에서 집까지의 경로는 여러 가지가 있으며 지금까지 탐험한 경로는 두 가지뿐이라고 가정해보겠습니다. 따라서 집에 도착하기 위해 탐험한 두 경로 중에서 가장 빨리 집으로 데려다 주는 경로를 선택할 수 있습니다. 그러나 아직 탐험하지 않은 다른 경로가 있으며 현재 최적의 경로보다 더 나을 수 있습니다. 문제는 새로운 경로를 탐험해야 하는지(탐험) 아니면 항상 현재 최적의 경로를 사용해야 하는지(이용)입니다.

이러한 딜레마를 피하기 위해 우리는 엡실론-탐욕 정책(epsilon-greedy policy)이라는 새로운 정책을 도입합니다. 여기에서 모든 행동은 0이 아닌 확률(엡실론)로 시도됩니다. 확률 엡실론을 사용하여 무작위로 다른 행동을 탐험하고 확률 1-엡실론($1-\epsilon$)의 확률로으로 최대 Q 값을 갖는 행동을 선택합니다. 즉, 확률 엡실론으로 무작위 행동(탐험)을 선택하고 확률 $1-\epsilon$으로 최상의 행동(이용)을 선택합니다.

엡실론 탐욕 정책에서 엡실론 값을 0으로 하면 탐욕 정책(이용만)이 되고 엡실론 값을 1로 하면 항상 탐험만 하게 됩니다. 따라서 엡실론의 값은 0과 1 사이에서 최적으로 선택되어야 합니다.

엡실론 = 0.5로 설정했다고 가정해 보겠습니다. 그런 다음 균일 분포에서 난수를 생성하고 난수가 엡실론(0.5)보다 작으면 임의 행동(탐험)을 선택하지만 난수가 엡실론보다 크거나 같으면 최고의 행동(이용)을 선택합니다.

이런 식으로 확률 엡실론으로 전에 보지 못한 행동을 탐색하고 확률 1-엡실론으로 탐험된 행동 중에서 가장 좋은 행동을 선택합니다. 그림 4.22에서 볼 수 있듯이 균일 분포에서 생성한 난수가 엡실론보다 작으면 임의 행동을 선택합니다. 난수가 엡실론보다 크거나 같으면 최상의 행동을 선택합니다.

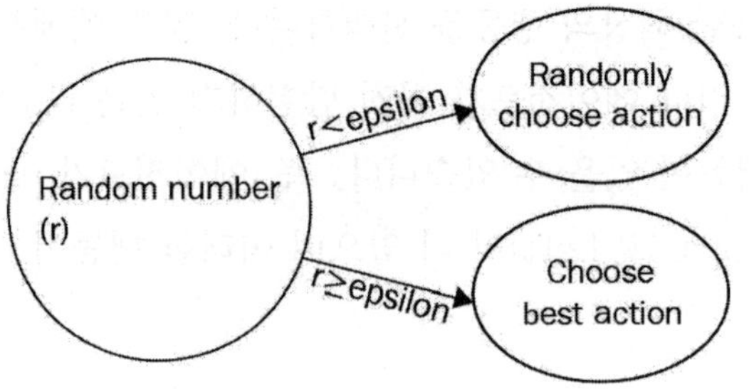

그림 4.22 엡실론 탐욕 정책

다음은 엡실론 탐욕 정책에 대한 Python 코드를 보여줍니다.

```
def epsilon_greedy_policy(state, epsilon):
    if random.uniform(0,1) < epsilon:
         return env.action_space.sample()
    else:
         return max(list(range(env.action_space.n)), key = lambda x:
q[(state,x)])
```

엡실론-탐욕 정책이 무엇인지, 탐험-이용 딜레마를 해결하기 위해 어떻게 사용되는지 이해했으므로 다음 섹션에서는 몬테카를로 제어 방법에서 엡실론-탐욕 정책을 사용하는 방법을 살펴보겠습니다.

엡실론-탐욕 정책을 사용한 몬테카를로 제어 알고리즘

엡실론-탐욕 정책을 사용한 몬테카를로 제어 알고리즘은 탐험-이용 딜레마를 피하기 위해 엡실론-탐욕 정책에 기반한 행동을 선택한다는 점을 제외하고는 앞서 배운 몬테카를로 제어 알고리즘과 본질적으로 동일합니다. 다음 단계는 엡실론-탐욕 정책을 사용하는 몬테카를로의 알고리즘을 보여줍니다.

1. total_return(s, a)을 여러 에피소드에 걸친 상태-행동 쌍 리턴의 합계라고 하고 N(s, a)을 카운터, 즉 여러 에피소드에 걸쳐 상태-행동 쌍을 방문한 횟수라고 해 봅시다. 모든 상태-행동 쌍에 대해 total_return(s, a) 및 N(s, a)을 0으로 초기화합니다. 무작위 정책 π를 초기화합니다.
2. M번의 반복에 대해 수행합니다.
    1. 정책 π를 사용하여 에피소드 생성합니다.
    2. rewards라는 리스트에 에피소드에서 얻은 모든 보상을 저장합니다.
    3. 에피소드의 각 시간 단계 t에 대해 수행합니다.

에피소드에서 (s_t, a_t)가 처음으로 발생하는 경우:

1. 상태-행동 쌍의 리턴 $R(s_t, a_t)$=sum(rewards[t:])을 계산합니다.
2. total_returns(s_t, a_t)=total_return(s_t, a_t)+R(s_t, a_t)로 상태-행동 쌍의 총 리턴을 업데이트합니다.
3. N(s_t, a_t)=N(s_t, a_t)+1로 카운터를 업데이트합니다.
4. 평균을 취하여 Q 값을 계산합니다.

$$Q(s_t, a_t) = \frac{\text{total\_return}(s_t, a_t)}{N(s_t, a_t)}$$

4. Q 함수를 사용하여 업데이트된 정책 π를 계산합니다. 정책 π는 $1-\epsilon$의 확률로 최상의 행동 A*를 선택하고 ϵ의 확률로 무작위 행동을 선택합니다.

모든 반복에서 정책 π를 사용하여 에피소드를 생성하고 최적의정책을 계산하기 위해 모든 반복에서 동일한 정책을 개선합니다.

4.4.2.3 On-policy 몬테카를로 제어 구현

이제 블랙잭 게임을 하기 위해 엡실론-탐욕 정책으로 몬테카를로 제어 방법을 구현하는 방법을 알아보겠습니다. 즉, 블랙잭 게임에서 최적 정책을 찾기 위해 몬테카를로 제어 방식을 사용하는 방법을 살펴보겠습니다.

먼저 필요한 라이브러리를 가져오겠습니다.

```
import gym
import pandas as pd
import random
from collections import defaultdict
```

블랙잭 환경을 만듭니다.

```
env = gym.make('Blackjack-v0')
```

Q 값을 저장하기 위해 사전을 초기화합니다.

```
Q = defaultdict(float)
```

상태-행동 쌍의 총 리턴을 저장하기 위해 사전을 초기화합니다.

```
total_return = defaultdict(float)
```

상태-행동 쌍을 방문한 횟수를 저장하기 위해 사전을 초기화합니다.

```
N = defaultdict(int)
```

엡실론-탐욕 정책 정의

엡실론-탐욕 정책을 기반으로 행동을 선택한다는 것을 배웠으므로 상태와 Q 값을 입력으로 받아 주어진 상태에서 수행할 행동을 반환하는 epsilon_greedy_policy라는 함수를 정의합니다.

```
def epsilon_greedy_policy(state,Q):
```

엡실론 값을 0.5로 설정합니다.

```
    epsilon = 0.5
```

균일 분포에서 무작위 값을 샘플링합니다. 샘플링된 값이 엡실론보다 작으면 무작위 행동을 선택하고, 그렇지 않으면 다음과 같이 최대 Q 값을 갖는 최상의 행동을 선택합니다.

```
    if random.uniform(0,1) < epsilon:
        return env.action_space.sample()
    else:
        return max(list(range(env.action_space.n)), key = lambda x:
Q[(state,x)])
```

에피소드 생성

이제 엡실론-탐욕 정책을 사용하여 에피소드를 생성해 보겠습니다. Q 값을 입력으로 받아 에피소드를 반환하는 generate_episode라는 함수를 정의합니다.

먼저 시간 단계 수를 설정합니다.

```
num_timesteps = 100
```

이제 함수를 정의해 보겠습니다.

```
def generate_episode(Q):
```

에피소드를 저장할 리스트를 초기화합니다.

```
    episode = []
```

reset 함수를 사용하여 상태를 초기화합니다.

```
    state = env.reset()
```

그런 다음 각 시간 단계에 대해 수행합니다.

```
    for t in range(num_timesteps):
```

엡실론-탐욕 정책에 따라 행동을 선택합니다.

```
        action = epsilon_greedy_policy(state,Q)
```

선택한 행동을 수행하고 다음 상태 정보를 저장합니다.

```
        next_state, reward, done, info = env.step(action)
```

에피소드 리스트에 상태, 행동 및 보상을 저장합니다.

```
        episode.append((state, action, reward))
```

다음 상태가 최종 상태이면 루프를 종료하고, 그렇지 않으면 다음 상태를 현재 상태로 업데이트합니다.

```
        if done:
            break

        state = next_state

    return episode
```

최적 정책 계산

이제 최적 정책을 계산하는 방법을 알아보겠습니다. 먼저 반복 횟수, 즉 생성하려는 에피소드 수를 설정합니다.

```
num_iterations = 500000
```

반복마다 수행합니다.

```
for i in range(num_iterations):
```

on-policy 제어 방법에서 어떤 정책도 입력으로 제공되지 않는다는 것을 배웠습니다. 따라서 첫 번째 반복에서 무작위 정책을 초기화하고 Q 값을 계산하여 정책을 반복적으로 개선합니다. Q 함수에서 정책을 추출하기 때문에 정책을 명시적으로 정의할 필요가 없습니다. Q 값이 향상되면 정책도 암시적으로 향상됩니다. 즉, 첫 번째 반복에서 초기화된 Q 함수에서 정책(엡실론-탐욕)을 추출하여 에피소드를 생성합니다. 일련의 반복을 통해 최적의 Q 함수를 찾고 따라서 최적 정책도 찾습니다.

여기서 에피소드를 생성하기 위해 초기화된 Q 함수를 전달합니다.

```
    episode = generate_episode(Q)
```

에피소드의 모든 상태-행동 쌍을 가져옵니다.

```
    all_state_action_pairs = [(s, a) for (s,a,r) in episode]
```

에피소드에서 얻은 모든 보상을 rewards 리스트에 저장합니다.

```
    rewards = [r for (s,a,r) in episode]
```

에피소드의 시간 단계마다 수행합니다.

```
    for t, (state, action,_) in enumerate(episode):
```

상태-행동 쌍이 에피소드에서 처음으로 발생하는 경우 수행합니다.

```
        if not (state, action) in all_state_action_pairs[0:t]:
```

상태-행동 쌍의 리턴 R을 보상의 합으로 계산합니다. R(s_t, a_t)=sum(rewards[t:]).

```
            R = sum(rewards[t:])
```

상태-행동 쌍의 총 리턴을 total_return(s_t, a_t)=total_return(s_t,a_t)+R(s_t, a_t)로 업데이트합니다.

```
            total_return[(state,action)] = total_return[(state,action)]
 + R
```

상태-행동 쌍을 방문한 횟수를 N(s_t, a_t)=N(s_t, a_t)+1로 업데이트합니다.

```
            N[(state, action)] += 1
```

평균을 취하여 Q 값을 계산합니다.

$$Q(s_t, a_t) = \frac{\text{total\_return}(s_t, a_t)}{N(s_t, a_t)}$$

```
            Q[(state,action)] = total_return[(state, action)] /
 N[(state, action)]
```

모든 반복에서 Q 값이 향상되고 정책도 향상됩니다.

모든 반복 후에 더 명확성을 위해 pandas 데이터 프레임에서 각 상태-행동 쌍의 Q 값을 볼 수 있습니다. 먼저 Q 값 사전을 pandas 데이터 프레임으로 변환해 보겠습니다.

```
df = pd.DataFrame(Q.items(),columns=['state_action pair','value'])
```

데이터 프레임의 처음 몇 행을 살펴보겠습니다.

```
df.head(11)
```

	state_action pair	value
0	((12, 10, False), 0)	-0.562372
1	((12, 10, False), 1)	-0.496164
2	((14, 3, True), 0)	-0.222222
3	((14, 3, True), 1)	0.086957
4	((19, 2, False), 0)	0.354545
5	((19, 2, False), 1)	-0.695122
6	((16, 10, False), 0)	-0.530662
7	((14, 5, False), 0)	-0.112782
8	((17, 9, True), 0)	-0.333333
9	((20, 9, False), 1)	-0.861789
10	((19, 10, False), 0)	-0.014479

그림 4.23 상태-행동 쌍의 Q 값

모든 상태-행동 쌍에 대한 Q 값이 있으므로, 이제 각 상태에서 최대 Q 값을 갖는 행동을 선택하여 정책을 추출할 수 있습니다. 예를 들어, 상태(21,8, True)에 있다고 가정해봅시다. 여기에서는 행동 0(Stand)을 수행하는 것이 더 합리적입니다. 카드 합계의 값은 이미 21이고 행동 1(Hit)을 수행하면 게임이 파산으로 이어지기 때문입니다.

확률로 인해 여기에 표시된 것과 다른 결과를 얻을 수 있습니다.

상태(21, 8, True)에 있는 모든 행동의 Q 값을 살펴보겠습니다.

```
df[124:126]
```

앞의 코드는 다음을 출력합니다.

	state_action pair	value
124	((21, 8, True), 0)	0.936782
125	((21, 8, True), 1)	-0.123077

그림 4.24 상태(21, 8, True)의 Q 값

볼 수 있듯이, 행동 1(Hit)이 아닌 행동 0(Stand)에 대한 최대 Q 값을 가지고 있습니다. 그래서 상태(21, 8, True)에서 행동 0을 수행합니다. 이와 유사하게 각 상태에서 최대 Q 값을 갖는 행동을 선택하여 정책을 추출할 수 있습니다.

다음 섹션에서는 두 가지 다른 정책을 사용하는 off-policy 정책 제어 방법에 대해 알아 보겠습니다.

4.4.3 Off-policy 몬테카를로 제어

Off-policy 몬테카를로는 또 다른 흥미로운 몬테카를로 제어 방법입니다. Off-policy 방법에서는 행동 정책과 타겟 정책이라는 두 가지 정책을 사용합니다. 이름에서 알 수 있듯이 행동 정책을 사용하여 행동(에피소드 생성)하고 타겟 정책을 개선합니다.

On-policy 방법에서는 정책 π를 사용하여 에피소드를 생성하고 동일한 정책 π를 반복적으로 개선하여 최적 정책을 찾습니다. 그러나 off-policy 방법에서는 행동 정책 b라는 정책을 사용하여 에피소드를 생성하고 타겟 정책 π를 반복적으로 개선합니다.

즉, on-policy 방법에서 에이전트가 정책 π를 사용하여 에피소드를 생성한다는 것을 배웠습니다. 그런 다음 에피소드의 각 단계에 대해 상태-행동 쌍의 리턴을 계산하고 Q 함수 $Q(s_t, a_t)$ 평균 리턴으로 이 Q 함수에서 새로운 정책 π를 추출합니다. 최적 정책 π를 찾기 위해 이 단계를 반복적으로 수행합니다.

그러나 off-policy 방식에서 에이전트는 행동 정책 b를 사용하여 에피소드를 생성합니다. 그런 다음 에피소드의 각 단계에 대해 상태-행동 쌍의 리턴을 계산하고 Q 함수 $Q(s_t, a_t)$를 평균 리턴으로 계산한 다음 이 Q 함수에서 타겟 정책 π라는 새 정책을 추출합니다. 이 단계를 반복하여 최적 타겟 정책 π를 찾습니다.

행동 정책은 일반적으로 엡실론-탐욕 정책으로 설정되므로 에이전트는 엡실론-탐욕 정책으로 환경을 탐색하고 에피소드를 생성합니다. 행동 정책과 달리 타겟 정책은 탐욕 정책으로 설정되어 타겟 정책은 항상 각 상태에서 최선의 행동을 선택합니다.

이제 off-policy 몬테카를 방법이 정확히 어떻게 작동하는지 이해해 봅시다. 먼저 임의의 값으로 Q 함수를 초기화합니다. 그런 다음 엡실론-탐욕 정책인 행동 정책을 사용하여 에피소드를 생성합니다. 즉, Q 함수에서 $1-\epsilon$의 확률로 최상의 행동(최대 Q 값을 갖는 행동)을 선택하고 ϵ의 확률로 무작위 행동을 선택합니다. 그런 다음 에피소드의 각 단계에 대해 상태-행동 쌍의 리턴을 계산하고 Q 함수 $Q(s_t, a_t)$를 평균 리턴으로 계산합니다. Q 함수를 계산하기 위해 산술 평균을 사용하는 대신 증분 평균을 사용할 수 있습니다. 다음과 같이 증분 평균을 사용하여 Q 함수를 계산할 수 있습니다.

$$Q(s_t, a_t) = Q(s_t, a_t) + \alpha(R_t - Q(s_t, a_t))$$

Q 함수를 계산한 후 다음과 같이 각 상태에서 최대 Q 값을 갖는 행동을 선택하여 타겟 정책 π를 추출합니다.

$$\pi(s_t) = \arg\max_a Q(s_t, a)$$

알고리즘은 다음과 같이 주어집니다.

1. Q 함수 Q(s, a)를 임의의 값으로 초기화하고 행동 정책 b를 엡실론-탐욕으로 설정하고 타겟 정책 π를 탐욕 정책으로 설정합니다.
2. M번의 에피소드에 대해 수행합니다.
   1. 행동 정책 b를 사용하여 에피소드를 생성합니다.
   2. 리턴 R을 0으로 설정합니다.
   3. 에피소드의 t에 대해 t=T-1, T-2, ..., 0 순으로 수행합니다.
      1. 리턴 R=R+γ_{t+1}을 계산합니다.
      2. Q값 $Q(s_t, a_t) = Q(s_t, a_t) + \alpha(R_t - Q(s_t, a_t))$를 계산합니다.
      3. 타겟 정책 $\pi(s_t) = \arg\max_a Q(s_t, a)$를 계산합니다.
3. 타겟 정책 π를 반환합니다.

앞의 알고리즘에서 볼 수 있듯이 먼저 모든 상태-행동 쌍의 Q 값을 임의의 값으로 설정한 다음 행동 정책을 사용하여 에피소드를 생성합니다. 그런 다음 에피소드의 각 단계에서 증분 평균을 사용하여 업데이트된 Q 함수(Q 값)를 계산한 다음 업데이트된 Q 함수에서 타겟 정책을 추출합니다. 모든 반복에서 Q 함수는 지속적으로 개선되고 있으며 Q 함수에서 타겟 정책을 추출하기 때문에 모든 반복에서 타겟 정책도 개선됩니다.

또한, off-policy 방식이므로 행동 정책을 사용하여 에피소드를 생성하지만 타겟 정책을 개선하기 위해 노력해야 합니다.

행동 정책이라는 다른 정책에 의해 생성된 에피소드를 기반으로 계산되는 Q 함수에서 타겟 정책을 찾기 때문에 타겟 정책이 정확하지 않습니다. 행동 정책과 타겟 정책의 분포가 다르기 때문입니다. 따라서 이를 수정하기 위해 중요도 샘플링(importance sampling)이라는 새로운 기법을 도입합니다. 이것은 다른 분포에서 표본이 주어졌을 때 한 분포의 값을 추정하는 기법입니다.

x의 값이 분포 p(x) (즉, x~p(x))에서 샘플링되는 함수 f(x)의 기대치를 계산하려고 한다고 가정해보겠습니다. 그러면 다음과 같이 작성할 수 있습니다.

$$\mathbb{E}_{x\sim p(s)}[f(x)] = \int_x p(x)f(x)dx$$

중요도 샘플링 방법을 사용하여 다른 분포 q(x)를 사용하여 기대치를 추정합니다. 즉, p(x)에서 x를 샘플링하는 대신 다음과 같이 다른 분포 q(x)를 사용합니다.

$$\mathbb{E}[f(x)] \approx \int_x f(x)\frac{p(x)}{q(x)}q(x)dx$$

$$\mathbb{E}[f(x)] \approx \frac{1}{N}\sum_i f(x_i)\frac{p(x_i)}{q(x_i)}$$

비율 $\frac{p(x)}{q(x)}$를 중요도 샘플링 비율 또는 중요도 보정이라고 합니다. 중요도 샘플링을 사용하면 중요도 샘플링 비율을 사용하여 다른 분포에서 샘플링하여 원하는 분포의 값을 추정할 수 있다는 것을 배웠습니다. Off-policy 제어에서는 중요도 샘플링 비율을 사용하여 행동 정책의 샘플(에피소드)로 타겟 정책을 추정할 수 있습니다.

중요도 샘플링에는 두 가지 유형이 있습니다.

- 일반 중요도 샘플링
- 가중 중요도 샘플링

일반 중요도 샘플링에서 중요도 샘플링 비율은 행동 정책 $\frac{\pi(a|s)}{b(a|s)}$에 대한 타겟 정책의 비율이고 가중 중요도 샘플링에서 중요도 샘플링 비율은 행동 정책 $w\frac{\pi(a|s)}{b(a|s)}$에 대한 타겟 정책의 가중 비율입니다.

이제 정책 외의 몬테카를로 방법에서 가중 중요도 샘플링을 사용하는 방법을 이해해보겠습니다. W를 가중치라고 하고 C(s_t, a_t)는 모든 에피소드에 대한 가중치의 누적 합계를 나타냅니다. 다음과 같이 증분 평균을 사용하여 Q 함수(Q 값)를 계산한다는 것을 배웠습니다.

$$Q(s_t, a_t) = Q(s_t, a_t) + \alpha(R_t - Q(s_t, a_t))$$

이제 다음과 같이 가중 중요도 샘플링을 사용하여 Q 함수 계산을 약간 수정합니다.

$$Q(s_t, a_t) = Q(s_t, a_t) + \frac{W}{C(s_t, a_t)}(R_t - Q(s_t, a_t))$$

Off-policy 몬테카를로 방법의 알고리즘은 다음과 같습니다. 먼저 행동 정책을 사용하여 에피소드를 생성한 다음 리턴 R을 0으로 초기화하고 가중치 W를 1로 초기화합니다. 그런 다음 에피소드의 모든 단계에서 리턴을 계산하고 누적 가중치를 C(s_t, a_t)=C(s_t, a_t)+W로 업데이트합니다. 누적 가중치를 업데이트한 후 Q 값을 $Q(s_t, a_t) = Q(s_t, a_t) + \frac{W}{C(s_t, a_t)}(R_t - Q(s_t, a_t))$로 업데이트합니다.

Q 값에서 타겟 정책을 $\pi(s_t) = \arg\max_a Q(s_t, a)$로 추출합니다. 행동 정책과 타겟 정책에 의해 주어진 행동이 동일하지 않으면 루프를 끊고 다음 에피소드를 생성합니다. 그렇지 않으면 가중치를 $W = W\frac{1}{b(a_t|s_t)}$로 업데이트합니다.

Off-policy 몬테카를로 방법의 전체 알고리즘은 다음과 같이 설명됩니다.

1. Q 함수 Q(s, a)를 임의의 값으로 초기화하고 행동 정책 b를 엡실론-탐욕으로 설정하고 타겟 정책 π를 탐욕 정책으로 설정합니다. 누적 가중치 C(s, a)를 0으로 초기화합니다.
2. M번의 에피소드에 대해 수행합니다.
    1. 행동 정책 b를 사용하여 에피소드를 생성합니다.
    2. 리턴 R을 0으로 설정하고 가중치 W를 1로 초기화합니다.
    3. 에피소드의 t에 대해 t = T−1, T−2, ..., 0 순으로 수행합니다.
        1. 리턴 R = R+γ_{t+1}을 계산합니다.
        2. 누적 가중치를 C(s_t, a_t)=C(s_t, a_t)+W로 업데이트합니다.
        3. Q값을 $Q(s_t, a_t) = Q(s_t, a_t) + \frac{W}{C(s_t, a_t)}(R_t - Q(s_t, a_t))$로 업데이트합니다.
        4. 타겟 정책을 $\pi(s_t) = \arg\max_a Q(s_t, a)$로 계산합니다.
        5. $a_t \neq \pi(s_t)$이면 루프를 종료합니다.
        6. 가중치를 $W = W\frac{1}{b(a_t|s_t)}$로 업데이트합니다.
3. 타겟 정책 π를 반환합니다.

4.5 몬테카를로 방법이 모든 작업에 적용될 수 있을까요?

몬테카를로가 모델이 없는 방법이므로 최적 정책을 찾기 위해 가치 함수와 Q 함수를 계산하기 위해 환경의 모델 역학이 필요하지 않다는 것을 배웠습니다. 몬테카를로 방법은 각각 상태의 평균 리턴과 상태-행동 쌍의 평균 리턴을 취하여 가치 함수와 Q 함수를 계산합니다.

그러나 몬테카를로 방법의 한 가지 문제는 에피소드 태스크에만 적용할 수 있다는 것입니다. 몬테카를로 방법에서 상태의 평균 리턴을 취하여 상태의 가치를 계산하고 그 리턴은 에피소드의 보상의 합이라는 것을 배웠습니다. 그러나 에피소드가 없는 경우, 즉 태스크가 연속 태스크(비에피소드 태스크)인 경우 몬테카를로 방법을 적용할 수 없습니다.

연속 태스크에서 환경의 모델 역학을 모를 때, 상태의 가치를 어떻게 계산할까요? 이때 시간차 학습이라는 또 다른 흥미로운 모델 없는 방법을 사용합니다. 다음 장에서는 시간차 학습이 어떻게 작동하는지 정확히 배워보겠습니다.

요약

몬테카를로 방법이 무엇인지 이해하는 것으로 이 장을 시작했습니다. 몬테카를로 방법에서 샘플링을 통해 확률 변수의 기대치를 근사하고 표본 크기가 클수록 근사치가 더 좋다는 것을 배웠습니다. 그런 다음 예측 및 제어 작업에 대해 배웠습니다. 예측 작업에서 가치 함수 또는 Q 함수를 예측하여 주어진 정책을 평가합니다. 이는 에이전트가 주어진 정책을 사용할 경우 얻을 것으로 예상되는 리턴을 이해하는 데 도움이 됩니다. 제어 작업에서 목표는 최적 정책을 찾는 것이며 어떠한 정책도 입력으로 제공되지 않으므로 무작위 정책을 초기화하는 것으로 시작하여 최적 정책을 반복적으로 찾습니다.

또한, 몬테카를로 방법을 사용하여 예측 작업을 수행하는 방법을 배웠습니다. 상태의 가치와 상태-행동 쌍의 가치는 각각 여러 에피소드에 걸쳐 상태의 평균 리턴과 상태-행동 쌍의 평균 리턴을 취함으로써 계산할 수 있다는 것을 배웠습니다.

그리고 첫 방문 몬테카를로 및 모든 방문 몬테카를로 방법에 대해 배웠습니다. 첫 방문 몬테카를로에서는 에피소드에서 해당 상태를 처음 방문했을 때만 리턴을 계산하고 모든 방문 몬테카를로에서는 에피소드에서 해당 상태를 방문할 때마다 리턴을 계산합니다.

다음으로 몬테카를로 방법을 사용하여 제어 작업을 수행하는 방법을 살펴보았습니다. On-policy 제어와 off-policy 제어의 두 가지 다른 유형의 제어 방법에 대해 배웠습니다.

On-policy 방법에서는 하나의 정책을 사용하여 에피소드를 생성하고 동일한 정책을 반복적으로 개선하여 최적 정책을 찾습니다. 먼저 모든 상태-행동 쌍의 탐험을 보장하기 위해 몬테카를로 제어 탐험 시작 방법에 대해 배웠습니다. 그리고 ϵ의 확률로 무작위 행동(탐험)을 선택하고 $1-\epsilon$의 확률로 최상의 행동(이용)을 선택하는 엡실론-탐욕 정책 몬테카를로 제어에 대해 배웠습니다.

장의 끝에서는 행동 정책으로 에피소드를 생성하고 타겟 정책으로 최적 정책을 찾는 off-policy 몬테카를로 제어 방법에 대해 논의했습니다.

평가

다음 질문에 답하여 몬테카를로 방법에 대한 지식을 평가해 보겠습니다.

1. 몬테카를로 방법이란 무엇인가요?
2. 몬테카를로 방법이 동적 계획법보다 선호되는 이유는 무엇인가요?
3. 예측 작업은 제어 작업과 어떻게 다른가요?
4. 몬테카를로 예측 방법은 가치 함수를 어떻게 예측하나요?
5. 첫 방문 몬테카를로와 모든 방문 몬테카를로의 차이점은 무엇인가요?
6. 증분 평균 업데이트를 사용하는 이유는 무엇인가요?
7. on-policy 제어는 off-policy 제어와 어떻게 다른가요?
8. 엡실론-탐욕 정책이란 무엇인가요?

5

Understanding Temporal Difference Learning

시간차 학습

시간차(Temporal difference, TD) 학습은 가장 널리 사용되는 모델 없는 방법 중 하나입니다. 그 이유는 TD 학습이 이전 장에서 다룬 동적 프로그래밍(dynamic programming, DP) 방법과 몬테카를로(Monte Carlo, MC) 방법의 장점을 모두 갖기 때문입니다.

TD 학습이 DP 및 MC 방법에 비해 얼마나 유익한지 이해하는 것으로 이 장을 시작할 것입니다. 그 후에 TD 학습을 사용하여 예측 작업을 수행하는 방법을 배웁니다. 또, SARSA라는 on-policy TD 제어 방법과 Q 학습이라는 off-policy TD 제어 방법을 사용하여 TD 제어 작업을 수행하는 방법을 배웁니다.

또한 SARSA 및 Q 학습 방법을 사용하여 Frozen Lake 환경에서 최적 정책을 찾는 방법을 학습합니다. 장의 끝에서는 DP, MC 및 TD 방법을 비교할 것입니다.

따라서 이 장에서는 다음 주제들에 대해 학습합니다.

- TD 학습
- TD 예측 방법
- TD 제어 방법
- On-policy TD 제어 - SARSA
- Off-policy TD 제어 - Q 학습
- 최적 정책을 찾기 위한 SARSA 및 Q 학습 구현
- Q 학습과 SARSA의 차이점
- DP, MC 및 TD 방법 비교

5.1 TD 학습

TD 학습 알고리즘은 1988년 Richard S. Sutton에 의해 소개되었습니다. 이 장의 소개에서 TD 방법이 대중화된 이유는 DP와 MC 방법의 장점을 결합하기 때문임을 배웠습니다. 그러나 그로부터 얻을 수 있는 이점은 무엇일까요?

먼저 DP와 MC 방법의 장단점을 빠르게 요약해 보겠습니다.

동적 프로그래밍 - DP 방법의 장점은 벨만 방정식을 사용하여 상태 가치를 계산한다는 것입니다. 즉, 벨만 방정식에 따르면 상태의 가치는 즉각적인 보상과 다음 상태의 감가된 값의 합으로 얻을 수 있음을 배웠습니다. 이것을 부트스트래핑(bootstrapping)이라고 합니다. 즉, 상태 가치를 계산하기 위해 에피소드가 끝날 때까지 기다릴 필요가 없으며 대신 벨만 방정식을 사용하여 다음 상태 가치를 기반으로 상태 가치를 추정할 수 있습니다.

DP 방법(가치 반복 및 정책 반복)에서 가치 함수를 추정한 방법을 기억하십니까? 가치 함수(상태의 가치)를 다음과 같이 추정했습니다.

$$V(s) = \sum_{s'} P_{ss'}^{a}[R_{ss'}^{a} + \gamma V(s')]$$

상태의 가치를 찾기 위해 에피소드가 끝날 때까지 기다릴 필요가 없다는 것을 배웠습니다. 대신 부트스트랩, 즉 다음 상태 $V(s')$의 가치를 추정하여 현재 상태 $V(s)$의 가치를 추정합니다.

그러나 DP의 단점은 환경의 모델 역학을 알아야만 DP 방법을 적용할 수 있다는 것입니다. 즉, DP는 모델 기반 방법이며 이를 사용하기 위해서는 전이 확률을 알아야 합니다. 환경의 모델 역학을 모르면 DP 방법을 적용할 수 없습니다.

몬테카를로 방법 : MC 방법의 장점은 모델이 없는 방법이라는 것입니다. 즉, 가치와 Q 함수를 추정하기 위해 환경의 모델 역학을 알 필요가 없습니다.

그러나 MC 방법의 단점은 상태 가치나 Q 값을 추정하기 위해서는 에피소드가 끝날 때까지 기다려야 하고, 에피소드가 길면 시간이 많이 소요된다는 것입니다. 또한 연속 태스크(비에피소드 태스크)에는 MC 방법을 적용할 수 없습니다.

이제 TD 학습으로 돌아가 보겠습니다. TD 학습 알고리즘은 DP 및 MC 방법의 장점을 취합니다. 그래서 DP와 마찬가지로 에피소드가 끝날 때까지 기다리지 않고 상태 가치나 Q 값을 계산할 수 있도록 부트스트래핑을 하고, MC 방식과 마찬가지로 모델 없는 방식이므로 상태 가치 또는 Q 값을 계산하기 위해 환경의 모델 역학이 필요하지 않습니다. 이제 TD 학습 알고리즘의 기본 아이디어를 얻었으므로 세부 사항으로 들어가 정확히 어떻게 작동하는지 알아보겠습니다.

4장 몬테카를로 방법에서 배운 것과 유사하게 예측 및 제어 작업 모두에 TD 학습 알고리즘을 사용할 수 있으므로 TD 학습을 다음과 같이 분류할 수 있습니다.

- TD 예측
- TD 제어

이전 장에서 예측 및 제어 방법이 의미하는 바를 배웠습니다. 계속 진행하기 전에 간단히 요약해 보겠습니다.

예측 방법에서는 정책이 입력으로 주어지고 주어진 정책을 사용하여 가치 함수 또는 Q 함수를 예측합니다. 주어진 정책을 사용하여 가치 함수를 예측하면 에이전트가 주어진 정책을 사용하는 경우 각 상태에 있는 에이전트가 얼마나 좋은지 말할 수 있습니다. 즉, 에이전트가 주어진 정책에 따라 행동하는 경우 각 상태에서 에이전트가 얻을 수 있는 예상 리턴을 구할 수 있습니다.

제어 방법에서는 정책이 입력으로 제공되지 않으며 제어 방법의 목표는 최적 정책을 찾는 것입니다. 따라서 무작위 정책을 초기화한 다음 반복적으로 최적 정책을 찾습니다.

즉, 최대 리턴을 제공하는 최적 정책을 찾습니다.

먼저 TD 학습을 사용하여 예측 작업을 수행하는 방법을 살펴보고 제어 작업에 TD 학습을 사용하는 방법을 알아보겠습니다.

5.2 TD 예측

TD 예측 방법에서는 정책이 입력으로 주어지고 주어진 정책을 사용하여 가치 함수를 추정합니다. TD 학습은 DP와 같은 부트스트랩이므로 에피소드가 끝날 때까지 기다릴 필요가 없으며 MC 방법과 마찬가지로 가치 함수 또는 Q 함수를 계산하기 위해 환경의 모델 역학이 필요하지 않습니다. 이제 앞의 장점을 고려하여 TD 학습의 업데이트 규칙이 어떻게 설계되었는지 봅시다.

MC 방법에서 리턴을 취함으로써 상태의 가치를 추정합니다.

$$V(s) \approx R(s)$$

그러나 단일 리턴 값은 상태 가치를 완벽하게 근사할 수 없습니다. 따라서 N개의 에피소드를 생성하고 N개의 에피소드에 걸친 상태의 평균 리턴으로 상태 가치를 계산합니다.

$$V(s) \approx \frac{1}{N}\sum_{i=1}^{N} R_i(s)$$

하지만 MC 방식의 경우 상태 가치를 계산하기 위해 에피소드가 끝날 때까지 기다려야 하고 에피소드가 길면 시간이 많이 걸립니다. MC 방법의 또 다른 문제는 비에피소드 태스크(연속 태스크)에 적용할 수 없다는 것입니다.

따라서 TD 학습에서는 부트스트랩을 사용하고 상태 가치를 다음과 같이 추정합니다.

$$V(s) \approx r + \gamma V(s')$$

앞의 방정식은 즉각적인 보상 r과 다음 상태 $\gamma V(s')$의 감가된 가치만 취함으로써 상태의 가치를 추정할 수 있음을 알려줍니다. 앞의 방정식에서 알 수 있듯이 DP 방법(가치 반복 및 정책 반복)에서 배운 것과 유사하게 부트스트랩을 수행하지만 여기서는 모델 역학을 알 필요가 없습니다.

따라서 TD 학습을 사용하여 상태 가치는 다음과 같이 근사됩니다.

$$V(s) \approx r + \gamma V(s')$$

그러나 RV의 단일 가치는 상태 가치를 완벽하게 근사할 수 없습니다. 그래서 평균값을 취할 수 있고 산술 평균을 취하는 대신에 증분 평균을 사용할 수 있습니다.

MC 방법에서 증분 평균을 사용하여 상태 가치를 추정하는 방법을 배웠고 다음과 같이 주어집니다.

$$V(s) = V(s) + \alpha(R - V(s))$$

마찬가지로 TD 학습에서 다음과 같이 증분 평균을 사용하고 상태 가치를 추정할 수 있습니다.

$$V(s) = V(s) + \alpha(r + \gamma V(s') - V(s))$$

이 방정식을 TD 학습 업데이트 규칙이라고 합니다. 볼 수 있듯이 TD 학습과 MC 방법의 유일한 차이점은 상태 가치를 계산하기 위해 MC 방법에서는 완전한 에피소드를 사용하여 계산되는 전체 리턴 R을 사용하는 반면 TD에서는 부트스트랩 추정값 $r + \gamma V(s')$를 사용하여 상태 가치를 계산하기 위해 에피소드가 끝날 때까지 기다릴 필요가 없습니다. 따라서 TD 학습을 비에피소드 태스크에도 적용할 수 있습니다. 다음은 MC 방법과 TD 학습의 차이점을 보여줍니다.

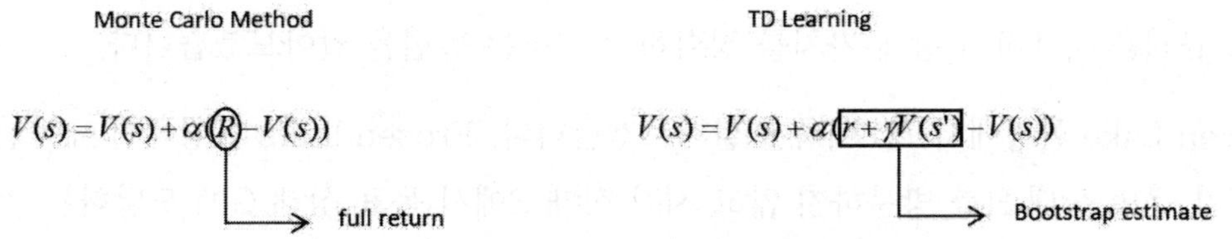

그림 5.1 MC와 TD 학습의 비교

따라서 TD 학습 업데이트 규칙은 다음과 같습니다.

$$V(s) = V(s) + \alpha(r + \gamma V(s') - V(s))$$

$r + \gamma V(s')$이 상태 V(s)의 가치 추정치라는 것을 배웠습니다. 따라서 $r + \gamma V(s')$을 TD 타겟이라고 부를 수 있습니다. 따라서 $r + \gamma V(s')$에서 V(s)를 빼는 것은 목표 값에서 예

측 값을 빼는 것을 의미하며, 이를 일반적으로 TD 오차라고 합니다. α는 기본적으로 단계 크기라고도 하는 학습률입니다.

TD 학습 업데이트 규칙은 기본적으로 다음을 의미합니다.

Value of a state = value of a state + learning rate(reward + discount factor(value of next state) − value of a state)

이제 TD 학습 업데이트 규칙과 TD 학습을 사용하여 상태 가치를 추정하는 방법을 살펴보았으므로 다음 섹션에서는 TD 예측 알고리즘을 살펴보고 TD 학습 방법을 더 명확하게 이해할 것입니다.

5.2.1 TD 예측 알고리즘

예측 작업에서 주어진 정책을 사용하여 가치 함수를 추정한다는 것을 배웠습니다. 따라서 에이전트가 주어진 정책에 따라 행동하면 각 상태에서 에이전트가 얻을 수 있는 기대 리턴을 구할 수 있습니다.

TD 학습 업데이트 규칙이 다음과 같이 주어집니다.

$$V(s) = V(s) + \alpha(r + \gamma V(s') - V(s))$$

따라서 이 방정식을 사용하여 주어진 정책의 가치 함수를 추정할 수 있습니다.

알고리즘을 직접 살펴보기 전에 이해를 돕기 위해 먼저 수동으로 계산하여 TD 학습 업데이트 규칙을 사용하여 상태 가치를 정확히 추정하는 방법을 알아보겠습니다.

Frozen Lake 환경에서 TD 예측을 살펴보겠습니다. Frozen Lake 환경에서 에이전트의 목표가 구멍 상태 H를 방문하지 않고 시작 상태 S에서 목표 상태 G에 도달하는 것임을 배웠습니다. 에이전트가 상태 G를 방문하면 보상 1을 받고 다른 상태를 방문하면 보상을 0으로 받습니다. 그림 5.2는 Frozen Lake 환경을 보여줍니다.

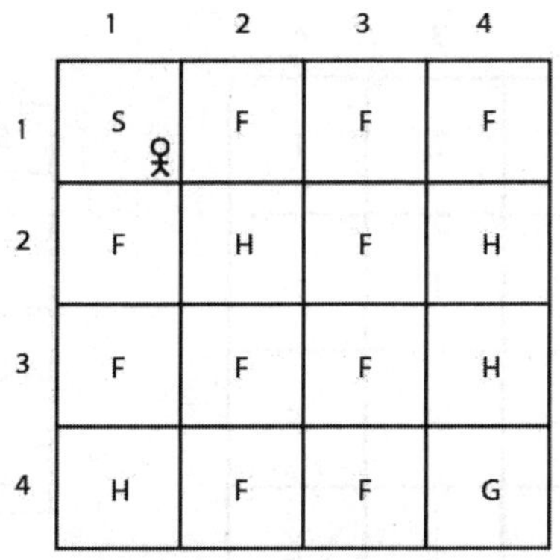

그림 5.2 Frozen Lake 환경

행동 공간에는 [up, down, left, right]의 4가지 동작이 있고 S부터 G까지 16개의 상태가 있습니다. 상태와 행동을 숫자로 인코딩하는 대신 이해를 쉽게 하기 위해 그대로 두겠습니다. 즉, [up, down, left, right] 문자열로 각 행동을 표시하고 그리드에서의 위치로 각 상태를 표시합시다. 즉, 첫 번째 상태 S는 (1,1)로 표시되고 두 번째 상태 F는 (1,2)로 표시되는 식으로 마지막 상태 G는 (4,4)로 표시됩니다.

이제 Frozen Lake 환경에서 TD 예측을 수행하는 방법을 알아보겠습니다. TD 예측 방법에서 정책이 주어지고 주어진 정책을 사용하여 가치 함수(상태 가치)를 예측한다는 것을 알고 있습니다. 다음과 같은 정책이 주어졌다고 가정해봅시다. 기본적으로 각 상태에서 수행할 행동을 알 수 있습니다.

State	Action
(1,1)	Right
(1,2)	Right
(1,3)	Left
⋮	⋮
(4,4)	Down

표 5.1 정책

이제 TD 학습 방법을 사용하여 이 정책의 가치 함수를 추정하는 방법을 살펴보겠습니다. 계속하기 전에 먼저 다음과 같이 모든 상태의 가치를 임의의 값으로 초기화합니다.

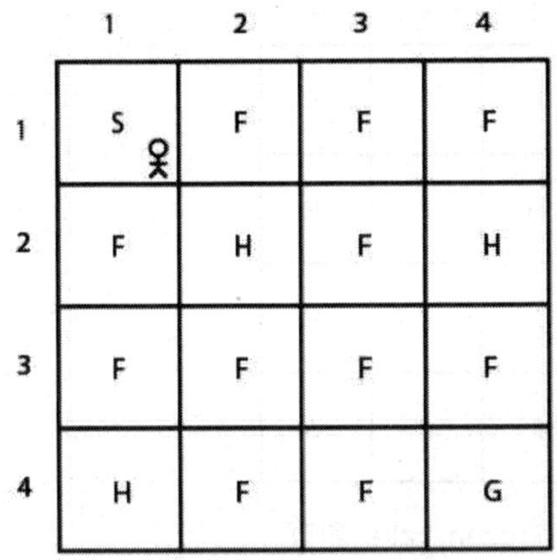

State	Value
(1,1)	0.9
(1,2)	0.6
(1,3)	0.8
⋮	⋮
(4,4)	0.7

그림 5.3 임의의 값으로 상태 가치 초기화

에이전트가 상태(1,1)에 있고 주어진 정책에 따라 올바른 행동을 취하고 다음 상태(1,2)로 이동하며 보상 r을 0이라고 가정하겠습니다. 학습률을 0.1로 유지하고 이 섹션 전체에서 감가율을 1로 지정합니다. 이제 상태 가치를 어떻게 업데이트할 수 있을까요?

TD 업데이트 방정식을 기억해보겠습니다.

$$V(s) = V(s) + \alpha(r + \gamma V(s') - V(s))$$

앞의 방정식에서 상태 $V(s)$의 값을 V(1,1)로, 다음 상태 $V(s')$를 V(1,2)로 대입하면 다음과 같이 쓸 수 있습니다.

$$V(1,1) = V(1,1) + \alpha(r + \gamma V(1,2) - V(1,1))$$

보상 $r=0$, 학습률 α=0.1, 감가율 γ=1을 대입하면 다음과 같이 쓸 수 있습니다.

$$V(1,1) = V(1,1) + 0.1(0 + 1 \times V(1,2) - V(1,1))$$

앞에서 보여준 가치 테이블에서 상태 가치를 얻을 수 있습니다. 즉, 앞의 가치 테이블에서 상태(1,1)의 가치는 0.9이고 다음 상태(1,2)의 가치는 0.6임을 알 수 있습니다. 앞의 방정식에서 이러한 값을 대입하면 다음과 같이 쓸 수 있습니다.

$$V(1,1) = 0.9 + 0.1(0 + 1 \times 0.6 - 0.9)$$

따라서 상태(1,1)의 가치는 다음과 같습니다.

$$V(1,1) = 0.87$$

따라서 그림 5.4에서 볼 수 있듯이 가치 테이블에서 상태(1,1)의 가치를 0.87로 업데이트합니다.

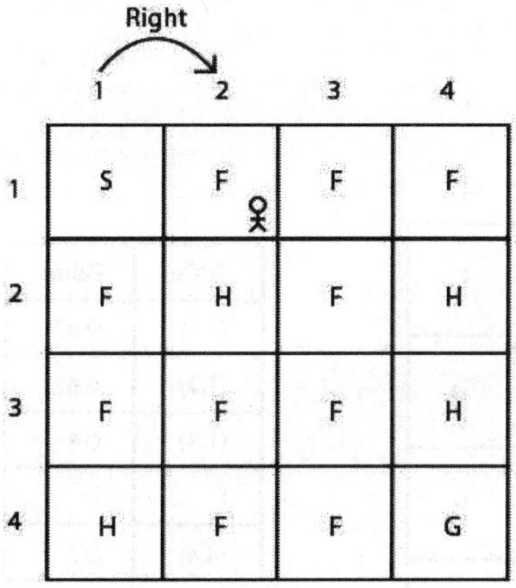

State	Value
(1,1)	0.87
(1,2)	0.6
(1,3)	0.8
⋮	⋮
(4,4)	0.7

그림 5.4 The value of state (1,1) is updated

그림 5.4 상태(1,1)의 가치가 업데이트됩니다.

이제 에이전트는 상태(1,2)에 있습니다. 상태(1,2)에서 주어진 정책에 따라 올바른 행동을 선택하고 다음 상태(1,3)로 이동하고 보상 r로 0을 받습니다. 상태 가치를 다음과 같이 계산할 수 있습니다.

$$V(s) = V(s) + \alpha(r + \gamma V(s') - V(s))$$

상태 V(s)의 값을 V(1,2)로, 다음 상태 $V(s')$를 V(1,3)으로 대입하면 다음과 같이 쓸 수 있습니다.

$$V(1,2) = V(1,2) + \alpha(r + \gamma V(1,3) - V(1,2))$$

보상 r=0, 학습률 α=0.1, 감가율 γ=1을 대입하면 다음과 같이 쓸 수 있습니다.

$$V(1,2) = V(1,2) + 0.1(0 + 1 \times V(1,3) - V(1,2))$$

앞의 가치 테이블에서 상태(1,2)의 가치가 0.6이고 다음 상태(1,3)의 가치가 0.8임을 알 수 있으므로 다음과 같이 작성할 수 있습니다.

$$V(1,2) = 0.6 + 0.1(0 + 1 \times 0.8 - 0.6)$$

따라서 상태(1,2)의 가치는 다음과 같습니다.

$$V(1,2)=0.62$$

따라서 그림 5.5에서 볼 수 있듯이 가치 테이블에서 상태(1,2)의 가치를 0.62로 업데이트합니다.

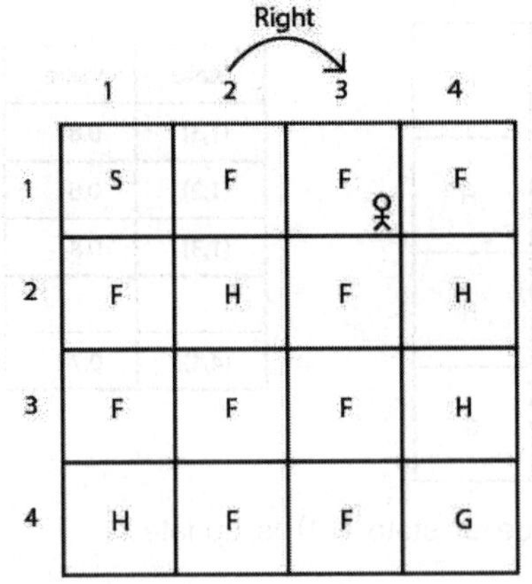

State	Value
(1,1)	0.87
(1,2)	**0.62**
(1,3)	0.8
⋮	⋮
(4,4)	0.7

그림 5.5 상태(1,2)의 가치가 업데이트됩니다.

이제 에이전트는 상태(1,3)에 있습니다. 정책에 따라 left 행동을 선택하고 다음 상태(1,2)로 이동하고 보상 r로 0을 받습니다. 상태 가치를 다음과 같이 계산할 수 있습니다.

$$V(s)=V(s)+\alpha(r+\gamma V(s')-V(s))$$

상태 V(s)의 값을 V(1,3)으로 대입하고 다음 상태 $V(s')$를 V(1,2)로 대입하면 다음과 같습니다.

$$V(1,3)=V(1,3)+\alpha(r+\gamma V(1,2)-V(1,3))$$

보상 r=0, 학습률 α=0.1, 감가율 γ=1을 대입하면 다음과 같이 쓸 수 있습니다.

$$V(1,3)=V(1,3)+0.1(0+1\times V(1,2)-V(1,3))$$

모든 단계에서 업데이트된 가치를 사용합니다. 즉, 이전 가치 테이블에 표시된 것처럼 이전 단계에서 상태(1,2)의 가치가 0.62로 업데이트됩니다. 따라서 V(1,2)를 0.62로, V(1,3)을 0.8로 대체합니다.

$$V(1,3)=0.8+0.1(0+1\times0.62-0.8)$$

따라서 상태(1,3)의 가치는 다음과 같습니다.

$$V(1,3) = 0.782$$

따라서 그림 5.6에서 볼 수 있듯이 가치 테이블에서 상태(1,3)의 가치를 0.782로 업데이트합니다.

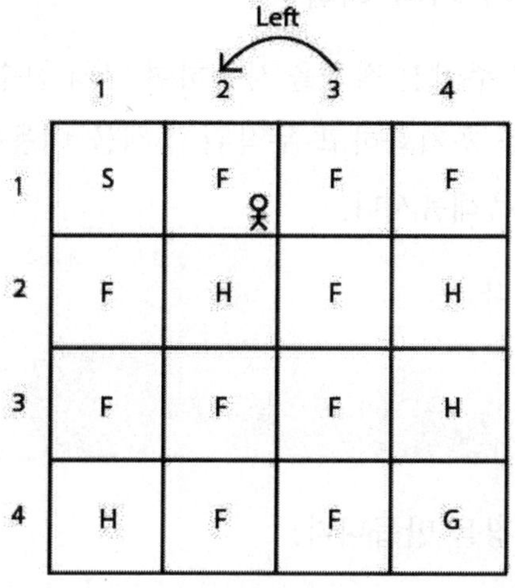

State	Value
(1,1)	0.87
(1,2)	0.62
(1,3)	**0.782**
⋮	⋮
(4,4)	0.7

그림 5.6 상태(1,3)의 가치가 업데이트됩니다.

따라서 이러한 방식으로 주어진 정책을 사용하여 모든 상태의 가치를 계산합니다. 그러나 한 에피소드에 대한 상태 가치를 계산하는 것은 정확하지 않습니다. 따라서 여러 에피소드에 대해 이 단계를 반복하고 상태 가치(가치 함수)의 정확한 추정치를 계산합니다.

TD 예측 알고리즘은 다음과 같습니다.

1. 임의의 값으로 가치 함수 $V(s)$를 초기화하고 정책 π가 주어집니다.
2. 에피소드마다 수행합니다.
    1. 상태 s를 초기화합니다.
    2. 시간 단계마다 수행합니다.
        1. 주어진 정책 P에 따라 상태 s'에서 행동 a를 수행하고 보상 r을 받고 다음 상태 s'로 이동합니다.
        2. 상태 가치를 $V(s) = V(s) + \alpha(r + \gamma V(s') - V(s))$로 업데이트
        3. $s = s'$로 업데이트 합니다(이것은 다음 상태 s'를 현재 상태 s로 변경한다는 것을 의미합니다).
        4. s'가 종료 상태가 아니면 1~4단계를 반복합니다.

이제 TD 예측 방법으로 주어진 정책의 가치 함수를 예측하는 방법을 배웠으므로 다음 섹션에서는 Frozen Lake 환경에서 상태 가치를 예측하는 TD 예측 방법을 구현하는 방법을 알아보겠습니다.

5.2.1.1 Frozen Lake 환경에서 상태의 가치 예측

예측 방법에서 정책이 입력으로 주어지고 주어진 정책을 사용하여 가치 함수를 예측한다는 것을 배웠습니다. 이제 무작위 정책을 초기화하고 무작위 정책을 이용하여 Frozen Lake 환경의 가치 함수(상태 가치)를 예측해봅시다.

먼저 필요한 라이브러리를 가져오겠습니다.

```
import gym
import pandas as pd
```

이제 Gym을 사용하여 Frozen Lake 환경을 만듭니다.

```
env = gym.make('FrozenLake-v0')
```

행동 공간에서 샘플링하여 무작위 행동을 반환하는 무작위 정책을 정의합니다.

```
def random_policy():
    return env.action_space.sample()
```

상태 가치를 저장하기 위한 사전을 정의하고 모든 상태 가치를 0.0으로 초기화합니다.

```
V = {}
for s in range(env.observation_space.n):
    V[s]=0.0
```

감가율과 학습률을 초기화합니다.

```
alpha = 0.85
gamma = 0.90
```

에피소드 수와 각 에피소드의 시간 단계 수를 설정합니다.

```
num_episodes = 50000
num_timesteps = 1000
```

상태 가치 계산

이제 주어진 랜덤 정책을 사용하여 가치 함수(상태 가치)를 계산해 보겠습니다.

에피소드마다 수행합니다.

```
for i in range(num_episodes):
```

환경을 재설정하여 상태를 초기화합니다.

```
    s = env.reset()
```

시간 단계마다 수행합니다.

```
    for t in range(num_timesteps):
```

무작위 정책에 따라 행동을 선택합니다.

```
        a = random_policy()
```

선택한 행동을 수행하고 다음 상태 정보를 저장합니다.

```
        s_, r, done, _ = env.step(a)
```

상태 가치를 로 $V(s) = V(s) + \alpha(r + \gamma V(s') - V(s))$로 계산합니다.

```
        V[s] += alpha * (r + gamma * V[s_]-V[s])
```

다음 상태를 현재 상태 $s = s'$로 업데이트합니다.

```
        s = s_
```

현재 상태가 종료 상태이면 중단합니다.

```
        if done:
            break
```

모든 반복 후에 주어진 무작위 정책에 따라 모든 상태의 가치를 갖게 됩니다.

상태 가치 평가

이제 가치 함수(상태 가치)를 평가해 보겠습니다. 먼저, 보다 명확하게 하기 위해 가치 사전을 pandas 데이터 프레임으로 변환해 보겠습니다.

```
df = pd.DataFrame(list(V.items()), columns=['state', 'value'])
```

상태 가치를 확인하기 전에 Gym에서 Frozen Lake 환경의 모든 상태가 숫자로 인코딩된다는 점을 기억합시다. 16개의 상태가 있으므로 모든 상태는 그림 5.7과 같이 0에서 15까지의 숫자로 인코딩됩니다.

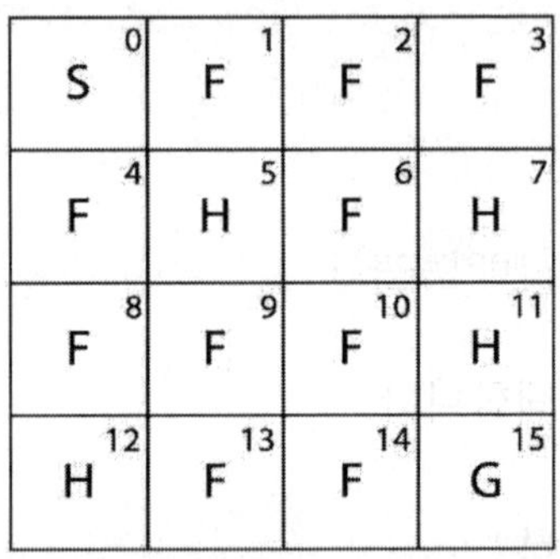

그림 5.7 숫자로 인코딩된 상태

이제 상태 가치를 확인하겠습니다.

```
df
```

앞의 코드는 다음을 출력합니다.

	state	value
0	0	0.1241807
1	1	0.0024911
2	2	0.0001897
3	3	0.0000000
4	4	0.0242708
5	5	0.0000000
6	6	0.0008208
7	7	0.0000000
8	8	0.1605379
9	9	0.0230677
10	10	0.0035581
11	11	0.0000000
12	12	0.0000000
13	13	0.4063436
14	14	0.8770302
15	15	0.0000000

그림 5.8 가치 테이블

이제 모든 상태의 가치가 있습니다. 상태 14의 가치는 상태 14에서 목표 상태 15에 쉽게 도달할 수 있기 때문에 높고 또한 보시다시피 모든 종료 상태(구멍 상태 및 목표 상태)의 가치가 0입니다.

무작위 정책으로 초기화했기 때문에 이전 코드를 실행할 때마다 다양한 결과를 얻을 수 있습니다.

이제 예측 작업에 TD 학습을 사용하는 방법을 이해했으므로 다음 섹션에서는 제어 작업에 TD 학습을 사용하는 방법을 배워보겠습니다.

5.3 TD 제어

제어 방법에서 목표는 최적 정책을 찾는 것이므로 초기 무작위 정책으로 시작한 다음 반복적으로 최적 정책을 찾습니다. 이전 장에서 제어 방법이 두 가지 범주로 분류될 수 있음을 배웠습니다.

- On-policy 제어
- Off-policy 제어

이전 장에서 on-policy 및 off-policy 제어가 무엇을 의미하는지 배웠습니다. 계속하기 전에 간단히 요약해 보겠습니다. On-policy 제어에서 에이전트는 하나의 정책을 사용하여 동작하고 동일한 정책을 개선하려고 합니다. 즉, on-policy 방식에서는 하나의 정책을 사용하여 에피소드를 생성하고 동일한 정책을 반복적으로 개선하여 최적 정책을 찾습니다. Off-policy 제어 방식에서 에이전트는 하나의 정책을 사용하여 행동하고 다른 정책을 개선하려고 합니다. 즉, off-policy 방식에서는 하나의 정책을 사용하여 에피소드를 생성하고 다른 정책을 반복적으로 개선하여 최적 정책을 찾습니다.

이제 TD 학습을 사용하여 제어 작업을 수행하는 방법을 배웁니다. 먼저 on-policy TD 제어를 수행하는 방법을 배운 다음 off-policy TD 제어에 대해 알아봅시다.

5.3.1 On-policy TD 제어 - SARSA

이 섹션에서는 State-Action-Reward-State-Action을 나타내는 SARSA라고 하는 인기 있는 on-policy TD 제어 알고리즘을 살펴보겠습니다. TD 제어에서 목표는 최적 정책을 찾는 것입니다. 정책은 Q 함수에서 추출할 수 있습니다. 즉, 일단 Q 함수가 있으면 각 상태에서 최대 Q 값을 갖는 행동을 선택하여 정책을 추출할 수 있습니다.

TD 학습에서 Q 함수를 어떻게 계산할 수 있을까요? 먼저 TD 학습에서 가치 함수는 다음과 같이 계산됩니다.

$$V(s) = V(s) + \alpha(r + \gamma V(s') - V(s))$$

이 업데이트 규칙을 Q 함수와 관련하여 다음과 같이 다시 작성할 수 있습니다.

$$Q(s,a) = Q(s,a) + \alpha(r + \gamma Q(s',a') - Q(s,a))$$

이제 앞의 TD 학습 업데이트 규칙을 사용하여 Q 함수를 계산한 다음 정책을 추출합니다. 이전 업데이트 규칙을 SARSA 업데이트 규칙이라고 부를 수도 있습니다.

예측 방법에서는 정책을 입력으로 받았으므로 해당 정책을 사용하여 환경에서 행동하고 가치 함수를 계산했습니다. 그러나 여기에는 정책이 입력되지 않습니다. 그렇다면 환경에서 어떻게 행동할 수 있을까요?

먼저 무작위 값이나 0으로 Q 함수를 초기화합니다. 그런 다음 무작위로 초기화된 이 Q 함수에서 정책을 추출하여 환경에서 행동합니다. 초기 정책은 무작위로 초기화된 Q 함수에서 추출되기 때문에 확실히 최적이 아닐 것이지만, 매 에피소드마다 Q 함수(Q 값)를 업데이트할 것입니다. 따라서 모든 에피소드를 거쳐 업데이트된 Q 함수를 사용하여 새 정책을 추출할 수 있습니다. 따라서 일련의 에피소드 후에 최적 정책을 얻을 것입니다.

한 가지 중요한 점은 SARSA 방식에서 정책을 탐욕스럽게 실행하는 대신 엡실론-탐욕적 정책을 사용한다는 것입니다. 즉, 탐욕적 정책에서는 항상 최대 Q 값을 갖는 행동을 선택합니다. 그러나 엡실론-탐욕적 정책에서는 확률 엡실론으로 무작위 행동을 선택하고 확률 1-엡실론으로 최상의 행동(최대 Q 값을 갖는 행동)을 선택합니다.

알고리즘을 직접 살펴보기 전에 먼저 SARSA 업데이트 규칙을 사용하여 Q 함수(Q 값)가 정확히 어떻게 추정되는지 수동으로 계산하여 최적 정책을 찾는 방법을 알아보겠습니다.

동일한 Frozen Lake 환경을 고려해 보겠습니다. 계속하기 전에 무작위 값으로 Q 테이블(Q 함수)을 초기화합니다. 그림 5.9는 무작위 값을 포함하는 Q 테이블과 함께 Frozen Lake 환경을 보여줍니다.

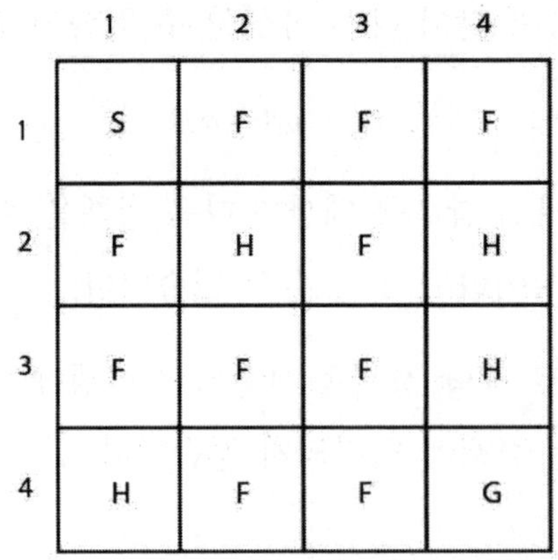

State	Action	Value
(1,1)	Up	0.5
⋮	⋮	⋮
(4,2)	Up	0.3
(4,2)	Down	0.5
(4,2)	Left	0.1
(4,2)	Right	0.8
⋮	⋮	⋮
(4,4)	Right	0.5

그림 5.9 Frozen Lake 환경 및 무작위 값의 Q 테이블

에이전트가 상태(4,2)에 있다고 가정해보겠습니다. 이제 이 상태에서 행동을 선택해야 합니다. SARSA 방법에서 엡실론-탐욕 정책에 따라 행동을 선택한다는 것을 배웠습니다. 확률 엡실론을 사용하여 무작위 행동을 선택하고 확률 1-엡실론으로 최상의 행동(최대 Q 값을 갖는 행동)을 선택합니다. 확률 1-엡실론을 사용하고 최상의 행동을 선택한다고 가정하면, 상태(4,2)에서 다음과 같이 다른 행동에 비해 가장 높은 Q 값을 가지므로 오른쪽으로 이동합니다.

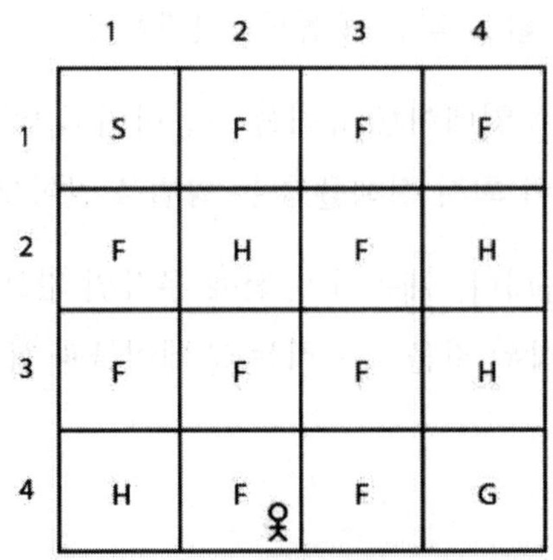

State	Action	Value
(1,1)	Up	0.5
⋮	⋮	⋮
(4,2)	Up	0.3
(4,2)	Down	0.5
(4,2)	Left	0.1
(4,2)	Right	0.8
⋮	⋮	⋮
(4,4)	Right	0.5

그림 5.10 에이전트가 상태(4,2)에 있음

상태(4,2)에서 올바른 행동을 수행하고 그림 5.11에서 보여지는 것처럼 다음 상태(4,3)으로 이동합니다.

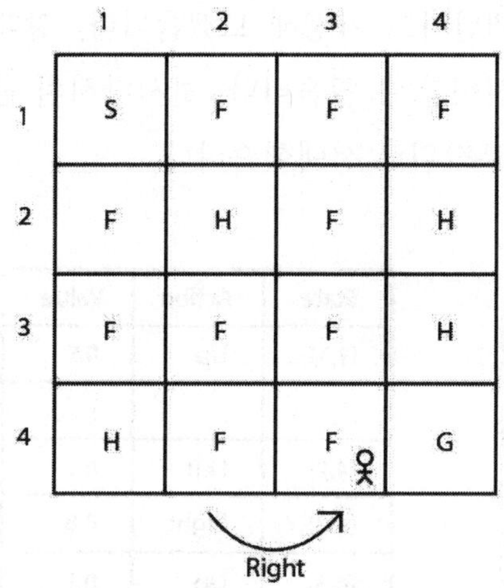

State	Action	Value
(1,1)	Up	0.5
⋮	⋮	⋮
(4,2)	Up	0.3
(4,2)	Down	0.5
(4,2)	Left	0.1
(4,2)	Right	0.8
⋮	⋮	⋮
(4,4)	Right	0.5

그림 5.11 상태(4,2)에서 최대 Q 값으로 행동을 수행합니다.

상태(4, 2)에서 바로 다음 상태(4, 3)로 이동했고 보상 r로 0을 받았습니다. 학습률을 0.1로 유지하고 감가율을 1로 유지합니다. 이제 Q 값을 업데이트해야 합니다.

SARSA 업데이트 규칙을 상기해 보겠습니다.

$$Q(s,a) = Q(s,a) + \alpha(r + \gamma Q(s',a') - Q(s,a))$$

이전 방정식에서 상태-행동 쌍 Q(s,a)를 Q((4,2), right)로, 다음 상태 s'를 (4,3)으로 대입하면 다음과 같이 쓸 수 있습니다.

$$Q((4,2),\mathrm{right}) = Q((4,2),\mathrm{right}) + \alpha(\mathrm{r} + \gamma \mathrm{Q}((4,3),\mathrm{a}') - \mathrm{Q}((4,2),\mathrm{right}))$$

보상 $r = 0$, 학습률 $\alpha = 0.1$, 감가율 $\gamma = 1$를 대입하면 다음과 같이 쓸 수 있습니다.

$$Q((4,2),\mathrm{right}) = Q((4,2),\mathrm{right}) + 0.1(0 + 1 \times Q((4,3),a') - Q((4,2),\mathrm{right}))$$

이전 Q 테이블에서 Q((4,2), right)의 Q 값이 0.8임을 알 수 있습니다. 따라서 Q((4,2), right)를 0.8로 대입하면 앞의 방정식을 다음과 같이 다시 쓸 수 있습니다.

$$Q((4,2),\mathrm{right}) = 0.8 + 0.1(0 + 1 \times Q((4,3),a') - 0.8)$$

다음 상태(4, 3)로 이동했기 때문에 다음 상태-행동 쌍의 Q 값을 계산하려면 이 상태에서 행동을 선택해야 합니다. 따라서 동일한 엡실론-탐욕 정책을 사용하여 행동을 선택합니다. 즉, 엡실론의 확률로 무작위 행동을 선택하거나 1-엡실론의 확률로 최대 Q 값을 갖는 최상의 행동을 선택합니다.

확률 엡실론을 사용하여 무작위 행동을 선택한다고 가정해 보겠습니다. 상태(4,3)에서 그림 5.12와 같이 무작위로 올바른 행동을 선택할 수 있습니다. 보시다시피 올바른 행동은 최대 Q 값이 아니지만 확률 엡실론으로 무작위로 선택했습니다.

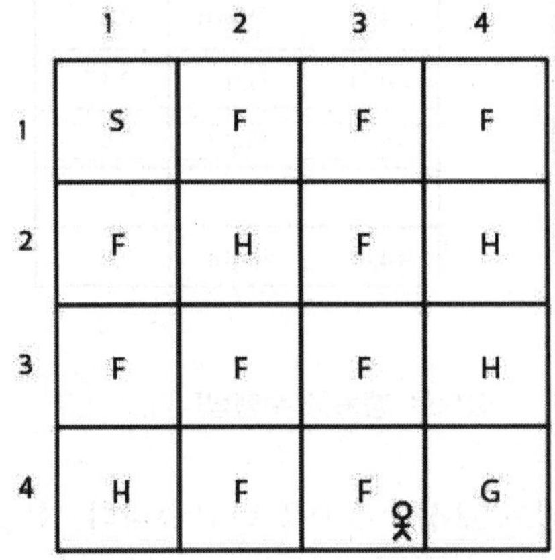

State	Action	Value
(1,1)	Up	0.5
⋮	⋮	⋮
(4,2)	Left	0.1
(4,2)	Right	0.8
(4,3)	Up	0.1
(4,3)	Down	0.3
(4,3)	Left	1.0
(4,3)	Right	0.9
⋮	⋮	⋮
(4,4)	Right	0.5

그림 5.12 에이전트는 상태(4,3)에서 무작위 행동을 수행합니다.

따라서 이제 업데이트 규칙은 다음과 같습니다.

$$Q((4,2), \text{right}) = 0.8 + 0.1(0 + 1 \times Q((4,3), a') - 0.8)$$

앞의 Q 테이블에서 Q((4,3), right)의 Q 값이 0.9임을 알 수 있습니다. 따라서 Q((4,3), right)의 값을 0.9로 대입하면 위의 방정식을 다음과 같이 다시 쓸 수 있습니다.

$$Q((4,2), \text{right}) = 0.8 + 0.1(0 + 1(0.9) - 0.8)$$

따라서 Q 값은 다음과 같습니다.

$$Q((4,2), \text{right}) = 0.81$$

이러한 방식으로 에피소드의 각 단계에서 상태-행동 쌍의 Q 값을 업데이트하여 Q 함수를 업데이트합니다. 에피소드를 완료한 후 업데이트된 Q 함수에서 새 정책을 추출하고 이 새 정책을 사용하여 환경에서 행동합니다. (정책은 항상 엡실론-탐욕적 정책이라는 것을 기억하세요). 최적 정책을 찾기 위해 여러 에피소드에 대해 이 단계를 반복합니다. 다음으로 살펴볼 SARSA 알고리즘은 이것을 더 잘 이해하는 데 도움이 될 것입니다.

SARSA 알고리즘은 다음과 같습니다.

1. 무작위 값으로 Q 함수 Q(s, a)를 초기화합니다.
2. 에피소드마다 수행합니다.
    1. 상태 s를 초기화합니다.
    2. Q(s, a)에서 정책을 추출하고 상태 s에서 수행할 행동 a를 선택합니다.
    3. 시간 단계마다 수행합니다.
        1. 행동 a를 수행하고 다음 상태 s'로 이동하고 보상 r을 받습니다.
        2. 상태 s'에서 엡실론-탐욕 정책을 사용하여 행동 a'를 선택합니다.
        3. Q 값을 $Q(s,a) = Q(s,a) + \alpha(r + \gamma Q(s',a') - Q(s,a))$로 업데이트합니다.
        4. $s = s'$ 및 $a = a'$로 업데이트합니다.
        5. s가 종료 상태가 아니면 1~5단계를 반복합니다.

SARSA 알고리즘이 작동하는 방식을 배웠으므로 다음 섹션에서는 최적 정책을 찾기 위해 SARSA 알고리즘을 구현해 보겠습니다.

5.3.1.1 SARSA를 이용한 최적 정책 계산

이제 Frozen Lake 환경에서 최적 정책을 찾기 위해 SARSA를 구현해 봅시다.

먼저 필요한 라이브러리를 가져오겠습니다.

```
import gym
import random
```

이제 Gym을 사용하여 Frozen Lake 환경을 만듭니다.

```
env = gym.make('FrozenLake-v0')
```

상태-행동 쌍의 Q 값을 저장하기 위한 사전을 정의하고 모든 상태-행동 쌍의 Q 값을 0.0으로 초기화합니다.

```
Q = {}
for s in range(env.observation_space.n):
    for a in range(env.action_space.n):
        Q[(s,a)] = 0.0
```

이제 엡실론–탐욕 정책을 정의해 보겠습니다. 균일 분포에서 난수를 생성하고 난수가 엡실론보다 작으면 무작위 행동을 선택하고, 그렇지 않으면 최대 Q 값을 갖는 최상의 행동을 선택합니다.

```
def epsilon_greedy(state, epsilon):
    if random.uniform(0,1) < epsilon:
        return env.action_space.sample()
    else:
        return max(list(range(env.action_space.n)), key = lambda x:
Q[(state,x)])
```

감가율, 학습률 및 엡실론 값을 초기화합니다.

```
alpha = 0.85
gamma = 0.90
epsilon = 0.8
```

에피소드 수와 에피소드의 시간 단계 수를 설정합니다.

```
num_episodes = 50000
num_timesteps = 1000
```

정책 계산

에피소드마다 수행합니다.

```
for i in range(num_episodes):
```

환경을 재설정하여 상태를 초기화합니다.

```
    s = env.reset()
```

엡실론–탐욕 정책을 사용하여 행동을 선택합니다.

```
    a = epsilon_greedy(s,epsilon)
```

시간 단계마다 수행합니다.

```
    for t in range(num_timesteps):
```

선택한 행동을 수행하고 다음 상태 정보를 저장합니다.

```
    s_, r, done, _ = env.step(a)
```

엡실론-탐욕 정책을 사용하여 다음 상태 s'에서 행동 a'를 선택합니다.

```
    a_ = epsilon_greedy(s_,epsilon)
```

상태-행동 쌍의 Q 값을 $Q(s,a) = Q(s,a) + \alpha(r + \gamma Q(s',a') - Q(s,a))$로 계산합니다.

```
    Q[(s,a)] += alpha * (r + gamma * Q[(s_,a_)]-Q[(s,a)])
```

$s = s'$ 및 $a = a'$로 업데이트합니다.

```
    s = s_
    a = a_
```

현재 상태가 종료 상태이면 중단합니다.

```
    if done:
        break
```

반복할 때마다 Q 함수를 업데이트합니다. 모든 반복 후에 최적 Q 함수를 갖게 됩니다. 최적 Q 함수가 있으면 각 상태에서 최대 Q 값을 갖는 행동을 선택하여 최적 정책을 추출할 수 있습니다.

5.3.2 Off-policy TD 제어 - Q 학습

이 섹션에서는 Q 학습이라는 off-policy TD 제어 알고리즘을 학습합니다. 이것은 강화학습에서 매우 인기 있는 알고리즘 중 하나이며 이 알고리즘이 다른 장에서도 계속 나오는 것을 보게 될 것입니다. Q 학습은 off-policy 알고리즘으로, 두 가지 다른 정책을 사용합니다. 하나는 환경에서 행동하기 위한 정책(환경에서 행동 선택)이고 다른 하나는 최적 정책을 찾기 위한 것입니다.

SARSA 방법에서 엡실론-탐욕 정책을 사용하여 상태 s에서 행동 a를 선택하고 다음 상태 s'로 이동하고 여기에 표시된 업데이트 규칙을 사용하여 Q 값을 업데이트한다는 것을 배웠습니다.

$$Q(s,a) = Q(s,a) + \alpha(r + \gamma Q(s',a') - Q(s,a))$$

앞의 방정식에서 다음 상태-행동 쌍인 $Q(s',a')$의 Q 값을 계산하려면 행동을 선택해야 합니다. 따라서 동일한 엡실론-탐욕 정책을 사용하여 행동을 선택하고 다음 상태-행동 쌍의 Q 값을 업데이트합니다.

그러나 SARSA와 달리 Q 학습에서는 두 가지 다른 정책을 사용합니다. 하나는 엡실론-탐욕 정책이고 다른 하나는 탐욕 정책입니다. 환경에서 행동을 선택하기 위해 엡실론-탐욕 정책을 사용하지만 다음 상태-행동 쌍의 Q 값을 업데이트하는 동안에는 탐욕 정책을 사용합니다.

즉, 엡실론-탐욕 정책을 사용하여 상태 s에서 행동을 선택하고 다음 상태로 이동하고 아래 표시된 업데이트 규칙을 사용하여 Q 값을 업데이트합니다.

$$Q(s,a) = Q(s,a) + \alpha(r + \gamma Q(s',a') - Q(s,a))$$

앞의 방정식에서 다음 상태-행동 쌍인 $Q(s',a')$의 Q 값을 계산하려면 행동을 선택해야 합니다. 여기서 탐욕 정책을 사용하여 행동을 선택하고 다음 상태-행동 쌍의 Q 값을 업데이트합니다. 탐욕 정책은 항상 최대값을 갖는 행동을 선택한다는 것을 알고 있습니다. 따라서 방정식을 다음과 같이 수정할 수 있습니다.

$$Q(s,a) = Q(s,a) + \alpha\left(r + \gamma \max_{a'} Q(s',a') - Q(s,a)\right)$$

앞의 방정식에서 알 수 있듯이 max 연산자는 상태 s'에서 최대 Q 값을 갖는 행동 a'를 선택함을 의미합니다.

요약하자면 Q 학습 방법에서는 엡실론-탐욕 정책을 사용하여 환경에서 행동을 선택하지만 다음 상태-행동 쌍의 Q 값을 계산하는 동안에는 탐욕 정책을 사용합니다. 따라서 Q 학습의 업데이트 규칙은 다음과 같이 주어집니다.

$$Q(s,a) = Q(s,a) + \alpha\left(r + \gamma \max_{a'} Q(s',a') - Q(s,a)\right)$$

Q 학습 업데이트 규칙을 사용하여 Q 값을 수동으로 계산하여 이를 더 잘 이해해봅시다. 동일한 Frozen Lake 예제를 사용하겠습니다. 무작위 값으로 Q 테이블을 초기화합니다. 그림 5.13은 무작위 값을 포함하는 Q 테이블과 함께 Frozen Lake 환경을 보여줍니다.

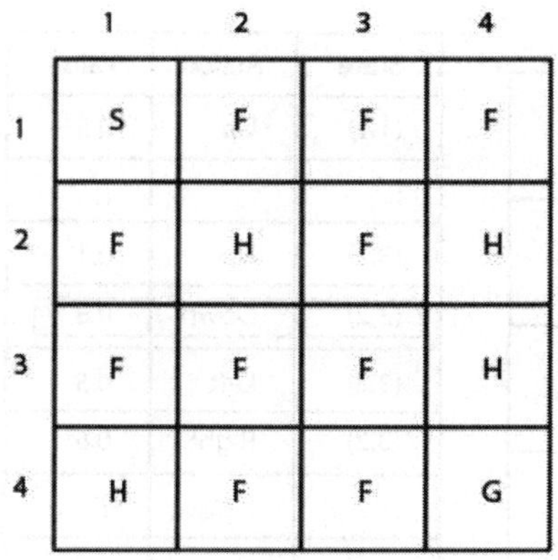

State	Action	Value
(1,1)	Up	0.5
⋮	⋮	⋮
(3,2)	Up	0.1
(3,2)	Down	0.8
(3,2)	Left	0.5
(3,2)	Right	0.6
⋮	⋮	⋮
(4,4)	Right	0.5

그림 5.13 무작위로 초기화된 Q 테이블과 Frozen Lake 환경

에이전트가 상태(3,2)에 있다고 가정해보겠습니다. 이제 이 상태에서 몇 가지 행동을 선택해야 합니다. 엡실론-탐욕 정책을 사용하여 행동을 선택합니다. 따라서 확률 엡실론으로 무작위 행동을 선택하고 확률 1-엡실론으로 최대 Q 값을 갖는 최상의 행동을 선택합니다.

확률 1-엡실론을 사용하고 최상의 행동을 선택한다고 가정해 보겠습니다. 따라서 상태(3,2)에서 그림 5.14에서 볼 수 있듯이 해당 상태의 다른 행동에 비해 Q 값이 가장 높기 때문에 down 행동을 선택합니다.

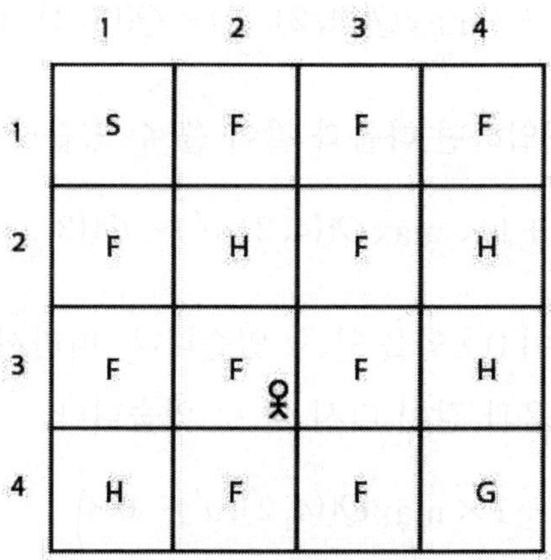

State	Action	Value
(1,1)	Up	0.5
⋮	⋮	⋮
(3,2)	Up	0.1
(3,2)	Down	0.8
(3,2)	Left	0.5
(3,2)	Right	0.6
⋮	⋮	⋮
(4,4)	Right	0.5

그림 5.14 상태(3,2)에서 최대 Q 값인 행동을 수행합니다.

상태(3,2)에서 down 행동을 수행하고 그림 5.15에서 보여지는 것처럼 다음 상태(4,2)로 이동합니다.

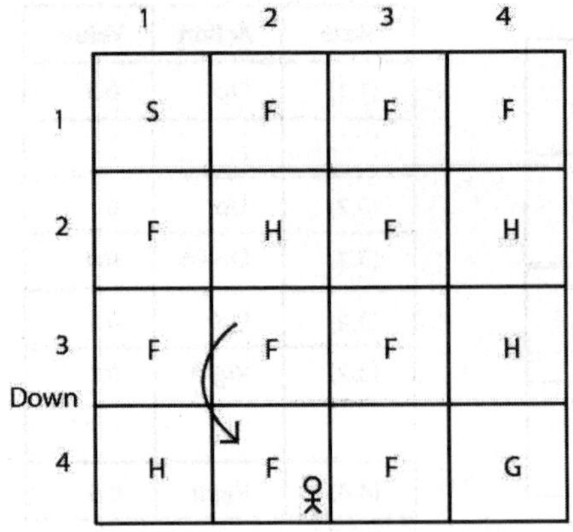

State	Action	Value
(1,1)	Up	0.5
⋮	⋮	⋮
(3,2)	Up	0.1
(3,2)	Down	0.8
(3,2)	Left	0.5
(3,2)	Right	0.6
⋮	⋮	⋮
(4,4)	Right	0.5

그림 5.15 상태(4,2)로 아래쪽 이동

상태(3,2)에서 다음 상태(4,2)로 이동하고 보상 r로 0을 받습니다. 학습률을 0.1로 유지하고 감가율도 1로 유지합시다. 이제 Q 값을 업데이트해야 합니다.

Q 학습 업데이트 규칙을 상기해 보겠습니다.

$$Q(s,a) = Q(s,a) + \alpha\left(r + \gamma \max_{a'} Q(s',a') - Q(s,a)\right)$$

이전 방정식에서 상태-행동 쌍 Q(s,a)를 Q((3,2), down)으로, 다음 상태 s'를 (4,2)로 대입하면 다음과 같이 쓸 수 있습니다.

$$Q((3,2),\text{down}) = \text{Q}((3,2),\text{down}) + \alpha\left(\text{r} + \gamma \max_{\text{a}'} Q((4,2),a') - Q((3,2),\text{down})\right)$$

보상 r=0, 학습률 α=0.1, 감가율 γ=1을 대입하면 다음과 같이 쓸 수 있습니다.

$$Q((3,2),\text{down}) = \text{Q}((3,2),\text{down}) + 0.1\left(0 + 1 \times \max_{\text{a}'} Q((4,2),a') - Q((3,2),\text{down})\right)$$

이전 Q 테이블에서 Q((3,2), down)의 Q 값이 0.8임을 알 수 있습니다. 따라서 Q((3,2), down)을 0.8로 대입하면 앞의 방정식을 다음과 같이 다시 쓸 수 있습니다.

$$Q((3,2),\text{down}) = 0.8 + 0.1\left(0 + 1 \times \max_{\text{a}'} Q((4,2),a') - 0.8\right)$$

볼 수 있듯이 앞의 방정식에서 $\max_{a'} Q((4,2),a')$이라는 용어가 있습니다. 이는 새로운 상태(4,2)로 이동할 때 다음 상태-행동 쌍의 Q 값을 나타냅니다. 다음 상태에 대한 Q 값을 계산하려면 먼저 행동을 선택해야 합니다. 여기서는 탐욕 정책을 사용하여 최대 Q 값을 갖는 행동을 선택합니다.

그림 5.16에 보이듯이 right 행동은 상태(4,2)에서 최대 Q값을 갖습니다. 따라서 right 행동을 선택하고 다음 상태-행동 쌍의 Q 값을 업데이트합니다.

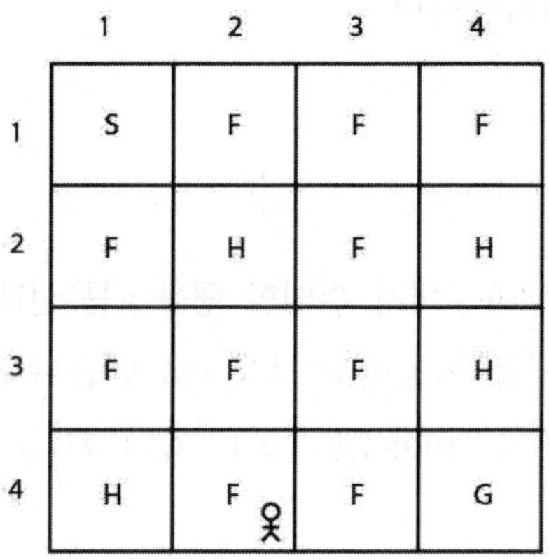

State	Action	Value
(1,1)	Up	0.5
⋮	⋮	⋮
(4,2)	Up	0.3
(4,2)	Down	0.5
(4,2)	Left	0.1
(4,2)	Right	0.8
⋮	⋮	⋮
(4,4)	Right	0.5

그림 5.16 상태(4,2)에서 최대 Q 값인 행동을 수행합니다.

따라서 업데이트는 다음과 같습니다.

$$Q((3,2),\text{down}) = 0.8 + 0.1(0 + 1 \times \max Q((4,2),\text{right}) - 0.8)$$

이전 Q 테이블에서 Q((4,2), right)의 Q 값이 0.8임을 알 수 있습니다. 따라서 Q((4,2), right)의 값을 0.8로 대입하면 위의 방정식을 다음과 같이 다시 쓸 수 있습니다.

$$Q((3,2),\text{down}) = 0.8 + 0.1(0 + 1 \times 0.8 - 0.8)$$

따라서 Q 값은 다음과 같습니다.

$$Q((3,2),\text{down}) = 0.8$$

마찬가지로 모든 상태-행동 쌍에 대한 Q 값을 업데이트합니다. 즉, 엡실론-탐욕 정책을 사용하여 환경에서 행동을 선택하고 다음 상태-행동 쌍의 Q 값을 업데이트하면서 탐욕 정책을 사용합니다. 따라서 모든 상태-행동 쌍에 대해 Q 값을 업데이트합니다.

이러한 방식으로 에피소드의 각 단계에서 상태-행동 쌍의 Q 값을 업데이트하여 Q 함수를 업데이트합니다. 에피소드의 모든 단계를 거쳐 업데이트된 Q 함수에서 새 정책을 추출하고 이 새 정책을 사용합니다. (엡실론-탐욕 정책을 사용하여 환경에서 행동을 선택하지만 다음 상태-행동 쌍의 Q 값을 업데이트하는 동안 탐욕 정책을 사용한다는 것을 기억하세요). 여러 에피소드 후에 최적 Q 함수를 갖게 됩니다. 다음으로 살펴볼 Q 학습 알고리즘은 이것을 더 잘 이해하는 데 도움이 될 것입니다.

Q 학습 알고리즘은 다음과 같습니다.

1. 무작위 값으로 Q 함수 $Q(s,a)$를 초기화합니다.
2. 에피소드마다 수행합니다.
   1. 상태 s를 초기화합니다.
   3. 시간 단계마다 수행합니다.
      1. $Q(s,a)$에서 정책을 추출하고 상태 s에서 수행할 행동 a를 선택합니다.
      2. 행동 a를 수행하고 다음 상태 s'로 이동하고 보상 r을 받습니다.
      3. Q 값을 $Q(s,a) = Q(s,a) + \alpha\left(r + \gamma \max_{a'} Q(s',a') - Q(s,a)\right)$로 업데이트합니다.
      4. $s = s'$로 업데이트합니다.
      5. s가 종료 상태가 아니면 1~5단계를 반복합니다.

Q 학습 알고리즘이 어떻게 작동하는지 배웠으므로 다음 섹션에서는 최적 정책을 찾기 위해 Q 학습을 구현해 보겠습니다.

5.3.2.1 Q 학습을 이용한 최적 정책 계산

이제 Frozen Lake 환경에서 최적 정책을 찾기 위해 Q 학습을 구현해 봅시다.

먼저 필요한 라이브러리를 가져오겠습니다.

```
import gym
import numpy as np
import random
```

이제 Gym을 사용하여 Frozen Lake 환경을 만듭니다.

```
env = gym.make('FrozenLake-v0')
```

상태-행동 쌍의 Q 값을 저장하기 위한 사전을 정의하고 모든 상태-행동 쌍의 Q 값을 0.0으로 초기화합니다.

```
Q = {}
for s in range(env.observation_space.n):
    for a in range(env.action_space.n):
        Q[(s,a)] = 0.0
```

이제 엡실론-탐욕 정책을 정의해 보겠습니다. 균일 분포에서 난수를 생성하고 난수가 엡실론보다 작으면 무작위 행동을 선택하고, 그렇지 않으면 최대 Q 값을 갖는 최상의 행동을 선택합니다.

```
def epsilon_greedy(state, epsilon):
    if random.uniform(0,1) < epsilon:
        return env.action_space.sample()
    else:
        return max(list(range(env.action_space.n)), key = lambda x:
Q[(state,x)])
```

감가율, 학습률 및 엡실론 값을 초기화합니다.

```
alpha = 0.85
gamma = 0.90
epsilon = 0.8
```

에피소드 수와 에피소드의 시간 단계 수를 설정합니다.

```
num_episodes = 50000
num_timesteps = 1000
```

정책을 계산합니다.

에피소드마다 수행합니다.

```
for i in range(num_episodes):
```

환경을 재설정하여 상태를 초기화합니다.

```
    s = env.reset()
```

시간 단계마다 수행합니다.

```
    for t in range(num_timesteps):
```

엡실론-탐욕 정책을 사용하여 행동을 선택합니다.

```
        a = epsilon_greedy(s,epsilon)
```

선택한 행동을 수행하고 다음 상태 정보를 저장합니다.

```
        s_, r, done, _ = env.step(a)
```

이제 상태-행동 쌍의 Q 값을 $Q(s,a) = Q(s,a) + \alpha\left(r + \gamma \max_{a'} Q(s',a') - Q(s,a)\right)$로 계산합니다.

먼저 다음 상태 s'에서 최대 Q 값을 갖는 행동 a'를 선택합니다.

```
        a_ = np.argmax([Q[(s_, a)] for a in range(env.action_space.n)])
```

이제 상태-행동 쌍의 Q 값을 다음과 같이 계산할 수 있습니다.

```
        Q[(s,a)] += alpha * (r + gamma * Q[(s_,a_)]-Q[(s,a)])
```

$s = s'$로 업데이트합니다.

```
        s = s_
```

현재 상태가 종료 상태이면 중단합니다.

```
        if done:
            break
```

모든 반복 후에 최적 Q 함수를 갖게 됩니다. 그런 다음 각 상태에서 최대 Q 값을 갖는 행동을 선택하여 최적 정책을 추출할 수 있습니다.

5.3.3 Q 학습과 SARSA의 차이점

Q 학습과 SARSA의 차이점을 이해하는 것은 매우 중요합니다. Q 학습과 SARSA가 어떻게 다른지 간단히 요약해 보겠습니다.

SARSA는 on-policy 알고리즘입니다. 즉, 환경에서 행동을 선택하고 다음 상태-행동 쌍의 Q 값을 계산하기 위해 단일 엡실론-탐욕 정책을 사용합니다. SARSA의 업데이트 규칙은 다음과 같습니다.

$$Q(s,a) = Q(s,a) + \alpha(r + \gamma Q(s',a') - Q(s,a))$$

Q 학습은 off-policy 알고리즘입니다. 즉, 환경에서 행동을 선택하기 위해 엡실론 탐욕 정책을 사용하지만 다음 상태-행동 쌍의 Q 값을 계산하기 위해 탐욕 정책을 사용합니다. Q 학습의 업데이트 규칙은 다음과 같습니다.

$$Q(s,a) = Q(s,a) + \alpha\left(r + \gamma \max_{a'} Q(s',a') - Q(s,a)\right)$$

5.4
DP, MC 및 TD 방법 비교

지금까지 최적 정책을 찾기 위해 DP(가치 반복 및 정책 반복) 방법, MC 방법, TD 학습 방법과 같은 흥미롭고 중요한 몇 가지 강화 학습 알고리즘을 배웠습니다. 이는 고전 강화 학습의 핵심 알고리즘이며 이 세 가지 알고리즘의 차이점을 이해하는 것이 매우 중요합니다. 따라서 이 섹션에서는 DP, MC 및 TD 학습 방법의 차이점을 요약해 보겠습니다.

동적계획법(DP), 즉 가치 반복과 정책 반복 방법은 모델 기반 방법으로 환경의 모델 역학을 사용하여 최적 정책을 계산합니다. 환경의 모델 역학이 없으면 DP 방법을 적용할 수 없습니다.

몬테카를로(MC) 방법에 대해서도 배웠습니다. MC는 모델 없는 방법입니다. 즉, 환경의 모델 역학을 사용하지 않고 최적 정책을 계산합니다. 그러나 MC 방법에서 직면하는 한 가지 문제는 연속 태스크가 아닌 에피소드 태스크에만 적용할 수 있다는 것입니다.

또, 시간차(TD) 학습이라는 또 다른 흥미로운 모델 없는 방법에 대해 배웠습니다. TD 학습은 부트스트래핑을 통한 DP와 모델 없는 MC 방법을 모두 활용합니다.

지금까지 중요한 세 가지의 강화 학습 알고리즘에 대해 학습하였습니다. 다음 장에서는 multi-armed bandit problem이라는 사례 연구를 살펴보겠습니다.

요약

TD 학습은 DP와 MC 방법을 모두 활용하는 방법인 것을 이해하는 것으로 이 장을 시작했습니다. TD 학습은 DP 방법처럼 부트스트래핑을 사용하고 MC 방법처럼 모델 없는 방법이라는 것을 배웠습니다.

이후 TD 학습을 이용하여 예측 작업을 수행하는 방법을 배웠고 TD 예측 방법의 알고리즘을 살펴보았습니다.

이어서, 제어 작업에 TD 학습을 사용하는 방법을 배웠습니다. 먼저 SARSA라는 on-policy TD 제어 방법에 대해 배웠고 Q 학습이라는 off-policy TD 제어 방법에 대해 배웠습니다. 또한 SARSA 및 Q 학습 방법을 사용하여 Frozen Lake 환경에서 최적 정책을 찾는 방법을 배웠습니다.

또한 SARSA와 Q 학습 방법의 차이점에 대해서도 배웠습니다. SARSA가 on-policy 알고리즘이라는 것을 이해했습니다. 즉, 단일 엡실론-탐욕 정책을 사용하여 환경에서 행동을 선택하고 다음 상태-행동 쌍의 Q 값을 계산하는 반면, Q 학습은 off-policy 알고리즘이며 엡실론-탐욕 정책을 사용하여 환경에서 행동을 선택하지만 다음 상태-행동 쌍의 Q 값을 계산하기 위해서는 탐욕 정책을 사용합니다. 이 장의 끝에서는 DP, MC 및 TD 방법을 비교했습니다.

다음 장에서는 multi-armed bandit problem이라는 흥미로운 문제를 살펴보겠습니다.

평가

다음 질문에 답하여 새로 얻은 지식을 평가해 보겠습니다.

1. TD 학습은 MC 방법과 어떻게 다릅니까?
2. TD 학습 방법을 사용하면 어떤 이점이 있습니까?
3. TD 오차란 무엇입니까?
4. TD 학습의 업데이트 규칙은 무엇입니까?
5. TD 예측 방법은 어떻게 작동합니까?

6. SARSA가 무엇입니까?
7. Q 학습은 SARSA와 어떻게 다릅니까?

참고문헌

추가 내용은 다음 링크를 참조해주세요.

- Learning to Predict by the Methods of Temporal Differences by Richard S. Sutton, available at
  https://link.springer.com/content/pdf/10.1007/BF00115009.pdf

6

Case Study - The MAB Problem

사례 연구 - MAB 문제

이전 장들을 통해 지금까지 강화 학습의 기본 개념과 몇 가지 흥미로운 강화 학습 알고리즘을 배웠습니다. 동적 계획법이라는 모델 기반 방법과 몬테카를로 방법이라는 모델 없는 방법에 대해 배웠고, 동적 계획법과 몬테카를로 방법의 장점을 결합한 시간차 방법에 대해 배웠습니다.

이 장에서는 MAB(multi-armed bandit) 문제라고 하는 강화 학습의 고전적인 문제 중 하나에 대해 학습합니다. MAB 문제를 이해하는 것으로 이 장을 시작한 다음 MAB 문제를 해결하기 위한 엡실론-탐욕, 소프트맥스 탐험, 신뢰 상한, 톰슨 샘플링이라는 여러 탐험 전략에 대해 학습합니다. 다음으로 실제 사용 사례를 통해 MAB가 어떻게 유용한지 배웁니다.

MAB 문제로 틀을 잡아, 사용자가 가장 많이 클릭하는 최고의 광고 배너를 찾는 방법을 알아보겠습니다. 이 장의 끝에서는 상황별 밴딧과 그들이 다른 사용 사례에서 어떻게 사용되는지 배울 것입니다.

이 장에서는 다음 내용에 대해 배웁니다.

- MAB 문제
- 엡실론-탐욕 방법
- 소프트맥스 탐험
- 신뢰 상한 알고리즘
- 톰슨 샘플링 알고리즘
- MAB의 응용
- MAB를 이용한 최고의 광고 배너 찾기
- 상황별 밴딧

6.1 MAB 문제

MAB 문제는 강화 학습의 고전적인 문제 중 하나입니다. MAB는 암(레버)을 당기고 특정 확률 분포에 따라 지불금(보상)을 받는 슬롯 머신입니다. 단일 슬롯 머신을 one-armed bandit이라고 하고 슬롯 머신이 여러 개 있는 경우 MAB(multi-armed bandit) 또는 k-armed bandit이라고 합니다. 여기서 k는 슬롯 머신의 수를 나타냅니다.

그림 6.1 3-armed bandit 슬롯 머신

슬롯 머신은 카지노에서 가장 인기 있는 게임 중 하나로 팔을 당기고 보상을 받습니다. 보상이 0이면 게임에서 지고, 보상이 +1이면 게임에서 승리합니다. 여러 슬롯 머신이 있을 수 있으며 각 슬롯 머신을 암이라고 합니다. 예를 들어 슬롯 머신 1은 암 1, 슬롯 머신 2는 암 2입니다. 따라서 암 n은 슬롯 머신 n을 의미합니다.

각 암에는 게임의 승패를 나타내는 고유한 확률 분포가 있습니다. 예를 들어 두 개의 암이 있다고 가정해보겠습니다. 암 1(슬롯 머신 1)을 뽑으면 이길 확률을 0.7로 하고 암 2(슬롯 머신 2)를 뽑으면 이길 확률을 0.5로 둡니다.

그러면 암 1을 당기면 70%의 확률로 게임에서 이기고 +1 보상을 받고, 암 2를 당기면 50%의 확률로 게임에서 이기고 +1 보상을 받습니다.

따라서 암 1을 당기는 것이 게임에서 70%의 확률로 승리하게 하므로 바람직하다고 말할 수 있습니다. 그러나 이 암(슬롯머신)의 확률 분포는 우리에게 주어지지 않을 것입니다. 우리는 어떤 암이 게임에서 승리하는 데 도움이 되고 좋은 보상을 주는지 알아내야 합니다.

암 1을 한 번 당겨서 +1 보상을 받았고, 암 2를 한 번 당겨서 0 보상을 받았다고 가정해보겠습니다. 암 1은 +1 보상을 주기 때문에 한 번만 당겨봤을 때 암 1이 가장 좋은 암이라는 결론에 도달할 수 없습니다. 양쪽 암을 여러 번 잡아당기고 각 암에서 얻은 평균 보상을 계산해야 하며, 그런 다음 최대 평균 보상을 제공하는 암을 가장 좋은 암으로 선택할 수 있습니다.

암을 a로 표시하고 암 a를 당겨 평균 보상을 다음과 같이 정의하겠습니다.

$$Q(a) = \frac{\text{Sum of rewards obtained from the arm}}{N\text{mber of times the arm was pulled}}$$

여기서 $Q(a)$는 암 a의 평균 보상을 나타냅니다.

최적 암 a^*는 최대 평균 보상을 주는 것입니다.

$$a^* = \arg\max_a Q(a)$$

최대의 평균 보상을 주는 암이 최적 암이라는 것을 배웠습니다. 그러나 이것을 어떻게 찾을 수 있을까요?

여러 라운드 동안 게임을 하며 각 라운드에서 한쪽 암만 당길 수 있습니다. 첫 번째 라운드에서는 암 1을 당겨서 보상을 받고 두 번째 라운드에서는 암 2를 당겨서 보상을 받는다고 가정해보겠습니다. 마찬가지로 매 라운드마다 암 1 또는 암 2를 계속 당기고 보상을 받습니다. 게임의 여러 라운드를 마친 후 각 암의 평균 보상을 계산한 다음 평균 보상이 가장 큰 암을 가장 좋은 암으로 선택합니다.

그러나 이것은 최고의 암을 찾는 좋은 방법이 아닙니다. 암이 20개 있다고 가정해보겠습니다. 매 라운드마다 다른 암을 계속 당기면 대부분의 라운드에서 게임에서 지고 보상이 0이 됩니다. 최고의 암을 찾는 것과 동시에 목표는 최고의 암을 찾는 비용을 최소화하는 것입니다. 이 비용을 보통 후회라고 합니다.

따라서 후회를 최소화하면서 최고의 암을 찾아야 합니다. 즉, 최고의 암을 찾아야 하지만 대부분의 라운드에서 지는 암을 선택하고 싶지는 않습니다.

그렇다면 각 라운드에서 다른 암을 탐색해야 할까요, 아니면 이전 라운드에서 좋은 보상을 받은 암만 선택해야 할까요? 이것은 4장, 몬테카를로 방법에서 배운 탐험–이용 딜레마라는 상황으로 이어집니다. 이를 해결하기 위해 엡실론–탐욕(epsilon–greedy) 방법을 사용하여 이전 라운드에서 좋은 보상을 받은 암을 1–엡실론의 확률로 선택하고, 무작위 암을 엡실론의 확률로 선택합니다. 여러 라운드를 완료한 후 평균 보상이 최대인 암으로 가장 좋은 암을 선택합니다.

엡실론–탐욕 방법과 유사하게 탐험–이용 딜레마를 극복하는 데 도움이 되는 여러 탐험 전략이 있습니다. 다음 섹션에서 몇 가지 다른 탐험 전략과 최적의 암을 찾는 데 어떻게 도움이 되는지 자세히 알아볼 것입니다. 하지만 먼저 밴딧을 만드는 방법을 살펴보겠습니다.

6.1.1 Gym에서 밴딧 만들기

계속 진행하기 전에 Gym 툴킷을 사용하여 밴딧 환경을 만드는 방법을 알아보겠습니다. Gym에는 미리 패키징된 밴딧 환경이 제공되지 않습니다. 따라서 밴딧 환경을 만들고 Gym과 통합해야 합니다. 처음부터 밴딧 환경을 만드는 대신 Jesse Cooper에서 제공하는 밴딧 환경의 오픈 소스 버전을 사용합니다.

먼저 Gym bandits 저장소를 복제해보겠습니다.

```
git clone https://github.com/JKCooper2/gym-bandits
```

다음으로 pip를 사용하여 설치합니다.

```
cd gym-bandits
pip install -e .
```

설치 후, gym_bandits와 gym 라이브러리를 가져옵니다.

```
import gym_bandits
import gym
```

gym_bandits는 여러 버전의 밴딧 환경을 제공합니다. https://github.com/JKCooper2/gym-bandits에서 다양한 밴딧 버전을 확인할 수 있습니다.

환경 ID가 BanditTwoArmedHighLowFixed-v0인 간단한 2-armed 밴딧을 생성해 보겠습니다.

```
env = gym.make("BanditTwoArmedHighLowFixed-v0")
```

2 암 밴딧을 만들었으므로 다음과 같이 행동 공간이 2가 됩니다(암이 두 개 있기 때문에).

```
print(env.action_space.n)
```

앞의 코드는 다음을 출력합니다.

```
2
```

다음을 사용하여 암의 확률 분포를 확인할 수도 있습니다.

```
print(env.p_dist)
```

앞의 코드는 다음을 출력합니다.

```
[0.8, 0.2]
```

이것은 암 1을 사용하면 80%의 확률로 게임을 이기고 암 2를 사용하면 20%의 확률로 게임에서 이긴다는 것을 나타냅니다. 목표는 암 1 또는 암 2 중 어떤 것을 당겨야 대부분의 게임에서 승리하게 되는지 알아내는 것입니다.

이제 Gym에서 밴딧 환경을 만드는 방법을 배웠으므로 다음 섹션에서는 MAB 문제를 해결하기 위한 다양한 탐험 전략을 살펴보고 이를 Gym에서 구현할 것입니다.

6.1.2 탐험 전략

본 장의 시작 부분에서 MAB 문제의 탐험-이용 딜레마에 대해 배웠습니다. 이를 극복하기 위해 다양한 탐험 전략을 사용하고 최적의 암을 찾습니다. 다양한 탐험 전략은 다음과 같습니다.

- 엡실론-탐욕
- 소프트맥스 탐험
- 신뢰 상한
- 톰슨 샘플링

이제 이 모든 탐험 전략을 자세히 살펴보고 최고의 암을 찾기 위해 구현합니다.

6.1.2.1 엡실론-탐욕

이전 장에서 엡실론-탐욕 알고리즘에 대해 배웠습니다. 엡실론-탐욕을 사용하면 $1-\epsilon$의 확률로 최상의 암을 선택하고 ϵ의 확률로 무작위 암을 선택합니다. 간단한 예를 들어 엡실론-탐욕 방법으로 가장 좋은 암을 찾는 방법을 좀 더 자세히 알아보겠습니다.

암 1과 암 2가 있다고 가정해 봅시다. 암 1을 사용하면 게임에서 80%의 확률로 승리하고 암 2를 사용하면 게임에서 20%의 확률로 승리한다고 가정해보겠습니다. 따라서 80%의 확률로 게임에서 승리하게 하므로 암 1이 최고의 암이라고 말할 수 있습니다. 이제 엡실론-탐욕 방법으로 이를 찾는 방법을 알아보겠습니다.

먼저 표 6.1과 같이 count(암이 당겨진 횟수), sum_rewards(암을 당겨서 얻은 보상의 합), Q(암을 당겨서 얻은 평균 보상)를 초기화합니다.

arm	count	sum_rewards	Q
arm 1	0	0	0
arm 2	0	0	0

표 6.1 0으로 변수 초기화

라운드 1

게임의 라운드 1에서 ϵ의 확률로 무작위 암을 선택했고 암 1을 당겨 보상을 받는다고 가정하겠습니다. 암 1을 당겨서 얻은 보상을 1로 설정합니다. 따라서 암 1의 count를 1로 설정하고 암 1의 sum_rewards를 1로 설정하여 테이블을 업데이트하므로 라운드 1 후, 암 1의 평균 보상 Q는 다음과 같이 1입니다. 표 6.2는 이를 보여줍니다.

arm	count	sum_rewards	Q
arm 1	1	1	1
arm 2	0	0	0

표 6.2 라운드 1 이후 결과

라운드 2

라운드 2에서는 $1-\epsilon$의 확률로 가장 좋은 암을 선택했다고 가정해보겠습니다. 가장 좋은 암은 최대 평균 보상을 받는 암입니다. 그래서 테이블을 확인하여 어떤 암이 최대 평균 보상을 받는지 확인합니다. 암 1이 최대 평균 보상을 가지므로 암 1을 당겨서 보상을 받고 암 1을 당겨서 얻은 보상을 1로 합니다.

따라서 테이블에서 암 1의 count를 1에서 2로, sum_rewards를 1에서 2로 업데이트하므로 라운드 2 후 암 1의 평균 보상 Q는 표 6.3에서 볼 수 있듯이 1입니다.

arm	count	sum_rewards	Q
arm 1	2	2	1
arm 2	0	0	0

표 6.3 라운드 2 이후 결과

라운드 3

라운드 3에서는 ϵ의 확률로 무작위 암을 선택합니다. 무작위로 암 2를 당겨 보상을 받는다고 가정하겠습니다. 암 2를 당겨서 얻은 보상을 0으로 설정합니다. 따라서 암 2의 count를 1로 설정하고 암 2의 sum_rewards를 0으로 설정하여 테이블을 업데이트하므로 라운드 3 이후 암 2의 평균 보상 Q는 테이블과 같이 0입니다. 표 6.4는 이를 보여줍니다.

arm	count	sum_rewards	Q
arm 1	2	2	1
arm 2	1	0	0

표 6.4 라운드 3 이후 결과

라운드 4

라운드 4에서는 $1-\epsilon$의 확률로 가장 좋은 암을 선택한다고 가정해 보겠습니다. 평균 보상이 최대인 암 1을 당깁니다. 암 1을 당겨서 얻은 보상을 0으로 합니다. 이제 테이블에서 암 1의 count를 3으로 업데이트하고 sum_rewards를 2로 업데이트합니다. 표 6.5에서 볼 수 있듯이 라운드 4 이후 암 1의 평균 보상 Q는 0.66이 됩니다.

arm	count	sum_rewards	Q
arm 1	3	2	0.66
arm 2	1	0	0

표 6.5 라운드 4 이후 결과

이 과정을 여러 차례 반복합니다. 즉, 게임의 여러 라운드 동안 $1-\epsilon$의 확률로 가장 좋은 암을 당기고 ϵ의 확률로 무작위 암을 당깁니다.

표 6.6은 게임의 라운드 100 후 업데이트된 테이블을 보여줍니다.

arm	count	sum_rewards	Q
arm 1	75	61	0.81
arm 2	25	2	0.08

표 6.6 라운드 100 이후 결과

Table 6.6에서 암 1이 최대 평균 보상을 가지므로 가장 좋은 암이라고 결론을 내릴 수 있습니다.

엡실론-탐욕 구현

이제 가장 좋은 암을 찾기 위해 엡실론-탐욕 방법을 구현하는 방법을 알아보겠습니다. 먼저 필요한 라이브러리를 가져오겠습니다.

```
import gym
import gym_bandits
import numpy as np
```

이해를 돕기 위해 두 암만 있는 밴딧을 만들어보겠습니다.

```
env = gym.make("BanditTwoArmedHighLowFixed-v0")
```

암의 확률 분포를 확인합니다.

```
print(env.p_dist)
```

앞의 코드는 다음을 출력합니다.

```
[0.8, 0.2]
```

암 1에서는 80% 확률로 게임에서 이기고 암 2에서는 20% 확률로 게임에서 이기는 것을 볼 수 있습니다. 여기에서 가장 좋은 암은 암 1이며, 암 1에서 80% 확률로 게임에서 승리합니다. 이제 엡실론-탐욕 방법을 사용하여 이 가장 좋은 암을 찾는 방법을 살펴보겠습니다.

먼저 변수를 초기화합니다.

암이 당겨진 횟수를 저장하기 위한 count를 초기화합니다.

```
count = np.zeros(2)
```

각 암의 보상 합계를 저장하기 위해 sum_rewards를 초기화합니다.

```
sum_rewards = np.zeros(2)
```

각 암의 평균 보상을 저장하기 위해 Q를 초기화합니다.

```
Q = np.zeros(2)
```

라운드(반복) 수를 설정합니다.

```
num_rounds = 100
```

이제 epsilon_greedy 함수를 정의해보겠습니다.

먼저 균일 분포에서 난수를 생성합니다. 난수가 엡실론보다 작으면 난수를 생성하고, 그렇지 않으면 다음과 같이 평균 보상이 최대인 가장 좋은 암을 선택합니다.

```
def epsilon_greedy(epsilon):

    if np.random.uniform(0,1) < epsilon:
        return env.action_space.sample()
    else:
        return np.argmax(Q)
```

이제 게임을 플레이하고 엡실론-탐욕 방법을 사용하여 최고의 암을 찾아보겠습니다.

라운드마다 수행합니다.

```
for i in range(num_rounds):
```

엡실론-탐욕 방법에 따라 암을 선택합니다.

```
    arm = epsilon_greedy(epsilon=0.5)
```

암을 선택하고 보상과 다음 상태 정보를 저장합니다.

```
    next_state, reward, done, info = env.step(arm)
```

암의 카운트를 1만큼 증가시킵니다.

```
    count[arm] += 1
```

암의 보상 합계를 업데이트합니다.

```
    sum_rewards[arm]+=reward
```

암의 평균 보상을 업데이트합니다.

```
    Q[arm] = sum_rewards[arm]/count[arm]
```

모든 라운드가 끝나고 각 암에서 얻은 평균 보상을 살펴보겠습니다.

```
print(Q)
```

앞의 코드는 다음과 같이 출력됩니다.

```
[0.83783784 0.34615385]
```

이제 최대 평균 보상이 있는 최적의 암을 선택할 수 있습니다.

$$a^* = \underset{a}{\arg\max} Q(a)$$

암 1은 암 2보다 평균 보상이 높기 때문에 최적의 암은 암 1이 됩니다.

```
print('The optimal arm is arm {}'.format(np.argmax(Q)+1))
```

앞의 코드는 다음을 출력합니다.

```
The optimal arm is arm 1
```

따라서 엡실론-탐욕 방법을 사용하여 최적의 암을 찾았습니다.

6.1.2.2 소프트맥스 탐험

Boltzmann 탐험이라고도 하는 소프트맥스(Softmax) 탐험은 최적의 암을 찾기 위한 또 다른 유용한 탐험 전략입니다.

엡실론-탐욕 정책에서 1-E의 확률로 가장 좋은 암을, E의 확률로 무작위 암을 선택한다는 것을 배웠습니다. 엡실론-탐욕 정책에서는 최고가 아닌 모든 암이 동등하게 탐험됩니다. 즉, 최고가 아닌 모든 암은 선택될 확률이 균일합니다. 예를 들어 암이 4개 있고 암 1이 가장 좋은 암이라고 가정해 보겠습니다. 그러면 최적이 아닌 암 [암 2, 암 3, 암 4]를 균일하게 탐험합니다.

암 3은 결코 좋은 암이 아니며 항상 0의 보상을 제공한다고 가정해 보겠습니다. 이 경우 암 3을 다시 탐험하는 대신 암 2와 암 4를 탐험하는 데 더 많은 시간을 할애할 수 있습니다. 그러나 엡실론-탐욕 방법의 문제는 최고가 아닌 모든 암을 동등하게 탐험합니다. 따라서 가장 좋지 않은 모든 암 [암 2, 암 3, 암 4]가 동등하게 탐험됩니다.

이를 피하기 위해 암 2와 암 4를 암 3보다 우선시할 수 있다면 암 3보다 암 2와 암 4를 더 많이 탐험할 수 있습니다.

하지만 어떻게 암에 우선순위를 둘 수 있을까요? 평균 보상 Q를 기반으로 모든 암에 확률을 할당하여 암에 우선 순위를 줄 수 있습니다. 평균 보상이 최대인 암은 높은 확률을 가지며, 최고가 아닌 각 암은 평균 보상에 비례하는 확률을 갖습니다.

예를 들어, 표 6.7에서 볼 수 있듯이, 암 1은 평균 보상 Q가 높기 때문에 가장 좋은 암입니다. 따라서 암 1에 높은 확률을 할당합니다. 암 2, 3, 4는 최적이 아닌 암이고 그들을 탐험해야합니다. 암 3은 평균 보상이 0입니다. 따라서 최적이 아닌 모든 암을 균일하게 선택하는 대신 암 3보다 암 2와 암 4에 더 많은 우선순위를 부여합니다. 따라서 암 2와 암 4가 나올 확률은 암 3에 비해 높습니다.

arm	Q
arm 1	0.84
arm 2	0.24
arm 3	0.0
arm 4	0.13

표 6.7 암이 4개인 밴딧의 평균 보상

따라서 소프트맥스 탐험에서는 확률에 따라 암을 선택합니다. 각 암의 확률은 평균 보상에 정비례합니다.

$$p_t(a) \propto Q_t(a)$$

확률의 합은 1이 되어야 하지만, 평균 보상(Q 값)의 합은 1이 아닙니다. 따라서 여기에 표시된 것처럼 소프트맥스 함수를 사용하여 확률로 변환합니다.

$$p_t(a) \propto \frac{\exp(Q_t(a))}{\sum_{i=1}^{n} \exp(Q_t(i))} \tag{1}$$

이제 확률에 따라 암이 선택됩니다. 그러나 초기 라운드에서는 각 암의 정확한 평균 보상을 알 수 없으므로 초기 라운드에서 평균 보상 확률에 따라 암을 선택하는 것은 부정확합니다. 이를 피하기 위해 T라는 새로운 매개변수를 도입합니다. T는 온도 매개변수(temperature parameter)라고 합니다.

다음과 같이 온도 T로 앞의 방정식을 다시 쓸 수 있습니다.

$$p_t(a) \propto \frac{\exp(Q_t(a)/T)}{\sum_{i=1}^{n} \exp(Q_t(i))/T} \qquad (2)$$

이 T가 어떤 도움이 될까요? T가 높으면 모든 암이 동일한 확률로 선택되고, T가 낮으면 평균 보상이 가장 큰 암이 높은 확률을 갖습니다. 그래서 초기 라운드에서 T를 높은 숫자로 설정하고 일련의 라운드 후에 T의 값을 줄입니다. 이것은 초기 라운드에서 모든 암을 동등하게 탐험하고 일련의 라운드 후에는 확률이 높은 최적의 암을 선택하는 것을 의미합니다.

간단한 예를 들어 이것을 이해해봅시다. 암 1에서 암 4까지 4개의 암이 있다고 가정하겠습니다. 암 1을 당기고 1의 보상을 받는다고 하면, 표 6.8에서 볼 수 있듯이 암 1의 평균 보상은 1이 되고 다른 모든 암의 평균 보상은 0이 됩니다.

arm	Q
arm 1	1
arm 2	0
arm 3	0
arm 4	0

표 6.8 각 암의 평균 보상

이제 방정식 (1)에 주어진 소프트맥스 함수를 사용하여 평균 보상을 확률로 변환하면 확률은 다음과 같습니다.

arm	Q	probability
arm 1	1	0.475
arm 2	0	0.174
arm 3	0	0.174
arm 4	0	0.174

표 6.9 각 암의 확률

암 1의 확률은 47%이고 다른 모든 암의 확률은 17%입니다. 그러나 암 1을 한 번 당기는 것으로 암 1에 높은 확률을 할당할 수 없습니다. 그래서 T를 높은 숫자, 예를 들어 T=30으로 설정하고 방정식 (2)를 기반으로 확률을 계산합니다. 이제 확률은 다음과 같습니다.

arm	Q	probability
arm 1	1	0.253
arm 2	0	0.248
arm 3	0	0.248
arm 4	0	0.248

표 6.10 T=30일 때, 각 암의 확률

이제 모든 암이 선택될 확률이 동일합니다. 이제 이 확률을 기반으로 암을 탐험하고 일련의 라운드에 걸쳐 T 값이 감소하고 최적의 암에 대한 높은 확률을 갖게 됩니다. 약 30라운드 후에 모든 암의 평균 보상이 다음과 같다고 가정해 보겠습니다.

arm	Q
arm 1	0.84
arm 2	0.24
arm 3	0.0
arm 4	0.13

표 6.11 30 이상 라운드 후, 각 암의 평균 보상

T의 값이 여러 라운드에 걸쳐 감소한다는 것을 배웠습니다. T 값이 감소하여 현재 0.3(T=0.3)이라고 가정해보겠습니다. 그러면 확률은 다음과 같이 됩니다.

arm	Q	probability
arm 1	0.84	0.775
arm 2	0.24	0.104
arm 3	0.0	0.047
arm 4	0.13	0.072

표 6.12 T가 0.3으로 설정된 후, 각 암의 확률

보시다시피 암 1은 다른 암에 비해 확률이 높습니다. 그래서 암 1을 최적의 암으로 선택하고 다음 라운드의 확률을 기반으로 최적이 아닌 암 [암 2, 암 3, 암 4]를 탐험합니다.

따라서 초기 라운드에서 어떤 암이 가장 좋은 암인지 알지 못합니다. 따라서 평균 보상을 기반으로 암에 높은 확률을 할당하는 대신 T 값이 높은 초기 라운드에서 모든 암에 동일

한 확률을 할당하고, 일련의 라운드에 걸쳐 T 값을 줄여서 평균 보상이 높은 암에 높은 확률을 부여합니다.

소프트맥스 탐험 구현

이제 최적의 암을 찾기 위해 소프트맥스 탐험을 구현하는 방법을 알아보겠습니다. 먼저 필요한 라이브러리를 가져오겠습니다.

```
import gym
import gym_bandits
import numpy as np
```

엡실론-탐욕 섹션에서 본 것과 동일한 두 암을 가진 밴딧을 예로 들어 보겠습니다.

```
env = gym.make("BanditTwoArmedHighLowFixed-v0")
```

이제 변수를 초기화해 보겠습니다.

암이 당겨진 횟수를 저장하기 위한 count 변수를 초기화합니다.

```
count = np.zeros(2)
```

각 암의 보상 합계를 저장하기 위해 sum_rewards 변수를 초기화합니다.

```
sum_rewards = np.zeros(2)
```

각 암의 평균 보상을 저장하기 위해 Q를 초기화합니다.

```
Q = np.zeros(2)
```

라운드(반복) 수를 설정합니다.

```
num_rounds = 100
```

이제 온도 T로 소프트맥스 함수를 정의합니다.

$$p_t(a) = \frac{\exp(Q_t(a)/T)}{\sum_{i=1}^{n} \exp(Q_t(i))/T}$$

```
def softmax(T):
```

암의 방정식을 기반으로 각 암의 확률을 계산합니다.

```
    denom = sum([np.exp(i/T) for i in Q])
    probs = [np.exp(i/T)/denom for i in Q]
```

암의 계산된 확률 분포를 기반으로 암을 선택합니다.

```
    arm = np.random.choice(env.action_space.n, p=probs)

    return arm
```

이제 게임을 플레이하고 소프트맥스 탐험 방법을 사용하여 최적의 암을 찾겠습니다.

온도 T를 높은 숫자, 예를 들어 50으로 설정하여 시작하겠습니다.

```
T = 50
```

라운드마다 수행합니다.

```
for i in range(num_rounds):
```

소프트맥스 탐험 방법에 따라 암을 선택합니다.

```
    arm = softmax(T)
```

암을 당겨 보상과 다음 상태 정보를 저장합니다.

```
    next_state, reward, done, info = env.step(arm)
```

암의 카운트를 1만큼 증가시킵니다.

```
    count[arm] += 1
```

암의 보상 합계를 업데이트합니다.

```
    sum_rewards[arm]+=reward
```

암의 평균 보상을 업데이트합니다.

```
    Q[arm] = sum_rewards[arm]/count[arm]
```

온도 T를 낮춥니다.

```
    T = T*0.99
```

모든 라운드가 끝나고 Q 값, 즉 모든 암의 평균 보상을 확인합니다.

```
print(Q)
```

앞의 코드는 다음과 같이 출력됩니다.

```
[0.77700348 0.1971831 ]
```

보시다시피, 암 1은 암 2보다 평균 보상이 더 높기 때문에 암 1을 최적의 암으로 선택합니다.

```
print('The optimal arm is arm {}'.format(np.argmax(Q)+1))
```

앞의 코드는 다음을 출력합니다.

```
The optimal arm is arm 1
```

따라서 소프트맥스 탐험 방법을 사용하여 최적의 암을 찾았습니다.

6.1.2.3 신뢰 상한

이 섹션에서는 탐험-이용 딜레마를 처리하기 위한 신뢰 상한(upper confidence bound, UCB)라는 또 다른 흥미로운 알고리즘을 살펴보겠습니다. UCB 알고리즘은 불확실성에 직면한 낙관주의라는 원칙을 기반으로 합니다. 간단한 예를 들어 UCB 알고리즘이 정확히 어떻게 작동하는지 이해합시다.

두 암 암 1과 암 2가 있다고 가정해보겠습니다. 암 1과 암 2를 무작위로 당겨서 20라운드 동안 게임을 했고 암 1의 평균 보상이 0.6이고 암 2의 평균 보상이 0.5라는 것을 발견했다고 가정해 보겠습니다. 그러나 이 의미 없는 보상이 실제로 정확하다는 것을 어떻게 확신할 수 있습니까? 즉, 이 평균 보상이 실제 평균을 나타내는지 어떻게 확신할 수 있습니까? 이 때, 신뢰 구간을 사용합니다.

신뢰 구간은 실제 값이 있는 구간을 나타냅니다. 따라서 신뢰 구간은 암의 진정한 평균 보상이 있는 구간을 나타냅니다.

예를 들어 그림 6.2에서 암 1의 신뢰 구간이 0.2~0.9임을 알 수 있습니다. 이는 암 1의 평균 보상이 0.2~0.9 범위에 있음을 나타냅니다. 0.2는 신뢰 하한이고 0.9는 신뢰 상한입니다. 마찬가지로, 암 2의 신뢰 구간이 0.5에서 0.7임을 관찰할 수 있습니다. 이는 암 2의 평균 보상이 0.5에서 0.7 범위에 있음을 나타냅니다. 여기서 0.5는 신뢰 하한이고 0.7은 신뢰 상한입니다.

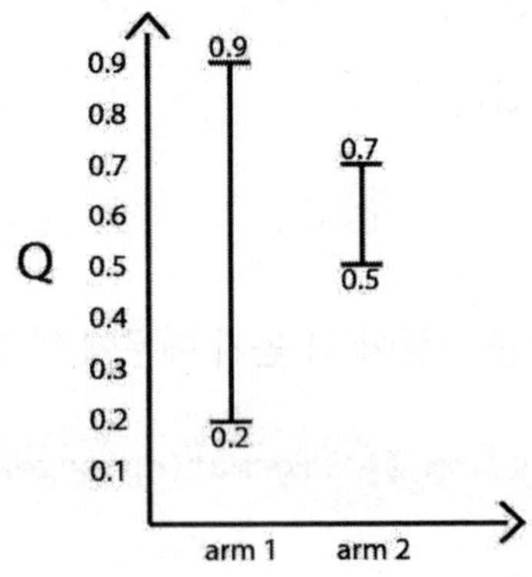

그림 6.2 암 1과 암 2의 신뢰 구간

그림 6.2에서 암 1과 암 2의 신뢰 구간을 볼 수 있습니다. 이제 어떻게 결정을 내릴 수 있습니까? 즉, 암 1 또는 암 2 중 어떤 것을 당길지 여부를 어떻게 결정할 수 있습니까? 자세히 보면 암 1의 신뢰 구간이 크고 암 2의 신뢰 구간이 작은 것을 알 수 있습니다.

신뢰 구간이 크면 평균값이 불확실합니다. 암 1의 신뢰 구간이 크므로(0.2 ~ 0.9), 평균 보상이 최저 0.2에서 최고 0.9까지 다양하기 때문에 암 1을 당겨서 얻을 수 있는 보상이 확실하지 않습니다. 따라서 암 1에는 많은 불확실성이 있으며 암 1이 높은 보상을 제공하는지 낮은 보상을 제공하는지 확실하지 않습니다.

신뢰 구간이 작으면 평균값이 확실합니다. 암 2의 신뢰 구간이 작기 때문에(0.5~0.7) 평균 보상이 0.5~0.7 범위에 있으므로 암 2를 당겨 좋은 보상을 얻을 수 있다고 확신할 수 있습니다.

그러나 암 2의 신뢰 구간이 작고 암 1의 신뢰 구간이 큰 이유는 무엇입니까? 섹션의 시작 부분에서 암 1과 암 2를 무작위로 당겨서 20라운드 동안 게임을 하고 암 1과 암 2의 평균 보상을 계산했다는 것을 배웠습니다. 암 2는 15번 당겨졌고 암 1은 5번만 당겨졌습니다. 암 2는 여러 번 당겨졌기 때문에 암 2의 신뢰구간이 작아 일정한 평균 보상을 나타냅니다. 암 1은 당겨진 횟수가 적기 때문에 암의 신뢰 구간이 크고 불확실한 평균 보상을 나타냅니다. 따라서 이는 암 2가 암 1보다 훨씬 더 많이 탐험되었음을 나타냅니다.

질문으로 돌아가서 암 1을 당겨야 할까요 아니면 암 2를 당겨야 할까요? UCB에서는 항상 높은 신뢰 상한이 있는 것을 선택하므로 이 예에서는 높은 신뢰 상한이 0.9이므로 암 1을 선택합니다. 하지만 신뢰 상한이 가장 높은 암을 선택해야 하는 이유는 무엇입니까? 상한이 가장 높은 암을 선택하면 최대 보상을 제공하는 암을 선택하는 데 도움이 됩니다.

그러나 여기에 작은 함정이 있습니다. 신뢰 구간이 크면 평균 보상에 대해 확신할 수 없습니다. 예를 들어, 이 예에서는 신뢰 상한이 0.9로 높기 때문에 암 1을 선택합니다. 그러나 암 1의 신뢰 구간이 크기 때문에 평균 보상이 0.2에서 0.9 사이일 수 있으므로 낮은 보상을 얻을 수도 있습니다. 하지만 괜찮습니다. 탐험을 촉진하므로 여전히 암 1을 선택합니다. 암을 잘 탐험하면 신뢰 구간이 작아집니다.

UCB가 높은 암을 선택하여 몇 라운드 동안 게임을 하면 할수록 두 암의 신뢰 구간이 좁아지고 보다 정확한 평균값을 나타냅니다. 예를 들어 그림 6.3에서 볼 수 있듯이 게임을 여러 번 플레이한 후, 양쪽 암의 신뢰 구간이 작아지고 더 정확한 평균 값을 나타냅니다.

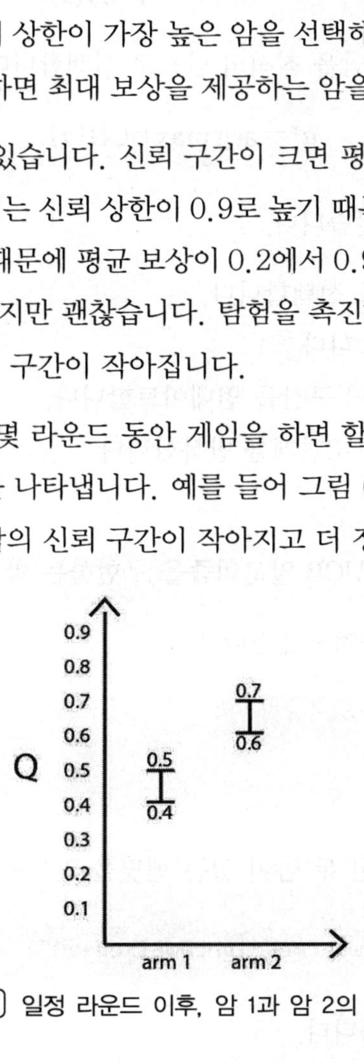

그림 6.3 일정 라운드 이후, 암 1과 암 2의 신뢰 구간

그림 6.3을 보면 두 암의 신뢰구간이 작고 평균이 더 정확한 것을 알 수 있으며 UCB에서는 UCB가 가장 높은 암을 선택하므로 암 2를 가장 좋은 암으로 선택합니다.

따라서 UCB에서는 항상 신뢰 상한이 가장 높은 암을 선택합니다. 초기 라운드에서 암의 신뢰 구간이 커질 것이기 때문에 초기 라운드에서 최적의 암을 선택하지 않을 수 있습니다. 그러나 일련의 라운드를 거치면서 신뢰 구간이 더 작아지고 최적의 암을 선택합니다.

N(a)를 암 a가 당겨진 횟수이고 t를 총 라운드 수라고 하면 암 a의 신뢰 상한은 다음과 같이 계산할 수 있습니다.

$$\mathrm{UCB}(a) = Q(a) + \sqrt{\frac{2\log(t)}{N(a)}} \quad (3)$$

가장 높은 신뢰 상한을 갖는 암을 최적의 암으로 선택합니다.

$$a^* = \arg\max_a \mathrm{UCB}(a)$$

UCB의 알고리즘은 다음과 같습니다.

1. 신뢰 상한이 높은 암을 선택합니다.
2. 암을 당겨 보상을 받습니다
3. 암의 평균 보상 및 신뢰 구간을 업데이트합니다.
4. 여러 라운드에 대해 1~3단계를 반복합니다.

UCB 구현

이제 최적의 암을 찾기 위해 UCB 알고리즘을 구현하는 방법을 알아보겠습니다.

먼저 필요한 라이브러리를 가져오겠습니다.

```
import gym
import gym_bandits
import numpy as np
```

이전 섹션에서 본 것과 동일한 두 암이 있는 밴딧을 만들어보겠습니다.

```
env = gym.make("BanditTwoArmedHighLowFixed-v0")
```

이제 변수를 초기화해 보겠습니다.

암이 당겨진 횟수를 저장하기 위한 count 변수를 초기화합니다.

```
count = np.zeros(2)
```

각 암의 보상 합계를 저장하기 위해 sum_rewards 변수를 초기화합니다.

```
sum_rewards = np.zeros(2)
```

각 암의 평균 보상을 저장하기 위해 Q를 초기화합니다.

```
Q = np.zeros(2)
```

라운드(반복) 수를 설정합니다.

```
num_rounds = 100
```

이제 가장 좋은 암을 가장 높은 UCB를 가진 암으로 반환하는 UCB 함수를 정의합니다.

```
def UCB(i):
```

모든 암의 UCB를 저장하기 위해 numpy 배열을 초기화합니다.

```
    ucb = np.zeros(2)
```

UCB를 계산하기 전에 모든 암을 적어도 한 번 탐험하므로 처음 2 라운드 동안 라운드 번호에 해당하는 암을 직접 선택합니다.

```
    ucb = np.zeros(2)
```

라운드가 2보다 크면 방정식 (3)에 지정된 대로 모든 암의 UCB를 계산하고 UCB가 가장 높은 암을 반환합니다.

```
    else:
        for arm in range(2):
            ucb[arm] = Q[arm] + np.sqrt((2*np.log(sum(count))) /
count[arm])

        return (np.argmax(ucb))
```

이제 게임을 플레이하고 UCB 방식을 이용하여 최적의 암을 찾아보도록 하겠습니다.

라운드마다 수행합니다.

```
for i in range(num_rounds):
```

UCB 방법을 기반으로 암을 선택합니다.

```
    arm = UCB(i)
```

암을 당기고 보상과 다음 상태 정보를 저장합니다.

```
    next_state, reward, done, info = env.step(arm)
```

암의 카운트를 1만큼 증가시킵니다.

```
    count[arm] += 1
```

암의 보상 합계를 업데이트합니다.

```
    sum_rewards[arm]+=reward
```

암의 평균 보상을 업데이트합니다.

```
    Q[arm] = sum_rewards[arm]/count[arm]
```

모든 라운드가 끝나면 평균 보상이 최대인 최적의 암을 선택할 수 있습니다.

```
print('The optimal arm is arm {}'.format(np.argmax(Q)+1))
```

앞의 코드는 다음을 출력합니다.

```
The optimal arm is arm 1
```

따라서 UCB 방법을 사용하여 최적의 암을 찾았습니다.

6.1.2.4 톰슨 샘플링

톰슨 샘플링(Thompson sampling, TS)은 탐험-이용 딜레마를 극복하기 위한 또 다른 흥미로운 탐험 전략이며 베타 분포를 기반으로 합니다. 따라서 톰슨 샘플링에 대해 알아보기 전에 먼저 베타 분포를 이해해보겠습니다. 베타 분포는 확률 분포 함수이며 다음과 같이 표현됩니다.

$$f(x) = \frac{1}{B(\alpha, \beta)} x^{\alpha-1}(1-x)^{\beta-1}$$

여기서 $B(\alpha, \beta) = \frac{\gamma(\alpha)\gamma(\beta)}{\gamma(\alpha+\beta)}$이며 $\gamma(.)$는 감마 함수입니다.

분포의 모양은 두 매개변수 α와 β에 의해 제어됩니다. α와 β의 값이 같으면 대칭 분포를 갖게 됩니다.

예를 들어 그림 6.4에서 볼 수 있듯이 α와 β의 값이 2이므로 대칭 분포입니다.

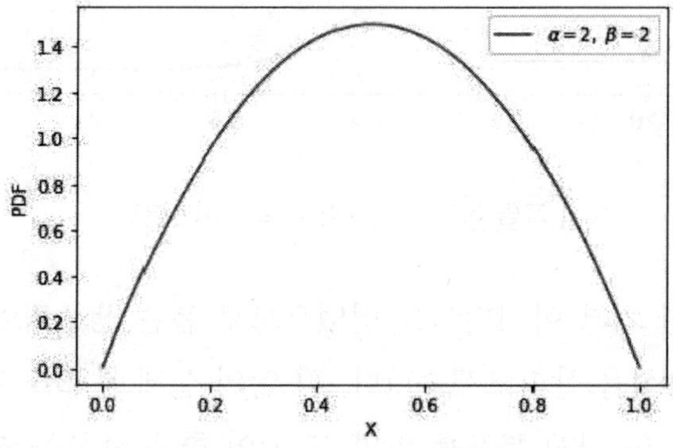

그림 6.4 대칭 베타 분포

α의 값이 β보다 높을 때 0보다 1에 더 가까운 확률을 가질 것입니다. 예를 들어 그림 6.5에서 볼 수 있듯이 α=9, β=2의 값 때문에 0보다 1에 더 가까울 확률이 높습니다.

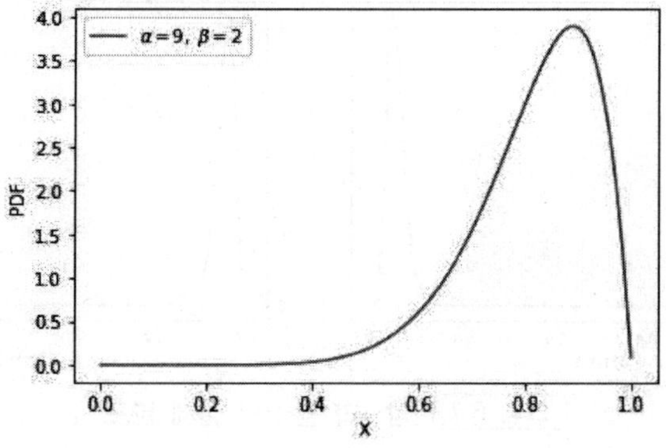

그림 6.5 α〉β일 때의 베타 분포

β의 값이 α보다 높을 때 1보다 0에 가까울 확률이 높습니다. 예를 들어 그림 6.6에서 볼

수 있듯이 $\alpha=2$, $\beta=9$의 값 때문에 1보다 0에 더 가까울 확률이 높습니다.

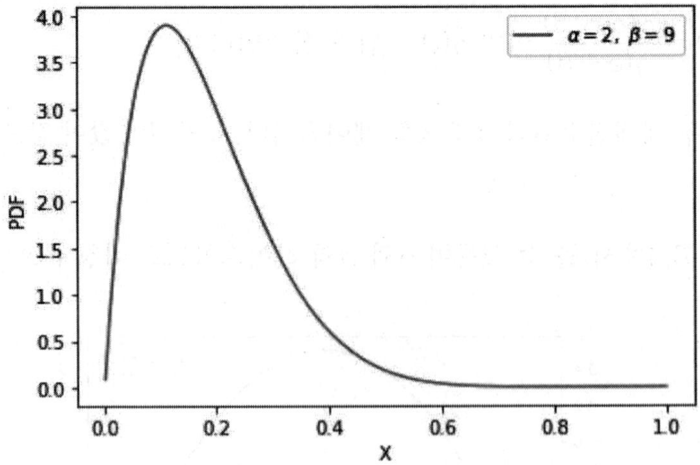

그림 6.6 $\alpha\langle\beta$일 때의 감마 분포

이제 베타 분포에 대한 기본 아이디어를 얻었으므로 톰슨 샘플링이 작동하는 방식과 베타 분포를 사용하는 방식을 살펴보겠습니다. 각 암의 실제 분포를 이해하는 것은 매우 중요합니다. 왜냐하면 암의 실제 분포를 알면 그 암이 좋은 보상을 줄 것인지 쉽게 이해할 수 있기 때문입니다. 즉, 암을 당기는 것이 게임에서 승리하는 데 도움이 되는지 여부를 이해할 수 있습니다. 예를 들어, 암 1과 암 2라는 두 개의 암이 있다고 가정해 보겠습니다. 그림 6.7은 두 암의 실제 분포를 보여줍니다.

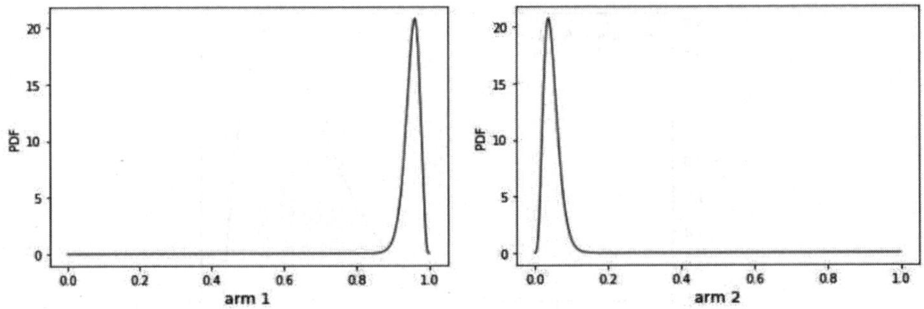

그림 6.7 암 1과 암 2의 실제 분포

그림 6.7에서 암 1은 1에 가까울 확률이 높지만 암 2는 0에 가까울 확률이 높기 때문에 암 2보다 암 1을 당기는 것이 더 낫다는 것을 알 수 있습니다. 따라서 암 1을 당기면 보상은 1이고 게임에서 이기지만 암 2를 당기면 보상은 0이고 게임에서 집니다. 따라서 암의

실제 분포를 알면 어떤 암이 가장 좋은 암인지 이해할 수 있습니다.

그러나 암 1과 암 2의 실제 분포를 어떻게 알 수 있을까요? 이 때, 톰슨 샘플링 방법을 사용합니다. 톰슨 샘플링은 확률적 방법이며 사전 분포를 기반으로 합니다.

먼저 암 1과 암 2에서 n개의 샘플을 가져와서 분포를 계산합니다. 그러나 초기 반복에서 암 1과 암 2의 계산된 분포는 실제 분포와 동일하지 않으므로 이를 사전 분포라고 합니다. 그림 6.8에서 볼 수 있듯이 암 1과 암 2의 사전 분포가 있으며 실제 분포와 다릅니다.

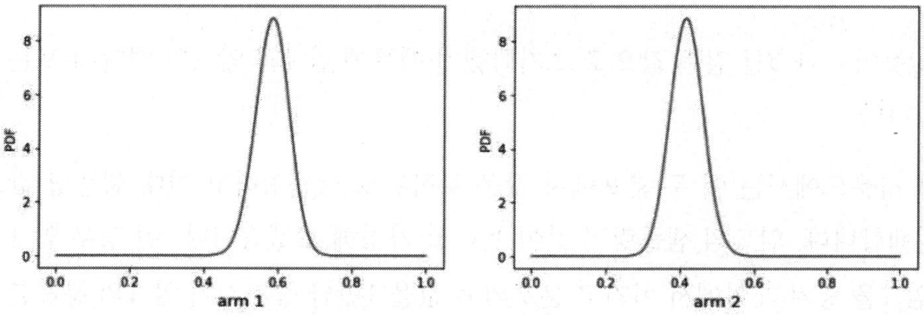

그림 6.8 암 1과 암 2의 사전 분포

그러나 일련의 반복을 통해 암 1과 암 2의 실제 분포를 배우고 그림 6.9에서 볼 수 있듯이 암의 사전 분포는 일련의 반복 후 실제 분포와 동일하게 보입니다.

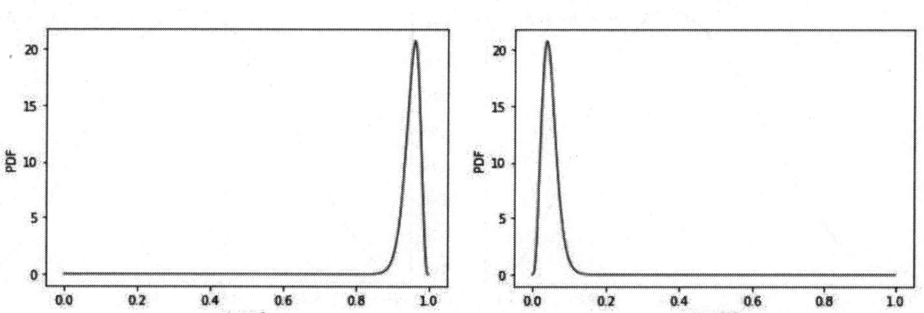

그림 6.9 사전 분포가 실제 분포에 더 가깝게 이동합니다.

모든 암의 실제 분포를 알게 되면 가장 좋은 암을 쉽게 선택할 수 있습니다. 하지만 실제 분포를 정확히 어떻게 알 수 있을까요? 이에 대해 더 자세히 살펴보겠습니다.

여기서는 베타 분포를 사전 분포로 사용합니다. 두 개의 암이 있다고 가정하면 두 개의 베타 분포(사전 분포)가 있고 그림 6.10과 같이 α와 β를 동일한 값(예 : 3)으로 초기화합니다.

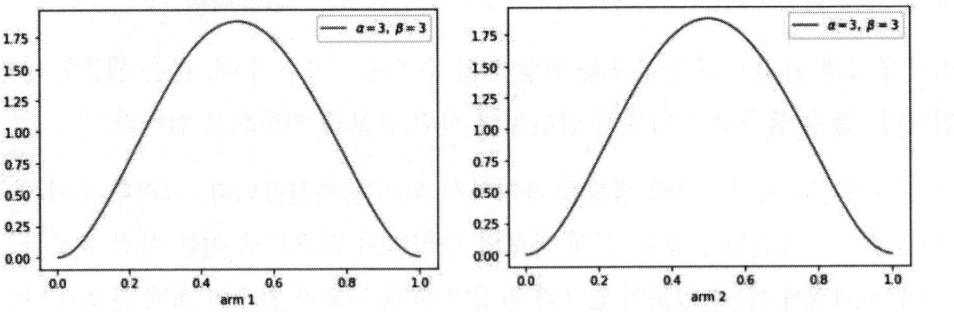

그림 6.10 암 1과 암 2에 대한 초기화된 사전 분포는 동일하게 보입니다.

알 수 있듯이 α와 β를 같은 값으로 초기화했기 때문에 암 1과 암 2의 베타 분포는 동일하게 보입니다.

첫 번째 라운드에서는 이 두 분포에서 값을 무작위로 샘플링하고 최대 샘플링 값을 가진 암을 선택합니다. 암 1의 샘플링된 값이 높다고 가정해 보겠습니다. 이 경우 암 1을 당깁니다. 암 1을 당겨 게임에서 이기고 분포의 α 값을 1만큼 증가시켜 암 1의 분포를 업데이트합니다. 즉, α 값을 $\alpha=\alpha+1$로 업데이트합니다. 그림 6.11에서 볼 수 있듯이 암 1 분포의 α 값은 증가하며, 볼 수 있듯이 암 1의 베타 분포는 암 2에 비해 1에 가까울 확률이 약간 높습니다.

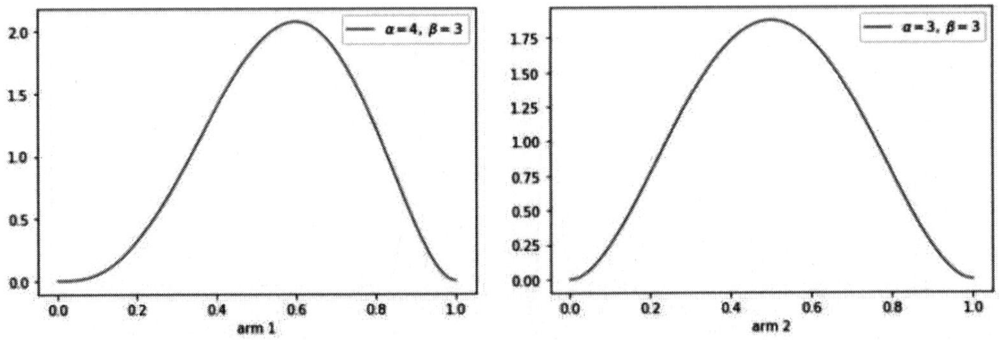

그림 6.11 라운드 1 이후, 암 1과 암 2의 사전 분포

다음 라운드에서 이 두 분포에서 무작위로 값을 다시 샘플링하고 최대 샘플링 값을 가진 암을 선택합니다. 이번 라운드에서도 암 1에서 최대 샘플링 값을 얻었다고 가정하겠습니다. 그러면 암 1을 다시 당깁니다. 암 1을 당겨 게임에서 이기고 α 값을 $\alpha=\alpha+1$로 업데이트하여 암 1의 분포를 업데이트합니다. 그림 6.12에서 볼 수 있듯이 암 1 분포의 α 값

은 증가하고 암 1의 베타 분포는 1에 가까울 확률이 약간 더 높습니다.

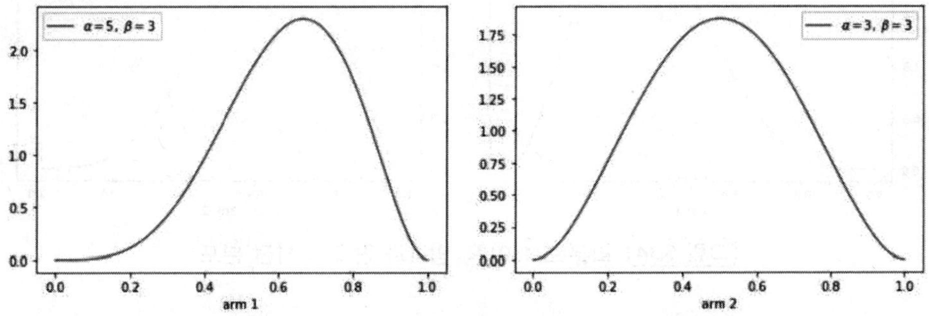

그림 6.12 라운드 2 이후, 암 1과 암 2의 사전 분포

유사하게, 다음 라운드에서 다시 무작위로 이 분포에서 값을 샘플링하고 최대값을 갖는 암을 당깁니다. 이번에는 암 2에서 최대값을 얻었으므로 암 2를 당겨 게임을 한다고 가정하겠습니다. 암 2를 당겨 게임에서 졌다고 해보겠습니다. 그러면 β 값을 $\beta=\beta+1$로 업데이트하여 암 2의 분포를 업데이트합니다. 그림 6.13에서 볼 수 있듯이 암 2 분포의 β 값이 증가하고 암 2 베타 분포의 확률이 0에 더 가까워집니다.

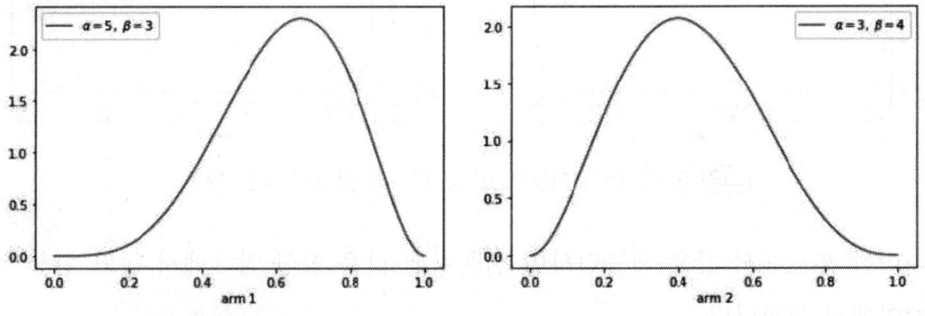

그림 6.13 라운드 3 이후, 암 1과 암 2의 사전 분포

다시 다음 라운드에서 암 1과 암 2의 베타 분포에서 값을 무작위로 샘플링합니다. 암 2의 샘플링 값이 높으므로 암 2를 당깁니다. 암 2를 당겨서 다시 게임에서 졌다고 가정해보겠습니다. 그런 다음 베타 값을 B=B+1로 업데이트하여 암 2의 분포를 업데이트합니다. 그림 6.14에서 볼 수 있듯이 암 2 분포의 베타 값은 1이 증가하고 암 2의 베타 분포가 0에 조금 더 가까워집니다.

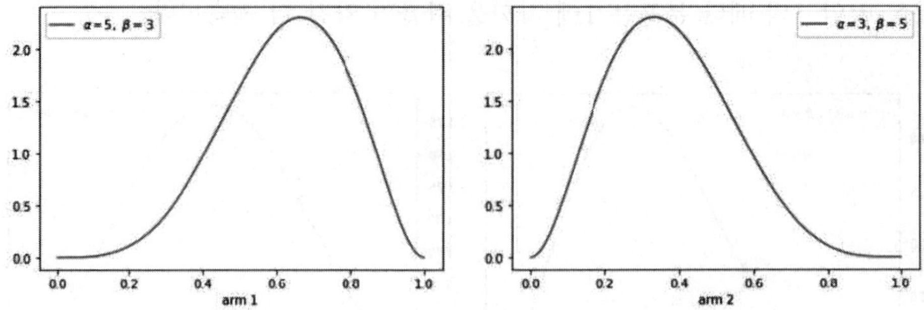

그림 6.14 라운드 4 이후, 암 1과 암 2의 사전 분포

여기서 무엇을 하고 있는지 눈치채셨나요? 암을 당겨 게임에서 이기면 암 분포의 알파 값을 증가시키고 그렇지 않으면 베타 값을 증가시킵니다. 이것을 여러 라운드 동안 반복하면 암의 실제 분포를 알 수 있습니다. 몇 라운드 후에 분포는 그림 6.15와 같을 것입니다. 보시다시피 양쪽 암의 분포는 실제 분포와 유사합니다.

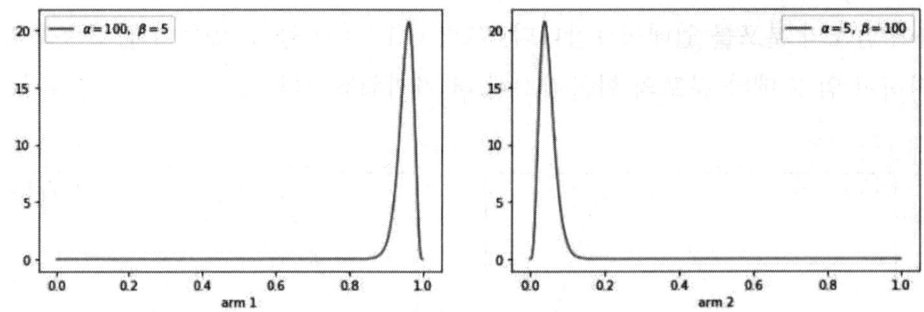

그림 6.15 여러 라운드 이후, 암 1과 암 2의 사전 분포

이제 이러한 분포에서 값을 샘플링하면 샘플링된 값은 항상 암 1에서 높고 항상 암 1을 당겨 게임에서 이깁니다.

톰슨 샘플링 방법의 단계는 다음과 같습니다.

1. 모든 k개 암에 대해 동일한 값의 알파 및 베타로 베타 분포를 초기화합니다.
2. 모든 k개 암의 베타 분포에서 값을 샘플링합니다.
3. 샘플링 값이 가장 높은 암을 당깁니다.
4. 게임에서 이기면 해당 분포의 알파 값을 A=A+1로 업데이트합니다.
5. 게임에서 지면 해당 분포의 베타 값을 B=B+1로 업데이트합니다.
6. 여러 라운드에 대해 2~5단계를 반복합니다.

톰슨 샘플링 구현

이제 최적의 암을 찾기 위해 톰슨 샘플링 방법을 구현하는 방법을 알아보겠습니다.

먼저 필요한 라이브러리를 가져오겠습니다.

```
import gym
import gym_bandits
import numpy as np
```

더 나은 이해를 위해 이전 섹션에서 본 것과 동일한 두 암이 있는 밴딧을 만들어 보겠습니다.

```
env = gym.make("BanditTwoArmedHighLowFixed-v0")
```

이제 변수를 초기화해 보겠습니다.

암이 당겨진 횟수를 저장하기 위한 count 변수를 초기화합니다.

```
count = np.zeros(2)
```

각 암의 보상 합계를 저장하기 위해 sum_rewards 변수를 초기화합니다.

```
sum_rewards = np.zeros(2)
```

각 암의 평균 보상을 저장하기 위해 Q를 초기화합니다.

```
Q = np.zeros(2)
```

두 암에 대한 각 알파 값을 1로 초기화합니다.

```
alpha = np.ones(2)
```

두 암에 대한 각 베타 값을 1로 초기화합니다.

```
beta = np.ones(2)
```

라운드(반복) 수를 설정합니다.

```
num_rounds = 100
```

이제 thompson_sampling 함수를 정의해 보겠습니다.

다음 코드에서 볼 수 있듯이 두 암의 베타 분포에서 값을 무작위로 샘플링하고 최대 샘플링 값을 가진 암을 반환합니다.

```
def thompson_sampling(alpha,beta):

    samples = [np.random.beta(alpha[i]+1,beta[i]+1) for i in range(2)]

    return np.argmax(samples)
```

이제 게임을 플레이하고 톰슨 샘플링 방법을 사용하여 가장 좋은 암을 찾아보겠습니다.

라운드마다 수행합니다.

```
for i in range(num_rounds):
```

톰슨 샘플링 방법에 따라 암을 선택합니다.

```
    arm = thompson_sampling(alpha,beta)
```

암을 당기고 보상과 다음 상태 정보를 저장합니다.

```
    next_state, reward, done, info = env.step(arm)
```

암의 카운트를 1만큼 증가시킵니다.

```
    count[arm] += 1
```

암의 보상 합계를 업데이트합니다.

```
    sum_rewards[arm]+=reward
```

암의 평균 보상을 업데이트합니다.

```
    Q[arm] = sum_rewards[arm]/count[arm]
```

게임에서 이기면, 즉 보상이 1이면 알파 값을 $\alpha=\alpha+1$로 업데이트하고, 그렇지 않으면 베타 값을 $\beta=\beta+1$로 업데이트합니다.

```
    if reward==1:
        alpha[arm] = alpha[arm] + 1
    else:
        beta[arm] = beta[arm] + 1
```

모든 라운드가 끝나면 평균 보상이 가장 높은 최적의 암을 선택할 수 있습니다.

```
print('The optimal arm is arm {}'.format(np.argmax(Q)+1))
```

앞의 코드는 다음을 출력합니다.

```
The optimal arm is arm 1
```

따라서 톰슨 샘플링 방법을 사용하여 최적의 암을 찾았습니다.

6.2 MAB의 응용

지금까지 MAB 문제와 다양한 탐험 전략을 사용하여 해결하는 방법에 대해 배웠습니다. 그러나 목표는 이러한 알고리즘을 슬롯 머신 게임에 사용하는 것이 아닙니다. 다양한 사용 사례에 다양한 탐험 전략을 적용할 수 있습니다.

예를 들어, 밴딧은 AB 테스트의 대안으로 사용될 수 있습니다. AB 테스트는 가장 일반적으로 사용되는 고전적인 테스트 방법 중 하나입니다. 웹 사이트의 방문 페이지에 두 가지 버전이 있다고 가정해보겠습니다. 사용자가 가장 좋아하는 방문 페이지 버전을 알고 싶다고 가정해보겠습니다. 이 경우 사용자가 가장 좋아하는 방문 페이지 버전을 파악하기 위해 AB 테스트를 수행합니다. 따라서 특정 사용자 집합에게는 랜딩 페이지 버전 1을 표시하고 다른 사용자 집합에는 랜딩 페이지 버전 2를 표시합니다. 그런 다음 클릭율, 웹 사이트에 머문 평균 시간 등과 같은 몇 가지 항목을 측정하여 사용자가 가장 좋아하는 방문 페이지 버전을 파악합니다. 사용자가 가장 좋아하는 방문 페이지 버전을 파악하면 해당 버전을 모든 사용자에게 표시하기 시작합니다.

따라서 AB 테스트에서는 탐험 및 이용을 위해 별도의 시간을 스케줄링합니다. 즉, AB

테스트에는 탐험과 이용을 위한 두 개의 다른 전용 기간이 있습니다. 하지만 AB 테스트의 문제점은 후회가 크다는 점입니다. MAB 문제를 해결하기 위해 사용한 다양한 탐험 전략을 사용하여 후회를 최소화할 수 있습니다. 따라서 탐험과 이용을 별도로 수행하는 대신 이전 섹션에서 학습한 다양한 탐험 전략을 사용하여 적응 방식으로 탐험과 이용을 동시에 수행할 수 있습니다.

밴딧은 웹사이트 최적화, 전환율 극대화, 온라인 광고, 캠페인 등에 널리 사용됩니다.

6.3 MAB를 이용한 최고의 광고 배너 찾기

이 섹션에서는 밴딧을 사용하여 최고의 광고 배너를 찾는 방법을 살펴보겠습니다. 웹 사이트를 운영 중이고 웹 사이트의 단일 광고에 대해 5개의 서로 다른 배너가 있고 사용자가 가장 좋아하는 광고 배너를 파악하고 싶다고 가정해보겠습니다.

이 문제를 MAB 문제로 틀 수 있습니다. 5개의 광고 배너는 밴딧의 5개의 암을 나타내며, 사용자가 광고를 클릭하면 +1 보상을 할당하고 사용자가 광고를 클릭하지 않으면 0 보상을 할당합니다. 따라서 사용자가 가장 많이 클릭한 광고 배너, 즉 어떤 광고 배너가 최대 보상을 줄 수 있는지 알아보기 위해 다양한 탐험 전략을 사용할 수 있습니다. 이 섹션에서는 엡실론-탐욕 방법을 사용하여 최고의 광고 배너를 찾아보겠습니다.

먼저 필요한 라이브러리를 가져오겠습니다.

```
import pandas as pd
import numpy as np
import matplotlib.pyplot as plt
import seaborn as sns
%matplotlib inline
plt.style.use('ggplot')
```

6.3.1 데이터셋 만들기

이제 데이터셋을 생성해 보겠습니다. 5개의 광고 배너를 나타내는 5개의 열이 있는 데이터셋을 생성하고 행의 값이 0 또는 1이 되는 100,000개의 행을 생성합니다. 각 숫자는 광고 배너가 사용자에 의해 클릭되었는지(1), 클릭되지 않았는지(0)를 나타냅니다.

```
df = pd.DataFrame()
for i in range(5):
    df['Banner_type_'+str(i)] = np.random.randint(0,2,100000)
```

데이터셋의 처음 몇 행을 살펴보겠습니다.

```
df.head()
```

앞의 코드는 다음을 출력합니다. 보시다시피 5개의 광고 배너(0~4)와 배너가 클릭되었는지(1), 클릭되지 않았는지(0)를 나타내는 0 또는 1 값으로 구성된 행들이 있습니다.

	Banner_type_0	Banner_type_1	Banner_type_2	Banner_type_3	Banner_type_4
0	0	1	1	0	1
1	1	0	1	0	1
2	0	1	1	0	1
3	1	1	1	0	1
4	0	0	1	1	0

그림 6.14 배너 당 클릭 수

6.3.2 변수 초기화

이제 몇 가지 중요한 변수를 초기화해 보겠습니다.

반복 횟수를 설정합니다.

```
num_iterations = 100000
```

배너 수를 정의합니다.

```
num_banner = 5
```

배너를 클릭한 횟수를 저장하기 위한 count 변수를 초기화합니다.

```
count = np.zeros(num_banner)
```

각 배너에서 획득한 보상의 합계를 저장하기 위해 sum_rewards 변수를 초기화합니다.

```
sum_rewards = np.zeros(num_banner)
```

각 배너의 평균 보상을 저장하기 위해 Q를 초기화합니다.

```
Q = np.zeros(num_banner)
```

선택한 배너를 저장할 리스트를 정의합니다.

```
banner_selected = []
```

6.3.3 엡실론-탐욕 방법 정의

이제 엡실론-탐욕 방법을 정의해보겠습니다. 균일 분포에서 무작위 값을 생성합니다. 무작위 값이 엡실론보다 작으면 무작위 배너를 선택합니다. 그렇지 않으면 평균 보상이 최대인 최적의 배너를 선택합니다.

```
def epsilon_greedy_policy(epsilon):

    if np.random.uniform(0,1) < epsilon:
        return np.random.choice(num_banner)
    else:
        return np.argmax(Q)
```

6.3.4 밴딧 테스트 실행

이제 어떤 광고 배너가 가장 적합한지 알아보기 위해 엡실론-탐욕 정책을 실행합니다.

반복마다 수행합니다.

```
for i in range(num_iterations):
```

엡실론-탐욕 정책을 사용하여 배너를 선택합니다.

```
    banner = epsilon_greedy_policy(0.5)
```

배너의 보상을 받습니다.

```
    reward = df.values[i, banner]
```

카운트를 증가시킵니다.

```
    count[banner] += 1
```

보상의 합계를 저장합니다.

```
    sum_rewards[banner]+=reward
```

평균 보상을 계산합니다.

```
    Q[banner] = sum_rewards[banner]/count[banner]
```

배너 선택 리스트에 배너를 저장합니다.

```
    banner_selected.append(banner)
```

모든 라운드가 끝나면 평균 보상이 최대인 배너로 최적의 배너를 선택할 수 있습니다.

```
print( 'The best banner is banner {}'.format(np.argmax(Q)))
```

앞의 코드는 다음을 출력합니다.

```
The best banner is banner 2
```

또한 어떤 배너가 가장 자주 선택되는지 그림으로 확인할 수 있습니다.

```
ax = sns.countplot(banner_selected)
ax.set(xlabel='Banner', ylabel='Count')
plt.show()
```

앞의 코드는 다음을 출력합니다. 보시다시피 배너 2가 가장 자주 선택됩니다.

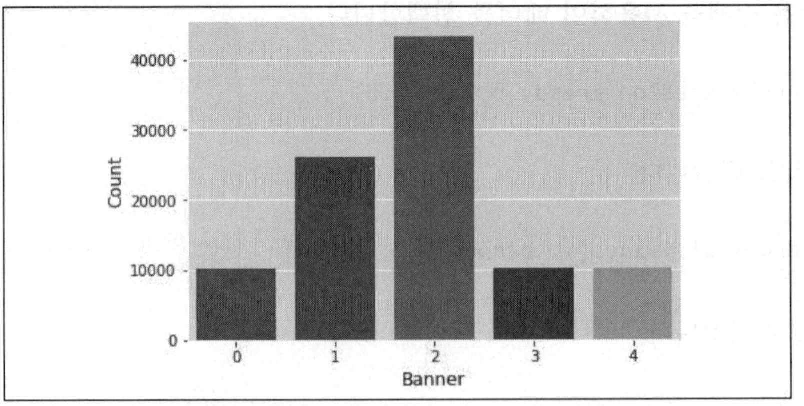

그림 6.15 배너 2는 최적의 광고 배너입니다

따라서 문제를 MAB 문제로 틀어서 최적의 광고 배너를 찾는 방법을 배웠습니다.

6.4 상황별 밴딧

밴딧을 사용하여 사용자에게 가장 적합한 광고 배너를 찾는 방법을 배웠습니다. 그러나 배너 선호도는 사용자마다 다릅니다. 즉, 사용자 A는 배너 1을 좋아하지만 사용자 B는 배너 3을 좋아할 수 있습니다. 각 사용자는 자신의 선호도를 가지고 있습니다. 따라서 각 사용자에 따라 광고 배너를 개인화해야 합니다. 이 때, 상황별 밴딧을 사용합니다.

MAB 문제에서 행동을 수행하고 보상을 받습니다. 그러나 상황별 밴딧을 사용하면 환경의 상태에 따라 행동를 취하고 상태가 상황을 유지합니다.

예를 들어, 광고 배너 예에서 상태는 사용자 행동을 지정하고 우리는 상태(사용자 행동)에 따라 최대 보상(광고 클릭)으로 이어지는 행동(배너 표시)을 취합니다.

상황별 밴딧은 사용자의 행동에 따라 콘텐츠를 개인화하는 데 널리 사용됩니다. 또한 추천 시스템이 직면한 콜드 스타트 문제를 해결하는 데 사용됩니다. 넷플릭스는 사용자 행동에 따라 TV 쇼를 개인화하기 위해 상황별 밴딧을 사용합니다.

요약

MAB 문제가 무엇이며 여러 탐험 전략을 사용하여 어떻게 해결할 수 있는지 이해하는 것으로 이 장을 시작했습니다. 먼저 엡실론-탐욕 방법에 대해 배웠습니다. 여기서 엡실론의 확률로 무작위 암을 선택하고 1-엡실론의 확률로 가장 좋은 암을 선택합니다. 다음으로 확률 분포에 따라 암을 선택하고 각 암의 확률은 평균 보상에 비례하는 소프트맥스 탐험 방법에 대해 배웠습니다.

그 다음에는 신뢰 상한이 가장 높은 암을 선택하는 UCB 알고리즘에 대해 배웠습니다. 그리고 베타 분포를 기반으로 암의 분포를 학습하는 톰슨 샘플링 방법을 학습했습니다.

이어서, MAB를 AB 테스트의 대안으로 사용할 수 있는 방법과 문제를 MAB 문제로 틀어 최적의 광고 배너를 찾는 방법을 배웠습니다. 이 장의 끝에서는 상황별 도적에 대한 개요도 살펴보았습니다.

다음 장에서는 심층 강화 학습에 필수적인 몇 가지 흥미로운 심층 학습 알고리즘에 대해 알아보겠습니다.

평가

다음 질문에 답하여 이 장에서 얻은 지식을 평가해 보겠습니다.

1. MAB 문제란 무엇입니까?
2. 엡실론-탐욕 정책은 어떻게 암을 선택합니까?
3. 소프트맥스 탐험에서 T의 중요성은 무엇입니까?
4. 신뢰 상한은 어떻게 계산합니까?
5. 베타 분포에서 알파 값이 베타 값보다 높으면 어떻게 됩니까?
6. 톰슨 샘플링의 각 단계는 무엇입니까?
7. 상황별 도적이란 무엇입니까?

참고문헌

추가 내용은 다음 링크를 참조해주세요.

- Introduction to Multi-Armed Bandits by Aleksandrs Slivkins, https://arxiv. org/pdf/1904.07272.pdf
- A Survey on Practical Applications of Multi-Armed and Contextual Bandits by Djallel Bouneffouf, Irina Rish, https://arxiv.org/pdf/1904.10040. pdf
- Collaborative Filtering Bandits by Shuai Li, Alexandros Karatzoglou, Claudio Gentile, https://arxiv.org/pdf/1502.03473.pdf

7

Deep Learning Foundation

딥러닝 기초

지금까지 이전 장에서 몇 가지 강화 학습 알고리즘이 동작하는 방법과 최적의 정책을 찾는 방법에 대해 배웠습니다. 이번 장부터는 딥러닝과 강화 학습을 결합한 심층 강화 학습(Deep Reinforcement Learning, DRL)에 대해 알아볼 것입니다. DRL을 이해하려면 딥러닝에 대한 선행 지식이 필요합니다. 따라서, 이번 장에서는 몇가지 중요한 딥러닝 알고리즘에 대해 배워봅시다.

딥러닝은 기계 학습의 하위 집합이며, 신경망에 관한 것입니다. 딥러닝이 등장한지 10년이 넘었지만, 최근에 딥러닝이 인기 있는 이유는 컴퓨팅 분야의 발전과 방대한 양의 빅데이터를 효율적으로 활용하기 위해서입니다. 방대한 양의 데이터의 활용을 위해 딥러닝 알고리즘은 기존 기계 학습 알고리즘들의 데이터 활용성을 능가할 수 있습니다.

생물학적 뉴런과 인공 뉴런이 무엇인지 이해하는 것으로 이 장을 시작한 다음, 인공 신경망(Artificial Neural Network, ANN)과 이를 구현하는 방법을 배웁니다. 또한, RNN

(Recurrent Neural Network), LSTM(Long-Short Term Memory), CNN(Convolutional Neural Network) 및 GAN(Generative Adversarial Network)과 같은 몇 가지 흥미로운 딥 러닝 알고리즘에 대해 알아볼 것입니다.

이 장에서는 다음에 대해 배웁니다.

- 생물학적 및 인공 뉴런
- ANNs
- RNNs
- LSTM RNNs
- CNNs
- GANs

생물학적으로 뉴런과 인공 뉴런이 어떻게 작동하는지 이해하는 것으로 이 장을 시작하겠습니다.

7.1 생물학적 그리고 인공적 뉴런 Biological and Artificial Neurons

시작하기에 앞서 먼저 생물학적(Biological) 뉴런이 무엇인지, 우리 뇌의 뉴런이 실제로 어떻게 작동하는지 살펴보고 인공(Artificial) 뉴런에 대해 알아보겠습니다.

뉴런은 인간 두뇌의 기본 계산 단위로 정의할 수 있습니다. 뉴런은 우리 뇌와 신경계의 기본 단위입니다. 우리의 뇌는 약 1,000억 개의 뉴런을 포함하고 있습니다. 모든 뉴런은 감각 기관을 통해 외부 환경으로부터 입력을 받고, 근육에 운동 명령을 보내 다른 활동을 수행하는 시냅스(Synapse)라는 구조를 통해 서로 연결되어 있습니다.

뉴런은 수상돌기라고 하는 가지(Branch)와 같은 구조를 통해 다른 뉴런으로부터 입력을 받을 수 있습니다. 이러한 입력은 강화되거나 약화됩니다. 즉, 중요도에 따라 가중치가 부여된 다음 소마라고 하는 세포체에서 합산됩니다. 세포체에서 이러한 합산된 입력은 축색돌기를 통해 이동해 다른 뉴런으로 전달됩니다.

그림 7.1은 기본적인 단일 생물학적 뉴런의 모습입니다.

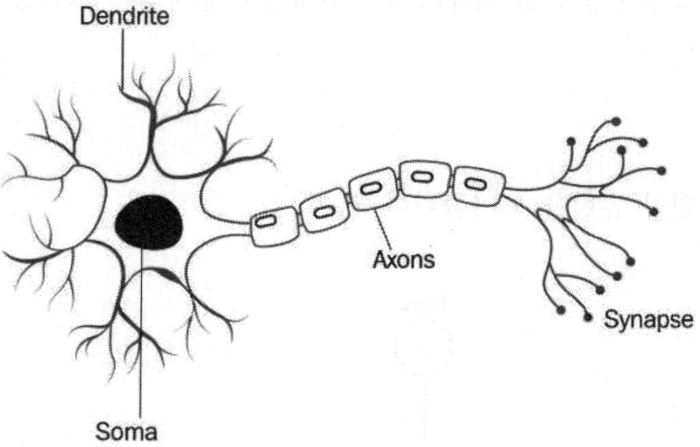

그림 7.1 생물학적 뉴런

이제 인공 뉴런이 어떻게 작동하는지 보겠습니다. 출력 y를 예측하기 위해 세 개의 입력 x_1, x_2 및 x_3이 존재합니다. 이러한 입력에 가중치 w_1, w_2 및 w_3을 곱하여 다음과 같이 합산합니다.

$$x_1 \cdot w_1 + x_2 \cdot w_2 + x_3 \cdot w_3$$

이러한 입력에 가중치를 곱하는 이유는 무엇일까요? 모든 입력이 출력 y를 계산하는데 똑같이 중요하지 않기 때문입니다. x_2가 다른 두 입력에 비해 출력 y를 계산하는데 더 중요하다고 가정하겠습니다. 그런 다음 입력 x_2가 중요하기 때문에 w_2에 다른 두 가중치보다 높은 값을 할당해줍니다. 따라서 가중치를 입력과 곱할 때 x_2는 다른 두 입력보다 높은 값을 갖게됩니다. 간단히 말해, 가중치 값은 입력을 강화하는데 사용됩니다. 입력값에 가중치를 곱한 후 이들을 합하고 편향 b라는 값을 추가합니다.

$$z = (x_1 \cdot w_1 + x_2 \cdot w_2 + x_3 \cdot w_3) + b$$

위 방적식을 자세히 보면 친숙해 보일 것입니다. z가 선형 회귀 방정식처럼 보이지 않습니까? 1차 방적식과 동일하게 보이지 않나요? 우리는 직선의 1차 방적식이 다음과 같이 주어지는 것을 알고 있습니다.

$$z = mx + b$$

여기서 m은 가중치(Coefficients, 계수), x는 입력, b는 편향(Bias)입니다.

그렇다면 뉴런과 선형 회귀의 차이는 무엇일까요? 뉴런에서 우리는 활성화(Activation) 또는 전달 함수라고 함수 $f(.)$를 적용하여 결과 z에 비선형성을 도입합니다. 따라서 출력은 다음과 같습니다.

$$y = f(z)$$

그림 7.2는 단일 인공 뉴런을 보여줍니다.

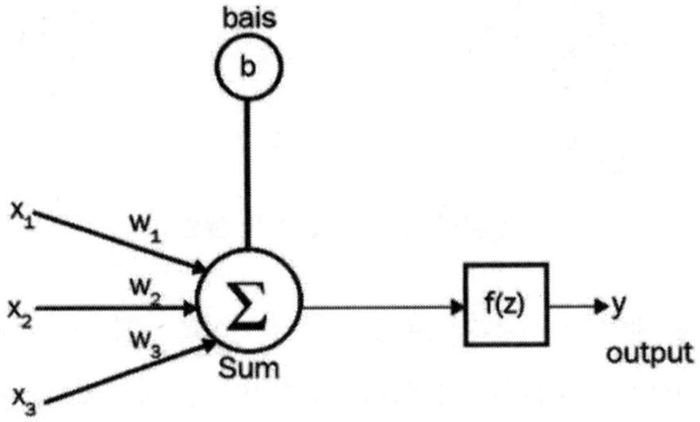

그림 7.2 단일 인공 뉴런

따라서 뉴런은 입력 x에 가중치 w를 곱하고 편향 b를 추가하여 z를 계산한 다음 z에 활성화 함수를 적용함으로써 출력 y를 얻습니다.

7.2 인공신경망과 계층 ANN and its layers

뉴런은 훌륭하지만, 한편으로는 복잡한 작업을 수행하기 위해 단일 뉴런으로 사용할 수 없습니다. 우리의 뇌는 수십억 개의 뉴런이 층으로 쌓여 신경망을 형성합니다. 따라서, 인공 신경망은 인간의 뇌와 동일하게 계층 형태로 배열되어야 합니다. 각 계층의 정보가 한 계층에서 다른 계층으로 전달되는 방식으로 구성됩니다.

일반적으로 ANN은 다음 layer(계층)으로 구성됩니다.

- Input Layer(입력 계층)
- Hidden Layer(은닉 계층)

• Output Layer(출력 계층)

각 계층에는 뉴런들의 모음이 있으며, 한 계층의 뉴런은 다른 계층의 모든 뉴런과 연결되어 상호작용합니다. 그러나 같은 레이어의 뉴런은 서로 상호작용하지 않습니다. 이것은 인접한 층의 뉴런이 그들 사이에 연결 또는 가장자리를 가지고 있지 않기 때문입니다. ANN의 뉴런을 나타내기 위해 node 혹은 unit이라는 용어를 사용합니다.

그림 7.3은 일반적인 ANN의 구성을 보여줍니다.

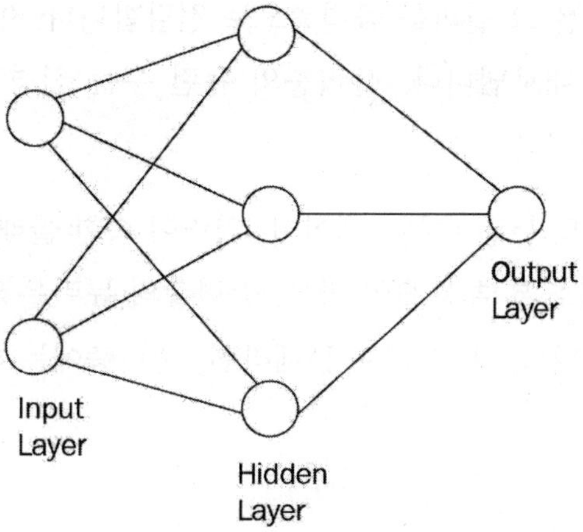

그림 7.3 ANN

7.2.1 입력 계층 Input layer

Input layer(입력 계층)는 신경망에 입력(Input)을 받아 공급하는 곳입니다. 입력층의 뉴런 수는 신경망에 공급하는 입력 수입니다. 각 입력은 Output layer(출력 계층)에 약하게 영향을 미칩니다. 그러나 입력층에서는 계산이 수행되지 않습니다. 외부로부터 신경망으로 정보를 전달하는 용도로만 사용됩니다.

7.2.2 은닉 계층 Hidden layer

입력층과 출력층 사이에 있는 모든 층을 Hidden layer(은닉 계층)이라고 합니다. 입력층으로부터 받은 입력을 처리합니다. 은닉층은 입력과 출력 사이에 복잡한 관계를 유도하는 역할을 합니다. 즉, 은닉층은 데이터 세트의 패턴을 식별하게 됩니다. 다시 말해, 데이터 표현을 학습하고 특징을 추출하는 일을 주로 담당합니다.

은닉층의 수에는 제한이 없습니다. 그러나 우리가 사용하는 각 경우에 따라 여러개의 은닉층들을 직접 선택해야 합니다. 아주 간단한 문제의 경우 하나의 은닉층만 사용할 수 있지만, 이미지 인식과 같은 복잡한 작업을 수애하는 동안에는 각 계층의 중요한 특징을 추출할 수 있는 많은 은닉층을 사용해야 합니다. 신경망의 은닉층이 많을 때는 이를 심층 신경망(Deep Neural Network)라고 합니다.

7.2.3 출력 계층 Output layer

입력을 처리한 후 은닉층은 그 결과를 출력층으로 전달합니다. 이름에서 알 수 있듯이 출력층은 출력(Output)을 내보냅니다. 출력층의 뉴런 수는 신경망에서 해결하고자 하는 문제 유형을 기반으로 합니다.

이진 분류인 경우 출력층의 뉴런 수는 1개이며, 입력이 속한 클래스를 알려줍니다. 5개의 클래스가 있는 다중 클래스 분류 문제의 경우, 출력층의 뉴런은 5개이며, 각 클래스의 확률을 결과로 출력하게 됩니다. 만약 회귀 문제라면, 출력층에는 하나의 뉴런이 있습니다.

7.3 탐색을 위한 활성화 함수 Exploring Activation Function

전달 함수(Transfer function)라고도 하는 활성화 함수(Activation function)는 ANN(인공신경망)에서 중요한 역할을 합니다. 신경망에 비선형형을 도입하는데 사용됩니다. 이전에 배운 것처럼 활성화 함수를 입력에 적용합니다. 이 함수는 가중치를 곱하고 편향으로 변경하기를 더합니다. 즉, $f(z), where\, z = (input * weights) + bias$ 입니다. z는 뉴런의 출력 결과이고, $f(.)$는 활성화 함수입니다.

활성화 함수를 적용하지 않으면 뉴런은 단순히 선형 회귀와 유사하게 됩니다. 활성화 함수의 목적은 데이터의 복잡한 기본 패턴을 학습하기 위해 비선형 변환을 도입하는 것입니다.

이제 일반적으로 많이 사용되는 몇 가지 활성화 함수를 살펴보겠습니다.

7.3.1 시그모이드 함수 Sigmoid Function

시그모이드 함수는 가장 일반적으로 사용되는 활성화 함수중 하나입니다. 신경망의 출력값을 0과 1사이로 값을 조정합니다. 시그모이드 함수는 다음과 같이 정의합니다:

$$f(x) = \frac{1}{1+e^{-x}}$$

그림 7.4는 시그모이드의 S자 곡선을 나타냅니다.

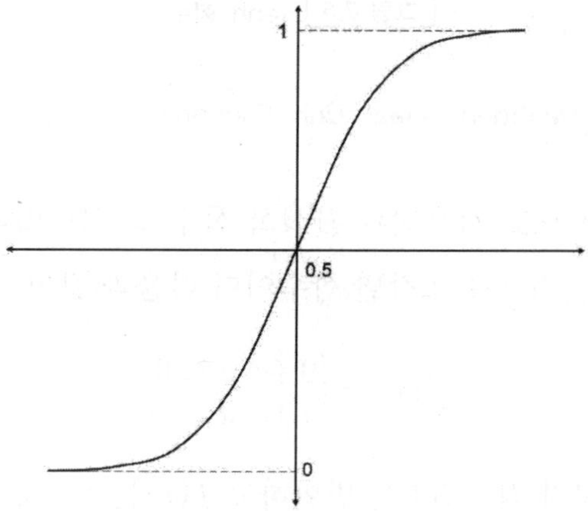

그림 7.4 시그모이드 함수

이러한 곡선은 미분이 가능하며, 이는 우리가 임의의 두 지점에서 곡선의 기울기를 찾을 수 있다는 것을 의미합니다. 이러한 것을 단조(monotonic)라고 하며, 이는 완전히 증가하지 않거나 감소하지 않음을 의미합니다. 시그모이드 함수는 로지스틱 함수(logistic function) 라고도 합니다. 확률은 0과 1 사이에 있고, 시그모이드 함수가 0과 1사이의 값으로 줄여주기 때문에 각 클래스의 확률을 예측하는데 사용됩니다.

하이퍼볼릭 탄젠트 함수(tanh function)

tanh 함수는 -1에서 +1 사이의 값을 출력하며 다음과 같이 정의합니다:

$$f(x) = \frac{1-e^{-2x}}{1+e^{-2x}}$$

tanh 함수는 시그모이드 함수의 S자 곡선과 유사합니다. 0.5를 중심으로 하는 시그모이드 함수와 달리 tanh 함수는 다음 그래프와 같이 0을 중심으로 합니다.

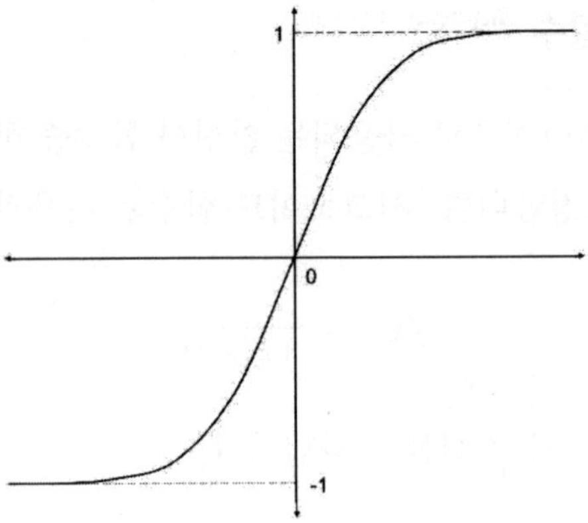

그림 7.5 tanh 함수

7.3.2 ReLu 함수 Rectified Linear Unit Function

ReLu함수는 가장 일반적으로 사용되는 활성화 함수 중 하나입니다. 0에서 무한대까지의 값을 출력합니다. 기본적으로 조각별 함수이며 다음과 같이 정의할 수 있습니다.

$$f(x) = \begin{cases} 0 \ \text{for}\, x < 0 \\ x \ \text{for}\, x \geq 0 \end{cases}$$

즉, $f(x)$는 x의 값이 0보다 작으면 0을 반환하고 $f(x)$는 x의 값이 0보다 크거나 같으면 x를 반환합니다. 다음과 같이 표현할 수 있습니다.

$$f(x) = \max(0, x)$$

그림 7.6 ReLu 함수를 나타냅니다.

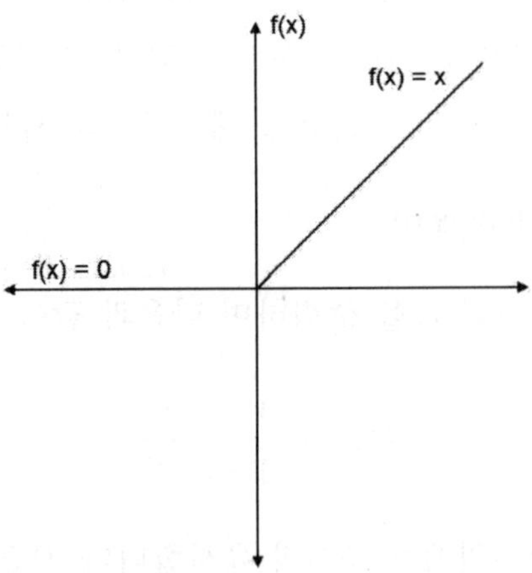

그림 7.6 ReLU 함수

앞의 그래프에서 볼 수 있듯이 ReLu 함수에 음수 입력을 공급하면 음수 입력이 0으로 변환 됩니다.

7.3.3 소프트맥스 함수 Softmax Function

소프트맥스 함수는 기본적으로 시그모이드 함수의 일반화한 것입니다. 신경망의 마지막 계층에 적용되며 일반적으로 다중 클래스 분류 작업에 적용합니다. 각 클래스의 확률을 제공하며 소프트맥스 함수를 적용한 각 클래스의 확률의 합은 1과 같습니다.

소프트맥스 함수의 정의는 다음과 같습니다:

$$f(x_i) = \frac{e^{x_i}}{\sum_j e^{e_j}}$$

그림 7은 입력을 소프트맥스를 통해 확률로 변환한 결과의 예시입니다.

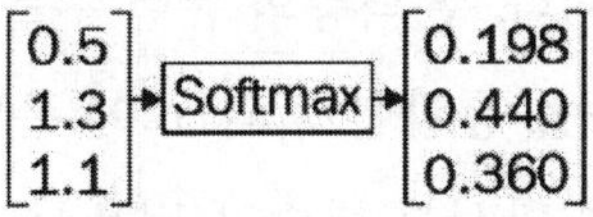

그림 7.7 소프트맥스 함수

다양한 활성화 함수에 대해 배웠습니다. 다음 섹션에서는 인공신경망(ANN)의 순방향 전파(Forward Propagation)에 대해 알아봅니다.

7.4 인공신경망의 순방향 전파 Forward propagation in ANNs

이 섹션에서는 ANN에서 layer(계층)형태로 쌓인 뉴런들이 어떻게 학습하는지 그 방법에 대해 알아볼 것입니다. 신경망의 layer 수는 은닉층 수에 출력층 수를 더한 것과 같습니다. 신경망의 layer수를 계산할 때 입력 레이어를 고려하지 않습니다. 다음 그래프와 같이 하나의 입력층 x, 하나의 은닉층 h 및 하나의 출력층 y가 있는 2-layer 신경망을 고려합니다.

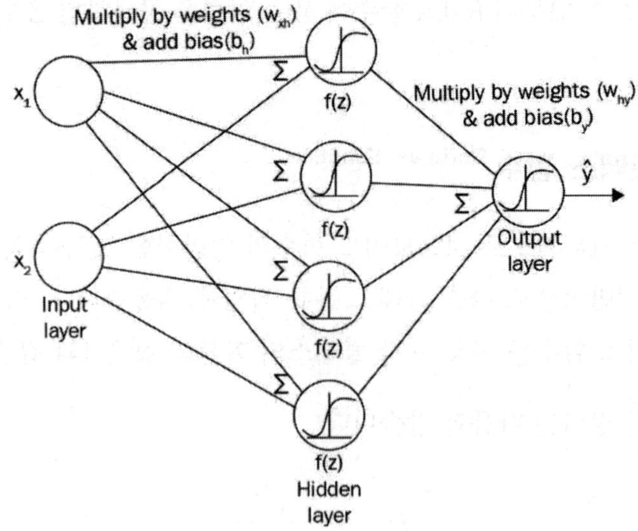

그림 7.8 순방향 전파 ANN

두 개의 입력 x_1과 x_2가 있다고 가정하고 출력 $\hat{y}$를 예측해야 합니다. 두 개의 입력이 있으므로 입력층의 뉴런 수는 2입니다. 은닉층의 뉴런 수를 4로 설정하고 출력층의 뉴런 수를 1로 설정합니다. 이제 입력층을 통과한 x_1과 x_2에 은닉층의 가중치를 곱한 다음 편향으로 변경하기를 더한 결과 값에 활성화 함수가 적용시켜 전파(Forward propagation) 시킵니다.

은닉층을 통과하기 전에 가중치 행렬(weight matrix)을 먼저 초기화합니다. 사실 입력으로 들어오는 입력중 어느것이 중요한지 신경망은 초기에 알지 못하므로 가중치를 부여하고 출력을 계산할 수 있습니다. 따라서, 초기에는 가중치와 편향으로 변경하기 값을 무작위로 초기화 합니다. 은닉층에 대한 입력 사이의 가중치와 편향으로 변경하기 값은 각각 W_{xh}와 b_h로 표현합니다. 가중치 행렬의 차원은 어떻습니까? 가중치 행렬의 차원은 현재 계층의 뉴런 수 x 다음 계층의 뉴런 수여야 합니다. 왜 그럴까요?

기본적인 행렬 곱셈 규칙 때문입니다. 두 행렬 AB를 곱하려면 행렬 A의 열 개수가 행렬 B의 행 개수와 같아야 합니다. 따라서 은닉층의 가중치 행렬의 차원 W_{xh}는 {입력층의 뉴런 개수 × 은닉층의 뉴런 수}, 즉 2×4 입니다:

$$z_1 = XW_{xh} + b_h$$

앞의 방적은 다음과 같습니다. z_1 = 입력 × 가중치 + 편향입니다. 이제 뉴런에서 계산된

z_1은 은닉층에서 시그모이드 함수를 적용하며, 다음과 같이 정의합니다.

$$\alpha_1 = \sigma(z_1)$$

시그모이드 활성화 함수를 적용한 후 결과 α_1에 출력층의 결과 값 출력을 위해 새로운 가중치 행렬을 다시 곱하고 새 편향 값을 더합니다. 이 가중치 행렬과 편향을 각각 W_{hy}와 b_y로 나타냅니다. 출력층의 가중치 행렬의 차원은 W_{hy}는 {은닉층의 뉴런 수 × 출력층의 뉴런 수}입니다. 은닉층은 4개의 뉴런이 있고 출력층은 1개의 뉴런이 있으므로, W_{hy}의 행렬 차원은 4×1이 됩니다. 따라서 α_1에 가중치 행렬 W_{hy}를 곱하고 편향값인 b_y를 더하여 결과 z_2를 다음 출력층으로 전달합니다.

$$z_2 = \alpha_1 W_{hy} + b_y$$

출력층에서는 시그모이드 함수를 적용하여 최종 결과 값을 출력합니다.

$$\hat{y} = \sigma(z_2)$$

입력층에서 출력층까지의 전체 프로세스를 순방향 전파(Forward Propagation)이라고 합니다. 어떠한 값을 예측하기 위해 입력이 입력층에서 출력층까지 전파되며 가중치 행렬과 편향을 통해 계산되며 전파됩니다. 이러한 전파 과정 동안 각 layer의 가중치가 곱해지고 그 위에 활성화 함수가 적용됩니다. 완전한 순방향 전파 단계는 다음과 같습니다.

$$z_1 = XW_{xh} + b_h$$
$$\alpha_1 = \sigma(z_1)$$
$$z_2 = \alpha_1 W_{hy} + b_y$$
$$\hat{y} = \sigma(z_2)$$

위의 순방향 전파 단계는 Python에서 다음과 같이 구현할 수 있습니다.

```
def forward_prop(X):
    z1 = np.dot(X,Wxh) + bh
    a1 = sigmoid(z1)
    z2 = np.dot(a1,Why) + by
    y_hat = sigmoid(z2)

    return y_hat
```

순방향 전파는 멋지지 않나요? 그러나 신경망(네트워크)에서 생성된 출력이 올바른지 어떻게 알 수 있을까요? 손실 함수(L)이라고도 하는 비용 함수(J)라는 새로운 함수를 통해 알 수 있습니다. 이 함수는 신경망이 얼마나 잘 작동하는지 알려주는 역할을 합니다. 다양한 손실, 비용을 계산하는 함수가 있습니다. 본 장에서는 평균 제곱 오차(Mean Squared error)를 비용 함수로 사용합니다. 비용 함수는 실제 출력과 예측 출력 간의 차이 제곱의 평균으로 정의됩니다.

$$J = \frac{1}{n}\sum_{i=1}^{n}(y_i - \hat{y}_i)^2$$

위에 수식에서 n은 훈련 샘플의 수 이며, y는 실제 출력 값, $\hat{y}$는 신경망으로부터 계산된 예측 출력값입니다.

이제부터 우리는 비용 함수가 신경망을 평가하는데 사용된다는 것을 배웠습니다. 즉, 신경망이 출력을 얼마나 잘 예측하는지 알려줄 수 있습니다. 그러나 문제는 우리 신경망이 어떻게 학습을 해야 하며, 어느 부분을 학습해야 하는지 알아야 합니다. 순방향 전파에서 신경망은 출력을 예측하려고 합니다. 그러나 올바른 출력을 예측하는 방법을 배우는 방법은 무엇이 있을까요? 다음 섹션에서 살펴보겠습니다.

7.5 ANN은 어떻게 학습할까?

비용이나 손실이 매우 높으면 신경망이 올바른 출력을 예측하지 못했다는 의미입니다. 따라서 우리의 목표는 비용 함수의 손실 및 비용을 최소화하여 신경망 예측이 더 나아질 수 있도록 하는 것이 목표입니다. 비용 함수를 최소화하려면 어떻게 해야 할까요? 즉, 손실 및 비용을 어떻게 최소화할 수 있을까요? 우리는 신경망이 순방향 전파를 사용해서 예측한다는 것을 배웠습니다. 따라서 순방향 전파에서 일부 값을 변경할 수 있다면 올바른 출력을 예측하고 손실을 최소화할 수 있습니다. 그러나 순방향 전파에서 어떤 값을 변경해야 할까요? 분명히, 우리는 입력과 출력을 변경할 수는 없습니다. 이제 가중치(weight)와 편향(bias) 값이 남았습니다. 가중치 행렬을 무작위로 초기화했다는 것을 기억하십시오. 가중치는 무작위기 때문에 완벽하지 않을 것입니다. 따라서, 신경망이 올바른 출력을 제공할 수 있도록 가중치 행렬(W_{xh} 및 W_{hy})을 업데이트합니다. 가중치 행렬을 어떻게 업데이트할까요? 여기에는 경사 하강법(Gradient Descent)이라는 새로운 기술을 사용합니다.

경사 하강법을 사용하면 신경망은 무작위로 초기화된 가중치 행렬을 최적값으로 학습합니다. 최적의 가중치 값을 통해 신경망은 올바른 출력을 예측하고 손실을 최소화할 수 있습니다.

이제 경사 하강법을 사용하여 최적의 가중치 값을 학습하는 방법을 살펴보겠습니다. 경사 하강법은 가장 일반적으로 사용되는 최적화 알고리즘 중 하나입니다. 비용 함수를 최소화하는 데 사용되므로 오류을 최소화하고 가능한 가장 낮은 손실 값을 얻을 수 있습니다. 그러나 경사 하강법으로 어떻게 최적의 가중치를 찾을까요? 비유로 시작해 보겠습니다.

다음 그림과 같이 언덕 꼭대기에 있고 언덕의 가장 낮은 지점에 도달하려고 한다고 상상해보자. 언덕의 가장 낮은 지점처럼 보이는 많은 영역이 있을 수 있지만 실제로는 가장 낮은 지점에 도달해야 한다.

즉, 글로벌 최저점이 존재할 때 최저점이라고 믿는 지점에 갇히지 않아야 합니다.

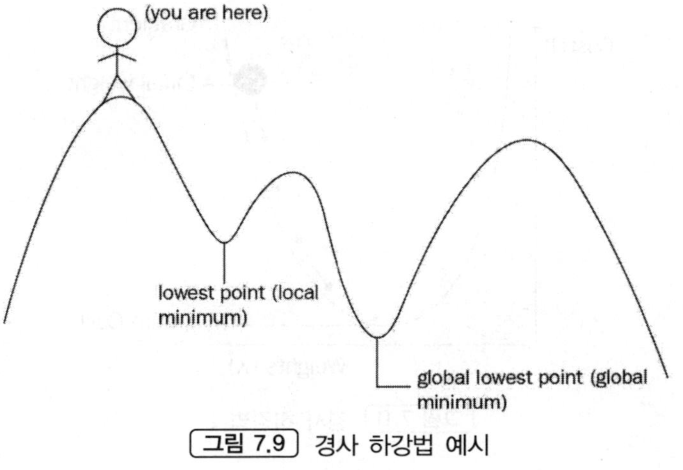

그림 7.9 경사 하강법 예시

마찬가지로 비용 함수를 다음과 같이 나타낼 수 있습니다. 가중치에 대한 비용 그림입니다. 우리의 목표는 비용 함수를 최소화하는 것입니다. 즉, 비용이 최소가 되는 최저점에 도달해야 합니다. 다음 그림의 진한 점은 무작위로 초기화된 가중치를 보여줍니다. 이 지점을 아래쪽으로 이동하면 비용이 최소가 되는 지점에 도달할 수 있습니다.

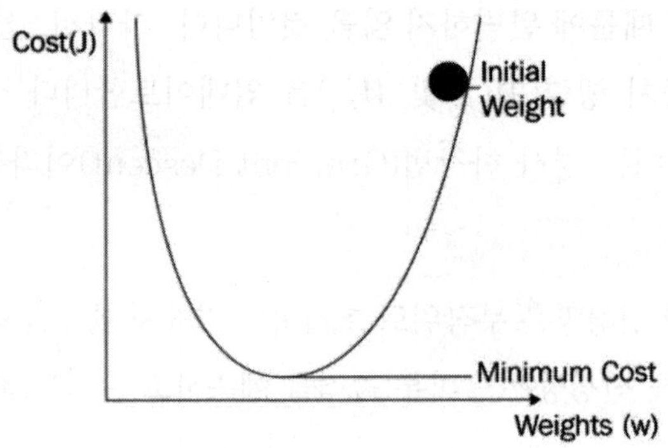

그림 7.10 경사 하강법 1

그러나 어떻게 이 점(초기 가중치)을 아래쪽으로 이동시킬 수 있을까요? 어떻게 하면 점이 하강하여 가장 낮은 지점에 도달할 수 있을까요? 기울기는 한 지점에서 다른 지점으로 이동하는 데 사용됩니다. 따라서 이 점(초기 가중치)에 대한 비용 함수의 기울기를 계산하여 이 점을 이동할 수 있습니다. 기울기는 다음 그림에 표시된 것처럼 실제로 접선의 기울기인 도함수입니다. 따라서 기울기를 계산하여 하강(아래로 이동)함으로써 비용이 최소인 가장 낮은 지점에 도달합니다. 경사 하강법은 1차 최적화 알고리즘입니다. 즉, 업데이트를 수행할 때 1차 도함수만을 고려합니다.

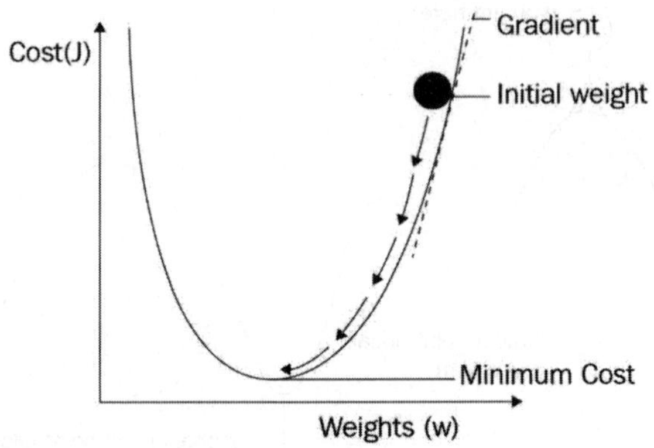

그림 7.11 경사 하강법 2

따라서, 경사 하강법을 사용하면 비용이 최소인 위치로 가중치를 이동시킵니다. 그렇다면, 가중치를 어떻게 업데이트해야 할까요?

순방향 전파의 결과로 우리는 출력층에서 최종 결과값을 얻습니다. 이제 출력층에서 입력층으로 신경망을 역전파 함으로써 출력과 입력층 사이의 모든 가중치에 대해 비용 함수의 기울기를 계산하여 오류를 최소화할 수 있습니다. 기울기를 계산한 후 가중치 업데이트 규칙을 사용하여 이전 가중치를 업데이트합니다.

$$W = W - \alpha \frac{\partial J}{\partial W}$$

위 수식은 $weight = weight - \alpha \times gradient$(기울기)를 의미합니다.

위 수식에서 α는 학습률을 의미합니다. 다음 그림에서 볼 수 있듯이 학습률이 작으면 약간 아래로 내려가 경사 하강이 느려질 수 있습니다.

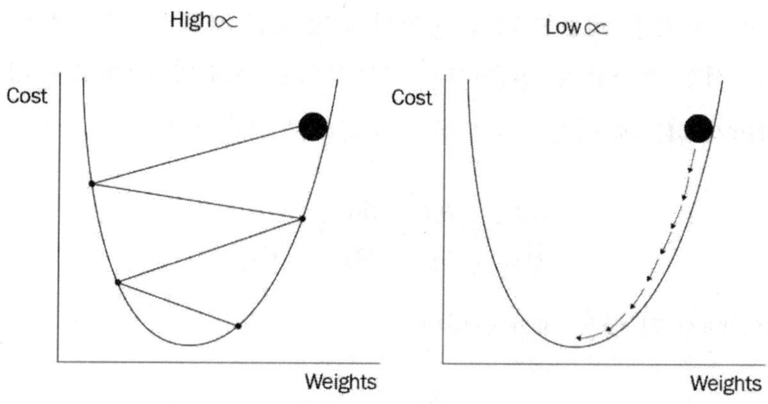

그림 7.12 학습률의 영향

신경망을 출력층에서 입력층으로 역전파하고 경사 하강법을 사용하여 신경망의 가중치를 업데이트하여 손실을 최소화하는 이 전체 프로세스를 역전파라고 합니다. 이제 역전파에 대한 기본적인 것들을 이해하였으므로 이에 대해 차근차근 자세히 학습하여 이해를 더 강화해보겠습니다. 앞으로 우리는 미적분과 같은 수학 수식들을 보게 될 것입니다.

먼저 우리는 두 개의 가중치가 있으며 하나는 은닉층의 가중치 W_{xh}이며, 다른 하나는 출력층의 가중치 W_{hy}입니다. 가장 적은 오류를 출력할 수 있도록 이 두 가중치에 대한 최적의 값을 찾아야 합니다. 따라서 가중치들에 대한 비용 함수 J의 도함수를 계산해야 합니다. 역전파(Back Propagation), 즉 출력층에서 입력층으로 이동하며 업데이트하기 때문에 첫 번째 가중치는 W_{hy}가 됩니다. 따라서 W_{hy}에 대한 J의 도함수를 계산합니다. 도함수를 어떻게 계산할까요? 먼저 비용 함수 J를 기억해 보겠습니다.

$$J = \frac{1}{n}\sum_{i=1}^{n}(y_i - \hat{y}_i)^2$$

우리는 W_{hy}에 항이 없기 때문에 앞의 방정식에서 직접 도함수를 바로 계산할 수는 없습니다. 따라서 미분을 직접 계산하는 대신 편미분을 활용합니다. 순전파 방정식을 생각해 보십시오.

$$\hat{y} = \sigma(z_2)$$
$$z_2 = \alpha_1 W_{hy} + b_y$$

먼저 $\hat{y}$에 대한 편미분을 계산한 다음, $\hat{y}$에서 z_2에 대한 편도함수를 계산합니다. z_2에서 파생된 W_{hy}를 적접 계산할 수 있습니다. 기본적으로 연쇄 법칙(Chain rule)에 따라 계산합니다. 따라서 W_{hy}에 대한 J의 도함수는 다음과 같습니다.

$$\frac{\partial J}{\partial W_{hy}} = \frac{\partial J}{\partial \hat{y}} \cdot \frac{\partial \hat{y}}{\partial z_2} \cdot \frac{\partial z_2}{\partial W_{hy}} \tag{1}$$

이제 위의 수식에서 각 항을 계산 합니다.

$$\frac{\partial J}{\partial \hat{y}} = (y - \hat{y})$$

$$\frac{\partial \hat{y}}{\partial z_2} = \sigma'(z_2)$$

수식에서 σ'는 시그모이드 활성화 함수의 미분입니다.

우리는 시그모이드 함수가 $\sigma(z) = \frac{1}{1+e^{-z'}}$이라는 것을 알고 있으므로 시그모이드 함수의 미분은 $\sigma'(z) = \frac{e^z}{(1+e^{-z})^2}$가 될 것입니다. 이후 항의 계산은 다음과 같습니다.

$$\frac{\partial z_2}{\partial W_{hy}} = \alpha_1$$

수식 (1)에서 앞의 모든 항을 대입하면 다음과 같이 쓸 수 있습니다.

$$\frac{\partial J}{\partial W_{hy}} = (y - \hat{y}) \cdot \sigma'(z_2) \cdot \alpha_1 \tag{2}$$

이제 다음 가중치 W_{xh}에 대해 J의 도함수를 계산해야 합니다.

마찬가지로 J에 W_{xh}항이 없기 때문에 J에서 직접 W_{xh}의 도함수를 계산할 수 없습니다. 따라서, 연쇄 법칙(Chain rule)을 사용해야 합니다. 순방향 전파 단계를 다시 생각해 봅시다.

$$\hat{y} = \sigma(z_2)$$
$$z_2 = \alpha_1 W_{hy} + b_y$$
$$\alpha_1 = \sigma(z_1)$$
$$z_1 = XW_{xh} + b_h$$

이제 연쇄 법칙(Chain Rule)에 따라 W_{xh}에 대한 J의 도함수는 다음과 같이 주어집니다.

$$\frac{\partial J}{\partial W_{xh}} = \frac{\partial J}{\partial \hat{y}} \cdot \frac{\partial \hat{y}}{\partial z_2} \cdot \frac{\partial z_2}{\partial \alpha_1} \cdot \frac{\partial \alpha_1}{\partial z_1} \cdot \frac{\partial z_1}{\partial W_{xh}} \tag{3}$$

우리는 위의 (3) 수식에서 처음 두 항을 계산하는 방법을 이미 보았습니다. 이제 나머지 항을 계산하는 방법을 살펴보겠습니다.

$$\frac{\partial z_2}{\partial \alpha_1} = W_{hy}$$

$$\frac{\partial \alpha_1}{\partial z_1} = \sigma'(z_1)$$

$$\frac{\partial z_1}{\partial W_{xh}} = X$$

따라서, 수식 (3)에서 위의 모든 항을 대입하면 다음과 같이 쓸 수 있습니다.

$$\frac{\partial J}{\partial W_{xh}} = (y - \hat{y}) \cdot \sigma'(z_2) \cdot W_{hy} \cdot \sigma'(z_1) \cdot x \tag{4}$$

두 가중치(W_{hy} 및 W_{xh})데 대한 기울기를 계산한 후 가중치 업데이트 규칙에 따라 초기 가중치를 업데이트 합니다.

$$W_{hy} = W_{hy} - \alpha \frac{\partial J}{\partial W_{hy}} \tag{5}$$

$$W_{xh} = W_{xh} - \alpha \frac{\partial J}{\partial W_{xh}} \tag{6}$$

이게 다 입니다! 이것이 우리가 신경망의 가중치를 업데이트하고 손실을 최소화하는 방법입니다. 이제 Python에서 역전파 알고리즘을 구현하는 방법을 살펴보겠습니다.

수식 (2)와 (4)에는 모두 $(y-\hat{y}) \cdot \sigma(z_2)$를 포함하고 있습니다. 이를 계속해서 계산하는 대신 해당 수식을 우리는 delta2 라고 하여 정의하겠습니다.

```
delta2 = np.multiply(-(y-yHat),sigmoidPrime(z2))
```

이제 W_{hy}에 대한 수식 (2)에서의 기울기를 계산합니다.

```
dJ_dWhy = np.dot(a1.T,delta2)
```

이번에는 수식 (4)에서의 W_{xh}에 대한 기울기를 계산합니다.

```
delta1 = np.dot(delta2,Why.T)*sigmoidPrime(z1)

dJ_dWxh = np.dot(X.T,delta1)
```

가중치 업데이트 규칙 수식 (5) 및 (6)에 따라 다음과 같이 가중치를 업데이트 합니다.

```
Wxh = Wxh - alpha * dJ_dWhy
Why = Why - alpha * dJ_dWxh
```

위의 코드 방식에 따라 역전파의 전체 코드는 다음과 같습니다.

```
def backword_prop(y_hat, z1, a1, z2):
    delta2 = np.multiply(-(y-y_hat),sigmoid_derivative(z2))
    dJ_dWhy = np.dot(a1.T, delta2)

    delta1 = np.dot(delta2,Why.T)*sigmoid_derivative(z1)
    dJ_dWxh = np.dot(X.T, delta1)

    Wxh = Wxh - alpha * dJ_dWhy
    Why = Why - alpha * dJ_dWxh

    return Wxh,Why
```

이게 전부입니다. 이 외에도 확률적 경사 하강법, 미니 배치 경사 하강법, Adam, RMSProp

등과 같은 경사 하강법의 다양한 변형이 존재합니다.

계속 진행하기에 앞서 신경망에서 자주 사용되는 용어를 살펴보겠습니다.

- **순방향 패스(Forward pass)** : 순방향 패스는 입력층에서 출력층으로 순방향 전파를 의미합니다.
- **역방향 패스(Backward pass)** : 역방향 패스는 출력층에서 입력층으로 역전파하는 것을 의미합니다.
- **에포크(Epoch)** : 에포크는 신경망이 전체 훈련 데이터를 보는 횟수를 지정합니다. 따라서 하나의 에포크는 모든 훈련 샘플에 대해 하나의 순방향 패스 및 하나의 역방향 패스와 같다고 할 수 있습니다.
- **배치 크기(Batch size)** : 배치 크기는 하나의 순방향 패스와 하나의 역방향 패스에서 사용하는 훈련 샘플의 수를 의미합니다.
- **반복 횟수(Number of iterations)** : 반복 횟수는 1회 통과 {반복 횟수 = 1회 순방향 패스 + 1회 역방향 패스}인 패스 수를 의미합니다.

12,000개의 훈련 샘플이 있고 배치 크기가 6,000개라고 가정해 보겠습니다. 그런 다음 한 에포크를 완료하는데 두 번의 반복이 필요합니다. 즉, 첫 번째 반복에서 6,000개의 샘플을 전달하고 순방향 패스와 역방향 패스를 수행합니다. 두 번째 반복에서는 다음 6,000개 샘플을 전달하고 순방향 패스와 역방향 패스를 수행합니다. 두 번의 반복 후에 신경망은 전체 12,000개의 훈련 샘플을 보게 되며, 이는 하나의 에포크가 됩니다.

7.6 배운 개념 종합하기

지금까지 배운 모든 개념을 종합하여 처음부터 신경망을 구축하는 방법을 살펴보겠습니다. 신경망이 XOR 게이트 연산을 수행하는 방법을 학습하고 이해할 것입니다. XOR 게이트는 정확히 하나의 입력이 1일 때만 1을 반환하고 그렇지 않으면, 표 7.1 과 같이 0을 반환합니다.

Input(x)		Output(y)
x_1	x_2	y
0	0	0
0	1	1
1	0	1
1	1	0

표 7.1 XOR 작동법

7.6.1 처음부터 신경망 구축해보기

XOR 게이트 연산을 수행하기 위해 다음 그림과 같이 간단한 2-layer 신경망을 구성합니다. 그림과 같이 2개의 노드가 있는 입력층, 5개의 노드가 있는 은닉층 및 하나의 노드로 구성된 출력층이 있습니다.

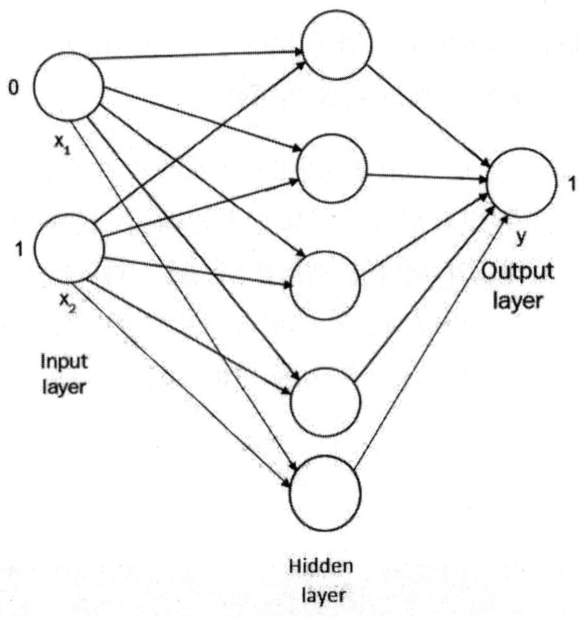

그림 7.13 ANN

신경망이 XOR 논리를 학습하는 방법을 단계별로 이해할 것입니다.

1. 먼저 라이브러리 불러오기

```
import numpy as np
import matplotlib.pyplot as plt
%matplotlib inline
```

2. 앞의 XOR 표에 표시된 대로 데이터 준비

```
X = np.array([ [0, 1], [1, 0], [1, 1],[0, 0] ])
y = np.array([ [1], [1], [0], [0]])
```

3. 각 계층(layer)의 노드 수 정의하기

```
num_input = 2
num_hidden = 5
num_output = 1
```

4. 가중치와 편향을 무작위로 초기화합니다. 먼저 은닉층 가중치에 대한 입력을 초기화합니다.

```
Wxh = np.random.randn(num_input,num_hidden)
bh = np.zeros((1,num_hidden))
```

5. 이제 출력층 가중치에 대해 은닉을 초기화 합니다.

```
Why = np.random.randn (num_hidden,num_output)
by = np.zeros((1,num_output))
```

6. 시그모이드 활성화 함수를 정의합니다.

```
def sigmoid(z):
    return 1 / (1+np.exp(-z))
```

7. 시그모이드 함수의 도함수를 정의합니다.

```
def sigmoid_derivative(z):
     return np.exp(-z)/((1+np.exp(-z))**2)
```

8. 순방향 전파를 정의합니다.

```
def forward_prop(x,Wxh,Why):
    z1 = np.dot(x,Wxh) + bh
    a1 = sigmoid(z1)
    z2 = np.dot(a1,Why) + by
```

```
    y_hat = sigmoid(z2)

    return z1,a1,z2,y_hat
```

9. 역전파 전파에 대해서 정의합니다.

```
def backword_prop(y_hat, z1, a1, z2):
    delta2 = np.multiply(-(y-y_hat),sigmoid_derivative(z2))
    dJ_dWhy = np.dot(a1.T, delta2)
    delta1 = np.dot(delta2,Why.T)*sigmoid_derivative(z1)
    dJ_dWxh = np.dot(x.T, delta1)

    return dJ_dWxh, dJ_dWhy
```

10. 비용(손실) 함수를 정의합니다.

```
def cost_function(y, y_hat):
    J = 0.5*sum((y-y_hat)**2)

    return J
```

11. 학습률과 학습 반복 횟수를 설정합니다.

```
alpha = 0.01
num_iterations = 5000
```

12. 이제 다음 코드를 사용하여 신경망의 훈련을 시작합니다.

```
cost =[]

for i in range(num_iterations):
    z1,a1,z2,y_hat = forward_prop(X,Wxh,Why)
    dJ_dWxh, dJ_dWhy = backword_prop(y_hat, z1, a1, z2)

    #update weights
    Wxh = Wxh -alpha * dJ_dWxh
    Why = Why -alpha * dJ_dWhy

    #compute cost
    c = cost_function(y, y_hat)

    cost.append(c)
```

13. 비용(손실) 함수를 그래프로 나타내는 작업(plotting)을 진행합니다.

```
plt.grid()
plt.plot(range(num_iterations),cost)

plt.title('Cost Function')
plt.xlabel('Training Iterations')
plt.ylabel('Cost')
```

다음 Plotting된 그래프에서 볼 수 있듯이 비용(손실)은 훈련 반복 동안 감소합니다.

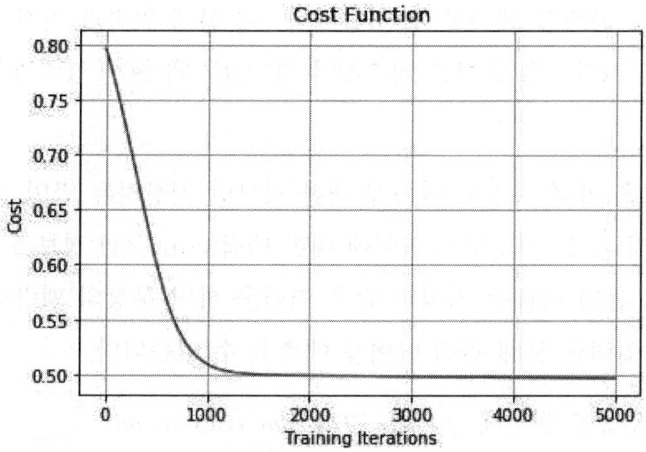

그림 7.14 비용 함수

따라서 우리는 ANN과 학습 방법에 대해 전반적으로 이해하게 되었습니다.

7.7 순환 신경망 Recurrent Neural Networks, RNN

"The sun rises in the _____."

앞 문장에서 빈 단어를 예측하라는 요청을 받았다면 아마도 동쪽이라고 말할 것입니다. 왜 우리는 여기서 동쪽이라는 단어가 올바른 단어라고 예측했을까요? 문장 전체를 읽고, 문맥을 이해하고 동쪽이라는 단어가 문장을 완성하는 적절한 단어가 될 것이라고 예측했기 때문입니다.

FeedForward 신경망(이전에 배운 것)을 사용하여 공백을 예측하면 올바른 단어를 예측하지 못합니다. 이는 FeedForward 신경망에서 각 입력이 다른 입력과 독립적이고 현재 입력만을 기반으로 예측을 하고 이전 입력을 기억하지 않기 때문입니다.

따라서, 신경망에 대한 입력은 빈칸 앞에 있는 단어, 즉 'the' 단어만 될 것이다. 이 단어만 입력으로 하면 신경망은 정확한 단어를 예측할 수 없는데, 이는 문장의 맥락을 이해하고 적절한 다음 단어를 예측하기 위해 이전 단어 집합을 모르기 때문입니다.

여기서 우리는 순환 신경망(RNN)을 사용합니다. RNN은 현재 입력뿐만 아니라 이전의 숨겨진 상태에서도 출력을 예측할 수 있습니다. 왜 현재 입력과 이전 입력의 은닉 상태(hidden state)를 기반으로 출력을 예측해야 할까요? 왜 현재 입력과 이전 입력만 사용할 수는 없나요?

단순한 이전 입력은 바로 직전의 단어에 대한 정보만 저장하는 반면, 이전 은닉 상태는 신경망이 지금까지 본 문장의 모든 단어에 대한 맥락(context) 정보를 담고 있기 때문입니다. 기본적으로 은닉 상태는 기억과 같은 역할을 하며 문장의 맥락을 포작합니다. 이 컨택스트와 현재 입력을 통해 관련 단어를 예측할 수 있습니다.

예를 들어, 같은 문장을 생각해 봅시다. "*The sun rises in the* _____." 다음 그림과 같이 먼저 단어를 입력으로 전달한 다음, 다음 단어인 sun을 입력으로 전달합니다. 그러나 이것과 함께 우리는 이전의 은닉 상태인 h_0도 전달합니다. 따라서 입력단어를 전달할 때마다 이전의 은닉 상태도 다음으로 전달되어 입력으로 사용됩니다.

마지막 단계에서 마지막 단어를 입력하고 신경망이 지금까지 본 단어 시퀀스에 대한 맥락 정보를 담은 은닉 상태 h_3도 전달합니다. 따라서, h_3는 기억의 역할을 하며 신경망에서 본 이전 단어에 대한 정보를 저장합니다. h_3와 현재 입력 단어 'the'를 사용하여 관련 다음 단어를 예측할 수 있습니다.

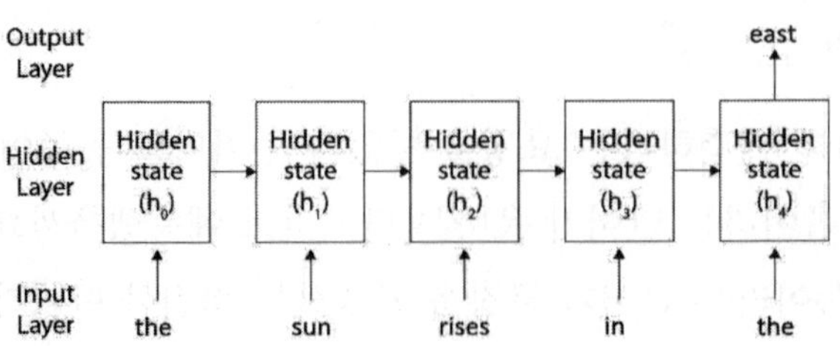

그림 7.15 RNN

간단히 말해서 RNN은 이전의 은닉 상태를 기억으로 사용하여 신경망이 지금까지 본 맥락(context) 정보를 포함하고 저장합니다.

RNN은 시계열, 텍스트, 오디오, 음성, 비디오, 날씨 등과 같은 순차적 데이터와 관련된 사용 사례에 널리 적용됩니다. 그들은 언어 번역, 감정 분석, 텍스트 생성 등과 같은 다양한 자연어 처리(NLP) 작업에 많이 사용되었습니다.

7.7.1 FeedForward 네트워크와 순환 신경망의 차이점

RNN과 FeedForward 네트워크 간의 비교는 그림 7.16에 나와 있습니다.

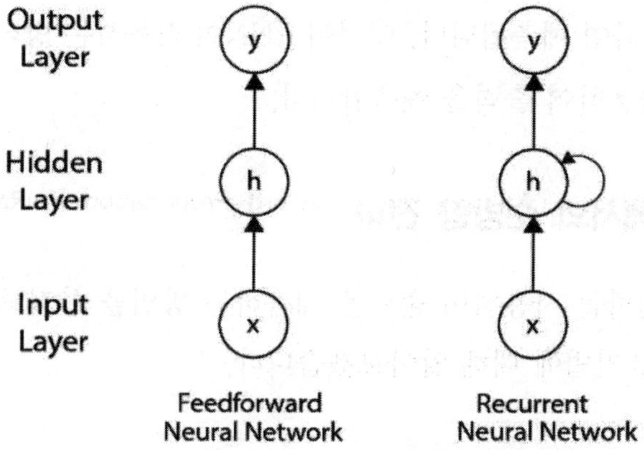

그림 7.16 FeedForward 신경망과 RNN의 차이

이전의 그림에서 볼 수 있듯이 RNN에는 은닉층에 루프 연결이 포함되어 있습니다. 이는 입력과 함께 은닉 상태를 사용하여 출력을 예측한다는 것을 의미합니다.

여전히 어려운가요? RNN의 다음 Unrolled 버전을 살펴보겠습니다. RNN의 Unrolled 버전이란 무엇일까요?

이는 완전한 시퀀스를 위해 신경망을 롤아웃(Rollout) 한다는 의미입니다. T 단어가 포함된 입력 문장이 있다고 가정해 보겠습니다. 그러면 그림 7.17과 같이 각 단어에 대해 하나씩 0~T−1 계층(layer)가 생깁니다.

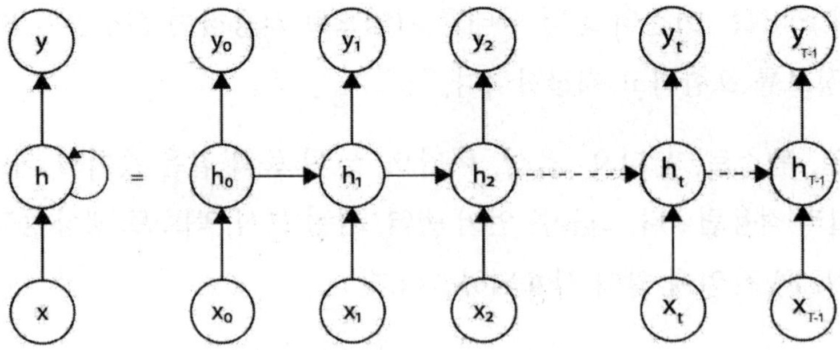

그림 7.17 Unrolled RNN

그림 7.17에서 볼 수 있듯이 시간 단계 t=1에서 출력 y_1은 현재 입력 x_1과 이전 은닉 상태 h_0를 기반으로 예측됩니다. 유사하게, 시간 단계 t=2에서 y_2는 현재 입력 x_2와 이전 은닉 상태 h_1을 사용하여 예측됩니다. 이것이 RNN이 작동하는 방식입니다. 현재 입력과 이전 은닉 상태를 사용하여 출력을 예측합니다.

7.7.2 RNNs에서의 순방향 전파 Forward Propagation in RNNs

RNN에서 순방향 전파를 사용하여 출력을 예측하는 방법을 살펴보겠습니다. 바로 시작하기 전에 RNN의 표기법에 대해 알아보겠습니다.

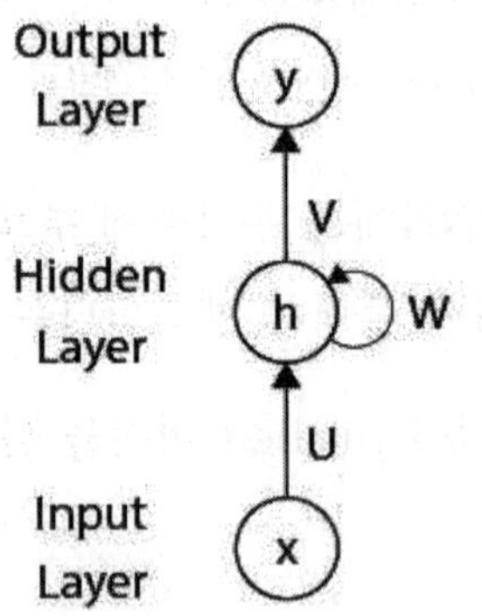

그림 7.18 RNN에서 순방향 전파

그림 7.18의 U, W, V 는 다음을 의미합니다.

- U는 은닉층의 가중치 행렬에 대한 입력을 나타냅니다.
- W는 은닉층의 가중치 행렬을 나타냅니다.
- V는 출력층의 가중치 행렬을 나타냅니다.

time step t에서 은닉 상태 h는 다음과 같이 계산할 수 있습니다.

$$h_t = \tanh(Ux_t + Wh_{t-1})$$

즉, 어떠한 time step t에서의 은닉 상태, h_t = tanh([은닉층 가중치 × 입력] + [은닉층 가중치 × 이전 은닉 상태])로 계산합니다.

time step t에서의 최종 출력은 다음과 같이 계산할 수 있습니다.

$$\hat{y_t} = softmax(Vh_t)$$

즉, time step t에서의 출력, $\hat{y_t}$ = softmax (출력층 가중치 × 현재 은닉 상태)

다음 그림과 같이 RNN을 나타낼 수도 있습니다. 은닉층은 RNN 블록으로 표시되며, 이는 신경망이 RNN이고 이전 은닉 상태가 출력을 예측하는 데 사용됨을 의미합니다.

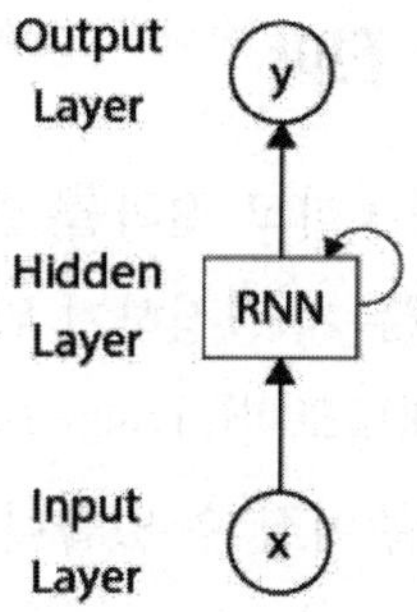

그림 7.19 RNN에서 순방향 전파

그림 7.20은 RNN의 Unrolled 버전에서 순방향 전파가 작동하는 방식을 보여줍니다.

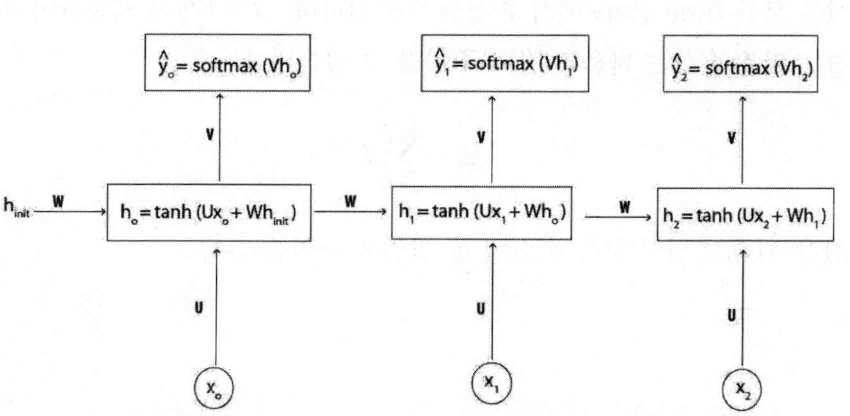

그림 7.20 Unrolled 버전 – RNN에서 순방향 전파

임의의 값으로 초기 은닉 상태 h_{init}를 초기화합니다. 그림 7.20에서 볼 수 있듯이 현재 입력 x_0와 초기 은닉 상태인 h_{init}를 기반으로 다음 공식을 사용하여 출력 $\hat{y_0}$을 예측합니다.

$$h_0 = \tanh(Ux_0 + Wh_{init})$$
$$\hat{y_0} = softmax(Vh_0)$$

위와 유사하게 $\hat{y_1}$은 현재 입력 x_1와 이전 은닉 상태 h_0를 이용하여 계산합니다.

$$h_1 = \tanh(Ux_1 + Wh_0)$$
$$\hat{y_0} = softmax(Vh_1)$$

따라서 출력을 예측하기 위한 순방향 전파에서 RNN은 현재 입력과 이전 은닉 상태를 사용합니다.

7.7.3 RNNs에서의 역방향 전파 BackPropagation in RNNs

RNN에서 순방향 전파가 어떻게 작동하고 결과를 출력하여 예측하는지 배웠습니다. 이제 RNN이 출력을 얼마나 잘 예측했는지 결정하기 위해 각 time step t에서 손실 L을 계산합니다. 손실 함수로 크로스-엔트로피(cross-entropy) 손실을 사용합니다. time step t에서 손실 L은 다음과 같이 주어질 수 있습니다.

$$L_t = -y_t \log(\hat{y_t})$$

여기서 y_t는 실제 출력이며, $\hat{y_t}$는 time step t 에서 예측한 결과입니다.

최종 손실은 모든 time steps에서 손실들의 합입니다. $T-1$개의 계층들이 존재한다고 가정할 경우 최종 손실은 다음과 같이 주어질 수 있습니다:

$$L = \sum_{j=0}^{T-1} L_j$$

그림 7.21은 최종 손실이 모든 손실의 총 합임을 보여줍니다.

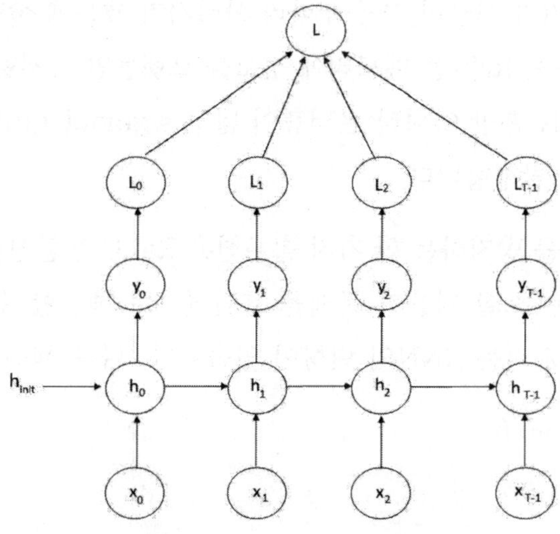

그림 7.21 RNN에서 역전파

지금 까지 손실을 계산했습니다. 이제 목표는 손실을 최소화하는 것입니다. 손실을 최소화하려면 어떻게 해야 할까요? RNN의 최적 가중치를 찾아 손실을 최소화할 수 있습니다. 우리가 배웠듯이 RNN에는 3가지 가중치가 있습니다.

손실을 최소화하려면 이 세 가지 가중치 모두에 대해 최적의 값을 찾아야 합니다. 우리가 선호하는 경사 하강법 알고리즘을 사용하여 최적의 가중치를 찾을 수 있습니다. 모든 가중치에 대한 손실 함수의 기울기를 계산하는 것으로 시작합니다. 그런 다음 가중치 업데이트 규칙에 따라 다음과 같이 가중치를 업데이트합니다.

$$V = V - \alpha \frac{\partial L}{\partial V}$$

$$W = W - \alpha \frac{\partial L}{\partial W}$$

$$U = U - \alpha \frac{\partial L}{\partial U}$$

그러나 RNN에 다른 문제가 있습니다. 기울기 계산에는 활성화 함수에 대한 기울기 계산이 포함됩니다. 시그모이드 또는 tanh 함수에 대한 기울기를 계산하면 기울기가 매우 작아집니다. 여러 시간 단계에 걸쳐 신경망을 추가로 역전파하고 기울기를 곱하면 기울기가 점점 작아지는 경향이 있습니다. 이를 그래디언트 소실(vanishing gradient) 문제라고 합니다.

그래디언트, 즉, 기울기가 시간이 지남에 따라 사라지기 때문에 장기 종속성에 대한 정보를 배울 수 없습니다. 즉, RNN은 메모리에 정보를 오랫동안 유지할 수 없습니다. 그라디언트 소실 문제는 RNN 뿐만 아니라 은닉층이 많고 sigmoid/tanh 함수를 사용하는 다른 심층 신경망에서도 발생합니다.

그래디언트 소실 문제를 방지하는 한 가지 솔루션은 ReLU를 활성화 함수로 사용하는 것입니다. 그러나 우리는 소실 기울기 문제를 효과적으로 해결할 수 있는 Long Short-Term Memory(LSTM)라는 RNN의 변형이 있습니다. 다음 섹션에서 어떻게 작동하는지 살펴보겠습니다.

7.8 해결을 위한 LSTM Long-Short Term Memory

RNN을 역전파하는 동안 우리는 그래디언트 소실이라는 문제에 대해 배웠습니다. 그래디언트 소실 문제로 인해 신경망을 제대로 훈련할 수 없으며 이로 인해 RNN이 메모리에 긴 시퀀스를 유지하지 못합니다. 이것이 의미하는 바를 이해하기 위해 다음과 같은 작은 문장을 생각해 보겠습니다.

The Sky is _____.

RNN은 본 정보를 기반으로 공백을 파란색으로 쉽게 예측할 수 있지만 장기적인 종속성을 다룰 수는 없습니다. 문제를 더 잘 이해하기 위해 다음 문장을 살펴보겠습니다.

Archie lived in China for 13 years. He loves listening to good music. He is a fan of comics. He is fluent in _____.

이제 앞 문장에서 누락된 단어를 예측하라는 요청을 받으면 중국어로 예측하지만 어떻게 예측했을까요? 우리는 단순히 이전 문장을 기억하고 Archie가 중국에서 13년 동안 살았다는 것을 이해했습니다. 이것은 Archie가 중국어를 유창하게 할 수 있다는 결론에 이르게 했습니다. 반면에 RNN은 Archie가 중국어에 능통하다고 말하기 위해 이 모든 정보를 메모리에 저장할 수 없습니다.

그래디언트 소실 문제로 인해 메모리에서 정보를 오랫동안 기억할 수 없습니다. 즉, 입력 시퀀스가 길면 RNN 메모리(hidden state)가 모든 정보를 저장할 수 없습니다. 이를 해결하기 위해 LSTM 셀(LSTM Cell)을 사용합니다.

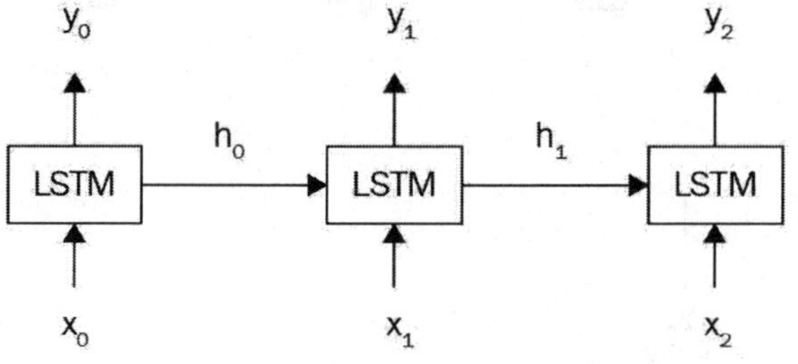

그림 7.22 LSTM network

LSTM은 그래디언트 소실 문제를 해결하고 필요한 한 메모리에 정보를 유지하는 RNN의 변형입니다. 기본적으로 RNN 셀은 그림 7.22와 같이 은닉 유닛에서 LSTM 셀로 대체됩니다.

다음 섹션에서는 LSTM 셀이 어떻게 작동하는지 배워볼 것입니다.

7.8.1 LSTM 셀 이해하기

LSTM 셀이 특별한 이유는 무엇입니까? LSTM 셀은 어떻게 장기 의존성(Long-term dependency)을 달성합니까? 메모리에서 어떤 정보를 유지하고 어떤 정보를 버려야 하는지 어떻게 알 수 있습니까?

이것은 모두 게이트라고 하는 특수 구조에 의해 달성됩니다. 다음 다이어그램에서 볼 수 있듯이 일반적인 LSTM 셀은 입력 게이트(Input gate), 출력 게이트(Output Gate) 및 망각 게이트(Forget gate)라는 세 가지 특수 게이트로 구성됩니다.

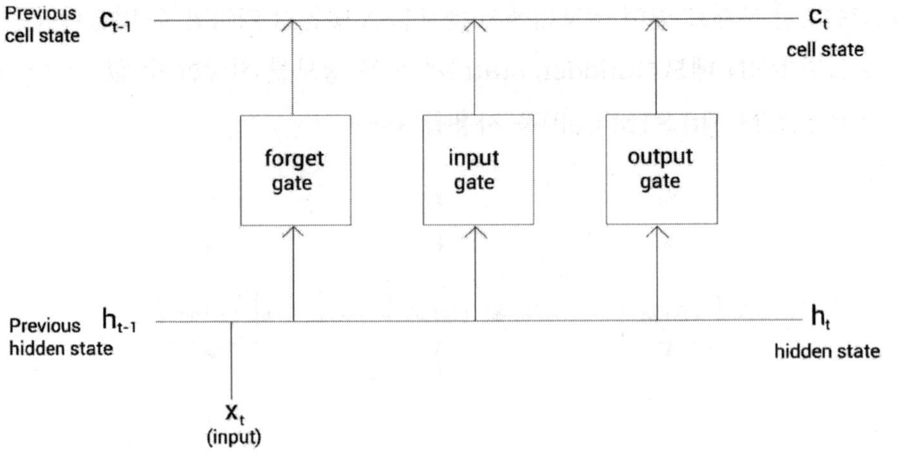

그림 7.23 LSTM gates

이 세 개의 게이트는 메모리에서 추가, 출력 및 잊어버릴 정보를 결정하는 역할을 합니다. 이러한 게이트를 사용하면 LSTM 셀이 필요한 기간 동안만 메모리에 정보를 효과적으로 유지합니다. 그림 7.24는 일반적인 LSTM 셀을 보여줍니다.

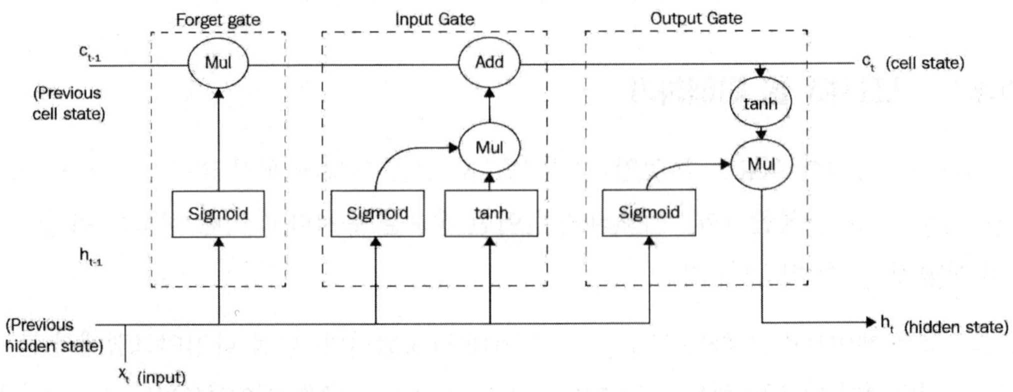

그림 7.24 LSTM 셀

LSTM 셀을 보면 위쪽 수평선을 셀 상태(Cell state)라고 합니다. 정보가 흐르는 곳입니다. 셀 상태에 대한 정보는 LSTM 게이트에 의해 지속적으로 업데이트됩니다. 이제 이 게이트들의 기능을 살펴보겠습니다.

망각 게이트(Forget Gate) : 망각 게이트는 셀 상태에 있어서는 안 되는 정보를 결정하는 역할을 합니다. 다음 문장을 보십시오.

Harry is a good singer. He lives in New York. Zayn is also a good singer.

Zayn에 대해 이야기하기 시작하자마자 신경망은 주제가 Harry에서 Zayn으로 변경되었으며 Harry에 대한 정보가 더 이상 필요하지 않다는 것을 이해할 것입니다. 이제 망각 게이트는 셀 상태에서 Harry에 대한 정보를 잊을 것입니다.

입력 게이트(Input Gate) : 입력 게이트는 메모리에 저장할 정보를 결정하는 역할을 합니다. 같은 예를 생각해 봅시다.

Harry is a good singer. He lives in New York. Zayn is also a good singer.

따라서 망각 게이트가 셀 상태에서 정보를 제거한 후 입력 게이트는 메모리에 어떤 정보가 있어야 하는지 결정합니다. 여기서, 망각 게이트에 의해 Harry에 대한 정보가 셀 상태에서 제거되므로 입력 게이트는 Zayn에 대한 정보로 셀 상태를 업데이트하기로 결정합니다.

출력 게이트(Output Gate) : 출력 게이트는 시간 t에서 셀 상태에서 어떤 정보를 표시해야 하는지 결정하는 역할을 합니다. 이제 다음 문장을 생각해 봅시다.

Zayn's debut album was a huge success. Congrats _____.

여기서 Congrats는 명사를 수식하는 형용사입니다. 출력층은 공백을 채우기 위해 Zayn(명사)을 예측합니다.

따라서 LSTM을 사용하여 RNN에서 직면한 그래디언트 소실 문제를 극복할 수 있습니다. 다음 섹션에서는 CNN(Convolutional Neural Network)이라는 또 다른 흥미로운 알고리즘에 대해 알아보겠습니다.

7.9 CNN이란?

ConvNet으로도 알려진 CNN은 컴퓨터 비전 작업에 가장 널리 사용되는 딥 러닝 알고리즘 중 하나입니다. 이미지 인식 작업을 수행한다고 가정해 보겠습니다. 다음 이미지를 고려해 봅시다. 우리는 CNN이 말이 포함되어 있음을 인식하기를 원합니다.

그림 7.25 말 이미지 예시

어떻게 할 수 있을까요? 이미지를 컴퓨터에 입력하면 기본적으로 픽셀 값의 행렬로 변환됩니다. 픽셀 값의 범위는 0에서 255까지이며 이 행렬의 크기는 [이미지 너비×이미지높이 × 채널 수] 입니다. 회색조 이미지에는 하나의 채널이 있고 컬러 이미지에는 빨강, 녹색 및 파랑(RGB)의 세 가지 채널이 있습니다.

너비가 11이고 높이가 11인 컬러 입력 이미지가 있다고 가정해 보겠습니다. 즉, 11×11인 경우 행렬 차원은 [11×11×3]이 됩니다. [11×11×3]에서 볼 수 있듯이 11×11은 이미지 너비와 높이를 나타내고 3은 컬러 이미지가 있으므로 채널 번호를 나타냅니다. 그래서 우리는 3D 행렬을 갖게 될 것입니다.

하지만 3차원 매트릭스를 시각화하는 것은 어렵기 때문에 이해를 돕기 위해 그레이스케일 이미지를 입력으로 생각해보겠습니다. 회색조 이미지에는 채널이 하나만 있으므로 2D 행렬을 얻습니다.

다음 그림과 같이 입력 그레이스케일 이미지는 0에서 255 사이의 픽셀 값 행렬로 변환되며 픽셀 값은 해당 지점의 픽셀 강도를 나타냅니다.

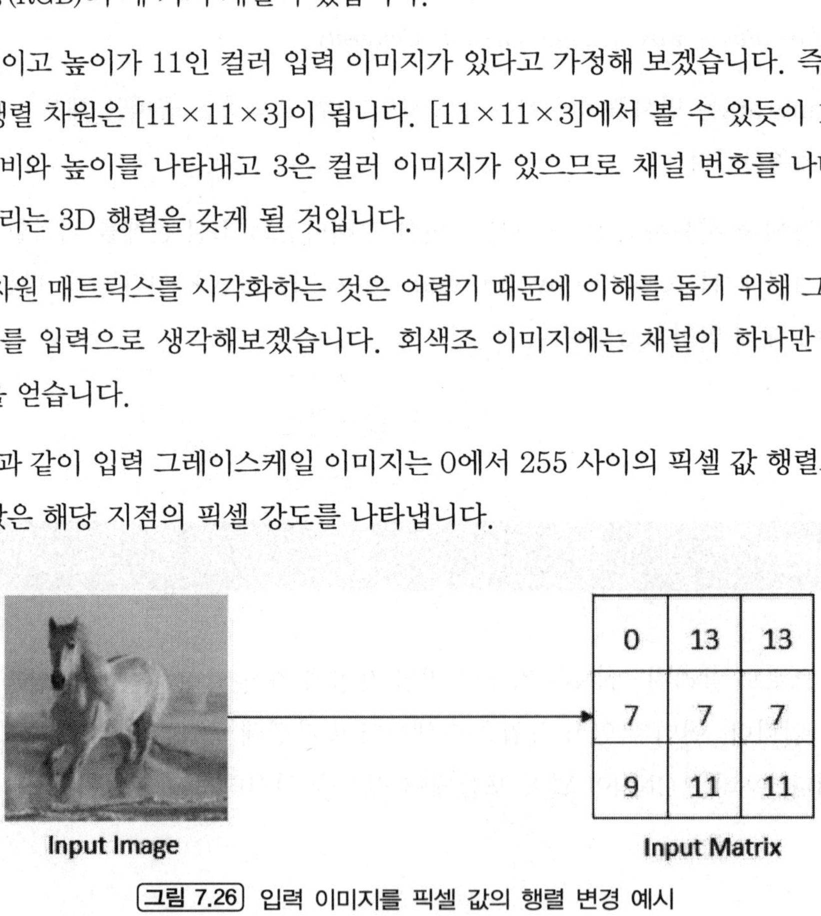

그림 7.26 입력 이미지를 픽셀 값의 행렬 변경 예시

> 입력 행렬에 주어진 값은 우리가 이해할 수 있는 임의의 값일 뿐입니다.

자, 이제 픽셀 값의 입력 행렬이 있습니다. CNN은 이미지에 말이 포함되어 있다는 것을 어떻게 이해하게 될까요? CNN은 다음 세 가지 중요한 레이어로 구성됩니다.

- 컨볼루션 레이어(Convolutional layer)
- 풀링 레이어(Pooling layer)
- 완전 연결 계층(Fully Connected layer)

이 세 레이어의 도움으로 CNN은 이미지에 말이 포함되어 있음을 인식합니다. 이제 이러한 각 레이어를 자세히 살펴보겠습니다.

7.9.1 컨볼루션 레이어 Convolutional layer

컨볼루션 레이어는 CNN의 첫 번째 핵심 레이어입니다. CNN의 신경망을 구성하는 블록 중 하나이며 이미지에서 중요한 특징을 추출하는 데 사용됩니다.

우리는 말의 이미지를 가지고 있습니다. 이것이 말의 이미지라는 것을 이해하는 데 도움이 될 기능은 무엇이라고 생각합니까? 우리는 신체 구조, 얼굴, 다리, 꼬리 등을 말할 수 있습니다. 그러나 CNN은 이러한 기능을 어떻게 이해할까요? 말을 특징짓는 이미지에서 모든 중요한 특징을 추출하는 컨볼루션 연산을 사용합니다. 따라서 컨볼루션 연산은 이미지가 무엇인지 이해하는 데 도움이 됩니다.

자, 이 컨볼루션 연산은 정확히 무엇이며, 어떻게 수행되고, 중요한 기능을 어떻게 추출할까요? 이에 대해 자세히 살펴보겠습니다.

알다시피 모든 입력 이미지는 픽셀 값의 행렬로 표현됩니다. 입력 행렬 외에도 필터 행렬이라는 또 다른 행렬이 있습니다.

필터 행렬은 그림 7.27과 같이 커널 또는 단순히 필터라고도 합니다.

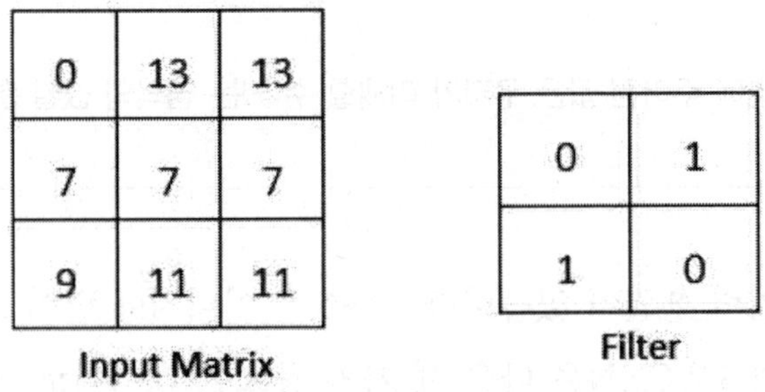

그림 7.27 입력과 필터 행렬

필터 행렬을 가져와서 입력 행렬 위로 한 픽셀만큼 밀어넣고 요소별 곱셈을 수행하고 결과를 합산하여 단일 숫자를 생성합니다. 꽤 혼란스럽죠? 다음 그림의 도움으로 이것을 더 잘 이해합시다.

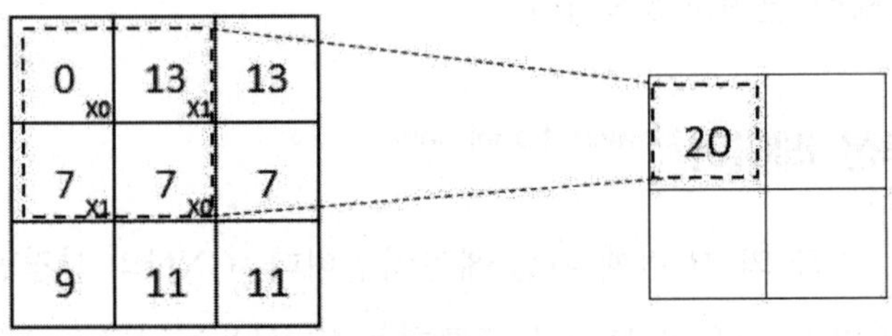

그림 7.28 컨볼루션 작동 1

이전 그림에서 볼 수 있듯이 필터 행렬을 입력 행렬 위에 배치하고 요소별 곱셈을 수행하고 결과를 합산하여 단일 숫자를 생성했습니다. 이것은 다음과 같이 설명할 수 있습니다.

$$(0\times0) + (13\times1) + (7\times1) + (7\times0) = 20$$

이제 그림 7.29에서와 같이 필터를 입력 행렬 위로 한 픽셀만큼 슬라이드(slide)하고 동일한 단계를 수행합니다.

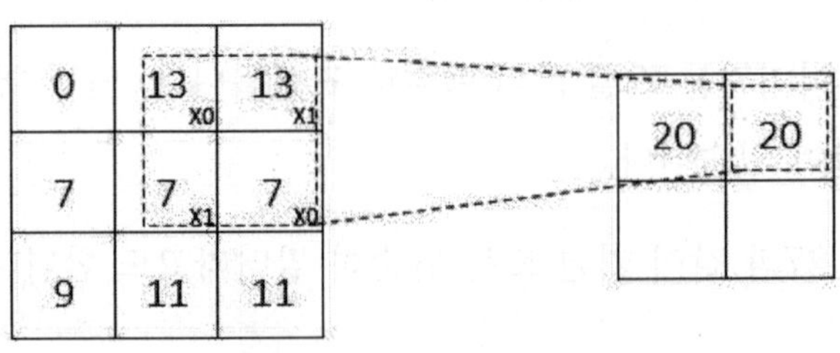

그림 7.29 컨볼루션 작동 2

계산 과정은 다음과 같습니다.

$$(13\times0)+(13\times1)+(7\times1)+(7\times0)=20$$

다시 한 번 그림 7.30과 같이 필터 매트릭스를 한 픽셀만큼 슬라이드하고 동일한 작업을 수행합니다.

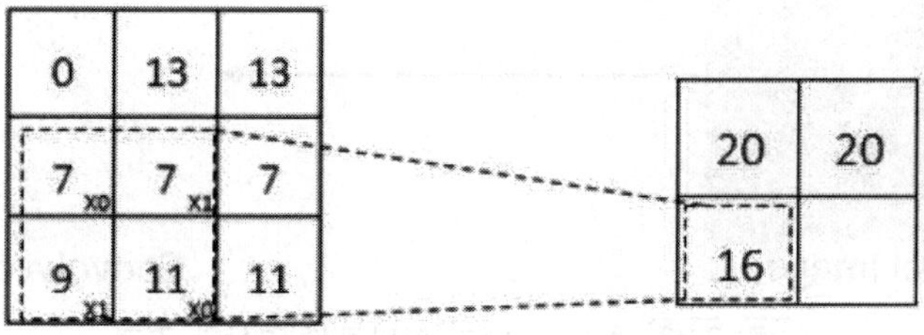

그림 7.30 컨볼루션 작동 3

계산 과정은 다음과 같습니다.

$$(7\times0)+(7\times1)+(9\times1)+(11\times0)=16$$

이제 다시 그림 7.31에서와 같이 필터 행렬을 입력 행렬 위로 한 픽셀만큼 슬라이드하고 동일한 작업을 수행합니다.

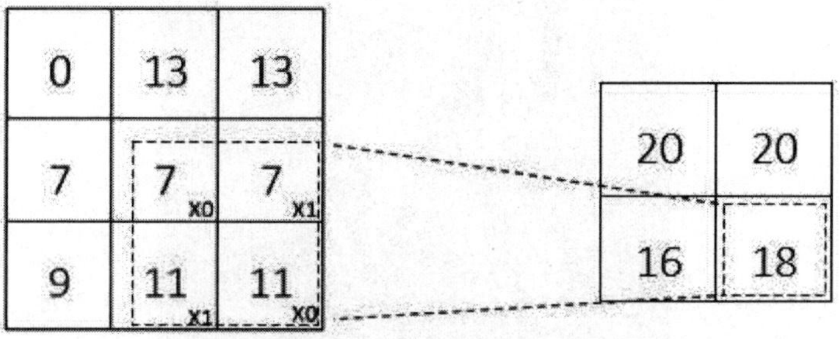

그림 7.31 컨볼루션 작동 4

마지막 계산 과정은 다음과 같습니다.

$$(7\times0)+(7\times1)+(11\times1)+(11\times0)=18$$

기본적으로 전체 입력 행렬에 대해 필터 행렬을 한 픽셀만큼 슬라이딩하고, 요소별 곱셈을 수행하고 결과를 합산하여 기능 맵 또는 활성화 맵이라고 하는 새 행렬을 생성합니다. 이러한 과정 전반을 컨볼루션 연산이라고 합니다.

우리가 배웠듯이, 컨볼루션 연산은 특징(Feature)를 추출하는데 사용되며, 새로운 행렬, 즉 특징 맵(Feature map)은 컨볼루션 연산을 통해 추출된 특징를 나타냅니다. 특징 맵을 도식화하면 컨볼루션 연산으로 추출된 특징을 볼 수 있습니다.

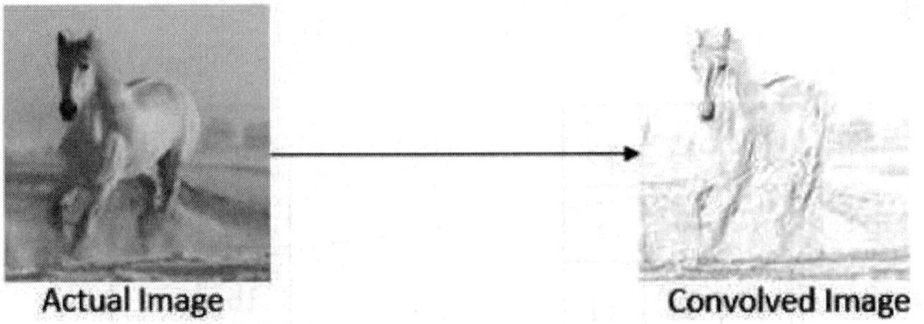

그림 7.32 실제 이미지 컨볼루션 연산한 결과

이미지에서 다양한 특징을 추출하기 위해 다양한 필터가 사용됩니다. 예를 들어 다음과 같이 선명 필터 $\begin{pmatrix} 0 & -1 & 0 \\ -1 & 5 & -1 \\ 0 & 1 & 0 \end{pmatrix}$를 사용하면 다음 그림과 같이 이미지가 선명해집니다.

그림 7.33 선명화 처리된 이미지

따라서 우리는 필터를 사용하여 컨볼루션 연산을 사용하여 이미지에서 중요한 특징을 추출할 수 있다는 것을 배웠습니다. 따라서 하나의 필터를 사용하는 대신 여러 필터를 사용하여 이미지에서 다양한 특징을 추출하고 여러 특징 맵을 생성할 수 있습니다. 따라서 특징 맵의 깊이는 필터의 수입니다. 7개의 필터를 사용하여 이미지에서 다른 특징을 추출하면 특징 맵의 깊이는 7이 됩니다.

그림 7.34 특징 추출 맵

좋습니다, 우리는 다른 필터가 이미지에서 다른 특징을 추출한다는 것을 배웠습니다. 그러나 문제는 이미지에서 중요한 특징을 추출할 수 있도록 필터 매트릭스에 대한 올바른 값을 어떻게 설정할 수 있느냐는 것입니다. 필터 행렬을 무작위로 초기화하기만 하면 이미지에서 중요한 특징을 추출할 수 있는 최적의 필터 행렬 값을 역전파(backpropagation)를 통해 학습합니다. 그러나 필터의 크기와 사용할 필터의 수만 지정하면 됩니다.

7.9.1.1 스트라이드(Strides)

우리는 컨볼루션 연산이 어떻게 작동하는지 방금 배웠습니다. 필터 행렬이 있는 입력 행렬을 한 픽셀만큼 슬라이드하고 컨볼루션 연산을 수행합니다. 그러나 입력 매트릭스를 한 픽셀만큼 슬라이드할 필요는 없으며 입력 매트릭스를 원하는 수의 픽셀만큼 슬라이드할 수도 있습니다.

필터 행렬에 의해 입력 행렬 위로 이동하는 픽셀의 수를 스트라이드(stride)라고 합니다.

스트라이드을 2로 설정하면 필터 행렬이 있는 입력 행렬을 2픽셀만큼 슬라이드합니다. 그림 7.35는 스트라드가 2인 컨볼루션 연산을 보여줍니다.

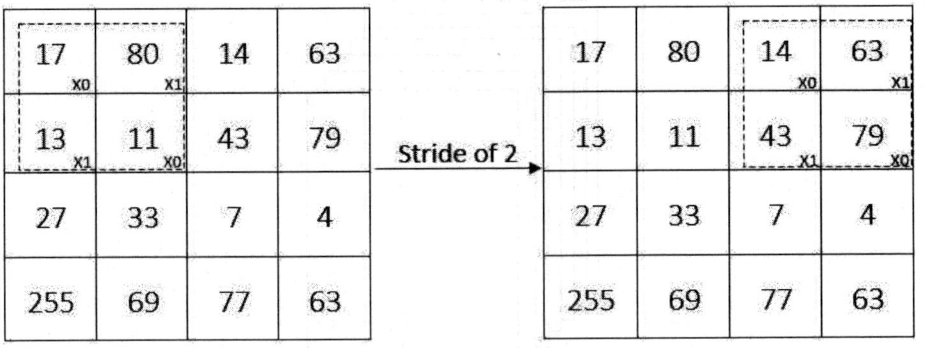

그림 7.35 스트라이드 작동법

그러나 스트라이드 값을 어떻게 선택합니까? 우리는 스트라이드가 필터 매트릭스를 이동하는 픽셀의 수라는 것을 배웠습니다. 따라서 스트라이드를 작은 숫자로 설정하면 스트라이드를 큰 숫자로 설정할 때보다 이미지를 더 자세히 인코딩할 수 있습니다. 그러나 값이 높은 스트라드는 값이 낮은 것보다 계산하는 데 시간이 덜 걸립니다.

7.9.1.2 패딩(Padding)

컨볼루션 연산을 사용하여 필터 행렬을 사용하여 입력 행렬을 슬라이딩합니다. 그러나 어떤 경우에는 필터가 입력 행렬에 완벽하게 맞지 않습니다. 예를 들어 스트라이드 값이 2인 컨볼루션 연산을 수행한다고 가정해 보겠습니다. 필터 행렬을 2픽셀 이동하면 경계에 도달하고 필터 행렬이 입력 행렬에 맞지 않는 상황이 있습니다. 즉, 다음 그림과 같이 필터 행렬의 일부가 입력 행렬 외부에 있습니다.

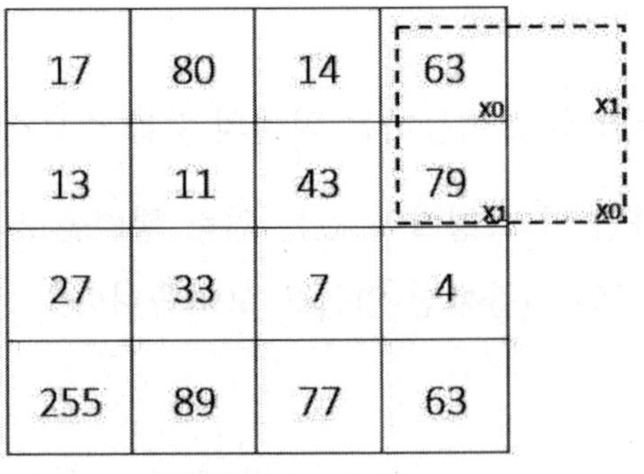

그림 7.36 패딩 작동법

이 경우 패딩을 수행합니다. 그림 7.37과 같이 필터가 입력 행렬에 맞도록 입력 행렬을 간단히 0으로 채울 수 있습니다. 입력 행렬에서 0으로 채우는 것을 동일 패딩(Same padding) 또는 제로 패딩(Zero padding)이라고 합니다.

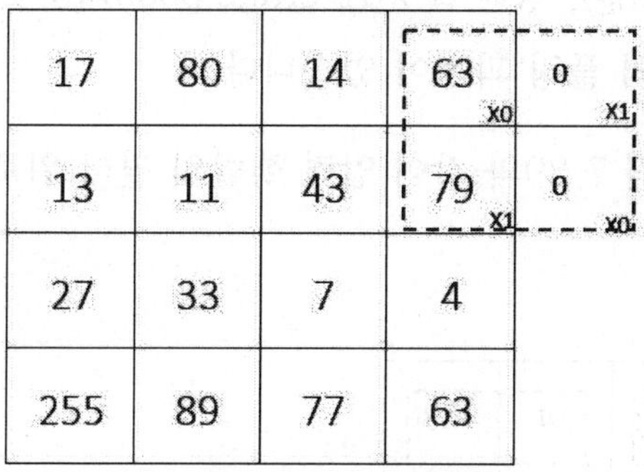

그림 7.37 동일 패딩

0으로 채우는 대신 필터가 맞지 않는 입력 행렬의 영역을 간단히 버릴 수도 있습니다. 이것을 유효 패딩(Valid padding)이라고 합니다.

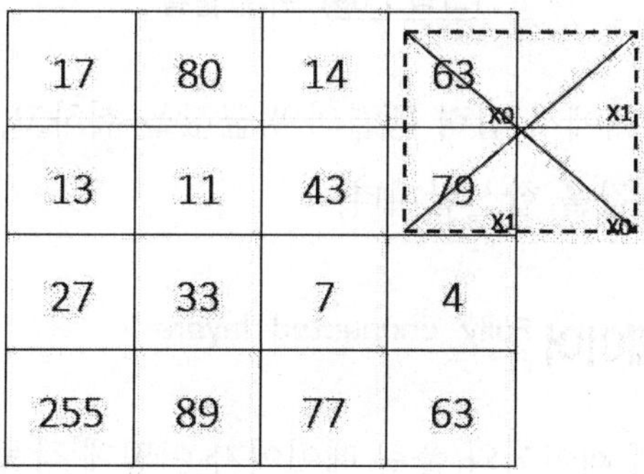

그림 7.38 유효 패딩

7.9.2 풀링 레이어 Pooling layers

이제 컨볼루션 연산 과정을 완료했습니다. 컨볼루션 연산의 결과로 몇 가지 특징 맵이 있습니다. 그러나 특징 맵은 차원이 너무 큽니다. 특징 맵의 차원을 줄이기 위해 풀링 작업을 수행합니다. 이것은 특징 맵의 차원을 줄이고 계산량을 줄일 수 있도록 필요한 세부 정보만 유지합니다.

예를 들어, 이미지에서 말을 인식하려면 말의 특징만 추출하고 유지해야 합니다. 이미지의 배경 등과 같은 원치 않는 기능을 간단히 버릴 수 있습니다. 풀링 작업은 다운샘플링(Down sampling) 또는 서브샘플링(Subsampling) 작업이라 합니다. 따라서 풀링 레이어는 중요한 특징만 유지하여 공간 차원을 줄입니다.

또한 최대 풀링(Max pooling), 평균 풀링(Average pooling) 및 합계 풀링(Sum pooling)을 포함하여 다양한 유형의 풀링 과정이 있습니다.

최대 풀링에서 우리는 그림 7.39와 같이 입력 행렬의 필터 위로 슬라이드하고 필터 창에서 최대 값을 가져옵니다.

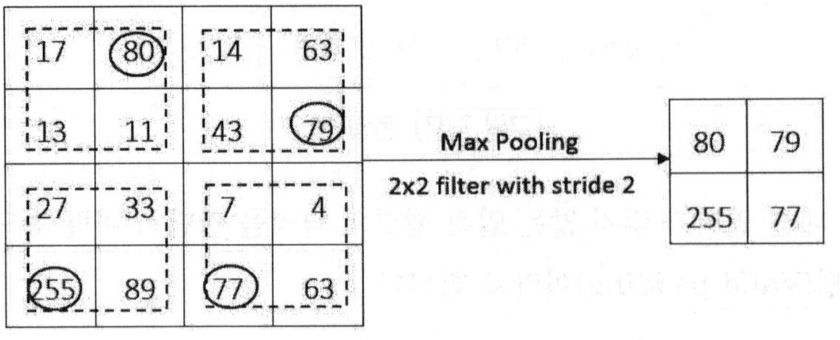

그림 7.39 최대 풀링

평균 풀링에서는 필터 창 내에서 입력 행렬의 평균값을 취하고, 합계 풀링에서는 필터 창 내에서 입력 행렬의 모든 값을 합산합니다.

7.9.3 완전 연결 레이어 Fully connected layers

지금까지 우리는 컨볼루션 레이어와 풀링 레이어가 어떻게 작동하는지 배웠습니다. CNN은 여러 개의 컨볼루션 레이어와 풀링 레이어를 가질 수 있습니다. 그러나 이러한 레이어는 입력 이미지에서 기능만 추출하고 특징 맵을 생성합니다. 즉, 기능 추출기일 뿐입니다.

이미지가 주어지면 컨볼루션 레이어는 이미지에서 특징을 추출하고 특징 맵을 생성합니다. 이제 이러한 추출된 특징을 분류해야 합니다. 따라서 이러한 추출된 특징을 분류하고 추출된 특징이 말의 특징인지 아니면 다른 무엇인지 알려줄 수 있는 알고리즘이 필요합니다. 이러한 분류를 위해 우리는 피드포워드 신경망을 사용합니다. 특징 맵을 병합하고 벡터로 변환하여 피드포워드 신경망에 대한 입력으로 제공합니다.

피드포워드 신경망은 이 평면화된 특징 맵을 입력으로 사용하고, 시그모이드와 같은 활성화 함수를 적용하고, 이미지에 말이 포함되어 있는지 여부를 나타내는 출력을 반환합니다. 이것을 완전 연결 계층이라고 하며 다음 그림에 나와 있습니다.

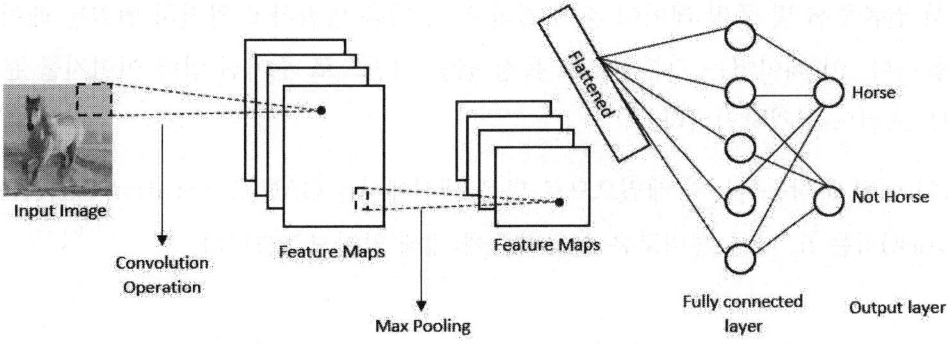

그림 7.40 완전 연결 계층

7.10 CNN의 아키텍처

그림 7.41은 CNN의 전반적인 아키텍처를 보여줍니다.

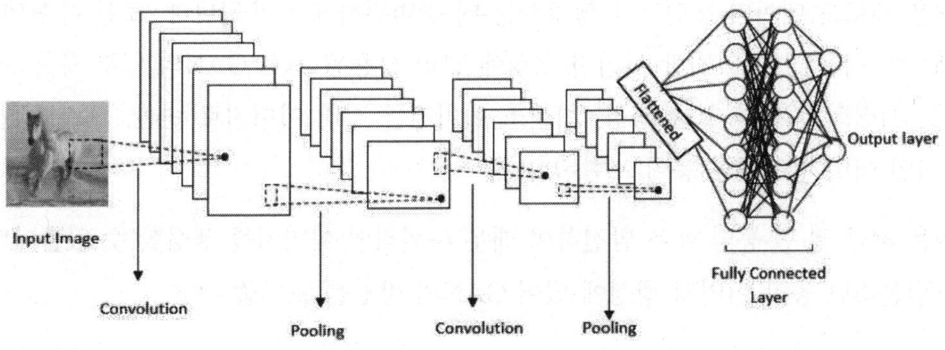

그림 7.41 CNN의 아키텍처

보시다시피, 먼저 입력 이미지를 컨볼루션 레이어에 공급합니다. 여기서 컨볼루션 연산을 적용하여 이미지에서 중요한 특징을 추출하고 특징 맵을 생성합니다. 그런 다음 특징 맵을 풀링 레이어로 전달합니다. 여기서 특징 맵의 차원이 줄어듭니다.

이전 그림에서 볼 수 있듯이 여러 개의 컨볼루션 레이어와 풀링 레이어를 가질 수 있으며 풀링 레이어가 모든 컨볼루션 레이어 다음에 반드시 있어야 하는 것은 아닙니다. 풀링 레이어가 뒤따르는 많은 컨볼루션 레이어가 있을 수 있습니다.

따라서 컨볼루션 및 풀링 레이어 후에 결과 특징 맵을 병합하고 완전히 연결된 레이어에 공급합니다. 이 레이어는 기본적으로 특징 맵을 기반으로 주어진 입력 이미지를 분류하는 피드포워드 신경망입니다.

CNN이 어떻게 작동하는지 배웠으므로 다음 섹션에서는 GAN(Generative Adversarial Network)라는 또 다른 흥미로운 알고리즘에 대해 알아보겠습니다.

7.11

GAN Generative Adversarial Networks

GAN(Generative Adversarial Networks)은 Ian J Goodfellow, Jean Pouget-Abadie, Mehdi Mirza, Bing Xu, David Warde-Farley, Sherjil Ozair, Aaron Courville, Yoshua Bengio가 2014년 논문 "Generative Adversarial Networks"에서 처음 소개했습니다.

GAN은 새로운 데이터 포인트를 생성하는 데 광범위하게 사용됩니다. 모든 유형의 데이터 세트에 적용할 수 있지만 이미지 생성에 널리 사용됩니다. GAN의 일부 응용 프로그램에는 사실적인 사람 얼굴 생성, 회색조 이미지를 컬러 이미지로 변환, 텍스트 설명을 사실적인 이미지로 변환 등이 포함됩니다.

GAN은 최근 몇 년 동안 매우 발전하여 매우 사실적인 이미지를 생성할 수 있습니다. 다음 그림은 5년 동안 이미지 생성에 있어 GAN의 발전을 보여줍니다.

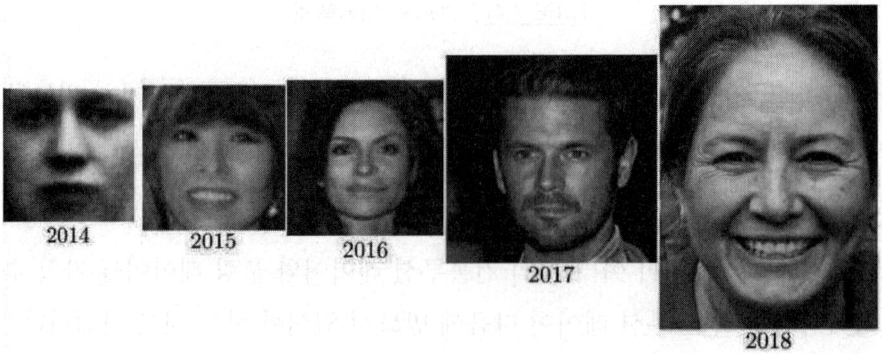

그림 7.42 연도에 따른 GAN의 진화

이제 우리는 GAN이 정확히 어떻게 작동하는지 볼 것입니다. 계속 진행하기 전에 간단한 비유를 살펴보겠습니다. 당신이 경찰이고 당신의 임무가 위조지폐를 찾는 것이고 위조자의 역할은 위조지폐를 만들어 경찰을 속이는 것이라고 가정해 봅시다.

위조자는 진짜 돈과 구별할 수 없을 정도로 현실감 있게 가짜 돈을 만들어내려고 끊임없이 시도한다. 하지만 경찰은 그 돈이 진짜인지 가짜인지 확인해야 합니다. 따라서 위조범과 경찰은 본질적으로 한 사람이 다른 사람을 물리치려고 하는 2인용 게임을 합니다. GAN은 다음과 같이 작동합니다. 두 가지 중요한 구성 요소로 구성됩니다.

- 생산자(Generator)
- 판별자(Discriminator)

생성자는 위조자와 유사하고 판별자는 경찰과 유사하다고 볼 수 있습니다. 즉, 생성자의 역할은 가짜 돈을 만드는 것이고, 판별자의 역할은 돈이 가짜인지 진짜인지 식별하는 것입니다.

자세히 설명하지 않고 먼저 GAN에 대한 기본을 이해해보겠습니다. GAN이 손으로 쓴 숫자를 생성하기를 원한다고 가정해 봅시다. 어떻게 할 수 있을까요? 먼저 손으로 쓴 숫자 모음을 포함하는 데이터 세트를 가져옵니다. MNIST 데이터셋을 말합니다. 생성자는 데이터 세트의 이미지 분포를 학습합니다. 따라서 훈련 세트에서 손으로 쓴 숫자의 분포를 학습합니다. 일단 데이터 세트의 이미지 분포를 학습하고 임의의 노이즈를 생성기에 공급하면 임의의 노이즈를 학습된 분포를 기반으로 훈련 세트의 것과 유사한 새 손글씨 숫자로 변환합니다.

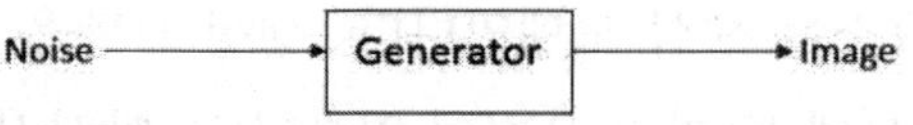

그림 7.43 생성자

판별자의 목표는 분류 작업을 수행하는 것입니다. 이미지가 주어지면 실제 또는 가짜로 분류합니다. 즉, 이미지가 훈련 세트에서 가져온 것인지 생성기에 의해 생성된 것인지 여부를 판단합니다.

그림 7.44 판별자

GAN의 생성자(Generator) 컴포넌트는 기본적으로 생성 모델이고, 판별자(Discriminator) 컴포넌트는 기본적으로 판별 모델입니다. 따라서 생성자는 클래스의 분포를 학습하고 판별자는 클래스의 결정 경계를 학습합니다.

그림 7.45에서 볼 수 있듯이 생성기에 랜덤 노이즈를 공급하면 이 랜덤 노이즈를 훈련 세트에 있는 것과 유사한 새 이미지로 변환하지만 훈련 세트에 있는 이미지와 정확히 동일하지는 않습니다. 생성기에 의해 생성된 이미지를 가짜 이미지라고 하고 훈련 세트의 이미지를 실제 이미지라고 합니다. 우리는 실제 이미지와 가짜 이미지를 모두 판별자에게 제공하여 실제 이미지일 확률을 알려줍니다. 이미지가 가짜이면 0을 반환하고 이미지가 진짜이면 1을 반환합니다.

이제 생성자와 판별자에 대한 기본적인 이해를 하였으므로 각 구성 요소에 대해 자세히 살펴보겠습니다.

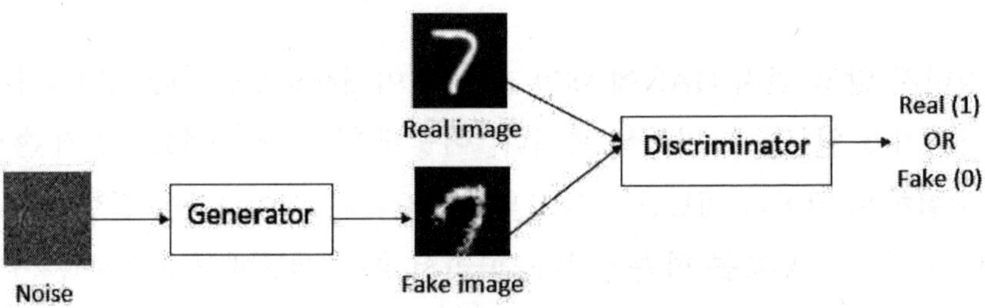

그림 7.45 GAN

7.11.1 생성자 Generator

GAN의 생성자의 구성 요소는 생성 모델입니다. 생성 모델을 말할 때 암시적(implicit) 모델과 명시적(explicit) 모델 두 가지 유형이 있습니다. 암시적 모델은 확률 분포를 학습하기 위해 명시적 함수를 사용하지 않는 반면, 명시적 모델은 이름에서 알 수 있듯이 명시적 함수를 사용합니다. GAN은 첫 번째 범주에 속합니다. 즉, 암시적 모델입니다. GAN이 어떻게 암시적 모델인지 자세히 연구하고 이해합시다.

생성자 G가 있다고 가정해 보겠습니다. 기본적으로 θ_g에 의해 매개변수화된 신경망입니다. 생성자 신경망의 역할은 새 이미지를 생성하는 것입니다. 생성자에 대한 입력은 무엇이어야 할까요?

정규 분포 또는 균일 분포 P_z에서 무작위 잡음 z를 샘플링합니다. 무작위 노이즈 z를 생성자에 입력한 다음 노이즈를 이미지로 변환합니다.

$$G(z;\theta_g)$$

놀랍지 않습니까? 생성자는 임의의 노이즈를 실제 이미지로 어떻게 변환할까요?

사람 얼굴 모음이 포함된 데이터 세트가 있고 생성자가 새로운 사람 얼굴을 생성하기를 원한다고 가정해 보겠습니다. 첫째, 생성자는 훈련 세트에서 이미지의 확률 분포를 학습하여 얼굴의 모든 특징을 학습합니다. 생성자가 올바른 확률 분포를 학습하면 완전히 새로운 사람의 얼굴을 생성할 수 있습니다.

그러나 생성자는 훈련 세트의 분포를 어떻게 학습할까요? 즉, 생성자는 훈련 세트에서 사람 얼굴 이미지의 분포를 어떻게 학습할까요?

생성자는 신경망에 불과합니다. 따라서 신경망은 학습 세트의 이미지 분포를 암시적으로 학습합니다. 이 분포를 생성자 분포, P_g라고 합시다. 첫 번째 반복에서 생성자는 노이즈가 많은 이미지를 생성합니다. 그러나 일련의 반복을 통해 학습 세트의 정확한 확률 분포를 학습하고 매개변수 θ_g를 조정하여 올바른 이미지를 생성하는 방법을 학습합니다.

> 우리는 유니폼을 사용하지 않는다는 점에 유의하는 것이 중요합니다.
> 훈련 세트의 분포를 학습하기 위한 분포 P_z. 랜덤 노이즈를 샘플링하는 데만 사용되며 이 랜덤 노이즈를 생성자에 입력합니다. 생성자 신경망은 학습 세트의 분포를 암시적으로 학습하고 이 분포를 생성기 분포, P_g라고 부르며 이것이 생성기 네트워크를 암시적 모델이라고 부르는 이유입니다.

이제 생성자를 이해했으므로 판별자로 넘어갑니다.

7.11.2 판별자 Discriminator

이름에서 알 수 있듯이 판별자는 판별 모델입니다. 판별자 D가 있다고 가정해 보겠습니다. 이것은 또한 신경망이고 θ_d에 의해 매개변수화됩니다. 훈련 세트의 분포를 학습하기 위해 균일 분포 P_z를 사용하지 않는다는 점에 유의하는 것이 중요합니다. 랜덤 노이즈를 샘플링하는 데만 사용되며 이 랜덤 노이즈를 생성자에 입력합니다. 생성자 신경망은 학습 세트의 분포를 암시적으로 학습하고 이 분포를 생성기 분포, P_g라고 부르며 이것이 생성자 신경망을 암시적 모델이라고 부르는 이유입니다.

판별자의 목적은 두 클래스를 구별하는 것입니다. 즉, 이미지 x가 주어졌을 때 이미지가 실제 분포인지 가짜 분포인지(생성자 분포) 식별해야 합니다. 즉, 판별자는 주어진 입력 이미지가 훈련 세트에서 나온 것인지 생성기에 의해 생성된 가짜 이미지인지 식별해야 합니다.

$$D(x;\theta_d)$$

훈련 세트의 분포를 P_r로 표시되는 실제 데이터 분포라고 합시다. 생성자 분포가 P_g로 표시된다는 것을 알고 있습니다. 따라서 판별자 D는 기본적으로 이미지 x가 P_r 또는 P_g에서 나온 것인지 판별하려고 합니다.

7.11.3 GAN의 학습 방법

지금까지 생성자와 판별자의 역할에 대해서만 공부했는데, 정확히 GAN의 신경망이 어떻게 학습을하고, 생성자는 새로운 사실적인 이미지를 생성하는 방법을 배우고 판별자는 이미지를 올바르게 구별하는 방법을 학습할까요?

생성자의 목표는 판별자가 생성된 이미지가 실제 분포에서 나온 것이라고 믿도록 속이는 방식으로 이미지를 생성하는 것임을 알고 있습니다.

첫 번째 훈련 반복에서 생성자는 잡음이 있는 이미지를 생성합니다. 이 이미지를 판별자에 공급하면 이미지가 생성기 분포에서 나온 것임을 쉽게 감지할 수 있습니다. 생성자는 이것을 손실로 간주하고 자체 개선을 시도합니다. 목표는 판별자를 속이는 것이기 때문입니다. 즉, 생성자가 판별자가 생성된 이미지를 가짜 이미지로 쉽게 감지한다는 것을 생성기가 알고 있다면 훈련 세트의 이미지와 유사한 이미지를 생성하지 않는다는 것을 의미합니다. 이는 훈련 세트의 확률 분포를 아직 학습하지 않았음을 의미합니다.

따라서 생성자는 훈련 세트의 올바른 확률 분포를 학습하는 방식으로 매개변수를 조정합니다. 생성자가 신경망이라는 것을 알기 때문에 역전파를 통해 네트워크의 매개변수를 업데이트하기만 하면 됩니다. 실제 이미지의 확률 분포를 학습하면 훈련 세트의 이미지와 유사한 이미지를 생성할 수 있습니다.

자, 판별자는 어떻게 학습할까요? 알다시피 판별자의 역할은 실제 이미지와 가짜 이미지를 구별하는 것입니다.

판별자가 생성된 이미지를 잘못 분류하는 경우; 즉, 판별자가 가짜 이미지를 실제 이미지로 분류하면 판별자가 실제 이미지와 가짜 이미지를 구별하는 법을 배우지 않았음을 의미합니다. 따라서 판별자가 실제 이미지와 가짜 이미지를 분류하는 방법을 학습하도록 역전파를 통해 판별자 네트워크의 매개변수를 업데이트합니다.

따라서 기본적으로 생성자는 실제 데이터 분포 P_r을 학습하여 판별자를 속이려고 하고 판별자는 이미지가 실제 또는 가짜 분포에서 나온 것인지 알아내려고 합니다. 이제 문제는 생성자와 판별자가 서로 경쟁하고 있다는 사실에 비추어 신경망 교육을 언제 중단해야 하는지 입니다.

생성자 분포는 P_g로 표시되고 실제 데이터 분포는 P_r로 표시된다는 것을 알고 있습니다. 생성자가 실제 데이터 분포를 완벽하게 학습하면 그림 7.46에서 볼 수 있듯이 P_g는 P_r과 같습니다.

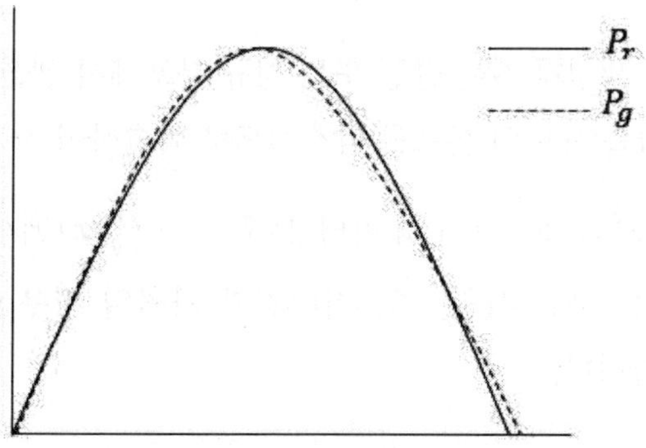

그림 7.46 생성자와 실제 데이터 분포

$P_g = P_r$일 때 판별자는 입력 이미지가 실제 분포인지 가짜 분포인지 구별할 수 없으므로 판별자가 두 분포가 같을 때 혼동되기 때문에 확률로 0.5를 반환합니다.

따라서 생성기의 경우 최적의 판별자는 다음과 같이 주어질 수 있습니다.

$$D(x) = \frac{P_r(x)}{P_r(x) + P_g(x)} = \frac{1}{2}$$

따라서 판별자가 모든 생성기 이미지에 대해 0.5의 확률을 반환하면 생성자가 훈련 세트의 이미지 분포를 학습하고 판별기를 성공적으로 속였다고 말할 수 있습니다.

7.11.4 GAN의 아키텍쳐

그림 7.47은 GAN의 전반적인 아키텍쳐를 보여줍니다.

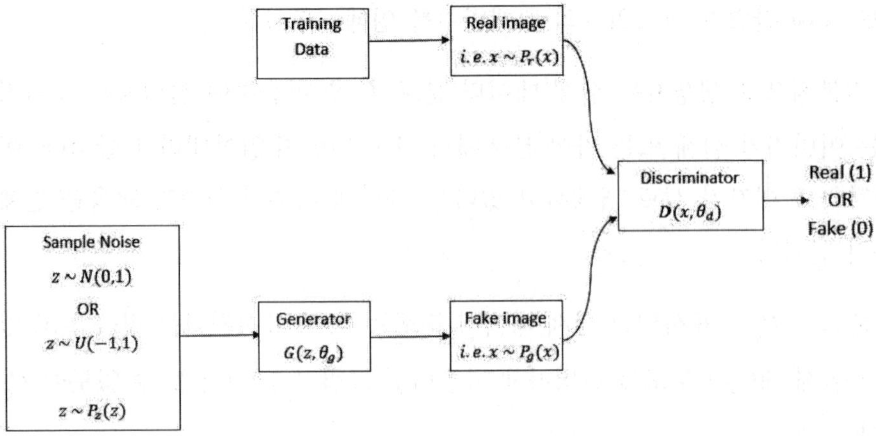

그림 7.47 GAN 아키텍처

앞의 다이어그램과 같이 생성자 G는 균일 또는 정규 분포에서 샘플링하여 임의의 노이즈 z를 입력으로 사용하고 학습 세트의 분포를 암시적으로 학습하여 가짜 이미지를 생성합니다.

실제 데이터 분포 $x \sim P_r(x)$와 가짜 데이터 분포 $x \sim P_g(x)$에서 이미지 x를 추출하여 판별자 D에 공급합니다. 분류 작업. 즉, 이미지가 가짜일 경우 0을 반환하고 이미지가 진짜일 경우 1을 반환합니다.

7.11.5 GAN에서의 손실 함수의 이해

이제 GAN의 손실 함수를 살펴보겠습니다. 계속하기 전에 표기법은 다음과 같습니다.

- 생성자에 대한 입력으로 공급되는 노이즈는 z로 표시됩니다.
- 노이즈 z가 증폭되는 균일 또는 정규 분포는 P_z로 표시됩니다.
- 입력 이미지는 x로 표시됩니다.
- 실제 데이터 분포 또는 훈련 세트의 분포는 P_r로 표시됩니다.
- 가짜 데이터 분포 또는 생성자의 분포는 P_g로 표시됩니다.

$x \sim P_r(x)$라고 적는 것은 이미지 x가 실제 분포 P_r에서 샘플링되었음을 의미합니다. 이와 동일하게 $x \sim P_g(x)$라고 적은 것은 이미지 x가 실제 분포 P_g에서 샘플링되었음을 의미합니다. 그리고 $z \sim P_z(z)$는 생성자 입력 z가 균일 분포 P_z에서 샘플링됨을 의미합니다.

우리는 생성기와 판별기가 모두 신경망이고 둘 다 역전파를 통해 매개변수를 업데이트한다는 것을 배웠습니다. 이제 최적의 생성자 매개변수 θ_g와 판별자 매개변수 θ_d를 찾아야합니다.

7.11.5.1 판별자 손실

이제 판별자의 손실 함수를 살펴보겠습니다. 우리는 판별자의 목표가 이미지가 실제 이미지인지 가짜 이미지인지를 분류하는 것임을 알고 있습니다. 판별자를 D로 표시합시다.

판별자의 손실 함수는 다음과 같이 주어집니다.

$$\max_d L(D, G) = E_{x \sim P_r(x)}[\log D(x;\theta_d)] + E_{z \sim P_z(z)}[\log(1 - D(G(z;\theta_g);\theta_d))]$$

하지만 앞의 수식은 복잡합니다. 각각의 수식을 하나씩 이해해 봅시다.

첫 번째 수식

첫 번째 수식를 살펴보겠습니다.

$$E_{x \sim P_r(x)}[\log D(x;\theta_d)]$$

여기서, $x \sim P_r(x)$는 실제 데이터 분포 P_r에서 입력 x를 샘플링한다는 것을 의미하므로 x는 실제 이미지입니다.

$D(x)$는 입력 이미지 x를 판별자 D에 공급하고 판별자는 입력 이미지 x가 실제 이미지일 확률을 반환한다는 것을 의미합니다. x는 실제 데이터 분포 P_r에서 샘플링되므로 x가 실제 이미지임을 압니다. 따라서 $D(x)$의 확률을 최대화해야 합니다.

$$\max D(x)$$

그러나 원시 확률을 최대화하는 대신 로그 확률을 최대화하므로 다음으로 표현할 수 있습니다.

$$\max \log D(x)$$

따라서 최종 수식은 다음과 같습니다.

$$\max E_{x \sim P_r(x)}[\log D(x)]$$

$E_{x \sim P_r(x)}[\log D(x)]$는 실제 데이터 분포에서 샘플링된 입력 이미지의 로그 값이 실제일 것이라는 기대치를 나타냅니다.

두 번째 수식

두 번째 수식를 살펴보겠습니다.

$$E_{z \sim P_z(z)}[\log(1-D(G(z;\theta_g);\theta_d))]$$

여기에서 $z \sim P_z(z)$는 균일분포 P_z로부터 임의의 잡음 z를 샘플링하고 있음을 보여줍니다. G $G(z)$는 생성자 G가 랜덤 노이즈 z를 입력으로 취하고 암묵적으로 학습된 분포 P_g를 기반으로 가짜 이미지를 반환함을 의미합니다.

$D(G(z))$는 생성기에 의해 생성된 가짜 이미지를 판별자 D에 공급하고 가짜 입력 이미지가 실제 이미지일 확률을 반환한다는 것을 의미합니다.

1에서 D(G(z))를 빼면 가짜 입력 이미지가 가짜 이미지일 확률이 반환됩니다.

$$1-D(G(z))$$

z가 실제 이미지가 아니라는 것을 알고 있기 때문에 판별자는 해당 확률을 최대화합니다. 즉, 판별자는 z가 가짜 이미지로 분류될 확률을 최대화하므로 다음과 같이 작성합니다.

$$\max 1-D(G(z))$$

원시 확률을 최대화하는 대신 로그 확률을 최대화합니다.

$$\max \log(1-D(G(z)))$$

$E_{z \sim P_z(z)}[\log(1-D(G(z)))]$는 생성자에 의해 생성된 입력 이미지가 가짜일 가능성에 대한 예상을 의미합니다.

최종 수식

따라서 이 두 수식을 결합하면 판별자의 손실 함수는 다음과 같이 주어집니다.

$$\max_d L(D, G) = E_{x \sim P_r(x)}[\log D(x;\theta_d)] + E_{z \sim P_z(z)}[\log(1-D(G(z;\theta_g);\theta_d))]$$

여기서 θ_d 와 θ_g는 각각 판별자 신경망과 생성자 신경망의 매개변수이다. 따라서 판별자의 목적은 올바른 θ_d를 찾아 이미지를 올바르게 분류하는 것입니다.

7.11.5.2 생성자 손실

생성자의 손실 함수는 다음과 같이 주어집니다.

$$\min_{g} L(D, G) = E_{z \sim P_z(z)}[\log(1 - D(G(z;\theta_g);\theta_d))]$$

생성자의 목표는 판별자가 가짜 이미지를 실제 이미지로 분류하도록 속이는 것입니다.

판별자 손실 섹션에서 우리는 $E_{z \sim P_z(z)}[\log(1 - D(G(z)))]$가 가짜 입력 이미지를 가짜 이미지로 정확하게 분류할 확률을 의미하고, 판별자는 가짜 이미지를 가짜 이미지로 올바르게 분류할 확률을 최대화하는 것을 보았습니다.

그러나 생성자는 이 확률을 최소화하기를 원합니다. 생성자는 판별자를 속이기 위해 가짜 입력 이미지가 판별기에 의해 가짜로 분류될 확률을 최소화합니다. 따라서 생성자의 손실 함수는 다음과 같이 표현할 수 있습니다.

$$\min_{g} L(D, G) = E_{z \sim P_z(z)}[\log(1 - D(G(z;\theta_g);\theta_d))]$$

7.12 GAN의 최종 손실 Total Loss

우리는 이 두 손실을 결합한 생성자와 판별자의 손실 함수를 배웠고 최종 손실 함수를 다음과 같이 정의합니다.

$$\min_{G} \max_{D} L(D, G) = E_{x \sim P_r(x)}[\log D(x;\theta_d)] + E_{z \sim P_z(z)}[\log(1 - D(G(z;\theta_g);\theta_d))]$$

따라서 우리의 목적 함수는 기본적으로 최소-최대 목적함수, 즉 판별자는 최대화, 생성자는 최소화하며, 각각의 역전파를 통해 최적의 생성자 매개변수 θ_g와 판별자 매개변수 θ_d를 구해야합니다.

그래서 우리는 경사 상승(Gradient ascent), 즉, 판별자에 대한 최대화를 위해 수행합니다.

$$\nabla\theta_d \frac{1}{m}\sum_{i=1}^{m}[\log D(x^i)+\log(1-D(G(z^i)))]$$

그리고 경사하강법을 수행합니다. 즉, 생성기의 최소화:

$$\nabla\theta_g \frac{1}{m}\sum_{i=1}^{m}\log(1-D(G(z^i)))$$

요약

우리는 생물학적 및 인공 뉴런을 이해하는 것으로 이 장을 시작했습니다. 그런 다음 ANN과 해당 계층에 대해 배웠습니다. 우리는 다양한 유형의 활성화 함수와 신경망에서 비선형성을 도입하는 데 사용되는 방법을 배웠습니다.

그리고 우리는 신경망에서 순방향 및 역방향 전파에 대해 배웠습니다. 다음으로 ANN을 구현하는 방법을 배웠습니다. 계속해서 RNN과 피드포워드 신경망과 어떻게 다른지에 대해 배웠습니다. 다음으로 LSTM이라는 RNN의 변형에 대해 배웠습니다. 또한 CNN, 다양한 유형의 계층을 사용하는 방법 및 CNN 아키텍처에 대해 자세히 배웠습니다.

장의 끝에서 우리는 GAN이라는 흥미로운 알고리즘에 대해 배웠습니다. GAN의 생성자(Generator)와 판별자(Discriminator) 구성을 이해하고 GAN의 아키텍처를 자세히 살펴보았습니다. 다음으로 GAN의 손실 함수를 자세히 살펴보았다.

다음 장에서는 TensorFlow라고 하는 가장 널리 사용되는 딥 러닝 프레임워크 중 하나에 대해 알아볼 것입니다.

평가

다음 질문에 답하여 딥 러닝 알고리즘에 대한 이해도를 평가해 보겠습니다.

1. 활성화 함수란 무엇입니까?
2. 소프트맥스 함수를 어떻게 정의합니까?
3. 에포크(Epoch)란 무엇입니까?
4. RNN의 일부 응용 프로그램은 무엇입니까?
5. 그래디언트 소실 문제를 설명하십시오.
6. 풀링 레이어의 여러 유형은 무엇이 있습니까?
7. GAN의 생성자 및 판별자 구성요소를 설명하십시오.

참고문헌

딥 러닝 알고리즘에 대해 자세히 알아보려면 Packt에서 발행한 책 "Hands-on Deep Learning Algorithms with Python"을 통해 자세히 알 수 있습니다.

- https://www.packtpub.com/in/big-data-and-business-intelligence/hands-deep-learning-algorithms-python

8

A Primer on TensorFlow

TensorFlow 입문

TensorFlow는 가장 인기 있는 딥러닝 라이브러리 중 하나입니다. 다음 장에서는 TensorFlow를 사용하여 심층 강화 모델을 구축합니다. 따라서 이 장에서 TensorFlow와 그 기능에 대해 배우고 익숙해지는 것이 목표입니다.

계산 그래프(computational graphs)가 무엇이고 TensorFlow가 이를 사용하는 방법에 대해 알아보겠습니다. 그리고 모델 시각화에 사용되며 TensorFlow에서 제공하는 시각화 도구인 TensorBoard에 관해서 살펴보겠습니다. 나아가 우리는 기초적인 예제인 손글씨 숫자 분류를 수행하기 위해 TensorFlow를 통해 어떻게 신경망을 구축하는지 알아보겠습니다.

계속해서 우리는 TensorFlow의 최신 버전인 TensorFlow 2.0에 대해 배울 것입니다. TensorFlow 2.0이 이전 버전과 어떻게 다른지, 그리고 Keras를 상위 수준 API로써 사용하는 방법을 이해해 보겠습니다.

이 장에서는 다음의 내용을 배워 보겠습니다.

- TensorFlow
- 계산 그래프 및 세션(sessions)
- 변수(variables), 상수(constants), 플레이스홀더(placeholders)
- TensorBoard
- TensorFlow의 손글씨 숫자 분류
- TensorFlow의 수학 연산
- TensorFlow 2.0 및 Keras

8.1 TensorFlow란 무엇일까?

TensorFlow는 수치 계산에 광범위하게 사용되는 Google의 오픈 소스 소프트웨어 라이브러리입니다. 딥러닝 모델 구축에 가장 많이 사용되는 라이브러리 중 하나입니다. 확장성이 뛰어나며 Windows, Linux, macOS 및 Android와 같은 여러 플랫폼에서 실행됩니다. 본래 Google Brain 팀의 연구원과 엔지니어가 개발했습니다.

TensorFlow는 CPU, GPU, Tensor 처리 장치인 TPU, 모바일 및 임베디드(embedded) 플랫폼을 포함한 모든 장치에서 실행을 지원합니다. 유연한 아키텍처와 배포 용이성으로 인해 딥러닝 모델을 구축하기 위해 많은 연구원과 과학자들 사이에서 인기 있는 라이브러리가 되었습니다.

TensorFlow에서 모든 계산은 계산 그래프라고도 하는 데이터 플로우 그래프(data flow graph)로 표현됩니다. 여기서 노드(nodes)는 덧셈 또는 곱셈과 같은 연산을 나타내고 엣지(edges)는 텐서를 나타냅니다. 데이터 플로우 그래프는 다양한 플랫폼에서 공유하고 실행할 수도 있습니다. TensorFlow는 데이터 플로우 그래프를 시각화하기 위해 TensorBoard라는 시각화 도구를 제공합니다.

TensorFlow 2.0은 TensorFlow의 최신 버전입니다. 다음 장에서는 TensorFlow 2.0

을 사용하여 심층 강화 학습(deep reinforcement learning) 모델을 구축할 것입니다. 그러나 TensorFlow 1.x가 작동하는 방식을 이해하는 것이 중요합니다. 따라서 먼저 TensorFlow 1.x 사용법을 배우고 TensorFlow 2.0을 살펴보겠습니다.

터미널에 다음 명령을 입력하면 pip를 통해 TensorFlow를 쉽게 설치할 수 있습니다.

```
pip install tensorflow==1.13.1
```

다음의 간단한 "Hello TensorFlow!" 프로그램을 실행하여 TensorFlow가 성공적으로 설치되었는지를 확인할 수 있습니다.

```
import tensorflow as tf

hello = tf.constant("Hello TensorFlow!")
sess = tf.Session()
print(sess.run(hello))
```

이 프로그램은 "Hello TensorFlow!"가 화면에 출력되어야 합니다. 오류가 발생하면 TensorFlow가 올바르게 설치되지 않은 것입니다.

8.2 계산 그래프 및 세션에 대해 이해하기

우리가 알아보았듯 TensorFlow의 모든 계산은 계산 그래프로 표현됩니다. 노드는 덧셈 및 곱셈과 같은 수학적 연산이고 엣지는 텐서인 여러 노드와 엣지로 구성됩니다. 계산 그래프는 자원(resources)을 최적화하고 분산 컴퓨팅(distributed computing)에 매우 효율적입니다.

계산 그래프는 노드 그래프로 배열된 여러 TensorFlow 작업으로 구성됩니다.

계산 그래프는 정말 복잡한 신경망을 구축할 때 네트워크 아키텍처를 이해하는 데 도움이 됩니다. 예를 들어, 간단한 레이어 $h = \text{Relu}(WX+b)$를 생각해 봅시다. 이의 계산 그래프는 다음과 같이 표현될 것입니다.

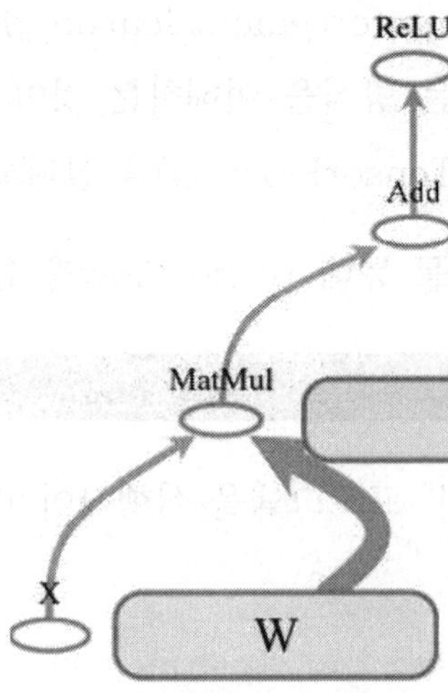

그림 8.1 계산 그래프

계산 그래프에는 직접 종속성(direct dependency)과 간접 종속성(indirect dependency)이라는 두 가지 유형의 종속성이 있습니다. 입력이 노드 a의 출력에 의존하는 노드 b가 있다고 가정합니다. 이러한 유형의 종속성을 다음의 코드와 같은 직접 종속성이라고 합니다.

```
a = tf.multiply(8,5)
b = tf.multiply(a,1)
```

노드 b가 입력에 대해 노드 a에 의존하지 않는 경우 다음 코드와 같은 간접 종속성이라고 합니다.

```
a = tf.multiply(8,5)
b = tf.multiply(4,3)
```

따라서 이러한 종속성을 이해할 수 있다면 사용 가능한 자원에 독립적인 계산을 분산시켜 계산 시간을 줄일 수 있습니다. TensorFlow를 불러올 때마다 기본 그래프가 자동으로 생성되고 생성된 모든 노드가 기본 그래프와 연결됩니다. 기본 그래프를 사용하는 대신 자체 그래프를 생성할 수도 있으며 이는 서로 의존하지 않는 여러 모델을 구축할 때 유용합니다. TensorFlow 그래프는 다음과 같이 tf.Graph()를 사용하여 생성할 수 있습니다.

```
graph = tf.Graph()

with graph.as_default():
     z = tf.add(x, y, name='Add')
```

기본 그래프를 지우고 싶다면(즉, 그래프에서 이전에 정의된 변수와 연산을 지우고 싶다면) tf.reset_default_graph()를 사용하여 지울 수 있습니다.

8.2.1 세션

이전 절에서 언급했듯 노드에 대한 연산과 엣지에 대한 텐서가 있는 계산 그래프가 생성되고 그래프를 실행하기 위해 TensorFlow 세션을 사용합니다.

TensorFlow 세션은 다음 코드와 같이 tf.Session()을 사용하여 생성할 수 있습니다.

```
sess = tf.Session()
```

세션을 생성한 후 sess.run() 메소드(method)를 사용하여 그래프를 실행할 수 있습니다.

TensorFlow의 모든 계산은 계산 그래프로 표현되므로 모든 것에 대해 계산 그래프를 실행해야 합니다. 즉, TensorFlow에서 무엇이든 계산하려면 TensorFlow 세션을 생성해야 합니다.

다음 코드를 실행하여 두 숫자를 곱해 보겠습니다.

```
a = tf.multiply(3,3)
print(a)
```

이 코드는 화면에 숫자 9를 출력하는 대신 TensorFlow 객체인 Tensor("Mul:0", shape=(), dtype=int32)를 출력합니다.

앞서 논의한 바와 같이 TensorFlow를 가져올 때마다 기본 계산 그래프가 자동으로 생성되고 모든 노드가 그래프에 연결됩니다. 따라서 화면에 출력할 때 계산 그래프가 실행되지 않았기 때문에 a에 대한 값이 아직 계산되지 않아 TensorFlow 객체만 반환되어 출력됩니다.

그래프를 실행하기 위해서는 다음과 같이 TensorFlow 세션을 초기화하고 실행해야 합니다.

```
a = tf.multiply(3,3)
with tf.Session as sess:
    print(sess.run(a))
```

이 코드는 화면에 숫자 9를 출력합니다.

우리는 이 절에서 세션에 대해 배웠으므로 다음 절에서는 변수(variables), 상수(constants), 플레이스홀더(placeholders)에 대해 배웁니다.

8.3 변수, 상수, 플레이스홀더

변수, 상수, 플레이스홀더는 TensorFlow의 기본 요소입니다. 그러나 이 세 가지 각각을 이해하는데 혼란스러울 수 있습니다. 각 요소를 하나씩 살펴보고 차이점을 알아보겠습니다.

8.3.1 변수

변수는 값을 저장하는 데 사용되는 컨테이너(containers)입니다. 변수는 계산 그래프에서 여러 다른 작업에 대한 입력으로 사용됩니다. 다음 코드와 같이 tf.Variable() 함수를 사용하여 변수를 생성할 수 있습니다.

```
x = tf.Variable(13)
```

다음과 같이 tf.Variable()을 사용하여 W라는 변수를 생성해 보겠습니다.

```
W = tf.Variable(tf.random_normal([500, 111], stddev=0.35),
name="weights")
```

이 코드에서 볼 수 있듯이 표준 편차가 0.35인 정규 분포에서 무작위로 값을 뽑아 변수 W를 만듭니다.

tf.Variable()에서 name이란 매개변수는 무엇일까요?

매개변수 name은 계산 그래프에서 변수의 이름을 설정하는 데 사용됩니다. 따라서 앞의 코드에서 Python은 변수를 W로 저장하지만 TensorFlow 그래프에서는 weights로 저장됩니다.

변수를 정의한 후에는 계산 그래프의 모든 변수를 꼭 초기화해야 합니다. 이는 tf.global_variables_initializer()를 사용하여 수행할 수 있습니다.

세션을 생성한 후에는 정의된 변수 모두를 초기화하는 작업을 실행한 뒤에 비로소 다음 코드와 같이 다른 작업을 실행할 수 있습니다.

```
x = tf.Variable(1212)
init = tf.global_variables_initializer()

with tf.Session() as sess:
  sess.run(init)
  print(sess.run(x))
```

8.3.2 상수

상수는 변수와 달리 값을 변경할 수 없습니다. 즉, 상수는 변경 불가능하며, 값이 할당되는 순간부터 프로그램 전체에서 변경할 수 없습니다. 다음 코드와 같이 tf.constant()를 사용하여 상수를 만들 수 있습니다.

```
x = tf.constant(13)
```

8.3.3 플레이스홀더 그리고 세션에 넘겨주기

플레이스홀더는 유형(type)과 차원(dimension)만 정의하고 값을 할당하지 않는 변수로 생각할 수 있습니다. 플레이스홀더의 값은 런타임(runtime)에 제공됩니다. 플레이스홀더를 사용하여 계산 그래프에 데이터를 제공할 수 있습니다. 플레이스홀더는 별다른 값의 할당 없이 정의됩니다.

플레이스홀더는 tf.placeholder()를 사용하여 정의할 수 있습니다. 데이터의 차원을 나타내는 shape이라는 인수를 선택적으로 사용할 수 있습니다. 만약 shape이 None으로 설정되면 런타임에 모든 크기의 데이터를 공급할 수 있게 됩니다. 플레이스홀더는 다음과 같이 정의할 수 있습니다.

```
x = tf.placeholder("float", shape=None)
```

플레이스홀더를 더 잘 이해하기 위해 간단한 예를 살펴보겠습니다.

```
x = tf.placeholder("float", None)
y = x+3

with tf.Session() as sess:
    result = sess.run(y)
    print(result)
```

앞의 코드를 실행하면 y를 계산하려고 하기 때문에 오류가 반환됩니다. 여기서 y=x+3이고 x는 값이 할당되지 않은 플레이스홀더입니다. 배운 것처럼 플레이스홀더의 값은 런타임에 할당됩니다. 우리는 feed_dict 매개변수를 사용하여 플레이스홀더의 값을 할당할 수 있습니다. feed_dict 매개변수에는 기본적으로 사전(dictionary)이 할당되어야 하며, 사전의 키(key)가 플레이스홀더의 이름을 나타내고 사전의 값(value)이 플레이스홀더의 값 나타냅니다.

다음 코드에서 알 수 있듯이 우리는 feed_dict = {x:5}로 설정했습니다. 이는 x 플레이스홀더의 값이 5임을 의미합니다.

```
with tf.Session() as sess:
    result = sess.run(y, feed_dict={x: 5})
    print(result)
```

이 코드는 8.0을 반환합니다.

여기까지 변수, 상수, 플레이스홀더 그리고 세션에서 플레이스홀더를 사용하여 계산 그래프에 데이터를 제공하는 방법까지 살펴보았습니다. 다음 섹션에서는 TensorBoard에 대해 알아보겠습니다.

8.4 TensorBoard 소개

TensorBoard는 계산 그래프를 시각화하는 데 사용할 수 있는 TensorFlow의 시각화 도구입니다. 또한 다양한 정량적 메트릭(metrics)과 여러 중간 계산의 결과를 표시하는 데 사용할 수 있습니다. 정말 깊은 신경망을 훈련할 때 신경망을 디버그해야 한다면 매우 혼란스러워질 수 있습니다. 따라서 TensorBoard에서 계산 그래프를 시각화할 수 있다면 이러한 복잡한 모델을 쉽게 이해하고 디버그하고 최적화할 수 있습니다. TensorBoard는 다른 사람들과의 공유도 지원합니다.

그림 8.2에서 볼 수 있듯이 TensorBoard 패널은 SCALARS, IMAGES, AUDIO, GRAPHS, DISTRIBUTIONS, HISTOGRAMS 및 EMBEDDINGS와 같은 여러 탭으로 구성됩니다.

그림 8.2 TensorBoard

TensorBoard의 탭은 이해하기 쉽습니다. SCALARS 탭은 프로그램에서 사용하는 스칼라 변수에 대한 유용한 정보를 보여줍니다. 예를 들어, 손실(loss)이라 불리는 스칼라 변수의 값이 여러 반복에 걸쳐 어떻게 변하는지 보여줍니다.

GRAPHS 탭은 계산 그래프를 보여줍니다. DISTRIBUTIONS 및 HISTOGRAMS 탭은 변수의 분포를 보여줍니다. 예를 들어 이 탭에서 모델의 가중치 분포와 히스토그램을 볼 수 있습니다. EMBEDDINGS 탭은 단어 임베딩(embeddings)과 같은 고차원 벡터를 시각화하는 데 사용됩니다.

기본 계산 그래프를 만들고 TensorBoard에서 시각화해 보겠습니다. 다음과 같이 4개의 상수가 있다고 가정해 보겠습니다.

```
x = tf.constant(1,name='x')
y = tf.constant(1,name='y')
a = tf.constant(3,name='a')
b = tf.constant(3,name='b')
```

다음 코드와 같이 x와 y, 그리고 a와 b를 곱하고 prod1과 prod2로 저장해 보겠습니다.

```
prod1 = tf.multiply(x,y,name='prod1')
prod2 = tf.multiply(a,b,name='prod2')
```

그래프에 prod1 및 prod2를 추가하고 합계로 저장합니다.

```
sum = tf.add(prod1,prod2,name='sum')
```

이제 TensorBoard에서 이러한 모든 작업을 시각화할 수 있습니다. TensorBoard에서 시각화하려면 먼저 이벤트(event) 파일을 저장해야 합니다. tf.summary.FileWriter()를 사용하여 수행할 수 있습니다. 이 함수는 두 가지 중요한 매개변수인 logdir과 graph를 필요로 합니다.

```
with tf.Session() as sess:
    writer = tf.summary.FileWriter(logdir='./graphs',graph=sess.graph)
    print(sess.run(sum))
```

앞의 코드에서 ./graphs는 이벤트 파일을 저장하는 디렉토리이고 sess.graph는 TensorFlow 세션의 현재 그래프를 지정합니다. 그래서 우리는 그래프 디렉토리에 TensorFlow 세션의 현재 그래프를 저장하고 있는 것입니다.

TensorBoard를 시작하려면 터미널로 이동하여 작업 디렉토리를 찾아 다음을 입력합니다.

```
tensorboard --logdir=graphs --port=8000
```

logdir 매개변수는 이벤트 파일이 저장되는 디렉토리를 나타내며 port는 포트 번호입니다. 위의 명령을 실행한 후 브라우저를 열고 http://localhost:8000/을 입력합니다.

TensorBoard 패널의 GRAPHS 탭에서 다음과 같은 계산 그래프를 확인할 수 있습니다.

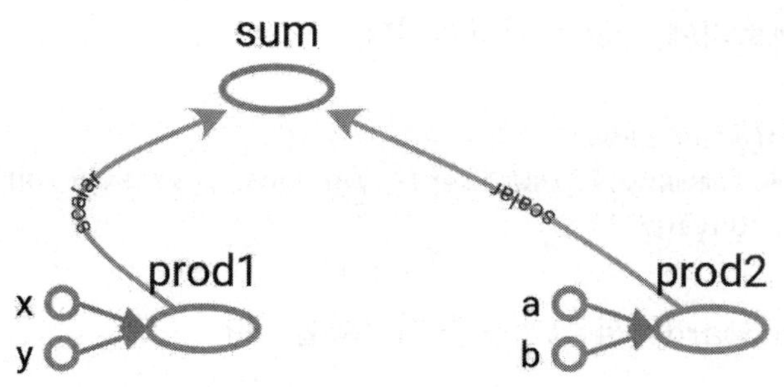

그림 8.3 계산 그래프

그림에서 알 수 있듯이 정의한 모든 작업이 그래프에 명확하게 표현되고 있음을 확인할 수 있습니다.

8.4.1 이름의 범위 지정하기

범위 지정은 복잡성을 줄이는 데 사용되며 관련 노드를 함께 그룹화하여 모델을 더 잘 이해하는 데 도움이 됩니다. 이름 범위가 있으면 그래프에서 유사한 작업을 그룹화하는 데 도움이 됩니다. 이것은 복잡한 아키텍처를 구축할 때 유용합니다. 범위 지정은 tf.name_scope()를 사용하여 생성할 수 있습니다. 이전 예시에서는 product와 sum이라는 두 가지 작업을 수행했습니다. 이 작업들은 product와 sum이라는 두 개의 다른 이름 범위로 간단히 그룹화할 수 있습니다.

이전 절에서 prod1과 prod2가 곱셈을 수행하고 결과를 계산하는 방법을 알아보았습니다. 다음 코드와 같이 Product라는 이름 범위를 정의하고 prod1과 prod2 작업을 그룹화합니다.

```
with tf.name_scope("Product"):
    with tf.name_scope("prod1"):
        prod1 = tf.multiply(x,y,name='prod1')

    with tf.name_scope("prod2"):
        prod2 = tf.multiply(a,b,name='prod2')
```

이제 sum의 이름 범위를 정의합니다.

```
with tf.name_scope("sum"):
    sum = tf.add(prod1,prod2,name='sum')
```

그리고 그래프 디렉토리에 파일을 저장합니다.

```
with tf.Session() as sess:
    writer = tf.summary.FileWriter('./graphs', sess.graph)
    print(sess.run(sum))
```

마지막으로 TensorBoard에서 그래프를 시각화합니다.

```
tensorboard --logdir=graphs --port=8000
```

이제 다음 그림과 같이 sum과 Product라는 두 개의 노드만 남아 있게 됩니다.

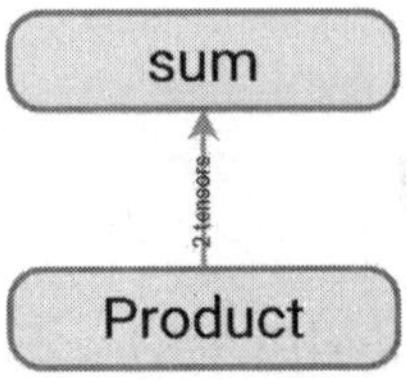

그림 8.4 계산 그래프

노드를 두 번 클릭하면 계산이 어떻게 일어나는지 확인 가능합니다. 보시다시피 prod1과 prod2 노드는 Product 이름 범위 아래에 그룹화되고 결과는 추가될 합계 노드로 전송됩니다. 우리는 prod1 및 prod2 노드가 값을 계산하는 방법을 직접 확인할 수 있습니다.

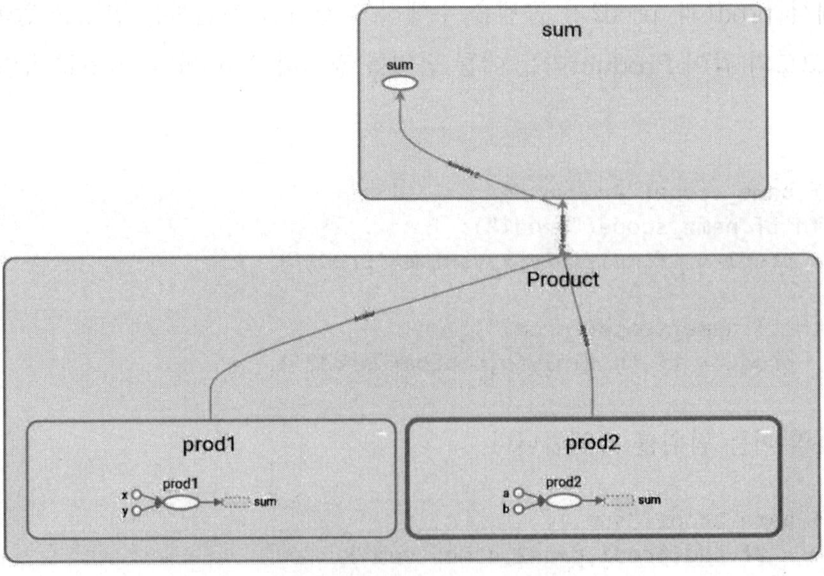

그림 8.5 상세 계산 그래프

이 그래프는 단순한 예시일 뿐입니다. 작업이 많은 복잡한 프로젝트에서 작업할 때 이름 범위 지정은 유사한 작업을 그룹화하는 데 도움이 되고 계산 그래프를 더 잘 이해할 수 있게 해줍니다.

이제 TensorFlow에 대해 배웠으므로 다음 절에서 TensorFlow를 사용하여 손글씨 숫자 분류를 빌드(build)하는 방법을 살펴보겠습니다.

8.5 TensorFlow를 사용한 손글씨 숫자 분류

지금까지 배운 모든 개념들을 종합하여 TensorFlow를 통해 손으로 쓴 숫자를 인식하는 신경망을 구축하는 방법을 알아보도록 하겠습니다. 만약 최근에 딥러닝을 배운 적이 있다면 MNIST 데이터 세트를 이미 접해 보았을 수 있습니다. MNIST는 딥러닝의 Hello World라고 불리고, 손으로 쓴 숫자(0~9)의 55,000개 데이터 포인트로 구성됩니다.

이 절에서는 신경망을 사용하여 손글씨 숫자를 인식하는 방법을 살펴보고 TensorFlow와 TensorBoard를 다룰 것입니다.

8.5.1 필요한 라이브러리 불러오기

첫 번째 단계로 필요한 모든 라이브러리를 불러오겠습니다.

```
import warnings
warnings.filterwarnings('ignore')

import tensorflow as tf
from tensorflow.examples.tutorials.mnist import input_data
tf.logging.set_verbosity(tf.logging.ERROR)

import matplotlib.pyplot as plt
%matplotlib inline
```

8.5.2 데이터세트 로드하기

다음 코드를 사용하여 데이터세트를 로드합니다.

```
mnist = input_data.read_data_sets("data/mnist", one_hot=True)
```

이 코드에서 data/mnist는 MNIST 데이터 세트를 저장하는 위치를 의미하고 one_hot=True는 라벨(0에서 9까지)을 원-핫 인코딩(one-hot encoding)하는 것을 의미합니다.

다음 코드를 실행하여 데이터 세트에 있는 내용을 확인합니다.

```
print("No of images in training set {}".format(mnist.train.images.
shape))
print("No of labels in training set {}".format(mnist.train.labels.
shape))
print("No of images in test set {}".format(mnist.test.images.shape))
print("No of labels in test set {}".format(mnist.test.labels.shape))

No of images in training set (55000, 784)
No of labels in training set (55000, 10)
No of images in test set (10000, 784)
No of labels in test set (10000, 10)
```

훈련 세트에 55000개의 이미지가 있고 각 이미지의 크기는 784이며 0에서 9까지인 10개의 라벨이 있습니다. 마찬가지로 테스트 세트에는 10000개의 이미지가 있습니다.

이제 입력 이미지를 그려보고 어떻게 보이는지 확인하겠습니다.

```
img1 = mnist.train.images[0].reshape(28,28)
plt.imshow(img1, cmap='Greys')
```

코드 실행 후 출력된 입력 이미지는 다음과 같습니다.

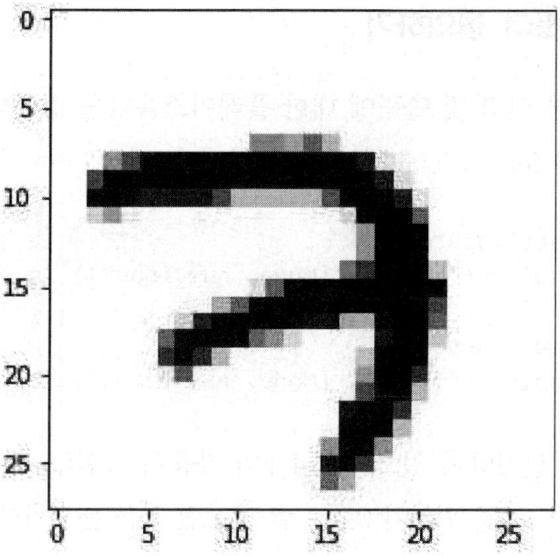

그림 8.6 훈련 세트의 숫자 7 이미지

8.5.3 신경망 각 레이어의 뉴런 수 정의하기

우리는 3개의 은닉 레이어와 1개의 출력 레이어, 총 4개 레이어로 구성된 신경망을 구축할 것입니다. 입력 이미지의 크기가 784이므로 num_input을 784로 설정하고 10개의 손글씨 숫자(0~9)가 있으므로 출력 레이어에 10개의 뉴런을 설정합니다.

다음과 같이 각 레이어의 뉴런 수를 정의합니다.

```
#number of neurons in input layer
num_input = 784

#num of neurons in hidden layer 1
num_hidden1 = 512

#num of neurons in hidden layer 2
num_hidden2 = 256

#num of neurons in hidden layer 3
num_hidden_3 = 128

#num of neurons in output layer
num_output = 10
```

8.5.4 플레이스홀더 정의하기

앞서 배운 것처럼 먼저 입력 및 출력에 대한 플레이스홀더를 정의해야 합니다. 플레이스홀더의 값은 런타임에 feed_dict를 통해 제공됩니다.

```
with tf.name_scope('input'):
    X = tf.placeholder("float", [None, num_input])

with tf.name_scope('output'):
    Y = tf.placeholder("float", [None, num_output])
```

4개 레이어로 구성된 신경망이 있으므로 4개의 가중치 집합(weights)과 4개의 편향 집합(biases)이 있습니다. 표준 편차가 0.1로 끝이 잘린 정규 분포에서 값을 가져와 가중치를 초기화합니다. 가중치 행렬의 차원은 *이전 레이어의 뉴런 수 × 현재 레이어의 뉴런 수*여야만 합니다. 예를 들어, 가중치 행렬 w3의 차원은 *은닉층 2의 뉴런 수 × 은닉층 3의 뉴런 수*여야 합니다.

우리는 다음과 같이 사전에 있는 모든 가중치를 정의하기도 합니다.

```
with tf.name_scope('weights'):

 weights = {
 'w1': tf.Variable(tf.truncated_normal([num_input, num_hidden1],
stddev=0.1),name='weight_1'),
 'w2': tf.Variable(tf.truncated_normal([num_hidden1, num_hidden2],
stddev=0.1),name='weight_2'),
 'w3': tf.Variable(tf.truncated_normal([num_hidden2, num_hidden_3],
stddev=0.1),name='weight_3'),
 'out': tf.Variable(tf.truncated_normal([num_hidden_3, num_output],
stddev=0.1),name='weight_4'),
 }
```

편향의 차원은 현재 레이어의 뉴런 수여야 합니다. 예를 들어, 편향 b2의 차원은 은닉층 2의 뉴런 수입니다. 우리는 모든 레이어에서 편향을 0.1 값의 상수로 설정합니다.

```
with tf.name_scope('biases'):

    biases = {
        'b1': tf.Variable(tf.constant(0.1, shape=[num_
hidden1]),name='bias_1'),
        'b2': tf.Variable(tf.constant(0.1, shape=[num_
hidden2]),name='bias_2'),
        'b3': tf.Variable(tf.constant(0.1, shape=[num_
hidden_3]),name='bias_3'),
        'out': tf.Variable(tf.constant(0.1, shape=[num_
output]),name='bias_4')
    }
```

8.5.5 순방향 전파

이제 순방향 전파를 정의해 봅시다. 우리는 모든 레이어에서 ReLU 활성화 함수를 사용합니다. 마지막 레이어에서는 다음 코드와 같이 시그모이드(sigmoid) 활성화 함수를 적용합니다.

```
with tf.name_scope('Model'):

    with tf.name_scope('layer1'):
        layer_1 = tf.nn.relu(tf.add(tf.matmul(X, weights['w1']),
biases['b1']) )

    with tf.name_scope('layer2'):
        layer_2 = tf.nn.relu(tf.add(tf.matmul(layer_1, weights['w2']),
biases['b2']))

    with tf.name_scope('layer3'):
        layer_3 = tf.nn.relu(tf.add(tf.matmul(layer_2, weights['w3']),
biases['b3']))

    with tf.name_scope('output_layer'):
         y_hat = tf.nn.sigmoid(tf.matmul(layer_3, weights['out']) +
biases['out'])
```

8.5.6 손실 및 역전파 계산

이제 손실 함수를 정의할 차례입니다. 우리는 손실 함수로 소프트맥스 교차 엔트로피(softmax cross-entropy)를 사용할 것입니다. TensorFlow는 소프트맥스 교차 엔트로피 손실을 계산하기 위해 tf.nn.softmax_cross_entropy_with_logits() 함수를 제공합니다. 이 함수의 입력으로 두 개의 매개변수, logits과 labels.을 사용합니다.

- logits 매개변수는 y_hat과 같이 신경망에서 예측한 logits를 지정합니다.
- labels 매개변수는 Y와 같은 실제 라벨을 지정합니다.

그 다음 tf.reduce_mean()을 사용하여 손실 함수의 평균을 취합니다.

```
with tf.name_scope('Loss'):
        loss = tf.reduce_mean(tf.nn.softmax_cross_entropy_with_
logits(logits=y_hat,labels=Y))
```

이제 역전파를 사용하여 손실을 최소화해야 합니다. 하지만 걱정하지 않아도 됩니다. 모든 가중치의 도함수를 수동으로 계산할 필요가 없으니까요. 대신 TensorFlow의 optimizer를 사용할 수 있습니다.

```
learning_rate = 1e-4
optimizer = tf.train.AdamOptimizer(learning_rate).minimize(loss)
```

8.5.7 정확도 계산

우리는 모델의 정확도를 다음과 같이 계산할 수 있습니다.

- y_hat 매개변수는 모델의 각 클래스에 대한 예측 확률을 나타냅니다. 10개의 클래스가 있으므로 10개의 확률이 있고, 10개 확률 중 7번째 위치의 확률이 높으면 신경망은 입력 이미지를 높은 확률로 입력에 대해 숫자 7로 예측한다는 것을 의미합니다. tf.argmax() 함수는 가장 큰 값의 인덱스를 반환합니다. 따라서 tf.argmax(y_hat,1)는 확률이 높은 인덱스를 제공합니다. 따라서 인덱스 7에서 확률이 높으면 7을 반환합니다.
- Y 매개변수는 실제 라벨을 나타내며 원-핫 인코딩된 값입니다. 즉, Y 매개변수는 실제 이미지의 위치를 제외한 모든 위치에서 0으로 구성되어 값이 1입니다. 예를 들어 입력 이미지가 7이면 7 인덱스는 1의 값을 갖고, 이를 제외한 모든 인덱스에서 Y의 값은 0입니다. 따라서 tf.argmax(Y,1)는 7을 반환합니다. 그것이 높은 값인 1이 있는 곳이기 때문입니다.

따라서 tf.argmax(y_hat,1)은 입력에 대해 예측된 숫자를 제공하고 tf.argmax(Y,1)는 입력의 실제 숫자를 제공합니다.

tf.equal(x, y) 함수는 x와 y를 입력으로 사용하고 요소별로 (x == y)의 논리 값을 반환합니다. 따라서, correct_pred = tf.equal(predicted_digit,actual_digit) 은 실제 및 예측 숫자가 동일한 경우 True로 구성되고 실제 및 예측 숫자가 동일하지 않은 경우 False로 구성됩니다. 우리는 TensorFlow의 캐스트 연산인 tf.cast(correct_pred, tf.float32)를 사용하여 correct_pred의 논리 값을 부동 소수점 값으로 변환합니다. 부동 값으로 변환한 후 tf.reduce_mean()을 사용하여 평균을 취합니다.

요약하기

TensorBoard에서 여러 번 반복하는 동안 모델의 손실과 정확도가 어떻게 변하는지 시각화할 수도 있습니다. 따라서 tf.summary()를 사용하여 변수의 요약을 가져옵니다. 다음 코드와 같이 손실과 정확도는 스칼라 변수이므로 tf.summary의 scalar()를 사용합니다.

```
tf.summary.scalar("Accuracy", accuracy)
tf.summary.scalar("Loss", loss)
```

다음으로 tf.summary.merge_all()을 사용하여 그래프에서 사용하는 모든 요약을 병합합니다. 요약이 많으면 요약을 실행하고 저장하는 것이 비효율적이므로 여러 번 실행하는 대신 세션에서 한 번만 실행합니다.

```
merge_summary = tf.summary.merge_all()
```

8.5.8 모델 학습

이제 모델을 훈련할 차례입니다. 배운 것처럼 먼저 모든 변수를 초기화해야 합니다.

```
init = tf.global_variables_initializer()
```

다음과 같이 배치 크기, 반복 횟수, 학습률을 정의합니다.

```
learning_rate = 1e-4
num_iterations = 1000
batch_size = 128
```

TensorFlow 세션을 시작합니다.

```
with tf.Session() as sess:
```

모든 변수를 초기화합니다.

```
    sess.run(init)
```

이벤트 파일을 저장합니다.

```
    summary_writer = tf.summary.FileWriter('./graphs', graph=tf.get_
default_graph()
```

여러번 반복하여 모델을 훈련시킵니다.

```
    for i in range(num_iterations):
```

배치 크기에 따라 데이터 배치를 가져옵니다.

```
        batch_x, batch_y = mnist.train.next_batch(batch_size)
```

신경망을 훈련시킵니다.

```
        sess.run(optimizer, feed_dict={ X: batch_x, Y: batch_y})
```

100번째 반복마다 손실 및 정확도를 화면에 출력합니다.

```
        if i % 100 == 0:

            batch_loss, batch_accuracy,summary = sess.run(
                [loss, accuracy, merge_summary],
                feed_dict={X: batch_x, Y: batch_y}
                )

            #store all the summaries
            summary_writer.add_summary(summary, i)

            print('Iteration: {}, Loss: {}, Accuracy: {}'.
format(i,batch_loss,batch_accuracy))
```

다음 출력 결과에서 알 수 있듯이 여러번의 반복 훈련을 통해 손실이 감소하고 정확도가 증가합니다.

```
Iteration: 0, Loss: 2.30789709091, Accuracy: 0.1171875
Iteration: 100, Loss: 1.76062202454, Accuracy: 0.859375
Iteration: 200, Loss: 1.60075569153, Accuracy: 0.9375
Iteration: 300, Loss: 1.60388696194, Accuracy: 0.890625
Iteration: 400, Loss: 1.59523034096, Accuracy: 0.921875
Iteration: 500, Loss: 1.58489584923, Accuracy: 0.859375
Iteration: 600, Loss: 1.51407408714, Accuracy: 0.953125
Iteration: 700, Loss: 1.53311181068, Accuracy: 0.9296875
Iteration: 800, Loss: 1.57677125931, Accuracy: 0.875
Iteration: 900, Loss: 1.52060437202, Accuracy: 0.9453125
```

8.5.9 TensorBoard에서 그래프 시각화

훈련 후에 그림 8.7과 같이 TensorBoard에서 계산 그래프를 시각화할 수 있습니다. 보시다시피 Model은 input, weights, biases를 입력으로 받아 출력을 반환합니다. 모델의 출력을 기반으로 Loss 및 Accuracy를 계산합니다. gradients를 계산하고 weights를 업데이트하여 손실을 최소화합니다.

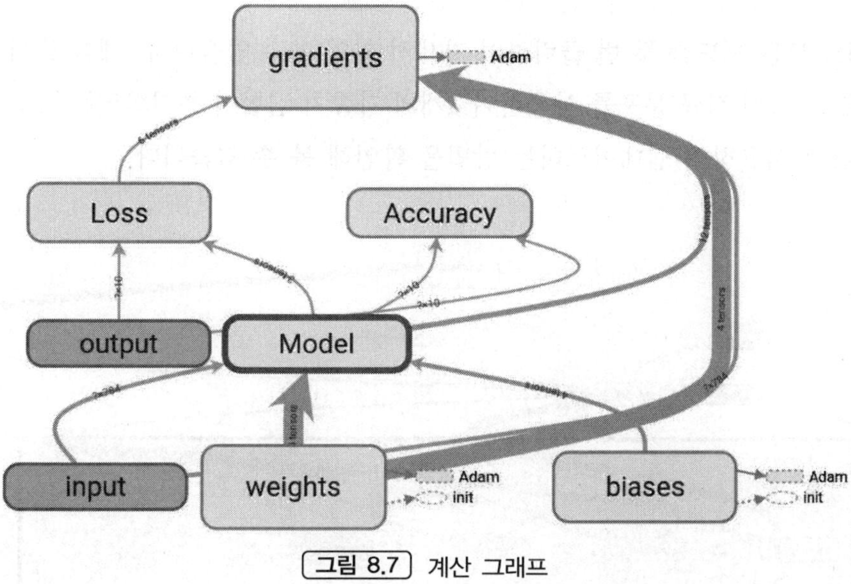

그림 8.7 계산 그래프

Model을 두 번 클릭하고 확장하면 3개의 은닉 레이어와 1개의 출력 레이어가 존재함을 알 수 있습니다.

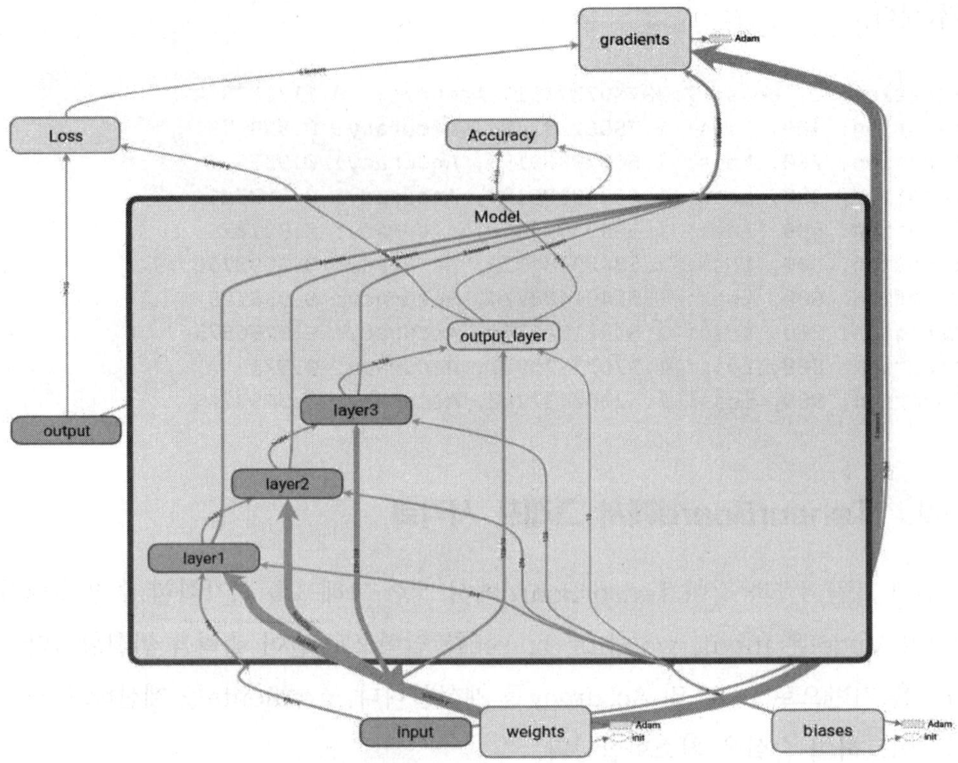

그림 8.8 Model 노드의 확장

마찬가지로 모든 노드를 두 번 클릭하여 자세히 확인할 수 있습니다. 예를 들어 weights를 열면 끝이 잘린 정규 분포를 사용하여 4개의 가중치 집합이 초기화되는 방법과 Adam optimizer를 사용하여 업데이트하는 방법을 확인해 볼 수 있습니다.

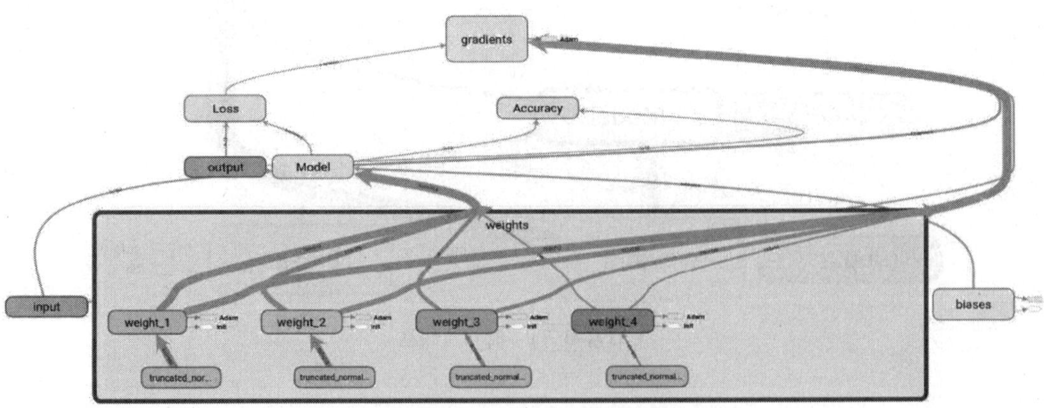

그림 8.9 weights 노드의 확장

우리가 배웠듯이 계산 그래프는 각 노드에서 일어나는 일을 이해하는 데 도움이 됩니다.

Accuracy 노드를 두 번 클릭하여 정확도가 어떻게 계산되는지도 확인할 수 있습니다.

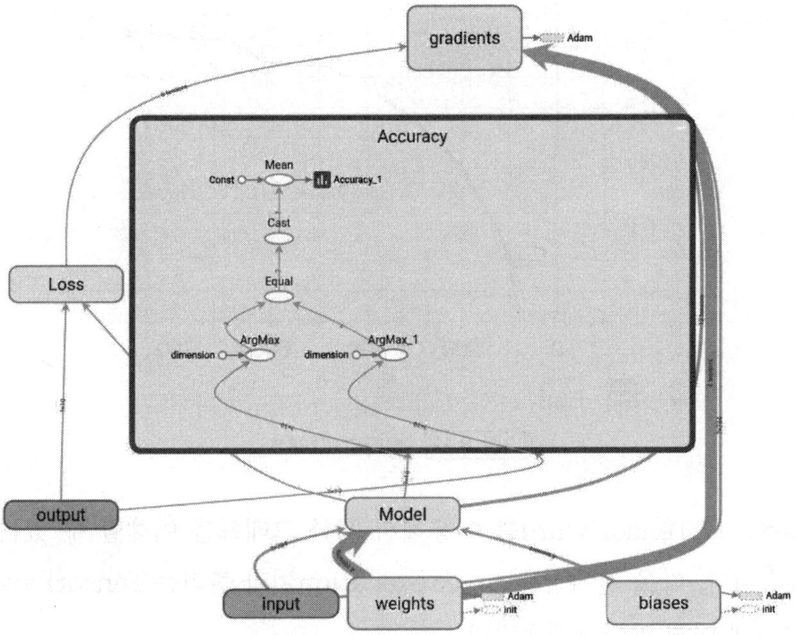

그림 8.10 Accuracy 노드의 확장

우리는 손실 및 정확도 변수에 대한 요약도 저장했었습니다. 이는 TensorBoard의 SCALARS 탭에서 찾을 수 있습니다. 그림 8.11은 반복을 통해 손실이 어떻게 감소하는지 보여줍니다.

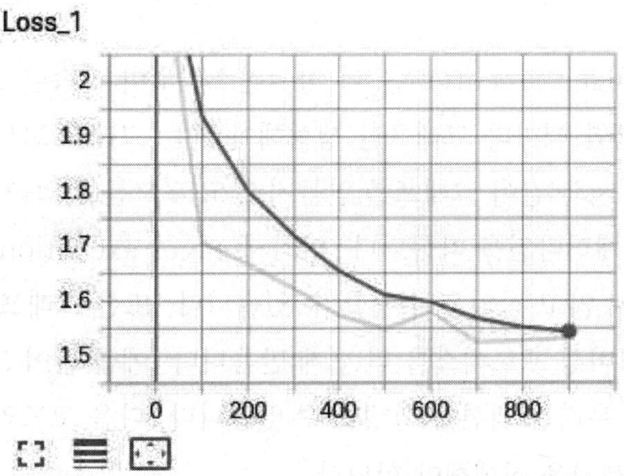

그림 8.11 손실 함수 그래프

그림 8.12는 반복을 통해 정확도가 어떻게 증가하는지 보여줍니다.

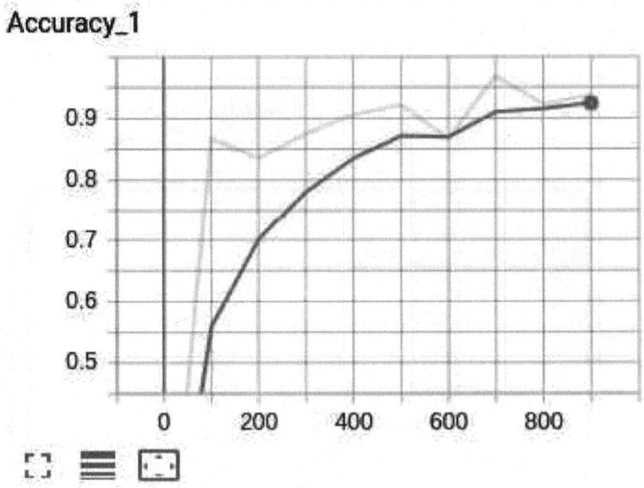

그림 8.12 정확도 그래프

여기까지 내용으로 TensorBoard를 이용해서 계산 그래프를 이해할 수 있는 방법에 대해 알아보았습니다. 다음 절에서는 eager execution이라 불리는 TensorFlow의 또 다른 흥미로운 기능에 대해 알아보겠습니다.

8.6 Eager Execution 소개

TensorFlow에서 eager execution은 더 파이썬스러우며 신속한 프로토타이핑을 허용합니다. 작업을 수행할 때마다 그래프를 생성해야 하는 그래프 모드와 달리 eager execution은 파이썬에서와 같이 그래프를 만들지 않고도 모든 작업을 즉시 수행할 수 있는 명령형 프로그래밍 패러다임을 따릅니다. 따라서 eager execution을 통해 세션과 플레이스홀더를 사용하지 않고 작업을 수행할 수 있습니다. 또한 그래프 모드와 달리 즉각적인 런타임 오류로 디버깅 프로세스를 더 쉽게 만듭니다. 예를 들어 그래프 모드에서 무엇이든 계산하기 위해 우리는 세션을 실행할 수 있습니다. 다음 코드와 같이 z 값을 평가하려면 TensorFlow 세션을 실행해야 합니다.

```
x = tf.constant(11)
y = tf.constant(11)
z = x*y

with tf.Session() as sess:
    print(sess.run(z))
```

eager execution을 사용하면 세션을 만들 필요가 없습니다. 파이썬에서 하는 것처럼 간단히 z를 계산할 수 있습니다. 즉시 실행을 활성화하려면 tf.enable_eager_execution() 함수를 호출하기만 하면 됩니다.

```
x = tf.constant(11)
y = tf.constant(11)
z = x*y

print(z)
```

이 코드의 결과는 다음을 반환합니다.

```
<tf.Tensor: id=789, shape=(), dtype=int32, numpy=121>
```

우리는 이제 다음 코드를 통해 출력 값을 얻을 수 있습니다.

```
z.numpy()

121
```

eager execution이 명령형 프로그래밍 패러다임을 가능하게 하지만, 이 책에서는 알고리즘을 처음부터 더 잘 이해하기 위해 대부분의 예제를 non-eager 모드에서 수행할 것입니다. 다음 절에서는 TensorFlow를 사용하여 수학 연산을 수행하는 방법을 살펴보겠습니다.

8.7 TensorFlow의 수학 연산

이제 eager execution 모드를 사용하여 TensorFlow의 일부 작업을 살펴보겠습니다.

```
x = tf.constant([1., 2., 3.])
y = tf.constant([3., 2., 1.])
```

몇 가지 기본적인 산술 연산부터 시작하겠습니다.

tf.add를 사용하여 두 개의 숫자를 합니다.

```
sum = tf.add(x,y)
sum.numpy()

array([4., 4., 4.], dtype=float32)
```

tf.subtract 함수는 두 수의 차를 구하는 데 사용됩니다.

```
difference = tf.subtract(x,y)
difference.numpy()

array([-2.,  0.,  2.], dtype=float32)
```

tf.multiply 함수는 두 숫자를 곱하는 데 사용됩니다.

```
product = tf.multiply(x,y)
product.numpy()

array([3., 4., 3.], dtype=float32)
```

tf.divide를 사용하여 두 숫자를 나눕니다.

```
division = tf.divide(x,y)
division.numpy()

array([0.33333334, 1.        , 3.        ], dtype=float32)
```

내적은 다음과 같이 계산할 수 있습니다.

```
dot_product = tf.reduce_sum(tf.multiply(x, y))
dot_product.numpy()

10.0
```

다음으로 x의 최소 및 최대 요소의 인덱스를 찾아보겠습니다.

```
x = tf.constant([10, 0, 13, 9])
```

최소값의 인덱스는 tf.argmin()을 사용하여 계산됩니다.

```
tf.argmin(x).numpy()

1
```

최대값의 인덱스는 tf.argmax()를 사용하여 계산됩니다.

```
tf.argmax(x).numpy()

2
```

다음 코드를 실행하여 x와 y의 제곱 차이를 찾을 수도 있습니다.

```
x = tf.Variable([1,3,5,7,11])
y = tf.Variable([1])

tf.math.squared_difference(x,y).numpy()

[  0,   4,  16,  36, 100]
```

한 데이터 타입에서 다른 데이터 타입으로 변환 할 수 있습니다.

우선 x의 타입을 출력해보면 아래와 같다.

```
print(x.dtype)

tf.int32
```

다음 코드와 같이 tf.cast를 사용하여 x의 tf.int32 타입을 tf.float32로 변환할 수 있습니다.

```
x = tf.cast(x, dtype=tf.float32)
```

이제 x의 타입을 확인해보면 다음과 같이 tf.float32가 되어 있는 것을 확인할 수 있습니다.

```
print(x.dtype)

tf.float32
```

다음으로 아래 두 행렬의 연결을 해봅시다.

```
x = [[3,6,9], [7,7,7]]
y = [[4,5,6], [5,5,5]]
```

행렬을 행별로 연결하는 것은 다음 코드를 통해 가능합니다.

```
tf.concat([x, y], 0).numpy()

array([[3, 6, 9],
       [7, 7, 7],
       [4, 5, 6],
       [5, 5, 5]], dtype=int32)
```

다음 코드를 사용하여 행렬을 열별로 연결합니다.

```
tf.concat([x, y], 1).numpy()

array([[3, 6, 9, 4, 5, 6],
       [7, 7, 7, 5, 5, 5]], dtype=int32)
```

stack 함수를 사용하여 x 행렬을 쌓을 수도 있습니다.

```
tf.stack(x, axis=1).numpy()

array([[3, 7],
       [6, 7],
       [9, 7]], dtype=int32)
```

이제 reduce_mean 연산을 수행하는 방법을 살펴보겠습니다.

```
x = tf.Variable([[1.0, 5.0], [2.0, 3.0]])

x.numpy()

array([[1., 5.],
       [2., 3.]]
```

reduce_mean 연산을 통해 x의 평균값을 계산할 수 있습니다.

```
tf.reduce_mean(input_tensor=x).numpy()

2.75
```

아래 코드를 통해 행 전체의 평균을 계산할 수도 있습니다.

```
tf.reduce_mean(input_tensor=x, axis=0).numpy()

array([1.5, 4. ], dtype=float32)
```

또한 열 전체의 평균도 가능합니다.

```
tf.reduce_mean(input_tensor=x, axis=1, keepdims=True).numpy()

array([[3. ],
       [2.5]], dtype=float32)
```

확률 분포에서 임의의 값을 샘플링할 수 있습니다.

```
tf.random.normal(shape=(3,2), mean=10.0, stddev=2.0).numpy()

tf.random.uniform(shape = (3,2), minval=0, maxval=None, dtype=tf.
float32,).numpy()
```

다음으로 소프트맥스 확률을 계산해봅시다.

```
x = tf.constant([7., 2., 5.])

tf.nn.softmax(x).numpy()

array([0.8756006 , 0.00589975, 0.11849965], dtype=float32)
```

이제 그래디언트를 계산하는 방법을 살펴보겠습니다.

우선 제곱 함수를 정의합니다.

```
def square(x):
  return tf.multiply(x, x)
```

다음과 같이 tf.GradientTape를 사용하여 이전 제곱 함수에 대한 그래디언트를 계산할 수 있습니다.

```
with tf.GradientTape(persistent=True) as tape:
     print(square(6.).numpy())

36.0
```

8.8 TensorFlow 2.0 & Keras

TensorFlow 2.0에는 정말 멋진 기능이 있습니다. 기본적으로 eager execution 모드로 설정하고 있습니다. 간소화된 워크플로우(workflow)를 제공하고 Keras를 딥러닝 모델 구축을 위한 기본 API로 사용합니다. 또한 TensorFlow 1.x 등의 이전 버전과도 호환됩니다.

TensorFlow 2.0을 설치하려면 터미널을 열고 다음 명령을 입력하십시오.

```
pip install tensorflow==2.0.0-alpha0
```

TensorFlow 2.0은 Keras를 고급 API로 사용하므로 다음 절에서는 Keras가 어떻게 작동하는지 살펴보겠습니다.

8.8.1 Keras 소개

Keras는 널리 사용되는 또 다른 딥러닝 라이브러리입니다. Google의 François Chollet이 개발했습니다. 빠른 프로토타이핑으로 잘 알려져 있으며 모델 구축을 간단하게 만드는 고수준 라이브러리입니다. 즉, 컨볼루션(convolution)과 같은 저수준 작업을 자체적으로 수행하지 않습니다. 이를 위해 TensorFlow와 같은 백엔드(backend) 엔진을 사용합니다. Keras API는 tf.keras에서 사용할 수 있으며 TensorFlow 2.0은 이를 기본 API로 사용합니다.

Keras에서 모델을 구축하려면 4가지 중요한 단계를 필요로 합니다.

1. 모델 정의(defining)
2. 모델 컴파일(compiling)
3. 모델 피팅(fitting)
4. 모델 평가(evaluating)

8.8.1.1 모델 정의하기

첫 번째 단계는 모델을 정의하는 것입니다. Keras는 모델을 정의하기 위해 두 가지 다른 API를 제공합니다.

- 순차적인 API
- 기능적인 API

8.8.1.1.1 순차 모델 정의

순차 모델에서는 각 레이어를 다른 레이어 위에 쌓습니다.

```
from keras.models import Sequential
from keras.layers import Dense
```

먼저 다음과 같이 Sequential() 모델로 순차 모델을 정의하겠습니다.

```
model = Sequential()
```

이제 다음 코드와 같이 첫 번째 레이어를 정의합니다.

```
model.add(Dense(13, input_dim=7, activation='relu'))
```

앞의 코드에서 Dense는 완전히 연결된 레이어(fully connected layer)를 의미하고, input_dim은 입력의 차원을 의미하며, activation은 우리가 사용하는 활성화 함수를 지정합니다. 우리는 원하는 만큼 레이어를 쌓을 수 있습니다.

다음과 같이 relu로 다음 레이어의 활성화 함수를 정의합니다.

```
model.add(Dense(7, activation='relu'))
```

시그모이드를 사용하여 출력 레이어의 활성화 함수를 정의합니다.

```
model.add(Dense(1, activation='sigmoid'))
```

순차 모델의 최종 코드 블록은 다음과 같습니다. 보시다시피 Keras 코드는 TensorFlow 코드보다 훨씬 간단합니다.

```
model = Sequential()
model.add(Dense(13, input_dim=7, activation='relu'))
model.add(Dense(7, activation='relu'))
model.add(Dense(1, activation='sigmoid'))
```

8.8.1.1.2 함수형 모델 정의

함수형 모델은 순차 모델보다 더 많은 유연성을 제공합니다. 예를 들어, 함수형 모델에서는 모든 레이어를 다른 레이어에 쉽게 연결할 수 있는 반면, 순차 모델에서는 각 레이어가 스택에 하나씩 쌓여 있습니다. 함수형 모델은 방향성 비순환 그래프(directed acyclic graphs), 다중 입력 값, 다중 출력 값 및 공유 레이어가 있는 모델과 같은 복잡한 모델을 생성할 때 유용합니다. 이제 Keras에서 함수형 모델을 정의하는 방법을 살펴보겠습니다.

첫 번째 단계는 입력 차원을 정의하는 것입니다.

```
input = Input(shape=(2,))
```

이제 다음과 같이 Dense 클래스를 사용하여 10개의 뉴런과 relu 활성화 함수가 있는 첫 번째 완전 연결 레이어를 정의합니다.

```
layer1 = Dense(10, activation='relu')
```

layer1을 정의했지만 layer1에 대한 입력은 어디에서 왔을까요? 다음과 같이 마지막에 괄호 표기법으로 layer1에 대한 입력을 지정해야 합니다.

```
layer1 = Dense(10, activation='relu')(input)
```

우리는 13개의 뉴런과 relu 활성화 함수가 있는 다음 레이어인 layer2를 정의합니다. layer2에 대한 입력은 layer1에서 나오므로 다음 코드와 같이 layer1이 괄호 안에 추가됩니다.

```
layer2 = Dense(10, activation='relu')(layer1)
```

이제 출력 레이어의 활성화 함수를 시그모이드로 정의합니다. 출력 레이어에 대한 입력은 layer2에서 나오므로 끝의 괄호 안에 추가됩니다.

```
output = Dense(1, activation='sigmoid')(layer2)
```

모든 레이어를 정의한 후 다음과 같이 Model 클래스를 사용하고 입력과 출력을 지정하여 모델을 정의합니다.

```
model = Model(inputs=input, outputs=output)
```

함수형 모델에 대한 전체 코드는 아래와 같습니다.

```
input = Input(shape=(2,))
layer1 = Dense(10, activation='relu')(input)
layer2 = Dense(10, activation='relu')(layer1)
output = Dense(1, activation='sigmoid')(layer2)
model = Model(inputs=input, outputs=output)
```

8.8.1.2 모델 컴파일하기

이제 모델을 정의했으므로 다음 단계는 모델을 컴파일하는 것입니다. 이 단계에서는 모델이 학습하는 방법을 설정합니다. 모델을 컴파일할 때에는 세 가지 매개변수를 정의해야 합니다.

- 최적화(optimizer) 매개변수 : 우리가 사용하고자 하는 경사하강법과 같은 최적화 알고리즘을 정의합니다.
- 실(loss) 매개변수 : 평균 제곱 오차 또는 교차 엔트로피 손실 등을 최소화하려는 목적(objective) 함수입니다.
- 메트릭(metrics) 매개변수 : 모델의 성능을 평가하는 데 사용하는 메트릭입니다. 둘 이상의 메트릭(예를 들어, 정확도 등)을 지정할 수도 있습니다.

다음 코드를 실행하여 모델을 컴파일하십시오.

```
model.compile(loss='binary_crossentropy', optimizer='sgd',
metrics=['accuracy'])
```

8.8.1.3 모델 훈련

우리는 모델을 정의하고 컴파일했습니다. 이제 우리는 모델을 훈련할 것입니다. 모델 훈련은 fit 함수를 사용하여 수행할 수 있습니다. 특징(features) x와 라벨 y를 다음과 같이 지정합니다. 그리고 모델을 훈련하려는 에포크(epochs)의 수 및 배치 사이즈는 다음과 같습니다.

```
model.fit(x=data, y=labels, epochs=100, batch_size=10)
```

8.8.1.4 모델 평가

모델을 훈련시킨 후 테스트 세트에서 모델을 평가합니다.

```
model.evaluate(x=data_test,y=labels_test)
```

동일한 훈련 세트에서 모델을 평가할 수도 있으며 이는 훈련 정확도를 이해하는 데 도움이 됩니다.

```
model.evaluate(x=data,y=labels)
```

다음 섹션에서는 MNIST 숫자 분류 작업에 TensorFlow를 사용하는 방법을 살펴보겠습니다.

8.8.2 TensorFlow 2.0을 사용한 MNIST 숫자 분류

이제 TensorFlow 2.0을 사용하여 MNIST 손글씨 숫자 분류를 수행하는 방법을 살펴보겠습니다. TensorFlow 1.x에 비해 몇 줄의 코드만 있으면 됩니다. 배운 것처럼 TensorFlow 2.0은 고수준 API인 Keras를 사용합니다. Keras 코드 내에 tf.keras를 추가하기만 하면 됩니다.

먼저 데이터세트를 로드해 보겠습니다.

```
mnist = tf.keras.datasets.mnist
```

다음 코드를 사용하여 훈련 세트와 테스트 세트를 생성합니다.

```
(x_train,y_train), (x_test, y_test) = mnist.load_data()
```

x의 값을 x의 최대값인 255.0 으로 나누어 훈련 및 테스트 세트를 정규화합니다.

```
x_train, x_test = tf.cast(x_train/255.0, tf.float32), tf.cast(x_
test/255.0, tf.float32)
y_train, y_test = tf.cast(y_train,tf.int64),tf.cast(y_test,tf.int64)
```

다음과 같이 순차 모델을 정의합니다.

```
model = tf.keras.models.Sequential()
```

이제 모델에 레이어를 추가해 보겠습니다. 우리는 은닉 레이어에서 ReLU 함수를 사용하고 최종 레이어에서 소프트맥스를 사용하는 3개의 레이어로 구성된 모델을 사용합니다.

```
model.add(tf.keras.layers.Flatten())
model.add(tf.keras.layers.Dense(256, activation="relu"))
model.add(tf.keras.layers.Dense(128, activation="relu"))
model.add(tf.keras.layers.Dense(10, activation="softmax"))
```

다음 코드를 실행하여 모델을 컴파일합니다.

```
model.compile(optimizer='sgd', loss='sparse_categorical_crossentropy',
metrics=['accuracy'])
```

모델을 훈련시켜 봅시다.

```
model.fit(x_train, y_train, batch_size=32, epochs=10)
```

이제 모델을 평가해 봅시다.

```
model.evaluate(x_test, y_test)
```

이게 전부입니다. 이처럼 Keras API로 코드를 작성하는 것은 매우 간단합니다.

요약

TensorFlow와 TensorFlow가 계산 그래프를 사용하는 방법을 이해하는 것으로 이 장을 시작했습니다. 우리는 TensorFlow의 계산이 여러 노드와 엣지로 구성된 계산 그래프로 표현된다는 것을 배웠습니다. 여기서 노드는 덧셈 및 곱셈과 같은 수학적 연산이고 엣지는 텐서입니다.

다음으로 변수는 값을 저장하는 데 사용되는 컨테이너이며 계산 그래프에서 여러 다른 작업에 대한 입력으로 사용된다는 것을 배웠습니다. 또한 플레이스홀더는 유형과 차원만 정의하고 값을 할당하지 않는 변수와 유사하며 플레이스홀더의 값은 런타임에 제공된다는 것도 배웠습니다. 그 다음 우리는 TensorFlow의 시각화 도구이며 계산 그래프를 시각화하는 데 사용할 수 있는 TensorBoard에 대해 배웠습니다. 또한 더 파이썬스러운 신속한 프로토타이핑을 허용하는 eager execution에 대해서도 탐구해보았습니다.

모든 작업을 수행하기 위해 매번 그래프를 생성해야 하는 그래프 모드와 달리 eager execution은 그래프를 만들지 않고도 모든 작업을 즉시 수행할 수 있는 명령형 프로그래밍 패러다임을 따릅니다.

다음 장에서는 DQN(Deep Q Network)이라고 부르는 가장 널리 사용되는 DRL 알고리즘 중 하나를 이해하여 심층 강화 학습(DRL)에 대한 여정을 시작합니다.

평가

다음 질문에 답하며 TensorFlow에 대한 지식을 테스트 해봅시다.

1. TensorFlow 세션이란 무엇입니까?
2. 플레이스홀더를 정의해봅시다.
3. TensorBoard란 무엇입니까?
4. Eager Execution이 유용한 이유는 무엇입니까?
5. Keras를 사용하여 모델을 구축하기 위해 어떤 작업들을 해야 합니까?
6. Keras의 함수형 모델은 순차 모델과 어떻게 다릅니까?

참고문헌

https://www.tensorflow.org/tutorials에서 공식 문서를 확인하여 TensorFlow에 대해 자세히 알아볼 수 있습니다.

9

Deep Q Network and Its Variants

Deep Q Network와 그 변형

이 장에서는 DQN(Deep Q Network)이라는 가장 인기 있는 DRL(Deep Reinforcement Learning) 알고리즘 중 하나부터 시작하겠습니다. 많은 최신 DRL 알고리즘이 DQN을 기반으로 하기 때문에 DQN을 이해하는 것이 매우 중요합니다. DQN 알고리즘은 2013년 Google DeepMind의 연구원들이 Playing Atari with Deep Reinforcement Learning이라는 논문에서 처음 제안했습니다. 그들은 DQN 아키텍처를 설명하고 이것이 인간 수준의 정확도로 Atari 게임을 플레이하는 데 왜 그렇게 효과적인지 설명했습니다. 우리는 Deep Q Netowrk가 정확히 무엇이며 강화 학습에서 어떻게 사용되는지 배우는 것으로 이 장을 시작합니다. 다음으로 DQN 알고리즘에 대해 자세히 알아보겠습니다. 그런 다음 DQN을 구현하여 Atari 게임을 하는 방법을 배웁니다.

DQN에 대해 학습한 후 Double DQN, DQN with PER(Prioritized Experience Replay), dueling DQN 및 Deep Recurrent Q Network와 같은 DQN의 여러 변형을

자세히 다룰 것입니다.

이 장에서는 다음 주제를 다룰 것입니다.

- DQN이란 무엇입니까?
- DQN 알고리즘
- DQN으로 아타리 게임하기
- Double DQN
- DQN with PER(Prioritized Experience Replay)
- Dueling DQN
- Deep Recurrent Q Network

9.1 DQN이란 무엇인가?

강화학습의 목적은 최적의 정책(Policy), 즉 우리에게 최대 수익(에피소드의 보상의 합)을 주는 정책을 찾는 것입니다. 정책을 계산하기 위해 먼저 Q 함수를 계산합니다. Q 함수가 있으면 각 상태에서 최대 Q 값을 갖는 행동을 선택하여 정책을 추출합니다. 예를 들어, 두 개의 상태 A와 B가 있고 액션 공간(Action space)이 두 개의 행동(Action)으로 구성되어 있다고 가정해 보겠습니다. 행동을 위아래로 한다고 가정합니다. 따라서 상태 A와 B에서 수행할 작업을 찾기 위해 먼저 모든 상태-행동 쌍의 Q 값을 계산합니다(표 9.1 참조).

State	Action	Value
A	up	17
A	down	10
B	up	11
B	down	20

표 9.1 상태-행동 쌍의 Q 값

모든 상태-행동 쌍의 Q 값이 있으면 각 상태에서 최대 Q 값을 갖는 행동을 선택합니다. 따라서 우리는 최대 Q 값을 가지므로 상태 A에서 위로 행동을 선택하고 상태 B에서 아래로 행동을 선택합니다. 우리는 모든 반복에서 Q 함수를 개선하고 최적의 Q 함수를 갖게 되면 여기서 최적의 정책을 추출할 수 있습니다.

이제 그림 9.1과 같이 그리드 세계 환경을 다시 살펴보겠습니다.

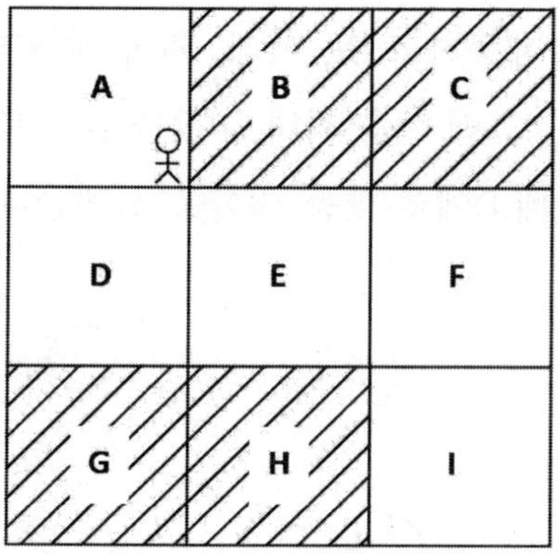

그림 9.1 그리드 세계 환경

그리드 세계 환경에서 에이전트의 목표는 음영 상태를 방문하지 않고 상태 A에서 상태 에 도달하는 것이며 각 상태에서 에이전트는 위, 아래, 왼쪽, 오른쪽 네 가지 행동 중 하나를 수행해야 함을 배워야 합니다.

정책을 계산하기 위해 먼저 모든 상태-행동 쌍의 Q 값을 계산합니다. 여기에서 상태의 수는 9(A에서 I까지)이고 행동 공간에 4개의 작업이 있으므로 Q 테이블은 가능한 모든 상태-행동 쌍의 Q 값을 포함하는 9×4 = 36개의 행으로 구성됩니다. Q 값을 얻으면 각 상태에서 최대 Q 값을 갖는 행동을 선택하여 정책을 추출합니다. 그러나 모든 상태-행동 쌍에 대해 Q 값을 철저하게 계산하는 것이 좋은 접근 방식일까요? 이에 대해 더 자세히 살펴보겠습니다.

1,000개의 상태와 각 상태에서 50개의 가능한 행동이 있는 환경이 있다고 가정해 보겠습니다. 이 경우 Q 테이블은 가능한 모든 상태-행동 쌍의 Q 값을 포함하는 1,000 × 50 = 50,000개의 행으로 구성됩니다. 환경이 많은 수의 상태와 행동으로 구성된 이와 같은 경우 가능한 모든 상태-행동 쌍의 Q 값을 철저한 방식으로 계산하는 것은 매우 비용이 많이 듭니다.

이러한 방식으로 Q 값을 계산하는 대신 신경망과 같은 함수 근사기를 사용하여 근사할 수 있습니까? 매개변수 θ로 Q 함수를 매개변수화하고 매개변수 θ가 신경망의 매개변수일 뿐인 Q 값을 계산할 수 있습니다. 따라서 우리는 환경 상태를 신경망에 제공하기만 하면 해당 상태에서 가능한 모든 행동의 Q 값을 반환합니다. Q 값을 얻으면 최대 Q 값을 갖는 것으로 최상의 행동을 선택할 수 있습니다.

예를 들어 그리드 세계 환경을 고려해 보겠습니다. 그림 9.2에서 볼 수 있듯이 우리는 상태 D를 네트워크에 입력으로 제공하고 위, 아래, 왼쪽 및 오른쪽인 상태 D의 모든 행동의 Q 값을 출력으로 반환합니다. 그런 다음 최대 Q 값을 갖는 행동을 선택합니다. 행동 권한은 최대 Q 값을 가지므로 상태 D에서 행동 권한을 선택합니다.

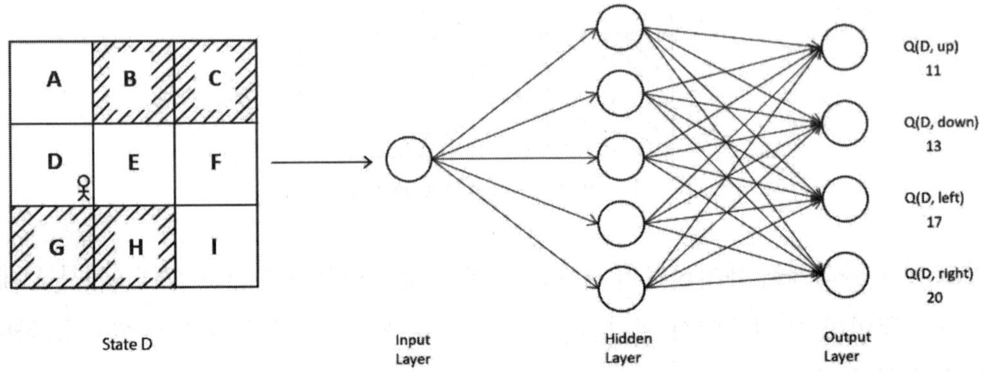

그림 9.2 Deep Q Network

신경망을 사용하여 Q 값을 근사하므로 해당 신경망을 Q 네트워크라고 하며 심층 Q 네트워크(Deep Q Network)라고 합니다.

우리는 Q 함수를 $Q_\theta(s, a)$로 나타낼 수 있습니다. 여기서 아래 첨자의 매개변수 θ는 Q 함수가 θ에 의해 매개변수화되었음을 나타내며, θ는 신경망의 매개변수일 뿐입니다.

네트워크 매개변수 θ를 임의의 값으로 초기화하고 Q 함수(Q 값)를 근사하지만 θ를 임의의 값으로 초기화했기 때문에 근사된 Q 함수는 최적이 아닙니다. 따라서 최적의 매개변수 θ를 찾아 네트워크를 여러 번 반복 훈련합니다. 최적의 θ를 찾으면 최적의 Q 함수를 갖게 됩니다. 그런 다음 최적의 Q 함수에서 최적의 정책을 추출할 수 있습니다.

좋습니다. 하지만 어떻게 우리의 네트워크를 훈련할 수 있을까요? 훈련 데이터와 손실 함수는 어떻습니까? 분류 또는 회귀 과정입니까? 이제 DQN이 작동하는 방식에 대한 기본적인 이해를 얻었으므로 다음 섹션에서 세부 사항을 살펴보고 이러한 모든 질문을 해결할 것입니다.

9.1.1 DQN 이해하기

이 섹션에서는 DQN이 정확히 어떻게 작동하는지 볼 것입니다. DQN을 사용하여 주어진 입력 상태에서 모든 행동의 Q 값을 근사화한다는 것을 배웠습니다. Q 값은 연속적인 숫자이므로 본질적으로 DQN을 사용하여 회귀 작업을 수행해야 합니다.

자, 훈련 데이터는 어떻게 해야 할까요? 우리는 리플레이 버퍼(Replay buffer)라는 버퍼를 사용하여 에이전트의 경험을 수집하고 이 경험을 기반으로 네트워크를 훈련합니다. 리플레이 버퍼를 자세히 살펴보겠습니다.

9.1.1.1 리플레이 버퍼(Replay Buffer)

우리는 에이전트가 어떤 행동 a를 수행하여 상태 s에서 다음 상태 s'로 전환한 다음 보상 r을 얻는다는 것을 알고 있습니다. 이 트랜지션 정보(transition information) (s, a, r, s')를 리플레이 버퍼라고 하는 버퍼에 저장하거나 리플레이를 경험할 수 있습니다. 리플레이 버퍼는 일반적으로 D로 표시됩니다. 이 트랜지션은 기본적으로 에이전트(Agent)의 경험입니다. 우리는 리플레이 버퍼에 여러 에피소드에 대한 에이전트의 경험을 저장합니다. 에이전트의 경험을 저장하기 위해 리플레이 버퍼를 사용하는 핵심 아이디어는 버퍼에서 샘플링된 트랜지션(transition)으로 DQN을 훈련할 수 있다는 것입니다. 리플레이 버퍼의 예시는 다음 그림과 같습니다.

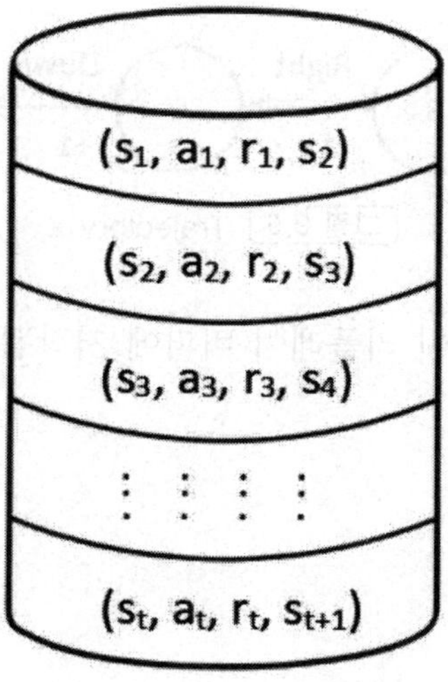

그림 9.3 Replay Buffer 예시

다음 단계는 리플레이 버퍼 D에 트랜지션 정보를 저장하는 방법을 이해하는 데 도움이 됩니다.

1. 리플레이 버퍼 D를 초기화합니다.
2. 각 에피소드에 대해 3단계를 수행합니다.
3. 에피소드의 각 단계에 대해:
   1. 트랜지션, 즉 상태 s에서 액션 a를 수행하고 다음 상태 s'로 이동하여 보상 r을 받습니다.
   2. 리플레이 버퍼 D에 트랜지션 정보 (s, a, r, s')를 저장합니다.

이전 단계에서 설명한 대로 많은 에피소드에 대한 에이전트의 트랜지션 정보를 수집하고 리플레이 버퍼에 저장합니다. 이것을 명확하게 이해하기 위해 우리가 가장 좋아하는 그리드 세계 환경을 고려해 보겠습니다. 다음과 같은 두 개의 에피소드(Episode)/궤적(Trajectory)이 있다고 가정해 보겠습니다.

에피소드 1:

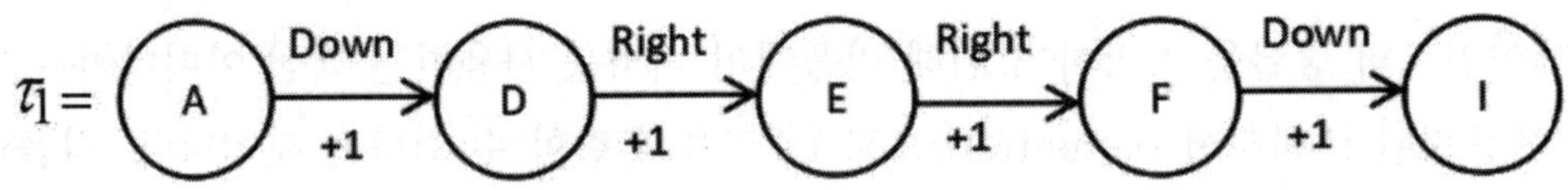

그림 9.4 Trajectory 1 에피소드 2:

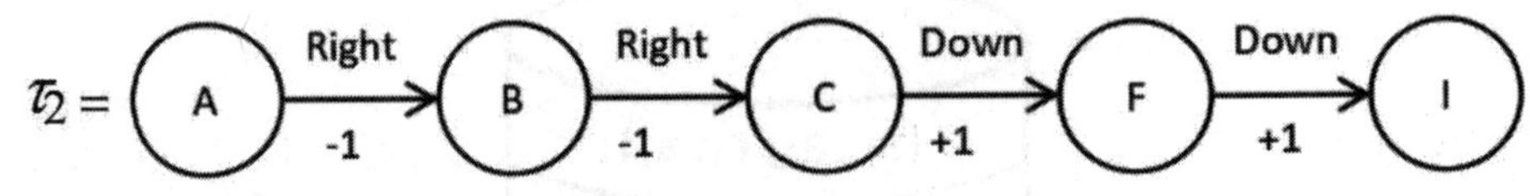

그림 9.5 Trajectory 2

이제 이 정보는 그림 9.6과 같이 리플레이 버퍼에 저장됩니다.

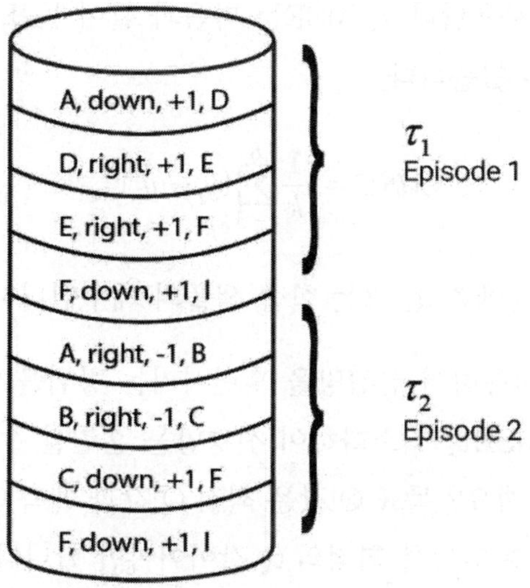

그림 9.6 리플레이 버퍼에 저장된 결과

그림 9.6과 같이 트랜지션 정보를 순차적으로 쌓아서 저장합니다. 리플레이 버퍼에서 트랜지션의 미니 배치를 샘플링하여 신경망을 훈련합니다. 여기에 작은 문제가 있습니다. 에이전트의 경험(트랜지션)을 순차적으로 쌓기 때문에 에이전트의 경험은 상관관계가 높습니다. 예를 들어, 앞의 그림과 같이 트랜지션은 위와 아래의 행과 상관 관계가 있습니다. 이 상관된 경험으로 신경망을 훈련하면 신경망은 쉽게 과적합됩니다. 따라서 이를 방지하기 위해 리플레이 버퍼에서 임의의 미니 배치 트랜지션을 샘플링하고 신경망을 훈련합니다.

리플레이 버퍼의 크기는 제한되어 있습니다. 즉, 리플레이 버퍼는 에이전트 경험의 고정된 크기만큼만 저장합니다. 따라서 버퍼가 가득 차면 이전 경험을 새 경험으로 바꿉니다. 리플레이 버퍼는 일반적으로 목록이 아닌 대기열 구조(선입선출, FIFO)로 구현됩니다. 따라서 새 경험이 들어올 때 버퍼가 가득 차면 이전 경험을 제거하고 새 경험을 버퍼에 추가합니다.

우리는 버퍼에서 경험의 미니 배치를 무작위로 샘플링하여 신경망을 훈련한다는 것을 배웠습니다. 그러나 훈련은 정확히 어떻게 할까요? 신경망은 이 샘플의 미니 배치를 사용하여 최적의 Q 함수를 근사하는 방법을 학습하나요? 이것이 바로 다음 섹션에서 논의할 내용입니다.

9.1.1.2 DQN에서의 손실 함수

DQN에서 우리의 목표가 연속적인 값인 Q 값을 예측하는 것임을 배웠습니다. 따라서 DQN에서는 기본적으로 회귀 작업을 수행합니다. 일반적으로 회귀 작업의 손실 함수로 평균 제곱 오차(MSE)를 사용합니다. MSE는 다음과 같이 목표 값과 예측 값 사이의 평균 제곱 차이로 정의할 수 있습니다.

$$MSE = \frac{1}{k}\sum_{i=1}^{K}(y_i - \hat{y}_i)^2$$

여기서 y는 목표값, $\hat{y}_i$는 예측값, K는 학습 샘플의 개수입니다.

이제 DQN에서 MSE를 사용하여 신경망을 훈련시키는 방법을 알아보겠습니다. 목표 Q 값과 예측 Q 값 사이의 MSE를 최소화하여 신경망을 훈련할 수 있습니다. 먼저 목표 Q 값을 어떻게 얻을 수 있을까요? 목표 Q 값은 최적 Q 값과 예측 Q 값 사이의 오차를 최소화하여 신경망을 훈련할 수 있도록 최적의 Q 값이어야만 합니다. 그러나 최적의 Q 값을 어떻게 계산할 수 있을까요? 여기에서 Bellman 방정식이 도움이 됩니다. 3장, 벨만 방정식과 동적 계획법에서 우리는 벨만 최적 방정식을 사용하여 최적의 Q 값을 얻을 수 있음을 배웠습니다.

$$Q^*(s,a) = E_{s' \sim P}[R(s,a,s') + \gamma \max_{a'} Q^*(s',a')]$$

여기서 $R(s,a,s')$는 상태 s에서 행동 a를 수행하고 다음 상태 s'로 이동하는 동안 얻는 즉각적인 보상 r을 나타냅니다.

$$Q^*(s,a) = \underset{s' \sim P}{E}[r + \gamma \max_{a'} Q^*(s',a')]$$

앞의 방정식에서 기대치를 제거할 수 있습니다. 리플레이 버퍼에서 K개의 트랜지션을 샘플링하고 평균 값을 취하여 예상되는 값을 근사합니다. 우리는 이것에 대해 잠시 후에 더 배울 것입니다.

따라서 Bellman 최적 방정식에 따르면 최적의 Q 값은 보상과 다음 상태-행동 쌍의 최대 Q 값의 합입니다.

$$Q^*(s,a) = r + \gamma \max_{a'} Q^*(s',a') \quad (1)$$

따라서 손실을 목표 값(최적 Q 값)과 예측 값(DQN에 의해 예측된 **Q** 값)의 차이로 정의하고 손실 함수 L을 다음과 같이 표현할 수 있습니다.

$$L(\theta) = Q^*(s, a) - Q_\theta(s, a)$$

앞의 방정식에서 수식 (1)을 대입하면 다음과 같이 쓸 수 있습니다.

$$L(\theta) = r + \gamma \max_{a'} Q(s', a') - Q_\theta(s, a)$$

θ에 의해 매개변수화된 신경망을 사용하여 예측 Q 값을 계산한다는 것을 알고 있습니다. 목표 값을 어떻게 계산할 수 있을까요? 즉, 목표 값은 보상과 다음 상태-행동 쌍의 최대 Q값의 합이라는 것을 배웠다. 다음 상태-행동 쌍의 Q 값을 어떻게 계산할까요?

$$L(\theta) = r + \gamma \max_{a'} \boxed{Q(s', a')} - Q_\theta(s, a)$$

How do compute this?

예측된 Q 값과 유사하게 θ에 의해 매개변수화된 동일한 DQN을 사용하여 대상에서 다음 상태-행동 쌍의 Q 값을 계산할 수 있습니다. 따라서 손실 함수를 다음과 같이 다시 작성할 수 있습니다.

$$L(\theta) = r + \gamma \max_{a'} Q_\theta(s', a') - Q_\theta(s, a)$$

그림과 같이 목표값과 예측된 Q값은 모두 θ에 의해 매개변수화 됩니다.

목표 Q 값과 예측된 Q 값 간의 차이로 손실을 계산하는 대신 MSE를 손실 함수로 사용합니다. 우리는 에이전트의 경험을 리플레이 버퍼에 저장한다는 것을 배웠습니다. 따라서 다음과 같이 리플레이 버퍼에서 K개의 트랜지션 (s, a, r, s')의 미니 배치를 무작위로 샘플링하고 MSE를 최소화하여 신경망을 훈련합니다.

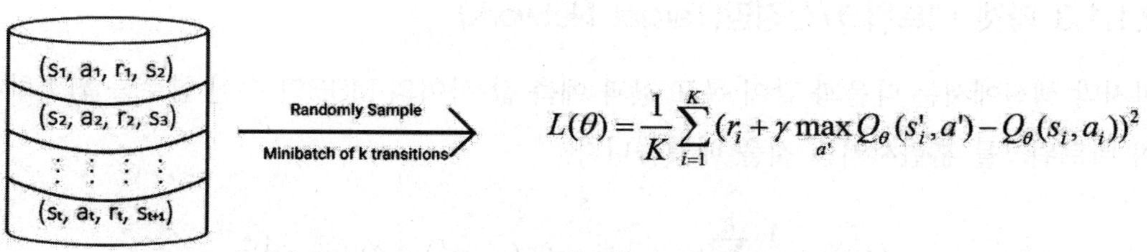

그림 9.7 DQN의 손실 함수 따라서 손실 함수는 다음과 같이 표현할 수 있습니다.

$$L(\theta) = \frac{1}{K}\sum_{i=1}^{K}(r_i + \gamma \max_{a'} Q_\theta(s'_i, a') - Q_\theta(s_i, a_i))^2$$

수식 표기의 단순성을 위해 목표 값을 y로 표시하고 앞의 수식을 다음과 같이 다시 정의할 수 있습니다.

$$L(\theta) = \frac{1}{K}\sum_{i=1}^{K}(y_i - Q_\theta(s_i, a_i))^2$$

수식에서 $y_i = r_i + \gamma \max_{a'} Q_\theta(s'_i, a')$는 목표 값이 보상과 다음 상태-행동 쌍의 감가된 최대 Q 값의 합이라는 것을 배웠습니다. 그러나 다음 상태 s'가 최종 상태라면 어떻게 될까요? 다음 상태 s'가 최종 상태이면 최종 상태에서 아무 조치도 취하지 않기 때문에 Q 값을 계산할 수 없으므로 이 경우 목표 값은 다음과 같이 보상만 됩니다.

$$y_i = \begin{cases} r_i & \text{if } s' \textit{ is terminal} \\ r_i + \gamma \max_{a'} Q_\theta(s'_i, a') & \text{if } s' \textit{ is not terminal} \end{cases}$$

따라서 손실 함수는 다음과 같이 주어집니다.

$$L(\theta) = \frac{1}{K}\sum_{i=1}^{K}(y_i - Q_\theta(s_i, a_i))^2$$

손실 함수를 최소화하여 신경망을 훈련합니다. 최적의 매개변수 θ를 찾아 손실 함수를 최소화할 수 있습니다. 따라서 최적의 매개변수 θ를 찾기 위해 경사 하강법을 사용합니다. 손실 함수의 그래디언트(기울기)를 계산하고 신경망의 매개변수 θ를 다음과 같이 업데이트합니다.

$$\theta = \theta - \alpha \nabla_\theta L(\theta)$$

9.1.1.3 타겟 네트워크/신경망(Target Network)

마지막 섹션에서는 다음과 같이 목표 값과 예측 값 사이의 MSE인 손실 함수를 최소화하여 네트워크를 훈련시키는 것을 배웠습니다.

$$L(\theta) = \frac{1}{K}\sum_{i=1}^{K}(r_i + \gamma \max_{a'} Q_\theta(s'_i, a') - Q_\theta(s_i, a_i))^2$$

그러나 우리의 손실 함수에는 작은 문제가 있습니다. 우리는 목표 값이 보상과 다음 상태-행동 쌍의 감가된 최대 Q 값의 합이라는 것을 배웠습니다. 다음과 같이 θ에 의해 매개변수화된 동일한 네트워크를 사용하여 대상 및 예측된 Q 값에서 다음 상태-행동 쌍의 Q

값을 계산합니다.

$$L(\theta) = \frac{1}{K}\sum_{i=1}^{K}(r_i + \gamma \max_{a'} \underbrace{Q_\theta(s'_i, a')}_{\text{Compute using } \theta?} - \underbrace{Q_\theta(s_i, a_i)}_{\text{Compute using } \theta?})^2$$

문제는 목표값과 예측값이 동일한 매개변수 θ에 의존하기 때문에 MSE가 불안정해지고 네트워크가 제대로 학습하지 못한다는 것입니다. 또한 훈련 중에 많은 차이를 유발합니다.

간단한 예를 들어 이것을 이해합시다. 이해를 돕기 위해 임의의 숫자를 사용합니다. 목표값과 예측값의 차이를 최소화하려고 노력한다는 것을 알고 있습니다. 따라서 모든 반복에서 손실을 통해 그래디언트를 계산하고 네트워크 매개변수 θ를 업데이트하여 예측 값을 목표 값과 동일하게 만들 수 있습니다.

반복 1에서 목표 값이 13이고 예측 값이 11이라고 가정해 보겠습니다. 따라서 예측 값을 목표 값인 13과 일치시키도록 매개변수 θ를 업데이트합니다. 그러나 다음 반복에서 목표값은 다음과 같이 변경됩니다. 네트워크 매개변수 θ를 업데이트했기 때문에 예측값은 15가 되고 예측값은 13이 됩니다. 따라서 다시 매개변수 θ를 업데이트하여 예측값을 목표값(현재 15)과 일치시킵니다. 그러나 다음 반복에서 목표값은 17로 변경됩니다. 우리가 네트워크 매개변수 θ를 업데이트했기 때문에 예측값은 15가 됩니다.

표 9.2에서 볼 수 있듯이 모든 반복에서 예측 값은 계속 변경되는 목표 값과 동일하려고 합니다.

Target value	Predicted value
13	11
15	13
17	15

표 9.2 타겟과 예측 값 변화

이는 예측값과 목표값이 모두 동일한 매개변수 θ에 의존하기 때문입니다. θ를 업데이트하면 목표값과 예측값이 모두 변경됩니다. 따라서 예측값은 계속해서 목표값과 같도록 노력하지만, 네트워크 매개변수 θ의 업데이트로 인해 목표값은 계속 변합니다.

이것을 어떻게 피할 수 있을까요? 목표값을 잠시 동결하고 예측값이 목표값과 일치하도록 예측값만 계산할 수 있을까요? 예! 이를 위해 대상에서 다음 상태-행동 쌍의 Q 값을 계산하기 위한 타겟 네트워크라는 또 다른 신경망을 도입합니다. 타겟 네트워크의 매개변수는 θ'로 표현됩니다. 따라서 Q 값을 예측하는 데 사용되는 주요 DQN는 경사 하강법을 사용하여 최적의 매개변수 θ를 학습합니다. 타겟 네트워크는 잠시 동결된 후 대상 네트워크 매개변수 θ'를 복사하여 업데이트됩니다. 타겟 네트워크를 잠시 동결한 다음 주 네트워크 매개변수 θ로 매개변수 θ를 업데이트하면 안정화됩니다.

따라서 이제 손실 함수를 다음과 같이 다시 작성할 수 있습니다.

$$L(\theta) = \frac{1}{K}\sum_{i=1}^{K}(r_i + \gamma \max_{a'} Q_{\theta'}(s'_i, a') - Q_\theta(s_i, a_i))^2$$

따라서 타겟에서 다음 상태-행동 쌍의 Q 값은 θ'에 의해 매개변수화된 타겟 네트워크에 의해 계산되고 예측된 Q 값은 θ에 의해 매개변수화된 주 네트워크에 의해 계산됩니다.

표기법을 단순화하기 위해 목표 값을 y로 표시하고 앞의 수식을 다음과 같이 다시 정의할 수 있습니다.

$$L(\theta) = \frac{1}{K}\sum_{i=1}^{K}(r_i + \gamma \max_{a'} \underbrace{Q_{\theta'}(s'_i, a')}_{\text{Compute using } \theta'?} - \underbrace{Q_\theta(s_i, a_i)}_{\text{Compute using } \theta?})^2$$

수식 $y_i = r_i + \gamma \max_{a'} Q_{\theta'}(s'_i, a')$는 경험, 손실 함수 및 타겟 네트워크를 포함하여 DQN과 관련된 몇 가지 개념에 대해 배웠습니다. 다음 섹션에서는 이러한 모든 개념을 통합하고 DQN이 어떻게 작동하는지 배워볼 것입니다.

9.1.1.4 DQN의 정리하기

먼저 주 네트워크 매개변수 θ를 임의의 값으로 초기화합니다. 우리는 타겟 네트워크 매개변수가 주 네트워크의 복사본이라는 것을 배웠습니다. 그래서 우리는 메인 네트워크 파라미터 θ를 복사하여 타겟 네트워크 파라미터 θ'를 초기화하며, 또한 리플레이 버퍼 D도 초기화합니다.

이제 에피소드의 각 단계에 대해 환경 상태를 네트워크에 제공하고 해당 상태에서 가능한 모든 행동의 Q 값을 출력합니다. 그런 다음 최대 Q 값을 갖는 행동을 선택합니다.

$$a = \underset{a}{\arg max} \, Q_\theta(s, a)$$

단순히 Q 값이 가장 높은 행동만 선택하면 새 행동을 탐색하지 않습니다. 따라서 이를 방지하기 위해 엡실론-탐욕(epsilon-greedy) 정책을 사용하여 작업을 선택합니다. 엡실론-탐욕 정책에서는 확률 엡실론 ϵ으로 임의의 행동을 선택하고 확률 $(1-\epsilon)$으로 최대 Q 값을 갖는 최상의 행동을 선택합니다.

네트워크 매개변수 θ를 임의의 값으로 초기화했기 때문에 최대 Q 값을 취하여 선택한 행동은 최적의 행동이 아닙니다. 하지만 괜찮습니다. 선택한 행동을 수행하고 다음 상태로 이동하여 보상을 받기만 하면 됩니다. 행동이 좋으면 긍정적인 보상을 받고, 나쁘면 부정적인 보상을 받게 됩니다. 우리는 이 모든 트랜지션 정보 (s, a, r, s')를 리플레이 버퍼 D에 저장합니다.

다음으로 리플레이 버퍼에서 K개의 트랜지션에서 미니 배치만큼 무작위로 샘플링하고 손실을 계산합니다. 우리는 손실 함수가 다음과 같이 계산된다는 것을 배웠습니다.

$$L(\theta) = \frac{1}{K}\sum_{i=1}^{K}(y_i - Q_\theta(s_i, a_i))^2$$

수식에서 y_i는 타겟값이며, $y_i = r_i + \gamma \max_{a'} Q_{\theta'}(s'_i, a')$ 입니다.

초기 반복에서는 네트워크 매개변수 θ가 임의의 값이기 때문에 손실이 매우 높을 것입니다. 손실을 최소화하기 위해 손실의 기울기를 계산하고 네트워크 매개변수 θ를 다음과 같이 업데이트합니다.

$$\theta = \theta - \alpha \nabla_\theta L(\theta)$$

모든 시간 단계에서 타겟 네트워크 매개변수 θ'를 업데이트하지 않습니다. 여러 시간 단계 동안 타겟 네트워크 매개변수 θ'를 고정한 다음 주 네트워크 매개변수 θ를 타겟 네트워크 매개변수 θ'에 복사합니다.

최적의 Q 값을 근사하기 위해 여러 에피소드에 대해 이전 단계를 계속 반복합니다. 최적의 Q 값을 얻으면 최적의 정책을 추출합니다. 더 자세한 이해를 돕기 위해 DQN 알고리즘은 다음 섹션에서 제공됩니다.

9.2 DQN 알고리즘

DQN 알고리즘은 다음 단계를 통해 작동합니다.

1. 주 네트워크 매개변수 θ를 임의의 값으로 초기화
2. 타겟 네트워크 파라미터 θ'를 초기화 하기 위해 주 네트워크 매개변수 θ를 복사
3. 리플레이 버퍼 초기화 D
4. N개의 에피소드에 대해 5단계를 수행
5. 에피소드의 각 단계에 대해, $t=0$부터 $T-1$까지 수행, 즉 $t=0, 1, ..., T-1$:
    1. 상태 s를 관찰하고 엡실론 탐욕 정책을 사용하여 행동을 선택합니다. 즉, 확률 엡실론으로 임의의 행동 a를 선택하고 확률 1−엡실론으로 행동을 선택
    2. 선택한 행동을 수행하고 다음 상태 s'로 이동하여 보상 r을 획득
    3. 리플레이 버퍼 D에 (s, a, r, s') 트랜지션을 저장
    4. 리플레이 버퍼에서 K개의 트랜지션을 미니 배치만큼 무작위로 샘플링
    5. 타겟 값 계산, 즉, $y_i = r_i + \gamma \max_{a'} Q_{\theta'}(s'_i, a')$
    6. 손실을 계산 : $L(\theta) = \frac{1}{K}\sum_{i=1}^{K}(y_i - Q_\theta(s_i, a_i))^2$
    7. 손실의 기울기를 계산하고 기울기 하강법을 사용하여 주 네트워크 매개변수 θ를 업데이트 : $\theta = \theta - \alpha \nabla_\theta L(\theta)$
    8. 타겟 네트워크 매개변수 θ'를 몇 단계 동안 동결한 다음 주 네트워크 매개변수 θ를 복사하여 업데이트

이제 DQN이 어떻게 작동하는지 이해했으므로 다음 섹션에서는 DQN을 구현하는 방법을 배울 것입니다.

9.3 DQN을 사용하여 Atari 게임하기

Atari 2600은 Atari라는 게임 회사의 인기 있는 비디오 게임 콘솔입니다. Atari 게임 콘솔은 Pong, Space Invaders, Ms. Pac-Man, Breakout, Centipede 등과 같은 몇 가지 인기 있는 게임을 제공합니다. 이 섹션에서는 Atari 게임을 플레이하기 위한 DQN을 구축하는 방법을 배웁니다. 먼저 Atari 게임을 플레이하기 위한 DQN의 아키텍처를 살펴보겠습니다.

9.3.1 DQN의 아키텍쳐

Atari 게임 화면의 이미지는 환경의 상태입니다. 따라서 우리는 게임 화면의 이미지를 DQN에 입력으로 제공하고 상태의 모든 작업에 대한 Q 값을 반환합니다. 우리는 이미지를 다루기 때문에 Q 값을 근사화하기 위해 바닐라 심층 신경망을 사용하는 대신 이미지를 처리하는 데 매우 효과적이기 때문에 CNN(Convolutional Neural Network)을 사용할 수 있습니다.

따라서 이제 DQN은 CNN입니다. 우리는 게임 화면(게임 상태)의 이미지를 CNN에 입력으로 제공하고 상태에 있는 모든 행동의 Q 값을 출력합니다.

그림 9.8에서 볼 수 있듯이 게임 화면의 이미지가 주어지면 컨볼루션 레이어는 이미지에서 특징을 추출하고 특징 맵을 생성합니다. 다음으로 특징 맵을 병합하고 병합된 특징 맵을 피드포워드 네트워크에 대한 입력으로 제공합니다. 피드포워드 네트워크는 이 병합된 특징 맵을 입력으로 사용하고 상태의 모든 행동에 대한 Q 값을 출력합니다.

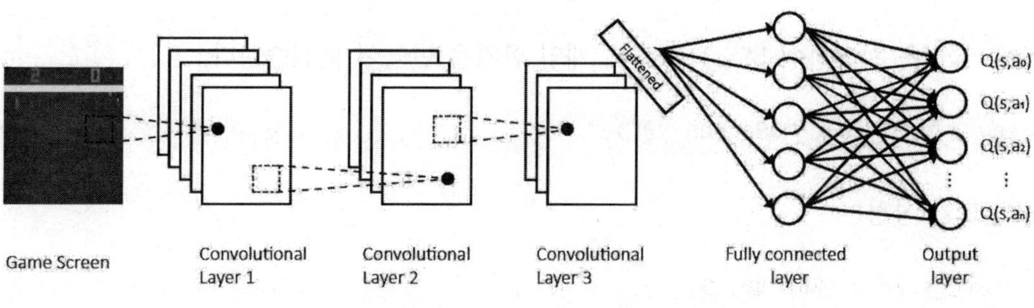

그림 9.8 DQN 아키텍쳐

우리는 풀링 작업을 수행하지 않습니다. 풀링 연산은 객체 감지, 이미지 분류 등과 같은 작업을 수행할 때 유용합니다. 이미지에서 객체의 위치를 고려하지 않고 원하는 객체가 이미지에 있는지 여부만 알고 싶을 때 유용합니다. 예를 들어 이미지에 개가 있는지 확인하려면 이미지에 개가 있는지 여부만 찾고 이미지에서 개의 위치는 확인하지 않습니다. 따라서 이 경우에는 강아지의 위치에 관계없이 이미지에 강아지가 있는지 여부를 확인하기 위해 풀링(pooling) 연산을 사용하게 됩니다.

그러나 우리의 설정에서는 현재 게임 상태를 이해하기 위해서는 위치가 매우 중요하기 때문에 풀링 작업을 수행하지 않아야 합니다. 예를 들어 Pong에서는 게임 화면에 공이 있는지 분류하고 싶지 않습니다. 우리는 더 나은 행동을 할 수 있도록 공의 위치를 알고 싶습니다. 따라서 DQN 아키텍처에 풀링 작업을 포함하지 않습니다.

이제 Atari 게임을 플레이하기 위한 DQN의 아키텍처를 이해했으므로 다음 섹션에서 구현을 시작할 것입니다.

9.3.2 DQN의 구현 및 실습

Ms. Pacman 게임을 하기 위해 DQN을 구현해 봅시다. 먼저 필요한 라이브러리를 가져오겠습니다.

```
import random
import gym
import numpy as np
from collections import deque
from tensorflow.keras.models import Sequential
from tensorflow.keras.layers import Dense, Activation, Flatten, Conv2D,
MaxPooling2D
from tensorflow.keras.optimizers import Adam
```

이제 Gym을 사용하여 Ms. Pacman 게임 환경을 만들어 보겠습니다.

```
env = gym.make("MsPacman-v0")
```

상태 크기 설정:

```
state_size = (88, 80, 1)
```

환경에서 행동의 사이즈를 가져옵니다.

```
action_size = env.action_space.n
```

9.3.3 게임화면 전처리

우리는 게임 상태(게임 화면의 이미지)를 CNN인 DQN에 입력으로 제공하고 상태의 모든 행동에 대한 Q 값을 출력한다는 것을 배웠습니다. 그러나 실제 게임 화면 이미지를 직접 공급하는 것은 원시 게임 화면 크기가 210 × 160 × 3이기 때문에 비효율적입니다. 이는 계산 비용이 많이 듭니다.

이를 피하기 위해 게임 화면을 전처리한 다음 전처리된 게임 화면을 DQN에 공급합니다. 먼저 게임 화면 이미지를 자르고 크기를 조정하고 이미지를 회색조로 변환하고 정규화한 다음 이미지의 모양을 88 × 80 × 1로 변경합니다. 다음으로 이 사전 처리된 게임 화면 이미지를 CNN에 입력으로 제공하여 CNN에서 Q 값을 반환합니다.

이제 게임 상태(게임 화면 이미지)를 입력으로 받아 사전 처리된 게임 상태를 반환하는 preprocess_state라는 함수를 정의해 보겠습니다.

```
color = np.array([210, 164, 74]).mean()

def preprocess_state(state):
```

이미지 자르기 및 크기 조정:

```
    image = state[1:176:2, ::2]
```

이미지를 회색조로 변환:

```
    image = image.mean(axis=2)
```

이미지 대비 개선:

```
    image[image==color] = 0
```

이미지 정규화:

```
    image = (image - 128) / 128 - 1
```

이미지의 모양을 변경하고 반환합니다.

```
    image = np.expand_dims(image.reshape(88, 80, 1), axis=0)

    return image
```

9.3.4 DQN 클래스 정의

DQN 알고리즘을 구현할 DQN이라는 클래스를 정의합시다. 명확한 이해를 위해 코드를 한 줄씩 살펴보겠습니다. 책의 GitHub 리포지토리에서 전체 코드에 액세스할 수도 있습니다.

```
class DQN:
```

초기화 메소드 정의

먼저 초기화(init) 메소드를 정의합시다.

```
    def __init__(self, state_size, action_size):
```

상태 사이즈 정의:

```
        self.state_size = state_size
```

행동 사이즈 정의:

```
        self.action_size = action_size
```

리플레이 버퍼 정의:

```
        self.replay_buffer = deque(maxlen=5000)
```

감가율 값 정의:

```
        self.gamma = 0.9
```

엡실론 값 정의:

```
        self.epsilon = 0.8
```

타겟 네트워크를 업데이트하려는 업데이트 속도를 정의합니다.

```
        self.update_rate = 1000
```

주 네트워크 정의:

```
        self.main_network = self.build_network()
```

타겟 네트워크 정의 :

```
        self.target_network = self.build_network()
```

주 네트워크의 가중치를 타겟 네트워크에 복사합니다.

```
        self.target_network.set_weights(self.main_network.get_
weights())
```

DQN 빌드하기

이제 DQN을 빌드해 보겠습니다. 우리는 Atari 게임을 하기 위해 게임 화면의 이미지를 입력으로 받아 Q 값을 반환하는 DQN으로 CNN을 사용한다는 것을 배웠습니다. 우리는 3개의 컨볼루션 레이어로 DQN을 정의합니다. 컨볼루션 레이어는 이미지에서 특징을 추출하고 특징 맵을 출력한 다음, 컨볼루션 레이어에서 얻은 특징 맵을 평면화하고 병합된 특징 맵을 피드포워드 네트워크(완전 연결 레이어)에 공급하여 Q 값을 반환합니다.

```
    def build_network(self):
```

첫 번째 컨볼루션 레이어 정의:

```
        model = Sequential()
        model.add(Conv2D(32, (8, 8), strides=4, padding='same', input_
shape=self.state_size))
        model.add(Activation('relu'))
```

두 번째 컨볼루션 레이어 정의:

```
        model.add(Conv2D(64, (4, 4), strides=2, padding='same'))
        model.add(Activation('relu'))
```

세 번째 컨볼루션 레이어 정의:

```
        model.add(Conv2D(64, (3, 3), strides=1, padding='same'))
        model.add(Activation('relu'))
```

세 번째 컨볼루션 레이어의 결과로 얻은 특징 맵을 flatten 시킵니다.

```
        model.add(Flatten())
```

병합된 특징 맵을 완전히 연결 레이어에 입력:

```
        model.add(Dense(512, activation='relu'))
        model.add(Dense(self.action_size, activation='linear'))
```

손실이 있는 모델을 MSE로 컴파일:

```
        model.compile(loss='mse', optimizer=Adam())
```

모델 반환:

```
        return model
```

트랜지션 저장하기

우리는 리플레이 버퍼에서 트랜지션을 미니 배치만큼 무작위로 샘플링하여 DQN을 훈련한다는 것을 배웠습니다. 따라서 리플레이 버퍼에 트랜지션 정보를 저장하는 store_transition이라는 함수를 정의합니다.

```
    def store_transistion(self, state, action,
                           reward, next_state, done):
        self.replay_buffer.append((state, action,
                                   reward, next_state, done))
```

엡실론-탐욕 정책 정의

우리는 DQN에서 탐사-개발 트레이드오프를 처리하기 위해 엡실론-탐욕 정책을 사용하여 조치를 선택한다는 것을 배웠습니다. 이제 우리는 epsilon-greedy 정책을 사용하여 작업을 선택하기 위해 epsilon_greedy라는 함수를 정의합니다.

```
    def epsilon_greedy(self, state):
        if random.uniform(0,1) < self.epsilon:
            return np.random.randint(self.action_size)
        Q_values = self.main_network.predict(state)
        return np.argmax(Q_values[0])
```

훈련 정의

이제 훈련 네트워크에 대해 train이라는 함수를 정의해 보겠습니다.

```
    def train(self, batch_size):
```

리플레이 버퍼에서 트랜지션을 미니 배치만큼 샘플링합니다.

```
        minibatch = random.sample(self.replay_buffer, batch_size)
```

타겟 네트워크를 사용하여 타겟 값을 계산합니다.

```
        for state, action, reward, next_state, done in minibatch:
            if not done:
                target_Q = (reward + self.gamma * np.amax(
                    self.target_network.predict(next_state)))
            else:
                target_Q = reward
```

주 네트워크를 사용하여 예측된 값을 계산하고 예측된 값을 Q_values에 저장합니다.

```
            Q_values = self.main_network.predict(state)
```

타겟 Q 값 업데이트:

```
            Q_values[0][action] = target_Q
```

주 네트워크 훈련:

```
            self.main_network.fit(state, Q_values, epochs=1,
                                  verbose=0)
```

타겟 네트워크 업데이트

이제 주 네트워크에서 복사하여 대상 네트워크 가중치를 업데이트하기 위한 update_target_network라는 함수를 정의해 보겠습니다.

```
    def update_target_network(self):
        self.target_network.set_weights(self.main_network.get_
weights())
```

DQN 훈련하기

이제 네트워크를 훈련해보겠습니다. 먼저 네트워크를 훈련할 에피소드 수를 설정합니다.

```
num_episodes = 500
```

한 에피소드의 time step의 개수를 정의:

```
num_timesteps = 20000
```

배치 사이즈 정의:

```
batch_size = 8
```

환경에서 과거 게임 화면의 수를 설정합니다.

```
num_screens = 4
```

DQN 클래스를 인스턴스화합니다.

```
dqn = DQN(state_size, action_size)
```

초기 Done을 False로 설정:

```
done = False
```

time step 초기화:

```
time_step = 0
```

각 에피소드 동안 반복하기:

```
for i in range(num_episodes):
```

리턴 값을 0으로 설정:

```
for i in range(num_episodes):
```

게임 화면 전처리:

```
    Return = 0
```

에피소드에서 각 스텝 동안 반복:

```
    state = preprocess_state(env.reset())
```

게임 환경 렌더링:

```
        env.render()
```

time step 업데이트:

```
        time_step += 1
```

타겟 네트워크 업데이트:

```
        if time_step % dqn.update_rate == 0:
            dqn.update_target_network()
```

행동 선택:

```
        action = dqn.epsilon_greedy(state)
```

선택된 행동 환경에 반영:

```
        next_state, reward, done, _ = env.step(action)
```

다음 상태 전처리:

```
        next_state = preprocess_state(next_state)
```

트랜지션 정보 저장:

```
        dqn.store_transistion(state, action, reward, next_state, done)
```

현재 상태를 다음 상태로 업데이트:

```
state = next_state
```

리턴 값을 보상 값으로 업데이트:

```
Return += reward
```

에피소드가 완료되면 리턴을 복사하기

```
if done:
    print('Episode: ',i, ',' 'Return', Return)
    break
```

리플레이 버퍼의 트랜지션 수가 배치 크기보다 크면 네트워크를 훈련시키십시오.

```
if len(dqn.replay_buffer) > batch_size:
    dqn.train(batch_size)
```

환경을 렌더링하여 에이전트가 일련의 에피소드를 통해 게임을 배우는 방법을 관찰할 수도 있습니다.

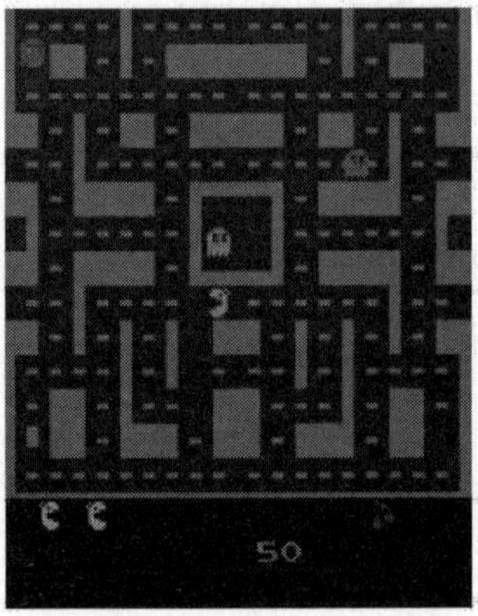

그림 9.9 게임하는 DQN 에이전트의 모습

DQN이 작동하는 방식과 Atari 게임을 플레이하기 위해 DQN을 구축하는 방법을 배웠으므로 다음 섹션에서는 이중 DQN이라고 하는 DQN의 흥미로운 변형을 배울 것입니다.

9.4 Double DQN

지금까지 우리는 DQN에 대해서 배웠습니다. DQN에서 타겟 값은 다음과 같이 구합니다.

$$y_i = r_i + \gamma \max_{a'} Q_{\theta'}(s'_i, a')$$

DQN의 문제 중 하나는 타겟에서 다음 상태-행동 쌍의 Q 값을 과대평가하는 경향이 있다는 것입니다.

$$y = r + \underbrace{\gamma \max_{a'} Q_{\theta'}(s', a')}_{\text{Overestimates } Q \text{ Value}}$$

이러한 과대 평가는 max 연산자의 존재로 인한 것입니다. 과대 평가가 어떻게 발생하는지 예를 들어 봅시다. 우리가 상태 s'에 있고 세 가지 행동 a_1, a_2, a_3이 있다고 가정합니다. a_3이 s' 상태에서 최적의 행동이라고 가정합시다. 상태 s'의 모든 행동의 Q 값을 추정할 때 추정된 Q 값에는 약간의 노이즈가 있으며 실제 값과 다릅니다. 예를 들어 노이즈로 인해 행동 2는 최적의 행동 3보다 더 높은 Q 값을 얻습니다.

타겟 값이 다음과 같이 계산된다는 것을 알고 있습니다.

$$y_i = r_i + \gamma \max_{a' = a_1, a_2, a_3} Q_{\theta'}(s', a')$$

이제 최대값으로 최상의 행동을 선택하면 다음과 같이 최적의 행동 3 대신 행동 2를 선택하게 됩니다.

$$y_i = r_i + \gamma Q_{\theta'}(s', a_2)$$

그렇다면 이 과대평가에서 벗어날 수 있는 방법은 무엇일까요? 타겟 값 계산을 다음과 같이 수정하여 이 과대평가를 제거할 수 있습니다.

$$y_i = r_i + \gamma Q_{\theta'}(s', \mathrm{arg}\max_{a'} Q_{\theta}(s', a'))$$

위 수식에서 볼 수 있듯이 이제 타겟 값 계산에 두 개의 Q 함수가 있습니다. 메인 네트워크 파라미터 θ에 의해 파라미터화된 하나의 Q 함수는 행동 선택에 사용되며, 타겟 네트워크 파라미터 θ'에 의해 파라미터화된 다른 Q 함수는 Q 값 계산에 사용된다.

앞의 수식을 두 단계로 나누어 이해해봅시다.

행동 선택 : 먼저 θ에 의해 매개변수화된 주 네트워크를 사용하여 모든 다음 상태-행동 쌍의 Q 값을 계산한 다음 최대 Q 값을 갖는 행동 a'를 선택합니다.

$$y_i = r_i + \gamma Q_{\theta'}(s', \underbrace{\arg\max_{a'} Q_\theta(s', a')})$$

주 네트워크에 의해 최대 Q값을 갖는 a' 선택

Q 값 계산 : 일단 행동 a'를 선택하면, 선택된 행동에 대해 θ'에 의해 매개변수화되는 타겟 네트워크를 사용하여 Q 값을 계산합니다.

$$y_i = r_i + \gamma \underbrace{Q_{\theta'}(s', a')}$$

타겟 네트워크에 의해 선택된 a'를 이용해 Q값을 계산

예를 들어, 상태 s'이 E 라고 가정하고 다음과 같이 쓸 수 있습니다.

$$y_i = r_i + \gamma Q_{\theta'}(E, \arg\max_{a'} Q_\theta(E, a'))$$

먼저 θ에 의해 매개변수화된 주 네트워크를 사용하여 상태 E의 모든 행동의 Q 값을 계산한 다음 최대 Q 값을 갖는 행동을 선택합니다. 최대 Q 값을 가진 행동이 옳다고 가정해 보겠습니다.

$$y_i = r_i + \gamma Q_{\theta'}(E, \underbrace{\arg\max_{a'} Q_\theta(E, a')}_{\text{Right}})$$

이제 메인 네트워크에서 선택한 행동으로 θ'로 매개변수화된 타겟 네트워크를 사용하여 Q 값을 계산할 수 있습니다. 따라서 다음과 같이 정의할 수 있습니다.

$$y_i = r_i + \gamma Q_{\theta'}(E, \text{right})$$

아직 명확하지 않습니까? DQN과 Double DQN에서 타겟 값을 계산하는 방법의 차이점은 다음과 같습니다.

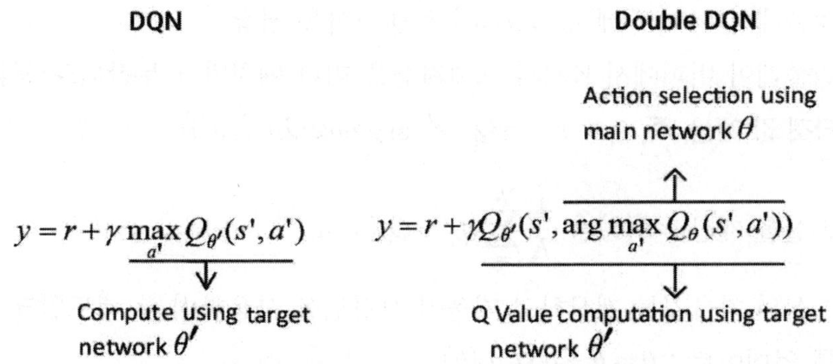

그림 9.10 DQN과 Double DQN의 차이

따라서 우리는 Double DQN에서 두 개의 Q 함수를 사용하여 타겟 값을 계산한다는 것을 배웠습니다. 주요 네트워크 매개변수 θ에 의해 매개변수화된 하나의 Q 함수는 최대 Q 값을 갖는 행동을 선택하는 데 사용하고, 다른 Q 함수는 타겟 네트워크 매개변수 θ'에 의해 매개변수화되어 주 네트워크에서 선택한 행동을 사용하여 Q 값을 계산합니다.

$$y_i = r_i + \gamma Q_{\theta'}(s', \operatorname{arg}\underset{a'}{max} Q_\theta(s', a'))$$

타겟 값 계산을 제외하고 Double DQN은 DQN과 정확히 동일하게 작동합니다. 더 명확하게 하기 위해 Double DQN 알고리즘이 다음 섹션에서 설명합니다.

9.4.1 Double DQN 알고리즘

Double DQN의 알고리즘에 대해서 자세히 설명하겠습니다. 우리가 볼 수 있듯이 타겟 값 계산(굵은 단계)을 제외하고 나머지 단계는 DQN에서와 정확히 동일합니다.

1. 주 네트워크 매개변수 θ를 임의의 값으로 초기화
2. 타겟 네트워크 파라미터 θ'를 초기화 하기 위해 주 네트워크 매개변수 θ를 복사
3. 리플레이 버퍼 초기화 D
4. N개의 에피소드에 대해 5단계를 수행
5. 에피소드의 각 단계에 대해, $t=0$부터 $T-1$까지 수행, 즉 $t=0, 1, ..., T-1$:
    1. 상태 s를 관찰하고 엡실론 탐욕 정책을 사용하여 행동을 선택합니다. 즉, 확률 엡실론으로 임의의 행동 a를 선택하고 확률 1-엡실론으로 행동을 선택
    2. 선택한 행동을 수행하고 다음 상태 s'로 이동하여 보상 r을 획득

3. 리플레이 버퍼 D에 (s, a, r, s') 트랜지션을 저장
4. 리플레이 버퍼에서 K개의 트랜지션을 미니 배치만큼 무작위로 샘플링
5. **타겟 값 계산, 즉,** $y_i = r_i + \gamma Q_{\theta'}(s', \arg\max_{a'} Q_\theta(s', a'))$
6. 손실을 계산 : $L(\theta) = \frac{1}{K}\sum_{i=1}^{K}(y_i - Q_\theta(s_i, a_i))^2$
7. 손실의 기울기를 계산하고 기울기 하강법을 사용하여 주 네트워크 매개변수 θ를 업데이트 : $\theta = \theta - \alpha \nabla_\theta L(\theta)$
8. 타겟 네트워크 매개변수 θ'를 몇 단계 동안 동결한 다음 주 네트워크 매개변수 θ를 복사하여 업데이트

이제 Double DQN이 작동하는 방식을 배웠으므로 다음 섹션에서는 우선 순위 경험 리플레이를 사용하는 DQN의 흥미로운 변형에 대해 알아보겠습니다.

9.5 우선순위 경험 리플레이 DQN Prioritized Experience Replay DQN

우리는 DQN에서 리플레이 버퍼에서 K 트랜지션의 미니 배치를 무작위로 샘플링하고 네트워크를 훈련한다는 것을 배웠습니다. 이렇게 하는 대신 리플레이 버퍼의 각 트랜지션에 우선 순위를 할당하고 학습 우선 순위가 높은 트랜지션을 샘플링할 수 있을까요?

예, 하지만 먼저 트랜지션에 우선 순위를 할당해야 하는 이유는 무엇이며 어떤 트랜지션에 다른 트랜지션보다 우선 순위를 부여해야 하는지 어떻게 결정할 수 있을까요? 이에 대해 더 자세히 살펴보겠습니다.

TD 오차 δ 라고 하는 것은 다음과 같이 타겟 값과 예측 값의 차이입니다.

$$\delta = r + \gamma \max_a Q_{\theta'}(s', a') - Q_\theta(s, a)$$

높은 TD 오류가 있는 트랜지션은 트랜지션이 올바르지 않음을 의미하므로 오류를 최소화하려면 해당 트랜지션에 대해 더 많이 알아야 합니다. TD 오류가 낮은 트랜지션은 트랜지션이 이미 양호함을 의미합니다. 우리는 이미 잘하는 것에 집중하기보다 항상 실수

에서 더 많은 것을 배울 수 있습니다. 마찬가지로 TD 오류가 낮은 트랜지션보다 TD 오류가 높은 트랜지션에서 더 많은 것을 배울 수 있습니다. 따라서 TD 오류가 높은 트랜지션에 더 높은 우선 순위를 할당하고 TD 오류가 낮은 트랜지션에 낮은 우선 순위를 할당할 수 있습니다.

우리는 트랜지션 정보가 (s, a, r, s')로 구성되어 있다는 것을 알고 있으며, 이 정보와 함께 우선 순위 p를 추가하고 우선 순위를 (s, a, r, s', p)로 리플레이 버퍼에 저장합니다. 다음 그림은 우선 순위와 함께 트랜지션이 포함된 리플레이 버퍼를 보여줍니다.

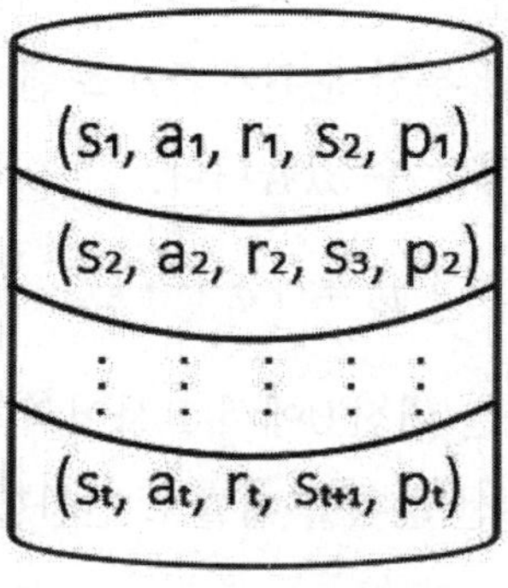

그림 9.11 우선순위 리플레이 버퍼

다음 섹션에서는 두 가지 유형의 우선 순위 지정 방법을 기반으로 하는 TD 오류를 사용하여 트랜지션의 우선 순위를 지정하는 방법을 배워봅시다.

9.5.1 우선순위의 종류

다음 두 가지 방법을 사용하여 트랜지션의 우선 순위를 지정할 수 있습니다.

- 비례 우선 순위(Proportional prioritization)
- 순위 기반 우선 순위(Rank-based prioritization)

비례 우선순위

우리는 TD 오류를 사용하여 트랜지션의 우선 순위를 지정할 수 있다는 것을 배웠습니다. 따라서 트랜지션 i의 우선 순위 p는 단순히 TD 오류일 뿐입니다.

$$p_i = |\delta_i|$$

우선 순위를 양수로 유지하기 위해 TD 오류의 절대 값을 우선 순위로 사용합니다. 자, TD 오류가 0인 트랜지션은 어떻습니까? 트랜지션 i가 있고 TD 오류가 0이라고 가정하면 트랜지션 i의 우선 순위는 0이 됩니다.

$$p_i = 0$$

그러나 트랜지션의 우선 순위를 0으로 설정하는 것은 바람직하지 않으며 트랜지션의 우선 순위를 0으로 설정하면 특정 트랜지션이 훈련에서 전혀 사용되지 않습니다. 따라서 이 문제를 피하기 위해 TD 오류에 엡실론 ϵ이라는 작은 값을 추가합니다. 따라서 TD 오류가 0이더라도 엡실론으로 인해 여전히 작은 우선 순위를 갖습니다. 더 정확하게 말하면 TD 오류에 엡실론을 추가하면 우선 순위가 0인 트랜지션이 발생하지 않습니다. 따라서 우선 순위를 다음과 같이 수정할 수 있습니다.

$$p_i = |\delta_i| + \epsilon$$

우선 순위를 원시 숫자로 사용하는 대신 0에서 1 사이의 우선 순위를 갖도록 확률로 변환할 수 있습니다. 다음과 같이 우선 순위를 확률로 변환할 수 있습니다.

$$P(i) = \frac{p_i}{\sum_k p_k}$$

앞의 수식은 트랜지션 i의 확률 P를 계산합니다.

우리는 또한 우선 순위의 양을 통제할 수 있습니까? 즉, 우선 순위 트랜지션만 샘플링하는 대신 임의 트랜지션도 샘플링할 수 있습니까? 이를 위해 α라는 새로운 매개변수를 도입하고 방정식을 다음과 같이 다시 작성합니다. α값이 높을 때(예 : 1) 우선 순위가 높은 트랜지션만 샘플링하고 α값이 낮으면(예 : 0) 임의 트랜지션을 샘플링합니다.

$$P(i) = \frac{p_i^\alpha}{\sum_k p_k^\alpha}$$

따라서 비례 우선 순위 지정 방법을 사용하여 트랜지션에 우선 순위를 할당하는 방법을 배웠습니다. 다음 섹션에서는 순위 기반 우선 순위라는 또 다른 우선 순위 지정 방법을 배웁니다.

순위 기반 우선순위

순위 기반 우선 순위 지정은 가장 간단한 유형의 우선 순위 지정입니다. 여기에서는 트랜지션의 순위에 따라 우선 순위를 지정합니다. 트랜지션의 순위는 무엇입니까? 트랜지션 순위 i는 높은 TD 오류에서 낮은 TD 오류로 트랜지션이 정렬되는 리플레이 버퍼의 트랜지션 위치로 정의할 수 있습니다.

따라서 순위를 사용하여 트랜지션 i의 우선 순위를 다음과 같이 정의할 수 있습니다.

$$p_i = \frac{1}{Rank(i)}$$

이전 섹션에서 배운 것처럼 우선 순위를 확률로 변환합니다.

$$P(i) = \frac{p_i}{\sum_k p_k}$$

이전 섹션에서 배운 것과 유사하게 매개변수 α를 추가하여 우선순 위의 양을 제어하고 최종 방정식을 다음과 같이 표현할 수 있습니다.

$$P(i) = \frac{p_i^\alpha}{\sum_k p_k^\alpha}$$

9.5.2 편향 수정

비례 우선 순위 지정과 순위 기반 우선 순위 지정이라는 두 가지 방법을 사용하여 트랜지션의 우선 순위를 지정하는 방법을 배웠습니다. 그러나 이러한 방법의 문제는 우선 순위가 높은 샘플에 크게 편향된다는 것입니다. 즉, TD 오류가 높은 샘플에 더 많은 중요성을 부여할 때 본질적으로 TD 오류가 높은 샘플의 하위 집합에서만 학습한다는 의미입니다.

이는 과적합 문제로 이어질 것이며 에이전트는 TD 오류가 높은 트랜지션에 크게 편향될 것입니다. 이를 방지하기 위해 중요도 가중치 w를 사용합니다. 중요도 가중치는 여러 번 발생한 트랜지션의 가중치를 줄이는 데 도움이 됩니다. 트랜지션 i의 중요도 가중치 W는 다음과 같이 표현될 수 있습니다.

$$W_i = (\frac{1}{N}, \frac{1}{P(i)})^{\beta}$$

앞의 표현에서 N은 리플레이 버퍼의 길이를 나타내고 $P(i)$는 트랜지션 i의 확률을 나타냅니다. 자, 그 매개변수 β는 무엇일까요? 중요도 가중치를 제어합니다. 우리는 β를 0.4라는 작은 값으로 시작하여 1로 어닐링(annealing)합니다.

따라서 이 섹션에서는 우선 순위 경험 리플레이를 사용하여 DQN에서 트랜지션의 우선순위를 지정하는 방법을 배웠습니다. 다음 섹션에서는 Dueling DQN라고 하는 또 다른 흥미로운 DQN 변형에 대해 알아보겠습니다.

9.6 Dueling DQN

계속 진행하기 전에 강화 학습에서 가장 중요한 함수 중 하나인 어드밴티지 함수에 대해 알아보겠습니다. 어드밴티지 함수는 Q 함수와 가치 함수의 차이로 정의되며 다음과 같이 표현됩니다.

$$A(s, a) = Q(s, a) - V(s)$$

알겠습니다. 하지만 어드밴티지 함수가 무슨 소용이 있습니까? 이것은 무엇을 의미합니까? 먼저 Q 함수와 값 함수를 다시 생각해 보겠습니다.

- **Q 함수** : Q 함수는 에이전트가 상태 s에서 시작하여 행동 a를 수행하고 정책 π에 따라 얻을 것으로 예상되는 리턴을 제공합니다.
- **가치 함수** : 가치 함수는 에이전트가 상태 s에서 시작하여 정책 π에 따라 얻을 것으로 예상되는 리턴을 제공합니다.

이제 직관적으로 생각하면 Q 함수와 가치 함수의 차이점은 무엇입니까? Q 함수는 상태-행동 쌍의 값을 제공하는 반면 가치 함수는 행동과 관계없이 상태 값을 제공합니다. 이제 Q 함수와 가치 함수의 차이는 상태 s의 평균 행동과 비교하여 해당 행동이 얼마나 좋은지 알려줍니다.

따라서 어드밴티지 함수는 상태 s에서 평균 행동과 비교하여 해당 행동이 얼마나 좋은지를 알려줍니다. 이제 어드밴티지 함수가 무엇인지 이해했으므로 DQN에서 이를 왜 그리고 어떻게 사용할 수 있는지 살펴보겠습니다.

9.6.1 Dueling DQN 이해하기

우리는 DQN에서 상태를 입력으로 제공하고 네트워크가 해당 상태의 모든 작업에 대한 Q 값을 계산한다는 것을 배웠습니다. 이런 식으로 Q 값을 계산하는 대신, 어드밴티지 함수를 사용하여 Q 값을 계산할 수 있습니까? 우리는 어드밴티지 함수가 다음과 같이 주어진다는 것을 배웠습니다.

$$A(s, a) = Q(s, a) - V(s)$$

앞의 수식을 다음과 같이 다시 쓸 수 있습니다.

$$Q(s, a) = V(s) + A(s, a)$$

앞의 수식에서 알 수 있듯이 가치 함수와 어드밴티지 함수를 함께 더하면 Q 값을 계산할 수 있습니다. 왜 우리가 이것을 해야 할까요? Q 값을 직접 계산하는 것이 잘못된 것은 무엇입니까?

어떤 상태에 있고 이 상태에서 수행할 수 있는 행동이 20개 있다고 가정해 보겠습니다. 상태 s에 있는 이 20가지 모든 행동의 Q 값을 계산하는 것은 대부분의 행동이 상태에 영향을 미치지 않고 대부분의 행동이 유사한 Q 값을 갖기 때문에 유용하지 않을 것입니다. 이것은 무엇을 의미할까요? 그림 9.12에 표시된 그리드 세계 환경으로 이것을 이해합시다.

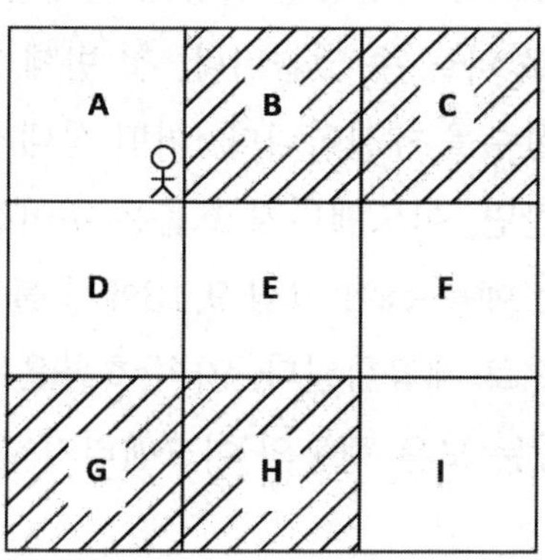

그림 9.12 그리드 세계 환경

우리가 볼 수 있듯이 에이전트는 상태 A에 있습니다. 이 경우 상태 A에서 행동의 Q 값을 계산하는 것이 무슨 소용이 있을까요? 위로 이동하는 것은 상태 A에서 영향을 미치지 않으며 에이전트를 아무데도 데려가지 않을 것입니다. 유사하게, 우리의 행동 공간이 100으로 거대한 환경을 생각해 보십시오. 이 경우 대부분의 행동은 주어진 상태에서 아무런 영향도 미치지 않을 것입니다. 또한 행동 공간이 크면 대부분의 액션이 비슷한 Q 값을 갖게 됩니다.

이제 상태의 가치에 대해 이야기해 봅시다. 에이전트에게 모든 상태가 중요한 것은 아닙니다. 우리가 어떤 행동을 하든 항상 나쁜 보상을 주는 상태가 있을 수 있습니다. 이 경우 상태가 항상 우리에게 나쁜 보상을 줄 것이라는 것을 안다면 그 상태에서 가능한 모든 행동의 Q 값을 계산하는 것은 유용하지 않습니다.

따라서 이 문제를 해결하기 위해 Q 함수를 가치 함수와 어드밴티지 함수의 합으로 계산할 수 있습니다. 즉, 가치 함수를 사용하면 상태의 모든 행동 값을 계산하지 않고도 상태가 가치 있는지 여부를 이해할 수 있습니다. 그리고 어드밴티지 함수를 사용하면 행동이 정말 좋은지 아니면 다른 모든 행동과 동일한 가치를 제공하는지 이해할 수 있습니다.

이제 Dueling DQN에 대한 기본 아이디어를 얻었으므로 다음 섹션에서 Dueling DQN의 아키텍처를 살펴보겠습니다.

9.6.2 Dueling DQN 아키텍쳐

우리는 Dueling DQN에서 Q 값을 다음과 같이 계산할 수 있다는 것을 배웠습니다.

$$Q(s,a) = V(s) + A(s,a)$$

이런 방식으로 Q 값을 계산하도록 신경망을 어떻게 설계할 수 있습니까? 네트워크의 마지막 계층을 두 개의 흐름으로 나눌 수 있습니다. 첫 번째 흐름은 가치 함수를 계산하고 두 번째 흐름은 어드밴티지 함수를 계산합니다. 어떤 상태가 입력으로 주어지면 가치 흐름은 상태의 값을 제공하는 반면, 어드밴티지 흐름은 주어진 상태에서 가능한 모든 행동의 어드밴티지를 제공합니다. 예를 들어 그림 9.13에서 볼 수 있듯이 게임 상태(게임 화면)를 네트워크에 대한 입력으로 제공합니다. 가치 흐름은 상태의 가치를 계산하는 반면 어드밴티지 흐름은 상태에 있는 모든 행동의 어드밴티지 값을 계산합니다.

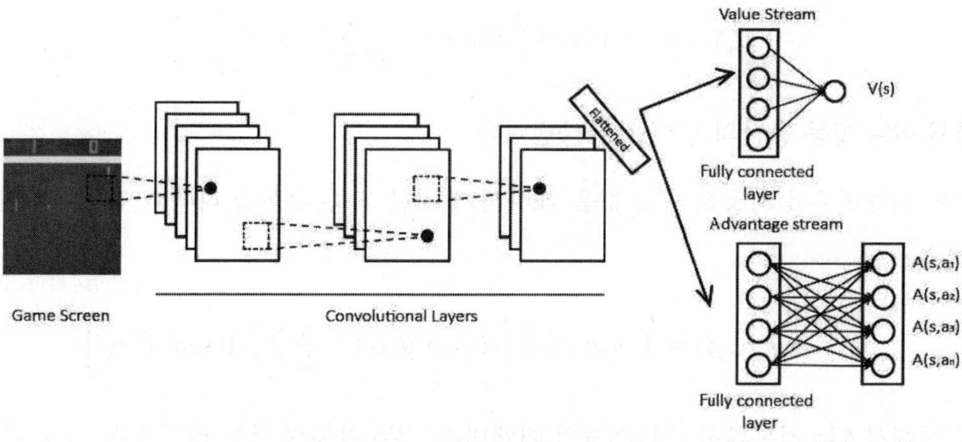

그림 9.13 Dueling DQN 아키텍쳐

우리는 상태 값과 어드밴티지 값을 함께 더하여 Q 값을 계산한다는 것을 배웠으므로 집합(Aggregate)층이라는 다른 계층을 사용하여 가치 흐름과 어드밴티지 흐름을 결합하고 그림 9.14와 같이 Q 값을 계산합니다.

따라서 가치 흐름은 상태 값을 계산하고 어드밴티지 흐름은 어드밴티지 값을 계산하며 집합 계층은 이러한 흐름을 합산하고 Q 값을 계산합니다.

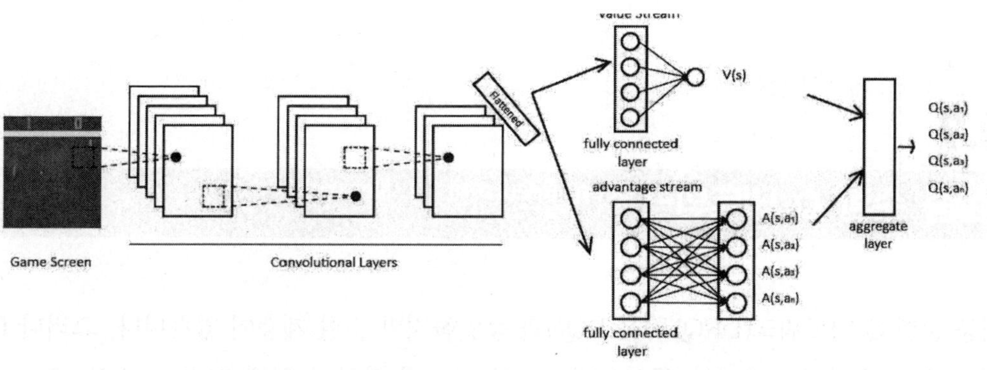

그림 9.14 집합 계층을 포함한 Dueling DQN 아키텍쳐

그러나 여기에는 작은 문제가 있습니다. 집합 계층에서 상태값과 어드밴티지 값을 합산하여 Q값을 계산하는 것만으로도 식별능력의 문제가 발생합니다.

따라서 이 문제를 해결하기 위해 선택한 작업에 대해 어드밴티지 값이 0이 되도록 어드밴티지 함수를 만듭니다. 다음과 같이 평균 어드밴티지 값, 즉 행동 공간에 있는 모든 행동의 평균 어드밴티지를 빼서 이를 달성할 수 있습니다.

$$Q(s,a) = V(s) + \left(A(s,a) - \frac{1}{B}\sum_{a'} A(s,a')\right)$$

여기서 B는 행동 공간의 길이를 나타냅니다.

따라서 매개변수를 사용하여 Q 값을 계산하기 위한 최종 수식을 다음과 같이 정의할 수 있습니다.

$$Q(s,a;\theta,\alpha,\beta) = V(s;\theta,\beta) + \left(A(s,a;\theta,\alpha) - \frac{1}{B}\sum_{a'} A(s,a';\theta,\alpha)\right)$$

앞의 식에서 θ는 컨볼루션 네트워크의 매개변수, β는 가치 흐름의 매개변수, α는 어드밴티지 흐름의 매개변수입니다. Q 값을 계산한 후 행동을 선택할 수 있습니다.

$$a = \arg\max_{a} Q(s,a;\theta,\alpha,\beta)$$

따라서 Dueling DQN과 DQN의 유일한 차이점은 Dueling DQN에서 Q 값을 직접 계산하는 대신 상태 값과 어드밴티지 값을 결합하여 계산한다는 것입니다.

다음 섹션에서는 심층 순환 Q 네트워크(Deep Recurrent Q Network)라고 하는 DQN의 또 다른 변형을 살펴보겠습니다.

9.7 심층 순환 Q 네트워크 Deep Recurrent Q Network

심층 순환 Q 네트워크(DRQN))은 DQN과 동일하지만 순환 계층이 있습니다. 그러나 DQN에서 순환 레이어의 용도는 무엇입니까? 이 질문에 답하기 위해 먼저 POMDP(Partially Observable Markov Decision Process)라는 문제를 이해합시다.

환경에 대해 사용할 수 있는 정보가 제한적일 때 환경을 POMDP라고 합니다. 지금까지 이전 장에서 가능한 모든 행동과 상태를 알고 있는 완전히 관찰 가능한 MDP를 보았습니다. 우리는 트랜지션과 보상 확률을 모를 수 있지만 환경에 대한 완전한 지식을 가지고 있었습니다. 예를 들어, 얼어붙은 호수 환경에서 우리는 환경의 모든 상태와 행동에 대한 완전한 지식을 가지고 있었습니다.

그러나 대부분의 실제 환경은 부분적으로만 관찰할 수 있습니다. 모든 상태를 볼 수는 없습니다. 예를 들어, 실제 환경에서 걷는 법을 배우는 에이전트를 생각해 보십시오. 이 경우 에이전트는 환경(실제 세계)에 대한 완전한 지식을 갖고 있지 않습니다.

따라서 POMDP에서 상태는 부분적인 정보만 제공하지만 메모리에 과거 상태에 대한 정보를 유지하면 에이전트가 환경의 특성에 대해 더 많이 이해하고 최적의 정책을 찾는 데 도움이 됩니다. 따라서 POMDP에서 최적의 조치를 취하기 위해 과거 상태에 대한 정보를 유지해야 합니다.

그렇다면 반복 신경망을 활용하여 필요한 한 과거 상태에 대한 정보를 이해하고 유지할 수 있을까요? LSTM(장단기 기억 반복 신경망)은 필요에 따라 정보를 유지, 잊어버리고 업데이트하는 데 매우 유용합니다. 따라서 DQN의 LSTM 계층을 사용하여 필요한 한 과거 상태에 대한 정보를 유지할 수 있습니다. POMDP 문제가 있을 때 과거 상태에 대한 정보를 유지하는 것이 도움이 됩니다.

이제 DRQN이 필요한 이유와 POMDP의 문제를 해결하는 방법에 대한 기본적인 이해를 얻었으므로 다음 섹션에서는 DRQN의 아키텍처를 살펴보겠습니다.

9.7.1 DRQN 아키텍처

그림 9.15는 DRQN의 구조를 보여줍니다. 보시다시피, LSTM 계층이 있다는 점을 제외하고는 DQN 아키텍처와 유사합니다.

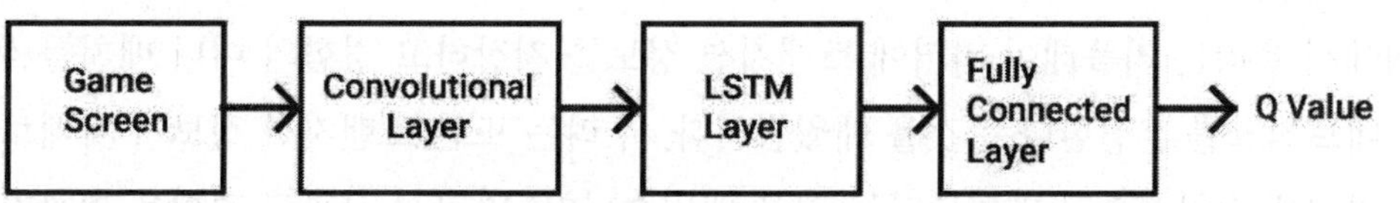

그림 9.15 DRQN 아키텍처

게임 화면을 컨볼루션 레이어에 대한 입력으로 전달합니다. 컨벌루션 레이어는 이미지를 컨벌루션하고 특짓ㅇ 맵을 생성합니다. 특징 맵은 LSTM 계층으로 전달됩니다. LSTM 계층에는 정보를 저장할 메모리가 있습니다. 따라서 중요한 이전 게임 상태에 대한 정보를 유지하고 필요에 따라 시간 단계에 따라 메모리를 업데이트합니다. 그런 다음 LSTM 계층의 히든 상태를 완전 연결 계층으로 공급하여 Q 값을 출력합니다.

그림 9.16은 DRQN이 정확히 어떻게 작동하는지 이해하는 데 도움이 됩니다. 상태 s_t와 행동 a_t에 대한 Q 값을 계산해야 한다고 가정해 봅시다. DQN과 달리 Q 값을 $Q(s_t, a_t)$로 직접 계산하지 않습니다. 보시다시피, 현재 상태 s_t와 함께 숨겨진 상태 h를 사용하여 Q 값을 계산합니다. 히든 상태를 사용하는 이유는 메모리에 과거 게임 상태에 대한 정보를 담고 있기 때문입니다.

LSTM 셀을 사용하기 때문에 히든 상태 h_t는 필요한 한 메모리에 있는 과거 게임 상태에 대한 정보로 구성됩니다.

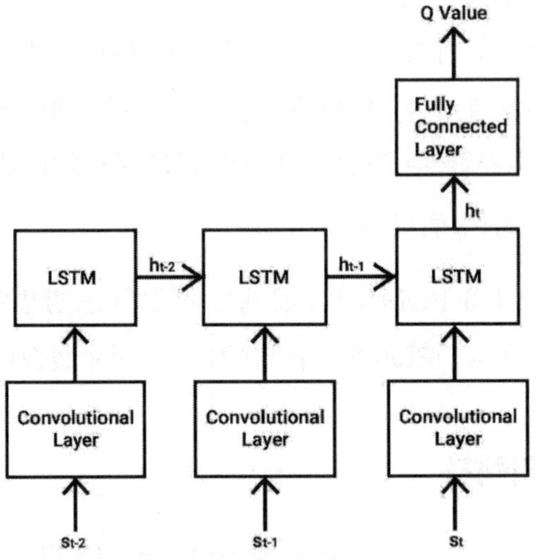

그림 9.16 DRQN 아키텍쳐

이 변경 사항을 제외하고 DRQN은 DQN처럼 작동합니다. 리플레이 버퍼는 다를까요? DQN에서 우리는 리플레이 버퍼에 트랜지션 정보를 저장하고 경험의 미니 배치를 샘플링하여 네트워크를 훈련한다는 것을 배웠습니다. 우리는 또한 트랜지션 정보가 차례로 리플레이 버퍼에 순차적으로 배치된다는 것을 배웠습니다. 따라서 상관된 경험을 피하기 위해 리플레이 버퍼에서 경험의 미니 배치를 무작위로 샘플링하고 네트워크를 훈련시킵니다.

그러나 DRQN의 경우 네트워크가 과거 게임 상태의 정보를 유지할 수 있도록 순차적인 정보가 필요합니다. 따라서 우리는 순차적인 정보가 필요하지만 상관된 경험으로 훈련하여 네트워크를 과적합하고 싶지 않습니다. 이를 어떻게 달성할 수 있을까요?

이를 달성하기 위해 DRQN에서 임의의 미니 배치 트랜지션이 아닌 에피소드의 미니 배치를 무작위로 샘플링합니다. 즉, 에피소드에서 순차적으로 이어지는 트랜지션 정보가 있다는 것을 알고 있으므로 에피소드의 무작위 미니 배치를 취하고 각 에피소드에서 순차적으로 배치되는 트랜지션 정보를 갖게 됩니다. 따라서 이러한 방식으로 무작위화와 서로 뒤따르는 트랜지션 정보를 모두 수용할 수 있습니다. 이를 부트스트랩 순차 업데이트(bootstrapped sequential updates)라고 합니다.

에피소드의 미니 배치를 무작위로 샘플링한 후 MSE 손실을 최소화하여 DQN 네트워크를 훈련한 것처럼 DRQN을 훈련할 수 있습니다. 자세한 내용은 추가 읽기 섹션에 제공된 DRQN 문서를 참조하십시오.

요약

우리는 심층 Q 네트워크가 무엇이며 Q 값을 근사화하는 데 사용되는 방법을 배우면서 이 장을 시작했습니다. 우리는 DQN에서 에이전트의 경험을 저장하기 위해 리플레이 버퍼라는 버퍼를 사용한다는 것을 배웠습니다. 그런 다음 리플레이 버퍼에서 경험의 미니 배치를 무작위로 샘플링하고 MSE를 최소화하여 네트워크를 훈련합니다. 계속해서 DQN의 알고리즘을 더 자세히 살펴보고 DQN을 구현하여 Atari 게임을 하는 방법을 배웠습니다.

이에 따라 max 연산자로 인해 DQN이 타겟 값을 과대평가한다는 것을 알게 되었습니다. 따라서 타겟 값 계산에 두 개의 Q 함수가 있는 Double DQN을 사용했습니다. 메인 네트워크 파라미터 θ에 의해 파라미터화된 하나의 Q 함수는 행동 선택에 사용되며, 타겟 네트워크 파라미터 θ'에 의해 파라미터화된 다른 Q 함수는 Q 값 계산에 사용됩니다.

계속해서 TD 오류를 기반으로 트랜지션의 우선 순위가 지정되는 우선 순위 경험 리플레이가 있는 DQN에 대해 배웠습니다. 비례 우선 순위 지정과 순위 기반 우선 순위 지정이라는 두 가지 유형의 우선 순위 지정 방법을 살펴보았습니다.

다음으로, Dueling DQN이라고 하는 DQN의 또 다른 흥미로운 변형에 대해 배웠습니다. Dueling DQN에서 Q 값을 직접 계산하는 대신 가치 흐름과 어드밴티지 흐름이라는 두 개의 흐름을 사용하여 계산합니다.

이번 장의 끝에서 우리는 DRQN에 대해 배웠고 DRQN이 부분적으로 관찰 가능한 마르코프 결정 프로세스의 문제를 해결하는 방법을 배웠습니다.

다음 장에서는 정책 기울기라고 하는 또 다른 인기 있는 알고리즘에 대해 알아보겠습니다.

평가

다음 질문에 답하여 DQN 및 그 변형에 대한 이해를 평가해 보겠습니다.

1. DQN이 필요한 이유는 무엇입니까?
2. 리플레이 버퍼란 무엇입니까?
3. 타겟 네트워크가 필요한 이유는 무엇입니까?
4. Double DQN은 DQN과 어떻게 다릅니까?
5. 트랜지션의 우선 순위를 지정해야 하는 이유는 무엇입니까?
6. 어드밴티지 함수는 무엇입니까?
7. DRQN에 LSTM 레이어가 필요한 이유는 무엇입니까?

참고문헌

자세한 내용은 다음 문서를 참조하십시오.

- Playing Atari with Deep Reinforcement Learning by Volodymyr Mnih, et al.,https://arxiv.org/pdf/1312.5602.pdf
- Deep Reinforcement Learning with Double Q-learning by Hado van Hasselt, Arthur Guez, David Silver, https://arxiv.org/pdf/1509.06461.pdf
- Prioritized Experience Replay by Tom Schaul, John Quan, Ioannis Antonoglou and David Silver, https://arxiv.org/pdf/1511.05952.pdf
- Dueling Network Architectures for Deep Reinforcement Learning by Ziyu Wang, Tom Schaul, Matteo Hessel, Hado van Hasselt, Marc Lanctot, Nando de Freitas, https://arxiv.org/pdf/1511.06581.pdf
- Deep Recurrent Q-Learning for Partially Observable MDPs by Matthew Hausknecht and Peter Stone, https://arxiv.org/pdf/1507.06527.pdf

10

Policy Gradient Method

정책 그래디언트 방법

이전 장에서 가치 기반 강화 학습 알고리즘을 사용하여 최적의 정책을 계산하는 방법을 배웠습니다. 즉, 가치 기반 방법을 사용하여 최적의 Q 함수를 반복적으로 계산하고 최적의 Q 함수에서 최적의 정책을 추출한다는 것을 배웠습니다. 이 장에서는 최적의 Q 함수를 계산하지 않고도 최적의 정책을 계산할 수 있는 정책 기반 방법에 대해 학습합니다.

Q 함수에서 정책을 계산할 때의 단점을 살펴보는 것으로 이 장을 시작하고 정책 기반 방법이 Q 함수를 계산하지 않고 직접 최적의 정책을 학습하는 방법을 배우게 됩니다. 다음으로 가장 널리 사용되는 정책 기반 방법 중 하나인 정책 그래디언트(Policy Gradient)를 살펴보겠습니다. 먼저 정책 그래디언트 알고리즘에 대한 광범위한 개요를 살펴본 다음 이에 대해 자세히 알아볼 것입니다.

앞으로 정책 그래디언트를 단계별로 도출하는 방법과 정책 그래디언트 방법의 알고리즘을 보다 자세히 살펴보겠습니다. 이 장의 끝에서 우리는 정책 그래디언트 방법의 분산 감소 기법에 대해 배울 것입니다.

이 장에서는 다음을 배웁니다.

- 왜 정책 기반 방법인가?
- 정책 그래디언트 직관
- 정책 그래디언트 도출
- 정책 그래디언트 알고리즘
- Reward-to-goPolicy를 사용한 정책 그래디언트
- 정책 그래디언트의 Baseline
- 그래디언트 알고리즘의 Baseline

10.1 왜 Policy Gradient 방법을 써야 하는가?

강화 학습의 목적은 최대의 리턴을 제공하는 정책인 최적의 정책을 찾는 것입니다. 지금까지 우리는 최적의 정책을 계산하기 위한 몇 가지 다른 알고리즘을 배웠고 이 모든 알고리즘은 가치 기반 방법이었습니다. 잠깐, 가치 기반 방법이란 무엇입니까? 가치 기반 방법이 무엇인지, 그와 관련된 문제를 요약하고 정책 기반 방법에 대해 알아보겠습니다.

가치 기반 방법을 사용하여 최적의 Q 함수(Q 값)에서 최적의 정책을 추출합니다. 즉, 정책을 찾기 위해 모든 상태-행동 쌍의 Q 값을 계산합니다. 각 상태에서 최대 Q 값을 갖는 행동을 선택하여 정책을 추출합니다. 예를 들어, 두 개의 상태 s_0과 s_1이 있고 행동 공간에 두 개의 행동이 있다고 가정해 보겠습니다. 행동을 0과 1로 정의한 후, 먼저 다음 표와 같이 모든 상태-행동 쌍의 Q 값을 계산합니다. 이제 최대 Q 값을 가지므로 상태 s_0에서 행동 0과 상태 s_1에서 행동 1을 선택하여 Q 함수(Q 값)에서 정책을 추출합니다.

State	Action	Value
s_0	0	10
s_0	1	5
s_1	0	10
s_1	1	11

표 10.1 Q table 예시

나중에 우리는 가능한 모든 상태-행동 쌍의 Q 값을 계산하는 데 비용이 많이 들기 때문에 환경에 많은 수의 상태와 행동이 있을 때 Q 함수를 계산하는 것이 어렵다는 것을 배웠습니다. 그래서 우리는 Deep Q Network(DQN)에 의존했습니다. DQN에서는 신경망을 사용하여 Q 함수(Q 값)를 근사화했습니다. 주어진 상태에서 네트워크는 해당 상태에서 가능한 모든 행동의 Q 값을 반환합니다. 예를 들어 그리드 세계 환경을 고려해보겠습니다. 주어진 상태에서 DQN은 해당 상태에서 가능한 모든 행동의 Q 값을 반환합니다. 그런 다음 가장 높은 Q 값을 가진 행동을 선택합니다. 그림 10.1에서 볼 수 있듯이 상태 E가 주어지면 DQN은 가능한 모든 행동(위, 아래, 왼쪽, 오른쪽)의 Q 값을 반환합니다. 그런 다음 최대 Q 값을 가지므로 상태 E에서 올바른 행동을 선택합니다.

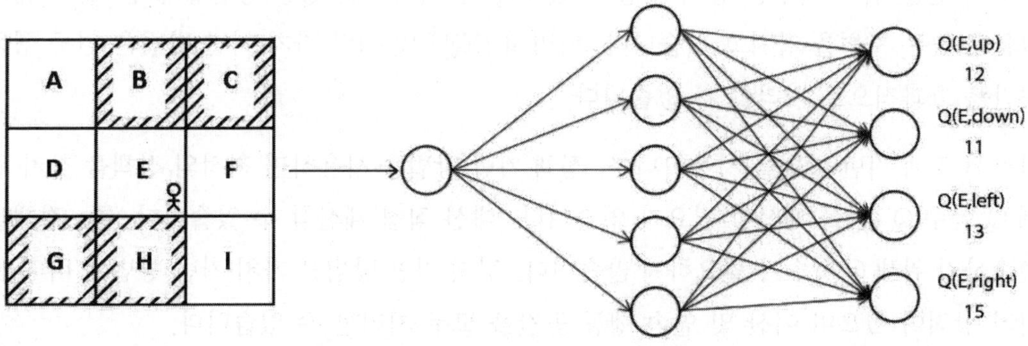

그림 10.1 DQN 예시

따라서 가치 기반 방법에서는 Q 함수를 반복적으로 개선하고 최적의 Q 함수를 얻은 다음 각 상태에서 최대 Q 값을 갖는 행동를 선택하여 최적의 정책을 추출합니다.

가치 기반 방법의 단점 중 하나는 이산 환경(이산 행동 공간이 있는 환경)에만 적합하고 연속 환경(연속 행동 공간이 있는 환경)에서는 가치 기반 방법을 적용할 수 없다는 것입니다.

우리는 이산 행동 공간이 별개의 행동 세트를 가지고 있다는 것을 배웠습니다. 예를 들어, 그리드 세계 환경에는 개별 행동(위, 아래, 왼쪽, 오른쪽)이 있고 연속 행동 공간은 연속 값인 행동으로 구성됩니다(예 : 자동차 속도 제어).

지금까지 우리는 이산적인 행동 공간이 있는 이산적인 환경만을 다루었으므로 가능한 모든 상태-행동 쌍의 Q 값을 쉽게 계산했습니다. 그러나 행동 공간이 연속적일 때 가능한 모든 상태-행동 쌍의 Q 값을 어떻게 계산할 수 있을까요? 에이전트가 자동차를 운전하도록 훈련하고 있고 행동 공간에서 하나의 연속 행동이 있다고 가정해 보겠습니다. 행동을 자동차의 속도로 하고 자동차의 속도 값을 0에서 150km/h 범위로 설정합니다. 이 경우 행동이 연속 값인 모든 가능한 상태-행동 쌍의 Q 값을 어떻게 계산할 수 있을까요?

이 경우 연속 행동을 행동 1로 속도(0~10), 행동 2로 속도(10~20) 등으로 이산화할 수 있습니다. 이산화 후 가능한 모든 상태-행동 쌍의 Q 값을 계산할 수 있습니다. 그러나 이산화가 항상 바람직한 것은 아닙니다. 우리는 몇 가지 중요한 특징을 잃어버릴 수 있고, 엄청난 행동 세트가 있는 행동 공간으로 끝날 수 있습니다.

대부분의 실제 문제에는 연속적인 행동 공간이 있습니다. 예를 들어 자율 주행 자동차나 로봇이 걷는 법을 배우는 등의 행동이 있습니다. 지속적인 행동 공간을 갖는 것 외에도 그들은 높은 차원을 가지고 있습니다. 따라서 DQN 및 기타 가치 기반 방법은 연속 행동 공간을 효과적으로 처리할 수 없습니다.

따라서 정책 기반 방법을 사용합니다. 정책 기반 방법을 사용하면 최적의 정책을 찾기 위해 Q 함수(Q 값)를 계산할 필요가 없습니다. 대신 직접 계산할 수 있습니다. 즉, 정책을 추출하기 위해 Q 함수가 필요하지 않습니다. 정책 기반 방법은 가치 기반 방법에 비해 몇 가지 장점이 있으며 이산 및 연속 행동 공간을 모두 처리할 수 있습니다.

우리는 DQN이 엡실론-탐욕(ϵ-greedy) 정책을 사용하여 탐험-활용(exploration-exploitation) 딜레마를 처리한다는 것을 배웠습니다. 엡실론-탐욕 정책을 사용하면 확률이 1-엡실론($1-\epsilon$)인 최상의 행동이나 확률이 엡실론인 임의 행동을 선택합니다. 대부분의 정책 기반 방법은 확률적 정책을 사용합니다. 우리는 확률적 정책을 사용하여 행동 공간에 대한 확률 분포를 기반으로 행동을 선택하므로 에이전트가 매번 동일한 행동을 수행하는 대신 다른 행동을 탐색할 수 있다는 것을 알고 있습니다. 따라서 정책 기반 방법은 확률적 정책을 사용하여 암시적으로 탐사-활용 트레이드 오프를 처리합니다. 그러나 결정론적 정책도 사용하는 여러 정책 기반 방법이 있습니다. 우리는 다음 장에서 그들에 대해 더 배울 것입니다.

좋습니다. 정책 기반 방법은 정확히 어떻게 작동할까요? Q 함수를 계산하지 않고 최적의 정책을 찾는 방법은 무엇일까요? 다음 섹션에서 이에 대해 알아보겠습니다. 이제 우리는 정책 그래디언트 방법이 무엇인지 그리고 가치 기반 방법의 단점에 대한 기본적인 이해를 얻었으므로 다음 섹션에서는 정책 그래디언트라고 하는 기본적이고 흥미로운 정책 기반 방법에 대해 배울 것입니다.

10.2 Policy Gradient란?

정책 그래디언트는 심층 강화 학습에서 가장 널리 사용되는 알고리즘 중 하나입니다. 이미 배웠듯이 정책 그래디언트는 Q 함수를 계산하지 않고도 최적의 정책을 찾을 수 있는 정책 기반 방법입니다. 몇몇 파라미터 θ를 이용하여 직접 정책을 파라미터화 함으로써 최적의 정책을 찾습니다.

정책 그래디언트 방법은 확률적 정책을 사용합니다. 우리는 확률적 정책에서 행동 공간에 대한 확률 분포를 기반으로 행동을 선택한다는 것을 배웠습니다. 확률적 정책 π가 있다고 가정하면 주어진 상태 s에서 행동을 취할 확률을 제공합니다. $\pi(a \mid s)$로 나타낼 수 있다. 정책 그래디언트 방법에서는 매개변수화된 정책을 사용하므로 정책을 $\pi_\theta(a \mid s)$로 나타낼 수 있으며, 여기서 θ는 우리의 정책이 매개변수화되었음을 나타냅니다.

매개변수화된 정책은 무엇을 의미할까요? DQN에서 Q 값을 계산하기 위해 Q 함수를 매개변수화한다는 것을 배웠던 것을 기억하십니까? Q 함수를 매개변수화하는 대신 최적의 정책을 계산하기 위해 정책을 직접 매개변수화한다는 점을 제외하고 여기에서도 동일한 작업을 수행할 수 있습니다. 즉, 최적의 정책을 학습하기 위해 모든 함수 근사기를 사용할 수 있으며 θ는 함수 근사기의 매개변수입니다. 우리는 일반적으로 함수 근사기로 신경망을 사용합니다. 따라서 우리는 θ에 의해 매개변수화된 정책 π를 가지고 있으며 여기서 θ는 신경망의 매개변수입니다.

매개변수 θ가 있는 신경망이 있다고 가정해 보겠습니다. 먼저 환경의 상태를 네트워크에 대한 입력으로 제공하고 해당 상태에서 수행할 수 있는 모든 행동의 확률을 출력합니다. 즉, 행동 공간에 대한 확률 분포를 출력합니다. 우리는 정책 그래디언트와 함께 확률적 정책을 사용한다는 것을 배웠습니다. 따라서 확률적 정책은 신경망이 제공하는 확률 분포를 기반으로 행동을 선택합니다. 이러한 방식으로 Q 함수를 사용하지 않고 정책을 직접 계산할 수 있습니다.

정책 그래디언트 방법이 예제와 함께 어떻게 작동하는지 이해합시다. 더 나은 이해를 위해 가장 좋아하는 그리드 세계 환경을 살펴보겠습니다. 그리드 세계 환경에서 우리의 행동 공간에는 (위, 아래, 왼쪽, 오른쪽) 네 가지 가능한 행동이 있다는 것을 알고 있습니다.

어떤 상태가 입력으로 주어지면 신경망은 행동 공간에 대한 확률 분포를 출력합니다. 즉, 그림 10.2에서 볼 수 있듯이 상태 E를 네트워크에 대한 입력으로 제공하면 행동 공간의 모든 행동에 대한 확률 분포가 반환됩니다. 이제 확률적 정책은 신경망이 제공하는 확률 분포를 기반으로 행동을 선택합니다. 따라서 위의 경우 10%, 아래의 경우 10%, 왼쪽의 경우 10%, 오른쪽의 경우 70%를 선택합니다.

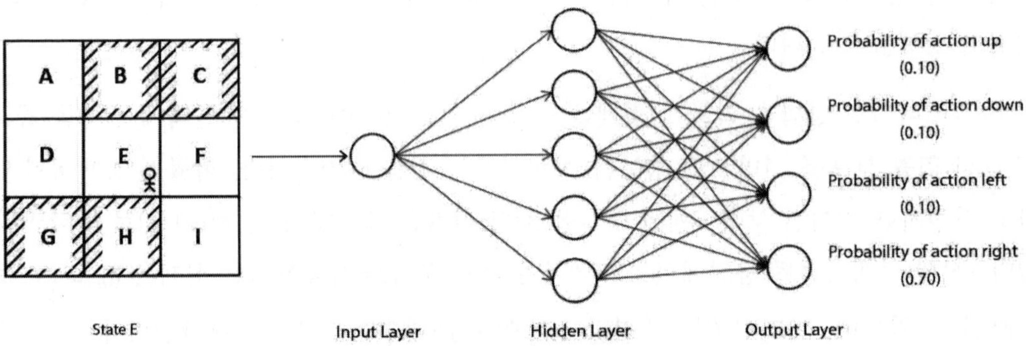

그림 10.2 Policy Network 예시

DQN과 정책 그래디언트 방법을 혼동해서는 안 됩니다. DQN을 사용하여 상태를 네트워크에 대한 입력으로 제공하고 해당 상태에서 가능한 모든 행동의 Q 값을 반환한 다음 최대 Q 값을 갖는 행동을 선택합니다. 그러나 정책 그래디언트 방법에서는 상태를 네트워크에 입력으로 제공하고 행동 공간에 대한 확률 분포를 반환하고 확률적 정책은 신경망에서 반환된 확률 분포를 사용하여 행동을 선택합니다.

좋습니다. 정책 그래디언트 방법에서 네트워크는 행동 공간에 대한 확률 분포(행동 확률)

를 반환하지만 확률은 얼마나 정확할까요? 네트워크는 어떻게 학습할까요?

지도 학습과 달리 여기서는 네트워크를 훈련하기 위한 라벨링된 데이터가 없습니다. 따라서 우리 네트워크는 주어진 상태에서 수행할 올바른 행동을 알지 못합니다. 즉, 네트워크는 어떤 작업이 최대 보상을 제공하는지 알지 못합니다. 따라서 신경망이 제공하는 행동 확률은 초기 반복에서 정확하지 않으므로 나쁜 보상을 받을 수 있습니다.

하지만 괜찮습니다. 네트워크에서 제공하는 확률 분포를 기반으로 행동을 선택하고 보상을 저장하고 에피소드가 끝날 때까지 다음 상태로 이동하기만 하면 됩니다. 즉, 에피소드를 리플레이하고 상태, 작업 및 보상을 저장합니다. 이제 이것이 훈련 데이터가 됩니다. 에피소드에서 이기면, 즉 긍정적인 보상 또는 높은 보상(에피소드의 보상 합계)을 얻으면 에피소드가 끝날 때까지 각 상태에서 취한 모든 행동의 확률을 높입니다. 부정적인 보상 또는 낮은 보상을 얻으면 에피소드가 끝날 때까지 각 상태에서 취한 모든 행동의 확률을 줄입니다.

예를 들어 보겠습니다. 상태 s_1에서 s_8이 있고 우리의 목표가 상태 s_8에 도달하는 것이라고 가정합니다. 행동 공간이 왼쪽과 오른쪽의 두 가지 행동으로만 구성되어 있다고 가정해 보겠습니다. 따라서 네트워크에 상태를 제공하면 두 가지 행동에 대한 확률 분포가 반환됩니다.

다음 트래젝토리(에피소드) τ_1, 을 고려하여 확률적 정책을 사용하여 네트워크에서 반환된 확률 분포를 기반으로 각 상태에서 행동을 선택합니다.

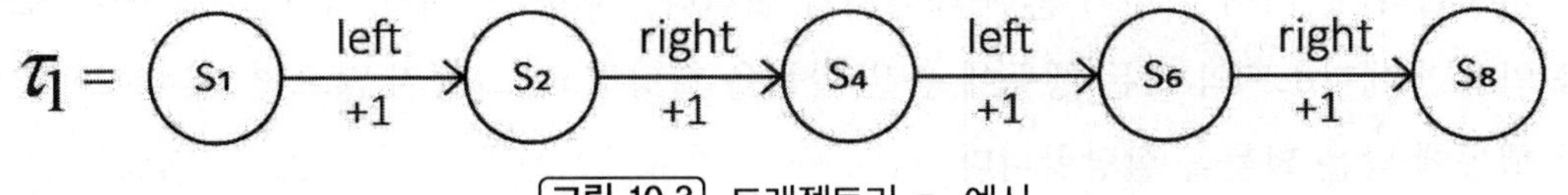

그림 10.3 트래젝토리 τ_1 예시

이 트래젝토리의 반환값은 $R(\tau) = 1+1+1+1 = 4$입니다. 양의 보상을 얻었으므로 에피소드가 끝날 때까지 각 상태에서 수행한 모든 행동의 확률을 높입니다. 즉, 에피소드가 끝날 때까지 s_1에서 왼쪽 행동, s_2에서 오른쪽 행동 등의 확률을 늘립니다.

그림 10.4와 같이 확률적 정책을 사용하여 네트워크에서 반환된 확률 분포를 기반으로 각 상태에서 행동을 선택하는 또 다른 트래젝토리 τ_2을 생성한다고 가정해 보겠습니다.

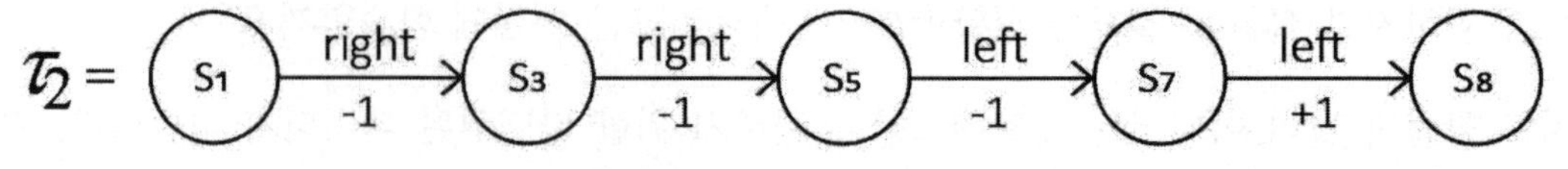

그림 10.4 트래젝토리 τ_2 예시

이 트래젝토리의 반환값은 $R(\tau)=-1-1-1+1=-2$입니다. 음수인 보상을 얻었으므로 에피소드가 끝날 때까지 각 상태에서 취한 모든 행동의 확률을 줄입니다. 즉, 우리는 에피소드가 끝날 때까지 s_1에서 행동 'right', s_3에서 행동 'right' 등등의 확률을 줄입니다.

좋습니다. 하지만 이러한 확률을 정확히 어떻게 늘리거나 줄일 수 있을까요? 우리는 궤적의 보상이 양수이면 에피소드의 모든 행동의 확률을 높이고 그렇지 않으면 감소한다는 것을 배웠습니다. 정확히 어떻게 할 수 있을까요? 이것이 역전파가 우리에게 도움이 되는 것입니다. 우리는 역전파에 의해 신경망을 훈련한다는 것을 알고 있습니다.

따라서 역전파 동안 네트워크는 그래디언트를 계산하고 네트워크의 매개변수 θ를 업데이트합니다. 그래디언트 업데이트는 높은 보상을 산출하는 행동이 높은 확률을 얻고 낮은 보상을 산출하는 행동이 낮은 확률을 얻는 방식입니다.

간단히 말해서 정책 그래디언트 방법에서는 신경망을 사용하여 최적의 정책을 찾습니다. 네트워크 매개변수 θ를 임의의 값으로 초기화합니다. 우리는 상태를 네트워크에 대한 입력으로 제공하고 행동 확률을 반환합니다. 초기 반복에서 네트워크는 데이터로 훈련되지 않았기 때문에 무작위 행동 확률을 제공합니다. 그러나 우리는 네트워크에서 제공하는 행동 확률 분포를 기반으로 행동을 선택하고 에피소드가 끝날 때까지 상태, 행동 및 보상을 저장합니다. 이제 이것이 훈련 데이터가 됩니다. 에피소드에서 이기면, 즉 높은 보상을 얻으면 에피소드의 모든 행동에 높은 확률을 할당하고, 그렇지 않으면 에피소드의 모든 행동에 낮은 확률을 할당합니다.

최적의 정책을 찾기 위해 신경망을 사용하고 있으므로 이 신경망을 정책 네트워크라고 부를 수 있습니다. 이제 우리는 정책 그래디언트 방법에 대한 기본적인 이해를 얻었으므로 다음 섹션에서 신경망이 최적의 정책을 정확히 찾는 방법을 배웁니다. 즉, 그래디언트 계산이 정확히 어떻게 발생하고 네트워크를 훈련하는지 배우게 됩니다.

10.2.1 정책 그래디언트 이해하기

마지막 섹션에서 우리는 정책 그래디언트 방법에서 높은 수익률을 내는 행동이 높은 확률을 얻고 낮은 수익률을 내는 행동이 낮은 확률을 얻는 방식으로 그래디언트를 업데이트한다는 것을 배웠습니다. 이 섹션에서 우리는 그것을 정확히 어떻게 하는지 배울 것입니다.

정책 그래디언트 방법의 목표는 신경망의 최적 매개변수 θ를 찾아 네트워크가 행동 공간에 대한 올바른 확률 분포를 반환하도록 하는 것입니다. 따라서 우리 네트워크의 목적은 트래젝토리의 기대 보상을 최대화하는 행동에 높은 확률을 할당하는 것입니다. 따라서 목적 함수 J를 다음과 같이 작성할 수 있습니다.

$$J(\theta) = E_{\tau \sim \pi_\theta(\tau)}[R(\tau)]$$

앞의 방정식에서 다음이 적용됩니다.

- τ는 트래젝토리입니다.
- $\tau \sim \pi_\theta(\tau)$는 θ에 의해 매개변수화된 네트워크에 의해 주어진 정책 π에 기반하여 트래젝토리을 샘플링하고 있음을 나타냅니다.
- $R(\tau)$는 트래젝토리 τ의 반환값입니다.

따라서 목적 함수를 최대화하면 트래젝토리의 반환이 최대화됩니다. 앞의 목적 함수를 어떻게 최대화할 수 있을까요? 우리는 일반적으로 손실 함수의 그래디언트를 계산하고 경사 하강법을 사용하여 매개변수를 업데이트하여 손실 함수(목적 함수)를 최소화하는 최소화 문제를 다룹니다. 그러나 여기서 우리의 목표는 목적 함수를 최대화하는 것이므로 목적 함수의 그래디언트를 계산하고 경사 상승을 수행합니다.

$$\theta = \theta + \alpha \nabla_\theta J(\theta)$$

여기서 $\nabla_\theta J(\theta)$는 목적 함수의 그래디언트를 의미합니다. 따라서 경사 상승법을 사용하여 네트워크의 최적 매개변수 θ를 찾을 수 있습니다.

그래디언트 $\nabla_\theta J(\theta)$는 $\nabla_\theta J(\theta) = E_{\tau \sim \pi_\theta(\tau)}[\nabla_\theta \log \pi_\theta(a_t \mid s_t) R(\tau)]$과 같이 유도됩니다. 다음 섹션에서 이 그래디언트를 정확히 어떻게 도출했는지 배울 것입니다. 이 섹션에서는 정책 그래디언트에 대한 기본적인 이해를 얻는 데만 집중하겠습니다.

다음과 같이 네트워크 매개변수를 업데이트한다는 것을 배웠습니다.

$$\theta = \theta + \alpha \nabla_{\theta} J(\theta)$$

그래디언트 값을 대입하면 매개변수 업데이트 방정식은 다음과 같습니다.

$$\theta = \theta + \alpha \nabla_{\theta} \log \pi_{\theta}(a_t | s_t) R(\tau)$$

앞의 방정식에서 다음이 적용됩니다.

- $\log \pi_{\theta}(a_t \mid s_t)$는 시간 t에서 주어진 상태 s에서 행동을 취할 확률을 log로 나타냅니다.
- $R(\tau)$는 트래젝토리의 반환을 나타냅니다.

우리는 높은 보상을 내는 행동이 높은 확률을 얻고 낮은 보상을 내는 행동이 낮은 확률을 얻도록 그래디언트를 업데이트한다는 것을 배웠습니다. 이제 정확히 어떻게 하고 있는지 봅시다.

Case 1

π_{θ} 정책을 사용하여 에피소드(트래젝토리)를 생성한다고 가정합니다. 여기서 θ는 네트워크의 매개변수입니다. 에피소드를 생성한 후 에피소드의 반환을 계산합니다. 에피소드의 반환이 음수, 즉 $R(\tau) = -1$이면 에피소드가 끝날 때까지 각 상태에서 취한 모든 행동의 확률을 줄입니다.

우리는 매개변수 업데이트 방정식이 다음과 같이 주어진다는 것을 배웠습니다.

$$\theta = \theta + \alpha \nabla_{\theta} \log \pi_{\theta}(a_t | s_t) R(\tau)$$

위의 방정식에서 $\log \pi_{\theta}(a_t \mid s_t)$에 음수 수익률 $R(\tau) = -1$을 곱하면 상태 s_t에서 행동의 log 확률이 감소하고 있음을 의미합니다. 따라서 부정적인 업데이트를 수행합니다.

에피소드의 각 단계에 대해 $t = 0, 1, \ldots, T-1$에서 매개변수 θ를 다음과 같이 업데이트합니다.

$$\theta = \theta + \alpha \nabla_{\theta} \log \pi_{\theta}(a_t | s_t)(-1)$$

에피소드가 끝날 때까지 각 상태에서 우리가 취한 모든 행동의 확률을 낮추고 있음을 의미합니다.

Case 2

π_{θ}정책을 사용하여 에피소드(트래젝토리)를 생성한다고 가정합니다. 여기서 θ는 네트워크의 매개변수입니다. 에피소드를 생성한 후 에피소드의 리턴을 계산합니다. 에피소드의 리턴이 양수인 경우 +1, 즉 $R(\tau) = +1$이면 에피소드가 끝날 때까지 각 상태에서 우리

가 취한 모든 행동의 확률을 높입니다.

우리는 매개변수 업데이트 수식이 다음과 같이 주어진다는 것을 배웠습니다.

$$\theta = \theta + \alpha \nabla_\theta \log\pi_\theta(a_t|s_t)R(\tau)$$

앞의 방정식에서 $\log\pi_\theta(a_t \mid s_t)R(\tau)$를 양수 리턴값 $R(\tau) = +1$인 것은 s_t 상태에서 행동의 a_t로그 확률을 증가시킨다는 것을 의미합니다. 따라서 긍정적인 업데이트를 수행합니다.

에피소드의 각 단계에 대해 $t = 0, ..., T-1$에서 매개변수 θ를 다음과 같이 업데이트합니다.

$$\theta = \theta + \alpha \nabla_\theta \log\pi_\theta(a_t|s_t)(+1)$$

따라서 긍정적인 리턴을 얻으면 해당 에피소드에서 수행된 모든 행동의 확률이 증가하고 그렇지 않으면 확률이 감소합니다.

에피소드의 각 단계에 대해 $t = 0, ..., T-1$ 매개변수 θ를 업데이트합니다.

$$\theta = \theta + \alpha \nabla_\theta \log\pi_\theta(a_t|s_t)R(\tau)$$

앞의 수식을 다음과 같이 간단히 나타낼 수 있습니다.

$$\theta = \theta + \alpha \sum_{t=0}^{T-1} \nabla_\theta \log\pi_\theta(a_t|s_t)R(\tau)$$

따라서 에피소드(트래젝토리)가 높은 리턴을 제공하면 해당 에피소드의 모든 행동에 대한 확률이 증가하고 그렇지 않으면 확률이 감소합니다.
우리는 $\nabla_\theta J(\theta) = E_{\tau \sim \pi_\theta(\tau)}[\nabla_\theta \log\pi_\theta(a_t \mid s_t)R(\tau)]$에 대해 배웠습니다. 아직 업데이트 방정식에 포함하지 않았습니다. 이전에 우리는 몬테카를로 방법을 보았을 때 평균을 사용하여 기대치를 근사할 수 있다는 것을 배웠습니다. 따라서 몬테카를로 근사법을 사용하여 N 트래젝토리에 대한 합으로 기대 항을 변경합니다. 따라서 업데이트 방정식은 다음과 같습니다.

$$\theta = \theta + \alpha \frac{1}{N} \sum_{i=0}^{N} \sum_{t=0}^{T-1} \nabla_\theta \log\pi_\theta(a_t|s_t)R(\tau)$$

단일 트래젝토리을 기반으로 매개변수를 업데이트하는 대신 정책 π_θ에 따라 N 개의 트래젝토리 집합을 수집하고 평균값을 기반으로 매개변수를 업데이트한다는 것을 보여줍니다. 즉,

$$\theta = \theta + \alpha \underbrace{\frac{1}{N}\sum_{i=0}^{N}}_{\text{Sum over N trajectories}} \underbrace{\sum_{t=0}^{T-1} \nabla_\theta \log\pi_\theta (a_t|s_t) R(\tau)}_{\text{For each step in the trajectory}}$$

따라서 먼저 π_θ정책에 따라 N개의 트래젝토리 $\{\tau^i\}_{i=1}^N$수집하고 그래디언트를 다음과 같이 계산합니다.

$$\theta = \theta + \alpha \frac{1}{N}\sum_{i=0}^{N}\left[\sum_{t=0}^{T-1} \nabla_\theta \log\pi_\theta (a_t|s_t) R(\tau)\right]$$

그런 다음 매개변수를 다음과 같이 업데이트합니다.

$$\theta = \theta + \alpha \nabla_\theta J(\theta)$$

그러나 한 번의 반복에 대한 매개변수를 업데이트하여 최적의 매개변수 θ를 찾을 수 없습니다. 따라서 최적의 매개변수를 찾기 위해 많은 반복에 대해 이전 단계를 반복합니다.

이제 우리는 정책 그래디언트 방법이 어떻게 작동하는지에 대한 기본적인 이해를 얻었으므로 다음 섹션에서 정책 그래디언트 $\nabla_\theta J(\theta)$를 유도하는 방법을 배울 것입니다. 그런 다음 정책 그래디언트 알고리즘에 대해 차근차근 자세히 알아보겠습니다.

10.3 정책 그래디언트 유도하기

이 섹션에서는 더 자세한 내용을 살펴보고 기울기 $\nabla_\theta J(\theta)$를 계산하는 방법과 기울기가 $E_{\tau \sim \pi_\theta(\tau)}[\nabla_\theta \log\pi_\theta (a_t \mid s_t) R(\tau)]$와 같은 수식에 대해 자세히 알아보겠습니다.

흥미로운 수학적인 방법에 대해 자세히 살펴보고 간단한 단계로 모델 매개변수 θ에 대한 목적 함수 J의 도함수를 계산하는 방법을 살펴보겠습니다. 앞으로 나오는 수식에 겁먹지 마십시오. 실제로는 매우 간단한 유도의 결과입니다. 계속 진행하기 전에 수식의 유도를 더 잘 이해하기 위해 몇 가지 수학 전제 조건을 수정하겠습니다.

기대치에 대한 정의

X를 확률 질량 함수(probability mass function)(pmf)가 $p(x)$로 주어진 이산 확률 변수라고 합시다. f를 이산 확률 변수 X의 함수라고 하겠습니다. 그러면 함수 $f(X)$의 기대값은 다음과 같이 정의될 수 있습니다.

$$\mathbb{E}_{x \sim p(x)}[f(X)] = \sum_x p(x)f(x) \tag{1}$$

확률 밀도 함수(probability density function)(pdf)가 $p(x)$로 주어진 연속 확률 변수를 X라고 합시다. f를 연속 확률 변수 X의 함수라고 하겠습니다. 그러면 함수 $f(X)$의 기대값은 다음과 같이 정의할 수 있습니다.

$$\mathbb{E}_{x \sim p(x)}[f(X)] = \int_x p(x)f(x)dx \tag{2}$$

로그 파생시킨 결과는 다음과 같습니다.

$$\nabla_\theta \log x = \frac{\nabla_\theta x}{x} \tag{3}$$

우리는 네트워크의 목적이 트레젝토리의 기대 리턴을 최대화하는 것임을 배웠습니다. 따라서 목적 함수 J를 다음과 같이 작성할 수 있습니다.

$$J(\theta) = E_{\tau \sim \pi_\theta(\tau)}[R(\tau)] \tag{4}$$

앞의 방정식에서 다음이 적용됩니다.

- τ는 트래젝토리를 의미
- $\tau \sim \pi_\theta$는 θ에 의해 매개변수화된 네트워크에 의해 주어진 정책 π에 따라 트래젝토리을 샘플링하고 있음을 보여줍니다.
- $R(\tau)$는 트래젝토리의 리턴입니다.

우리가 볼 수 있듯이 우리의 목적 함수인 방정식 (4)는 기대 형태입니다. 식 (2)에 주어진 기대치의 정의로부터 기대치를 확장하고 식 (4)를 다음과 같이 다시 쓸 수 있습니다.

$$J(\theta) = \int \pi_\theta(\tau)R(\tau)d\tau$$

이제 θ에 대한 목적 함수 J의 도함수를 계산합니다.

$$\nabla_\theta J(\theta) = \int \nabla_\theta \pi_\theta(\tau) R(\tau) d\tau$$

$\pi_\theta(\tau)$를 곱하고 나누면 다음과 같이 쓸 수 있습니다.

$$\nabla_\theta J(\theta) = \int \nabla_\theta \pi_\theta(\tau) \frac{\pi_\theta(\tau)}{\pi_\theta(\tau)} R(\tau) d\tau$$

앞의 방정식을 재정렬하면 다음과 같이 쓸 수 있습니다.

$$\nabla_\theta J(\theta) = \int \pi_\theta(\tau) \frac{\nabla_\theta \pi_\theta(\tau)}{\pi_\theta(\tau)} R(\tau) d\tau$$

수식 (3)에서 $\nabla_\theta \log\pi_\theta(\tau) = \frac{\nabla_\theta \pi_\theta(\tau)}{\pi_\theta(\tau)}$을 대입하면 다음과 같이 쓸 수 있습니다.

$$\nabla_\theta J(\theta) = \int \pi_\theta(\tau) \nabla_\theta \log\pi_\theta(\tau) R(\tau) d\tau$$

수식 (2)에 주어진 기대에 대한 정의에서 우리는 기대 형식으로 앞의 방정식을 다음과 같이 다시 쓸 수 있습니다.

$$\nabla_\theta J(\theta) = \mathbb{E}_{\tau \sim \pi_\theta(\tau)} \nabla_\theta \log\pi_\theta(\tau) R(\tau) \tag{5}$$

앞의 방정식은 목적 함수의 기울기를 제공합니다. 그러나 우리는 아직 방정식을 풀지 못했습니다. 현재까지 볼 수 있듯이, 앞의 방정식에서 우리는 $\nabla_\theta \log\pi_\theta(\tau)$라는 항을 계산하는 방법을 배웠습니다. 이제 우리는 더 자세히 계산하는 방법을 알아 볼 것입니다.

트래젝토리의 확률 분포는 다음과 같이 주어질 수 있습니다.

$$\pi_\theta(\tau) = p(s_0) \prod_{t=0}^{T-1} \pi_\theta(a_t|s_t) p(s_{t+1}|s_t, a_t)$$

여기서 $p(s_0)$은 초기 상태 분포입니다. 양변에 로그를 취하면 다음과 같이 쓸 수 있습니다.

$$\log\pi_\theta(\tau) = \log\left[p(s_0) \prod_{t=0}^{T-1} [\pi_\theta(a_t|s_t) p(s_{t+1}|s_t, a_t)]\right]$$

우리는 곱의 로그가 로그의 합과 같다는 것을 알고 있습니다. 이 $\log(ab) = \log a + \log b$

로그 규칙을 앞의 방정식에 적용하면 다음과 같이 쓸 수 있습니다.

$$\log\pi_\theta(\tau) = \log p(s_0) + \log\prod_{t=0}^{T-1}[\pi_\theta(a_t|s_t)p\,(s_{t+1}|s_t, a_t)]$$

다시, 우리는 동일한 규칙을 적용해봅니다. 로그의 곱은 로그의 합이므로, 다음과 같이 로그 $\log\prod$를 $\sum\log$로 변경합니다.

$$\log\pi_\theta(\tau) = \log p(s_0) + \sum_{t=0}^{T-1}\log\pi_\theta(a_t|s_t) + \log p\,(s_{t+1}|s_t, a_t)$$

우리는 θ에 대한 도함수를 계산하고 있으며 앞의 방정식에서 볼 수 있듯이 우변의 첫 번째 항과 마지막 항(RHS)은 θ에 의존하지 않으므로 0이 됩니다. 따라서 우리의 방정식은 다음과 같습니다.

$$\nabla_\theta\log\pi_\theta(\tau) = \sum_{t=0}^{T-1}\nabla_\theta\log\pi_\theta(a_t|s_t)$$

이제 우리는 $\nabla_\theta\log\pi_\theta(\tau)$의 값을 찾았으므로 이를 식 (5)에 대입하면 다음과 같이 쓸 수 있습니다.

$$\nabla_\theta J(\theta) = \mathbb{E}_{\tau\sim\pi_\theta(\tau)}\left[\sum_{\mathrm{t}=0}^{\mathrm{T}-1}\nabla_\theta\log\pi_\theta(\tau)R(\tau)d\tau\right]$$

그러나 우리는 또한 그 기대값을 없앨 수 있습니까? Monte Carlo 근사법을 사용하고 N 트래젝토리에 대한 합으로 기대치를 변경할 수 있습니다. 따라서 최종 그래디언트는 다음과 같습니다.

$$\nabla_\theta J(\theta) = \frac{1}{N}\sum_{i=1}^{N}\left[\sum_{t=0}^{T-1}\nabla_\theta\log\pi_\theta(a_t|s_t)R(\tau)\right] \tag{6}$$

식 (6)은 단일 트래젝토리를 기반으로 매개변수를 업데이트하는 대신 N개의 트래젝토리를 수집하고 N 트래젝토리에 대한 평균값을 기반으로 매개변수를 업데이트한다는 것을 보여줍니다.

따라서 그래디언트를 계산한 후 매개변수를 다음과 같이 업데이트할 수 있습니다.

$$\theta = \theta + \alpha\nabla_\theta J(\theta)$$

따라서 이 섹션에서는 정책 그래디언트를 유도하는 방법을 배웠습니다. 다음 섹션에서는 정책 그래디언트 알고리즘에 대해 자세히 알아보고 단계별로 학습해봅시다.

10.4 알고리즘 - 정책 그래디언트 Policy Gradient

지금까지 논의한 정책 그래디언트 알고리즘은 종종 REINFORCE 또는 Monte Carlo 정책 그래디언트라고 합니다. REINFORCE 방법의 알고리즘은 다음 단계로 제공됩니다.

1. 네트워크 매개변수 θ를 임의의 값으로 초기화
2. 정책 π_θ에 따라 N 트래젝토리 $\{\tau^i\}_{i=1}^N$생성
3. 트래젝토리의 리턴값을 계산
4. 그래디언트 계산

$$\nabla_\theta J(\theta) = \frac{1}{N}\sum_{i=1}^{N}\left[\sum_{t=0}^{T-1}\nabla_\theta \log \pi_\theta(a_t|s_t)R(\tau)\right]$$

5. 네트워크 매개변수를 다음과 같이 업데이트 : $\theta = \theta + \alpha\nabla_\theta J(\theta)$
6. 학습을 위해 2 ~ 5단계를 반복

이 알고리즘에서 볼 수 있듯이 매개변수 θ는 반복될 때마다 업데이트됩니다. 우리는 매개변수화된 정책 π_θ를 사용하고 있기 때문에 우리의 정책은 반복을 통해 업데이트됩니다.

우리가 방금 배운 정책 그래디언트 알고리즘은 단일 정책만 사용하기 때문에 on-policy 방법입니다. 즉, 트래젝토리를 생성하는 정책을 사용하고 있으며 모든 반복에서 네트워크 매개변수 θ를 업데이트하여 동일한 정책을 개선하고 있습니다.

우리는 정책 그래디언트 방법(REINFORCE 방법)을 사용하여 행동 공간에 대한 확률 분포를 반환하는 정책 네트워크를 사용한 다음 확률적 정책을 사용하여 네트워크에서 반환된 확률 분포를 기반으로 행동을 선택한다는 것을 배웠습니다. 그러나 이것은 이산적인 행동 공간에만 적용되며 우리는 확률적 정책으로 범주형 정책을 사용합니다.

우리의 행동 공간이 연속적이라면? 즉, 행동 공간이 연속적일 때 어떻게 행동을 선택할

수 있습니까? 여기서 우리의 정책 네트워크는 행동 공간이 연속적이기 때문에 행동 공간에 대한 확률 분포를 반환할 수 없습니다. 따라서 이 경우 정책 네트워크는 행동의 평균과 분산을 출력으로 반환한 다음 행동의 평균과 분산을 사용하여 가우스 분포를 생성하고 가우스 정책을 사용하여, 생성된 가우스 분포에서 샘플링하여 행동을 선택합니다. 다음 장에서 이에 대해 자세히 알아볼 것입니다. 따라서 우리는 이산 및 연속 행동 공간 모두에 정책 기울기 방법을 적용할 수 있습니다. 다음으로 정책 그래디언트 업데이트의 분산을 줄이는 두 가지 방법을 살펴보겠습니다.

분산 감소 방법

이전 섹션에서 우리는 REINFORCE 방법이라고 하는 가장 간단한 정책 그래디언트 방법 중 하나를 배웠습니다. 이전 섹션에서 학습한 정책 그래디언트 방법에서 직면한 한 가지 주요 문제는 기울기 $\nabla_\theta J(\theta)$가 각 업데이트에서 높은 분산을 갖는다는 것입니다. 높은 분산은 기본적으로 일시적인 리턴의 주요 차이 때문입니다. 즉, 정책 그래디언트가 on-policy 방법이라는 것을 배웠습니다. 즉, 모든 반복에서 에피소드를 생성하는 것과 동일한 정책을 개선한다는 의미입니다. 정책이 반복될 때마다 개선되기 때문에 수익은 각 에피소드에서 크게 달라지며 그래디언트 업데이트에 큰 차이가 발생합니다. 그래디언트의 분산이 높으면 수렴에 도달하는 데 많은 시간이 걸립니다.

따라서 이제 분산을 줄이는 다음 두 가지 중요한 방법을 배웁니다.

- reward-to-go를 통한 정책 그래디언트(인과성)
- baseline이 있는 정책 그래디언트

10.5 Reward-to-go를 통한 정책 그래디언트

우리는 정책 기울기가 다음과 같이 계산된다는 것을 배웠습니다.

$$\nabla_\theta J(\theta) = \frac{1}{N}\sum_{i=1}^{N}\left[\sum_{t=0}^{T-1}\nabla_\theta \log\pi_\theta(a_t|s_t)R(\tau)\right]$$

이제 앞의 방정식을 약간 변경합니다. 우리는 트래젝토리의 리턴이 그 트래젝토리의 보상의 합이라는 것을 알고 있습니다.

$$R(\tau) = \sum_{t=0}^{T-1} r_t$$

궤적 $R(\tau)$의 리턴값을 사용하는 대신에, 우리는 reward-to-go R_t라는 것을 사용합니다. reward-to-go는 기본적으로 상태 s_t에서 시작하는 트래젝토리의 리턴입니다. 즉, 로그 확률에 에피소드의 모든 단계에서 전체 트래젝토리의 리턴을 곱하는 대신에 보상 R_t를 곱합니다. reward-to-go는 상태 s_t에서 시작하는 트래젝토리의 리턴을 의미합니다. 그런데 왜 우리가 이것을 사용해야 합니까? 예를 들어 이것을 더 자세히 이해합시다.

N개의 트래젝토리를 생성하고 다음과 같이 기울기를 계산한다는 것을 배웠습니다.

$$\nabla_\theta J(\theta) = \frac{1}{N}\sum_{i=1}^{N}\left[\sum_{t=0}^{T-1} \nabla_\theta \log \pi_\theta(a_t|s_t) R(\tau)\right]$$

더 나은 이해를 위해 N=1로 설정하여 하나의 트래젝토리만 취하여 다음과 같이 작성할 수 있습니다.

$$\nabla_\theta J(\theta) = \sum_{t=0}^{T-1} \nabla_\theta \log \pi_\theta(a_t|s_t) R(\tau)$$

예를 들어, π_θ 정책을 사용하여 다음과 같은 트래젝토리를 생성했습니다.

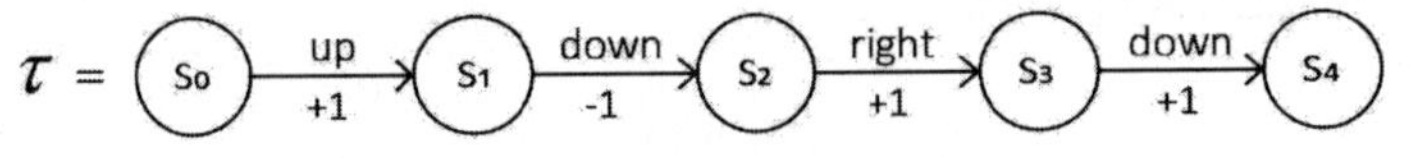

그림 10.5 트래젝토리 예시

이전 트래젝토리의 리턴은 $R(\tau) = +1-1+1+1 = 2$ 입니다.

이제 다음과 같이 기울기를 계산할 수 있습니다.

$$\nabla_\theta J(\theta) = \nabla_\theta \log \pi_\theta(up|s_0) R(\tau) + \nabla_\theta \log \pi_\theta(down|s_1) R(\tau) + \nabla_\theta \log \pi_\theta(right|s_2) R(\tau) + \nabla_\theta \log \pi_\theta(down|s_3) R(\tau)$$

앞의 방정식에서 알 수 있듯이 에피소드의 모든 단계에서 행동의 로그 확률에 전체 궤적

$R(\tau)$의 리턴값을 곱합니다. 이는 앞의 예에서 2입니다.

상태 s_2에서 행동 'right'이 얼마나 좋은지 알고 싶다고 가정해 봅시다. 행동 'right'이 상태 s_2에서 좋은 행동이라는 것을 이해하면 상태 s_2에서 'right'으로 이동할 확률을 높일 수 있고 그렇지 않으면 감소합니다. 상태 s_2에서 행동 'right'이 좋은지 어떻게 알 수 있습니까? 이전 섹션(REINFORCE 방법에 대해 논의할 때)에서 배웠듯이 트래젝토리의 리턴값이 높으면 상태 s_2에서 행동 'right'의 확률을 높이고 그렇지 않으면 감소시킵니다.

그러나 우리는 지금 그렇게 할 필요가 없습니다. 대신 상태 s_2에서 행동을 취하기 전에 트래젝토리에서 얻은 모든 보상을 포함하는 것은 아무 소용이 없기 때문에 상태 s_2에서 시작하여 리턴(궤적 보상의 합)을 계산할 수 있습니다. 그림 10.6에서 볼 수 있듯이 상태 s_2에서 행동 권한을 취하기 전에 얻은 모든 보상은 상태 s_2에서 행동 권한이 얼마나 좋은지 이해하는 데 도움이 되지 않습니다.

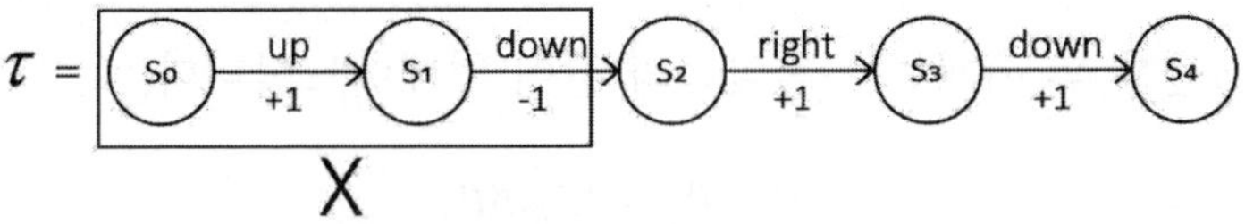

그림 10.6 트래젝토리 예시

따라서 에피소드의 모든 단계에서 트래젝토리의 완전한 리턴을 취하는 대신 상태 s_t에서 시작하는 트래젝토리의 리턴인 reward-to-go R_t를 사용합니다.

따라서 이제 다음과 같이 작성할 수 있습니다.

$$\nabla_\theta J(\theta) = \nabla_\theta \log \pi_\theta(up|s_0) R_0 + \nabla_\theta \log \pi_\theta(down|s_1) R_1 + \nabla_\theta \log \pi_\theta(right|s_2) R_2 + \nabla_\theta \log \pi_\theta(down|s_3) R_3$$

여기서 R_0은 상태 s_0에서 시작하는 트래젝토리의 리턴을 나타내고, R_1은 상태 s_1에서 시작하는 트래젝토리의 리턴를 나타내는 식입니다. R_0이 높은 값이면 상태 s_0에서 행동 'up'의 확률이 증가하고 그렇지 않으면 감소됩니다. R_1이 높은 값이면 상태 s_1에서 행동이 'down'될 확률을 증가시키고 그렇지 않으면 감소시킵니다.

따라서 이제 reward-to-go을 다음과 같이 정의할 수 있습니다.

$$R_t = \sum_{t'=0}^{T-1} r(s_{t'}, a_{t'})$$

앞의 방정식은 reward-to-go R_t가 상태 s_t에서 시작하는 트래젝토리의 보상 합계임을 나타냅니다. 따라서 이제 트래젝토리 리턴을 사용하는 대신 다음과 같이 reward-to-go를 사용하여 그래디언트를 다시 계산할 수 있습니다.

$$\nabla_\theta J(\theta) = \frac{1}{N}\sum_{i=1}^{N}\left[\sum_{t=0}^{T-1} \nabla_\theta \log \pi_\theta (a_t|s_t) \sum_{t'=0}^{T-1} r(s_{t'}, a_{t'})\right]$$

앞의 방정식을 다음과 같이 간단히 표현할 수 있습니다.

$$\nabla_\theta J(\theta) = \frac{1}{N}\sum_{i=1}^{N}\left[\sum_{t=0}^{T-1} \nabla_\theta \log \pi_\theta (a_t|s_t) R_t\right]$$

reward-to-go는 $R_t = \sum_{t'=0}^{T-1} r(s_t{}', a_t{}')$ 입니다.

그래디언트를 계산한 후 매개변수를 다음과 같이 업데이트합니다.

$$\theta = \theta + \alpha \nabla_\theta J(\theta)$$

이제 reward-to-go을 통한 정책 그래디언트가 무엇인지 이해했으므로 다음 섹션에서 보다 명확성을 위해 알고리즘을 살펴보겠습니다.

10.5.1 알고리즘 - Reward-to-go 정책 그래디언트

다음과 같이 트래젝토리의 전체 리턴을 사용하는 대신 reward-to-go(상태 s_t에서 시작하는 x트래젝토리의 리턴)을 계산한다는 점을 제외하고는 REINFORCE 방법과 유사합니다.

1. 네트워크 매개변수 θ를 임의의 값으로 초기화
2. 정책 π_θ에 따라 N 트래젝토리 $\{\tau^i\}_{i=1}^{N}$ 생성
3. 리턴 R_t(reward-to-go) 계산
4. 그래디언트 계산

$$\nabla_\theta J(\theta) = \frac{1}{N}\sum_{i=1}^{N}\left[\sum_{t=0}^{T-1} \nabla_\theta \log \pi_\theta (a_t|s_t) R_t\right]$$

5. 네트워크 매개변수를 다음과 같이 업데이트 : $\theta = \theta + \alpha \nabla_{\theta} J(\theta)$
6. 학습을 위해 2 ~ 5단계를 반복

앞의 알고리즘에서 트래젝토리의 리턴 대신 reward-to-go를 사용하고 있음을 관찰할 수 있습니다. reward-to-go 정책 그래디언트의 작동 방식을 명확하게 이해하기 위해 다음 섹션에서 구현해 보겠습니다.

10.5.2 정책 그래디언트를 활용한 CartPole 밸런싱

이제 카트 폴(CartPole) 밸런싱 작업에 대해 reward-to-go으로 정책 그래디언트 알고리즘을 구현하는 방법을 알아보겠습니다.

정책 그래디언트 방법의 작동 방식을 명확하게 이해하기 위해 TensorFlow 2 동작을 비활성화하여 non-eager 모드에서 TensorFlow를 사용합니다.

먼저 필요한 라이브러리를 가져오겠습니다.

```
import tensorflow.compat.v1 as tf
tf.disable_v2_behavior()
import numpy as np
import gym
```

Gym을 사용하여 카트 폴 환경 만들기:

```
env = gym.make('CartPole-v0')
```

상태 shape 가져오기:

```
state_shape = env.observation_space.shape[0]
```

행동의 갯수 가져오기:

```
num_actions = env.action_space.n
```

감가된 카운팅 및 정규화된 보상 계산

보상을 직접 사용하는 대신 감가된 및 정규화 보상을 사용할 수 있습니다.

감가율을 설정하기:

```
gamma = 0.95
```

할인 및 정규화 보상을 계산하기 위해 discount_and_normalize_rewards라는 함수를 정의해 보겠습니다.

```
def discount_and_normalize_rewards(episode_rewards):
```

감가된 보상을 저장하기 위한 배열 초기화:

```
    discounted_rewards = np.zeros_like(episode_rewards)
```

감가된 보상 계산하기:

```
    reward_to_go = 0.0
    for i in reversed(range(len(episode_rewards))):
        reward_to_go = reward_to_go * gamma + episode_rewards[i]
        discounted_rewards[i] = reward_to_go
```

정규화와 보상 반환하기:

```
    discounted_rewards -= np.mean(discounted_rewards)
    discounted_rewards /= np.std(discounted_rewards)

    return discounted_rewards
```

정책 네트워크 생성하기

먼저 상태에 대한 placeholder를 정의하겠습니다.

```
state_ph = tf.placeholder(tf.float32, [None, state_shape], name="state_
ph")
```

행동을 위한 placeholder 정의하기:

```
action_ph = tf.placeholder(tf.int32, [None, num_actions], name="action_
ph")
```

감가된 보사을 위한 placeholder 정의하기:

```
discounted_rewards_ph = tf.placeholder(tf.float32, [None,],
name="discounted_rewards")
```

layer 1 정의하기:

```
layer1 = tf.layers.dense(state_ph, units=32, activation=tf.nn.relu)
```

layer 2 정의하기, layer 2의 단위 수는 행동 수로 설정됩니다.

```
layer2 = tf.layers.dense(layer1, units=num_actions)
```

layer 2의 결과에 softmax 함수를 적용하여 네트워크의 출력으로 행동 공간에 대한 확률 분포를 얻습니다.

```
prob_dist = tf.nn.softmax(layer2)
```

우리는 그래디언트를 다음과 같이 계산한다는 것을 배웠습니다.

$$\nabla_\theta J(\theta) = \frac{1}{N}\sum_{i=1}^{N}\left[\sum_{t=0}^{T-1}\nabla_\theta \log\pi_\theta(a_t|s_t)R_t\right]$$

그래디언트를 계산한 후 그래디언트 상승(gradient ascent)을 사용하여 네트워크의 매개변수를 업데이트합니다.

$$\theta = \theta + \alpha\nabla_\theta J(\theta)$$

그러나 최대화보다 최소화를 수행하는 것이 표준 관례입니다. 따라서 음수 기호를 추가하여 앞의 최대화 목표를 최소화 목표로 변환할 수 있습니다. tf.nn.softmax_cross_entropy_with_logits_v2를 사용하여 이를 구현할 수 있습니다. 따라서 네거티브 로그 정책을 다음과 같이 정의할 수 있습니다.

```
neg_log_policy = tf.nn.softmax_cross_entropy_with_logits_v2(logits =
layer2, labels = action_ph)
```

이제 손실을 정의해 보겠습니다.

```
loss = tf.reduce_mean(neg_log_policy * discounted_rewards_ph)
```

Adam 옵티마이저를 사용하여 손실을 최소화하기 위한 훈련 연산을 정의합니다.

```
train = tf.train.AdamOptimizer(0.01).minimize(loss)
```

네트워크 훈련하기

이제 여러 반복을 위해 네트워크를 훈련시켜 보겠습니다. 단순화를 위해 모든 반복에서 하나의 에피소드를 생성해 보겠습니다.

반복 횟수 설정하기:

```
num_iterations = 1000
```

TensorFlow 세션을 시작합니다.

```
with tf.Session() as sess:
```

모든 TensorFlow 변수를 초기화합니다.

```
    sess.run(tf.global_variables_initializer())
```

설정한 반복 횟수만큼 반복하기:

```
    for i in range(num_iterations):
```

에피소드에서 얻은 상태, 행동 및 보상을 저장하기 위해 빈 리스트들을 초기화합니다.

```
        episode_states, episode_actions, episode_rewards = [],[],[]
```

Done을 False로 설정:

```
        done = False
```

반환 초기화:

```
        Return = 0
```

환경을 reset()하여 상태를 초기화합니다.

```
        state = env.reset()
```

에피소드가 끝나지 않은 동안:

```
        while not done:
```

상태 shape을 변경:

```
            state = state.reshape([1,4])
```

상태를 정책 네트워크에 공급하고 네트워크는 행동 공간에 대한 확률 분포를 출력으로 반환하며, 이는 우리의 확률적 정책 π가 됩니다.

```
            pi = sess.run(prob_dist, feed_dict={state_ph: state})
```

이제 이 확률적 정책을 사용하여 행동을 선택합니다.

```
            a = np.random.choice(range(pi.shape[1]), p=pi.ravel())
```

선택한 행동을 수행합니다.

```
            next_state, reward, done, info = env.step(a)
```

환경을 렌더링:

```
            env.render()
```

리턴값 업데이트:

```
            Return += reward
```

원-핫 인코딩 작업:

```
            action = np.zeros(num_actions)
            action[a] = 1
```

상태, 행동 및 보상을 해당 목록에 저장합니다.

```
            episode_states.append(state)
            episode_actions.append(action)
            episode_rewards.append(reward)
```

상태를 다음 상태로 업데이트합니다.

```
            state=next_state
```

감가 및 정규화된 보상을 계산합니다.

```
        discounted_rewards= discount_and_normalize_rewards(episode_
rewards)
```

피드 사전 정의:

```
        feed_dict = {state_ph: np.vstack(np.array(episode_states)),
                     action_ph: np.vstack(np.array(episode_actions)),
                     discounted_rewards_ph: discounted_rewards
                    }
```

네트워크 훈련:

```
        loss_, _ = sess.run([loss, train], feed_dict=feed_dict)
```

10번 반복할 때마다 리턴값을 출력합니다.

```
        if i%10==0:
            print("Iteration:{}, Return: {}".format(i,Return))
```

이제 우리는 reward-to-go를 사용하여 정책 그래디언트 알고리즘을 구현하는 방법을 배웠으므로 다음 섹션에서는 baseline이 있는 정책 그래디언트라는 또 다른 흥미로운 분산 감소 기술을 배울 것입니다.

10.6
Baseline이 있는 정책 그래디언트

우리는 신경망을 사용하여 최적의 정책을 찾고 그래디언트 상승을 사용하여 네트워크의 매개변수를 업데이트한다는 것을 배웠습니다.

$$\theta = \theta + \alpha \nabla_\theta J(\theta)$$

그래디언트 값은 다음과 같습니다.

$$\nabla_\theta J(\theta) \approx \frac{1}{N}\sum_{i=1}^{N}\left[\sum_{t=0}^{T-1}\nabla_\theta \log \pi_\theta(a_t|s_t)R_t\right]$$

이제 분산을 줄이기 위해 기준 함수라는 새로운 함수를 도입합니다. 리턴(reward-to-go) R_t에서 baseline b를 빼면 분산이 감소하므로 그래디언트를 다음과 같이 다시 정의할 수 있습니다.

$$\nabla_\theta J(\theta) \approx \frac{1}{N}\sum_{i=1}^{N}\left[\sum_{t=0}^{T-1}\nabla_\theta \log \pi_\theta(a_t|s_t)(R_t - b)\right]$$

baseline 함수는 무엇일까요? 그리고 R_t에서 그것을 빼면 분산이 어떻게 감소할까요? baseline의 목적은 수익의 변동을 줄이는 것입니다. 따라서 baseline b가 에이전트가 처한 상태에서 예상되는 리턴을 제공할 수 있는 값이면 모든 단계에서 b를 빼면 리턴의 분산이 줄어듭니다.

baseline 함수에 대한 몇 가지 선택 사항이 있습니다. 어떤 함수이든 baseline 함수로 선택할 수 있지만 baseline 함수는 네트워크 매개변수에 의존해서는 안 됩니다. 간단한 baseline은 샘플링된 트래젝토리의 평균 리턴일 수 있습니다.

$$b = \frac{1}{N}\sum_{i=0}^{N}R(\tau)$$

따라서 현재 리턴 R_t와 평균 리턴을 빼면 분산을 줄이는 데 도움이 됩니다. 우리가 볼 수 있듯이 우리의 baseline 함수는 네트워크 매개변수 θ에 의존하지 않습니다.

baseline에서 가장 많이 사용되는 함수 중 하나는 가치 함수입니다. 우리는 가치 함수 또는 상태 값이 정책 π에 따라 해당 상태에서 시작하여 에이전트가 얻을 기대 리턴이라는 것을 배웠습니다. 따라서 상태 값(기대 리턴)과 현재 리턴 R_t를 빼면 분산을 줄일 수 있습니다. 따라서 그래디언트를 다음과 같이 다시 작성할 수 있습니다.

$$\nabla_\theta J(\theta) \approx \frac{1}{N}\sum_{i=1}^{N}\left[\sum_{t=0}^{T-1}\nabla_\theta \log\pi_\theta(a_t|s_t)(R_t - V(s_t))\right]$$

가치 함수 외에도 Q 함수, 어드밴티지 함수 등과 같은 다양한 baseline 함수를 사용할 수도 있습니다. 우리는 다음 장에서 그것들에 대해 더 알아볼 것입니다.

그러나 이제 문제는 baseline 함수를 어떻게 배울 수 있습니까? 가치 함수를 baseline 함수로 사용한다고 가정해 보겠습니다. 최적 가치 함수를 어떻게 배울 수 있습니까? 정책을 근사하는 것처럼 ϕ에 의해 매개변수화된 다른 신경망을 사용하여 가치 함수를 근사할 수도 있습니다.

즉, 우리는 가치 함수(상태의 가치)를 근사화하기 위해 다른 네트워크를 사용하고 이 네트워크를 가치 네트워크라고 부를 수 있습니다. 이 가치 네트워크를 어떻게 훈련할 수 있습니까?

상태 값은 연속 값이므로 평균 제곱 오차(MSE)를 최소화하여 네트워크를 훈련할 수 있습니다. MSE는 실제 리턴 R_t와 예측 리턴 $V_\phi(s_t)$사이의 평균 제곱 차이로 정의할 수 있습니다. 따라서 가치 네트워크의 목적 함수는 다음과 같이 정의할 수 있습니다.

$$J(\phi) = \frac{1}{N}\sum_{i=1}^{N}\sum_{t=0}^{T-1}(R_t - V_\phi(s_t))^2$$

경사하강법을 사용하여 오류를 최소화하고 네트워크 매개변수를 다음과 같이 업데이트할 수 있습니다.

$$\phi = \phi - \alpha\nabla_\phi J(\phi)$$

따라서 baseline 방법을 사용하는 정책 그래디언트에서는 baseline 함수를 사용하여 그래디언트를 업데이트하고 분산을 최소화합니다. baseline 함수는 어떤 함수라도 될 수 있으며 네트워크 매개변수 θ에 의존해서는 안 됩니다. 우리는 가치 함수를 baseline 함수로 사용하고, 가치 함수를 근사화하기 위해 ϕ에 의해 매개변수화된 다른 신경망을 사용함으로써 MSE를 최소화하는 최적의 가치 함수를 찾습니다.

간단히 말해서 baseline 함수가 있는 정책 그래디언트에서 두 개의 신경망을 사용합니다.

θ에 의해 매개변수화된 정책 네트워크 : 경사 상승법을 수행하여 최적의 정책을 찾습니다.

$$\nabla_\theta J(\theta) \approx \frac{1}{N}\sum_{i=1}^{N}\left[\sum_{t=0}^{T-1}\nabla_\theta \log\pi_\theta(a_t|s_t)(R_t - V_\phi(s_t))\right]$$

$$\theta = \theta + \alpha\nabla_\theta J(\theta)$$

ϕ에 의해 매개변수화된 가치 네트워크 : baseline 역할을 하여 그래디언트 업데이트의 분산을 수정하는 데 사용되며 그래디언트 감소를 수행하여 상태의 최적 가치 값을 찾습니다.

$$J(\phi) = \frac{1}{N}\sum_{i=1}^{N}\sum_{t=0}^{T-1}(R_t - V_\phi(s_t))^2$$

$$\phi = \phi - \alpha\nabla_\phi J(\phi)$$

baseline 함수가 있는 정책 그래디언트는 종종 baseline 방법을 활용한 REINFORCE라고 합니다.

이제 정책과 가치 네트워크를 사용하여 baseline이 있는 정책 그래디언트 방법이 작동하는 방식을 보았으므로 다음 섹션에서는 더 명확성을 얻기 위해 알고리즘을 살펴보겠습니다.

10.7 알고리즘 - baseline을 활용한 REINFORCE

baseline 함수(baseline을 활용한 REINFORCE)가 있는 정책 그래디언트 방법의 알고리즘은 다음과 같습니다.

1. 정책 네트워크 매개변수 θ와 가치 네트워크 매개변수 ϕ를 임의의 값으로 초기화
2. 정책 π_θ에 따라 N개의 트래젝토리 $\{\tau^i\}_{i=1}^{N}$생성
3. 리턴 R_t(reward-to-go) 계산

4. 그래디언트 계산

$$\nabla_\theta J(\theta) = \frac{1}{N}\sum_{i=1}^{N}\left[\sum_{t=0}^{T-1}\nabla_\theta \log\pi_\theta(a_t|s_t)(R_t - V_\phi(s_t))\right]$$

5. 정책 네트워크 매개변수 θ를 다음과 같이 업데이트 : $\theta = \theta + \alpha\nabla_\theta J(\theta)$
6. 가치 네트워크의 MSE 계산

$$J(\phi) = \frac{1}{N}\sum_{i=1}^{N}\sum_{t=0}^{T-1}(R_t - V_\phi(s_t))^2$$

7. 그래디언트 $\nabla_\phi J(\phi)$를 계산하고 가치 네트워크 매개변수 ϕ를 경사 하강법을 활용해 업데이트 $\phi = \phi - \alpha\nabla_\phi J(\phi)$
8. 훈련을 위해 2 ~ 7단계를 반복

요약

우리는 가치 기반 방법을 사용하여 최적의 Q 함수(Q-value)에서 최적의 정책을 추출한다는 것을 학습하며 이 장을 시작했습니다. 우리는 행동 공간이 연속적일 때 Q 함수를 계산하는 것이 어렵다는 것을 배웠습니다. 하지만, 행동 공간을 이산화할 수 있습니다. 그러나 이산화가 항상 바람직한 것은 아니며 몇 가지 중요한 기능과 거대한 행동 세트가 있는 행동 공간의 손실로 이어집니다.

그래서 우리는 정책 기반 방법에 의존했습니다. 정책 기반 방법에서는 Q 함수 없이 최적의 정책을 계산합니다. 우리는 정책 그래디언트(policy gradient)라고 불리는 가장 널리 사용되는 정책 기반 방법 중 하나에 대해 배웠습니다. 이 방법은 일부 매개변수 θ를 사용하여 정책을 매개변수화하여 최적의 정책을 직접 찾는 것입니다.

또한 정책 기울기 방법에서는 네트워크가 제공하는 행동 확률 분포를 기반으로 행동을 선택하고 에피소드에서 승리하면, 즉 높은 리턴을 얻으면 모든 행동에 높은 확률을 할당한다는 것을 배웠습니다. 에피소드에서 그렇지 않으면 에피소드의 모든 행동에 낮은 확률을 할당합니다. 이후에 단계별로 정책 그래디언트를 유도하는 방법을 배웠고 정책 그래디언트 방법의 알고리즘에 대해 자세히 살펴보았습니다.

이후, rewardto-go와 같은 분산 감소 방법과 baseline 함수를 사용하는 정책 기울기 방법에 대해 배웠습니다. Baseline 함수가 있는 정책 그래디언트 방식에서는 정책과 가치 네트워크라는 두 개의 네트워크를 사용합니다. 정책 네트워크의 역할은 최적의 정책을 찾는 것이고 가치 네트워크의 역할은 가치 함수를 추정하여 정책 네트워크의 그래디언트 업데이트를 하는 것입니다.

다음 장에서 우리는 액터-크리틱 방법이라고 하는 또 다른 흥미로운 알고리즘에 대해 배울 것입니다.

평가

다음 질문에 답하여 정책 그래디언트에 대한 이해를 평가해 보겠습니다.

1. 가치 기반 방법이란 무엇입니까?
2. 정책 기반 방법이 필요한 이유는 무엇입니까?
3. 정책 그래디언트 방법은 어떻게 작동합니까?
4. 정책 그래디언트 방법에서 그래디언트를 계산하는 방법은 무엇입니까?
5. reward-to-go 란 무엇입니까?
6. baseline 함수를 활용한 정책 그래디언트는 무엇입니까?
7. baseline 함수를 정의해봅시다.

참고문헌

자세한 내용은 다음 문서를 참조하십시오.

- Policy Gradient Methods for Reinforcement Learning with Function Approximation by Richard S. Sutton et al., https://papers.nips.cc/paper/1713-policy-gradient-methods-for-reinforcement-learning-withfunction-approximation.pdf

11

Actor-Critic Methods - A2C and A3C

액터-크리틱 방법들 - A2C와 A3C

지금까지 최적의 정책을 학습하는 두 가지 방법에 대해 알아보았습니다. 하나는 가치 기반 방법이고 다른 하나는 정책 기반 방법입니다. 가치 기반 방법에서는 Q 함수를 사용하여 최적의 정책을 추출합니다. 정책 기반 방법에서는 Q 함수를 사용하지 않고 최적의 정책을 계산합니다.

이 장에서 우리는 최적의 정책을 찾는 액터-크리틱 방법이라는 또 다른 흥미로운 방법에 대해 배울 것입니다. 액터-크리틱 방식은 가치 기반 방식과 정책 기반 방식을 모두 사용합니다. 액터-크리틱 방법이 무엇이며 가치 기반 및 정책 기반 방법을 사용하는 방법을 이해하는 것으로 이 장을 시작할 것입니다. 액터-크리틱에 대한 기본적인 이해를 하고 이에 대해 자세히 알아겠습니다.

계속해서 액터-크리틱이 Baseline 방법을 사용하여 Policy Gradient와 어떻게 다른지 배우고 액터-크리틱 방법의 알고리즘을 자세히 학습합니다. 다음으로 A2C(Advantage

액터-크리틱)이 무엇이며 어떻게 Advantage 기능을 사용하는지 이해하겠습니다.

이 장의 끝에서 A3C(Asynchronous Advantage 액터-크리틱)라고 하는 가장 널리 사용되는 액터-크리틱 알고리즘 중 하나에 대해 배웁니다. A3C가 무엇이며 아키텍처와 함께 작동하는 방식에 대한 세부 사항을 이해할 것입니다.

이 장에서는 다음을 배웁니다.

- 액터-크리틱 방법의 개요
- 액터-크리틱 방법의 이해
- 액터-크리틱 방법 알고리즘
- Advantage 액터-크리틱 방법(A2C)
- synchronous Advantage 액터-크리틱 방법(A3C)
- A3C(Asynchronous Advantage 액터-크리틱) 아키텍처
- A3C를 이용한 Mountain Car 게임 해결

액터-크리틱 방법에 대한 기본적인 이해를 통해 이 장을 시작하겠습니다.

11.1 액터-크리틱 방법의 개요

액터-크리틱 방법은 심층 강화 학습에서 가장 널리 사용되는 알고리즘 중 하나입니다. 몇 가지 최신 심층 강화 학습 알고리즘은 액터-크리틱 방법을 기반으로 설계되었습니다. 액터-크리틱 방법은 가치 기반 방법과 정책 기반 방법의 교차점에 있습니다. 즉, 가치 기반 방법과 정책 기반 방법을 모두 활용합니다.

이 섹션에서는 더 자세히 설명하지 않고 먼저 액터-크리틱 방법이 어떻게 작동하는지에 대한 기본적인 이해를 얻고 다음 섹션에서 액터-크리틱 방법의 이면에 있는 수학을 더 자세히 이해하고 이해하겠습니다.

액터-크리틱은 이름에서 알 수 있듯이 액터 네트워크와 크리틱 네트워크의 두 가지 유형의 네트워크로 구성됩니다. 액터 네트워크의 역할은 최적의 정책을 찾는 것이고 크리틱

네트워크의 역할은 액터 네트워크에서 생성된 정책을 평가하는 것입니다. 따라서 크리틱 네트워크는 그림 11.1과 같이 최적의 정책을 찾는 액터 네트워크를 평가하고 안내하는 피드백 네트워크로 생각할 수 있습니다.

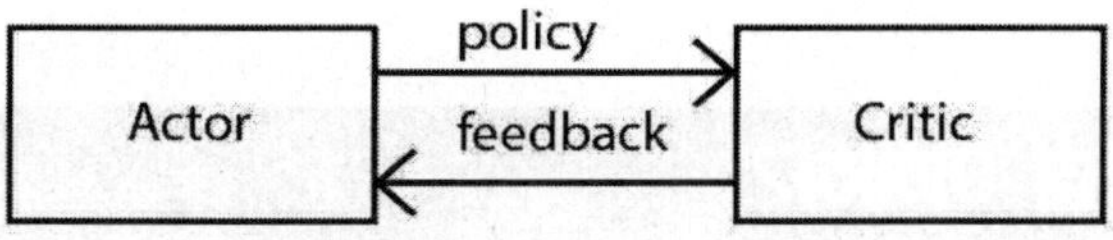

그림 11.1 액터-크리틱 네트워크

자, 그렇다면 액터-크리틱 네트워크는 실제로 무엇입니까? 그들은 어떻게 협력하고 정책을 개선합니까? 액터 네트워크는 기본적으로 정책 네트워크이며 정책 그래디언트 방법을 사용하여 최적의 정책을 찾습니다. 크리틱 네트워크는 기본적으로 가치 네트워크이며 상태 가치를 추정합니다.

따라서 크리틱 네트워크는 상태 값을 사용하여 액터 네트워크에서 생성된 행동을 평가하고 해당 피드백을 액터에게 보냅니다. 크리틱의 피드백을 기반으로 액터 네트워크는 매개변수를 업데이트합니다.

따라서 액터-크리틱 방법에서는 정책을 계산하는 액터 네트워크(정책 네트워크)와 가치 함수(상태 가치)를 계산하여 액터 네트워크에서 생성된 정책을 평가하는 크리틱 네트워크(가치 네트워크)의 두 가지 네트워크를 사용합니다. 이것은 우리가 이전 장에서 배운 것과 유사하지 않습니까?

기억난다면, 이전 장에서 배운 Baseline이 있는 정책 그래디언트 방법(Baseline을 활용한 REINFORCE)과 비슷합니다. Baseline을 활용한 REINFORCE와 유사하게 여기에도 액터(정책 네트워크)와 크리틱(가치 네트워크) 네트워크가 있습니다. 그러나 액터-크리틱는 Baseline을 활용한 REINFORCE와 동일하지 않습니다. REINFORCE with baseline 방법에서 우리는 가치 네트워크를 Baseline으로 사용하고 이것이 그래디언트 업데이트의 분산을 줄이는 데 도움이 된다는 것을 배웠습니다. 액터-크리틱 방법에서도 크리틱을 사용하여 액터의 그래디언트 업데이트의 편차를 줄이지만 온라인 방식으로 정책을 반복적으로 개선하는 데 도움이 됩니다. 이 둘의 차이점은 다음 섹션에서 명확하게 설명합니다.

액터–크리틱 방법에 대한 기본적인 이해를 했으니 다음 섹션에서는 액터–크리틱 방법이 어떻게 작동하는지 자세히 알아볼 것입니다.

11.2 액터-크리틱 방법 이해하기

REINFORCE with baseline 방법에서 우리는 정책 및 가치 네트워크의 두 가지 네트워크가 있음을 배웠습니다. 정책 네트워크는 최적의 정책을 찾고 가치 네트워크는 baseline 역할을 하여 그래디언트 업데이트의 편차를 수정합니다. 기준선이 있는 REINFORCE와 유사하게 액터–크리틱 방법도 액터 네트워크로 알려진 정책 네트워크와 크리틱 네트워크로 알려진 가치 네트워크로 구성됩니다.

REINFORCE with baseline 방법과 액터–크리틱 방법의 근본적인 차이점은 REINFORCE with baseline 방법에서 에피소드가 끝날 때 네트워크의 매개변수를 업데이트한다는 것입니다. 그러나 액터–크리틱 방법에서는 에피소드의 모든 단계에서 네트워크의 매개변수를 업데이트합니다. 그런데 왜 우리가 이것을 해야 합니까? 에피소드의 모든 단계에서 네트워크 매개변수를 업데이트하는 것이 무슨 소용입니까? 이에 대해 더 자세히 살펴보겠습니다.

REINFORCE는 4장에서 다룬 Monte Carlo(MC) 방법과 유사하고 액터–크리틱 방법은 TD 학습 방법과 유사한 5장에서의 TD 학습 방법으로 생각할 수 있습니다. 따라서 먼저 이 두 가지 방법을 요약해 보겠습니다.

MC 방법에서는 상태 가치를 계산하기 위해 일부 N 트래젝토리를 생성하고 N 트레젝토리에 걸쳐 상태의 평균 리턴값으로 상태 가치를 계산합니다. 트래젝토리가 너무 길면 MC 방법이 상태 가치를 계산하는 데 많은 시간이 걸리고 비–episodic 작업에도 적합하지 않다는 것을 배웠습니다. 그래서 우리는 TD 학습 방법에 의존했습니다.

TD 학습 방법에서 우리는 에피소드가 끝날 때까지 기다리지 않고 상태 가치를 계산하는 대신 부트스트랩을 사용하고 즉시 보상과 감가된 다음 상태의 가치의 합으로 상태 가치를 추정할 수 있다는 것을 배웠습니다.

이제 MC 및 TD 방법이 각각 베이스라인 및 액터–크리틱 방법을 사용하여 REINFORCE

와 어떻게 관련되는지 살펴보겠습니다.

먼저 REINFORCE with baseline 방법에서 배운 내용을 기억해 보겠습니다. REINFORCE with baseline 방법에서는 π_θ정책을 사용하여 N개의 트래젝토리를 생성하고 그래디언트를 다음과 이 계산합니다.

$$\nabla_\theta J(\theta) = \frac{1}{N}\sum_{i=1}^{N}\left[\sum_{t=0}^{T-1}\nabla_\theta \log\pi_\theta(a_t|s_t)(R_t - V_\phi(s_t))\right]$$

볼 수 있듯이 그래디언트를 계산하려면 완전한 트래젝토리가 필요합니다. 즉, 다음 방정식에서 알 수 있듯이 그래디언트를 계산하려면 트래젝토리의 리턴값을 계산해야 합니다. 우리는 리턴이 트레젝토리에 대한 보상의 합이라는 것을 알고 있으므로 리턴(reward-to-go)을 계산하기 위해서는 먼저 정책 π_θ을 사용하여 생성된 완전한 트래젝토리가 필요합니다. 그래서 우리는 정책 π_θ를 사용하여 여러 트래젝토리를 생성한 다음 그래디언트를 계산합니다.

$$\nabla_\theta J(\theta) = \frac{1}{N}\sum_{i=1}^{N}\left[\sum_{t=0}^{T-1}\nabla_\theta \log\pi_\theta(a_t|s_t)(\underbrace{R_t}_{\text{Return of a trajectory}} - V_\phi(s_t))\right]$$

그래디언트를 계산한 후 매개변수를 다음과 같이 업데이트합니다.

$$\theta = \theta + \alpha\nabla_\theta J(\theta)$$

완전한 트래젝토리를 생성한 다음 리턴을 계산하는 대신 TD 학습에서 배운 것처럼 부트스트랩을 사용할 수 있습니까? 예! 액터-크리틱 방법에서는 즉각적인 보상과 다음 상태의 감가된 값을 다음과 같이 취하여 리턴을 근사화합니다.

$$R \approx r + \gamma V(s')$$

여기서 r은 즉각적인 보상이고 $\gamma V(s')$는 다음 상태의 감가된 값입니다.

따라서 다음과 같이 리턴 R을 부트스트랩으로 $r+\gamma V(s')$대체하여 정책 그래디언트를 다시 작성할 수 있습니다.

$$\nabla_\theta J(\theta) = \nabla_\theta \log\pi_\theta(a_t|s_t)(r + \gamma V_\phi(s'_t) - V_\phi(s_t))$$

이제 리턴을 계산하기 위해 에피소드가 끝날 때까지 기다릴 필요가 없습니다. 대신 에피소드의 모든 단계에서 부트스트랩하고, 그래디언트를 계산하고, 네트워크 매개변수를 업데이트합니다.

REINFORCE에서 정책 네트워크의 그래디언트를 계산하고 매개변수를 baseline으로 업데이트하는 방법과 액터-크리틱 방법의 차이점은 그림 11.2에 나와 있습니다. baseline이 있는 REINFORCE에서 관찰할 수 있듯이 먼저 완전한 에피소드(트래젝토리)를 생성한 다음 네트워크의 매개변수를 업데이트합니다. 반면 액터-크리틱 방법에서는 에피소드의 모든 단계에서 네트워크 매개변수를 업데이트합니다.

REINFORCE with baseline	**Actor Critic**
Generate some N number of trajectories $\{\tau^i\}_{i=1}^{N}$ following the policy π_θ	For each step in the episode :
Compute the policy gradient, $\nabla_\theta J(\theta) = \frac{1}{N}\sum_{i=1}^{N}\left[\sum_{t=0}^{T-1}\nabla_\theta \log\pi_\theta(a_t \mid s_t)(R_t - V_\phi(s_t))\right]$	Select an action using the policy π_θ
Update the policy network parameter θ using gradient ascent as $\theta = \theta + \alpha\nabla_\theta J(\theta)$	Take the action a_t in the state s_t, observe the reward r and move to next state s'_t
	Compute the policy gradients, $\nabla_\theta J(\theta) = \nabla_\theta \log\pi_\theta(a_t \mid s_t)(r + \gamma V_\phi(s'_t) - V_\phi(s_t))$
	Update the policy network parameter $\theta = \theta + \alpha\nabla_\theta J(\theta)$

그림 11.2 REINFORCE with baseline과 액터-크리틱 방법의 차이

좋아요, 크리틱 네트워크(가치 네트워크)는 어떻습니까? 크리틱 네트워크의 매개변수를 어떻게 업데이트할 수 있습니까? 액터 네트워크와 유사하게 우리는 에피소드의 모든 단계에서 크리틱 네트워크의 매개변수를 업데이트합니다. 크리틱 네트워크의 손실은 상태의 타겟 값과 네트워크에서 예측한 상태 가치의 차이인 TD 오류입니다. 상태의 타겟 값은 보상과 다음 상태 가치의 감가된 값의 합으로 계산할 수 있습니다. 따라서 크리틱 네트워크의 손실은 다음과 같이 표현됩니다.

$$J(\phi) = r + \gamma V_\phi(s'_t) - V_\phi(s_t)$$

여기서 $r + \gamma V_\phi(s_t')$는 상태의 타겟 값이고 $V_\phi(s_t)$는 상태의 예측값입니다.

크리틱 네트워크의 손실을 계산한 후 경사 하강법을 사용하여 에피소드의 모든 단계에서 그래디언트 $\nabla_\phi J(\phi)$를 계산하고 크리틱 네트워크의 매개변수 ϕ를 업데이트합니다.

$$\phi = \phi - \alpha\nabla_\phi J(\phi)$$

이제 우리는 액터(정책 네트워크)와 크리틱(가치 네트워크)가 액터-크리틱 방법에서 어떻게 작동하는지 배웠습니다. 더 명확하게하기 위해 다음 섹션에서 액터-크리틱 방법의 알고리즘을 살펴 보겠습니다.

11.3 액터-크리틱 알고리즘

액터-크리틱 알고리즘의 단계는 다음과 같습니다.

1. 액터 네트워크 매개변수 θ와 크리틱 네트워크 매개변수 ϕ를 초기화
2. N개의 에피소드에 대해 3단계를 반복합니다.
3. 에피소드의 각 단계에 대해 T번 반복, 즉 $t=0,...,T-1$:
    1. 정책을 통해 행동 선택, $a_t \sim \pi_\theta(s_t)$
    2. 상태 s_t에서 행동 a을 취하고 보상 r을 관찰하고 다음 상태 $s_t{}'$로 이동
    3. 정책 그래디언트를 계산
    $$\nabla_\theta J(\theta) = \nabla_\theta \log \pi_\theta(a_t|s_t)(r + \gamma V_\phi(s'_t) - V_\phi(s_t))$$
    4. 기울기 상승을 사용하여 액터 네트워크 매개변수 θ를 업데이트
    $$\theta = \theta + \alpha \nabla_\theta J(\theta)$$
    5. 크리틱 네트워크의 손실을 계산
    $$J(\phi) = r + \gamma V_\phi(s'_t) - V_\phi(s_t)$$
    6. 그래디언트를 계산하고 경사 하강법을 사용하여 크리틱 네트워크 매개변수 ϕ를 업데이트
    $$\phi = \phi - \alpha \nabla_\phi J(\phi)$$

앞의 알고리즘에서 알 수 있듯이 액터 네트워크(정책 네트워크) 매개변수는 에피소드의 모든 단계에서 업데이트됩니다. 따라서 에피소드의 각 단계에서 우리는 업데이트된 정책을 기반으로 행동을 선택하고 크리틱 네트워크(가치 네트워크) 매개변수도 모든 단계에서 업데이트되므로 크리틱도 모든 단계에서 액터 네트워크를 평가하는데 사용됩니다. REINFORCE with baseline 방법을 사용하는 동안 전체 에피소드를 생성한 후에만 네트워크 매개변수를 업데이트합니다.

REINFORCE with baseline와 액터-크리틱 방법 사이에 주목해야 할 또 하나의 중요한 차이점은 REINFORCE with baseline에서는 트래젝토리의 전체 리턴을 사용하는 반면 액터-크리틱 방법에서는 부트스트랩된 리턴을 사용한다는 것입니다.

우리가 방금 배운 액터-크리틱 알고리즘은 종종 Advantage 액터-크리틱(A2C)라고 합니다. 다음 섹션에서는 이점 함수를 살펴보고 우리 알고리즘이 Advantage 액터-크리틱이라고 불리는 이유를 더 자세히 알아볼 것입니다.

11.4 Advantage 액터-크리틱 (A2C)

계속 진행하기 전에 먼저 Advantage 함수를 기억해 보겠습니다. Advantage 함수는 Q 함수와 가치 함수의 차이로 정의됩니다. Advantage 함수는 다음과 같이 표현할 수 있습니다.

$$A(s,a) = Q(s,a) - V(s) \tag{1}$$

Advantage 함수는 상태에서 평균 행동과 비교하여 좋은 행동이 얼마나 좋은지를 알려줍니다.

A2C에서는 Advantage 함수를 사용하여 정책 기울기를 계산합니다. 따라서 먼저 Advantage 함수를 계산하는 방법을 살펴보겠습니다. Advantage 함수는 Q 함수와 가치 함수의 차이, 즉 $Q(s,a) - V(s)$라는 것을 알고 있으므로 두 가지 함수 근사기(신경망)를 사용할 수 있습니다. 하나는 Q 함수를 추정하기 위한 것이고 다른 하나는 가치 함수를 추정하기 위함입니다. 그런 다음 이 두 네트워크의 값을 빼서 Advantage 값을 얻을 수 있습니다. 그러나 이것은 확실히 최적의 방법이 아니며 계산상 비용이 많이 듭니다.

따라서 Q 값을 다음과 같이 근사할 수 있습니다.

$$Q(s,a) \approx r + \gamma V(s')$$

그러나 어떻게 Q 값을 이와 같이 근사할 수 있습니까? 3장, 벨만 방정식 및 동적 프로그래밍에서 가치 함수와 Q 함수의 관계 섹션에서 가치 함수에서 Q 함수를 유도할 수 있다는 것을 배웠던 것을 기억하십니까? 해당 관계를 사용하여 Q 함수를 즉각적인 보상과 다음 상태의 감가된 값의 합으로 근사할 수 있습니다.

Advantage 함수 방정식 (1)에서 앞의 Q 값을 대입하면 다음과 같이 쓸 수 있습니다.

$$A(s,a) = r + \gamma V(s') - V(s)$$

따라서 이제 Advantage 함수를 사용할 수 있습니다. 우리는 A2C에서 Advantage 함수를 사용하여 정책 그래디언트를 계산한다는 것을 배웠습니다. 따라서 다음과 같이 작성할 수 있습니다.

$$\nabla_\theta J(\theta) = \nabla_\theta \log \pi_\theta(a_t|s_t) A(s,a)$$

Advantage 함수를 확장하면 다음과 같이 작성할 수 있습니다.

$$\nabla_\theta J(\theta) = \nabla_\theta \log \pi_\theta(a_t|s_t)(\underbrace{r + \gamma V_\phi(s'_t)}_{Q(s,a)} - \underbrace{V_\phi(s_t)}_{V(s)})$$

볼 수 있듯이 정책 그래디언트는 이제 Advantage 함수를 사용하여 계산됩니다.

$$\nabla_\theta J(\theta) = \nabla_\theta \log \pi_\theta(a_t|s_t)(r + \gamma V_\phi(s'_t) - V_\phi(s_t))$$

이제 이전 섹션에서 그래디언트를 계산한 방법으로 앞의 방정식과 비교해보세요. 우리는 둘 다 본질적으로 동일하다는 것을 관찰할 수 있습니다. 따라서 A2C 방법은 이전 섹션에서 배운 것과 동일합니다.

11.5

Asynchronous advantage 액터-크리틱 (A3C)

A3C라고 하는 비동기적 Advantage 액터-크리틱는 인기 있는 액터-크리틱 알고리즘 중 하나입니다. Asynchronous Advantage 액터-크리틱 방법의 주요 아이디어는 병렬 학습을 위해 여러 에이전트를 사용하고 전체 경험을 집계한다는 것입니다.

A3C에는 두 가지 유형의 네트워크가 있습니다. 하나는 글로벌 네트워크(글로벌 에이전트)이고 다른 하나는 워커 네트워크(워커 에이전트)입니다. 우리는 많은 워커 에이전트를 갖게 될 것이고, 각 워커 에이전트는 다른 탐색 정책을 사용하고, 환경의 자체 사본에서 배우고 경험을 수집합니다. 그런 다음 이러한 워커 에이전트에서 얻은 경험이 집계되어 글로벌 에이전트로 전송됩니다. 글로벌 에이전트는 학습을 집계합니다.

이제 A3C가 어떻게 작동하는지에 대한 매우 기본적인 아이디어를 얻었으므로 더 자세히 살펴보겠습니다.

3가지 A란?

자세히 알아보기 전에 먼저 A3C의 세 A가 무엇을 의미하는지 알아보겠습니다.

Asynchronous : 비동기식이란 A3C가 작동하는 방식을 의미합니다. 즉, 최적의 정책을 학습하려고 하는 단일 에이전트 대신 환경과 상호 작용하는 여러 에이전트가 있습니다. 여러 에이전트가 동시에 환경과 상호 작용하기 때문에 각 에이전트가 자신의 환경 복사본과 상호 작용할 수 있도록 모든 에이전트에 환경 복사본을 제공합니다. 따라서 이러한 여러 에이전트를 모두 워커 에이전트라고 하며 글로벌 에이전트라는 별도의 에이전트가 있습니다. 모든 워커 에이전트는 비동기적으로 글로벌 에이전트에 보고하고 글로벌 에이전트는 학습을 집계합니다.

Advantage : 이전 섹션에서 Advantage 함수가 무엇인지 이미 배웠습니다. Advantage 함수는 Q 함수와 가치 함수의 차이로 정의할 수 있습니다.

액터–크리틱 : 각 워커 네트워크(Worker 에이전트)와 글로벌 네트워크(Global 에이전트)는 기본적으로 액터–크리틱 아키텍처를 따릅니다. 즉, 각 에이전트는 정책을 추정하는 액터 네트워크와 액터 네트워크에서 생성된 정책을 평가하는 크리틱 네트워크로 구성됩니다.

이제 A3C의 아키텍처로 이동하여 A3C가 어떻게 작동하는지 자세히 알아보겠습니다.

11.6 A3C의 아키텍처

이제 A3C의 아키텍처를 이해합시다. A3C의 아키텍처는 다음 그림과 같습니다.

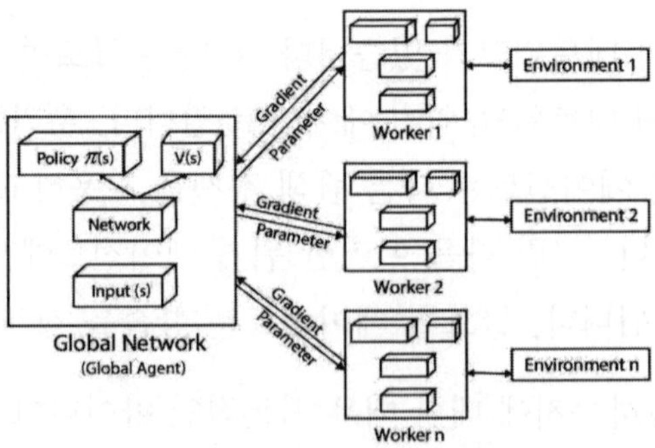

그림 11.3 A3C 아키텍처

앞의 그림에서 알 수 있듯이 여러 워커 에이전트가 있고 각 워커 에이전트는 환경의 자체 복사본과 상호 작용하고 경험을 수집합니다. 우리는 또한 각 워커 에이전트가 액터-크리틱 아키텍처를 따르는 것을 관찰할 수 있습니다. 따라서 워커 에이전트는 액터 네트워크 손실(정책 손실)과 크리틱 네트워크 손실(가치 손실)을 계산합니다.

이전 섹션에서 우리는 정책 그래디언트를 계산하여 액터 네트워크가 업데이트된다는 것을 배웠습니다.

$$\nabla_\theta J(\theta) = \nabla_\theta \log \pi_\theta(a_t|s_t)(r + \gamma V_\phi(s'_t) - V_\phi(s_t))$$

따라서 액터 손실은 기본적으로 다음과 같습니다.

$$J(\theta) = \log \pi_\theta(a_t|s_t)(r + \gamma V_\phi(s'_t) - V_\phi(s_t))$$

볼 수 있듯이 행위자 손실은 작업의 로그 확률과 TD 오류의 곱입니다. 이제 정책의 엔트로피(임의의 측정)라고 하는 액터 손실에 새로운 용어를 추가하고 액터 손실을 다음과 같이 재정의합니다.

$$J(\theta) = \log \pi_\theta(a_t|s_t)(r + \gamma V_\phi(s'_t) - V_\phi(s_t)) + \beta H(\pi(s))$$

여기서 $H(\pi)$는 정책의 엔트로피를 의미한다. 정책의 엔트로피를 추가하면 충분한 탐색이 촉진되며 매개변수 β는 엔트로피의 의미를 제어하는 데 사용됩니다.

크리틱 손실은 평균 제곱 TD 오차입니다.

액터 및 크리틱 네트워크의 손실을 계산한 후 워커 에이전트는 손실의 그래디언트를 계산한 다음 해당 그래디언트를를 글로벌 에이전트에 보냅니다. 즉, 워커 에이전트는 그래디언트를 계산하고 해당 그래디언트는 글로벌 에이전트에 비동기적으로 누적시킵니다. 글로벌 에이전트는 워커 에이전트로부터 비동기적으로 수신된 그래디언트를 사용하여 매개변수를 업데이트합니다. 그러면 글로벌 에이전트가 업데이트된 매개변수를 작업자 에이전트에 주기적으로 전송하므로 이제 워커 에이전트가 업데이트됩니다.

이러한 방식으로 각 워커 에이전트는 손실을 계산하고, 그래디언트를 계산하고, 이러한 그래디언트를 글로벌 에이전트에 비동기적으로 보냅니다. 따라서 글로벌 에이전트 매개변수는 워커 에이전트에서 수신한 그래디언트에 의해 업데이트됩니다. 그러면 글로벌 에이전트는 업데이트된 매개변수를 주기적으로 워커 에이전트에 보냅니다.

환경의 자체 복사본과 상호 작용하고 정보를 글로벌 네트워크에 집계하는 많은 워커 에이전트가 있으므로 경험 간에 상관 관계가 낮거나 전혀 없습니다.

A3C와 관련된 단계는 다음과 같습니다.

1. 워커 에이전트는 환경의 자체 복사본과 상호 작용합니다.
2. 각 워커는 다른 정책을 따르고 경험을 수집합니다.
3. 다음으로 워커 에이전트는 Acotr와 크리틱 네트워크의 손실을 계산합니다.
4. 손실을 계산한 후 손실의 그래디언트를 계산하고 해당 그래디언트를 글ㄹ벌 에이전트에 비동기적으로 보냅니다.
5. 글로벌 에이전트는 워커 에이전트에서 받은 그래디언트로 매개변수를 업데이트합니다.
6. 이제 글로벌 에이전트에서 업데이트된 매개변수가 주기적으로 워커 에이전트로 전송됩니다.

최적의 정책을 찾기 위해 이전 단계를 여러 번 반복합니다. A3C가 어떻게 작동하는지 명확하게 이해하기 위해 다음 섹션에서 A3C를 구현하는 방법을 배웁니다.

11.7 A3C를 활용한 Mountain Car 게임풀기

Mountain Car 게임을 위한 A3C 알고리즘을 구현해 보겠습니다. Mountain Car 게임 환경에서 두 산 사이에 자동차가 놓여 있고 에이전트의 목표는 오른쪽 산을 등반하는 것입니다. 하지만 문제는 에이전트가 한 번에 산을 오를 수 없다는 것입니다. 따라서 에이전트는 오른쪽 산을 오르기 위한 추진력을 얻기 위해 앞뒤로 운전해야 합니다. 에이전트가 운전하는 동안 에너지를 덜 소비하면 높은 보상이 할당됩니다. 그림 11.4는 산악 자동차 환경을 보여줍니다.

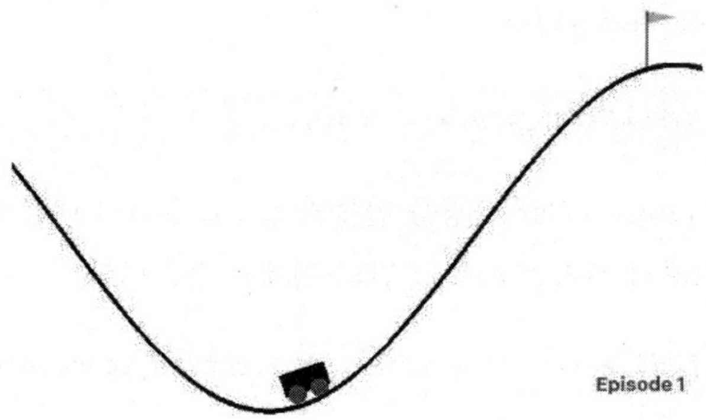

그림 11.4 Mountain Car 게임 환경

이 섹션에 사용된 코드는 Stefan Boschenriedter에서 제공하는 A3C(https://github.com/stefanbo92/A3C-Continuous)의 오픈 소스 구현에서 채택되었습니다.

먼저 필요한 라이브러리를 가져오겠습니다.

```
import warnings
warnings.filterwarnings('ignore')

import gym
import multiprocessing
import threading
import numpy as np
import os
import shutil
import matplotlib.pyplot as plt
import tensorflow.compat.v1 as tf
tf.disable_v2_behavior()
```

11.7.1 Mountain Car 게임 환경 생성하기

Gym을 이용하여 Mountain Car 환경을 만들어 봅시다. Mountain Car 환경은 연속 환경이라는 점에 유의하세요. 즉, 행동 공간이 연속적입니다.

```
env = gym.make('MountainCarContinuous-v0')
```

환경의 상태 사이즈 가져오기:

```
state_shape = env.observation_space.shape[0]
```

환경의 행동 사이즈를 가져옵니다.

```
action_shape = env.action_space.shape[0]
```

우리는 연속적인 Mountain Car 환경을 만들었으므로 우리의 행동 공간은 연속적인 가치로 구성됩니다. 그래서 우리는 행동 공간의 경계를 얻습니다.

```
action_bound = [env.action_space.low, env.action_space.high]
```

11.7.2 변수 정의하기

이제 몇 가지 중요한 변수를 정의해 보겠습니다.

CPU 수 만큼 워커 수를 정의합니다.

```
num_workers = multiprocessing.cpu_count()
```

에피소드 수 정의:

```
num_episodes = 2000
```

스텝 수를 정의합니다.

```
num_timesteps = 200
```

글로벌 네트워크(글로벌 에이전트) 범위를 정의합니다.

```
global_net_scope = 'Global_Net'
```

글로벌 네트워크를 업데이트하려는 시간 단계를 정의합니다.

```
update_global = 10
```

감가율 γ를 정의합니다.

```
gamma = 0.90
```

베타 값을 정의합니다.

```
beta = 0.01
```

로그를 저장할 디렉터리를 정의합니다.

```
log_dir = 'logs'
```

11.7.3 액터-크리틱 클래스 정의하기

우리는 A3C에서 글로벌 에이전트와 워커 에이전트 모두 액터-크리틱 아키텍처를 따른다는 것을 배웠습니다. 따라서 액터-크리틱이라는 클래스를 정의해 보겠습니다. 여기서 액터-크리틱 알고리즘을 구현할 것입니다. 명확한 이해를 위해 코드를 한 줄씩 살펴보겠습니다. 책의 GitHub 리포지토리에서 전체 코드에 액세스할 수도 있습니다.

```
class ActorCritic(object):
```

초기화 메소드 정의:

먼저 init 메서드를 정의해 보겠습니다.

```
    def __init__(self, scope, sess, globalAC=None):
```

TensorFlow 세션을 초기화합니다.

```
        self.sess=sess
```

액터 네트워크 옵티마이저를 RMSprop으로 정의합니다.

```
        self.actor_optimizer = tf.train.RMSPropOptimizer(0.0001,
name='RMSPropA')
```

크리틱 네트워크 옵티마이저를 RMSprop으로 정의합니다.

```
        self.critic_optimizer = tf.train.RMSPropOptimizer(0.001,
name='RMSPropC')
```

범위가 글로벌 네트워크(글로벌 에이전트)인 경우:

```
        if scope == global_net_scope:
            with tf.variable_scope(scope):
```

상태에 대한 placeholder를 정의합니다.

```
                self.state = tf.placeholder(tf.float32, [None, state_
shape], 'state')
```

글로벌 네트워크(글로벌 에이전트)를 구축하고 액터 및 크리틱 매개변수를 가져옵니다.

```
                self.actor_params, self.critic_params = self.build_
network(scope)[-2:]
```

네트워크가 글로벌 네트워크가 아닌 경우

```
        else:
            with tf.variable_scope(scope):
```

상태에 대한 placeholder를 정의합니다.

```
                self.state = tf.placeholder(tf.float32, [None, state_
shape], 'state')
```

우리는 우리의 환경이 연속적인 환경이라는 것을 배웠으므로 우리의 액터 네트워크(정책 네트워크)는 행동의 평균과 분산을 반환한 다음 이 평균과 분산에서 행동 분포를 만들고 이 행동 분포를 기반으로 행동을 선택합니다.

행동 분포를 얻기 위해 placeholder를 정의합니다.

```
                self.action_dist = tf.placeholder(tf.float32, [None,
action_shape], 'action')
```

타겟 값에 대한 placeholder를 정의합니다.

```
                self.target_value = tf.placeholder(tf.float32, [None,
1], 'Vtarget')
```

워커 네트워크(워커 에이전트)를 구축하고 행동의 평균과 분산, 상태의 가치, 액터 및 크리틱 네트워크 매개변수를 가져옵니다.

```
                mean, variance, self.value, self.actor_params, self.
critic_params = self.build_network(scope)
```

상태의 타겟 값과 예측 값 간의 차이인 TD 오류를 계산합니다.

```
            td_error = tf.subtract(self.target_value, self.value,
name='TD_error')
```

이제 크리티 네트워크 손실을 정의해 보겠습니다.

```
            with tf.name_scope('critic_loss'):
                self.critic_loss = tf.reduce_mean(tf.square(td_
error))
```

행동의 평균과 분산을 기반으로 정규 분포를 만듭니다.

```
            normal_dist = tf.distributions.Normal(mean, variance)
```

이제 액터 네트워크 손실을 정의해 보겠습니다. 우리는 액터 네트워크의 손실이 다음과 같이 정의된다는 것을 배웠습니다.

$$\text{Actor Loss} = \log(\pi(a|s)) * \text{TD error} + \beta H(\pi)$$

```
            with tf.name_scope('actor_loss'):
```

행동의 로그 확률을 계산합니다.

```
                log_prob = normal_dist.log_prob(self.action_dist)
```

정책의 엔트로피를 정의합니다.

```
                entropy_pi = normal_dist.entropy()
```

액터 네트워크 손실을 계산합니다.

```
                self.loss = log_prob * td_error + (beta * entropy_
pi)

                self.actor_loss = tf.reduce_mean(-self.loss)
```

정규 분포를 기반으로 행동을 선택합니다.

```
            with tf.name_scope('select_action'):
                self.action = tf.clip_by_value(tf.squeeze(normal_
dist.sample(1), axis=0), action_bound[0], action_bound[1])
```

워커 에이전트(로컬 에이전트)의 액터 및 크리티 네트워크 손실의 그래디언트를 계산합니다.

```
            with tf.name_scope('local_grad'):
                self.actor_grads = tf.gradients(self.actor_loss,
self.actor_params)
                self.critic_grads = tf.gradients(self.critic_loss,
self.critic_params)
```

이제 동기화 작업을 수행해 보겠습니다.

```
        with tf.name_scope('sync'):
```

액터 및 크리티 네트워크의 손실 그래디언트를 계산한 후 워커 에이전트는 해당 그래디언트를 글로벌 에이전트에 전송(push)합니다.

```
            with tf.name_scope('push'):
                self.update_actor_params = self.actor_optimizer.
apply_gradients(zip(self.actor_grads, globalAC.actor_params))
                self.update_critic_params = self.critic_optimizer.
apply_gradients(zip(self.critic_grads, globalAC.critic_params))
```

글로벌 에이전트는 워커 에이전트(로컬 에이전트)로부터 받은 그래디언트로 매개변수를 업데이트합니다. 그런 다음 워커 에이전트는 글로벌 에이전트에서 업데이트된 매개변수를 가져옵니다.

```
            with tf.name_scope('pull'):
                self.pull_actor_params = [l_p.assign(g_p) for l_p,
g_p in zip(self.actor_params, globalAC.actor_params)]
                self.pull_critic_params = [l_p.assign(g_p) for l_p,
g_p in zip(self.critic_params, globalAC.critic_params)]
```

11.7.4 네트워크 구축하기

이제 액터-크리틱 네트워크를 구축하기 위한 함수를 정의해 보겠습니다.

```
    def build_network(self, scope):
```

가중치 초기화

```
        w_init = tf.random_normal_initializer(0., .1)
```

행동의 평균과 분산을 반환하는 액터 네트워크를 정의합니다.

```
        with tf.variable_scope('actor'):
            l_a = tf.layers.dense(self.state, 200, tf.nn.relu, kernel_
initializer=w_init, name='la')
            mean = tf.layers.dense(l_a, action_shape, tf.nn.
tanh,kernel_initializer=w_init, name='mean')
            variance = tf.layers.dense(l_a, action_shape, tf.nn.
softplus, kernel_initializer=w_init, name='variance')
```

상태 가치을 반환하는 크리틱 네트워크를 정의합니다.

```
        with tf.variable_scope('critic'):
            l_c = tf.layers.dense(self.state, 100, tf.nn.relu, kernel_
initializer=w_init, name='lc')
            value = tf.layers.dense(l_c, 1, kernel_initializer=w_init,
name='value')
```

액터 및 크리틱 네트워크의 매개변수를 가져옵니다.

```
        actor_params = tf.get_collection(tf.GraphKeys.TRAINABLE_
VARIABLES, scope=scope + '/actor')
        critic_params = tf.get_collection(tf.GraphKeys.TRAINABLE_
VARIABLES, scope=scope + '/critic')
```

액터 네트워크에서 생성된 작업의 평균과 분산, 크리틱 네트워크에서 계산한 상태 값, 액터 및 크리틱 네트워크의 매개변수를 반환합니다.

```
        return mean, variance, value, actor_params, critic_params
```

글로벌 네트워크 업데이트 하기

워커 네트워크에서 계산된 손실 기울기, 즉 푸시 작업으로 글로벌 네트워크의 매개변수를 업데이트하기 위해 update_global이라는 함수를 정의해 보겠습니다.

```
    def update_global(self, feed_dict):
        self.sess.run([self.update_actor_params, self.update_critic_
params], feed_dict)
```

워커 네트워크 업데이트하기

또한 pull_from_global이라는 함수를 정의하여 글로벌 네트워크에서 가져오기(즉, pull 작업)하여 워커 네트워크의 매개변수를 업데이트합니다.

```
    def pull_from_global(self):
        self.sess.run([self.pull_actor_params, self.pull_critic_
params])
```

행동 선택하기

행동를 선택하기 위해 select_action이라는 함수를 정의하십시오.

```
    def select_action(self, state):

        state = state[np.newaxis, :]

        return self.sess.run(self.action, {self.state: state})[0]
```

11.7.5 워커 클래스 정의하기

워커 에이전트를 구현할 Worker라는 클래스를 정의해 보겠습니다.

```
class Worker(object):
```

init 메소드 정의하기

먼저 init 메서드를 정의해 보겠습니다.

```
    def __init__(self, name, globalAC, sess):
```

우리는 각 워커 에이전트가 환경의 자체 복사본으로 작업한다는 것을 배웠습니다. 이제 Mountain Car 환경을 만들어 보겠습니다.

```
        self.env = gym.make('MountainCarContinuous-v0').unwrapped
```

워커의 이름을 정의합니다.

```
        self.name = name
```

액터크리틱 클래스에 대한 개체를 만듭니다.

```
        self.AC = ActorCritic(name, sess, globalAC)
```

TensorFlow 세션 초기화:

```
        self.sess=sess
```

워커가 학습할 work라는 함수를 정의합니다.

```
    def work(self):
        global global_rewards, global_episodes
```

타임 스텝 초기화:

```
        total_step = 1
```

상태, 행동 및 보상을 저장하기 위해 리스트를 초기화합니다.

```
        batch_states, batch_actions, batch_rewards = [], [], []
```

글로벌 에피소드가 에피소드 수보다 적고 코디네이터가 활성화된 경우:

```
        while not coord.should_stop() and global_episodes < num_
episodes:
```

환경을 reset()하여 상태를 초기화합니다.

```
            state = self.env.reset()
```

리턴 값을 초기화

```
            Return = 0
```

워커 0의 환경만 렌더링합니다.

```
                if self.name == 'W_0':
                    self.env.render()
```

행동 선택:

```
                action = self.AC.select_action(state)
```

선택한 행동을 수행합니다.

```
                next_state, reward, done, _ = self.env.step(action)
```

리턴 업데이트:

```
            Return += reward
```

리스트에 상태, 행동 및 보상을 저장합니다.

```
                batch_states.append(state)
                batch_actions.append(action)
                batch_rewards.append((reward+8)/8)
```

이제 글로벌 네트워크를 업데이트해 보겠습니다. done이 True이면 다음 상태의 값을 0으로 설정하고 그렇지 않으면 다음 상태의 값을 계산합니다.

```
                if total_step % update_global == 0 or done:
                    if done:
                        v_s_ = 0
                    else:
                        v_s_ = self.sess.run(self.AC.value, {self.
AC.state: next_state[np.newaxis, :]})[0, 0]
```

타겟 값을 계산합니다. $(r + \gamma V(s'))$:

```
                    batch_target_value = []

                    for reward in batch_rewards[::-1]:
                        v_s_ = reward + gamma * v_s_
                        batch_target_value.append(v_s_)
```

타겟 값 반전:

```
                    batch_target_value.reverse()
```

상태, 행동 및 타겟 값을 누적합니다.

```
                    batch_states, batch_actions, batch_target_value =
np.vstack(batch_states), np.vstack(batch_actions), np.vstack(batch_
target_value)
```

피드 사전 정의:

```
                    feed_dict = {
                                 self.AC.state: batch_states,
                                 self.AC. action_dist: batch_actions,
                                 self.AC.target_value: batch_target_
value,
                                 }
```

글로벌 네트워크 업데이트

```
                    self.AC.update_global(feed_dict)
```

리스트 비우기:

```
                    batch_states, batch_actions, batch_rewards = [],
[], []
```

글로벌 네트워크에서 매개변수를 가져와 워커 네트워크를 업데이트합니다.

```
                    self.AC.pull_from_global()
```

상태를 다음 상태로 업데이트하고 총 단계를 증가시킵니다.

```
                state = next_state
                total_step += 1
```

글로벌 보상 업데이트:

```
                if done:
                    if len(global_rewards) < 5:
                        global_rewards.append(Return)
                    else:
                        global_rewards.append(Return)
                        global_rewards[-1] =(np.mean(global_
rewards[-5:]))

                    global_episodes += 1
                    break
```

네트워크 훈련하기

이제 네트워크 훈련을 시작하겠습니다. 글로벌 보상 목록을 초기화하고 글로벌 에피소드 카운터도 초기화합니다.

```
global_rewards = []
global_episodes = 0
```

TensorFlow 세션을 시작합니다.

```
sess = tf.Session()
```

글로벌 에이전트 생성:

```
with tf.device("/cpu:0"):

    global_agent = ActorCritic(global_net_scope,sess)
```

n개의 워커 에이전트를 만듭니다.

```
    worker_agents = []

    for i in range(num_workers):
        i_name = 'W_%i' % i
        worker_agents.append(Worker(i_name, global_agent,sess))
```

TensorFlow 코디네이터를 만듭니다.

```
coord = tf.train.Coordinator()
```

모든 TensorFlow 변수를 초기화합니다.

```
sess.run(tf.global_variables_initializer())
```

TensorFlow 계산 그래프를 로그 디렉토리에 저장합니다.

```
if os.path.exists(log_dir):
    shutil.rmtree(log_dir)

tf.summary.FileWriter(log_dir, sess.graph)
```

이제 워커 스레드를 실행합니다.

```
worker_threads = []

for worker in worker_agents:

    job = lambda: worker.work()
    t = threading.Thread(target=job)
    t.start()
    worker_threads.append(t)

coord.join(worker_threads)
```

A3C 아키텍처에 대한 더 나은 이해를 위해 다음 섹션에서 A3C의 계산 그래프를 살펴보겠습니다.

계산 그래프 시각화하기

볼 수 있듯이 4개의 워커 에이전트(워커 네트워크)와 1개의 글로벌 에이전트(글로벌 네트워크)가 있습니다.

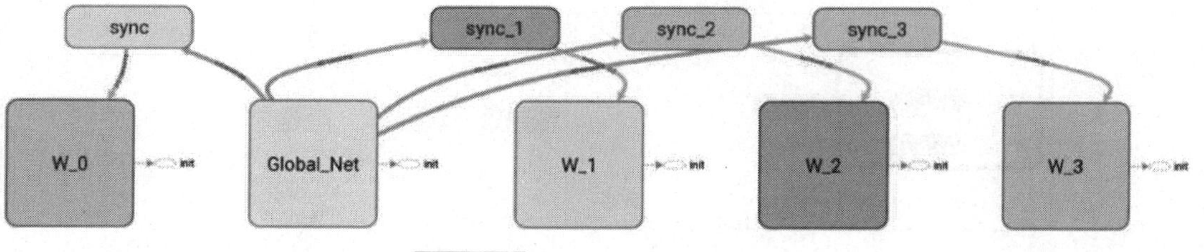

그림 11.5 A3C 계산 그래프

워커 에이전트의 아키텍처를 살펴보겠습니다. 볼 수 있듯이 워커 에이전트는 액터-크리틱 아키텍처를 따릅니다.

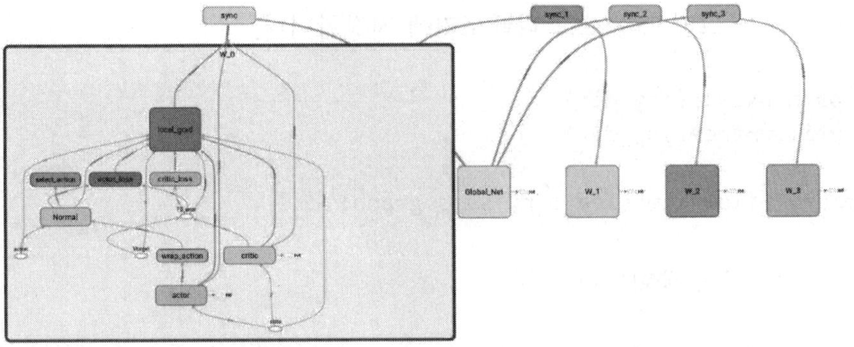

그림 11.6 W_0 노드를 확장한 A3C 계산 그래프

이제 동기화 노드를 살펴보겠습니다. 그림 11.7에서 볼 수 있듯이 동기화 노드에는 push 및 pull 이라는 두 가지 작업이 있습니다.

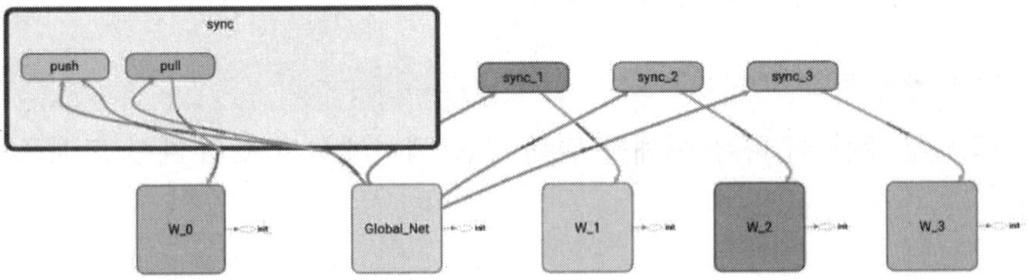

그림 11.7 동기화 노드의 push 및 pull 작업을 보여주는 A3C의 계산 그래프

액터 및 크리틱 네트워크의 손실 기울기를 계산한 후 워커 에이전트는 해당 그래디언트를 글로벌 에이전트에 push합니다.

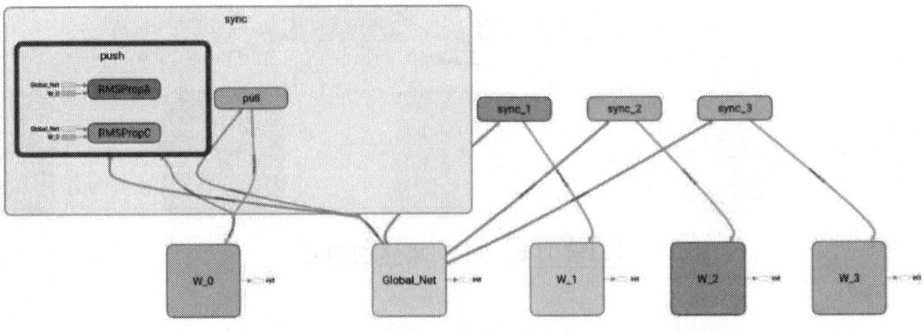

그림 11.8 A3C의 계산 그래프 – 워커 에이전트가 그래디언트를 글로벌 에이전트로 push

글로벌 에이전트는 워커 에이전트에서 받은 그래디언트로 매개변수를 업데이트합니다. 그런 다음 워커 에이전트는 글로벌 에이전트에서 업데이트된 매개변수를 가져옵니다.

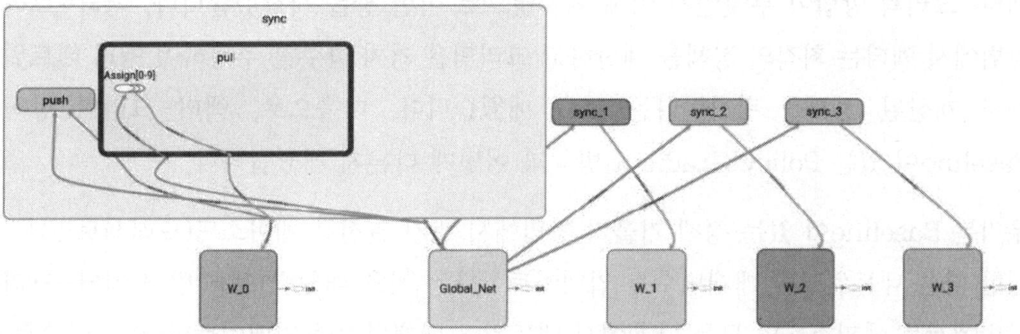

그림 11.9 A3C의 계산 그래프 - 워커 에이전트는 글로벌 에이전트에서 업데이트된 매개변수를 가져오기

이제 A3C가 어떻게 작동하는지 배웠으므로 다음 섹션에서 A2C 방법을 다시 살펴보겠습니다.

11.7.6 A2C 상기하기

A3C 알고리즘과 마찬가지로 많은 워커 에이전트를 사용하여 A2C 알고리즘을 설계할 수 있습니다. 그러나 A3C와 달리 A2C는 동기식 알고리즘입니다. 즉, A2C에서 여러 작업자 에이전트가 있을 수 있으며, 각각은 환경의 자체 복사본과 상호 작용하고 모든 작업자 에이전트는 워커 에이전트가 비동기적으로 수행하는 A3C와 달리 동기식 업데이트를 수행합니다.

즉, A2C에서 각 워커 에이전트는 환경과 상호 작용하고 손실을 계산하고 기울기를 계산합니다. 그러나 이러한 그래디언트를 글로벌 네트워크에 독립적으로 보내지는 않습니다. 대신 다른 모든 워커 에이전트가 작업을 완료할 때까지 기다린 다음 동기식으로 글로벌 네트워크에 가중치를 업데이트합니다. 동기식 가중치 업데이트를 수행하면 A3C에서 발생하는 불일치가 줄어듭니다.

요약

액터-크리틱 방법이 무엇인지 이해하는 것으로 이번 장을 시작했습니다. 액터-크리틱 방법에서 액터는 최적의 정책을 계산하고 크리틱은 가치 함수를 추정하여 액터 네트워크에서 계산된 정책을 평가한다는 것을 배웠습니다. 다음으로, 액터-크리틱 방식이 Baseline이 있는 Policy Gradient 방식과 어떻게 다른지 배웠습니다.

우리는 Baseline이 있는 정책 기울기 방법에서 먼저 완전한 에피소드(트래젝토리)를 생성한 다음 네트워크의 매개변수를 업데이트한다는 것을 배웠습니다. 반면 액터-크리틱 방법에서는 에피소드의 모든 단계에서 네트워크 매개변수를 업데이트합니다. 앞으로 우리는 Advantage 액터-크리틱 알고리즘이 무엇인지, 그리고 이것이 어떻게 gradient update에서 Advantage 함수를 사용하는지 배웠습니다.

이번 장의 끝에서 우리는 Asynchronous Advantage 액터-크리틱 방법이라고 하는 또 다른 흥미로운 액터-크리틱 알고리즘에 대해 배웠습니다. 우리는 A3C가 여러 작업자 에이전트와 하나의 글로벌 에이전트로 구성되어 있음을 배웠습니다. 모든 작업자 에이전트는 자신의 그래디언트를 전역 에이전트에 비동기적으로 보내고 글로벌 에이전트는 작업자 에이전트에서 받은 그래디언트로 매개변수를 업데이트합니다. 매개변수를 업데이트한 후 글로벌 에이전트는 업데이트된 매개변수를 작업자 에이전트에 주기적으로 보냅니다.

따라서 이 장에서는 두 가지 흥미로운 액터-크리틱 알고리즘인 A2C와 A3C에 대해 배웠습니다. 다음 장에서는 DDPG, TD3 및 SAC를 포함한 여러 최신 액터-크리틱 알고리즘을 이해할 것입니다.

평가

다음 질문에 답하여 액터-크리틱에 대한 이해를 평가해 보겠습니다.

1. 액터-크리틱 방법이란?
2. 액터와 크리틱 네트워크의 역할은 무엇인가?
3. 액터-크리틱 방법은 정책 그래디언트와 어떻게 다른가? baseline 방법?

4. Acotr 네트워크의 그래디언트 업데이트 방정식은 무엇입니까?
5. A2C는 어떻게 작동합니까?
6. A3C에서 비동기는 무엇을 의미합니까?
7. A2C는 A3C와 어떻게 다릅니까?

참고문헌

자세한 내용은 다음 문서를 참조하십시오.

- Asynchronous Methods for Deep Reinforcement Learning, by Volodymyr Mnih et al. : https://arxiv.org/pdf/1602.01783.pdf

12

Learning DDPG, TD3 and SAC

DDPG, TD3, SAC

이전 장에서 우리는 Advantage Actor-Critic(A2C) 및 Asynchronous Advantage Actor-Critic(A3C)과 같은 흥미로운 액터-크리틱(Actor-Critic) 방식에 대해 배웠습니다. 이 장에서 우리는 몇 가지 최신 액터-크리틱 방법을 배울 것입니다. 우리는 DDPG (Deep Deterministic Policy Gradient)라고 불리는 인기 있는 액터-크리틱 방법 중 하나를 이해하는 것으로 이 장을 시작할 것입니다. DDPG는 연속적인 환경, 즉 연속적인 행동 공간이 있는 환경에서만 사용합니다. 우리는 DDPG 알고리즘이 가진 이름이 무엇을 의미하며 어떻게 작동하는지 자세히 이해해 볼 것입니다.

앞으로 우리는 Twin Delayed Deep Deterministic Policy Gradient(TD3)에 대해 배울 것입니다. TD3는 DDPG 알고리즘의 개선 버전이며 DDPG에서 드러난 문제를 해결하는 몇 가지 흥미로운 방법들을 포함합니다. TD3의 메인 기능을 자세히 이해하고 TD3의 알고리즘을 단계적으로 살펴봅니다.

마지막으로 SAC(Soft Actor-Critic)라는 또 다른 흥미로운 액터-크리틱 알고리즘에 대해 알아보겠습니다. SAC가 무엇이며 목적(objective) 함수에서 엔트로피(entropy) 항을 사용하여 SAC가 어떻게 작동하는지 배울 것입니다. SAC에서 액터 및 크리틱의 구성요소를 자세히 살펴보고 SAC의 알고리즘을 학습할 것입니다.

이 장에서는 다음의 내용에 대해 배웁니다.

- Deep Deterministic Policy Gradient(DDPG)
- DDPG의 구성요소
- DDPG 알고리즘
- Twin Delayed Deep Deterministic Policy Gradient(TD3)
- TD3의 메인 특징들
- TD3 알고리즘
- Soft Actor-Critic(SAC)
- SAC의 구성요소
- SAC 알고리즘

12.1 Deep Deterministic Policy Gradient

DDPG는 작업 공간이 연속적인 환경을 위해 설계된 모델이 없는 off-policy 알고리즘입니다. 앞선 장에서는 액터-크리틱 방식이 어떻게 작동하는지 배웠습니다. DDPG는 액터가 정책 그래디언트를 이용하여 정책을 추정하는 액터-크리틱 방법이고, 크리틱은 액터가 산출한 정책을 Q 함수를 이용하여 평가하는 방법입니다.

DDPG는 정책 신경망을 액터로, 깊은 Q 신경망을 크리틱으로 활용한다. DPPG와 이전 장에서 배운 액터-크리틱 알고리듬의 중요한 차이점은 DDPG가 확률적 정책 대신 결정론적 정책을 학습하려고 한다는 것입니다.

먼저, 우리는 DDPG가 어떻게 작동하는지 직관적으로 이해한 다음 알고리즘을 자세히 살펴볼 것입니다.

12.1.1 DDPG의 개요

DDPG는 정책 기반 방식과 가치 기반 방식을 모두 활용하는 액터-크리틱 방식입니다. 확률적 정책 π 대신에 결정론적 정책 μ를 사용합니다.

우리는 결정론적 정책이 에이전트에게 주어진 상태에서 하나의 특정 행동을 수행하라고 지시한다는 것을 배웠습니다. 즉, 결정론적 정책은 상태를 하나의 특정 행동에 매핑(mapping)합니다.

$$a = \mu(s)$$

반면에 확률적 정책은 행동 공간에 대한 확률 분포에 상태를 매핑합니다.

$$a = \pi(s)$$

결정론적 정책에서는 에이전트가 특정 상태를 방문할 때마다 항상 동일한 행동을 수행합니다. 그러나 확률적 정책을 사용하면 에이전트가 특정 상태를 방문할 때마다 동일한 행동을 수행하는 대신 행동 공간에 대한 확률 분포를 기반으로 매번 다른 행동을 수행합니다.

이제 DDPG 알고리즘에서 액터와 크리틱 신경망에 대한 개요를 알아보겠습니다.

12.1.1.1 액터

DDPG의 액터는 기본적으로 정책 신경망입니다. 액터의 타겟은 상태와 행동 사이의 매핑을 액터는 것입니다. 즉, 액터의 역할은 최대한의 리턴(return)을 얻을 수 있는 최적의 정책을 액터는 것입니다. 따라서 액터는 최적의 정책을 학습하기 위해 정책 그래디언트 방법을 사용합니다.

12.1.1.2 크리틱

크리틱은 기본적으로 가치 신경망입니다. 크리틱의 타겟은 액터 신경망이 만들어내는 행동을 평가하는 것입니다. 크리틱 신경망은 액터 신경망에 의해 생성된 행동을 어떻게 평가할 수 있을까요? Q 함수를 사용한다고 가정해서 Q 함수를 사용하여 행동을 평가해보겠습니다. 먼저 Q 함수의 기능에 대해 정리해 보겠습니다.

Q 함수는 에이전트가 상태로부터 시작하여 특정 정책에 따라 행동을 수행하는 기대 리턴(expected return)을 제공한다는 것을 알고 있습니다. Q 함수에 의해 산출되는 기대 리

턴을 종종 Q 값이라고 합니다. 따라서, 상태와 행동이 주어지면, 우리는 Q 값을 얻을 수 있습니다.

- Q 값이 높으면 해당 상태에서 수행되는 행동이 좋은 행동이라고 할 수 있습니다. 즉, Q 값이 높으면 해당 상태에서 a라는 행동을 수행할 때 기대 리턴이 높다는 의미이므로 a 행동을 좋은 행동이라고 말할 수 있습니다.
- Q 값이 낮으면 해당 상태에서 수행되는 행동이 좋은 행동이 아니라고 할 수 있습니다. 즉, Q 값이 낮으면 해당 상태에서 a라는 행동을 수행할 때 기대 리턴이 낮다는 의미이므로 a 행동은 좋은 행동이 아니라고 할 수 있습니다.

자, 이제 크리틱 신경망은 Q 함수(Q 값)를 기반으로 액터 신경망에 의해 생성된 행동을 어떻게 평가할 수 있을까요? 액터 신경망이 상태 A에서 down 행동을 수행한다고 가정해 보겠습니다. 그러면, 크리틱은 A 상태에서 아래로 이동하는 Q 값을 계산합니다. Q 값이 높으면 크리틱 신경망은 상태 A에서 행동 down이 좋은 행동이라는 피드백을 액터 신경망에 제공합니다. Q 값이 낮으면 크리틱 신경망은 상태 A에서 down 행동이 좋은 행동이 아니라는 피드백을 액터 신경망에 제공하고, 따라서 액터 신경망은 상태 A에서 다른 행동을 수행하려고 합니다.

따라서, Q 함수를 사용하여 크리틱 신경망은 액터 신경망이 수행하는 행동을 평가할 수 있습니다. 하지만 크리틱 신경망은 Q 함수를 어떻게 배울 수 있을까요? Q 함수를 알아야 액터의 행동을 평가할 수 있기 때문입니다. 그렇다면 크리틱 신경망은 Q 함수를 어떻게 배울까요? 우리는 DQN을 신경망을 사용하여 Q 함수를 근사할 수 있다는 것을 배웠습니다. 그래서 이제, 우리는 Q 함수를 계산하기 위해 DQN을 크리틱 신경망으로 사용합니다.

간단히 말해서, DDPG는 액터-크리틱 방법이기 때문에 정책 기반 및 가치 기반 방법을 활용합니다. DDPG는 정책 신경망인 액터로 구성되며 정책 그래디언트 방법을 사용하여 최적의 정책과 심층 Q 신경망인 크리틱을 학습하고 액터가 만들어내는 행동을 평가합니다.

12.1.2 DDPG 구성 요소

이제 DDPG 알고리즘의 기본적인 작동 방식을 이해했으므로 더 자세히 살펴보겠습니다. 우리는 액터와 크리틱의 신경망이 어떻게 작동하는지 따로 살펴봄으로써 정확히 이해할 수 있습니다.

12.1.2.1 크리티 신경망

우리는 크리틱 신경망이 기본적으로 DQN이고 Q 값을 추정하기 위해 DQN을 사용한다는 것을 배웠습니다. 이제 크리틱 신경망이 DQN을 사용하여 Q 값을 더 자세히 추정하는 방법에 대해 DQN의 요약과 함께 알아보겠습니다.

크리틱은 액터가 생성한 행동을 평가합니다. 따라서, 크리틱의 입력은 상태와 그 상태에서 액터에 의해 생성된 행동이 될 것이고, 크리틱은 그림 12.1과 같이 주어진 상태-행동 쌍의 Q 값을 반환합니다.

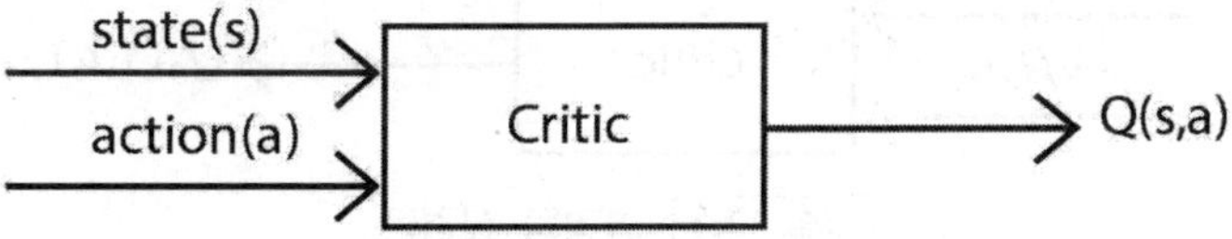

그림 12.1 크리틱 신경망

크리틱의 Q 값을 근사하기 위해, 심층 신경망을 사용할 수 있고, 만약 우리가 Q 값을 근사하기 위해 심층 신경망을 사용한다면, 신경망은 DQN이라고 불립니다. 신경망은 크리틱의 Q 값을 근사하기 위해 사용하기 때문에 Q 함수를 $Q_\theta(s,a)$로 나타낼 수 있습니다. 여기서 θ는 신경망의 매개변수입니다.

따라서, 크리틱 신경망에서, 우리는 DQN을 사용하여 Q 값을 근사하고 크리틱 신경망의 매개변수는 그림 12.2와 같이 θ로 표현됩니다.

그림 12.2 크리틱 신경망

그림 12.2에서 관찰할 수 있듯이 액터에 의해 생성된 상태와 행동 a가 주어지면 크리틱 신경망은 Q 값을 반환합니다.

이제 액터가 생성하는 행동을 어떻게 얻을 수 있는지 알아보겠습니다. 액터는 기본적으로 정책 신경망이며 최적의 정책을 학습하기 위해 정책 그래디언트 방법을 사용한다는 것을 배웠습니다. DDPG에서는 확률적 정책 대신 결정론적 정책을 학습하므로 π 대신 μ

로 정책을 나타낼 수 있습니다. 액터 신경망의 파라미터는 ϕ로 표시됩니다. 그래서 우리는 매개변수화된 정책을 μ_ϕ로 나타낼 수 있습니다.

상태가 입력으로 지정되면 액터 신경망은 해당 상태에서 수행할 작업 a를 반환합니다.

$$a = \mu_\phi(s)$$

따라서 크리틱 신경망은 그림 12.3과 같이 해당 상태에서 액터 신경망이 생성한 상태 s와 행동 $a = \mu_\phi(s)$을 입력으로 취하고 Q 값을 반환합니다.

그림 12.3 크리틱 신경망

자 이제 크리틱 신경망(DQN)를 어떻게 훈련시킬 수 있을까요? 우리는 일반적으로 타겟 값과 예측 값 사이의 차이로 손실을 최소화하여 신경망을 훈련합니다. 따라서 타겟 Q 값과 신경망에서 예측한 Q 값의 차이로 손실을 최소화함으로써 크리틱 신경망을 훈련시킬 수 있습니다. 하지만 어떻게 타겟 Q 값을 얻을 수 있을까요? 타겟 Q 값은 최적 Q 값이며 벨만 방정식을 사용하여 최적 Q 값을 얻을 수 있습니다.

우리는 벨만 최적 방정식을 사용하여 최적의 Q 함수(Q 값)를 얻을 수 있다는 것을 배웠습니다. 따라서 최적 Q 함수는 다음과 같이 벨만 최적 방정식을 사용하여 얻을 수 있습니다.

$$Q^*(s,a) = \mathbb{E}_{s' \sim P}\left[R(s,a,s') + \gamma \max_{a'} Q^*(s',a')\right]$$

우리는 $R(s,a,s')$이 상태 s에서 a를 수행하고 다음 상태 s'로 이동하는 동안 얻는 즉각적인 보상 r을 나타내는 것을 알고 있으므로 최적 Q 함수를 다음과 같이 나타낼 수 있습니다.

$$Q^*(s,a) = \underset{s' \sim P}{E}\left[r + \gamma \max_{a'} Q^*(s',a')\right]$$

우리는 앞의 방정식에서는 기대치를 제거할 수 있습니다. 우리는 리플레이 버퍼에서 K개의 트랜지션(transition) 수를 샘플링하고 평균값을 취함으로써 기대치를 근사화할 것입니다. 이에 대한 자세한 내용은 잠시 후에 더 배울 것입니다. 따라서 타겟 Q 값은 다음과 같이 즉시 보상과 다음 상태-행동 쌍의 감가된 최대 Q 값의 합으로 표현할 수 있습니다.

$$Q^*(s,a) = r + \gamma \max_{a'} Q(s',a')$$

따라서, 우리는 타겟값(최적 벨만 Q 값)과 예측값(크리틱 신경망이 예측한 Q 값)의 차이로 크리틱 신경망의 손실 함수를 나타낼 수 있습니다.

$$L(\theta) = r + \gamma \max_{a'} Q_\theta(s',a') - Q_\theta(s,a)$$

여기서 행동 a는 액터 신경망에 의해 생성된 행동, 즉 액터 신경망에 의해 생성된 행동입니다.

손실을 단순히 타겟값과 예측 값 사이의 차이로 사용하는 대신 평균 제곱 오차를 손실 함수로 사용할 수 있습니다. 우리는 DQN에서 리플레이 버퍼를 사용하고 트랜지션을 (s,a,r,s')로 저장한다는 것을 알고 있습니다. 따라서, 우리는 리플레이 버퍼에서 K개의 트랜지션 수의 미니 배치를 무작위로 샘플링하고 타겟값(최적 벨맨 Q 값)과 예측 값(크리틱 신경망에 의해 예측된 Q 값) 사이의 평균 제곱 손실을 최소화하여 신경망을 훈련시킵니다. 따라서, 손실 함수는 다음과 같이 주어집니다.

$$L(\theta) = \frac{1}{K}\sum_{i=1}^{K}(r_i + \gamma \max_{a'} Q_\theta(s'_i,a') - Q_\theta(s_i,a_i))^2$$

이 방정식으로부터, 우리는 타겟과 예측된 Q 함수가 모두 동일한 매개변수 θ에 의해 매개변수화된다는 것을 관찰할 수 있습니다. 이로 인해 평균 제곱 오차가 불안정해지고 신경망이 제대로 학습되지 않습니다.

그래서 타겟값을 학습하기 위해 또 다른 신경망을 도입하는데, 이를 보통 타겟 크리틱 신경망라고 합니다. 타겟 크리틱 신경망의 파라미터는 θ'로 표시됩니다. Q 값을 예측하는데 사용되는 메인(main) 크리틱 신경망은 경사하강법을 사용하여 올바른 매개변수 θ를 학습합니다. 메인 크리틱 신경망의 파라미터 θ를 복사하기만 하면 타겟 크리틱 신경망 파라미터 θ'가 업데이트됩니다.

따라서 크리틱 신경망의 손실 함수는 다음과 같이 쓸 수 있습니다.

$$L(\theta) = \frac{1}{K}\sum_{i=1}^{K}(r_i + \gamma \max_{a'} Q_\theta(s'_i,a') - Q_\theta(s_i,a_i))^2 \quad (1)$$

위의 식에서 행동 a_i는 액터 신경망에 의해 생성된 행동, $a_i = \mu_\phi(s_i)$임을 기억해야 합니다.

손실 함수의 타겟값 계산에서 다음과 같은 최대 항이 존재하므로 작은 문제가 있습니다.

$$L(\theta)=\frac{1}{K}\sum_{i=1}^{K}(r_i+\gamma\underbrace{\max_{a'}}_{\text{max term}}Q_\theta(s'_i,a')-Q_\theta(s_i,a_i))^2$$

최대 항은 상태 s'에서 가능한 모든 행동 a'의 Q 값을 계산하고 최대 Q 값을 갖는 행동 a'을 선택하는 것을 의미합니다. 그러나 행동 공간이 연속적일 때 상태 s'에서 가능한 모든 행동 a'의 Q 값을 계산할 수는 없습니다. 따라서 손실 함수에서 최대 항을 제거해야 합니다.

크리틱에서 타겟 신경망을 사용하는 것처럼 타겟 액터 신경망을 사용할 수 있으며 타겟 액터 신경망의 매개변수는 ϕ'로 표시됩니다. 이제 Q 값이 최대가 되는 행동 a'을 선택하는 대신에 타겟 액터 신경망을 이용하여 행동 $a'=\mu_{\phi'}(s')$를 생성할 수 있습니다.

따라서 그림 12.4와 같이 타겟에서 다음 상태-행동 쌍의 Q 값을 계산하기 위해 상태 s'를 입력으로 주고 ϕ'로 매개변수화된 타겟 액터 신경망을 활용하여 생성된 행동 a'에 대한 다음 상태-행동 쌍의 Q 값을 반환합니다.

그림 12.4 타겟 크리틱 신경망

따라서, 손실 함수 방정식 (1)에서 최대 항을 제거할 수 있고 a' 대신에 다음과 같이 $\mu_{\phi'}(s')$를 쓸 수 있습니다.

$$L(\theta)=\frac{1}{K}\sum_{i}(r_i+\gamma Q_{\theta'}(s'_i,\mu_{\phi'}(s'_i))-Q_\theta(s_i,a_i))^2$$

균일한 표기법을 유지하기 위해 손실 함수를 J로 표현합니다.

$$L(\theta)=\frac{1}{K}\sum_{i}(r_i+\gamma Q_{\theta'}(s'_i,\mu_{\phi'}(s'_i))-Q_\theta(s_i,a_i))^2$$

혼란을 줄이기 위해 타겟값을 y로 나타낼 수 있습니다.

$$J(\theta) = \frac{1}{K}\sum_i (y_i - Q_\theta(s_i, a_i))^2$$

여기서 y_i는 크리틱의 타겟값, 즉 $y_i = r_i + \gamma Q_{\theta'}(s_i, \mu_{\phi'}(s'_i))$이고, 행동 a_i는 메인 액터 신경망, 즉 $a_i = \mu_\phi(s_i)$에 의해 생성되는 행동이다.

손실을 최소화하기 위해 목적 함수 $\nabla_\theta J(\theta)$의 그래디언트를 계산하고 경사하강법을 수행하여 메인 크리틱 신경망 매개변수 θ를 업데이트합니다.

$$\theta = \theta - \alpha \nabla_\theta J(\theta)$$

자 그럼 타겟 크리틱 신경망 매개변수 θ'는 어떤가요? 어떻게 업데이트 해야 할까요? 다음과 같이 메인 크리틱 신경망 매개변수 θ의 매개변수를 복사하면 타겟 크리틱 신경망의 매개변수를 업데이트할 수 있습니다.

$$\theta' = \tau\theta + (1-\tau)\theta'$$

이를 보통 소프트 치환(soft replacement)이라고 하며, τ값은 0.001로 설정되는 경우가 많습니다.

따라서, 우리는 크리틱 신경망이 DQN을 사용하여 Q 값을 계산하여 액터 신경망이 생성한 행동을 평가하는 방법을 배웠습니다. 다음 절에서는 액터 신경망이 최적의 정책을 학습하는 방법에 대해 알아보겠습니다.

12.1.2.2 액터 신경망

우리는 액터 신경망이 정책 신경망이며 최적의 정책을 계산하기 위해 정책 그래디언트를 사용한다는 것을 이미 배웠습니다. 또한 액터 신경망의 매개변수를 ϕ로 표현하고, 따라서 매개변수화된 정책은 μ_ϕ로 표현된다는 것을 배웠습니다.

액터 신경망은 상태를 입력으로 사용하고 행동을 반환합니다.

$$a = \mu_\phi(s)$$

여기서 우리가 주목하고 해야할 한 가지 중요한 점은 우리가 결정론적 정책을 사용하고 있다는 것입니다. 결정론적 정책을 사용하고 있기 때문에, 우리는 탐험-활용 딜레마(exploration-exploitation dilemma)를 처리할 필요가 있습니다. 왜냐하면 결정론적 정책은 행동 공간에 대한 확률 분포에 따라 다른 행동을 선택하는 확률론적 정책과 달리 항상 동일한 행동을 선택하고 새로운 행동을 탐구하지 않는다는 것을 알기 때문입니다.

결정론적 정책을 사용하면서 새로운 행동을 어떻게 모색할 수 있을까요? DDPG는 행동 공간이 연속적인 환경을 위해 설계되었습니다. 따라서, 우리는 연속적인 행동 공간에서 결정론적 정책을 사용하고 있습니다.

이산 행동 공간과 달리 연속 행동 공간에는 값이 연속적입니다. 따라서, 새로운 행동을 탐구하기 위해서는 액터 신경망이 생성하는 행동에 약간의 노이즈 N을 더하면 됩니다. 우리는 Ornstein-Uhlenbeck 랜덤 프로세스라고 불리는 프로세스를 사용하여 이 노이즈를 생성합니다. 따라서 수정된 행동은 다음과 같이 나타낼 수 있습니다.

$$a = \mu_{\phi}(s) + N$$

예를 들어, Actor 신경망에 의해 생성된 행동이 13이라고 가정합니다. 노이즈가 0.1이라고 가정하면, 우리의 행동은 a = 13 + 0.1 = 13.1이 됩니다.

우리는 크리틱 신경망이 $Q_{\theta}(s,a)$로 표현된다는 것을 학습했으며 Q 값을 사용하여 액터가 생성한 행동를 평가한다는 것을 알고 있습니다. Q 값이 높으면 크리틱은 액터에게 좋은 행동을 했다고 평가하는 것이고 Q 값이 낮으면 크리틱은 액터에게 나쁜 행동을 했다고 평가합니다.

우리는 행동 공간이 연속적일 때 Q 값을 계산하는 것이 어렵다는 것을 배웠습니다. 즉, 행동 공간이 연속적일 때, 상태에서 가능한 모든 행동의 Q 값을 계산하고 최대 Q 값을 취하기가 어렵습니다. 그것이 우리가 정책 그래디언트 방식에 의지한 이유입니다. 하지만 지금 우리는 연속적인 행동 공간으로 Q 값을 계산하고 있습니다. 이게 어떻게 가능한 것일까요?

DDPG에서는 가능한 모든 상태-행동 쌍의 Q 값을 계산하지 않습니다. 단순히 액터 신경망에 의해 생성된 상태와 행동의 Q 값을 계산합니다.

액터의 타겟은 크리틱에게 자신이 산출한 행동이 좋은 행동이라고 말하게 하는 것입니다. 즉, 그 액터는 크리틱 신경망로부터 좋은 피드백을 받기를 원합니다. 크리틱는 언제 액터에게 좋은 피드백을 주나요? 크리틱은 액터가 연출하는 행동이 최대 Q 값을 가질 때 좋은 피드백을 줍니다. 즉, 액터가 만들어내는 행동이 최대 Q 값을 갖는다면, 크리틱은 액터에게 좋은 행동이 나왔다고 말합니다. 그래서 액터는 크리틱이 만들어내는 Q 값을 최대화할 수 있는 방식으로 행동을 만들어내려고 합니다.

따라서 액터의 목적 함수는 크리틱 신경망에서 생성된 Q 값을 최대화하는 행동을 생성하는 것입니다. 그래서 우리는 액터의 목적 함수를 다음과 같이 쓸 수 있습니다.

$$J(\phi) = Q_\theta(s, a)$$

여기서 행동은 $a = \mu_\phi(s)$입니다. 위의 목적 함수 $J(\phi)$를 최대화하는 것은 우리가 크리틱 신경망에서 생성된 Q 값을 최대화하고 있다는 것을 의미합니다. 자, 어떻게 하면 앞의 목적 함수를 최대화할 수 있을까요? 우리는 경사 상승을 수행하여 타겟 함수를 최대화하고 액터 신경망 매개변수를 다음과 같이 업데이트할 수 있습니다.

$$\phi = \phi + \alpha \nabla_\phi J(\phi)$$

그러면 단일 상태에 대해 액터 신경망 매개변수를 업데이트하는 대신 리플레이 버퍼 D에서 K개의 상태를 샘플링하고 매개변수를 업데이트합니다. 이제 목적 함수는 다음과 같습니다.

$$J(\phi) = \frac{1}{K} \sum_i Q_\theta(s_i, a)$$

여기서 행동은 $a = \mu_\phi(s_i)$입니다. 앞의 목적 함수를 최대화하는 것은 액터가 샘플링된 모든 상태에서 Q 값을 최대화하는 방식으로 행동을 생성하려고 한다는 것을 의미합니다. 경사 상승을 수행하여 타겟 함수를 최대화하고 액터 신경망 매개변수를 다음과 같이 업데이트할 수 있습니다.

$$\phi = \phi + \alpha \nabla_\phi J(\phi)$$

요약하자면, 액터의 목적은 크리틱이 산출한 Q 값을 최대화하는 방식으로 행동을 만들어내는 것입니다. 따라서 경사 상승을 수행하고 액터 신경망 매개변수를 업데이트합니다.

타겟 액터 신경망의 매개변수는 어떻게 업데이트 할까요? 다음과 같이 메인 액터 신경망 파라미터 ϕ의 파라미터를 소프트 치환으로 복사하여 타겟 액터 신경망의 파라미터를 업데이트할 수 있습니다.

$$\phi' = \tau\phi + (1 - \tau)\phi'$$

이제 액터와 크리틱 신경망이 어떻게 작동하는지 이해했으므로, 지금까지 배운 내용과 DDPG가 정확히 어떻게 작동하는지 모든 개념을 종합하여 이해해 보겠습니다.

12.1.3 액터와 크리틱 함께 활용하기

먼저 DDPG를 더 잘 이해하기 위해 표기법들을 기억해 보겠습니다. 우리는 네 개의 신경망, 두 개의 액터 신경망, 두 개의 크리틱 신경망을 사용합니다.

- 메인 크리틱 신경망 매개변수는 θ로 표시됩니다.
- 타겟 크리틱 신경망 매개변수는 θ'로 표시됩니다.
- 메인 액터 신경망 매개변수는 ϕ로 표시됩니다.
- 타겟 액터 신경망 매개변수는 ϕ'로 표시됩니다.

DDPG는 액터-크리틱 방법이기 때문에 전체 에피소드를 생성한 다음 매개변수를 업데이트하는 정책 그래디언트 방법과 달리 에피소드의 모든 스텝에서 매개변수가 업데이트됩니다. 이제 DDPG의 작동 방식을 살펴보겠습니다.

먼저, 우리는 메인 크리틱 신경망 매개변수 θ와 메인 액터 신경망 매개변수 ϕ를 임의의 값으로 초기화합니다. 타겟 신경망 매개변수는 메인 신경망 매개변수의 복사본일 뿐이라는 것을 배웠습니다. 따라서 메인 크리틱 신경망 매개변수 θ를 복사하여 타겟 크리틱 신경망 매개변수 θ'를 초기화합니다. 마찬가지로, 우리는 메인 액터 신경망 매개변수 ϕ를 복사하여 타겟 액터 신경망 매개변수 ϕ'를 초기화합니다. 우리는 또한 리플레이 버퍼 D를 초기화합니다.

이제 에피소드의 각 스텝에 대해 먼저 액터 신경망을 사용하여 행동 a를 선택합니다.

$$a = \mu_\phi(s)$$

그러나 탐험을 보장하기 위해 행동 a를 직접 사용하는 대신 약간의 노이즈 N을 추가하면 행동이 다음과 같이 됩니다.

$$a = \mu_\phi(s) + N$$

그런 다음 a 행동을 수행하고 다음 상태 s'로 이동하여 보상 r을 받습니다. 우리는 리플레이 버퍼 D에 이 트랜지션 정보를 저장합니다.

다음으로, 리플레이 버퍼에서 K 트랜지션(s, a, r, s')의 미니 배치를 무작위로 샘플링합니다. 이러한 K 트랜지션은 크리틱 및 액터 신경망을 모두 업데이트하는 데 사용됩니다.

먼저, 크리틱 신경망의 손실을 계산합니다. 우리는 크리틱 신경망의 손실 함수를 다음과 같이 배웠습니다.

$$J(\phi) = \frac{1}{K}\sum_i (y_i - Q_\theta(s_i, a_i))^2$$

여기서 y_i는 크리틱의 타겟값, 즉 $y_i = r_i + \gamma Q_{\theta'}(s_i, \mu_{\phi'}(s'_i))$이고, 행동 a_i는 액터 신경망에 의해 생성된 행동 $a = \mu_\phi(s_i)$입니다.

크리틱 신경망의 손실을 계산한 후 그래디언트 $\nabla_\theta J(\theta)$를 계산하고 경사하강법을 사용하여 크리틱 신경망의 매개변수 θ를 업데이트합니다.

$$\theta = \theta - \alpha \nabla_\theta J(\theta)$$

이제 액터 신경망을 업데이트하겠습니다. 우리는 액터 신경망의 목적 함수를 다음과 같이 배웠습니다.

$$J(\phi) = \frac{1}{K}\sum_i Q_\theta(s_i, a)$$

위의 방정식에서는 샘플링된 K 트랜지션$(s,\ a,\ r,\ s')$의 상태(s_i)만 사용하고 있습니다. 행동은 액터 신경망에 의해 선택됩니다. 이제 앞의 목적 함수를 최대화해야 합니다. 위의 목적 함수를 최대화하면 크리틱이 생성한 Q 값을 최대화하는 방식으로 액터가 행동을 생성하는 데 도움이 됩니다. 목적 함수 그래디언트 $\nabla_\phi J(\phi)$를 계산하여 목적 함수를 최대화하고 그래디언트 상승을 사용하여 액터 신경망 매개변수 ϕ를 업데이트할 수 있습니다.

$$\phi = \phi + \alpha \nabla_\phi J(\phi)$$

그런 다음 마지막 스텝에서 타겟 크리틱 신경망의 매개변수 θ'와 타겟 액터 신경망의 매개변수 ϕ'를 소프트 치환을 사용하여 업데이트합니다.

$$\theta' = \tau\theta + (1-\tau)\theta'$$
$$\phi' = \tau\phi + (1-\tau)\phi'$$

이 스텝를 여러 에피소드에 대해 반복합니다. 따라서 에피소드의 각 스텝에 대해 신경망의 매개변수를 업데이트합니다. 매 스텝마다 파라미터가 업데이트되기 때문에, 정책 역시 매 스텝마다 개선될 것입니다.

DDPG의 작동 방식을 더 잘 이해하기 위해 다음 절에서 DDPG 알고리즘을 살펴보겠습니다.

12.1.4 DDPG 알고리즘

DDPG 알고리즘은 다음과 같습니다.

1. Initialize the main critic network parameter θ and the main actor network parameter ϕ
2. Initialize the target critic network parameter θ' by just copying the main critic network parameter θ
3. Initialize the target actor network parameter ϕ' by just copying the main actor network parameter ϕ'
4. Initialize the replay buffer $\mathcal{D}$
5. For N number of episodes, repeat steps 6 and 7
6. Initialize an Ornstein-Uhlenbeck random process $\mathcal{N}$ for an action space exploration
7. For each step in the episode, that is, for $t = 0,\ldots,T - 1$:
    1. Select action a based on the policy $\mu_\phi(s)$ and exploration noise, that is, $a = \mu_\phi(s) + \mathcal{N}$.
    2. Perform the selected action a, move to the next state s', get the reward r, and store this transition information in the replay buffer $\mathcal{D}$.
    3. Randomly sample a minibatch of K transitions from the replay buffer $\mathcal{D}$.
    4. Compute the target value of the critic, that is, $y_i = r_i + \gamma Q_{\theta'}\left(s'_i, \mu_{\phi'}(s'_i)\right)$.
    5. Compute the loss of the critic network, $J(\theta) = \frac{1}{K}\sum_i \left(y_i - Q_\theta(s_i, a_i)\right)^2$.
    6. Compute the gradient of the loss $\nabla_\theta J(\theta)$ and update the critic network parameter using gradient descent, $\theta = \theta - \alpha\nabla_\theta J(\theta)$.
    7. Compute the gradient of the actor network $\nabla_\phi J(\phi)$ and update the actor network parameter by gradient ascent, $\phi = \phi + \alpha\nabla_\phi J(\phi)$.
    8. Update the target critic and target actor network parameter as $\theta' = \tau\theta + (1 - \tau)\theta'$ and $\phi' = \tau\phi + (1 - \tau)\phi'$.

12.1.5 DDPG를 활용한 Pendulum 제어

이 절에서는 DDPG 알고리즘을 구현하여 에이전트가 펜듈럼(pendulum)을 흔들도록 훈련합니다. 즉, 우리는 임의의 위치에서 흔들리기 시작하는 펜듈럼을 갖게 될 것이고, 우리 에이전트의 타겟은 펜듈럼이 수직으로 유지되도록 흔드는 것입니다.

먼저 필요한 라이브러리를 불러오겠습니다.

```
import warnings
warnings.filterwarnings('ignore')

import tensorflow as tf
tf.compat.v1.disable_v2_behavior()
import numpy as np
import gym
```

12.1.5.1 Gym 환경 생성

Gym을 사용하여 펜듈럼 환경을 만들어 보겠습니다.

```
env = gym.make("Pendulum-v0").unwrapped
```

환경의 상태 shape을 확인합니다.

```
state_shape = env.observation_space.shape[0]
```

환경의 행동 shape을 가져옵니다.

```
action_shape = env.action_space.shape[0]
```

펜듈럼은 연속적인 환경이기 때문에 우리의 행동 공간은 연속적인 값으로 구성됩니다. 따라서, 행동 공간의 상한과 하한이 다음과 같이 주어집니다.

```
action_bound = [env.action_space.low, env.action_space.high]
```

12.1.5.2 변수 정의

이제 몇 가지 중요한 변수를 정의해 보겠습니다.

감가율을 설정합니다.

```
gamma = 0.9
```

소프트 치환에 사용되는 τ의 값을 설정합니다.

```
tau = 0.001
```

리플레이 버퍼 크기를 설정합니다.

```
replay_buffer = 10000
```

배치 크기를 설정합니다.

```
batch_size = 32
```

12.1.5.3 DDPG 클래스 정의

DDPG 알고리즘을 구현할 DDPG라는 클래스를 정의해 보겠습니다. 이해를 돕기 위해 한 줄씩 코드를 살펴보겠습니다. 책의 GitHub 저장소에서 전체 코드를 통해서도 확인할 수 있습니다.

```
class DDPG(object):
```

12.1.5.3.1 init 메소드 정의

먼저 init 메소드를 정의하겠습니다.

```
    def __init__(self, state_shape, action_shape, high_action_value,):
```

트랜지션을 저장할 리플레이 버퍼를 정의합니다.

```
        self.replay_buffer = np.zeros((replay_buffer, state_shape * 2 + 
action_shape + 1), dtype=np.float32)
```

num_transitions를 0으로 초기화합니다. 즉, 리플레이 버퍼의 트랜지션 수가 0입니다.

```
        self.replay_buffer = np.zeros((replay_buffer, state_shape * 2 + 
action_shape + 1), dtype=np.float32)
```

TensorFlow 세션을 시작합니다.

```
        self.num_transitions = 0
```

우리는 DDPG에서 탐험을 보장하기 위해 행동을 직접 선택하는 대신 Ornstein-Uhlenbeck 프로세스를 사용하여 약간의 노이즈를 추가한다는 것을 배웠습니다. 먼저 노이즈를 초기화합니다.

```
        self.sess = tf.Session()
```

그런 다음 상태 shape, 행동 shape 및 높은 행동 값을 초기화합니다.

```
        self.state_shape, self.action_shape, self.high_action_value =
state_shape, action_shape, high_action_value
```

상태의 플레이스홀더를 정의합니다.

```
        self.state = tf.placeholder(tf.float32, [None, state_shape],
'state')
```

다음 상태의 플레이스홀더를 정의합니다.

```
        self.next_state = tf.placeholder(tf.float32, [None, state_
shape], 'next_state')
```

보상의 플레이스홀더를 정의합니다.

```
        self.reward = tf.placeholder(tf.float32, [None, 1], 'reward')
```

액터 변수 범위를 사용하여 다음을 수행합니다.

```
        with tf.variable_scope('Actor'):
```

메인 액터 신경망을 정의합니다. 액터 신경망은 상태를 입력으로 사용하고 해당 상태에서 수행할 행동을 반환합니다.

```
            self.actor = self.build_actor_network(self.state,
scope='main', trainable=True)
```

타겟 액터 신경망을 정의합니다. 타겟 액터 신경망은 다음 상태를 입력으로 사용하고 해당 상태에서 수행할 행동을 반환합니다.

```
            target_actor = self.build_actor_network(self.next_state,
scope='target', trainable=False)
```

크리티 변수 범위를 사용하면 다음과 같이 됩니다.

```
        with tf.variable_scope('Critic'):
```

메인 크리티 신경망을 정의합니다. 크리티 신경망은 상태와 해당 상태에서 액터가 생성한 행동을 입력으로 취하고 Q 값을 반환합니다.

```
            critic = self.build_critic_network(self.state, self.actor,
scope='main', trainable=True)
```

타겟 크리티 신경망은 다음 상태와 해당 다음 상태에서 타겟 액터 신경망이 생성한 행동을 입력으로 취하고 Q 값을 반환합니다.

```
            target_critic = self.build_critic_network(self.next_state,
target_actor, scope='target', trainable=False)
```

메인 액터 신경망의 매개변수 ϕ를 가져옵니다.

```
        self.main_actor_params = tf.get_collection(tf.GraphKeys.GLOBAL_
VARIABLES, scope='Actor/main')
```

타겟 액터 신경망의 매개변수 ϕ'를 가져옵니다.

```
        self.target_actor_params = tf.get_collection(tf.GraphKeys.
GLOBAL_VARIABLES, scope='Actor/target')
```

메인 크리티 신경망의 매개변수 θ를 가져옵니다.

```
        self.main_critic_params = tf.get_collection(tf.GraphKeys.
GLOBAL_VARIABLES, scope='Critic/main')
```

타겟 크리티 신경망의 매개변수 θ'를 가져옵니다.

```
        self.target_critic_params = tf.get_collection(tf.GraphKeys.
GLOBAL_VARIABLES, scope='Critic/target')
```

소프트 치환을 수행하고 타겟 액터 신경망의 매개변수와 타겟 크리틱 신경망의 매개변수를 업데이트합니다.

```
        self.soft_replacement = [

            [tf.assign(phi_, tau*phi + (1-tau)*phi_), tf.assign(theta_,
tau*theta + (1-tau)*theta_)]

            for phi, phi_, theta, theta_ in zip(self.main_actor_params,
self.target_actor_params, self.main_critic_params, self.target_critic_
params)

            ]
```

타겟 Q 값을 계산합니다. 타겟 Q 값은 보상과 다음 상태-행동 쌍의 감가된 Q 값의 합 $y_i = r_i + \gamma Q_{\theta'}(s_i, \mu_{\phi'}(s'_i))$으로 계산할 수 있다는 것을 배웠습니다.

```
        y = self.reward + gamma * target_critic
```

이제 크리틱 신경망의 손실을 계산해 보겠습니다. 크리틱 신경망의 손실은 타겟 Q 값과 예측 Q 값 사이의 평균 제곱 오차입니다.

$$J(\phi) = \frac{1}{K}\sum_i (y_i - Q_\theta(s_i, a))^2$$

따라서 평균 제곱 오차를 다음과 같이 정의할 수 있습니다.

```
        MSE = tf.losses.mean_squared_error(labels=y,
predictions=critic)
```

Adam 옵티마이저를 사용하여 평균 제곱 오차를 최소화하여 크리틱 신경망을 훈련합니다.

```
        self.train_critic = tf.train.AdamOptimizer(0.01).minimize(MSE,
name="adam-ink", var_list = self.main_critic_params)
```

우리는 액터의 목적 함수가 다음과 같이 크리틱 신경망에 의해 생성된 Q 값을 최대화하는 행동을 생성하는 것임을 배웠습니다.

$$J(\phi) = \frac{1}{K}\sum_i Q_\theta(s_i, a)$$

여기서 행동은 $a = \mu_\phi(s)$이고, 그래디언트를 계산하여 그래디언트 상승을 수행함으로써 이 목적 값을 최대화할 수 있습니다. 그러나 최대화보다는 최소화를 수행하는 것이 표준 규약입니다. 따라서 음수 기호를 추가하여 앞의 최대화 목적 값을 최소화 목적 값으로 변환할 수 있습니다. 따라서 액터 신경망의 목적 값을 다음과 같이 정의할 수 있습니다.

$$J(\phi) = -\frac{1}{K}\sum_i Q_\theta(s_i, a)$$

이제 그래디언트를 계산하고 경사하강법을 수행하여 액터 신경망의 목적 값을 최소화할 수 있습니다. 따라서 다음과 같이 쓸 수 있습니다.

```
        actor_loss = -tf.reduce_mean(critic)
```

Adam 옵티마이저를 사용하여 손실을 최소화하여 액터 신경망을 훈련합니다.

```
        self.train_actor = tf.train.AdamOptimizer(0.001).
minimize(actor_loss, var_list=self.main_actor_params)
```

모든 TensorFlow 변수를 초기화합니다.

```
        self.sess.run(tf.global_variables_initializer())
```

12.1.5.3.2 행동 선택

select_action이라는 함수를 정의하여 탐험을 보장하기 위해 잡음이 있는 행동을 선택합니다.

```
    def select_action(self, state):
```

액터 신경망을 실행하고 행동을 가져옵니다.

```
        action = self.sess.run(self.actor, {self.state: state[np.
newaxis, :]})[0]
```

이제 평균을 행동으로, 표준 편차를 노이즈로 하여 정규 분포를 생성하고 이 정규 분포에서 랜덤하게 행동을 선택합니다.

```
        action = np.random.normal(action, self.noise)
```

우리는 행동이 행동의 한계를 벗어나지 않도록 해야 합니다. 따라서 행동의 끝을 잘라내어 행동 경계 내에 존재하도록 강제하여 행동을 반환합니다.

```
        action = np.clip(action, action_bound[0],action_bound[1])

        return action
```

12.1.5.3.3 훈련 함수 정의

이제 훈련 함수를 정의해 보겠습니다.

```
    def train(self):
```

소프트 치환을 수행합니다.

```
    def train(self):
```

리플레이 버퍼에서 지정된 배치 크기의 인덱스를 랜덤하게 선택합니다.

```
        indices = np.random.choice(replay_buffer, size=batch_size)
```

리플레이 버퍼로부터 선택한 인덱스에 대응되는 트랜지션 배치를 가져옵니다.

```
        batch_transition = self.replay_buffer[indices, :]
```

상태, 행동, 보상 및 다음 상태의 배치를 가져옵니다.

```
        batch_states = batch_transition[:, :self.state_shape]
        batch_actions = batch_transition[:, self.state_shape: self.
state_shape + self.action_shape]
        batch_rewards = batch_transition[:, -self.state_shape - 1:
-self.state_shape]
        batch_next_state = batch_transition[:, -self.state_shape:]
```

액터 신경망을 훈련합니다.

```
        self.sess.run(self.train_actor, {self.state: batch_states})
```

크리틱 신경망을 훈련합니다.

```
        self.sess.run(self.train_critic, {self.state: batch_states,
self.actor: batch_actions, self.reward: batch_rewards, self.next_state:
batch_next_state})
```

12.1.5.3.4 트랜지션 저장하기

이제 트랜지션을 리플레이 버퍼에 저장하겠습니다.

```
    def store_transition(self, state, actor, reward, next_state):
```

먼저 상태, 행동, 보상 및 다음 상태를 쌓습니다.

```
        trans = np.hstack((state,actor,[reward],next_state))
```

인덱스를 가져옵니다.

```
        index = self.num_transitions % replay_buffer
```

트랜지션을 저장합니다.

```
        self.replay_buffer[index, :] = trans
```

트랜지션 수를 업데이트합니다.

```
        self.num_transitions += 1
```

트랜지션 수가 리플레이 버퍼보다 크면 신경망을 훈련합니다.

```
        if self.num_transitions > replay_buffer:
            self.noise *= 0.99995
            self.train()
```

12.1.5.3.5 액터 신경망 생성하기

우리는 액터 신경망을 구축하기 위해 build_actor_network라는 함수를 정의합니다. 액터 신경망은 상태를 입력으로 받아 해당 상태에서 수행할 행동을 반환합니다.

```
    def build_actor_network(self, state, scope, trainable):
        with tf.variable_scope(scope):
            layer_1 = tf.layers.dense(state, 30, activation = tf.nn.
tanh, name = 'layer_1', trainable = trainable)
            actor = tf.layers.dense(layer_1, self.action_shape,
activation = tf.nn.tanh, name = 'actor', trainable = trainable)
            return tf.multiply(actor, self.high_action_value, name =
"scaled_a")
```

12.1.5.3.6 크리틱 신경망 생성하기

우리는 크리틱 신경망을 구축하기 위해 build_critic_network라는 함수를 정의합니다. 크리틱 신경망은 해당 상태에서 액터가 생성한 상태와 행동을 입력으로 받아 Q 값을 반환합니다.

```
    def build_critic_network(self, state, actor, scope, trainable):
        with tf.variable_scope(scope):
            w1_s = tf.get_variable('w1_s', [self.state_shape, 30],
trainable = trainable)
            w1_a = tf.get_variable('w1_a', [self.action_shape, 30],
trainable = trainable)
            b1 = tf.get_variable('b1', [1, 30], trainable = trainable)
            net = tf.nn.tanh( tf.matmul(state, w1_s) + tf.matmul(actor,
w1_a) + b1 )

            critic = tf.layers.dense(net, 1, trainable = trainable)
            return critic
```

12.1.5.4 신경망 학습

이제 신경망 훈련을 시작하겠습니다. 먼저 DDPG 클래스 객체를 생성해 보겠습니다.

```
ddpg = DDPG(state_shape, action_shape, action_bound[1])
```

에피소드 수를 설정합니다.

```
num_episodes = 300
```

각 에피소드의 시간 스텝 수를 설정합니다.

```
num_timesteps = 500
```

각 에피소드에 대해 다음을 수행합니다.

```
for i in range(num_episodes):
```

환경을 재설정하여 상태를 초기화합니다.

```
    state = env.reset()
```

반환을 초기화합니다.

```
    Return = 0
```

모든 스텝에 대해 다음을 수행합니다.

```
    for t in range(num_timesteps):
```

환경을 렌더링(rendering)합니다.

```
        env.render()
```

행동을 선택합니다.

```
        action = ddpg.select_action(state)
```

선택한 행동을 수행합니다.

```
        next_state, reward, done, info = env.step(action)
```

트랜지션을 리플레이 버퍼에 저장합니다.

```
        ddpg.store_transition(state, action, reward, next_state)
```

반환을 업데이트합니다.

```
        Return += reward
```

상태가 터미널(terminal) 상태이면 다음을 중단합니다.

```
        if done:
            break
```

상태를 다음 상태로 업데이트합니다.

```
        state = next_state
```

10회마다 반환되는 내용을 출력합니다.

```
    if i %10 ==0:
        print("Episode:{}, Return: {}".format(i,Return))
```

환경을 렌더링함으로써 에이전트가 펜듈럼을 위로 흔드는 방법이 어떻게 학습되었는지 관찰할 수 있습니다.

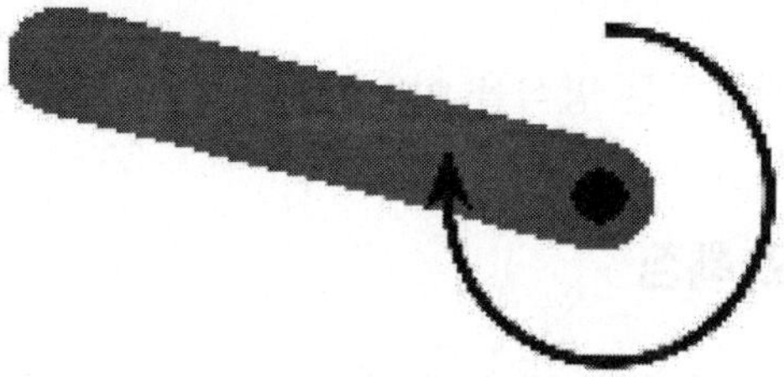

그림 12.5 Gym 펜듈럼 환경

지금까지 DDPG의 작동 방식과 구현 방법에 대해 알아보았으므로, 다음 절에서는 Twin Delayed DDPG라는 또 다른 흥미로운 알고리즘에 대해 알아보겠습니다.

12.2 Twin delayed DDPG

이제 Twin delayed DDPG(TD3)라는 또 다른 흥미로운 액터-크리틱 알고리즘에 대해 알아보겠습니다. TD3는 방금 설명한 DDPG 알고리즘의 확장(기본적으로 후속 모델) 입니다.

이전 절에서는 DDPG가 결정론적 정책을 사용하여 연속적인 행동 공간에서 행동하는 방법에 대해 알아봤습니다. DDPG는 여러 가지 장점을 가지고 있으며 다양한 연속적인 행동 공간 환경에서 성공적으로 사용되고 있습니다.

DDPG는 액터가 정책 신경망이고 최적의 정책을 찾는 액터-크리틱 방법이며, 크리틱은 액터가 생성한 정책을 DQN을 사용하여 추정하고 평가하는 것으로 이해했습니다.

DDPG의 문제 중 하나는 크리틱이 타겟 Q 값을 과대평가(overestimation)한다는 것입니다. 이러한 과대평가로 인해 몇 가지 문제가 발생합니다. 우리는 크리틱이 생성한 Q 값을 기반으로 정책이 개선된다는 것을 배웠지만, Q 값이 근사 오차를 가질 경우 정책에 안정성 문제가 발생하여 정책이 지역 최적 상태(local optima)로 수렴될 수 있습니다.

따라서 이를 해결하기 위해 TD3는 다음과 같은 세 가지 중요한 기능을 제안합니다.

1. 더블 Q 러닝 클리핑
2. 지연된(Delayed) 정책 업데이트
3. 타겟 정책 스무딩(smoothing)

먼저 TD3가 직관적으로 작동하는 방식을 이해한 다음 알고리즘을 자세히 살펴보겠습니다.

12.2.1 TD3의 주요 특징

TD3는 DDPG의 문제를 완화하기 위해 세 가지 중요한 기능을 제안한다는 점을 제외하고는 기본적으로 DDPG와 동일합니다. 이 절에서는 먼저 TD3의 주요 기능에 대한 기본적인 이해를 얻는 것을 목표로 합니다. TD3의 세 가지 주요 기능은 다음과 같습니다.

- **클리핑된 Q 러닝** : 하나의 크리틱 신경망을 사용하는 대신 두 개의 메인 크리틱 신경망을 사용하여 Q 값을 계산하고 두 개의 타겟 크리틱 신경망을 사용하여 타겟값을 계산합니다. 우리는 두 개의 타겟 크리틱 신경망을 사용하여 두 개의 타겟 Q 값을 계산하고 손실을 계산하는 동안 이 둘의 최솟값을 사용합니다. 이것은 타겟 Q 값의 과대평가를 방지하는 데 도움이 됩니다. 이에 대한 자세한 내용은 다음 절에서 자세히 알아보겠습니다.
- **지연된 정책 업데이트** : DDPG에서 우리는 에피소드의 모든 스텝에서 정책 신경망과 크리틱 신경망(DQN) 모두의 매개변수를 업데이트한다는 것을 배웠습니다. DDPG와 달리 여기서는 액터 신경망의 매개변수 업데이트를 지연합니다.

  즉, 크리틱 신경망 매개변수는 에피소드의 매 스텝마다 업데이트되지만 액터 신경망의 매개변수는 에피소드의 두 스텝마다 지연되어 업데이트됩니다.

- **타겟 정책 스무딩** : DDPG 메소드는 동일한 행동에 대해서도 서로 다른 타겟값을 생성합니다. 따라서 동일한 행동에서도 타겟값의 분산이 높아지므로 타겟 행동에 약간의 노이즈를 추가하여 이 분산을 줄입니다.

이제 TD3의 주요 기능에 대한 기본적인 아이디어를 얻었으므로, 이 세 가지 주요 기능이 정확히 어떻게 작동하고 DDPG와 관련된 문제를 어떻게 해결하는지 자세히 알아보겠습니다.

12.2.1.1 클리핑된 더블 Q 러닝(Clipped double Q learning)

9장 "딥 Q 신경망와 그 변형"에서 DQN에 대해 액터는 동안 DQN이 타겟에서 다음 상태-행동 쌍의 Q 값을 과대평가하는 경향이 있다는 것을 발견했습니다. 다음과 같이 표시됩니다.

$$y = r + \underbrace{\gamma \max_{a'} Q_{\theta'}(s', a')}_{\text{Overestimates } Q \text{ Value}}$$

과대평가를 완화하기 위해 이중 Q 러닝을 사용했습니다. 이중 Q 러닝을 통해, 우리는 두 개의 다른 신경망, 즉, 두 개의 다른 Q 함수를 사용합니다. 하나는 행동을 선택하는 데에, 다른 하나는 Q 값을 계산하는 데 사용됩니다.

$$y = r + \gamma Q_{\theta'}(s', \arg\max_{a'} Q_{\theta}(s', a'))$$

따라서 이 방정식을 사용하여 타겟값을 계산하면 DQN에서 Q 값의 과대평가를 방지할 수 있습니다.

우리는 DDPG에서 크리틱인 신경망은 DQN이며, 따라서 타겟의 Q 값에 대한 과대평가로 인해 어려움을 겪고 있다는 것을 배웠습니다. DDPG에서 이중 Q 러닝을 사용하고 과대평가 편향을 해결할 수 있습니까? 네 그렇습니다. 하지만 문제는 액터-크리틱 방법에서 정책과 타겟 신경망 매개변수 업데이트가 느리게 수행되며, 이는 과대평가 편향을 제거하는 데 도움이 되지 않는다는 것입니다.

그래서, 우리는 클리핑된 더블 Q 러닝이라고 불리는 약간 다른 버전의 더블 Q 러닝을 사용할 것입니다. 클리핑된 이중 Q 러닝에서, 우리는 Q 값을 계산하기 위해 두 개의 타겟 크리틱 신경망을 사용합니다.

우리는 두 개의 타겟 크리틱 신경망을 사용하고 두 개의 Q 값을 계산하고 이 두 개 중 최솟값을 선택하여 타겟값을 계산합니다. 이는 과대평가 편향을 방지하는 데 도움이 됩니다. 이것에 대해 좀 더 자세히 이해해 보겠습니다.

만약 우리가 두 개의 타겟 크리틱 신경망이 필요하다면, 우리는 두 개의 메인 크리틱 신경망도 필요합니다. 타겟 신경망 매개변수는 기본 신경망 매개변수의 시간 지연된 복사본일 뿐입니다. 따라서 매개변수 θ_1과 θ_2를 가진 두 개의 메인 크리틱 신경망을 정의하여 두 Q 값, 즉 각각 $Q_{\theta_1}(s,a)$과 $Q_{\theta_2}(s,a)$를 계산합니다.

우리는 또한 타겟에서 다음 상태-행동 쌍의 두 Q 값을 계산하기 위해 매개변수 θ_1' 및 θ_2'로 두 타겟 크리틱 신경망을 각각 정의합니다.

DDPG에서는 다음과 같이 타겟값을 계산했습니다.

$$y = r + \gamma Q_{\theta'}(s', \mu_{\phi'}(s'))$$

이러한 방식으로 타겟에서 다음 상태-행동 쌍의 Q 값을 계산하면 과대평가 편향이 발생합니다.

$$y = r + \gamma \underbrace{Q_{\theta'}(s', \mu_{\phi'}(s'))}_{\text{Creates overestimation bias}}$$

따라서 이를 피하기 위해 TD3에서는 먼저 첫 번째 타겟 크리틱 신경망을 매개변수 θ_1'로 하여 타겟에서 다음 상태-행동 쌍의 Q 값을 계산합니다. 그리고 우리는 매개변수 θ_2'를 갖는 두 번째 타겟 크리틱 신경망을 사용하여 타겟에서 다음 상태-행동 쌍의 Q 값을 계산합니다. 그런 다음 이 두 Q 값 중 최솟값을 사용하여 다음과 같이 타겟값을 계산합니다.

$$y = r + \gamma \min \begin{pmatrix} Q_{\theta'_1}(s', a') \\ Q_{\theta'_2}(s', a') \end{pmatrix}$$

여기서 행동은 $a' = \mu_{\phi'}(s')$입니다.

앞의 방정식은 다음과 같이 간단히 표현할 수 있습니다.

$$y = r + \gamma \min_{j=1,2} Q_{\theta'_j(s', a')}$$

여기서 행동은 $a' = \mu_{\phi'}(s')$입니다.

이러한 방식으로 타겟값을 계산하면 다음 상태-행동 쌍의 Q 값이 과대 평가되는 것을 방지할 수 있습니다.

타겟값을 계산했습니다. 손실을 계산하고 크리틱 신경망 매개변수를 업데이트하는 방법은 무엇입니까? 우리는 두 개의 메인 크리틱 신경망을 사용한다는 것을 배웠습니다. 먼저 θ_1로 매개변수화된 첫 번째 메인 크리틱 신경망의 손실을 계산합니다.

$$J(\theta_1) = \frac{1}{K}\sum_i (y_i - Q_{\theta_1}(s_i, a_i))^2$$

손실을 계산한 후, 우리는 그래디언트를 계산하고 경사하강법을 다음과 같이 사용하여 매개변수 θ_1를 업데이트합니다.

$$\theta_1 = \theta_1 - \alpha \nabla_{\theta_1} J(\theta_1)$$

다음으로, 우리는 다음과 같이 θ_2로 매개변수화된 두 번째 메인 크리틱 신경망의 손실을 계산합니다.

$$J(\theta_2) = \frac{1}{K}\sum_i (y_i - Q_{\theta_2}(s_i, a_i))^2$$

손실을 계산한 후, 우리는 그래디언트를 계산하고 경사하강법을 다음과 같이 사용하여 매개변수 θ_2를 업데이트합니다.

$$\theta_2 = \theta_2 - \alpha \nabla_{\theta_2} J(\theta_2)$$

이전 업데이트는 다음과 같이 간단히 표현할 수 있습니다.

$$J(\theta_j) = \frac{1}{K}\sum_i (y_i - Q_{\theta_j}(s_i, a_i))^2 \ \text{for } j = 1, 2$$

$$\theta_j = \theta_j - \alpha \nabla_{\theta_j} J(\theta_j) \ \text{for } j = 1, 2$$

두 메인 크리틱 신경망 매개변수인 θ_1와 θ_2를 업데이트한 후, 다음과 같이 소프트 치환을 사용하여 두 타겟 크리틱 신경망 매개변수인 θ_1'와 θ_2'를 업데이트할 수 있습니다.

$$\theta'_1 = \tau\theta_1 + (1-\tau)(\theta'_1)$$
$$\theta'_2 = \tau\theta_2 + (1-\tau)(\theta'_2)$$

이전 업데이트는 다음과 같이 간단히 표현할 수 있습니다.

$$\theta'_j = \tau\theta_j + (1-\tau)\theta'_j \text{ for } j=1,2$$

12.2.1.2 지연된 정책 업데이트(Delayed policy updates)

지연된 정책 업데이트는 액터 신경망(정책 신경망)의 매개변수를 크리틱 신경망보다 덜 자주 업데이트한다는 것을 의미합니다. 하지만 우리는 왜 이러한 업데이트 방식을 원할까요? 우리는 DDPG에서 액터 및 크리틱 신경망 매개변수가 에피소드의 모든 스텝에서 업데이트된다는 것을 배웠습니다.

크리틱 신경망 매개변수가 좋지 않으면 잘못된 Q 값을 추정합니다. 크리틱 신경망에서 추정한 Q 값이 정확하지 않으면 액터 신경망이 매개변수를 올바르게 업데이트할 수 없습니다. 즉, 우리는 액터 신경망이 크리틱 신경망의 피드백을 기반으로 학습한다는 것을 배웠습니다. 이 피드백은 단지 Q 값일 뿐입니다. 크리틱 신경망이 잘못된 피드백을 제공할 때(잘못된 Q 값) 액터 신경망은 올바른 행동을 학습할 수 없으며 매개변수를 올바르게 업데이트할 수 없습니다.

따라서 이를 피하기 위해 액터 신경망의 매개변수 업데이트를 잠시 보류하고 크리틱이 올바른 Q 값을 추정하도록 크리틱 신경망만 업데이트합니다. 즉, 에피소드의 매 스텝마다 크리틱 신경망의 매개변수를 업데이트하고, 액터 신경망의 매개변수 업데이트를 연기하며, 액터가 잘못된 크리틱의 피드백으로부터 학습하는 것을 원하지 않기 때문에 에피소드의 일부 특정 스텝에 대해서만 업데이트합니다.

간단히 말해서, 크리틱 신경망 매개변수는 에피소드의 모든 스텝에서 업데이트되지만 액터 신경망 매개변수 업데이트는 지연됩니다. 우리는 일반적으로 업데이트를 두 스텝 지연시킵니다.

DDPG에서 액터 신경망(정책 신경망)의 타겟은 Q 값을 최대화하는 것입니다.

$$J(\phi) = \frac{1}{K}\sum_i Q_\theta(s_i, a)$$

액터 신경망의 이전 타겟은 TD3에서도 동일합니다. 즉, 여기서 DDPG와 유사하게, 액터의 목적은 크리틱이 만들어내는 Q의 가치를 최대화하는 방식으로 행동을 창출하는 것입니다. 하지만 DDPG와 달리 여기서는 매개변수가 각각 θ_1과 θ_2인 두 개의 크리틱 신경망을 사용하기 때문에 두 개의 Q 값, 즉 $Q_{\theta_1}(s,a)$와 $Q_{\theta_2}(s,a)$가 있습니다. 그렇다면 우리의 액터 신경망은 어떤 Q 값을 최대화해야 할까요? 우리는 $Q_{\theta_1}(s,a)$와 $Q_{\theta_2}(s,a)$ 둘 중 하나를 선택하여 최대화할 수 있으며, 최종적으로는 $Q_{\theta_1}(s,a)$을 가져갈 수 있습니다.

따라서 TD3에서 액터 신경망의 목적은 다음과 같이 Q 값인 $Q_{\theta_1}(s,a)$를 최대화하는 것입니다.

$$J(\phi) = \frac{1}{K}\sum_i Q_{\theta_1}(s_i, a)$$

위의 방정식에서는 액터 신경망에 의해 행동 a가 선택된다는 것을 기억해야 합니다. 목적 함수를 최대화하기 위해 $\nabla_\phi J(\phi)$의 그래디언트를 계산하고 그래디언트 상승을 사용하여 신경망의 매개변수를 업데이트합니다.

$$\phi = \phi + \alpha \nabla_\phi J(\phi)$$

이제 에피소드의 매 스텝마다 액터 신경망의 매개변수 업데이트를 수행하는 대신 업데이트를 지연시키고 2스텝마다 매개변수를 업데이트합니다. 에피소드의 스텝은 t로 표시하고 d는 업데이트를 지연시킬 시간 스텝 수를 나타냅니다(일반적으로 2로 설정됨). 그러면 다음과 같이 쓸 수 있습니다.

1. If t mod d =0, then:
   1. Compute the gradient of the objective function $\nabla_\phi J(\phi)$
   2. Update the actor network parameter using gradient ascent $\phi = \phi + \alpha\nabla_\phi J(\phi)$

이는 우리가 최종 알고리즘을 볼 때 더 명확해질 것입니다.

12.2.1.3 타겟 정책 스무딩

이를 이해하기 위해 먼저 TD3에서 타겟값을 계산하는 방법을 생각해 보겠습니다. 우리는 TD3에서 두 가지 타겟 크리틱 신경망을 통해 클리핑된 이중 Q 러닝을 사용하여 타겟값을 업데이트한다는 것을 배웠습니다.

$$j = r + \gamma \min_{j=1,2} Q_{\theta'_j}(s', a')$$

여기서 행동은 $a' = \mu_{\phi'}(s')$입니다.

우리는 타겟 액터 신경망인 $\mu_{\phi'}(s')$에 의해 생성된 행동 a'으로 타겟값을 계산합니다. 타겟 액터 신경망이 제공하는 행동을 직접 사용하는 대신 행동에 노이즈 ϵ를 추가하고 행동을 $\tilde{a}$로 수정합니다.

$$\tilde{a} = \mu_{\phi'}(s') + \epsilon \text{ where } \epsilon \sim (N(0, \sigma), -c, +c)$$

여기서 $-c \sim +c$는 노이즈가 클리핑된 것을 나타내므로 실제 행동에 맞게 타겟을 유지할 수 있습니다. 따라서, 타겟값은 다음과 같이 계산할 수 있습니다.

$$j = r + \gamma \min_{j=1,2} Q_{\theta'_j}(s', \tilde{a})$$

앞의 방정식에서, 행동은 $\tilde{a} = \mu_{\phi'}(s') + \epsilon$입니다.

그러나 DDPG 방법은 유사한 행동에서도 분산이 높은 타겟값을 생성합니다. 이는 결정론적 정책이 가치 추정이 높은 정점에 과적합되기 때문입니다. 따라서 노이즈를 추가하면 유사한 행동에 대해 이러한 정점을 매끄럽게 만들 수 있습니다. 따라서 타겟 정책 스무딩은 기본적으로 정규화의 역할을 수행하며 타겟값의 분산을 줄입니다.

이제 TD3 알고리즘의 주요 기능들을 이해했으므로 지금까지 배운 내용과 TD3 알고리즘의 작동 방식의 모든 개념을 종합하여 명확하게 알아보겠습니다.

12.2.2 TD3 종합하기

먼저 TD3를 더 잘 이해하기 위해 표기법을 다시 생각해 보겠습니다. 우리는 총 6개의 신경망을 활용하며 그 중 4개는 크리티 신경망 나머지 2개는 액터 신경망입니다.

- 2개의 메인 크리틱 신경망 매개변수는 θ_1과 θ_2로 표시됩니다.
- 2개의 타겟 크리틱 신경망 매개변수는 θ_1'과 θ_2'로 표시됩니다.
- 메인 액터 신경망 매개변수는 ϕ로 표시됩니다.
- 타겟 액터 신경망 매개변수는 ϕ'로 표시됩니다.

TD3는 액터-크리틱 방법이기 때문에 전체 에피소드를 생성한 다음 매개변수를 업데이트하는 정책 그래디언트 방법과 달리 TD3의 매개변수는 에피소드의 모든 스텝에서 업데이트됩니다. 이제 TD3의 작동 방식을 살펴보겠습니다.

먼저, 우리는 2개의 메인 크리틱 신경망 매개변수인 θ_1과 θ_2 그리고 메인 액터 신경망 매개변수 ϕ를 임의의 값으로 초기화합니다. 타겟 신경망 매개변수는 메인 신경망 매개변수의 복사본일 뿐입니다. 따라서, 우리는 각각 θ_1과 θ_2를 복사하여 2개의 타겟 크리틱 신경망 매개변수 θ_1'과 θ_2'를 초기화합니다. 마찬가지로 메인 액터 신경망 매개변수 ϕ를 복사하여 타겟 액터 신경망 매개변수 ϕ'를 초기화합니다. 우리는 또한 리플레이 버퍼 D를 초기화합니다.

이제 에피소드의 각 스텝에 대해 먼저 액터 신경망을 사용하여 행동을 선택합니다.

$$a = \mu_\phi(s)$$

그러나 행동을 직접 사용하는 대신 탐험을 보장하기 위해 약간의 노이즈 $\epsilon \sim N(0, \sigma)$를 추가합니다. 따라서 우리의 행동은 이제 다음과 같습니다.

$$a = \mu_\phi(s) + \epsilon$$

그런 다음 a 행동을 수행하고 다음 상태 s'로 이동하여 보상 r을 받습니다. 우리는 이 트랜지션 정보를 리플레이 버퍼 D에 저장합니다.

다음으로, 우리는 리플레이 버퍼에서 K 트랜지션의 미니 배치 (s, a, r, s')를 무작위로 샘플링합니다. 이러한 K 트랜지션은 크리틱 및 액터 신경망을 업데이트하는 데 사용됩니다.

먼저, 크리틱 신경망의 손실을 계산해 보겠습니다. 크리틱 신경망의 손실 함수는 다음과 같습니다.

$$J(\theta_j) = \frac{1}{K}\sum_i (y_i - Q_{\theta_j}(s_i, a_i))^2 \text{ for } j = 1, 2$$

앞의 방정식에서는 다음이 적용됩니다.

- 행동 a_i는 액터 신경망에 의해 생성된 행동, 즉 $a_i = \mu_\phi(s_i)$입니다.
- y_i는 크리틱의 타겟값, 즉 $y_i = r_i + \gamma \min_{j=1,2} Q_{\theta'_j}(s'_i, \tilde{a})$입니다. 그리고 행동 $\tilde{a}$는 타겟 액터 신경망에 의해 생성된 행동 $\tilde{a} = \mu_{\phi'}(s') + \epsilon$ where $\epsilon \sim (N(0, \sigma), -c, +c)$입니다.

크리틱 신경망의 손실을 계산한 후, 우리는 경사하강법을 사용하여 크리틱 신경망 매개변수를 업데이트합니다.

$$\theta_j = \theta_j - \alpha \nabla_{\theta_j} J(\theta_j) \text{ for } j = 1, 2$$

이제 액터 신경망을 업데이트하겠습니다. 액터 신경망의 목적 함수는 다음과 같습니다.

$$J(\phi) = \frac{1}{K} \sum_i Q_{\theta_1}(s_i, a)$$

위의 방정식에서는 샘플링된 K개 트랜지션(s, a, r, s')의 상태(s_i)만 사용하고 있습니다. 행동 a는 액터 신경망에 의해 선택됩니다. 목적 함수를 최대화하기 위해 목적 함수의 그래디언트를 계산하고 그래디언트 상승을 사용하여 신경망의 매개변수를 업데이트합니다.

$$\phi = \phi + \alpha \nabla_\phi J(\phi)$$

에피소드의 매 스텝마다 액터 신경망의 매개변수 업데이트를 수행하는 대신 업데이트를 지연시킵니다. 에피소드의 스텝응 t로 표시되고 d는 업데이트를 지연시킬 스텝 수를 나타냅니다(일반적으로 2로 설정됨). 그러면 다음과 같이 쓸 수 있습니다.

1. If t mod $d = 0$, then:
    1. Compute the gradient of the objective function $\nabla_\phi J(\phi)$
    2. Update the actor network parameter using gradient ascent

$$\phi = \phi + \alpha \nabla_\phi J(\phi)$$

마지막으로, 우리는 소프트 치환을 통해 타겟 크리틱 신경망의 매개변수와 타겟 액터 신경망의 매개변수를 업데이트합니다.

$$\theta'_j = \tau\theta_j + (1-\tau)\theta'_j \text{ for } j = 1, 2$$
$$\phi' = \tau\phi_j + (1-\tau)\phi'$$

타겟 신경망의 매개변수를 업데이트하는 데 약간의 변화가 있습니다. d스텝에 대한 액터 신경망 매개변수 업데이트를 지연시키는 것처럼 모든 d스텝에 대해 타겟 신경망 매개변수를 업데이트합니다. 따라서 다음과 같이 쓸 수 있습니다.

1. If t mod $d = 0$, then:
    1. Compute the gradient of the objective function $\nabla_\phi J(\phi)$ and update the actor network parameter using gradient ascent $\phi = \phi + \alpha \nabla_\phi J(\phi)$
    2. Update the target critic network parameter and target actor network parameter as $\theta'_j = \tau\theta_j + (1-\tau)\theta'_j$ for $j = 1,2$, and $\phi' = \tau\phi + (1-\tau)\phi'$, respectively

여러 에피소드 동안 위의 스텝를 반복하고 정책을 개선합니다. TD3의 작동 방식을 더 잘 이해하기 위해 다음 절에서 TD3 알고리즘을 살펴보겠습니다.

12.2.3 TD3 알고리즘

TD3 알고리즘은 이전 절에서 학습한 세 가지 주요 기능을 포함한다는 점을 제외하고 DDPG 알고리즘과 매우 유사합니다. 따라서 TD3 알고리즘을 직접 살펴보기 전에 TD3의 모든 주요 기능들을 복습해야 할 수 있습니다.

TD3의 알고리즘은 다음과 같습니다.

1. Initialize the two main critic network parameters θ_1 and θ_2 and the main actor network parameter ϕ
2. Initialize the two target critic network parameters θ'_1 and θ'_2 by copying the main critic network parameters θ_1 and θ_2, respectively
3. Initialize the target actor network parameter ϕ' by copying the main actor network parameter ϕ'
4. Initialize the replay buffer $\mathcal{D}$
5. For N number of episodes, repeat step 6
6. For each step in the episode, that is, for $t = 0,\ldots,T-1$:
    1. Select the action a based on the policy $\mu_\phi(s)$ and with exploration noise ϵ, that is, $a = \mu_\phi(s) + \epsilon$ where, $\epsilon \sim (\mathcal{N}(0,\sigma)$
    2. Perform the selected action a, move to the next state s', get the reward r, and store the transition information in the replay buffer $\mathcal{D}$
    3. Randomly sample a minibatch of K transitions from the replay buffer $\mathcal{D}$
    4. Select the action $\tilde{a}$ to compute the target value, $\tilde{a} = \mu_{\phi'}(s'_i) + \epsilon$, where $\epsilon \sim (\mathcal{N}(0,\sigma), -c, +c)$
    5. Compute the target value of the critic, that is, $y_i = r_i + \gamma \min_{j=1,2} Q_{\theta'_j}(s'_i, \tilde{a})$

6. Compute the loss of the critic network, $J(\theta_j) = \frac{1}{K}\sum_i \left(y_i - Q_{\theta_j}(s_i, a_i)\right)^2$ for $j = 1, 2$
7. Compute the gradients of the loss $\nabla_{\theta_j} J(\theta_j)$ and minimize the loss using gradient descent, $\theta_j = \theta_j - \alpha \nabla_{\theta_j} J(\theta_j)$ for $j = 1, 2$
8. If t mod d =0, then:
   1. Compute the gradient of the objective function $\nabla_\phi J(\phi)$ and update the actor network parameter using gradient ascent, $\phi = \phi + \alpha \nabla_\phi J(\phi)$
   2. Update the target critic network parameter and target actor network parameter as $\theta_j' = \tau\theta_j + (1-\tau)\theta_j'$ for $j = 1,2$, and $\phi' = \tau\phi + (1-\tau)\phi'$, respectively

이제 TD3의 작동 방식을 배웠으므로 다음 절에서는 SAC라는 또 다른 흥미로운 알고리즘에 대해 알아보겠습니다.

12.3 Soft Actor-Critic

이제, 우리는 SAC라고 불리는 또 다른 액터-크리틱 알고리즘에 대해 알아볼 것입니다. 이 알고리즘은 오프-정책(off-policy) 알고리즘이며 TD3 알고리즘에서 여러 기능을 차용합니다. 그러나 TD3와 달리 확률적 정책 π를 사용합니다. SAC는 엔트로피(entropy)의 개념을 기반으로 합니다. 먼저, 엔트로피가 무엇을 의미하는지 이해해 봅시다. 엔트로피는 변수의 무작위성을 측정하는 척도입니다. 기본적으로 랜덤 변수의 불확실성이나 예측 불가능성을 알려주며 H로 표기됩니다.

랜덤 변수가 항상 동일한 값을 제공한다면 무작위성이 없기 때문에 엔트로피가 낮다고 말할 수 있습니다. 그러나 만약 랜덤 변수가 다른 값을 준다면, 우리는 그것의 엔트로피가 높다고 말할 수 있습니다.

예를 들어, 주사위 던지기 실험을 생각해 보세요. 주사위를 던질 때마다, 만약 우리가 다른 숫자를 얻는다면, 우리는 엔트로피가 높다고 말할 수 있습니다. 왜냐하면 우리는 매번 다른 숫자를 얻고 있고 다음 던질 때 어떤 숫자가 나올지 모르기 때문입니다. 하지만 만약 우리가 같은 숫자, 예를 들어 3을 얻는다면, 우리는 주사위가 던져질 때마다 엔트로피가 낮다고 말할 수 있습니다. 왜냐하면 우리는 모든 던질 때마다 같은 숫자를 얻었기 때문입니다.

정책 π가 지정된 특정 상태에서 수행할 행동을 알려준다는 것을 알고 있습니다. 정책의 엔트로피가 높거나 낮으면 어떻게 됩니까? 정책의 엔트로피가 높으면 정책이 매번 동일한 행동을 수행하는 대신 다른 행동을 수행한다는 의미입니다. 그러나 정책의 엔트로피가 낮다면 이는 정책이 매번 동일한 행동을 수행한다는 것을 의미합니다. 짐작하셨겠지만 정책의 엔트로피를 늘리면 탐험이 촉진되고 정책의 엔트로피를 줄이면 탐험이 줄어듭니다.

강화 학습에서 우리의 목표는 리턴을 최대화하는 것이라는 것을 알고 있습니다. 따라서 다음과 같이 목적 함수를 정의할 수 있습니다.

$$J(\phi) = E_{\tau \sim \pi_\phi}[R(\tau)]$$

여기서 π는 우리의 확률적 정책 π의 매개변수입니다.

우리는 리턴이 단지 보상의 합이라는 것을 알고 있습니다. 즉, 다음과 같습니다.

$$R(\tau) = \sum_{t=0}^{T-1} r_t$$

따라서 다음과 같이 리턴을 확장하여 타겟 함수를 다시 작성할 수 있습니다.

$$J(\phi) = E_{\tau \sim \pi_\phi}\left[\sum_{t=0}^{T-1} r_t\right]$$

앞의 목적 함수를 최대화하면 리턴이 최대화됩니다. SAC 방법에서는 다음과 같이 엔트로피 항이 있는 약간 수정된 버전의 목적 함수를 사용합니다.

$$J(\phi) = E_{\tau \sim \pi_\phi}\left[\sum_{t=0}^{T-1} r_t + \alpha H(\pi(\cdot|s_t))\right]$$

위의 수식에서 볼 수 있듯이, 목적 함수는 이제 2개의 항을 가지고 있습니다. 하나는 보상이고 다른 하나는 정책의 엔트로피입니다. 따라서 보상만 최대화하는 대신 정책의 엔트로피도 최대화합니다. 하지만 이것의 요점은 무엇일까요? 정책의 엔트로피를 최대화하면 새로운 행동를 모색할 수 있습니다. 하지만 우리는 우리에게 나쁜 보상을 주는 행동을 탐구하고 싶지 않습니다. 따라서 보상 최대화와 함께 엔트로피를 최대화하는 것은 최대한의 보상을 유지하는 것과 함께 새로운 행동을 탐구할 수 있다는 것을 의미합니다. 앞의 목적 함수는 종종 최대 엔트로피 강화 학습 또는 엔트로피 정규화 강화 학습이라고 합니다. 엔트로피 항을 추가하는 것을 종종 엔트로피 보너스라고도 합니다.

또한 목적함수에서 α라는 용어는 템퍼리처(temperature)라고 불리며 엔트로피 항에 대한 중요성을 설정하기 위해 사용되거나, 탐험의 정도를 제어하기 위해 사용된다고 말할 수 있습니다. α가 높을 때는 정책에서 탐험을 많이 유도하지만, 낮을 때는 탐험을 많이 허용하지 않습니다.

자, 이제 SAC에 대한 기본적인 아이디어를 살펴보았고 좀 더 자세히 알아보겠습니다.

12.3.1 Soft Actor-Critic 이해하기

이름에서 알 수 있듯이 SAC는 이전 절에서 학습한 DDPG 및 TD3와 유사한 액터-크리틱 방법입니다. 결정론적 정책을 사용하는 DDPG 및 TD3와 달리 SAC는 확률적 정책을 사용합니다. SAC는 TD3와 매우 유사한 방식으로 작동합니다. 우리는 액터-크리틱 아키텍처에서 액터는 경사하강법를 사용하여 최적의 정책을 찾고 크리틱은 액터가 생성한 정책을 Q 함수를 사용하여 평가한다는 것을 배웠습니다.

마찬가지로 SAC에서 액터는 경사하강법를 사용하여 최적의 정책을 찾고 크리틱은 액터가 생성한 정책을 평가합니다. 그러나 크리틱은 액터의 정책을 평가하기 위해 Q 함수만을 사용하는 대신 Q 함수와 가치 함수를 모두 사용합니다. 그런데 왜 액터의 정책을 평가하기 위해 Q 함수와 가치 함수가 모두 필요한 것일까요? 이에 대해서는 다음 절에서 자세히 설명합니다.

따라서 SAC에서는 최적의 정책을 찾기 위한 하나의 액터 신경망(정책 신경망)과 액터가 생성한 정책을 평가하기 위한 가치 함수와 Q 함수를 각각 계산하기 위한 두 개의 크리틱 신경망(가치 신경망 및 Q 신경망)이 있습니다.

다음으로 넘어가기 전에 엔트로피 항이 있는 가치 함수와 Q 함수의 수정된 버전을 살펴보겠습니다.

12.3.1.1 V, Q 함수와 엔트로피 항

가치 함수(상태 값)는 정책에 따른 상태에서 시작하는 일련의 트레젝토리(trajectory)의 기대 리턴(expected return)이라는 것을 알고 있습니다.

$$V^{\pi}(s) = \underset{\tau \sim \pi}{\mathrm{IE}}\,[R(\tau)|s_0 = s]$$

우리는 리턴이 트래젝토리의 보상의 합이라는 것을 배웠고, 따라서 반환을 다음과 같이 확장하여 앞의 방정식을 다시 쓸 수 있습니다.

$$V(s) = \underset{\tau \sim \pi}{\mathrm{IE}}\left[\sum_{t=0}^{T-1} r_t | s_0 = s\right]$$

이제 다음과 같이 엔트로피 항을 추가하여 가치 함수를 다시 작성할 수 있습니다.

$$V(s) = E_{\tau \sim \pi}\left[\sum_{t=0}^{T-1} r_t + \alpha H(\pi(\cdot|s_t))|s_0 = s\right]$$

우리는 Q 함수(상태-행동 값)가 정책 π에 따른 상태 s와 행동 a에서 시작하는 트래젝토리의 기대 리턴이라는 것을 알고 있습니다.

$$Q^{\pi}(s,a) = [R(\tau)|s_0 = 0, a_0 = a]$$

트래젝토리의 리턴을 확장하면 다음과 같이 쓸 수 있습니다.

$$Q(s,a) = \underset{\tau \sim \pi}{\mathrm{IE}}\left[\sum_{t=0}^{T-1} r_t | s_0 = s, a_0 = a\right]$$

이제 다음과 같이 엔트로피 항을 추가하여 Q 함수를 다시 작성할 수 있습니다.

$$Q(s,a) = E_{\tau \sim \pi}\left[\sum_{t=0}^{T-1} r_t + \sum_{t=0}^{T-1} H(\pi(\cdot|s_t))|s_0 = s, a_0 = a\right]$$

엔트로피 항을 갖는 이전 Q 함수에 대한 수정된 벨만 방정식은 다음과 같이 제공됩니다.

$$Q(s,a) = \underset{s' \sim P}{\mathrm{E}}\,[r + \gamma V(s')] \tag{2}$$

여기서 Q 함수와 가치 함수 사이의 관계를 사용하여 다음과 같이 가치 함수를 다시 계산할 수 있습니다.

$$V(s) = \mathrm{IE}_{a \sim \pi}[Q(s,a) - \alpha \log \pi(a|s)] \tag{3}$$

(2)와 (3) 방정식을 정확히 어떻게 얻었는지 알아보려면 Tuomas Haarnoja et.al의 Soft Actor-Critic : Off-Policy Maximum Entropy Deep Relection Learning 논문에서 SAC의 파생 여부를 확인할 수 있습니다(https://arxiv.org/pdf/1801.01290.pdf).

12.3.2 SAC의 구성 요소

이제 SAC에 대한 기본 아이디어를 얻었으므로 더 자세히 살펴보고 SAC의 각 구성 요소가 정확히 어떻게 작동하는지 개별적으로 파악해 보겠습니다.

12.3.2.1 크리틱 신경망

우리는 앞에서 본 다른 액터 크리틱 방법과 달리 SAC의 크리틱은 액터 신경망에서 생성된 정책을 평가하기 위해 가치 함수와 Q 함수를 모두 사용한다는 것을 배웠습니다. 하지만 왜 그런 것일까요?

이전 알고리즘에서는 액터가 생성하는 행동을 평가하기 위한 Q 함수를 계산하기 위해 크리틱 신경망을 사용했습니다. 또한 크리틱의 타겟 Q 값은 벨만 방정식을 사용하여 계산됩니다. 여기서도 똑같이 할 수 있습니다. 그러나 우리는 방정식 (2)에서 학습한 것처럼 엔트로피 항으로 인해 Q 함수의 벨만 방정식을 수정했습니다.

$$Q(s,a) = \underset{s' \sim P}{\mathrm{E}}[r + \gamma V(s')]$$

앞의 방정식으로부터 Q 함수를 계산하기 위해서는 먼저 가치 함수를 계산해야 한다는 것을 알 수 있습니다. 따라서 액터가 생성한 정책을 평가하기 위해서는 Q 함수와 가치 함수를 모두 계산해야 합니다. 단일 신경망을 사용하여 Q 함수와 가치 함수를 모두 근사할 수 있습니다. 그러나 단일 신경망을 사용하는 대신 Q 함수를 추정하는 Q 신경망과 가치 함수를 추정하는 가치 신경망라는 두 개의 다른 신경망을 사용합니다. Q 함수와 가치 함수를 계산하기 위해 두 개의 다른 신경망을 사용하면 훈련이 안정됩니다.

SAC 논문에서 언급한 바와 같이, "식 2에 따른 Q 함수 및 정책과 관련이 있으므로 상태 값에 대해 별도의 함수 근사기(신경망)를 포함할 필요가 원칙적으로 없습니다. 그러나 실제로는 상태 값에 별도의 함수 근사기(신경망)를 포함하면 훈련을 안정화할 수 있고 다른 신경망와 동시에 훈련하는 데 편리합니다."

먼저 가치 신경망이 어떻게 작동하는지 배운 다음 Q 신경망에 대해 알아보겠습니다.

12.3.2.1.1 가치 신경망

가치 신경망은 V로 표시되며, 가치 신경망의 파라미터는 ψ로 표시됩니다. 그리고 타겟 가치 신경망의 파라미터는 ψ'로 표시됩니다.

따라서 ψ에 의해 매개변수화된 신경망 $V_\psi(s)$을 사용하여 가치 함수(상태 값)를 근사화한다는 것을 의미합니다. 가치 신경망을 어떻게 훈련시킬 수 있을까요? 타겟 상태 값과 신경망에서 예측한 상태 값 사이의 손실을 최소화하여 신경망을 훈련할 수 있습니다. 타겟 상태 값을 얻으려면 어떻게 해야 될까요? 방정식 (3)에 주어진 가치 함수를 사용하여 타겟 상태 값을 계산할 수 있습니다.

우리는 방정식 (3)에 따라 상태의 값이 다음과 같이 계산된다는 것을 배웠습니다.

$$V(s) = \mathbb{E}_{a\sim\pi}[Q(s,a) - \alpha \log\pi(a|s)]$$

앞의 방정식에서는 기대치를 제거할 수 있습니다. 우리는 리플레이 버퍼에서 K개의 트랜지션을 샘플링하여 기대치를 근사화할 것입니다. 따라서 다음과 같은 방정식을 사용하여 타겟 상태 값 y_v를 계산할 수 있습니다.

$$\mathrm{y}_v = Q(s,a) - \alpha \log\pi(a|s)$$

앞의 방정식을 보면, 우리는 Q 함수를 가지고 있습니다. Q 함수를 계산하기 위해 θ로 매개변수화된 Q 신경망을 사용하며, 마찬가지로 우리의 정책은 ϕ로 매개변수화되고, Q 함수와 정책으로 이전 방정식을 다음과 같이 다시 작성할 수 있습니다.

$$\mathrm{y}_v = Q_\theta(s,a) - \alpha \log\pi_\phi(a|s)$$

하지만 타겟값을 계산하기 위해 앞의 방정식을 사용한다면 Q 값은 과대평가될 것입니다. 따라서 이러한 과대평가를 피하기 위해 TD3에서 학습한 것처럼 클리핑된 이중 Q 러닝을 사용합니다. 즉, 다음과 같이 θ_1과 θ_2로 매개변수화된 두 개의 Q 신경망을 사용하여 두 개의 Q 값을 계산하고 이 두 개의 최소값을 취합니다.

$$\mathrm{y}_v = \min\begin{pmatrix} Q_{\theta_1}(s,a) \\ Q_{\theta_2}(s,a) \end{pmatrix} - \alpha \log \pi_\phi(a|s)$$

앞의 방정식에서 관찰할 수 있듯이, 클리핑된 이중 Q 러닝의 경우, θ_1과 θ_2로 매개변수화된 두 개의 메인 Q 신경망을 사용하고 있지만, TD3에서는 $\theta_1{}'$과 $\theta_2{}'$로 매개변수화된 두 개의 타겟 Q 신경망을 사용했습니다. 왜 그런 것일까요?

왜냐하면 여기서는 θ_1과 θ_2로 매개변수화된 2개의 메인 Q 신경망을 사용할 수 있도록 상태-행동 쌍의 Q 값을 계산하고 있지만, TD3에서는 다음 상태-행동 쌍과 $\theta_1{}'$과 $\theta_2{}'$로 매개변수화된 2개의 타겟 Q 신경망을 사용하여 다음 상태-행동 쌍의 Q 값을 계산합니다. 따라서 여기서는 타겟 Q 신경망이 필요하지 않습니다.

앞의 방정식은 간단히 다음과 같이 표현할 수 있습니다.

$$\mathrm{y}_v = \min_{\mathrm{j}=1,2} Q_{\theta_j}(s,a) - \alpha \log \pi_\phi(a|s)$$

이제 다음과 같이 값 신경망의 목적 함수 $J_v(\psi)$를 타겟 상태 값과 신경망에서 예측한 상태 값 사이의 평균 제곱 차이로 정의할 수 있습니다.

$$J_v(\psi) = \frac{1}{K}\sum_i (\mathrm{y}_{vi} - V_\psi(s_i))^2$$

여기서 K는 리플레이 버퍼에서 샘플링한 트랜지션 수를 나타냅니다.

타겟 함수의 그래디언트를 계산한 다음 메인 가치 신경망 매개변수 ψ를 다음과 같이 업데이트할 수 있습니다.

$$\psi = \psi - \lambda \nabla_\psi J(\psi)$$

우리는 이미 템퍼리처를 나타내기 위해 α를 사용하고 있기 때문에 학습율을 나타내기 위해 λ를 사용하고 있습니다.

소프트 치환을 사용하여 타겟 가치 신경망 ψ'의 파라미터를 업데이트할 수 있습니다.

$$\psi' = \tau\psi + (1-\tau)\psi'$$

다음 절에서는 타겟 가치 신경망이 정확히 어디에 사용되는지 알아보겠습니다.

12.3.2.1.2 Q 신경망

Q 신경망은 Q로 표시되며 θ로 파라미터화됩니다. 따라서, $Q_\theta(s,a)$는 θ에 의해 매개변수화된 신경망을 사용하여 Q 함수를 근사화한다는 것을 의미합니다. Q 신경망을 어떻게 훈련시킬 수 있을까요? 타겟 Q 값과 신경망이 예측한 Q 값 사이의 손실을 최소화하여 신경망을 훈련할 수 있습니다. 타겟 Q 값은 어떻게 구할 수 있나요? 여기서 벨만 방정식을 사용합니다.

벨만 방정식 (2)에 따라 Q 값은 다음과 같이 계산될 수 있다는 것을 배웠습니다.

$$Q(s,a) = \underset{s' \sim P}{\mathrm{E}}[r + \gamma V(s')]$$

우리는 앞의 방정식에서 기대치를 제거할 수 있습니다. 우리는 리플레이 버퍼에서 K개의 트랜지션을 샘플링하여 기대치를 근사화할 것입니다. 따라서 다음과 같은 방정식을 사용하여 타겟 Q 값 y_q를 계산할 수 있습니다.

$$\mathrm{y}_q = r + \gamma V(s')$$

앞의 방정식을 보면 다음 상태 값 $V(s')$이 나옵니다. 다음 상태 값 $V(s')$를 계산하기 위해 ψ'로 매개변수화된 타겟 가치 신경망을 사용하므로, 다음과 같이 매개변수화된 가치 함수로 이전 방정식을 다시 작성할 수 있습니다.

$$\mathrm{y}_q = r + \gamma V_\psi(s')$$

이제 다음과 같이 Q 신경망의 목적 함수 $J_Q(\theta)$를 신경망에서 예측한 Q 값과 타겟 Q 값 사이의 평균 제곱 차이로 정의할 수 있습니다.

$$J_Q(\theta) = \frac{1}{K}\sum_i(\mathrm{y}_{qi} - Q_\theta(s_i, a_i))^2$$

여기서 K는 리플레이 버퍼에서 샘플링한 트랜지션 수를 나타냅니다.

이전 절에서 우리는 과대평가 편향을 방지하기 위해 θ_1과 θ_2로 매개변수화된 2개의 Q 신경망을 사용한다는 것을 배웠습니다. 따라서 먼저 θ_1로 매개변수화된 첫 번째 Q 신경망의 손실을 계산합니다.

$$J_Q(\theta_1) = \frac{1}{K}\sum_i (y_{qi} - Q_{\theta_1}(s_i, a_i))^2$$

그런 다음 그래디언트를 계산하고 경사하강법을 $\theta_1 = \theta_1 - \lambda\nabla_{\theta_1} J(\theta_1)$와 같이 사용하여 매개변수 θ_1를 업데이트합니다.

다음으로, 우리는 θ_2에 의해 매개변수화된 두 번째 Q 신경망의 손실을 계산합니다.

$$J_Q(\theta_2) = \frac{1}{K}\sum_i (y_{qi} - Q_{\theta_2}(s_i, a_i))^2$$

그런 다음 그래디언트를 계산하고 경사하강법을 $\theta_2 = \theta_2 - \lambda\nabla_{\theta_2} J(\theta_2)$와 같이 사용하여 매개변수 θ_2를 업데이트합니다.

이전 업데이트는 다음과 같이 간단히 표현할 수 있습니다.

$$J_Q(\theta_j) = \frac{1}{K}\sum_i (y_{qi} - Q_{\theta_j}(s_i, a_i))^2 \text{ for } j = 1, 2$$

$$\theta_j = \theta_j - \lambda\nabla_{\theta_j} J(\theta_j) \text{ for } j = 1, 2$$

12.3.2.2 액터 신경망

액터 신경망(정책 신경망)은 ϕ에 의해 매개변수화됩니다. TD3에서 학습한 액터 신경망의 목적 함수를 생각해 보겠습니다.

$$J(\phi) = \frac{1}{K}\sum_i Q_\theta(s_i, a)$$

여기서 a는 액터가 산출하는 행동입니다.

앞의 목적 함수는 액터의 목표가 크리티익이 계산한 Q 값을 최대화하는 방식으로 행동을 발생시키는 것을 의미합니다.

SAC에서 액터 신경망의 목적 함수는 여기서 확률적 정책을 사용하고 엔트로피를 최대화한다는 점을 제외하고 TD3에서 학습한 기능과 동일합니다. 따라서 SAC에서 액터 신경망의 목적 함수를 다음과 같이 작성할 수 있습니다.

$$J_\pi(\phi) = \frac{1}{K}\sum_i [Q_{\theta_j}(s_i, a) - \alpha\log\pi_\phi(a|s_i)]$$

자, 어떻게 앞의 목적 함수의 도함수를 계산할 수 있을까요? 왜냐하면, 여기서 TD3와 달리, 우리의 행동은 확률적 정책을 사용하여 계산되기 때문입니다. 확률적 정책을 사용하여 계산된 행동으로는 이전 타겟 함수의 역전파 및 계산 그래디언트를 적용하기 어려울 것입니다. 그래서, 우리는 매개변수 재설정(reparameterization) 기술을 사용합니다. 매개변수 재설정 트릭은 우리의 정책에서 샘플링이 차별화될 수 있음을 보장합니다. 따라서 다음과 같이 행동을 다시 작성할 수 있습니다.

$$a = f_{\phi}(\epsilon_i; s_i)$$

앞의 방정식에서, 우리는 신경망 f로 정책을 매개변수화하고 ϵ은 구형 가우스 분포(spherical Gaussian distribution)에서 샘플링된 노이즈라는 것을 관찰할 수 있습니다.

따라서 다음과 같이 타겟 함수를 다시 작성할 수 있습니다.

$$J_{\pi}(\phi) = \frac{1}{K}\sum_i [Q_{\theta}(s_i, a) - \alpha \log \pi_{\phi}(a|s_i)]$$

앞의 방정식에서 우리의 행동은 $a = f_{\phi}(\epsilon_i; s_i)$라는 것을 유의해야 합니다. 과대평가 편향을 피하기 위해 θ_1과 θ_2로 매개변수화된 두 Q 함수를 어떻게 사용했는지 기억하십니까? 자, 그럼 앞의 목적함수에서는 어떤 Q 함수를 사용해야 할까요? 우리는 두 함수 중 하나를 사용할 수 있기 때문에 θ_1로 매개변수화된 Q 함수를 사용하고 최종 목적 함수를 다음과 같이 씁니다.

$$J_{\pi}(\phi) = \frac{1}{K}\sum_i [Q_{\theta_1}(s_i, a) - \alpha \log \pi_{\phi}(a|s_i)]$$

이제 SAC 알고리즘이 어떻게 작동하는지 이해했으므로 지금까지 배운 내용과 모든 개념을 종합하여 SAC 알고리즘이 작동하는 방식을 요약해 보겠습니다.

12.3.3 SAC 종합하기

먼저 SAC를 더 잘 이해하기 위해 표기법을 기억해 보겠습니다. 우리는 4개의 중요한 신경망(2개의 가치 신경망 및 2개의 Q 신경망)과 1개의 액터 신경망 등 5개의 신경망을 사용합니다.

- 메인 가치 신경망 매개변수는 ψ로 표시됩니다.

- 타겟 가치 신경망 매개변수는 ψ'로 표시됩니다.
- 2개의 메인 Q 신경망 파라미터는 θ_1과 θ_2로 표시됩니다.
- 액터 신경망(정책 신경망) 파라미터는 ϕ로 표시됩니다.
- 타겟 상태 값은 $y_{v'}$로 표시되고 타겟 Q 값은 y_q로 표시됩니다.

SAC는 액터-크리틱 방법이기 때문에 SAC의 매개변수는 에피소드의 모든 스텝에서 업데이트됩니다. 이제 SAC의 작동 방식을 살펴보겠습니다.

먼저 가치 신경망의 메인 신경망 파라미터 ψ, 두 Q 신경망 파라미터 θ_1과 θ_2, 액터 신경망 파라미터 ϕ를 초기화합니다. 다음으로 메인 신경망 파라미터 ψ을 복사하여 타겟 가치 신경망 파라미터 ψ'를 초기화한 후 리플레이 버퍼 D를 초기화합니다.

이제 에피소드의 각 스텝에 대해 먼저 액터 신경망을 사용하여 행동을 선택합니다.

$$a = \pi_\phi(s)$$

그런 다음 a 행동을 수행하고 다음 상태 s'로 이동한 후 보상을 받습니다. 우리는 이 트랜지션 정보를 리플레이 버퍼 D에 저장합니다.

다음으로, 우리는 리플레이 버퍼에서 K 전환의 미니 배치를 무작위로 샘플링합니다. 이 K 트랜지션(s, r, s의)은 가치, Q, 액터 신경망을 업데이트 하는 데 사용됩니다.

먼저 가치 신경망의 손실을 계산해 보겠습니다. 가치 신경망의 손실 함수는 다음과 같습니다.

$$J_v(\psi) = \frac{1}{K}\sum_i (\mathrm{y}_{vi} - V_\psi(s_i))^2$$

여기서 y_{v_i}는 타겟 상태 값이고 $\mathrm{y}_{v_i} = \min_{j=1,2} Q_{\theta_j}(s_i, a_i) - \alpha \log \pi_\phi(a_i|s_i)$와 같이 주어집니다.

손실을 계산한 후 그래디언트를 계산하고 경사하강법을 사용하여 가치 신경망의 매개변수 ψ를 업데이트합니다.

$$\psi = \psi - \lambda \nabla_\psi J(\psi)$$

이제, 우리는 Q신경망의 손실을 계산합니다. Q 신경망의 손실 함수는 다음과 같습니다.

$$J_Q(\theta_j) = \frac{1}{K}\sum_i (\mathrm{y}_{qi} - Q_{\theta_j}(s_i, a_i))^2 \quad \text{for} \quad j = 1, 2$$

여기서 y_{q_i}는 타겟 Q 값이고 $y_{qi} = r_i + \gamma V_{\psi'}(s'_i)$와 같이 주어집니다.

손실을 계산한 후 그래디언트를 계산하고 경사하강법을 사용하여 Q 신경망의 매개변수를 업데이트합니다.

$$\theta_j = \theta_j - \lambda \nabla_{\theta_j} J(\theta_j) \quad \text{for} \quad j = 1, 2$$

다음으로 액터 신경망을 업데이트합니다. 액터 신경망의 타겟은 다음과 같습니다.

$$J_\pi(\phi) = \frac{1}{K}\sum_i (Q_{\theta_1}(s_i, a) - \alpha \log \pi_\phi(a|s_i))^2$$

이제 그래디언트를 계산하고 그래디언트 상승을 사용하여 액터 신경망의 매개변수 ϕ를 업데이트합니다.

$$\phi = \phi + \lambda \nabla_\phi J(\phi)$$

마지막으로, 다음과 같이 소프트 치환을 통해 타겟 가치 신경망 매개변수를 업데이트합니다.

$$\psi' = \tau\psi + (1-\tau)\psi'$$

여러 에피소드에 대해 위의 스텝를 반복하고 정책을 개선합니다. SAC의 작동 방식을 더 잘 이해하기 위해 다음 절에서 SAC 알고리즘을 살펴보겠습니다.

12.3.4 SAC 알고리즘

SAC 알고리즘은 다음과 같이 주어집니다.

1. Initialize the main value network parameter ψ, the Q network parameters θ_1 and θ_2, and the actor network parameter ϕ
2. Initialize the target value network ψ' by just copying the main value network parameter ψ
3. Initialize the replay buffer $\mathcal{D}$
4. For N number of episodes, repeat step 5
5. For each step in the episode, that is, for $t = 0, \ldots, T - 1$:
    1. Select an action a based on the policy $\pi_\phi(s)$, that is, $a = \pi_\phi(s)$

2. Perform the selected action a, move to the next state s', get the reward r, and store the transition information in the replay buffer $\mathcal{D}$
3. Randomly sample a minibatch of K transitions from the replay buffer
4. Compute the target state value $y_{v_i} = \min_{j=1,2} Q_{\theta_j}(s_i, a_i) - \alpha \log \pi_\phi(a_i|s_i)$
5. Compute the loss of value network $J_V(\psi) = \frac{1}{K}\sum_i \left(y_{v_i} - V_\psi(s_i)\right)^2$ and update the parameter using gradient descent, $\psi = \psi - \lambda\nabla_\psi J(\psi)$
6. Compute the target Q value $y_{q_i} = r_i + \gamma V_{\psi'}(s'_i)$
7. Compute the loss of the Q networks $J_Q(\theta_j) = \frac{1}{K}\sum_i \left(y_{q_i} - Q_{\theta_j}(s_i, a_i)\right)^2$ for $j = 1, 2$ and update the parameter using gradient descent, $\theta_j = \theta_j - \lambda\nabla_{\theta_j} J(\theta_j)$ for $j = 1, 2$
8. Compute gradients of the actor objective function, $\nabla_\phi J(\phi)$ and update the parameter using gradient ascent, $\phi = \phi + \lambda\nabla_\phi J(\phi)$
9. Update the target value network parameter as $\psi' = \tau\psi + (1 - \tau)\psi'$

이제 우리는 DDPG, Twin Delayed DDPG 및 SAC를 포함한 몇 가지 중요한 최첨단 액터-크리틱 알고리즘을 알게 되었습니다. 다음 장에서는 몇 가지 최신 정책 그래디언트 알고리즘을 검토할 것입니다.

요약

우리는 DDPG 알고리즘을 이해하는 것으로 본 장을 시작했습니다. DDPG는 액터가 경사하강법를 사용하여 정책을 추정하고 크리틱이 Q 함수를 사용하여 액터가 생성한 정책을 평가하는 액터-크리틱 알고리듬이라는 것을 배웠습니다. DDPG가 결정론적 정책을 사용하는 방법과 연속적인 행동 공간이 있는 환경에서 DDPG가 어떻게 사용되는지 알아봤습니다.

이후 DDPG의 액터 및 크리틱 구성 요소를 자세히 살펴보고 그 작동 방식을 이해한 후 DDPG 알고리즘에 대해 알아보았습니다.

다음으로, 우리는 DDPG의 후속이며 DDPG 알고리즘으로부터 개선된 Twin delayed DDPG(TD3)에 대해 배웠습니다. 우리는 클리핑된 이중 Q 러닝, 지연된 정책 업데이트 및 타겟 정책 스무딩을 포함한 TD3의 주요 기능을 자세히 배웠고 마지막으로 TD3 알고리즘을 확인했습니다.

마지막으로 우리는 SAC 알고리즘에 대해 배웠습니다. DDPG 및 TD3와 달리 SAC 방법이 확률적 정책을 사용한다는 것을 배웠습니다. 우리는 또한 목적 함수의 엔트로피 보너스와 SAC가 어떻게 작동하는지 이해했고, 최대 엔트로피 강화학습이 무엇을 의미하는지 배웠습니다.

다음 장에서는 신뢰 영역 정책 최적화(trust region policy optimization), 근위 정책 최적화(proximal policy optimization), 크로네커-요인 신뢰 영역(Kronecker-factored trust region)을 이용한 액터-크리틱 등 최신 정책 그래디언트 알고리즘을 학습합니다.

평가

액터-크리틱 방법에 대한 지식을 시험해 보도록 하겠습니다. 다음 질문에 답변해주십시오.

1. DDPG에서 액터와 크리틱 신경망의 역할은 무엇입니까?
2. DDPG의 크리틱은 어떻게 작동하나요?
3. TD3의 주요 기능은 무엇입니까?
4. 왜 우리는 클리핑된 더블 Q 러닝이 필요한가요?
5. 타겟 정책 스무딩이란 무엇입니까?
6. 최대 엔트로피 강화학습이란 무엇입니까?
7. SAC에서 크리틱 신경망의 역할은 무엇입니까?

참고문헌

자세한 내용은 다음 논문들을 참조하십시오.

- A Distributional Perspective on Reinforcement Learning by Marc G. Bellemare, Will Dabney, Remi Munos, https://arxiv.org/pdf/1707.06887.pdf

- Distributional Reinforcement Learning with Quantile Regression by Will Dabney, Mark Rowland, Marc G. Bellemare, Rémi Munos, https://arxiv.org/pdf/1710.10044.pdf
- Distributed Distributional Deep Deterministic Policy Gradient by Gabriel Barth-Maron, et al., https://arxiv.org/pdf/1804.08617.pdf

13 TRPO, PPO and ACKTR Methods

TRPO, PPO, ACKTR 방법들

이번 장에서는 두 가지 흥미로운 최신 정책 기울기 알고리즘인 신뢰 영역 정책 최적화(trust region policy optimization)와 근위 정책 최적화(proximal policy optimization)를 배웁니다. 이 두 알고리즘은 모두 10장, 정책 그래디언트 방법에서 배운 정책 그래디언트 알고리즘(REINFORCE with Baseline)을 개선한 것입니다.

TRPO(Trust Region Policy Optimization) 방법과 이 방법이 정책 기울기 방법을 개선하는 방법을 이해하는 것으로 이 장을 시작합니다. 나중에 TRPO를 이해하는 데 필요한 몇 가지 필수 수학 개념을 이해할 것입니다. 다음으로 TRPO 목적 함수를 설계하고 해결하는 방법을 배웁니다. 이 섹션의 끝에서 우리는 TRPO 알고리즘이 단계적으로 어떻게 작동하는지 이해할 것입니다.

다음으로 PPO(Proximal Policy Optimization)에 대해 알아보겠습니다. PPO가 작동하는 방식과 TRPO 알고리즘의 개선 사항으로 작동하는 방식을 자세히 이해할 것입니다.

또한 PPO-clipped 및 PPO-penalty라는 두 가지 유형의 PPO 알고리즘을 학습합니다.

이번 장의 끝에서 우리는 2차 도함수를 근사하기 위해 Kronecker 인수분해를 사용하는 ACKTR(Kronecker-Factored Trust Region) 방법을 사용하는 흥미로운 액터-크리틱 방법에 대해 배울 것입니다. ACKTR이 작동하는 방식과 업데이트 규칙에서 신뢰 영역을 사용하는 방식을 살펴보겠습니다.

이 장에서는 다음 주제를 배웁니다.

- Trust region policy optimization(TRPO)
- TRPO 목적 함수 설계하기
- TRPO 목적 함수 풀기
- Proximal policy optimization(PPO)
- PPO 알고리즘
- 액터-크리틱 using Kronecker-factored trust region(ACKTR)

13.1 Trust region policy optimization TRPO

TRPO는 심층 강화 학습에서 가장 널리 사용되는 알고리즘 중 하나입니다. TRPO는 정책 그래디언트 알고리즘으로 10장, 정책 그래디언트 방법에서 배운 Baseline 방법을 사용하여 정책 그래디언트를 개선하는 역할을 합니다. 우리는 정책 그래디언트가 정책에 따른 방법이라는 것을 배웠습니다. 즉, 모든 반복에서 트래젝토리를 생성하는 것과 동일한 정책을 개선한다는 의미입니다. 모든 반복에서 우리는 네트워크의 매개변수를 업데이트하고 개선된 정책을 찾으려고 노력합니다. 네트워크의 매개변수 θ를 업데이트하기 위한 업데이트 규칙은 다음과 같습니다.

$$\theta = \theta + \alpha \nabla_\theta J(\theta)$$

여기서 $\nabla_\theta J(\theta)$는 그래디언트이고 α는 학습률로 알려져 있습니다. 학습률가 크면 큰 정책 업데이트가 있고 작으면 정책에 작은 업데이트가 있습니다. 최적의 학습률를 찾는 방법은 무엇입니까? 정책 그래디언트 방법에서는 학습률을 작게 유지하므로 모든 반복에서 정책이 약간 개선됩니다.

그러나 모든 반복에서 큰 걸음을 내딛는다면 어떻게 될까요? θ에 의해 매개변수화된 정책 π가 있다고 가정해 봅시다. 따라서 모든 반복에서 θ를 업데이트한다는 것은 우리가 정책을 개선한다는 것을 의미합니다. 학습률이 크면 모든 반복의 정책이 크게 달라지므로 이전 정책(이전 반복에서 사용된 정책)과 새 정책(현재 반복에서 사용된 정책)이 크게 달라집니다. 매개변수화된 정책을 사용하고 있기 때문에 대규모 업데이트(큰 단계 크기)를 수행하면 이전 정책과 새 정책의 매개변수가 크게 달라지며, 이로 인해 모델 붕괴라는 문제가 발생함을 의미합니다.

이것이 정책 그래디언트 방법에서 더 큰 단계를 수행하고 네트워크의 매개변수를 업데이트하는 대신 작은 단계를 수행하고 매개변수를 업데이트하여 이전 정책과 새 정책을 가깝게 유지하는 이유입니다. 그러나 이것을 어떻게 개선할 수 있습니까?

모델 성능에 영향을 미치지 않고 빠르게 학습하는 데 도움이 되도록 이전 정책과 새 정책을 가깝게 유지하면서 더 큰 단계를 밟을 수 있습니까? 예, 이 문제는 TRPO에 의해 해결됩니다.

TRPO는 이전 정책과 새 정책이 너무 많이 달라지지 않아야 한다는 제약 조건을 부과하면서 대규모 정책 업데이트를 시도합니다. 자, 이 제약 조건은 무엇입니까? 그러나 먼저, 기존 정책과 새 정책이 크게 변화하고 있는지 어떻게 측정하고 이해할 수 있습니까? 여기에서 Kullback-Leibler(KL) 발산이라는 측정을 사용합니다. KL 발산은 강화 학습에서 어디에나 있습니다. 두 개의 확률 분포가 서로 어떻게 다른지 알려줍니다. 따라서 KL 분기를 사용하여 기존 정책과 새 정책이 크게 다른지 여부를 이해할 수 있습니다. TRPO는 기존 정책과 새 정책 간의 KL divergence가 일정한 상수 δ 보다 작거나 같아야 한다는 제약을 추가합니다. 끊임없는. 이 제약 조건을 신뢰 영역 제약 조건이라고 합니다.

따라서 TRPO는 이전 정책과 새 정책의 매개변수가 신뢰 영역 내에 있어야 한다는 제약 조건을 부과하면서 대규모 정책 업데이트를 시도합니다. 정책 기울기 방법에서는 매개변수화된 정책을 사용합니다. 따라서 이전 정책과 새 정책의 매개변수를 신뢰 영역 내에 유지하는 것은 이전 정책과 새 정책이 신뢰 영역 내에 있음을 의미합니다.

TRPO는 단조로운 정책 개선을 보장합니다. 즉, 모든 반복에서 항상 정책 개선이 있음을 보장합니다. 이것이 TRPO 알고리즘의 기본 아이디어입니다.

TRPO가 정확히 어떻게 작동하는지 이해하려면 TRPO 이면의 수학을 이해해야 합니다. TRPO는 꽤 무거운 수학을 가지고 있습니다. 하지만 걱정하지 마세요! TRPO를 이해하는 데 필요한 기본 수학 개념을 이해하면 간단합니다. 따라서 TRPO 알고리즘에 대해 알아보기 전에 먼저 TRPO를 이해하는 데 필요한 몇 가지 필수 수학 개념을 이해할 것입니다. 그런 다음 신뢰 영역 제약 조건을 사용하여 TRPO 목적 함수를 설계하는 방법을 배우고 마지막으로 TRPO 목적 함수를 해결하는 방법을 볼 것입니다.

13.1.1 TRPO를 이해하기 위해 필수적인 수학

TRPO의 작동 방식을 이해하기 전에 먼저 다음과 같은 중요한 수학 개념을 이해해야 합니다.

- 테일러 급수(The Taylor series)
- 신뢰 영역 방법(The trust region method)
- 켤레기울기법(The conjugate gradient method)
- 라그랑주 승수법(Lagrange multipliers)
- 중요도 샘플링(Importance sampling)

13.1.1.1 테일러 급수(Taylor series)

Taylor 급수는 일련의 무한 항이며 함수를 근사하는 데 사용됩니다. x = a에 중심을 둔 함수 f(x)가 있다고 가정해 보겠습니다. 다음과 같이 다항식 항의 무한 합을 사용하여 근사화할 수 있습니다.

$$f(x)=f(a)+\frac{f'(a)}{1!}(x-a)+\frac{f''(a)}{2!}(x-a)^2+\frac{f'''(a)}{3!}(x-a)^3+\cdots$$

앞의 방정식은 시그마 표기법으로 다음과 같이 나타낼 수 있습니다.

$$f(x)=\sum_{n=0}^{\infty}\frac{f^{(n)}(a)}{n!}(x-a)^n$$

따라서 Taylor 급수의 각 항에 대해 n^{th} 도함수를 계산하고 $n!$으로 나누고 $(x-a)^n$을 곱합니다.

Taylor 급수가 얼마나 정확하게 함수를 근사하는지 예를 들어 이해합시다. 그림 13.1과 같이 지수 함수 e^x가 있다고 가정해 보겠습니다.

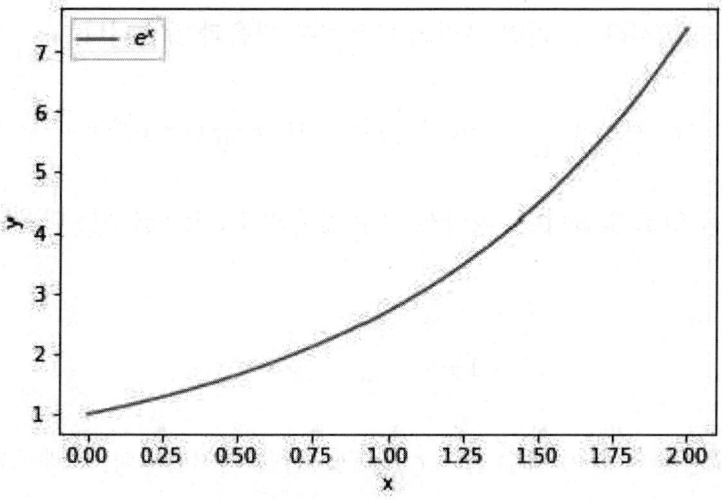

그림 13.1 지수 함수 그래프

Taylor 급수를 사용하여 지수 함수 e^x를 근사할 수 있습니까? Taylor 급수는 다음과 같이 주어진다는 것을 알고 있습니다.

$$f(x)=f(a)+\frac{f'(a)}{1!}(x-a)+\frac{f''(a)}{2!}(x-a)^2+\frac{f'''(a)}{3!}(x-a)^3+\cdots \tag{1}$$

여기서 근사하려는 함수 f(x)는 e^x입니다. 즉:

$$f(x)=e^x$$

함수 $f(x)=e^x$가 $x=a$의 중심에 있다고 가정해 보겠습니다. 먼저 함수의 도함수를 최대 3차까지 계산해 보겠습니다. 지수 함수의 도함수는 함수 자체이므로 다음과 같이 쓸 수 있습니다.

$$f'(a)=e^a$$
$$f''(a)=e^a$$
$$f'''(a)=e^a$$

방정식 (1)에서 앞의 항을 대입하면 다음과 같이 쓸 수 있습니다.

$$e^x = e^a + \frac{e^a}{1!}(x-a) + \frac{e^a}{2!}(x-a)^2 + \frac{e^a}{3!}(x-a)^3 + \cdots$$

$a=0$이라고 가정합시다. 그러면 우리의 방정식은 다음과 같습니다.

$$e^x = e^0 + \frac{e^0}{1!}(x-a) + \frac{e^0}{2!}(x-0)^2 + \frac{e^0}{3!}(x-0)^3 + \cdots$$

우리는 $e^0 = 1$을 알고 있습니다. 따라서 지수 함수의 Taylor 급수는 다음과 같이 주어집니다.

$$e^x = 1 + x + \frac{x^2}{2!} + \frac{x^3}{3!} + \cdots \tag{2}$$

이는 우변에 있는 항의 합이 지수 함수 e^x에 근사함을 의미합니다. 그래프의 도움으로 이것을 이해합시다. Taylor 급수에서 0차 도함수(방정식 2), 즉 $e^x = 1$까지의 항만 취하여 그려 보겠습니다.

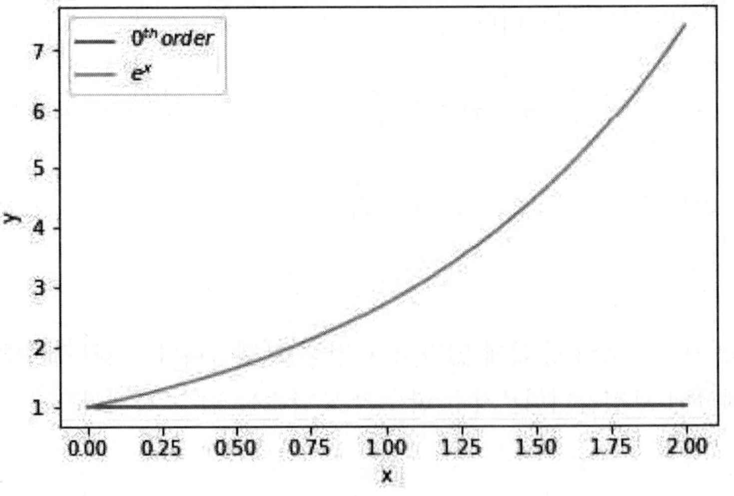

그림 13.2 0차 도함수까지 테일러 급수 근사 그래프

앞의 그림에서 알 수 있듯이 0차 도함수를 취하면 실제 함수 e^x에서 멀리 떨어져 있습니다. 즉, 우리의 근사치가 좋지 않습니다. 따라서 Taylor 급수(방정식 2), 즉 $e^x = 1 + x$에서 1차 도함수까지 항의 합을 취하여 그려 보겠습니다.

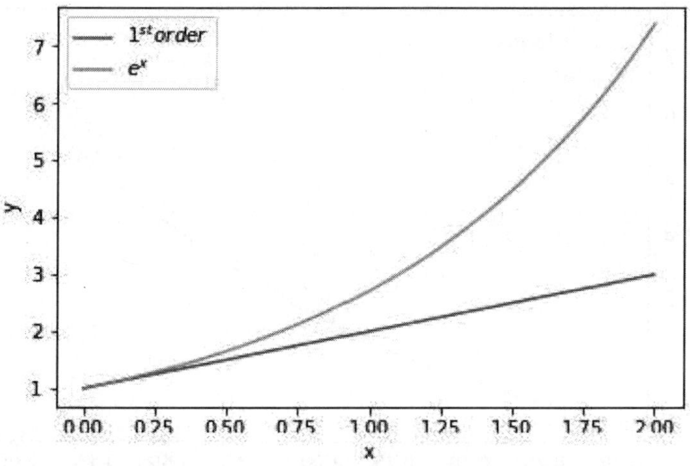

그림 13.3 1차 도함수까지 테일러 급수 근사 그래프

테일러 급수의 1차 도함수가 실제 함수에 더 가까워질 때까지의 항을 포함하여 앞의 그래프에서 관찰할 수 있듯이 e^x. 따라서 Taylor 급수로부터 2차 도함수(방정식 2)까지 항의 합, 즉 $e^x = 1 + x + \frac{x^2}{2!}$을 취하여 그래프화 합니다. 다음 그림에서 관찰할 수 있듯이 근사가 더 좋아지고 실제 함수에 더 가까워집니다.

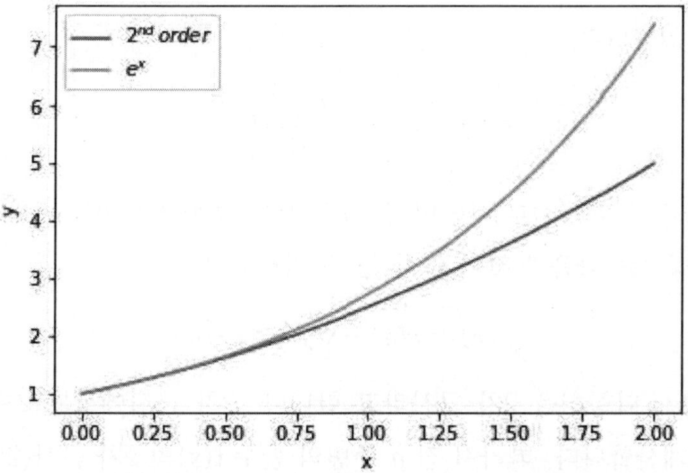

그림 13.4 2차 도함수까지 테일러 급수 근사 그래프

이제 Taylor 급수에서 3차 도함수까지 항의 합, 즉 $e^x = 1 + x + \frac{x^2}{2!} + \frac{x^3}{3!}$를 그래프화 보겠습니다.

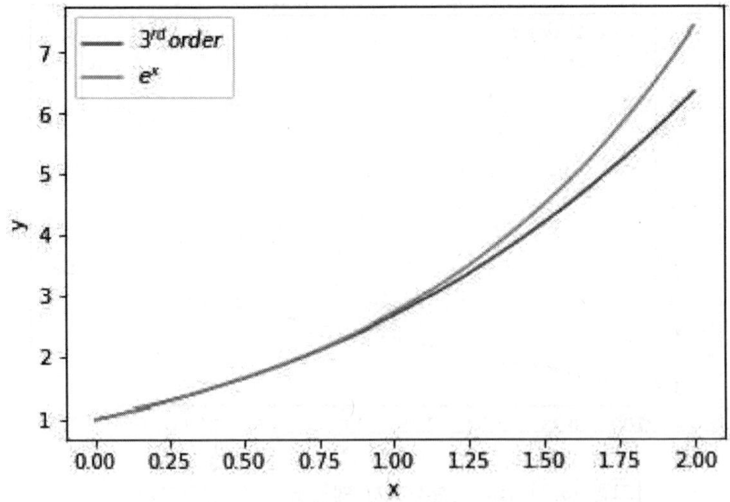

그림 13.5 3차 도함수까지 테일러 급수 근사 그래프

앞의 그래프를 보면 3차 도함수까지 항의 합을 포함하면 근사치가 훨씬 더 좋다는 것을 알 수 있습니다. 짐작할 수 있듯이 Taylor 급수에 더 많은 항을 추가하면 ex에 대한 근사치가 더 좋아집니다. 따라서 Taylor 급수를 사용하여 모든 함수를 근사화할 수 있습니다.

1차까지의 테일러 다항식을 선형 근사라고 합니다. 선형 근사에서는 1차 도함수까지만 Taylor 급수를 계산합니다. 따라서 점 a 주변의 함수 $f(x)$의 선형 근사(1차)는 다음과 같이 주어질 수 있습니다.

$$f(x) = f(a) + \frac{f'(a)}{1!}(x-a)$$

우리는 1차 도함수를 $\nabla f(a)$로 나타낼 수 있습니다. 그래서 우리는 $f'(a)$를 $\nabla f(a)$으로 바꾸고 앞의 방정식을 다음과 같이 다시 쓸 수 있습니다.

$$f(x) = f(a) + \nabla f(a)(x-a)$$

2차까지의 Taylor 다항식을 2차 근사라고 합니다. 2차 근사에서는 2차 도함수까지만 Taylor 급수를 계산합니다. 따라서 점 a 주변의 함수 f(x)의 2차 근사(2차)는 다음과 같이 주어질 수 있습니다.

$$f(x) = f(a) + \frac{f'(a)}{1!}(x-a) + \frac{f''(a)}{2!}(x-a)^2$$

우리는 1계 도함수를 $\nabla f(a)$로 표시할 수 있고 2차 도함수를 $\nabla^2 f(a)$로 나타낼 수 있습니다. 따라서 우리는 $f'(a)$를 $\nabla f(a)$로 바꾸고 $f''(a)$를 $\nabla^2 f(a)$로 바꾸고 앞의 방정식을 다음과 같이 다시 쓸 수 있습니다.

$$f(x) = f(a) + \nabla f(a)(x-a) + \frac{1}{2!}(x-a)^T \nabla^2 f(a)(x-a)$$

헤세 행렬은 2계 도함수이므로 H(a)로 $\nabla^2 f(a)$을 표시하고 앞의 방정식을 다음과 같이 다시 작성할 수 있습니다.

$$f(x) = f(a) + \nabla f(a)(x-a) + \frac{1}{2!}(x-a)^T H(a)(x-a)$$

따라서 요약하면 함수 f(x)의 선형 근사는 다음과 같이 주어집니다.

$$f(x) = f(a) + \nabla f(a)(x-a)$$

함수 f(x)의 2차 근사는 다음과 같이 주어집니다.

$$f(x) = f(a) + \nabla f(a)(x-a) + \frac{1}{2!}(x-a)^T H(a)(x-a)$$

13.1.1.2 신뢰 영역 방법(The trust region method)

f(x) 함수가 있고 함수의 최소값을 찾아야 한다고 가정해 보겠습니다. 함수 f(x)의 최소값을 찾는 것이 어렵다고 가정해 봅시다. 따라서 우리가 할 수 있는 일은 Taylor 급수를 사용하고 주어진 함수 f(x)를 근사하고 근사된 함수를 사용하여 최소값을 찾는 것입니다. 근사 함수를 $\tilde{f}(x)$로 표현해 봅시다.

2차 근사를 사용한다고 가정하면 2차 근사를 사용하여 2차 도함수까지만 Taylor 급수를 계산한다는 것을 배웠습니다. 따라서 영역 a 주변의 주어진 함수 $f(x)$의 2차 근사는 다음과 같이 주어질 수 있습니다.

$$\tilde{f}(x) = f(a) + \nabla f(a)(x-a) + \frac{1}{2!}(x-a)^T H(a)(x-a)$$

따라서 우리는 근사 함수 $\tilde{f}(x)$를 사용하여 최소값을 계산할 수 있습니다. 하지만, 우리의 근사 함수 $\tilde{f}(x)$가 a^*같은 특정 지점에서 부정확하고 a^*가 최적이면 최적 값을 찾지 못하는 경우가 있습니다.

그래서 우리는 신뢰 영역 제약이라는 새로운 제약을 도입할 것입니다. 신뢰 영역은 실제 함수 f(x)와 근사 함수 $\tilde{f}(x)$가 가까운 영역을 의미합니다. 따라서 근사 함수 $\tilde{f}(x)$가 신뢰 영역에 있으면 근사가 정확하다고 말할 수 있습니다.

예를 들어, 그림 13.6에서 볼 수 있듯이 우리의 근사 함수 $\tilde{f}(x)$는 신뢰 영역에 있으므로 근사 함수 $\tilde{f}(x)$가 실제 함수 f(x)에 더 가깝기 때문에 우리의 근사는 정확할 것입니다.

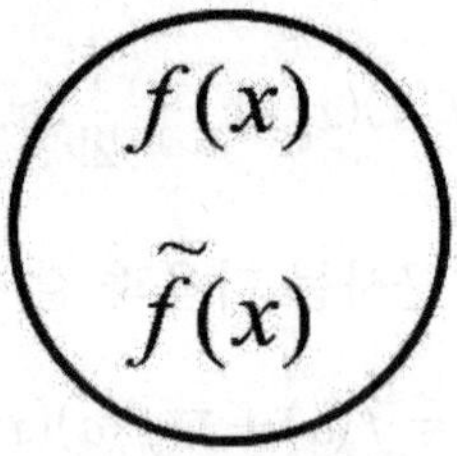

그림 13.6 근사 함수는 신뢰 영역에 포함

그러나 $\tilde{f}(x)$가 신뢰 영역에 없으면 근사 함수 $\tilde{f}(x)$가 실제 함수 $f(x)$와 거리가 멀기 때문에 우리의 근사는 정확하지 않을 것입니다.

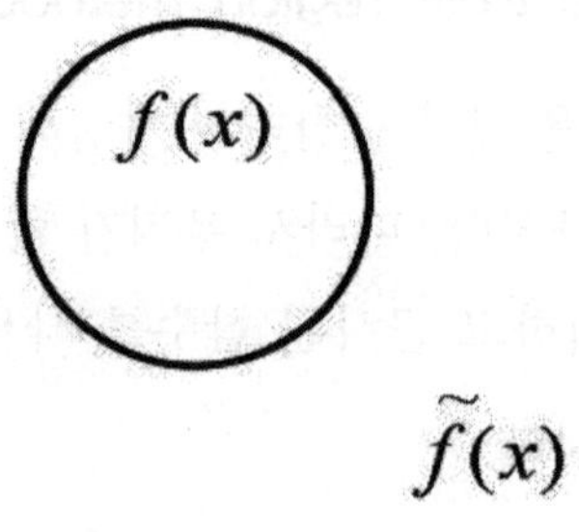

그림 13.7 신뢰 영역에 포함되지 않은 근사 함수

따라서 우리는 근사된 함수가 실제 함수에 가깝도록 신뢰 영역에 머물도록 해야 합니다.

13.1.1.3 켤레 기울기법(Conjugate gradient method)

켤레 기울기 방법은 선형 방정식 시스템을 푸는 데 사용되는 반복 방법입니다. 또한 최적화 문제를 해결하는 데 사용됩니다. 켤레 기울기 방법은 시스템이 다음 형식일 때 사용됩니다.

$$Ax = b$$

여기서 A는 양의 유한 정방형 대칭 행렬이고 x는 찾고자 하는 벡터이고 b는 알려진 벡터입니다. 다음 2차 함수를 생각해 봅시다.

$$f(x) = \frac{1}{2}x^T Ax - b^T x + c$$

A가 양의 반정밀 행렬일 때; 이 함수의 최소값을 찾는 것은 시스템 $Ax = b$.

를 푸는 것과 같습니다. 경사하강법과 마찬가지로 켤레 경사하강법도 함수의 최소값을 찾으려고 합니다. 그러나 켤레 경사하강법의 탐색 방향은 일반적인 경사하강법과 다르며 켤레 경사하강법은 N 반복에서 수렴을 달성합니다. 켤레 경사하강법이 등고선 그래프의 도움으로 경사하강법과 어떻게 다른지 이해합시다.

먼저 경사하강법의 등고선 그래프를 살펴보겠습니다. 다음 그래프에서 볼 수 있듯이 함수의 최소값을 찾기 위해 경사하강법은 여러 검색 방향을 취하고 지그재그 패턴의 방향을 얻습니다.

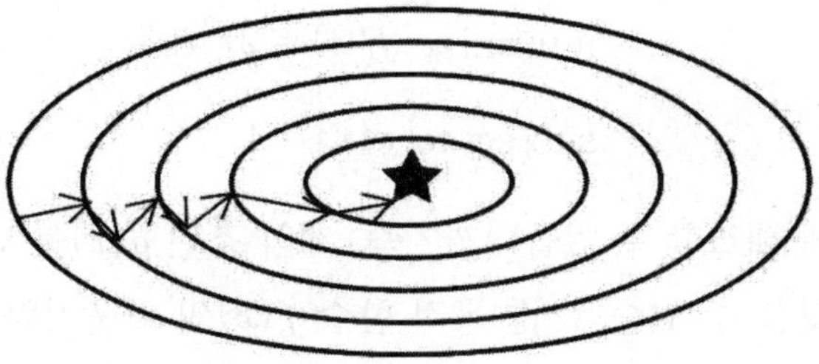

그림 13.8 경사하강법 등고선 그래프

경사하강법 방법과 달리 켤레 경사하강법에서 탐색 방향은 그림 13.9와 같이 이전 탐색 방향과 직교합니다.

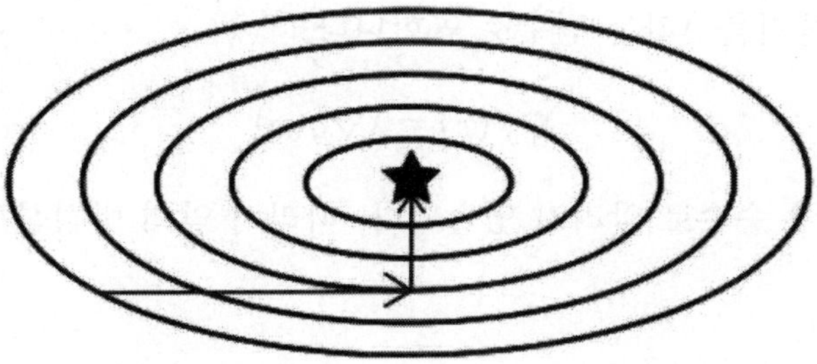

그림 13.9 켤레 경사하강법 등고선 그래프

따라서 켤레 경사하강법을 사용하여 $Ax = b$ 형식의 시스템을 풀 수 있습니다.

13.1.1.4 랑그랑주 승수법(Langrange multipliers)

$f(x)=x^2$ 함수가 있다고 가정해 보겠습니다. 함수의 최소값을 찾는 방법은 무엇입니까? 함수의 기울기가 0인 점을 찾아 함수의 최소값을 찾을 수 있습니다. 함수 $f(x)=x^2$의 기울기는 다음과 같이 주어집니다.

$$\nabla f(x)=2x$$

$x=0$일 때 함수의 기울기는 0입니다. 즉, $x=0$일 때 $\nabla f(x)=0$ 입니다. 따라서 함수 $f(x)=x^2$의 최소값은 $x=0$에 있다고 말할 수 있습니다. 우리가 방금 본 문제를 비-제약 최적화 문제라고 합니다.

s, r, s 제약 조건이 있는 경우를 고려해봅시다. 예를 들어 다음과 같이 $g(x)=1$이라는 제약 조건에 따라 함수 $f(x)$를 최소화해야 한다고 가정합니다.

$$\begin{aligned} &\underset{x}{\text{minimize}}\ f(x)=2x^2+1 \\ &\text{subj ect to}\ g(x)=1 \end{aligned}$$

이제 이 문제를 어떻게 해결할 수 있습니까? 즉, 제약 조건 $g(x)$를 만족하면서 함수 $f(x)$의 최소값을 어떻게 찾을 수 있습니까? 목적 함수 $f(x)$의 기울기와 제약 조건 $g(x)$의 기울기가 같은 방향을 가리킬 때 최소값을 찾을 수 있습니다. 즉, $f(x)$의 기울기와 $g(x)$의 기울기가 서로 평행하거나 역평행할 때 최소값을 찾을 수 있습니다.

$$\nabla f(x)=\nabla g(x)$$

$f(x)$와 $g(x)$의 기울기는 같은 방향을 가리키지만 그 크기는 같지 않습니다. 따라서 다음과 같이 $g(x)$의 기울기를 λ라는 변수로 곱합니다.

$$\nabla f(x)=\lambda\nabla g(x)$$

여기서 λ은 라그랑주 승수로 알려져 있습니다. 따라서 앞의 방정식을 다음과 같이 다시 쓸 수 있습니다.

$$\nabla f(x)-\lambda\nabla g(x)=0$$

앞의 방정식을 푸는 것은 제약 조건 g(x)를 충족하면서 함수 f(x)의 최소값을 찾는 것을 의미합니다. 따라서 목적 함수를 다음과 같이 다시 작성할 수 있습니다.

$$L(x, \lambda) = f(x) - \lambda g(x)$$

이전 함수의 기울기는 다음과 같이 주어집니다.

$$\nabla L(x, \lambda) = \nabla f(x) - \lambda \nabla g(x)$$

$\nabla L(x, \lambda) = 0$이면 최소값을 구할 수 있습니다. 라그랑주 승수는 제약이 있는 최적화 문제를 해결하는 데 널리 사용됩니다.

예를 하나 더 들어 이해합시다. 다음과 같이 제약 조건 $3x^2 + 2y^2$에 따라 함수 $x^2 + y^2 \leq 3$의 최소값을 찾고 싶다고 가정해 보겠습니다.

$$\begin{aligned} &\underset{x,y}{\text{minimize}}\ 3x^2 + 2y^2 \\ &\text{subject to } x^2 + y^2 \leq 3 \end{aligned}$$

제약 조건에 라그랑주 승수를 곱한 목적 함수를 다음과 같이 다시 작성할 수 있습니다.

$$L(x, y, \lambda) = 3x^2 + 2y^2 - \lambda(x^2 + y^2 - 3)$$

$\nabla L(x,y, \lambda) = 0$를 풀면, 라는 제약 조건 $3x^2 + 2y^2$을 만족하면서 함수 $x^2 + y^2 \leq 3$의 최소값을 찾을 수 있습니다.

13.1.1.5 중요도 샘플링(Importance sampling)

4장, 몬테카를로 방법에서 배운 중요도 샘플링 방법을 복습합시다. x의 값이 분포 p(x)에서 샘플링되는 함수 $f(x)$의 기대치를 계산하려고 한다고 가정해 봅시다.

$$\mathbb{E}_{x \sim p(x)}[f(x)] = \int_x p(x) f(x) dx$$

함수 $f(x)$의 기대치를 근사화할 수 있습니까? 우리는 몬테카를로 방법을 사용하여 기대치를 다음과 같이 근사할 수 있다는 것을 배웠습니다.

$$\mathbb{E}_{x \sim p(x)}[f(x)] \approx \frac{1}{N} \sum_i f(x_i)$$

즉, 몬테카를로 방법을 사용하여 분포 $p(x)$에서 x를 N번 샘플링하고 $f(x)$의 평균을 계산하여 기대치를 근사화합니다.

몬테카를로 방법을 사용하는 대신 중요도 샘플링을 사용하여 기대치를 근사화할 수도 있습니다. 중요도 샘플링 방법에서는 다른 분포 $q(x)$를 사용하여 기대치를 추정합니다. 즉, $p(x)$에서 x를 샘플링하는 대신 다른 분포 $q(x)$를 사용합니다.

$$\mathbb{E}[f(x)] \approx \int_x f(x)\frac{p(x)}{q(x)}q(x)dx$$

$$\mathbb{E}[f(x)] \approx \frac{1}{N}\sum_i f(x_i)\frac{p(x_i)}{q(x_i)}$$

이 비율 $\frac{p(x)}{q(x)}$을 중요도 샘플링 비율 또는 중요도 보정이라고 합니다.

이제 몇 가지 중요한 수학 전제 조건을 이해했으므로 다음 섹션에서 TRPO 알고리즘이 어떻게 작동하는지 배울 것입니다.

13.2 TRPO 목적 함수 설계

이 장의 시작 부분에서 TRPO는 이전 정책과 새 정책의 매개 변수가 신뢰 영역 내에 있어야 한다는 제약 조건을 부과하면서 대규모 정책 업데이트를 시도한다는 것을 배웠습니다. 이 섹션에서는 이전 정책과 새 정책이 크게 다르지 않도록 TRPO 목적 함수를 신뢰 영역 제약 조건과 함께 설계하는 방법을 배웁니다.

이 섹션은 선택 사항입니다. 수학에 관심이 없다면 TRPO 목적 함수 해결 섹션으로 직접 이동할 수 있습니다. 여기에서 TRPO 목적 함수를 단계별로 해결하는 방법을 배웁니다.

정책 π가 있다고 합시다. 정책 π에 따라 기대 감가된 리턴 η을 다음과 같이 표현할 수 있습니다.

$$\eta(\pi) = \mathbb{E}_{\tau \sim \pi}\left[\sum_{t=0}^{\infty}\gamma^t r_t\right]$$

우리는 정책 기울기 방법에서 모든 반복에서 정책 π을 계속 개선한다는 것을 알고 있습니다. 우리가 이전 정책 π을 업데이트하고 새 정책 π을 갖는다고 가정하면, 기대 감가된 리턴 η을 다음과 같이 표현할 수 있습니다. 정책 $\tilde{\pi}$는 기존 정책 π에 비해 유리한 측면에서 다음과 같습니다.

$$\eta(\tilde{\pi}) = \eta(\pi) + \mathbb{E}_{\tau \sim \tilde{\pi}}\left[\sum_{t=0}^{\infty} \gamma^t A_\pi(s_t, a_t)\right]$$

앞의 식에서 알 수 있듯이 새로운 정책 $\tilde{\pi}$, 즉 $\eta(\tilde{\pi})$에 따른 기대 리턴은 기존 정책 π, 즉 $\eta(\pi)$에 따른 기대 리턴과 advantage 기대 감가된 리턴의 합이다.

$$\eta(\tilde{\pi}) = \underbrace{\eta(\pi)}_{\text{Expected return of old policy}} + \underbrace{\underset{\tau \sim \tilde{\pi}}{E}\left[\sum_{t=0}^{\infty} \gamma^t A_\pi(s_t, a_t)\right]}_{\text{Expected discounted advantage of old policy}}$$

그런데 왜 우리는 이전 정책의 Advantage을 사용합니까? 기존 정책의 평균 대비 새 정책 $\tilde{\pi}$이 얼마나 좋은지를 측정하기 때문입니다.

방정식 (2)를 단순화하고 다음과 같이 타임 스텝에 따른 합을 상태 및 행동에 대한 합으로 바꿀 수 있습니다.

$$\eta(\tilde{\pi}) = \eta(\pi) + \sum_s \rho_{\tilde{\pi}}(s) \sum_a \tilde{\pi}(a|s) A_\pi(s, a) \tag{3}$$

여기서 $\rho_{\tilde{\pi}}(s)$는 새로운 정책의 할인된 방문 빈도입니다. 우리는 이미 새로운 정책의 기대 리턴에 기존 정책의 기대 리턴과 기존 정책의 advantage를 더하여 구할 수 있음을 배웠습니다.

앞의 수식 3에서 $A_\pi(s, a)$가 항상 양수이면 우리의 정책이 개선되고 있고 $\eta(\tilde{\pi})$가 더 좋다는 것을 의미한다. 즉, $A_\pi(s, a)$가 항상 ≥ 0이면 우리의 정책은 항상 개선될 것입니다

그러나 식 (3)은 최적화하기 어렵기 때문에 $\eta(\tilde{\pi})$을 지역 근사값 $L_\pi(\tilde{\pi})$로 근사화합니다.

$$L_\pi(\tilde{\pi}) = \eta(\pi) + \sum_s \rho_\pi(s) \sum_a \tilde{\pi}(a|s) A_\pi(s, a) \tag{4}$$

식 (3)과 달리 식 (4)에서는 $\rho_\pi(s)$대신 $\rho_{\tilde{\pi}}(s)$를 사용합니다. 즉, 새로운 정책 대신에 기존 정책의 감가된 방문 빈도를 사용합니다. 그런데 왜 우리가 그렇게 해야 합니까? 우리는

이미 이전 정책에서 샘플링된 트래젝토리를 가지고 있기 때문에 $\rho_\pi(s)$ 보다 $\rho_{\tilde{\pi}}(s)$를 얻는 것이 더 쉽습니다.

대리 함수는 목적 함수의 근사값인 함수입니다. 따라서 우리는 $L_\pi(\tilde{\pi})$가 우리 목적함수 $\eta(\tilde{\pi})$의 국부적 근사치이기 때문에 대리함수(surrogate function)라고 부를 수 있다.

따라서 $L_\pi(\tilde{\pi})$는 $\eta(\tilde{\pi})$의 국부적 근사치이다. 지역 근사치가 정확한지 확인해야 합니다. 신뢰 영역 방법 섹션에서 함수의 로컬 근사가 신뢰 영역에 있는 경우 정확하다는 것을 어떻게 배웠는지 기억하십니까? 따라서 신뢰 영역에 있는 경우 로컬 근사값 $L_\pi(\tilde{\pi})$는 정확할 것이다. 따라서 $L_\pi(\tilde{\pi})$값을 업데이트하는 동안 신뢰 영역에 남아 있는지 확인해야 합니다. 즉, 정책 업데이트는 신뢰 영역에 남아 있어야 합니다.

따라서 이전 정책 π을 새 정책 $\tilde{\pi}$으로 업데이트할 때 새 정책 업데이트가 신뢰 영역 내에 유지되도록 하기만 하면 됩니다. 그렇게 하려면 새 정책이 이전 정책과 얼마나 멀리 떨어져 있는지 측정해야 하므로 KL 발산을 사용하여 이를 측정합니다.

$$D_{KL}(\pi(\cdot|s) \,\|\, \tilde{\pi}(\cdot|s))$$

따라서 정책을 업데이트하는 동안 정책 업데이트 간의 KL 발산의 차이를 확인하고 정책 업데이트가 신뢰 영역 내에 있는지 확인합니다. 이 KL 발산의 제약 조건을 충족하기 위해 Kakade와 Langford는 보수적 정책 반복이라는 새로운 정책 업데이트 체계를 도입하고 다음과 같은 하한을 도출했습니다.

$$\eta(\tilde{\pi}) \geq L_\pi(\tilde{\pi}) - CD_{KL}^{\max}(\pi, \tilde{\pi})$$

$$\text{Where, } C = \frac{4\epsilon\gamma}{(1-\gamma)^2}$$

우리가 볼 수 있듯이, 앞의 방정식에서 KL 발산을 페널티 항으로 갖고 C는 페널티 계수입니다.

이제, 벌점을 받은 KL 발산 항과 함께 대리 목적 함수(4)는 다음과 같이 작성됩니다.

$$\underset{\tilde{\pi}}{\text{maximize}}\left[L_\pi(\tilde{\pi}) - CD_{KL}^{\max}(\pi, \tilde{\pi})\right] \quad (5)$$

대리함수 $L(\tilde{\pi}) - CD_{KL}^{\max}(\pi, \tilde{\pi})$를 최대화하는 것은 우리의 진정한 목적 함수를 향상시키고 정책의 단조로운 개선을 보장합니다. 선행 목적 함수는 KL 벌점 목적으로 알려져 있습니다.

13.2.1 정책 매개변수화

우리는 대리 목적 함수를 최대화하는 것이 실제 목적 함수를 최대화한다는 것을 배웠습니다. 우리는 정책 그래디언트 방법에서 매개변수화된 정책을 사용한다는 것을 알고 있습니다. 즉, 어떤 매개변수 θ에 의해 매개변수화된 신경망과 같은 함수 근사기를 사용하여 최적의 정책을 학습합니다.

θ를 $\pi_{\theta_{old}}$로 하는 기존 정책과 θ를 π_θ로 하는 새 정책을 매개변수화합니다. 따라서 다음과 같이 매개변수화된 정책 측면에서 식 (5)를 다시 작성할 수 있습니다.

$$\underset{\theta}{\text{maximize}}\left[L(\pi_\theta) - CD_{KL}^{\max}(\pi_{\theta_{old}}, \pi_\theta)\right] \tag{6}$$

앞의 방정식에서 볼 수 있듯이 우리는 기존 정책과 새 정책 간의 최대 KL 발산을 사용하고 있습니다. 최대 KL 항 $\overline{D}_{KL}^{\max}(\pi_{\theta_{old}}, \pi_\theta)$을 사용하여 목적을 최적화하는 것은 어렵기 때문에 최대 KL을 사용하는 대신 평균 KL 발산 $\overline{D}_{KL}(\pi_{\theta_{old}}, \pi_\theta)$을 취하여 대리 목적을 다음과 같이 다시 작성할 수 있습니다.

$$\underset{\theta}{\text{maximize}}\left[L(\pi_\theta) - C\overline{D}_{KL}(\pi_{\theta_{old}}, \pi_\theta)\right] \tag{7}$$

앞의 목적함수의 문제점은 페널티 계수 C의 값을 $C = \frac{4\epsilon\gamma}{(1-\gamma)^2}$로 대입하면 스텝 크기가 줄어들고 수렴에 많은 시간이 걸립니다. 따라서 대리 목적 함수를 다음과 같이 제한된 목적 함수로 재정의할 수 있습니다.

$$\begin{aligned}&\underset{\theta}{\text{maximize}}\ L(\pi_\theta)\\ &\text{subject to}\ \overline{D}_{KL}(\pi_{\theta_{old}}, \pi_\theta)] \le \delta\end{aligned} \tag{8}$$

앞의 방정식은 우리가 우리의 대리 목적 함수 $L(\pi_\theta)$를 최대화함을 의미하고, 구 정책 $\pi_{\theta_{old}}$과 새로운 정책 π_θ 사이의 KL 발산이 상수 δ보다 작거나 같다는 제약 조건을 유지하고, 우리의 구 정책과 새로운 정책은 크게 다르지 않을 것입니다. 앞의 목적 함수를 KL-제약된 목적이라고 합니다.

13.2.2 샘플-기반 추정방법

이전 섹션에서 우리는 매개변수화된 정책을 사용하여 KL제약된 목적으로 목적 함수를 구성하는 방법을 배웠습니다. 이 섹션에서는 목적 함수를 단순화하는 방법을 배웁니다.

우리는 KL 제약 목적 함수가 다음과 같이 주어진다는 것을 배웠습니다.

$$\underset{\theta}{\text{maximize}} \; L(\pi_\theta)$$
$$\text{subject to } \overline{D}_{KL}(\pi_{\theta_{old}}, \pi_\theta)] \le \delta$$

식 (4)에서 $L(\pi_\theta)$의 값을 다음과 같이 대입합니다.

$\sum_s \rho_{\pi_{\theta_{old}}}(s) \sum_a \pi_\theta(a|s) A_{\pi_{\theta_{old}}}(s,a)$ 이전 방정식에 대입 해봅시다.

$$\begin{aligned} &\underset{\theta}{\text{maximize}} \; \sum_s \rho_{\pi_{\theta_{old}}}(s) \sum_a \pi_\theta(a|s) A_{\pi_{\theta_{old}}}(s,a) \\ &\text{subject to } \overline{D}_{KL}(\pi_{\theta_{old}}, \pi_\theta)] \le \delta \end{aligned} \tag{9}$$

이제 샘플링을 사용하여 두 개의 합을 제거하여 식 (9)를 단순화하는 방법을 살펴보겠습니다.

첫 번째 합 $\sum_s \rho_{\pi_{old}}(s)$은 주 방문 빈도에 대한 합을 나타냅니다. 상태 방문에서 상태를 $E_{s \sim \rho}(\pi_{\theta_{old}})$로 샘플링하여 이를 대체할 수 있습니다. 그러면 우리의 방정식은 다음과 같습니다.

$$\mathbb{E}_{s \sim \rho(\pi_{\theta_{old}})}\left[\sum_a \pi_\theta(a|s) A_{\pi_{\theta_{old}}}(s,a)\right]$$

다음으로, 행동에 대한 합을 중요도 샘플링 추정기로 대체합니다. q를 샘플링 분포라고 하고 a는 q에서 샘플링됩니다.

$$\mathbb{E}_{s \sim \rho(\pi_{\theta_{old}})}\left[\sum_a \pi_\theta(a|s) A_{\pi_{\theta_{old}}}(s,a)\right]$$

샘플링 분포 q를 $\pi_{\theta_{old}}$로 바꾸면 다음과 같이 쓸 수 있습니다.

$$\mathbb{E}_{s \sim \rho(\pi_{\theta_{old}}),\, a \sim \pi_{\theta_{old}}}\left[\frac{\pi_\theta(a|s)}{\pi_{\theta_{old}}(a|s)} A_{\pi_{\theta_{old}}}(s,a)\right]$$

따라서 방정식 (9)는 다음과 같습니다.

$$\begin{aligned}&\underset{\theta}{\text{maximize}}\ \mathbb{E}_{s,\, a \sim \pi_{\theta_{old}}}\left[\frac{\pi_\theta(a|s)}{\pi_{\theta_{old}}(a|s)} A_{\pi_{\theta_{old}}}(s,a)\right]\\ &\text{subject to}\ \mathbb{E}_{s \sim \pi_{\theta_{old}}}\left[D_{KL}(\pi_{\theta_{old}}(\cdot|s) \parallel \pi_\theta(\cdot|s))\right] \le \delta\end{aligned}$$

다음 섹션에서는 최적의 정책을 찾기 위해 앞의 목적 함수를 푸는 방법을 배웁니다.

13.3 TRPO 목적 함수 풀기

이전 섹션에서 TRPO 목적 함수는 다음과 같이 표현된다는 것을 배웠습니다.

$$\begin{aligned}&\underset{\theta}{\text{maximize}}\ \mathbb{E}_{s,\, a \sim \pi_{\theta_{old}}}\left[\frac{\pi_\theta(a|s)}{\pi_{\theta_{old}}(a|s)} A_{\pi_{\theta_{old}}}(s,a)\right]\\ &\text{subject to}\ \mathbb{E}_{s \sim \pi_{\theta_{old}}}\left[D_{KL}(\pi_{\theta_{old}}(\cdot|s) \parallel \pi_\theta(\cdot|s))\right] \le \delta\end{aligned}$$

앞의 방정식은 우리가 이전 정책과 새 정책 사이의 KL 다이버전스가 δ 보다 작거나 같아야 한다는 제약과 함께 최대 수익을 제공하는 정책을 찾으려고 함을 의미합니다. 이 KL 제약은 우리의 새 정책이 다음과 같은지 확인합니다. 오래된 정책에서 멀지 않습니다.

표기를 간결하게 하기 위해 목적을 $L(\theta)$로 표현하고 KL 제약을 $D(\theta)$로 표현하고 앞의 방정식을 다음과 같이 다시 작성해 보겠습니다.

$$\begin{aligned}&\underset{\theta}{\text{maximize}}\ L(\theta)\\ &\text{subject to}\ D(\theta) \le \delta \qquad (10)\end{aligned}$$

목적함수를 최대화하여 최적의 정책을 찾을 수 있다. 우리는 $L(\theta)$에 대한 기울기를 계산하여 목적 $L(\theta)$를 최대화하고 경사 상승법을 사용하여 매개변수를 다음과 같이 업데이트 할 수 있습니다.

$$\theta = \theta + \alpha \nabla \theta$$

여기서 $\Delta\theta$는 탐색 방향(기울기)이고 α는 역추적 계수입니다.

즉, 매개변수 θ를 업데이트하기 위해 다음 두 단계를 수행합니다.

- 먼저 Taylor 급수 근사를 사용하여 탐색 방향 $\Delta\theta$를 계산합니다.
- 다음으로 역추적 선탐색법을 이용하여 α의 값을 구하여 계산된 탐색 방향 $\Delta\theta$에 대한 선탐색을 수행합니다.

역추적 계수가 무엇이며 역추적 선 탐색 방법이 정확히 어떻게 작동하는지 탐색 방향에서 선 탐색 수행 섹션에서 배울 것입니다. 하지만 이 두 단계를 수행해야 하는 이유는 무엇입니까? 목적 함수(10)를 보면 제한된 최적화 문제가 있습니다. 여기서 우리의 제약은 매개변수 θ를 업데이트하는 동안 매개변수 업데이트가 신뢰 영역 내에 있는지 확인해야 한다는 것입니다. 즉, 이전 매개변수와 새 매개변수 간의 KL 발산은 δ 보다 작거나 같아야 합니다.

따라서 이 두 단계를 수행하고 매개변수를 업데이트하면 KL 제약 조건을 충족하는 데 도움이 되고 단조로운 개선도 보장됩니다. 자세한 내용을 살펴보고 두 단계가 정확히 어떻게 작동하는지 알아보겠습니다.

13.3.1 탐색 방향 계산

목적 함수(10)를 직접 최적화하는 것은 어렵기 때문에 먼저 Taylor 급수를 사용하여 함수를 근사합니다. 우리는 선형 근사를 사용하여 대리 목적 함수 $L(\theta)$를 근사하고 2차 근사를 사용하여 제약 조건 $D(\theta)$을 근사합니다.

다음 단계를 더 잘 이해하려면 수학 필수 섹션에서 Taylor 급수를 요약하세요.

한 점 θ_k에서 목적 함수의 선형 근사는 다음과 같이 주어집니다.

$$L(\theta) = L(\theta_k) + \nabla_\theta L(\theta)(\theta - \theta_k)$$

기울기 $\nabla_\theta L(\theta)$를 g로 나타내므로 앞의 방정식은 다음과 같습니다.

$$L(\theta) = L(\theta_k) + g^T(\theta - \theta_k)$$

앞의 방정식을 푸는 동안 $L(\theta_k)$의 값은 0이 되므로 다음과 같이 쓸 수 있습니다.

$$L(\theta) = g^T(\theta - \theta_k) \tag{11}$$

점 θ_k에서 제약 조건의 2차 근사는 다음과 같이 주어집니다.

$$D_{KL}(\theta_k \parallel \theta) = D_{KL}(\theta_k \parallel \theta_k) + \nabla_\theta D_{KL}(\theta_k \parallel \theta)(\theta - \theta_k) + \frac{1}{2}(\theta - \theta_k)^T H(\theta - \theta_k)$$

여기서 H는 2차 도함수, 즉, $H = \nabla_\theta^2 D_{KL}(\theta_k, \theta)$입니다. 앞의 방정식에서 두 개의 동일한 분포 사이의 KL 발산이 0이므로 첫 번째 항 $D_{KL}(\theta_k \| \theta_k)$은 0이 되고, $\nabla_\theta D_{KL}(\theta_k \parallel \theta)(\theta - \theta_k)$에서 1차 도함수는 0이 됩니다.

따라서 최종 방정식은 다음과 같습니다.

$$D_{KL}(\theta_k \parallel \theta) = \frac{1}{2}(\theta - \theta_k)^T H(\theta - \theta_k) \tag{12}$$

식 (10)에서 (11)과 (12)를 대입하면 다음과 같이 쓸 수 있습니다.

$$\underset{\theta}{\text{maximize}}\ g^T(\theta - \theta_k)$$

$$\text{subject to}\ \frac{1}{2}(\theta - \theta_k)^T H(\theta - \theta_k) \leq \delta \tag{13}$$

위의 식에서 θ_k는 구 정책의 매개변수를 나타내고 θ는 새 정책의 매개변수를 나타낸다.

우리가 볼 수 있는 바와 같이, 방정식 (13)에서 우리는 제한된 최적화 문제를 가지고 있습니다. 이 문제를 어떻게 해결할 수 있습니까? 라그랑주 승수를 사용하여 이 문제를 해결할 수 있습니다.

따라서 라그랑주 승수 λ를 사용하여 목적 함수(13)를 다음과 같이 다시 작성할 수 있습니다.

$$L(\theta, \lambda) = g^T(\theta - \theta_k) - \lambda\frac{1}{2}(\theta - \theta_k)^T H(\theta - \theta_k) - \delta \tag{14}$$

표기를 간결하게 하기 위해 s를 $\theta - \theta_k$로 표현하면 식 (14)를 다음과 같이 다시 쓸 수 있다.

$$L = g^T s - \lambda \frac{1}{2} s^T H s - \delta \tag{15}$$

우리의 목표는 최적의 매개변수 θ를 찾는 것입니다. 따라서 이전 함수의 기울기를 계산하고 다음과 같이 경사상승법을 사용하여 매개변수를 업데이트해야 합니다.

$$\theta = \theta_k + \beta s \tag{16}$$

여기서 β는 학습률이고 s는 기울기입니다. 이제 학습률 β과 기울기 s를 결정하는 방법을 살펴보겠습니다.

먼저 s를 계산합니다. 기울기 s에 대해 식 (15)에 주어진 목적 함수 L의 도함수를 계산하면 다음과 같이 쓸 수 있습니다.

$$\frac{dL}{ds} = g - \lambda H s = 0$$

따라서 다음과 같이 작성할 수 있습니다.

$$g = \lambda H s$$

λ은 단지 우리의 라그랑주 승수이며 기울기에 영향을 미치지 않으므로 다음과 같이 쓸 수 있습니다.

$$g = H s \tag{17}$$

따라서 다음과 같이 작성할 수 있습니다.

$$s = H^{-1} g$$

그러나 이러한 방식으로 s 값을 직접 계산하는 것은 최적이 아닙니다. 이는 앞의 방정식에서 2차 도함수의 역을 의미하는 H^{-1}를 가지고 있기 때문이다. 2차 도함수와 그 역함수를 계산하는 것은 비용이 많이 드는 작업입니다. 따라서 s를 계산하는 더 나은 방법을 찾아야 합니다. 어떻게 합니까?

(17)에서 우리는 다음을 배웠습니다.

$$g = H s$$

앞의 방정식에서 방정식이 Ax = B 형식임을 관찰할 수 있습니다. 따라서 켤레 기울기 하강법을 사용하여 s 값을 다음과 같이 근사할 수 있습니다.

$$s \approx H^{-1} g$$

따라서 업데이트 방정식은 다음과 같습니다.

$$\theta = \theta_k + \beta s \tag{18}$$

켤레 경사하강법(conjugated gradient descent)을 사용하여 $s \approx H^{-1}g$의 값을 계산하는 경우 기울기를 계산했으므로 이제 학습률 β을 결정해야 합니다. 업데이트는 신뢰 영역 내에 있어야 하므로 β값을 계산하는 동안 KL 제약 조건을 유지해야 합니다.

방정식 (18)에서 우리는 업데이트 규칙이 다음과 같다는 것을 배웠습니다.

$$\theta = \theta_k + \beta s$$

식을 재정렬하여 다음과 같이 쓸 수 있습니다.

$$\theta - \theta_k = \beta s \tag{19}$$

방정식 (13)에서 KL 제약 조건을 다음과 같이 작성할 수 있습니다.

$$\frac{1}{2}(\theta - \theta_k)^T H(\theta - \theta_k) = \delta$$

앞의 방정식에 (19)를 대입하면 다음과 같이 쓸 수 있습니다.

$$\frac{1}{2}(\beta s)^T H(\beta s) = \delta$$

앞의 방정식은 다음과 같이 풀 수 있습니다.

$$\frac{1}{2}\beta^2 s^T Hs = \delta$$

$$\beta^2 s^T Hs = 2\delta$$

$$\beta^2 = \frac{2\delta}{s^T Hs}$$

$$\beta = \sqrt{\frac{2\delta}{s^T Hs}}$$

따라서 식 (18)에서 학습률 β의 이전 값을 대입하고 매개변수 업데이트를 다음과 같이 다시 작성할 수 있습니다.

$$\theta = \theta_k + \sqrt{\frac{2\delta}{s^T H s}}\, s$$

여기서 $s \approx H^{-1}g$의 값은 켤레 경사하강법(conjugated gradient descent)을 사용하여 계산됩니다.

따라서 Taylor 급수 근사와 라그랑주 승수를 사용하여 탐색 방향을 계산했습니다.

$$\theta = \theta_k + \underbrace{\sqrt{\frac{2\delta}{s^T H s}}\, s}_{\text{search direction}(\Delta\theta)}$$

다음 섹션에서는 줄 검색을 수행하는 방법을 알아보겠습니다.

13.3.2 탐색 방향으로 탐색 수행

정책 업데이트가 KL 제약 조건을 충족하는지 확인하기 위해 역추적 라인 탐색 방법을 사용합니다. 따라서 업데이트 방정식은 다음과 같습니다.

$$\theta = \theta_k + \alpha^j \sqrt{\frac{2\delta}{s^T H s}}\, s$$

이게 무슨 뜻일까? 그 새로운 매개변수 α는 거기에서 무엇을 하고 있습니까? 이를 역추적 계수라고 하며 α값의 범위는 0에서 1 사이입니다. 매개변수를 업데이트하기 위해 큰 단계를 수행하는 데 도움이 됩니다. 즉, α를 높은 값으로 설정하고 크게 업데이트할 수 있습니다. 그러나 우리는 우리의 제약 조건 $D(\theta) \le \delta$을 만족함과 함께 우리의 목적 $L(\theta) \ge 0$을 최대화하고 있는지 확인해야 합니다.

그래서, 우리는 0에서 N까지의 다른 j 값을 시도하고 θ를 $\theta = \theta_k + \alpha^j \sqrt{\frac{2\delta}{s^T H s}}\, s$로 계산합니다. 만약에 $L(\theta) \ge 0$와 $D(\theta) \le \delta$에 대해 만족 한다면, θ를 $\theta = \theta_k + \alpha^j \sqrt{\frac{2\delta}{s^T H s}}\, s$로 업데이트 합니다. 다음 단계는 역추적 선 탐색 방법이 작동하는 방식에 대한 명확성을 제공합니다.

1. j=0, 1, 2, 3, ..., N : 만큼 반복

1. $\theta = \theta_k + \alpha^j \sqrt{\frac{2\delta}{s^T H s}}\, s$를 계산
2. $L(\theta) \geq 0$와 $D(\theta) \leq \delta$ 만족하면
    1. $\theta = \theta_k + \alpha^j \sqrt{\frac{2\delta}{s^T H s}}\, s$ 업데이트
    2. 반복 중지

따라서 TRPO의 최종 매개변수 업데이트 규칙은 다음과 같이 주어집니다.

$$\theta = \theta_k + \alpha^j \sqrt{\frac{2\delta}{s^T H s}}\, s$$

다음 섹션에서는 앞의 업데이트 규칙을 사용하여 TRPO 알고리즘이 정확히 어떻게 작동하는지 배웁니다.

13.3.3 알고리즘 - TRPO

TRPO는 10장, 정책 그래디언트 방법에서 배운 정책 그래디언트 알고리즘을 개선한 것입니다. 이를 통해 이전 정책과 새 정책이 크게 달라지지 않아야 한다는 제약 조건을 유지하면서 매개변수를 업데이트할 수 있습니다. TRPO 업데이트 규칙은 다음과 같습니다.

$$\theta = \theta_k + \alpha^j \sqrt{\frac{2\delta}{s^T H s}}\, s$$

이제 TRPO의 알고리즘을 살펴보고 TRPO가 앞의 업데이트 규칙을 사용하고 최적의 정책을 찾는 방법을 정확히 살펴보겠습니다. 계속 진행하기 전에 정책 그래디언트 방법에서 그래디언트를 계산하는 방법을 요약해 보겠습니다. 정책 그래디언트 방법에서 기울기 g를 다음과 같이 계산했습니다.

$$g = \frac{1}{N}\sum_{i=1}^{N}\left[\sum_{t=0}^{T-1} \nabla_\theta \log\pi_\theta(a_t|s_t)(R_t - V_\phi(s_t))\right]$$

여기서 R_t는 reward-to-go입니다. 이동할 보상은 상태 s와 행동 a에서 시작하는 트래젝토리의 보상 합계입니다. 다음과 같이 표현됩니다.

$$R_t = \sum_{t'=0}^{T-1} r(s_{t'}, a_{t'})$$

이동 보상은 이전에 배운 것과 유사하지 않습니까? 예! 기억한다면 Q 함수는 상태 s와 행동 a에서 시작하는 트래젝토리의 보상의 합이라는 것을 배웠습니다. 따라서 우리는 보상을 Q 함수로 대체하고 기울기를 다음과 같이 작성할 수 있습니다.

$$g = \frac{1}{N}\sum_{i=1}^{N}\left[\sum_{t=0}^{T-1}\nabla_\theta \log\pi_\theta(a_t|s_t)(Q(s_t, a_t) - V_\phi(s_t))\right]$$

앞의 방정식에서 Q 함수와 가치 함수 사이에 차이가 있습니다. 우리는 advantage 함수가 Q 함수와 값 함수의 차이라는 것을 배웠고 따라서 advantage 함수를 사용하여 기울기를 다음과 같이 다시 작성할 수 있습니다.

$$g = \frac{1}{N}\sum_{i=1}^{N}\left[\sum_{t=0}^{T-1}\nabla_\theta \log\pi_\theta(a_t|s_t)A_t\right]$$

이제 TRPO의 알고리즘을 살펴보자. TRPO는 정책 기울기 방법이므로 액터-크리틱 방법과 달리 여기에서는 먼저 N개의 트래젝토리를 생성한 다음 정책 및 가치 네트워크의 매개변수를 업데이트합니다.

TRPO와 관련된 단계는 다음과 같습니다.

1. 정책 네트워크 매개변서 θ와 가치 네트워크 매개변서 ϕ를 초기화
2. N개의 트래젝토리 $\{\tau^i\}_{i=1}^{N}$를 정책 π_θ에 따라 생성
3. 리턴 R_t 계산(reward-to-go)
4. Advantage 값 계산 A_t
5. 정책 그래디언트 계산

$$g = \frac{1}{N}\sum_{i=1}^{N}\left[\sum_{t=0}^{T-1}\nabla_\theta \log\pi_\theta(a_t|s_t)A_t\right]$$

6. 켤레 기울기방법을 활용해 $s = H^{-1}g$ 계산
7. 정책 네트워크 매개변수 θ 업데이트

$$\theta = \theta_k + \alpha^j\sqrt{\frac{2\delta}{s^T H s}}\, s$$

8. 가치 네트워크의 MSE 계산

$$J(\phi)=\frac{1}{N}\sum_{i=1}^{N}\sum_{t=0}^{T-1}(R_t - V_\phi(s_t))^2$$

9. 가치 네트워크 매개변수 ϕ를 경사하강법을 활용해 업데이트

$$\phi=\phi-\alpha\nabla_\phi J(\phi)$$

10. 2에서 9단계를 훈련을 위해 반복

이제 TRPO가 어떻게 작동하는지 이해했으므로 다음 섹션에서는 근위 정책 최적화라는 또 다른 흥미로운 알고리즘을 배울 것입니다.

13.4

PPO Proximal policy optimization

이전 섹션에서 우리는 TRPO가 어떻게 작동하는지 배웠습니다. TRPO는 이전 정책과 새 정책 간의 KL divergence가 보다 작거나 같아야 한다는 제약 조건을 부과하여 신뢰 영역에서 정책 업데이트를 유지한다는 것을 배웠습니다. TRPO 방법의 문제는 구현하기 어렵고 계산적으로 오래걸립니다. 이제 우리는 가장 널리 사용되는 최신 정책 기울기 알고리즘 중 하나인 Proximal Policy Optimization(PPO)에 대해 알아볼 것입니다.

PPO는 TRPO 알고리즘을 개선하고 구현하기 쉽습니다. TRPO와 마찬가지로 PPO는 정책 업데이트가 신뢰 영역에 있는지 확인합니다. 그러나 TRPO와 달리 PPO는 목적 함수에 제약 조건을 사용하지 않습니다. 앞으로 PPO가 정확히 어떻게 작동하는지 그리고 PPO가 정책 업데이트가 신뢰 영역에 있는지 확인하는 방법을 배웁니다.

PPO 알고리즘에는 두 가지 유형이 있습니다.

- **PPO 클리핑(PPO-clipped)** : PPO 클리핑 방법에서 정책 업데이트가 신뢰 영역에 있는지 확인하기 위해(새 정책이 이전 정책에서 멀리 떨어져 있지 않음) PPO는 클리핑 기능이라는 새로운 기능을 추가합니다. 이는 새 정책과 이전 정책이 서로 멀리 떨어져 있지 않은지 확인합니다.

- **PPO-페널티(PPO-penalty)** : PPO-페널티 방법에서 KL 제약 조건을 페널티 용어로 변환하여 목적 함수를 수정하고 정책 업데이트가 신뢰 영역에 있도록 하여 훈련 중에 페널티 계수를 적응적으로 업데이트합니다.

이제 앞의 두 가지 유형의 PPO 알고리즘에 대해 자세히 살펴보겠습니다.

13.4.1 클리핑 목적 함수를 활용한 PPO

먼저 TRPO의 목적함수를 상기해보자. 우리는 TRPO 목적 함수가 다음과 같이 주어진다는 것을 배웠습니다.

$$\underset{\theta}{\text{maximize}}\ \mathbb{E}_t\left[\frac{\pi_\theta(a_t|s_t)}{\pi_{\theta_{old}}(a_t|s_t)}A_t\right]$$

$$\text{subject to}\ \mathbb{E}_t\left[D_{KL}(\pi_{\theta_{old}}(\cdot|s)\,\|\,\pi_\theta(\cdot|s))\right]\le\delta$$

이는 기존 정책과 새로운 정책이 신뢰 영역 내에서 유지된다는 제약, 즉 기존 정책과 신규 정책 간의 KL divergence가 보다 작거나 같아야 한다는 제약과 함께 정책을 최대화하려고 함을 의미합니다.

제약 없이 목적만 취하고 PPO 목적 함수를 다음과 같이 작성해 보겠습니다.

$$L(\theta)=\mathbb{E}_t\left[\frac{\pi_\theta(a_t|s_t)}{\pi_{\theta_{old}}(a_t|s_t)}A_t\right]$$

앞의 수학식에서 $\frac{\pi_\theta(a_t|s_t)}{\pi_{\theta_{old}}(a_t|s_t)}$는 기존 정책에 대한 신규 정책의 차이확률을 의미합니다.

이를 $r_t(\theta)$를 사용하여 표시하고 PPO 목적 함수를 다음과 같이 작성합니다.

$$L(\theta)=\mathbb{E}_t[r_t(\theta)A_t] \tag{20}$$

앞의 목적 함수를 사용하여 정책을 업데이트하면 정책 업데이트는 신뢰 영역에 있지 않습니다. 따라서 정책 업데이트가 신뢰 영역에 있는지 확인하기 위해(새 정책이 이전 정책에서 멀지 않음) 클리핑 함수라는 새 함수를 추가하여 목적 함수를 수정하고 목적 함수를 다음과 같이 다시 작성합니다.

$$L(\theta)=\mathbb{E}_t[\min(r_t(\theta))A_t,\ \text{clip}(r_t(\theta),1-\epsilon,1+\epsilon)A_t)]$$

앞의 함수는 우리가 두 항의 최소값을 취한다는 것을 의미합니다. 하나는 $r_t(\theta)A_t$이고 다른 하나는 $clip(r_t(\theta), 1-\epsilon, 1+\epsilon)A_t$입니다.

첫 번째 항 $r_t(\theta)A_t$은 기본적으로 우리의 목적이고, 두 번째 항은 클립된 목적이라고 합니다. 따라서 최종 목적 함수는 클립되지 않은 $r_t(\theta)A_t$와 클립된 값의 최소값일 뿐입니다. 근데 이게 무슨 소용이야? 이 클립된 목표를 추가하면 새 정책을 이전 정책에서 멀지 않게 유지하는 데 어떻게 도움이 됩니까?

자세히 살펴보면 다음과 같이 이해해 보겠습니다.

$$L(\theta) = \mathbb{E}_t[\min(r_t(\theta))A_t, \text{clip}(r_t(\theta), 1-\epsilon, 1+\epsilon)A_t)]$$

첫 번째 항(클립되지 않은 목적)은 식 (20)에 의해 주어진다는 것을 압니다. 이제 두 번째 항인 클립된 목적에 대해 살펴보겠습니다. 다음과 같이 주어집니다.

$$\text{clip}(r_t(\theta), 1-\epsilon, 1+\epsilon)A_t$$

앞의 항을 보면 확률비 $r_t(\theta)$를 $[1-\epsilon, 1+\epsilon]$의 범위에서 클리핑한다고 말할 수 있다. 그런데 왜 우리는 $r_t(\theta)$을 잘라야 합니까? Advantage가 양수일 때와 음수일 때 Advantage 함수의 두 가지 경우를 고려하여 설명할 수 있습니다.

Case 1 : Advantage가 양수일 때,

Advantage가 양수인 경우, $A_t > 0$는 다른 모든 행동의 평균보다 해당 행동이 우선되어야 함을 의미한다. 따라서 우리는 그 행동에 대한 $r_t(\theta)$의 값을 증가시켜 선택될 가능성을 높일 수 있습니다. 그러나 $r_t(\theta)$의 값을 증가시키면서 기존의 정책에서 멀어질 정도로 너무 많이 증가시키면 안 된다. 따라서 이를 방지하기 위해 $r_t(\theta)$를 $[1-\epsilon, 1+\epsilon]$ 범위에서 클리핑합니다.

그림 13.10은 Advantage가 양수일 때 $r_t(\theta)$의 값을 증가시키는 방법과 이를$[1-\epsilon, 1+\epsilon]$에서 클리핑하는 방법을 보여줍니다.

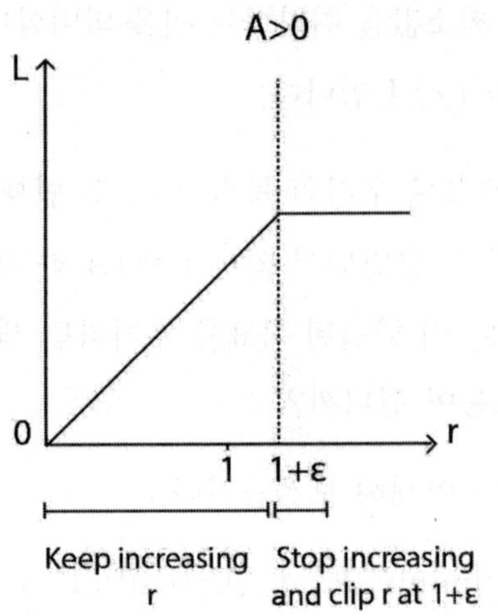

그림 13.10 Advantage가 양수 일 때, $r_t(\theta)$ 값

Case 2 : Advantage가 음수일 때,

장점이 음수인 $A_t < 0$이면 해당 행위가 다른 모든 행위의 평균보다 우선되어서는 안 됨을 의미한다. 따라서 우리는 그 행동에 대한 $r_t(\theta)$의 값을 줄여 선택될 가능성을 낮출 수 있습니다. 그러나 $r_t(\theta)$의 값을 감소시키면서 기존 정책에서 멀어질 정도로 너무 많이 감소시키지 않아야 한다. 그래서 이를 방지하기 위해 $r_t(\theta)$를 $1-\epsilon$로 클리핑합니다.

그림 13.11은 Advantage가 음수일 때 $r_t(\theta)$의 값을 감소시키는 방법과 이를$1-\epsilon$로 클리핑하는 방법을 보여줍니다.

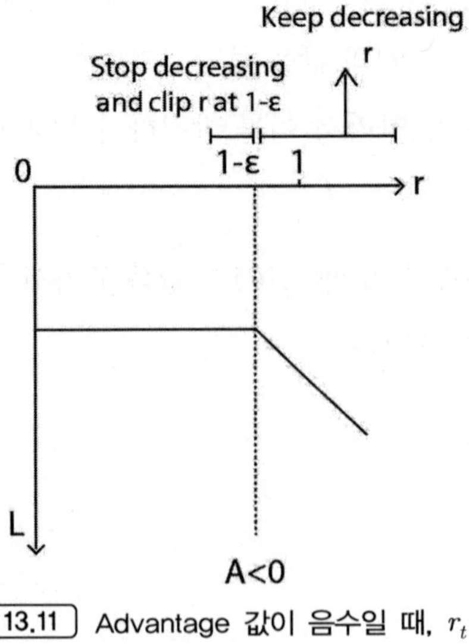

그림 13.11 Advantage 값이 음수일 때, $r_t(\theta)$ 값

ϵ의 값은 일반적으로 0.1 또는 0.2로 설정됩니다. 따라서 우리는 클리핑된 목적이 advantage 함수를 기반으로 $1+\epsilon$과 $1-\epsilon$에서 클리핑하여 정책 업데이트를 이전 정책에 가깝게 유지한다는 것을 배웠습니다. 따라서 최종 목적 함수는 클리핑되지 않은 목적과 클리핑된 목적의 최소값을 다음과 같이 취합니다.

$$L(\theta) = \mathbb{E}_t[\min(r_t(\theta))A_t, \mathrm{clip}(r_t(\theta), 1-\epsilon, 1+\epsilon)A_t)]$$

클리핑 PPO 알고리즘이 어떻게 작동하는지 배웠으니 이제 다음 섹션에서 알고리즘을 살펴보겠습니다.

13.4.2 알고리즘 - PPO-clipped

PPO 클리핑 알고리즘과 관련된 단계는 다음과 같습니다.

1. 정책 네트워크 매개변서 θ와 가치 네트워크 매개변서 ϕ를 초기화
2. N개의 트래젝토리 $\{\tau^i\}_{i=1}^{N}$를 정책 π_θ에 따라 생성
3. 리턴 R_t 계산(reward-to-go)
4. 목적 함수의 그래디언트 계산$\nabla_\theta L(\theta)$
5. 정책 네트워크 매개변수 θ 업데이트

$$\theta = \theta + \alpha \nabla_\theta J(\theta)$$

6. 가치 네트워크의 MSE 계산

$$J(\phi) = \frac{1}{N}\sum_{i=1}^{N}\sum_{t=0}^{T-1}(R_t - V_\phi(s_t))^2$$

7. 가치 네트워크의 그래디언트 계산 $\nabla_\phi L(\phi)$
8. 가치 네트워크 매개변수 ϕ를 경사하강법을 활용해 업데이트

$$\phi = \phi - \alpha \nabla_\phi J(\phi)$$

9. 2에서 8단계를 훈련을 위해 반복

13.4.3 PPO-Clipped 방법 구현하기

스윙업 진자 작업을 위해 PPO 클리핑 방법을 구현해 보겠습니다. 이 섹션에 사용된 코드는 매우 우수한 PPO 구현 중 하나에서 채택되었습니다.

(https://github.com/MorvanZhou/Reinforcement-learning-with-tensorflow/tree/master/contents/12_Proximal_Policy_Optimization)

먼저 필요한 라이브러리를 가져오겠습니다.

```
import warnings
warnings.filterwarnings('ignore')
import tensorflow.compat.v1 as tf
tf.disable_v2_behavior()

import numpy as np
import matplotlib.pyplot as plt
import gym
```

Gym 환경 생성하기

Gym을 활용해 pendulum 환경을 생성하겠습니다.

```
env = gym.make('Pendulum-v0').unwrapped
```

환경의 상태 사이즈 가져오기

```
state_shape = env.observation_space.shape[0]
```

행동 사이즈 가져오기

```
action_shape = env.action_space.shape[0]
```

Pendulum은 연속적인 환경이므로 우리의 행동 공간은 연속적인 값으로 구성됩니다. 그래서 우리는 행동 공간의 경계를 얻습니다.

```
action_bound = [env.action_space.low, env.action_space.high]
```

클립된 목적을 위한 ϵ값 설정하기

```
epsilon = 0.2
```

13.4.4 PPO 클래스 정의하기

PPO 알고리즘을 구현할 PPO라는 클래스를 정의해 보겠습니다. 명확한 이해를 위해 코드를 한 줄씩 살펴보겠습니다.

```
class PPO(object):
```

13.4.4.1 init 메소드 정의하기

먼저 init 메소드 정의

```
    def __init__(self):
```

TensorFlow 세션 시작

```
        self.sess = tf.Session()
```

상태의 placeholder 정의

```
        self.state_ph = tf.placeholder(tf.float32, [None, state_shape],
'state')
```

이제 상태 가치를 반환하는 가치 네트워크를 구축해 보겠습니다.

```
        with tf.variable_scope('value'):

            layer1 = tf.layers.dense(self.state_ph, 100, tf.nn.relu)
            self.v = tf.layers.dense(layer1, 1)
```

Q 값을 위한 placeholder 정의

```
            self.Q = tf.placeholder(tf.float32, [None, 1],
'discounted_r')
```

Advantage 값을 Q 값과 상태 가치 값의 차이로 정의합니다.

```
            self.advantage = self.Q - self.v
```

가치 네트워크의 손실 계산

```
            self.value_loss = tf.reduce_mean(tf.square(self.advantage))
```

Adam 옵티마이저를 사용하여 손실을 최소화하여 가치 네트워크를 훈련합니다.

```
        self.train_value_nw = tf.train.AdamOptimizer(0.002).
minimize(self.value_loss)
```

이제 정책 네트워크에서 새 정책과 해당 매개변수를 얻습니다.

```
        pi, pi_params = self.build_policy_network('pi', trainable=True)
```

정책 네트워크에서 이전 정책 및 해당 매개변수를 가져옵니다.

```
        oldpi, oldpi_params = self.build_policy_network('oldpi',
trainable=False)
```

새 정책의 행동 샘플링:

```
        with tf.variable_scope('sample_action'):
            self.sample_op = tf.squeeze(pi.sample(1), axis=0)
```

이전 정책의 매개변수를 업데이트합니다.

```
        with tf.variable_scope('update_oldpi'):
            self.update_oldpi_op = [oldp.assign(p) for p, oldp in
zip(pi_params, oldpi_params)]
```

행동의 placeholder 업데이트

```
        self.action_ph = tf.placeholder(tf.float32, [None, action_
shape], 'action')
```

Advantage 값을 위한 placeholder 업데이트

```
        self.advantage_ph = tf.placeholder(tf.float32, [None, 1],
'advantage')
```

이제 정책 네트워크의 대리 목적 함수를 정의해 보겠습니다.

```
        with tf.variable_scope('loss'):
            with tf.variable_scope('surrogate'):
```

정책 네트워크의 목적은 다음과 같습니다.

$$L(\theta) = \mathrm{IE}_t[\min(r_t(\theta))A_t, \mathrm{clip}(r_t(\theta), 1-\epsilon, 1+\epsilon)A_t)]$$

$r_t(\theta)$를 $\frac{\pi_\theta(a_t|s_t)}{\pi_{\theta_{old}}(a_t|s_t)}$로 정의합니다.

```
            ratio = pi.prob(self.action_ph) / oldpi.prob(self.
action_ph)
```

비율 $r_t(\theta)$와 advantage 값 A_t를 곱하여 목적을 정의합니다.

```
            objective = ratio * self.advantage_ph
```

클립된 목적과 클립되지 않은 목적으로 목적 함수를 정의합니다.

```
            L = tf.reduce_mean(tf.minimum(objective, tf.clip_by_
value(ratio, 1.-epsilon, 1.+ epsilon)*self.advantage_ph))
```

이제 기울기를 계산하고 경사상승법을 사용하여 목적 함수를 최대화할 수 있습니다. 그러나 그렇게 하는 대신 음수 부호를 추가하여 앞의 최대화 목표를 최소화 목표로 변환할 수 있습니다. 따라서 정책 네트워크의 손실을 다음과 같이 나타낼 수 있습니다.

```
        self.policy_loss = -L
```

Adam 옵티마이저를 사용하여 손실을 최소화하여 정책 네트워크를 훈련합니다.

```
    with tf.variable_scope('train_policy'):
        self.train_policy_nw = tf.train.AdamOptimizer(0.001).
minimize(self.policy_loss)
```

모든 TensorFlow 변수를 초기화합니다.

```
    self.sess.run(tf.global_variables_initializer())
```

13.4.4.2 훈련 함수 정의하기

이제 훈련 함수를 정의합니다.

```
    def train(self, state, action, reward):
```

이전 정책 업데이트

```
        self.sess.run(self.update_oldpi_op)
```

Advantage 값 업데이트

```
        adv = self.sess.run(self.advantage, {self.state_ph: state,
self.Q: reward})
```

정책 네트워크 업데이트

```
        [self.sess.run(self.train_policy_nw, {self.state_ph: state,
self.action_ph: action, self.advantage_ph: adv}) for _ in range(10)]
```

가치 네트워크 업데이트

```
        [self.sess.run(self.train_value_nw, {self.state_ph: state,
self.Q: reward}) for _ in range(10)]
```

13.4.4.3 정책 네트워크 구축하기

정책 네트워크를 구축하기 위해 build_policy_network라는 함수를 정의합니다. 여기서 행동 공간은 연속적이므로 정책 네트워크는 작업의 평균과 분산을 출력으로 반환한 다음 이 평균과 분산을 사용하여 정규 분포를 생성하고 이 정규 분포에서 샘플링하여 작업을 선택합니다.

```
    def build_policy_network(self, name, trainable):
        with tf.variable_scope(name):
```

네트워크 layer 정의하기

```
            layer = tf.layers.dense(self.state_ph, 100, tf.nn.relu,
trainable=trainable)
```

평균 계산하기

```
            mu = 2 * tf.layers.dense(layer, action_shape, tf.nn.tanh,
trainable=trainable)
```

표준편차 계산하기

```
            sigma = tf.layers.dense(layer, action_shape, tf.nn.
softplus, trainable=trainable)
```

정규분포 계산하기

```
            norm_dist = tf.distributions.Normal(loc=mu, scale=sigma)
```

정책 네트워크의 파라미터 얻기

```
        params = tf.get_collection(tf.GraphKeys.GLOBAL_VARIABLES,
scope=name)
        return norm_dist, params
```

행동 선택하기

행동을 선택하기 위한 select_action이라는 함수를 정의하자.

```
    def select_action(self, state):
        state = state[np.newaxis, :]
```

정책 네트워크에 의해 생성된 정규 분포의 샘플 작업:

```
        action = self.sess.run(self.sample_op, {self.state_ph: state})
[0]
```

행동 범위 내에 있도록 액션을 클립한 다음 행동을 반환합니다.

```
        action = np.clip(action, action_bound[0], action_bound[1])
        return action
```

상태 가치 값 계산하기

우리는 가치 네트워크에 의해 계산된 상태 가치의 값을 얻기 위해 get_state_value라는 함수를 정의합니다:

```
    def get_state_value(self, state):

        if state.ndim < 2: state = state[np.newaxis, :]

        return self.sess.run(self.v, {self.state_ph: state})[0, 0]
```

네트워크 훈련하기

이제 네트워크 훈련을 시작하겠습니다. 먼저 PPO 클래스에 대한 개체를 생성해 보겠습니다.

```
ppo = PPO()
```

에피소드 수 설정

```
num_episodes = 1000
```

각 에피소드의 타임 스텝 수 설정

```
num_timesteps = 200
```

감가율 γ 설정

```
gamma = 0.9
```

배치 사이즈 설정

```
batch_size = 32
```

각 에피소드 반복

```
for i in range(num_episodes):
```

환경에서 reset()을 통해 상태 초기화

```
    state = env.reset()
```

에피소드에서 획득한 상태, 행동 및 보상을 보유하기 위한 리스트를 초기화합니다.

```
    episode_states, episode_actions, episode_rewards = [], [], []
```

리턴값 초기화

```
    Return = 0
```

매 스텝 반복

```
    for t in range(num_timesteps):
```

환경 렌더링

```
        env.render()
```

행동 선택

```
        action = ppo.select_action(state)
```

선택된 행동 수행

```
        next_state, reward, done, _ = env.step(action)
```

리스트에 상태, 작업 및 보상을 저장합니다.

```
        episode_states.append(state)
        episode_actions.append(action)
        episode_rewards.append((reward+8)/8)
```

상태에 다음 상태 업데이트

```
        state = next_state
```

리턴 업데이트

```
        Return += reward
```

배치 크기에 도달했거나 에피소드의 마지막 단계에 도달한 경우:

```
        if (t+1) % batch_size == 0 or t == num_timesteps-1:
```

다음 상태의 가치 값을 계산합니다.

```
            v_s_ = ppo.get_state_value(next_state)
```

Q값을 $r+\gamma V(s')$에 따라 계산

```
            discounted_r = []
            for reward in episode_rewards[::-1]:
                v_s_ = reward + gamma * v_s_
                discounted_r.append(v_s_)
            discounted_r.reverse()
```

에피소드 상태, 행동 및 보상을 모읍니다.

```
            es, ea, er = np.vstack(episode_states), np.vstack(episode_
actions), np.array(discounted_r)[:, np.newaxis]
```

네트워크 훈련

```
            ppo.train(es, ea, er)
```

리스트 초기화

```
            episode_states, episode_actions, episode_rewards = [], [],
[]
```

10개 에피소드마다 리턴 값을 출력합니다.

```
    if i %10 ==0:
        print("Episode:{}, Return: {}".format(i,Return))
```

클리핑된 목적이 있는 PPO의 작동 방식과 구현 방법을 배웠으므로 다음 섹션에서는 패널티가 있는 PPO라는 또 다른 흥미로운 유형의 PPO 알고리즘에 대해 알아보겠습니다.

13.5 패널티가 있는 PPO

PPO-페널티 방법에서는 제약 조건을 페널티 용어로 변환합니다. 먼저 TRPO의 목적함수를 상기해보자. 우리는 TRPO 목적 함수가 다음과 같이 주어진다는 것을 배웠습니다.

$$\underset{\theta}{\text{maximize}}\ \mathbb{E}_t\left[\frac{\pi_\theta(a_t|s_t)}{\pi_{\theta_{old}}(a_t|s_t)}A_t\right]$$

$$\text{subject to}\ \mathbb{E}_t\left[D_{KL}(\pi_{\theta_{old}}(\cdot|s)\parallel\pi_\theta(\cdot|s))\right]\leq\delta$$

PPO-페널티 방법에서 다음과 같이 KL 제약 조건을 페널티 용어로 변환하여 이전 목표를 다시 작성할 수 있습니다.

$$L(\theta)=\mathbb{E}_t\left[\frac{\pi_\theta(a_t|s_t)}{\pi_{\theta_{old}}(a_t|s_t)}A_t-\beta KL[\pi_{\theta_{old}}(\cdot|s_t),\pi_\theta(\cdot|s_t)]\right]$$

β는 패널티 계수입니다.

$d=KL[\pi_{\theta_{old}}(\cdot|s_t),\pi_\theta(\cdot|s_t)]$및 δ를 목표 KL 발산이라고 하고 β 값을 적용하여 다음과 같이 설정합니다.

- d가 1.5δ보다 크거나 같으면 $\beta_{i+1}=2\beta_i$ 설정
- d가 $\delta/1.5$보다 작거나 같으면 $\beta_{i+1}=\beta_i/2$ 설정

다음 섹션에서 PPO 패널티 알고리즘을 살펴봄으로써 이것이 정확히 어떻게 작동하는지 이해할 수 있습니다.

13.5.1 알고리즘 - PPO 패널티

PPO 패널티 알고리즘과 관련된 단계는 다음과 같습니다.

1. 정책 네트워크 매개변수 θ와 가치 네트워크 매개변수 ϕ와 패널티 계수 β_1과 타겟 KL 발산 δ를 초기화

2. i=1, 2, ..., K 만큼 반복
    1. 정책 π_θ에 따라 N개의 트래젝토리 수집
    2. 리턴 값 (reward-to-go) R_t 계산
    3. $L(\theta) = \mathbb{E}_t\left[\frac{\pi_\theta(a_t|s_t)}{\pi_{\theta_{old}}(a_t|s_t)}A_t - \beta KL[\pi_{\theta_{old}}(\cdot|s_t), \pi_\theta(\cdot|s_t)]\right]$ 계산
    4. 목적 함수의 그래디언트 계산 $\nabla_\theta L(\theta)$
    5. 정책 네트워크의 매개변수 θ를 경사 상승법을 활용해 업데이트 $\theta = \theta + \alpha\nabla_\theta L(\theta)$
    6. d가 1.5δ값 보다 크거나 같으면, $\beta_{i+1} = 2\beta_i$; d가 $\delta/1.5$ 작거나 같으면 $\beta_{i+1} = \beta_i/2$로 설정
    7. 가치 네트워크의 MSE를 계산

$$J(\phi) = \frac{1}{N}\sum_{i=1}^{N}\sum_{t=0}^{T-1}(R_t - V_\phi(s_t))^2$$

    8. 가치 네트워크의 $\nabla_\phi J(\phi)$ 계산
    9. 가치 네트워크 매개변수 ϕ를 경사하강법을 활용해 업데이트 $\phi = \phi - \alpha\nabla_\phi J(\phi)$

따라서 우리는 PPO 클리핑 및 PPO 패널티 목표가 작동하는 방식을 배웠습니다. 일반적으로 클리핑 PPO가 패널티 PPO 방법보다 더 자주 사용됩니다.

다음 섹션에서 우리는 ACKTR이라는 또 다른 흥미로운 알고리즘을 배울 것입니다.

13.6 액터-크리틱 using Kronecker-factored trust region ACKTR

ACKTR은 이름에서 알 수 있듯이 Kronecker 인수분해 및 신뢰 영역을 기반으로 하는 액터-크리틱 알고리즘입니다.

우리는 액터-크리틱 아키텍처가 액터와 크리틱 네트워크로 구성되어 있다는 것을 알고 있습니다. 여기서 액터의 역할은 정책을 생성하고 크리틱의 역할은 액터 네트워크에 의해 생성된 정책을 평가하는 것입니다. 우리는 액터 네트워크(정책 네트워크)에서 그래디

언트를 계산하고 경사 상승법을 사용하여 액터 네트워크의 매개변수를 업데이트한다는 것을 배웠습니다.

$$\theta = \theta + \alpha \nabla_\theta J(\theta)$$

앞의 업데이트 규칙을 사용하여 액터 네트워크 매개변수를 업데이트하는 대신 다음과 같이 자연 그래디언트를 계산하여 업데이트할 수도 있습니다.

$$\theta = \theta + \alpha F^{-1} \nabla_\theta J(\theta) \tag{21}$$

여기서 F는 Fisher 정보 행렬이라고 합니다. 따라서 자연 기울기는 Fisher 행렬의 역수와 표준 기울기의 곱일 뿐입니다.

$$\theta = \theta + \alpha \underbrace{F^{-1} \nabla_\theta J(\theta)}_{\text{Natural Gradient}}$$

자연적인 그래디언트의 사용은 정책의 단조로운 개선을 보장한다는 것입니다. 그러나 이전 업데이트 규칙을 사용하여 액터 네트워크(정책 네트워크) 매개변수를 업데이트하는 것은 계산 비용이 많이 드는 작업입니다. Fisher 정보 행렬을 계산한 다음 역행렬을 취하는 것은 계산 비용이 많이 드는 작업이기 때문입니다. 따라서 이러한 지루한 계산을 피하기 위해 Kronecker 인수 근사를 사용하여 F^{-1}의 값을 근사할 수 있습니다. Kronecker-factored 근사화을 사용하여 F^{-1}를 근사하면 식 (21)에 주어진 자연적 그래디언트 업데이트 규칙을 사용하여 정책 네트워크 매개변수를 업데이트할 수 있으며 정책 네트워크 매개변수를 업데이트하는 동안 정책 업데이트가 다음과 같은지 확인합니다. 새 정책이 이전 정책에서 멀지 않도록 신뢰영역을 활용하는 것 이것이 ACKTR 알고리즘의 주요 아이디어입니다.

이제 ACKTR이 무엇인지에 대한 기본적인 이해를 얻었으므로 이것이 정확히 어떻게 작동하는지 이해해 보겠습니다. 먼저 Kronecker 인수분해가 무엇인지 이해한 다음, 액터-크리티 설정에서 사용되는 방법을 배우고, 나중에 정책 업데이트에 신뢰 영역을 통합하는 방법을 배웁니다.

계속 진행하기 전에 ACKTR을 이해하는 데 필요한 몇 가지 수학 개념을 알아보겠습니다.

13.6.1 수학개념 이해하기

Kronecker 인수분해가 작동하는 방식을 이해하기 위해 다음과 같은 중요한 개념을 배웁니다.

- 블록 행렬(Block matrix)
- 블록 대각 행렬(Block diagonal matrix)
- The Kronecker product
- vec 연산자
- Kronecker 곱의 속성

13.6.1.1 블록 행렬

블록 행렬은 블록이라고 하는 부분행렬로 쪼개질 수 있는 행렬로 정의되거나 블록 행렬이 부분행렬 또는 블록의 집합으로 형성된다고 말할 수 있습니다. 예를 들어, 다음과 같은 블록 행렬 A를 생각해 보겠습니다.

$$A = \begin{bmatrix} 1 & 2 & 4 & 5 \\ 3 & 4 & 6 & 7 \\ 1 & 1 & 1 & 1 \\ 1 & 2 & 2 & 1 \end{bmatrix}$$

행렬 A는 다음과 같이 4개의 부분행렬로 나눌 수 있습니다.

$$A_1 = \begin{bmatrix} 1 & 2 \\ 3 & 4 \end{bmatrix},\ A_2 = \begin{bmatrix} 4 & 5 \\ 6 & 7 \end{bmatrix},\ A_3 = \begin{bmatrix} 1 & 1 \\ 1 & 2 \end{bmatrix},\ A_4 = \begin{bmatrix} 1 & 1 \\ 2 & 1 \end{bmatrix}$$

이제 블록 행렬 A를 다음과 같이 간단히 작성할 수 있습니다.

$$A = \begin{bmatrix} A_1 & A_2 \\ A_3 & A_4 \end{bmatrix}$$

13.6.1.2 블록 대각 행렬

블록 대각 행렬은 대각선의 정방 행렬로 구성된 블록 행렬이며, 비대각 요소는 0으로 설정됩니다. 블록 대각 행렬 A는 다음과 같이 표현됩니다.

$$A = \begin{bmatrix} A_1 & 0 & \cdots & 0 \\ 0 & A_2 & \cdots & 0 \\ \vdots & \vdots & \ddots & \vdots \\ 0 & 0 & \cdots & A_n \end{bmatrix}$$

여기서 대각선 $A_1, A_2, ..., A_n$정방행렬 입니다. 블록 대각행렬의 예는 다음과 같다.

$$A = \left[\begin{array}{cc|cc|cc} 1 & 2 & 0 & 0 & 0 & 0 \\ 3 & 4 & 0 & 0 & 0 & 0 \\ \hline 0 & 0 & 4 & 5 & 0 & 0 \\ 0 & 0 & 6 & 7 & 0 & 0 \\ \hline 0 & 0 & 0 & 0 & 7 & 8 \\ 0 & 0 & 0 & 0 & 9 & 0 \end{array}\right]$$

보시다시피 대각선은 기본적으로 정사각 행렬이고 비대각선 요소는 0으로 설정됩니다.

$$A = \begin{bmatrix} 1 & 2 & 0 & 0 & 0 & 0 \\ 3 & 4 & 0 & 0 & 0 & 0 \\ 0 & 0 & 4 & 5 & 0 & 0 \\ 0 & 0 & 6 & 7 & 0 & 0 \\ 0 & 0 & 0 & 0 & 7 & 8 \\ 0 & 0 & 0 & 0 & 9 & 0 \end{bmatrix}$$

따라서, 다음과 같이 다시 정리할 수 있습니다.

$$A_1 = \begin{bmatrix} 1 & 2 \\ 3 & 4 \end{bmatrix}, \ A_2 = \begin{bmatrix} 4 & 5 \\ 6 & 7 \end{bmatrix}, \ A_3 = \begin{bmatrix} 7 & 8 \\ 9 & 0 \end{bmatrix}$$

이제 블록 대각 행렬 A를 다음과 같이 간단히 나타낼 수 있습니다.

$$A = \begin{bmatrix} A_1 & 0 & 0 \\ 0 & A_2 & 0 \\ 0 & 0 & A_3 \end{bmatrix}$$

13.6.1.3 The Kronecker product

Kronecker 곱은 두 행렬 사이에서 수행되는 연산입니다. Kronecker 곱은 행렬 곱셈과 동일하지 않습니다. 두 행렬 사이에 Kronecker 곱을 수행하면 블록 행렬이 출력됩니다. Kronecker 곱은 ⊗으로 표시됩니다. 행렬 A가 $m \times n$이고 행렬 B가 $p \times q$라고 합시다. 행렬 A와 B의 Kronecker 곱은 다음과 같이 표현됩니다.

$$A \otimes B = \begin{pmatrix} a_{11}B & a_{11}B & \cdots & a_{1n}B \\ a_{21}B & a_{22}B & \cdots & a_{2n}B \\ \vdots & \vdots & \vdots & \vdots \\ a_{m1}B & a_{m2}B & \cdots & a_{mn}B \end{pmatrix}$$

이것은 행렬 A의 모든 요소를 행렬 B로 곱한다는 것을 의미합니다. 예를 들어 이것을 이해합시다. 다음과 같이 두 개의 행렬 A와 B가 있다고 가정합니다.

$$A = \begin{bmatrix} 1 & 1 \\ 2 & 0 \end{bmatrix} \text{ and } B = \begin{bmatrix} 2 & 4 \\ 1 & 3 \end{bmatrix}$$

그러면 행렬 A와 B의 Kronecker 곱은 다음과 같이 주어집니다.

$$\begin{aligned} A \otimes B &= \begin{bmatrix} 1 & 1 \\ 2 & 0 \end{bmatrix} \otimes \begin{bmatrix} 2 & 4 \\ 1 & 3 \end{bmatrix} \\ &= \begin{bmatrix} 1\begin{bmatrix} 2 & 4 \\ 1 & 3 \end{bmatrix} & 1\begin{bmatrix} 2 & 4 \\ 1 & 3 \end{bmatrix} \\ 2\begin{bmatrix} 2 & 4 \\ 1 & 3 \end{bmatrix} & 0\begin{bmatrix} 2 & 4 \\ 1 & 3 \end{bmatrix} \end{bmatrix} \\ &= \begin{bmatrix} 1\times2 & 1\times4 & 1\times2 & 1\times4 \\ 1\times1 & 1\times3 & 1\times1 & 1\times3 \\ 2\times2 & 2\times4 & 0\times2 & 0\times4 \\ 2\times1 & 2\times3 & 0\times1 & 0\times3 \end{bmatrix} \\ &= \begin{bmatrix} 2 & 4 & 2 & 4 \\ 1 & 3 & 1 & 3 \\ 4 & 8 & 0 & 0 \\ 2 & 6 & 0 & 0 \end{bmatrix} \end{aligned}$$

13.6.1.4 vec 연산자

vec 연산자는 행렬의 모든 열을 서로 아래에 쌓아서 열 벡터를 만듭니다. 예를 들어 다음과 같은 행렬 A를 생각해 보겠습니다.

$$A = \begin{bmatrix} 1 & 2 \\ 3 & 4 \end{bmatrix}$$

A에 vec 연산자를 적용하면 행렬의 모든 열이 다음과 같이 하나씩 쌓입니다.

$$\text{vec}(A) = \begin{bmatrix} 1 \\ 2 \\ 3 \\ 4 \end{bmatrix}$$

13.6.1.5 Kronecker 곱의 속성

Kronecker 곱에는 몇 가지 유용한 속성이 있습니다. 여기에는 다음이 포함됩니다.

- $A \otimes (B \otimes C) = (A \otimes B) \otimes C$
- $(A \otimes B)^{-1} = A^{-1} \otimes B^{-1}$
- $(A \otimes B)\text{vec}(C) = ABC^T$

이제 몇 가지 중요한 개념을 배웠으므로 Kronecker 인수분해가 무엇인지 이해해 보겠습니다.

13.6.2 Kronecker-인수분해 근사 곡률 K-FAC

θ에 의해 매개변수화된 신경망이 있고 경사하강법을 사용하여 신경망을 훈련한다고 가정해 봅시다. 자연 그래디언트를 포함하여 업데이트 규칙을 다음과 같이 작성할 수 있습니다.

$$\theta = \theta - \alpha F^{-1} \nabla_{\theta} J(\theta)$$

여기서 F는 Fisher 정보 행렬입니다. 문제는 F를 계산하고 역함수를 찾는 것이 비용이 많이 드는 작업이라는 것입니다. 따라서 이를 피하기 위해 Kronecker-인수분해 근사화를 사용하여 F^{-1}의 값을 근사화합니다.

Kronecker factor를 사용하여 F^{-1}를 근사화하는 방법을 알아봅시다. 우리의 네트워크가 $1, 2, 3, \ldots, l, \ldots, L$로 표시되고 네트워크의 가중치는 θ로 $\theta_1, \theta_2, \ldots, \theta_l, \ldots, \theta_L$ 표시됩니다. $p(y|x)$를 네트워크의 출력 분포라고 하고 음의 로그 우도를 손실 함수 J로 사용합니다.

$$J(\theta) = \mathrm{IE}_{(x,y)} - [\log p(y|x;\theta)]$$

그러면 Fisher 정보 행렬은 다음과 같이 쓸 수 있습니다.

K-FAC는 Fisher 정보 행렬 F를 각 블록이 특정 레이어의 가중치에 대한 손실 기울기를 나타내는 블록 대각 행렬로 근사화합니다. 예를 들어, 블록 F_1은 레이어 1의 가중치에 대한 손실의 기울기를 나타냅니다. 블록 F_2는 레이어 2의 가중치에 대한 손실의 기울기를 나타냅니다. 블록 F_l은 레이어 l에 대한 손실의 기울기를 나타냅니다. 레이어 l의 가중치:

$$F \approx \begin{bmatrix} F_1 & & & & \\ & F_2 & & & \\ & & \ddots & & \\ & & & F_l & \\ & & & & \ddots \\ & & & & & F_L \end{bmatrix}$$

- $\mathrm{F}_1 = \mathrm{IE}\left[\mathrm{vec}\{\nabla_{\theta_1} J\}\mathrm{vec}\{\nabla_{\theta_1} J\}^T\right]$
- $\mathrm{F}_2 = \mathrm{IE}\left[\mathrm{vec}\{\nabla_{\theta_2} J\}\mathrm{vec}\{\nabla_{\theta_2} J\}^T\right]$
- $\mathrm{F}_l = \mathrm{IE}\left[\mathrm{vec}\{\nabla_{\theta_l} J\}\mathrm{vec}\{\nabla_{\theta_l} J\}^T\right]$
- $\mathrm{F}_L = \mathrm{IE}\left[\mathrm{vec}\{\nabla_{\theta_L} J\}\mathrm{vec}\{\nabla_{\theta_L} J\}^T\right]$

우리가 볼 수 있듯이, 각 블록 F_1에서 F_L은 해당 레이어의 가중치에 대한 손실 J의 도함수를 포함합니다. 어떻게 각 블록을 계산할 수 있습니까? 즉, 앞의 블록 대각 행렬의 값을 어떻게 계산할 수 있습니까?

이것을 이해하기 위해 한 블록(예 : F_1)을 가져와서 계산 방법을 알아보겠습니다. 레이어 l을 가져와 보겠습니다. α 입력 활성화 벡터, θ_l를 레이어의 가중치, s를 출력 사전 활성화 벡터라고 하면 다음 계층 $l+1$로 보낼 수 있습니다.

우리는 신경망에서 활성화 벡터에 가중치를 곱하고 그것을 다음 계층으로 보낸다는 것을 알고 있습니다. 따라서 다음과 같이 작성할 수 있습니다.

$$s = \theta_l a \tag{22}$$

앞의 방정식 F_1은 레이어 l의 가중치에 대한 손실의 그래디언트를 나타냅니다.

$$F_l = \mathrm{IE}\left[\mathrm{vec}\{\nabla_{\theta_l} J\} vec\{\nabla_{\theta_l} J\}^T\right] \tag{23}$$

앞의 방정식 F_l은 레이어 l의 가중치에 대한 손실의 기울기를 나타냅니다.

(22)에서, 레이어 l의 가중치 θ_l에 대한 손실 함수 J의 편미분은 다음과 같이 쓸 수 있습니다.

$$\nabla_{\theta_l} J = (\nabla_s J) a^T \tag{24}$$

(23)에서 (24)를 대입하면 다음과 같이 쓸 수 있습니다.

$$F_l = \mathbb{E}[(\nabla_s J \otimes a)(\nabla_s J \otimes a)^T]$$
$$= \mathbb{E}[(\nabla_s J \otimes a)(\nabla_s J^T \otimes a^T)]$$

$$F_l = \mathbb{E}[aa^T \otimes \nabla_s J \nabla_s J^T]$$

앞의 방정식은 F_l이 Kronecker 곱의 기대값일 뿐임을 의미합니다. 따라서 기대값의 Kronecker 곱으로 다시 작성할 수 있습니다. 즉, F_l은 예상 값의 Kronecker 곱으로 근사화될 수 있습니다.

$$F_l = \mathbb{E}[aa^T] \otimes \mathbb{E}[\nabla_s J \nabla_s J^T]$$

이것을 Kronecker 인수분해라고 하고 A와 S를 Kronecker 인수라고 합니다. 이제 블록 F_l을 계산하는 방법을 배웠으므로 레이어 1의 가중치 θ_l를 업데이트하는 방법을 알아보겠습니다. 레이어 l의 가중치 θ_l을 업데이트하기 위한 업데이트 규칙은 다음과 같이 주어집니다.

$$\theta_l = \theta_l - \alpha F_l^{-1} \nabla_{\theta_l} J(\theta_l)$$

$\theta_l = F_l^{-1} \nabla_{\theta_l} J(\theta_l)$을 대입하여 다시 작성하면,

$$\theta_l = \theta_l - \alpha \Delta\theta_l$$

$\Delta\theta_l$의 값을 계산하는 방법을 살펴보겠습니다.

$$\Delta\theta_l = F_l^{-1} \nabla_{\theta_l} J(\theta_l)$$

양쪽에 vec 연산자를 적용하면 다음과 같이 작성할 수 있습니다.

$$\text{vec}\{\Delta\theta_l\} = F_l^{-1} \text{vec}\{\nabla_{\theta_l} J(\theta_l)\}$$

(25)에서 우리는 F_l값을 대체할 수 있습니다.

$$\text{vec}\{\Delta\theta_l\} = (A \otimes S)^{-1} \text{vec}\{\nabla_{\theta_l} J(\theta_l)\}$$

속성 $(A \otimes B)^{-1} = A^{-1} \otimes B^{-1}$ and $(A \otimes B)\text{vec}(C) = ACB^T$ 활용해 다시 작성하면,

$$\text{vec}\{\Delta\theta_l\} = \text{vec}\{A^{-1} \nabla_{\theta_l} J S^{-1}\}$$

볼 수 있듯이, 우리는 Kronecker 인수를 사용하여 Fisher 정보 행렬의 역의 값비싼 계산 없이 $\Delta\theta_l$의 값을 계산했습니다. 이제 우리가 방금 도출한 $\Delta\theta_l$값을 사용하여 레이어 l의 가중치 θ을 다음과 같이 업데이트할 수 있습니다.

$$\theta_l = \theta_l - \alpha\Delta\theta_l$$

간단히 말해서, K-FAC는 Fisher 정보 행렬을 각 블록이 도함수를 포함하는 블록 대각 행렬로 근사화합니다. 그런 다음, 각 블록은 Kronecker 인수분해로 알려진 두 행렬의 Kronecker 곱으로 근사됩니다.

따라서 우리는 Kronecker 인수를 사용하여 자연 기울기를 근사하는 방법을 배웠습니다. 다음 섹션에서는 액터-크리틱 설정에서 이것을 적용하는 방법을 배웁니다.

13.6.2.1 K-FAC in 액터-크리틱

우리는 액터-크리틱 방법에 액터와 크리틱 네트워크가 있다는 것을 알고 있습니다. 액터의 역할은 정책을 생성하는 것이고 크리틱의 역할은 액터 네트워크에 의해 생성된 정책을 평가하는 것입니다.

먼저 액터 네트워크를 살펴보겠습니다. 액터 네트워크에서 우리의 목표는 최적의 정책을 찾는 것입니다. 따라서 최적의 정책을 얻을 수 있는 최적의 매개변수 θ를 찾으려고 합니다. 기울기를 계산하고 경사하강법을 사용하여 액터 네트워크의 매개변수를 업데이트합니다.

$$\theta = \theta + \alpha\nabla_\theta J(\theta)$$

위의 업데이트 규칙을 사용하여 액터 네트워크 매개변수를 업데이트하는 대신 다음과 같이 자연 그래디언트를 계산하여 액터 네트워크의 매개변수를 업데이트할 수도 있습니다.

$$\theta = \theta + \alpha F^{-1}\nabla_\theta J(\theta)$$

그러나 F^{-1}를 계산하는 것은 비용이 많이 드는 작업이다. 따라서, 우리는 F^{-1}의 값을 근사화하기 위해 Kronecker 인수분해를 사용할 수 있습니다. 액터 네트워크 F에 대한 Fisher 정보 행렬을 다음과 같이 정의할 수 있습니다.

$$F = \mathbb{E}_{p(\tau)}\left[\nabla_\theta \log\pi(a_t|s_t)\nabla_\theta \log\pi(a_t|s_t)^T\right]$$

이제 이전 섹션에서 배운 것처럼 Fisher 정보 행렬을 각 블록이 도함수를 포함하는 블록 대각 행렬로 근사할 수 있으며 각 블록을 두 행렬의 Kronecker 곱으로 근사할 수 있습니다.

$\Delta\theta = F^{-1}\nabla_\theta J(\theta)$로 바꿔 재 정의하면:

$$\theta = \theta + \alpha\Delta\theta$$

θ의 값은 Kronecker 인수분해를 사용하여 다음과 같이 계산할 수 있습니다.

$$\mathrm{vec}\{\Delta\theta\} = \mathrm{vec}\left\{A^{-1}\nabla_\theta JS^{-1}\right\}$$

이것은 이전 섹션에서 배운 것과 정확히 동일합니다.

이제 크리틱 네트워크를 살펴보자. 우리는 크리틱이 Q 함수를 추정하여 액터 네트워크에 의해 생성된 정책을 평가한다는 것을 알고 있습니다. 그래서 우리는 목표값과 예측값 사이의 평균 제곱 오차를 최소화하여 크리틱을 훈련합니다.

경사하강법을 사용하여 손실을 최소화하고 비평가 네트워크 매개변수 ϕ를 다음과 같이 업데이트합니다.

$$\phi = \phi - \alpha\nabla_\phi J(\phi)$$

여기서 $\nabla_\phi J(\phi)$는 표준 1차 그래디언트입니다.

1차 그라디언트를 사용하는 대신 2차 그라디언트를 사용하고 액터에서 수행한 것과 유사하게 크리틱 네트워크 매개변수 ϕ를 업데이트할 수 있을까요? 최소 제곱(MSE)과 같은 설정에서 2차 도함수를 찾기 위해 가우스-뉴턴 방법이라는 알고리즘을 사용할 수 있습니다. Gauss-Newton 방법에 대한 자세한 내용은 http://www.seas.ucla.edu/~vandenbe/236C/lectures/gn.pdf 에서 확인할 수 있습니다. 우리의 오류를 $e(\phi)$로 표현해 봅시다. Gauss-Newton 방법에 따르면 크리틱 네트워크 매개변수 ϕ를 업데이트하기 위한 업데이트 규칙은 다음과 같습니다.

$$\phi = \phi - \alpha G^{-1} J^T(-e(\phi))$$

여기서 G는 가우스-뉴턴 행렬(Gauss-Newton matrix)이라고 하며, $G = E[JJ^T]$처럼 쓰이며, J는 Jacobian 행렬입니다.(Jacobian matrix)이다. (Jacobian 행렬은 벡터 값 함수에 대한 1차 편도함수를 포함하는 행렬입니다.)

앞의 방정식을 보면 G^{-1}를 계산하는 것은 우리가 액터 네트워크에서 보았던 F^{-1}를 계산하는 것과 같습니다. 즉, Gauss-Newton matrix의 역을 계산하는 것은 Fisher 정보 행렬의 역을 계산하는 것과 같습니다. 따라서 Kronecker factor(K-FAC)를 사용하여 G^{-1}의 값을 근사화한 것처럼 F^{-1}의 값을 근사화할 수 있습니다.

K-FAC을 액터와 크리티에게 따로 적용하는 대신 공유 모드로 적용할 수도 있습니다. Yuhuai Wu, Elman Mansimov, Shun Liao, Roger Grosse, Jimmy Ba(https://arxiv.org/pdf/1708.05144.pdf)의 Kronecker-factored approximation을 사용한 심층 강화 학습을 위한 Scalable trust-region method에 명시된 대로 , "액터-크리틱 모두 하위 계층 표현을 공유하지만 출력 계층이 다른 단일 아키텍처를 가질 수 있습니다."

간단히 말해서 ACKTR 방법에서는 2차 도함수를 계산하여 액터 및 크리틱 네트워크의 매개변수를 업데이트합니다. 2차 도함수를 계산하는 것은 비용이 많이 드는 작업이므로 2차 도함수를 근사화하기 위해 Kronecker-인수분해 근사화라는 방법을 사용합니다.

다음 섹션에서는 새 정책 업데이트와 이전 정책 업데이트가 너무 멀리 떨어져 있지 않도록 신뢰 영역을 업데이트 규칙에 통합하는 방법을 배웁니다.

13.6.2.2 신뢰 영역의 통합하기

우리는 다음과 같이 자연스러운 그래디언트로 네트워크의 매개변수를 업데이트할 수 있다는 것을 배웠습니다.

$$\theta = \theta + \alpha F^{-1} \nabla_\theta J(\theta)$$

이전 섹션에서 우리는 K-FAC를 사용하여 F^{-1}행렬을 근사화하는 방법을 배웠습니다. 정책을 업데이트하는 동안 정책 업데이트가 신뢰 영역에 있는지 확인해야 합니다. 즉, 새 정책이 이전 정책에서 너무 멀리 떨어져 있으면 안 됩니다. 따라서 이를 보장하기 위해 스텝 크기 α를 $\alpha = \min\left(\alpha_{\max}, \sqrt{\frac{2\delta}{\Delta\theta^T \hat{F} \Delta\theta}}\right)$로 선택할 수 있습니다. 이 단계 크기로 네트워크 매개변수를 업데이트하면 정책 업데이트가 신뢰 영역에 있게 됩니다.

요약

TRPO가 무엇이며 이것이 정책 기울기 알고리즘의 개선으로 작용하는 방식을 이해하는 것으로 이 장을 시작했습니다. 우리는 새로운 정책과 기존 정책이 크게 다를 때 모델 붕괴를 유발한다는 것을 배웠습니다.

따라서 TRPO에서는 이전 정책과 새 정책의 매개변수가 신뢰 영역 내에 있어야 한다는 제약 조건을 부과하면서 정책 업데이트를 수행합니다. 우리는 또한 TRPO가 단조로운 정책 개선을 보장한다는 것을 배웠습니다. 즉, 모든 반복에서 항상 정책 개선이 있음을 보장합니다.

나중에 우리는 TRPO 알고리즘을 개선하는 역할을 하는 PPO 알고리즘에 대해 배웠습니다. 우리는 두 가지 유형의 PPO 알고리즘, 즉 PPO 클리핑 및 PPO 페널티에 대해 배웠습니다. PPO 클리핑 방식에서 정책 업데이트가 신뢰 영역에 있도록 하기 위해 PPO는 새 정책과 이전 정책이 서로 멀리 떨어져져 있지 않도록 하는 클리핑 기능이라는 새로운 기능을 추가합니다. PPO 페널티 방법에서는 KL 제약 조건을 페널티 용어로 변환하여 목적함수를 수정하고 정책 업데이트가 신뢰 영역에 있도록 보장하여 훈련 중에 페널티 계수를 적응적으로 업데이트합니다.

이번 장의 마지막에 우리는 ACKTR에 대해 배웠습니다. ACKTR 방법에서는 2차 도함수를 계산하여 액터와 크리티 네트워크의 매개변수를 업데이트합니다. 2차 도함수를 계산하는 것은 비용이 많이 드는 작업이므로 2차 도함수를 근사화하기 위해 Kronecker-인수분해 근사화라는 방법을 사용하고 정책 네트워크 매개변수를 업데이트하는 동안 정책 업데이트가 새 정책은 이전 정책과 거리가 멀지 않도록 신뢰 영역에 있도록 보장합니다.

다음 장에서는 몇 가지 흥미로운 분포 강화 학습 알고리즘에 대해 배울 것입니다.

평가

이 장에서 배운 알고리즘에 대한 이해를 평가해 보겠습니다. 다음 질문에 답해 보세요.

1. 신뢰 영역(Trust region)이란 무엇입니까?
2. TRPO가 유용한 이유는 무엇입니까?
3. 켤레 그래디언트 방법은 경사하강법과 어떻게 다릅니까?
4. TRPO의 업데이트 규칙은 무엇입니까?
5. PPO는 TRPO와 어떻게 다릅니까?
6. PPO 클리핑 방법을 설명합니다.
7. Kronecker 인수분해란 무엇입니까?

참고문헌

자세한 내용은 다음 문서를 참조하십시오.

- Trust Region Policy Optimization by John Schulman, Sergey Levine, Philipp Moritz, Michael I. Jordan, Pieter Abbeel, https://arxiv.org/pdf/1502.05477.pdf
- Proximal Policy Optimization Algorithms by John Schulman, Filip Wolski, Prafulla Dhariwal, Alec Radford, Oleg Klimov, https://arxiv.org/pdf/1707.06347.pdf
- Scalable trust-region method for deep reinforcement learning using Kronecker-factored approximation by Yuhuai Wu, Elman Mansimov, Shun Liao, Roger Grosse, Jimmy Ba, https://arxiv.org/pdf/1708.05144.pdf

14 Distributional Reinforcement Learning

분포형 강화학습

이번 장에서는 분포형 강화학습에 대해 알아보겠습니다. 우리는 분포형 강화학습(distributional reinforcement learning)이 정확히 무엇이며 왜 유용한지를 이해하는 것으로 장을 시작할 것입니다. 다음은 범주형(categorical) DQN이라는 가장 인기 있는 분포형 강화학습 알고리즘에 대해 알아보겠습니다. 범주형 DQN이 무엇이며 9장 "심층 Q 신경망 및 그 변형"에서 학습한 DQN과 어떻게 다른지 이해하고 범주형 DQN 알고리즘을 자세히 살펴보겠습니다.

이어서, 우리는 분위수 회귀 DQN(Quantile Regression DQN, QR-DQN)이라는 또 다른 흥미로운 알고리즘을 배울 것입니다. QR-DQN이 무엇인지, 범주형 DQN과 어떻게 다른지 이해하고 QR-DQN 알고리즘을 자세히 살펴보겠습니다.

이 장의 마지막 부분에서는 분산 분포형 심층 결정론적 정책 그래디언트(Distributed

Distributional Deep Deterministic Policy Gradient, D4PG)라는 정책 그래디언트 알고리즘에 대해 알아보겠습니다. D4PG가 무엇인지, 12장 'DDPG, TD3, SAC'에서 살펴본 DDPG와 어떻게 다른지 자세히 알아보겠습니다.

이 챕터에서는 다음 내용에 대해 다룹니다.

- 왜 분포형 강화학습일까요?
- 범주형 DQN
- 분위수 회귀 DQN
- 분산 분포형 심층 결정론적 정책 그래디언트

먼저 분포형 강화학습이 무엇이고 왜 필요한지를 이해하면서 본 장을 시작하겠습니다.

14.1 왜 분포형 강화학습이라고 부를까요?

현재 상태 s에서 수행할 수 있는 두 가지 행동이 있다고 가정해 보겠습니다. 행동이 위-아래(up-down)로 움직일 수 있다고 가정합니다. 그렇다면 상태에서 수행할 행동을 어떻게 결정해야 할까요? 우리는 상태의 모든 행동에 대한 Q 값을 계산하고 최대 Q 값이 있는 행동을 선택합니다. 따라서 Q(s, up)와 Q(s, down)를 계산하고 최대 Q 값이 있는 행동을 선택합니다.

Q 값은 에이전트가 상태에서 시작하여 정책에 따라 행동을 수행할 때 얻을 수 있는 기대 리턴(expected return)이라는 것을 배웠습니다.

$$Q^{\pi}(s, a) = \underset{\tau \sim \pi}{\mathbb{E}} [R(\tau) | s_0 = s, a_0 = a]$$

그러나 이러한 방식으로 Q 값을 계산하는 데는 작은 문제가 있습니다. 왜냐하면, Q 값은 리턴의 기댓값일 뿐이고, 기댓값에는 본질적인 무작위성(intrinsic randomness)이 포함되지 않기 때문입니다. 이 예를 들어 무슨 의민지 정확히 이해해 봅시다.

직장에서 집까지 운전하고 싶고 두 개의 경로 A와 B가 있다고 가정해 보겠습니다. 이제 어떤 경로가 더 나은지, 즉 어떤 경로가 최소 시간 내에 집에 도착하는 데 도움이 되는지 결정해야 합니다. 어떤 경로가 더 나은지 알아내기 위해 Q 값을 계산하고 최대 Q 값을 갖는 경로, 즉 최대 기대 리턴을 제공하는 경로를 선택할 수 있습니다.

우선 경로 A 선택의 Q 값이 Q(s, A) = 31이고 경로 B 선택의 Q 값 이 Q(s, B) = 28 이라고 가정합니다. Q 값(경로 A의 기대 리턴)이 더 높기 때문에, 우리는 집으로 돌아오기 위해 경로 A를 선택할 수 있습니다. 하지만 여기서 놓치고 있는 것이 있을 수 있습니다. 우리는 Q 값을 리턴에 대한 기대치로 보는 대신 리턴 분포를 직접 살펴보고 더 나은 결정을 내릴 수 있습니다.

하지만 먼저 경로 A와 경로 B의 분포를 살펴보고 어떤 경로가 적합한지 이해해봅시다. 다음 그림은 경로 A의 분포를 보여줍니다. 10분 안에 집에 도착할 확률이 70%이고 80분 안에 집에 도착할 확률이 30%입니다. 즉, 경로 A를 선택하면 보통 10분 안에 집에 도착하지만, 교통량이 많을 때는 80분 안에 집에 도착합니다.

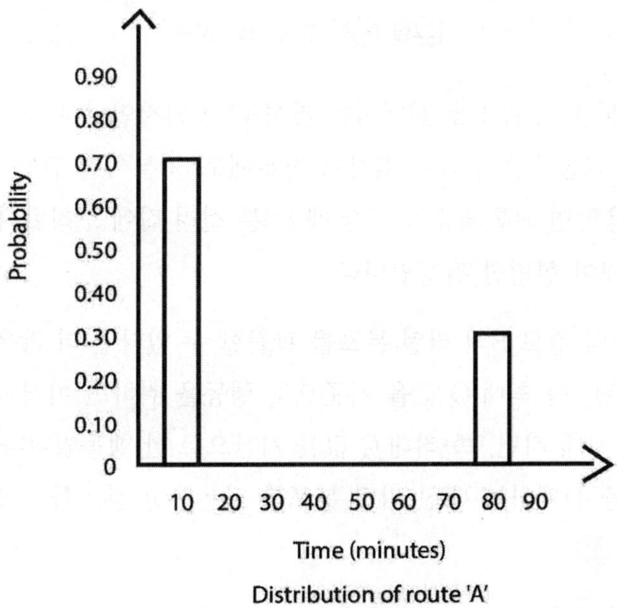

그림 14.1 경로 A의 분포

그림 14.2 는 경로 B의 분포를 보여줍니다. 80% 확률로 20분 안에 집에 도착하고 20% 확률로는 60분 안에 집에 도착함을 알 수 있습니다.

즉, 경로 B를 선택하면 보통 20분 안에 집에 도착하지만, 교통량이 많을 때는 60분 안에 집에 도착합니다.

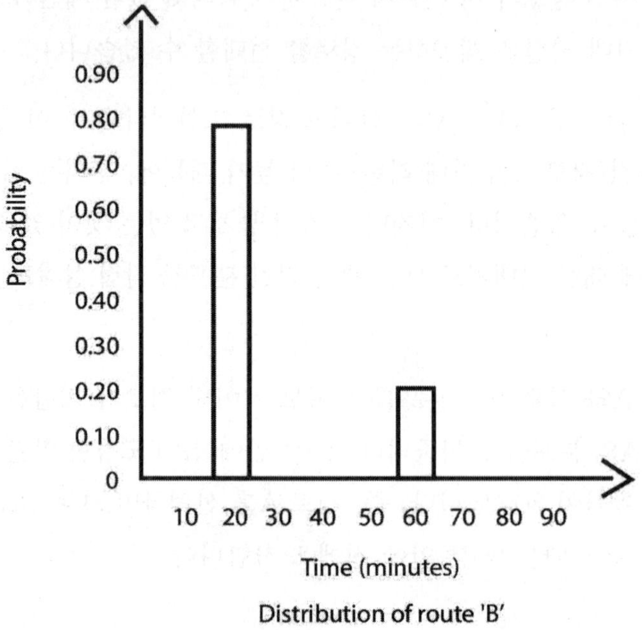

그림 14.2 경로 B의 분포

이 두 분포를 살펴본 후 경로 B를 선택하는 것이 더 합리적입니다. A 경로를 택하지 않고 B경로를 이용하면 교통체증이 심한 최악의 경우에도 60분이면 집에 갈 수 있습니다. 하지만 A 경로를 이용하면 교통체증이 심할 때 80분 걸려 집에 도착합니다. 따라서 A가 아닌 B를 선택하는 것이 현명한 결정입니다.

마찬가지로 경로 A와 경로 B의 리턴 분포를 관찰할 수 있다면 더 많은 정보를 이해할 수 있고 최대 기대 리턴, 즉 최대 Q 값을 기준으로 행동을 취하면 이러한 세부 정보를 놓칠 수 있습니다. 최대 기대 리턴, 즉 최대 Q 값을 기반으로 한 행동입니다. 따라서 기대 리턴을 사용하여 행동을 선택하는 대신 리턴 분포를 사용하고 분포를 기반으로 최적의 행동을 선택합니다.

이것이 분산 강화학습의 기본 아이디어이자 동기입니다. 다음 절에서는 C51 알고리즘이라고도 하는 범주형 DQN이라고 하는 가장 널리 사용되는 분포형 강화학습 알고리즘 중 하나를 학습합니다.

14.2 범주형 Categorical DQN

지난 절에서 우리는 기대 리턴인 Q 값을 기준으로 행동을 선택하는 것보다 리턴 분포를 기반으로 행동을 선택하는 것이 왜 더 유리한지 배웠습니다. 이 절에서는 범주형 DQN이라는 알고리즘을 사용하여 리턴 분포를 계산하는 방법을 이해하는 것이 타겟입니다.

리턴의 분포는 종종 가치 분포 또는 리턴 분포라고 합니다. Z를 확률변수라고 하고 Z(s, a)는 상태 s와 행동 a의 가치 분포를 나타냅니다. 우리는 Q 함수가 Q(s, a)로 표시되고 상태-행동 쌍의 값을 제공한다는 것을 알고 있습니다. 유사하게, 이제 Z(s, a)가 있고 상태-행동 쌍의 가치 분포(리턴 분포)를 제공합니다.

DQN에서 우리는 Q 함수 Q(s, a)를 근사하기 위해 신경망을 사용한다는 것을 배웠습니다. 신경망의 매개변수. 신경망에 대한 입력으로 상태가 주어지면 해당 상태에서 수행할 수 있는 모든 행동의 Q 값을 출력한 다음 최대 Q 값을 갖는 행동을 선택합니다.

마찬가지로 범주형 DQN에서는 신경망을 사용하여 Z(s, a) 값을 근사화합니다. 이를 $z_\theta(s,a)$로 나타낼 수 있으며, 여기서 θ는 신경망의 매개변수이다. 신경망에 대한 입력으로 상태가 주어지면 해당 상태에서 수행할 수 있는 모든 행동의 가치 분포(리턴 분포)를 출력한 다음, 이 가치 분포를 기반으로 행동을 선택합니다.

예를 들어 DQN과 범주형 DQN의 차이점을 이해해 보겠습니다. 우리가 상태 s에 있고 우리의 행동 공간에 두 가지 행동 a, b가 있다고 가정합니다. 이제 그림 14.3과 같이 상태 s가 DQN에 대한 입력으로 주어지면 모든 행동의 Q 값을 리턴한 다음 최대 Q 값을 가진 행동을 선택하는 반면 범주형 DQN에서는 상태가 주어집니다. s를 입력으로 사용하면 모든 행동의 가치 분포를 리턴한 다음 이 가치 분포를 기반으로 행동을 선택합니다.

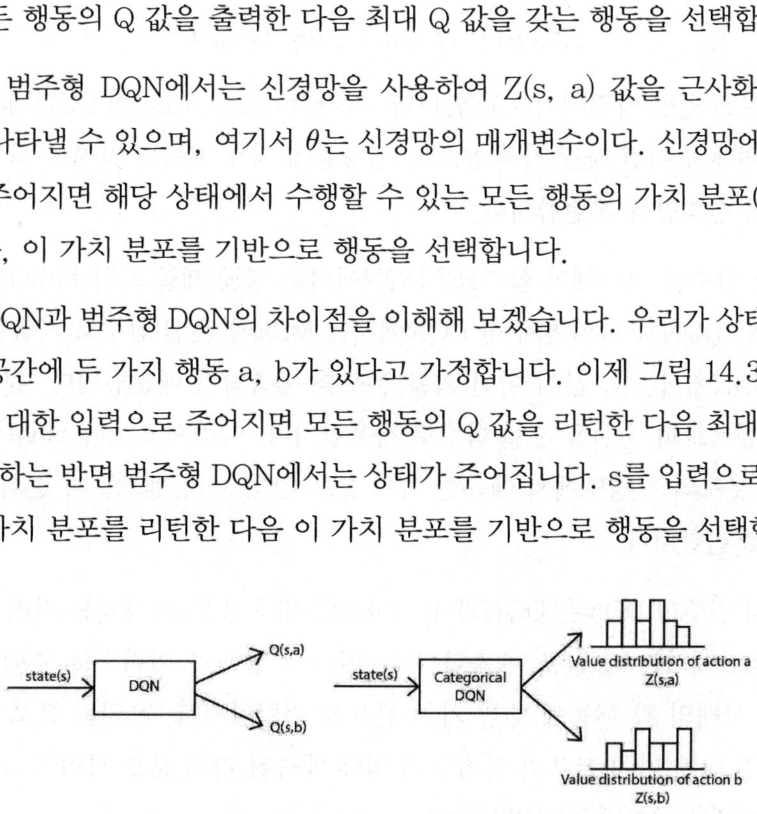

그림 14.3 DQN vs 범주형 DQN

자, 어떻게 신경망을 훈련시킬 수 있을까요? DQN에서는 타겟 Q 값과 신경망에서 예측한 Q 값 사이의 손실을 최소화하여 신경망을 훈련시키는 것을 배웠습니다. 타겟 Q 값은 벨만 최적 방정식에 의해 구함을 배웠습니다. 따라서 타겟값(최적의 벨만 Q값)과 예측값(신경망에서 예측한 Q값) 사이의 손실을 최소화하고 신경망을 훈련시킵니다.

마찬가지로 범주형 DQN에서는 타겟 가치 분포와 신경망에서 예측한 가치 분포 사이의 손실을 최소화하여 신경망을 훈련합니다. 타겟 가치 분포를 어떻게 얻을 수 있습니까? DQN에서는 벨만 방정식을 사용하여 타겟 Q 값을 얻었습니다. 범주형 DQN에서 유사하게 분포 벨만 방정식을 사용하여 타겟 가치 분포를 얻을 수 있습니다. 분포 벨만 방정식은 무엇일까요? 먼저 분포 벨만 방정식에 대해 액터기 전에 벨만 방정식을 다시 생각해 봅시다.

우리는 Q 함수 Q(s, a)에 대한 벨만 방정식이 다음과 같이 주어진다는 것을 배웠습니다.

$$Q^*(s,a) = \mathbb{E}_{s' \sim P}[R(s,a,s') + \gamma \max_{a'} Q^*(s',a')]$$

유사하게, 가치 분포 $Z(s,a)$에 대한 벨만 방정식은 다음과 같이 주어집니다.

$$Z(s,a) \equiv R(s,a,s') + \gamma Z(s',a')$$

이 방정식을 분포 벨만 방정식이라고 합니다. 따라서 categorical형 DQN에서는 분포 벨만 방정식에 의해 주어진 타겟 가치 분포와 신경망에 의해 예측된 가치 분포 사이의 손실을 최소화하여 신경망을 훈련합니다.

자, 어떤 손실 함수를 사용해야 할까요? DQN에서는 평균 제곱 오차(MSE)를 손실 함수로 사용합니다. DQN과 달리 범주형 DQN에서는 MSE를 손실 함수로 사용할 수 없습니다. 범주형 DQN에서는 Q 값이 아닌 확률 분포를 예측하기 때문입니다. 분포를 다루기 때문에 교차 엔트로피 손실을 손실 함수로 사용합니다. 따라서 categorical형 DQN에서는 타겟 가치 분포와 신경망에서 예측한 가치 분포 간의 교차 엔트로피 손실을 최소화하여 신경망을 훈련합니다.

간단히 말해서 범주형 DQN은 DQN과 유사하지만 범주형 DQN에서는 가치 분포를 예측하는 반면 DQN에서는 Q 값을 예측합니다. 따라서 상태가 입력으로 주어지면 범주형 DQN은 해당 상태의 각 행동에 대한 가치 분포를 리턴합니다. 우리는 분포 벨만 방정식에 의해 주어진 타겟 가치 분포와 신경망에 의해 예측된 가치 분포 사이의 교차 엔트로피 손실을 최소화하여 신경망을 훈련합니다.

범주형 DQN이 무엇이고 DQN과 어떻게 다른지 이해했으므로 다음 절에서는 범주형 DQN이 가치 분포를 정확히 예측하는 방법을 배웁니다.

14.2.1 가치의 분포 예측하기

그림 14.4는 간단한 가치 분포를 보여줍니다.

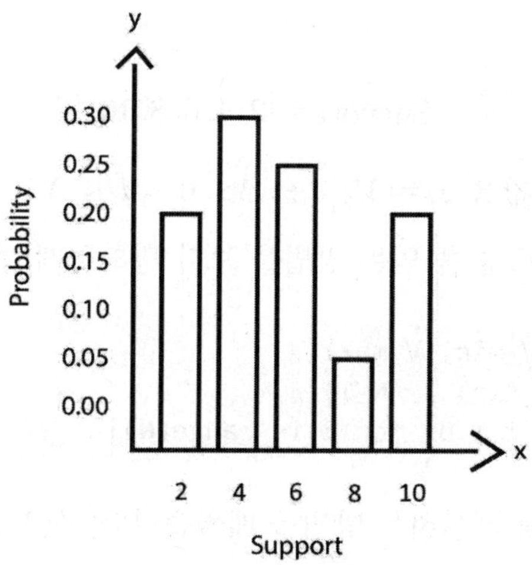

그림 14.4 가치 분포

가로축 값을 서포트 또는 원자라고 하고 세로축 값이 확률입니다. Z는 서포트를, P는 확률을 나타냅니다. 상태와 함께 가치 분포를 예측하기 위해 신경망은 분포의 서포트를 입력으로 사용하고 서포트에 있는 각 값의 확률을 리턴합니다.

이제 분포의 서포트를 계산하는 방법을 살펴보겠습니다. 서포트를 계산하려면 먼저 서포트 N의 값의 수, 서포트의 최솟값 $V_{\min}$, 최대 서포트 $V_{\max}$를 결정해야 합니다. N개의 서포트가 주어졌을 때, 우리는 그것들을 N개의 동일한 부분으로 나눕니다.

예를 들어 봅시다. 서포트의 개수는 N = 5, 서포트의 최솟값은 $V_{\min} = 2$, 서포트의 최댓값은 $V_{\max} = 10$으로 각각 주어질 때, 이제 서포트 값을 어떻게 찾을 수 있을까요? 서포트의 값을 찾기 위해 먼저 Δz라고 하는 스텝 크기를 계산합니다.

$$\Delta z = \frac{V_{\max} - V_{\min}}{N-1}$$

$$\Delta z = \frac{10-2}{5-1}$$

$$\Delta z = 8/4 = 2$$

이제 서포트 값을 계산하기 위해 서포트의 최솟값 $V_{\min}$에서 시작하여 서포트 개수 N에 도달할 때까지 모든 값에 Δz를 더합니다. 이 예시에서 우리는 $V_{\min}$은 2부터 시작하며, 서포트 개수 N에 도달할 때까지 모든 값에 $\Delta z = 2$를 더합니다. 따라서 서포트 값은 다음과 같습니다.

$$\text{Support} = [2, 4, 6, 8, 10]$$

따라서 우리는 서포트의 값을 $z_i = V_{\min} + i\Delta z : 0 \le i \le N$로 쓸 수 있다. 다음 Python 스니펫(snippet)은 서포트 값을 얻는 방법을 보다 명확하게 보여줍니다.

```
def get_support(N, V_min, V_max):
    dz = (V_max - V_min) / (N-1)
    return [V_min + i * dz for i in range(N)]
```

여기까지 분포의 서포트를 계산하는 방법을 배웠습니다. 신경망은 이 서포트를 입력으로 받아 어떻게 확률을 리턴할 수 있을까요?

상태와 함께 가치 분포를 예측하려면 분포의 서포트를 입력으로 제공해야 하며 신경망은 가치 분포의 확률을 출력으로 리턴합니다. 예를 들어 보면, 우리가 상태 s에 있고 이 상태에서 수행할 두 가지 행동 위-아래(up-down)가 있다고 가정합시다. 그리고 계산된 서포트 값이 z1 , z2, z3 이라고 가정해 보겠습니다.

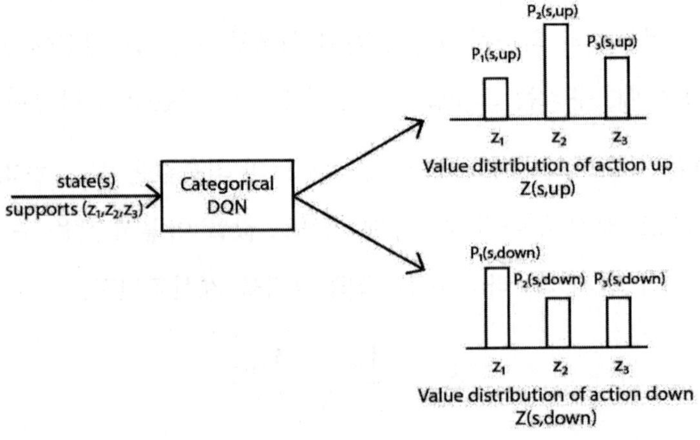

그림 14.5 범주형 DQN

그림 14.5에서 볼 수 있듯이 상태 s를 신경망에 대한 입력으로 제공하는 것과 함께 분포 z1, z2, z3 서포트 역시 제공합니다. 그런 다음 신경망은 up 행동의 분포와 down 행동 분포에 대한 주어진 서포트의 확률 $p_i(s,a)$를 리턴합니다.

범주형 DQN 논문의 저자(자세한 내용은 본 장의 마지막 페이지 논문링크 참조)는 서포트 개수 N을 51로 설정하는 것이 효율적이므로 범주형 DQN을 C51 알고리즘이라고도 합니다. 우리는 범주형 DQN이 가치 분포를 예측하는 방법을 배웠습니다. 다음 절에서는 이 예측 가치 분포를 기반으로 행동을 선택하는 방법을 알아보겠습니다.

14.2.2 가치 분포에 따른 행동 선택

범주형 DQN은 주어진 상태에서 각 행동의 가치 분포를 리턴한다는 것을 배웠습니다. 하지만 신경망에서 예측한 가치 분포를 기반으로 최선의 행동을 선택하려면 어떻게 해야 할까요?

우리는 일반적으로 Q 값을 기반으로 행동을 선택합니다. 즉, 일반적으로 최대 Q 값을 갖는 행동을 선택합니다. 하지만 지금은 Q 값이 없습니다. 대신 가치 분포가 있습니다. 가치 분포를 기반으로 행동을 선택하려면 어떻게 해야 할까요?

먼저 가치 분포에서 Q 값을 추출한 다음 최대 Q 값을 갖는 행동을 선택합니다. 자, 어떻게 Q 값을 추출할 수 있을까요? 가치 분포의 기댓값을 구함으로써 Q 값을 계산할 수 있습니다. 분포의 기댓값은 서포트 z_i의 합에 해당 확률 p_i를 곱한 값으로 제공됩니다. 따라서 가치 분포 Z의 기댓값은 다음과 같이 주어집니다.

$$\mathbb{E}[Z] = \sum_i z_i p_i$$

위 수식에서 z_i는 서포트이고 p_i는 확률입니다.

따라서 가치 분포의 Q 값은 다음과 같이 계산할 수 있습니다.

$$Q(s, a) = \sum_i z_i p_i(s, a)$$

Q 값을 계산한 후, 우리는 최대 Q 값을 가지는 가장 좋은 행동을 선택합니다.

$$a^* = \arg\max_a Q(s, a)$$

이것이 정확히 어떻게 작동하는지 이해해봅시다. 우리가 상태 s에 있고 두 가지 가능한 행동이 있다고 가정합니다. 행동은 up과 down이 있다고 가정합니다. 먼저 서포트를 계산해야 합니다. 서포트의 개수 N은 3, 서포트의 최솟값 V_{min}은 2, 서포트의 최댓값 V_{max}는 4라고 가정해봅시다. 그러면 계산된 서포트 값은 [2,3,4]가 됩니다.

이제 상태 s와 함께 서포트를 입력으로 제공한 다음 범주형 DQN은 아래 그림과 같이 up과 down 행동 분포에 대한 서포트의 확률 pi(s, a)를 리턴합니다.

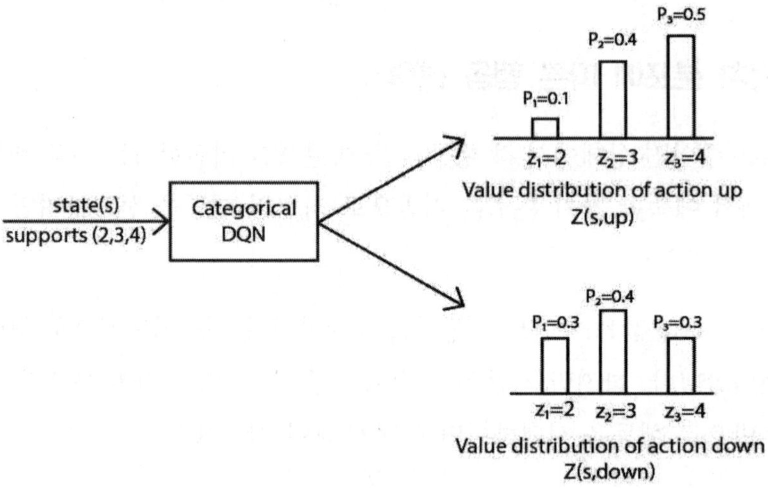

그림 14.6 범주형 DQN

이제 이 두 가지 가치 분포를 기반으로 최선의 행동을 선택하는 방법은 무엇일까요? 먼저 가치 분포에서 Q 값을 추출한 다음 최대 Q 값을 갖는 행동을 선택합니다.

우리는 Q 값이 서포트의 합계에 확률을 곱한 가치 분포에서 추출할 수 있다는 것을 배웠습니다.

$$Q(s, a) = \sum_i z_i p_i(s, a)$$

따라서 상태 s에서 동작의 Q 값을 다음과 같이 계산할 수 있습니다.

$$\begin{aligned} Q(s, up) &= \sum_i z_i p_i(s, up) \\ &= z_1 p_1(s, up) + z_2 p_2(s, up) + z_3 p_3(s, up) \\ &= (2 \times 0.1) + (3 \times 0.4) + (4 \times 0.5) = 3.4 \end{aligned}$$

이제 state s에서 action down의 Q 값을 다음과 같이 계산할 수 있습니다.

$$
\begin{aligned}
Q(s, down) &= \sum_i z_i p_i(s, down) \\
&= z_1 p_1(s, down) + z_2 p_2(s, down) + z_3 p_3(s, down) \\
&= (2 \times 0.3) + (3 \times 0.4) + (4 \times 0.3) \\
&= 3.0
\end{aligned}
$$

이제 최대 Q 값을 갖는 행동을 선택합니다. 행동 up에 대한 Q값이 높기 때문에 up 행동을 선택합니다.

그렇다면 범주형 DQN을 특별하게 만드는 것은 무엇일까요? DQN과 마찬가지로 마지막에 Q 값을 기반으로 행동을 선택하기 때문입니다. 우리가 주목해야 할 한 가지 중요한 점은 DQN에서 리턴의 기댓값을 기반으로 Q 값을 직접 계산하지만, 범주형 DQN에서는, 먼저 리턴 분포를 학습한 다음 본질적인 무작위성을 포착하는 리턴 분포의 기댓값을 기반으로 Q 값을 계산한다는 것입니다.

범주형 DQN은 주어진 상태에서 모든 행동의 가치 분포를 출력한 다음 가치 분포에서 Q 값을 추출하고 Q 값이 최대인 행동을 최고의 행동으로 선택한다는 것을 배웠습니다. 그러나 문제는 범주형 DQN이 정확히 어떻게 학습하는가입니다. 정확한 가치 분포를 예측하기 위해 범주형 DQN을 어떻게 훈련하는지 다음 절에서 논의해 보겠습니다.

14.2.3 범주형 DQN 훈련

타겟 가치 분포와 예측 가치 분포 사이의 교차 엔트로피 손실을 최소화하여 범주형 DQN을 훈련합니다. 타겟 분포를 어떻게 계산할 수 있습니까? 다음과 같이 주어진 분포 벨만 방정식을 사용하여 타겟 분포를 계산할 수 있습니다.

$$\tau Z(s, a) \equiv R(s, a, s') + \gamma Z(s', a')$$

여기서 $R(s,a,s')$는 상태 s에서 동작 a를 수행하고 다음 상태 s'로 이동하는 동안 얻는 즉각적인 보상 r을 나타내므로 간단히 $R(s,a,s')$로 표시할 수 있습니다.

$$\tau Z(s, a) \equiv r + \gamma Z(s', a')$$

DQN에서 우리가 θ'에 의해 매개변수화된 타겟 신경망을 사용하여 타겟값을 계산한 것을 기억합니까? 유사하게, 여기에서 우리는 타겟 분포를 계산하기 위해 θ'에 의해 매개변수화된 타겟 범주형 DQN을 사용합니다.

타겟 분포를 계산한 후 타겟 가치 분포와 예측 가치 분포 사이의 교차 엔트로피 손실을 최소화하여 신경망을 훈련합니다. 여기서 주목해야 할 한 가지 중요한 점은 서포트가 동일한 경우에만 두 분포 간에 교차 엔트로피 손실을 적용할 수 있다는 것입니다. 서포트가 동일하지 않을 때 교차 엔트로피 손실을 적용할 수는 없습니다.

예를 들어, 그림 14.7은 타겟 분포와 예측 분포 모두의 서포트가 동일함을 보여줍니다 (1,2,3,4). 따라서 이 경우 교차 엔트로피 손실을 적용할 수 있습니다.

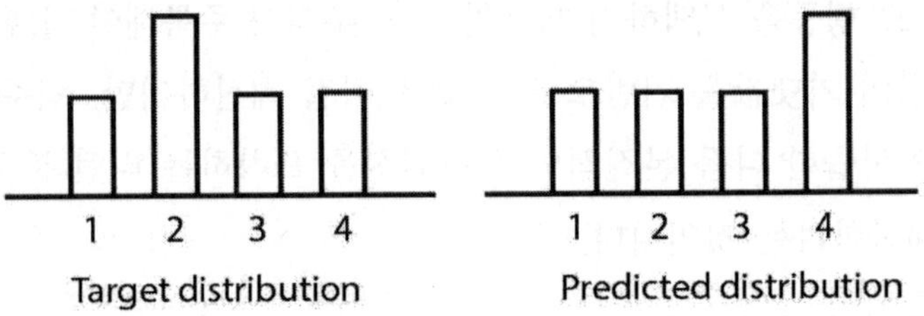

그림 14.7 타겟과 예측의 분포

그림 14.8에서 타겟 분포 서포트(1,3,4,5)과 예측 분포 서포트(1,2,3,4)이 다른 것을 볼 수 있으므로 이 경우 교차 엔트로피 손실을 적용할 수 없습니다.

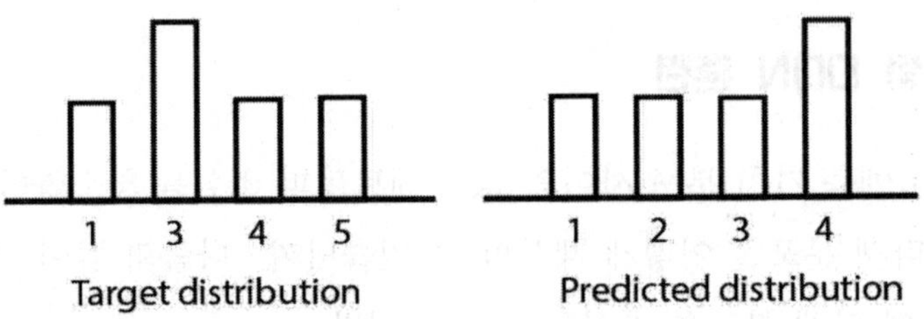

그림 14.8 타겟과 예측의 분포

따라서 타겟의 서포트와 예측 분포가 다를 때 우리는 타겟과 예측 분포의 서포트를 동일하게 만들 수 있는 투영 단계라는 특별한 절차를 수행하게 됩니다. 타겟과 예측 분포를 동일한 서포트를 갖도록 만들어주면 교차 엔트로피 손실을 적용할 수 있습니다.

다음 절에서는 투영이 정확히 어떻게 동작하는지, 그리고 타겟과 예측 분포의 서포트를 동일하게 만드는 방법을 배웁니다.

14.2.3.1 투영 단계

예시를 통해 투영 단계가 정확히 어떻게 작동하는지 이해해 보겠습니다. 입력 서포트가 $z=[1,2]$라고 가정합니다.

예측 분포의 확률을 $p=[0.5,0.5]$라고 합니다. 그림 14.9는 예측된 분포를 보여줍니다.

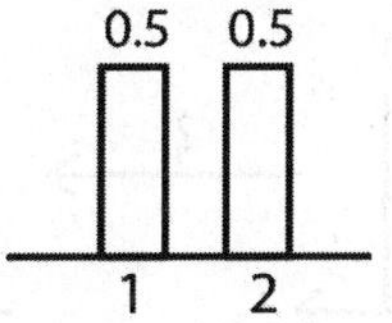

그림 14.9 예측 분포

타겟 분포의 확률을 $p=[0.3,0.7]$이라고 합니다. 보상 $r=0.1$이고 감쇄 인자(discount factor)를 $\gamma=0.9$라고 가정합니다. 타겟 분포 서포트 값은 다음과 같이 계산됩니다.

$$\tau Z_1 = r+\gamma Z_1 = 0.1+(0.9*1)=1.0$$

$$\tau Z_2 = r+\gamma Z_2 = 0.1+(0.9*2)=1.9$$

따라서 타겟 분포가 됩니다.

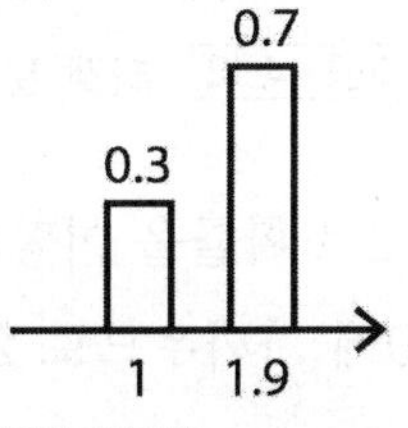

그림 14.10 타겟 분포

앞의 그림에서 알 수 있듯이 예측 분포와 타겟 분포의 서포트는 다릅니다. 예측 분포의 서포트는 [1, 2]이고 타겟 분포의 서포트는 [1, 1.9]이므로 이 경우 교차 엔트로피 손실을 적용할 수 없습니다.

이제 투영 단계를 사용하여 타겟 분포의 서포트를 예측된 분포와 동일한 서포트로 변환해야 합니다. 예측된 분포와 타겟 분포의 서포트가 같으면 교차 엔트로피 손실을 적용할 수 있습니다.

그러면 투영 단계는 정확히 무엇일까요? 투영 단계를 어떻게 적용하여 타겟 분포의 서포트를 예측 분포의 서포트와 일치하도록 변환할 수 있을까요?

예를 들어 이를 이해해 봅시다. 다음에서 볼 수 있듯이 타겟 분포 서포트 [1, 1.9]가 있고 예측된 분포 서포트 [1, 2]를 동일하게 만들어야 합니다.

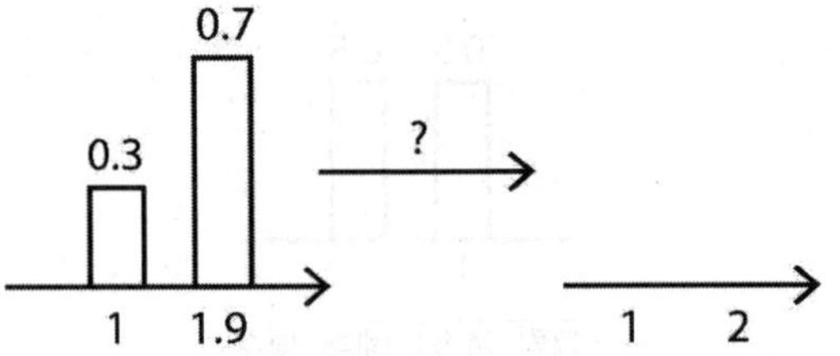

그림 14.11 타겟 분포

우리가 할 수 있는 것은 서포트 1.9에서 서포트 1과 2로 확률 0.7을 분배할 수 있다는 것입니다.

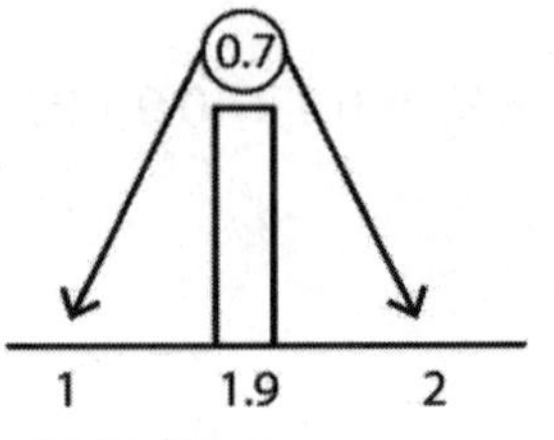

그림 14.12 타겟 분포

하지만 서포트 1.9에서 서포트 1과 2로 확률을 어떻게 분배할 수 있을까요? 평등한 분배를 해야 할까요? 아닙니다. 2는 1.9에 가까우므로 2에 더 많은 확률을 분배하고 1에 더 적게 분배합니다.

그림 14.13과 같이 0.7부터 서포트 2에 0.63을, 서포트 1에 0.07을 분배합니다.

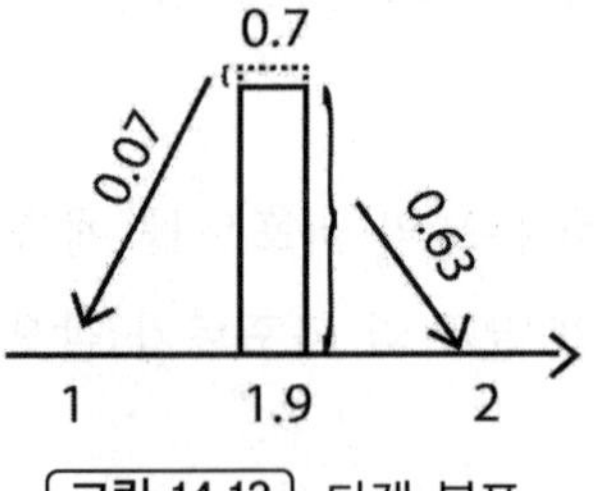

그림 14.13 타겟 분포

따라서 이제 우리의 타겟 분포는 다음과 같을 것입니다.

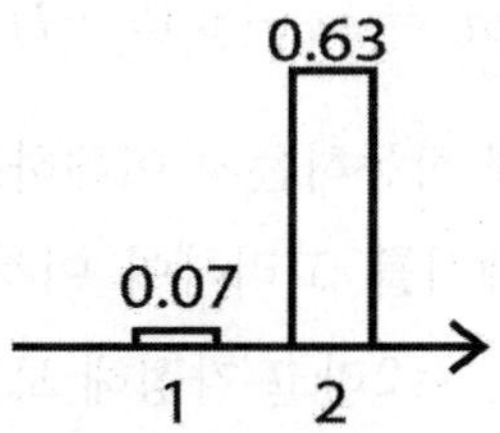

그림 14.14 타겟 분포

그림 14.14에서 타겟 분포의 서포트가 [1, 1.9]에서 [1, 2]로 변경되었으며 이제 예측 분포의 서포트와 일치함을 알 수 있습니다. 이 단계를 투영 단계라고 합니다.

우리가 배운 것은 단순한 예시일 뿐입니다. 타겟 및 예측 분포의 서포트가 매우 다양한 경우를 고려해봐야합니다. 이 경우 서포트를 동일하게 만들기 위해 서포트에 분배해야 하는 확률의 양을 수동으로 결정할 수 없습니다. 따라서 다음과 같이 투영을 수행하는 일련의 단계를 소개하고자 합니다. 이 단계를 수행한 후 타겟 분포 서포트는 서포트 전체에 확률을 분배하여 예측 분포와 일치시킵니다.

먼저 배열 m을 0 값을 갖는 서포트 개수 만큼의 shape으로 초기화합니다. m은 투영 단계 후 타겟 분포의 분포 확률을 나타냅니다.

서포트 수의 범위에 있는 j의 경우 아래의 절차를 진행합니다.

1. 타겟 서포트 값을 다음과 같이 계산합니다:

$$\hat{\tau}z_j = [r_t + \gamma_t z_j]_{V_{\min}}^{V_{\max}}$$

2. b의 값을 다음과 같이 계산합니다:

$$b_j = (\hat{\tau}z_j - V_{\min})/\Delta z$$

3. 하한 l과 상한 u를 다음과 같이 계산합니다:

$$l = \lfloor b_j \rfloor,\ u = \lceil b_j \rceil$$

4. 하한에 대한 확률 m_l을 다음과 같이 분포시킵니다:

$$m_l = m_l + p_j(u - b_j)$$

5. 상한에 대한 확률 m_u를 다음과 같이 분포시킵니다:

$$m_u = m_u + p_j(b_j - l)$$

이러한 투영 단계가 정확히 어떻게 작동하는지 이해하는 것은 약간 까다롭습니다. 따라서 앞에서 사용한 것과 동일한 예시를 고려하여 이것을 이해해 볼 필요가 있습니다. $z=[1,2]$, $N=2$, $V_{\min}=1$, $V_{\max}=2$라고 가정해 보겠습니다.

예측 분포의 확률을 $p=[0.5,0.5]$라고 가정합니다. 그림 14.15는 예측된 분포는 아래와 같습니다.

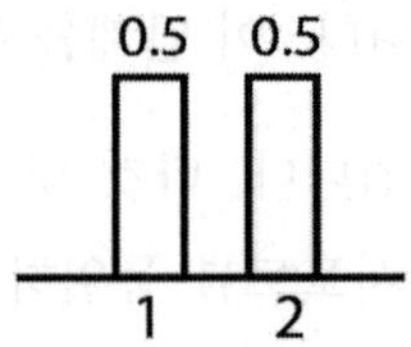

그림 14.15 예측 분포

타겟 분포의 확률을 $p=[0.3,0.7]$이라고 가정합니다. 보상 $r=0.1$ 및 감쇄 인자 $\gamma=0.9$라고 하면 $\tau Z_j = r_t + \gamma_t Z_j$를 알고 있으므로 타겟 분포는 아래 그림과 같이 됩니다.

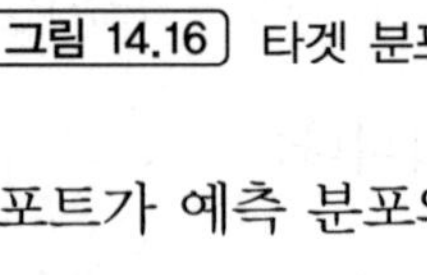

그림 14.16 타겟 분포

그림 14.16에서는 타겟 분포의 서포트가 예측 분포와 다르다는 것을 추론할 수 있습니다. 이제 이전의 단계를 사용하여 투영을 수행해 봅시다.

먼저 배열 m을 0 값으로 서포트 개수 만큼의 shape을 갖도록 초기화합니다. 따라서 $m=[0,0]$입니다.

서포트 수 범위의 j가 있음을 가정하고 j가 0일 때 아래의 절차를 수행하겠습니다:

1. 타겟 서포트 값을 계산합니다.

$$\begin{aligned}\hat{\tau}z[0] &= r+\gamma z[0] \\ &= 0.1+0.9\times 1 \\ &= 1.0\end{aligned}$$

2. b의 값을 계산합니다.

$$\begin{aligned}b[0] &= (\hat{\tau}z[0]-V_{\min})/\Delta z \\ &= (1-1)/1 \\ &= 0\end{aligned}$$

3. 하한과 상한을 계산합니다.

$$l=0,\ u=0$$

4. 하한에 대한 확률을 분포시킵니다.

$$m_l = m_l + p_j(u-b_j)$$

$$\begin{aligned}m[0] &= m[0]+p[0](b[0]-l) \\ &= 0+0.3(0-0) \\ &= 0\end{aligned}$$

5. 상한에 대한 확률을 분포시킵니다

$$m_u = m_u + p_j(b_j - l)$$

$$\begin{aligned}m[0] &= m[0]+p[0](b[0]-l) \\ &= 0+0.3(0-0) \\ &= 0\end{aligned}$$

첫 번째 반복 후 m의 값은 [0, 0]이 됩니다.

j가 1일 때 아래의 절차를 수행합니다:

1. 타겟 서포트값을 계산합니다

$$\begin{aligned}\hat{\tau}z[1] &= r+\gamma z[1] \\ &= 0.1+0.9\times 2 \\ &= 1.9\end{aligned}$$

2. b의 값을 계산합니다

$$\begin{aligned} b[1] &= (\hat{\tau}z[1] - V_{\min})/\Delta z \\ &= (1.9-1)/1 \\ &= 0.9 \end{aligned}$$

3. b의 하한과 상한을 계산합니다

$$l=0,\ u=1$$

4. 하한에 대한 확률을 분포시킵니다

$$m_l = m_l + p_j(u-b_j)$$

$$\begin{aligned} m[0] &= m[0] + p[1](u-b[1]) \\ &= 0+0.7(1-0.9) \\ &= 0.06999 \\ &= 0.07 \end{aligned}$$

5. 상한에 대한 확률을 분포시킵니다

$$m_u = m_u + p_j(b_j - l)$$

$$\begin{aligned} m[0] &= m[1] + p[1](b[1]-l) \\ &= 0+0.7(0.9-0) \\ &= 0.63 \end{aligned}$$

두 번째 반복 후 m의 값은 [0.07, 0,63]이 됩니다. 반복 횟수와 서포트의 길이는 같습니다. 서포트의 길이가 2이므로 여기에서 멈추고 m 값은 그림 14.17과 같이 수정된 서포트에 대한 새로운 분포 확률이 됩니다.

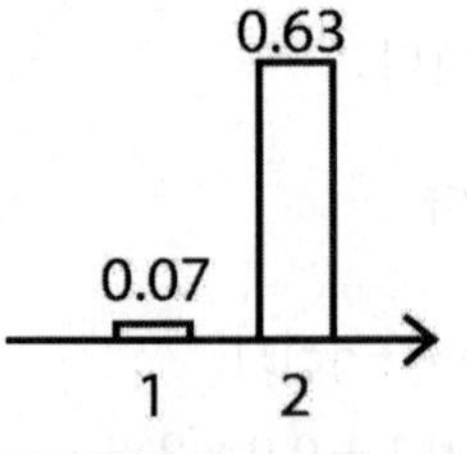

그림 14.17 타겟 분포

다음 스니펫은 투영 단계가 정확히 어떻게 작동하는지 더 명확하게 보여줍니다.

```
m = np.zeros(num_support)

for j in range(num_support):
    Tz = min(v_max,max(v_min,r+gamma * z[j]))
    bj = (Tz - v_min) / delta_z
    l,u = math.floor(bj),math.ceil(bj)
    pj = p[j]
    m[int(l)] += pj * (u - bj)
    m[int(u)] += pj * (bj - l)
```

타겟 가치 분포를 계산하는 방법과 투영 단계를 사용하여 타겟 가치 분포의 서포트를 예측 가치 분포의 서포트와 동일하게 만드는 방법을 이해했으므로 교차 엔트로피 손실을 계산하는 방법을 알아봅시다. 교차 엔트로피 손실은 다음과 같이 주어집니다.

$$\text{Cross Entropy} = -\sum_i y_i \log(\hat{y_i})$$

여기서 y는 실제 값이고 $\hat{y}$는 예측 값입니다. 따라서 우리는 다음과 같이 쓸 수 있습니다.

$$\text{Cross Entropy} = -\sum_i m_i \log p_i(s, a)$$

여기서 m은 타겟 가치 분포의 타겟 확률이고 p(s, a)는 예측 가치 분포의 예측 확률입니다. 그리고 교차 엔트로피 손실을 최소화하여 신경망을 훈련합니다.

따라서 범주형 DQN을 사용하여 리턴 분포(가치 분포)를 기반으로 행동을 선택합니다. 다음 절에서는 이러한 모든 개념을 통합하고 범주형 DQN이 어떻게 동작하는지 확인해 보겠습니다.

14.2.4 종합하기

먼저 메인 신경망 매개변수 θ를 임의의 값으로 초기화하고 메인 신경망 매개변수 θ를 복사하여 타겟 신경망 매개변수 θ'를 초기화합니다. 리플레이 버퍼 D 역시 초기화합니다.

이제 에피소드의 각 단계에 대해 환경 및 서포트 값을 θ에 의해 매개변수화된 메인 범주형 DQN에 공급합니다. 메인 신경망은 환경의 서포트와 상태를 입력으로 취하고 각 서포트에 대한 확률 값을 리턴합니다. 그런 다음 가치 분포의 Q 값은 서포트의 합계에 확률을 곱한 값으로 계산할 수 있습니다.

$$Q(s, a) = \sum_i z_i p_i(s, a)$$

상태에 있는 모든 행동의 Q 값을 계산한 후 상태 s에서 가장 좋은 행동을 최대 Q 값을 갖는 행동으로 선택합니다.

$$a^* = \arg\max_a Q(s, a)$$

그러나 항상 최대 Q 값을 갖는 행동을 선택하는 대신 엡실론-탐욕 정책을 사용하여 행동을 선택합니다. 엡실론-탐욕 정책에서는 확률 엡실론으로 임의의 행동을 선택하고 확률 1-엡실론으로 최대 Q 값을 갖는 최고의 행동을 선택합니다. 선택한 행동을 수행하고 다음 상태로 이동하여 보상을 획득하고 이 트랜지션 정보 (s,a,r,s')를 리플레이 버퍼 D에 저장합니다.

이제 리플레이 버퍼 D에서 트랜지션 (s,a,r,s')를 샘플링하고 다음 상태 s' 및 서포트 값을 θ'에 의해 매개변수화된 타겟 범주형 DQN에 공급합니다. 타겟 신경망은 서포트 및 다음 상태 s'를 입력으로 사용하고 각 서포트에 대한 확률 값을 리턴합니다.

그런 다음 Q 값은 서포트의 합계에 확률을 곱한 값으로 계산할 수 있습니다.

$$Q(s', a) = \sum_i z_i p_i(s', a)$$

모든 다음 상태-행동 쌍의 Q 값을 계산한 후 상태 s'에서 최대 Q 값을 갖는 가장 좋은 행동을 선택합니다.

$$a^* = \arg\max_a Q(s', a)$$

이제 투영 단계를 수행합니다. m은 투영 단계 후 타겟 분포의 분포 확률을 나타냅니다.

서포트 수의 범위에 있는 j를 (0부터 서포트 수 −1)까지 아래의 절차를 반복합니다.

1. 타겟 서포트값을 다음과 같이 계산합니다 : $\hat{\tau} z_j = [r_t + \gamma_t z_j]_{V_{\min}}^{V_{\max}}$
2. b의 값을 다음과 같이 계산합니다 : $b_j = (\hat{\tau} z_j - V_{\min}) / \Delta z$
3. 하한과 상한을 다음과 같이 계산합니다 : $l = \lfloor b_j \rfloor$, $u = \lceil b_j \rceil$
4. 하한에 대한 확률을 다음과 같이 분포시킵니다 : $m_l = m_l + p_j(s', a^*)(u - b_j)$
5. 상한에 대한 확률을 다음과 같이 분포시킵니다 : $m_u = m_u + p_j(s', a^*)(b_j - l)$

투영 단계를 수행한 후 교차 엔트로피 손실을 계산합니다.

$$\text{Cross Entropy} = -\sum_i m_i \log p_i(s, a)$$

여기서 m은 타겟 가치 분포의 타겟 확률이고 p(s, a)는 예측 가치 분포의 예측 확률입니다. 교차 엔트로피 손실을 최소화하여 신경망을 훈련합니다.

모든 타임 스텝에서 타겟 신경망 매개변수 θ'는 업데이트하지 않습니다. 우리는 타겟 신경망 매개변수 θ'를 여러 타임 스텝 동안 고정한 다음 메인 신경망 매개변수 θ를 타겟 신경망 매개변수 θ'에 복사합니다. 최적의 가치 분포를 근사하기 위해 여러 에피소드에 대해 앞서 설명한 절차를 계속 반복합니다. 더 자세한 이해를 돕기 위해 범주형 DQN 알고리즘을 다음 절에서 제시합니다.

14.2.5 범주형 DQN 알고리즘

범주형 DQN 알고리즘은 다음 절차에 의해 수행됩니다.

1. Initialize the main network parameter θ with random values
2. Initialize the target network parameter θ' by copying the main network parameter θ
3. Initialize the replay buffer $\mathcal{D}$, the number of support (atoms), and also $V_{\min}$ and $V_{\max}$
4. For N number of episodes perform *step 5*
5. For each step in the episode, that is, for $t = 0, \dots, T-1$:
    1. Feed the state s and support values to the main categorical DQN parameterized by θ and get the probability value for each support. Then compute the Q value as $Q(s,a) = \sum_i z_i p_i(s,a)$
    2. After computing the Q value, select an action using the epsilon-greedy policy, that is, with the probability epsilon, select random action a and with probability 1-epsilon, select the action as $a^* = \arg\max_a Q(s,a)$
    3. Perform the selected action and move to the next state s' and obtain the reward r
    4. Store the transition information in the replay buffer $\mathcal{D}$
    5. Randomly sample a transition from the replay buffer $\mathcal{D}$

6. Feed the next state s' and support values to the target categorical DQN parameterized by θ' and get the probability value for each support. Then compute the value as $Q(s',a) = \sum_i z_i p_i(s',a)$
7. After computing the Q value, we select the best action in the state s' as the one that has the maximum Q value $a^* = \arg\max_a Q(s',a)$
8. Initialize the array m with zero values with its shape as the number of support
9. For j in range of the number of support:
    1. Compute the target support value: $\hat{\tau}z_j = [r_t + \gamma_t z_j]_{V_{min}}^{V_{max}}$
    2. Compute the value of b: $b_j = (\hat{\tau}z_j - V_{min})/\Delta z$
    3. Compute the lower bound and upper bound: $l = \lfloor b_j \rfloor, u = \lceil b_j \rceil$
    4. Distribute the probability on the lower bound: $m_l = m_l + p_j(s',a^*)(u - b_j)$
    5. Distribute the probability on the upper bound: $m_u = m_u + p_j(s',a^*)(b_j - l)$
10. Compute the cross entropy loss: $\text{Cross Entropy} = -\sum_i m_i \log p_i(s,a)$
11. Minimize the loss using gradient descent and update the parameter of the main network
12. Freeze the target network parameter θ' for several time steps and then update it by just copying the main network parameter θ

범주형 DQN 알고리즘을 배웠으므로 범주형 DQN이 어떻게 동작하는지 이해하기 위해 다음 절에서 구현해 보겠습니다.

14.2.6 범주형 DQN을 사용하여 Atari 게임 수행하기

Atari 게임을 플레이하기 위해 범주형 DQN 알고리즘을 구현해 보겠습니다. 이 절에 사용된 코드는 Prince Wen이 제공한 오픈 소스 범주형 DQN 구현인https://github.com/princewen/tensorflow_practice/tree/master/RL/BasicDisRL-Demo에서 가져왔습니다.

먼저 필요한 라이브러리들을 불러옵니다.

```
import numpy as np
import random
from collections import deque
import math
import tensorflow.compat.v1 as tf
tf.disable_v2_behavior()

import gym
from tensorflow.python.framework import ops
```

14.2.6.1 변수 정의하기

이제 몇 가지 중요한 변수를 정의해 보겠습니다.

V_{min}과 V_{max}를 초기화합니다.

```
v_min = 0
v_max = 1000
```

원자(atoms)(서포트(supports) : 0이 아닌 점들의 닫힌 집합)의 수를 초기화합니다.

```
atoms = 51
```

감쇄 인자 AA를 설정합니다.

```
gamma = 0.99
```

배치 크기를 설정합니다.

```
batch_size = 64
```

타겟 신경망을 업데이트하려는 타임 스텝을 설정합니다.

```
update_target_net = 50
```

엡실론-탐욕 정책에 사용되는 엡실론 값을 설정합니다.

```
epsilon = 0.5
```

14.2.6.2 리플레이 버퍼 정의하기

먼저 리플레이 버퍼의 길이를 정의합니다.

```
buffer_length = 20000
```

리플레이 버퍼를 deque 구조로 정의합니다.

```
replay_buffer = deque(maxlen=buffer_length)
```

리플레이 버퍼에서 무작위로 샘플링된 트랜지션의 미니 배치를 리턴하는 sample_transitions라는 함수를 정의합니다.

```
def sample_transitions(batch_size):
    batch = np.random.permutation(len(replay_buffer))[:batch_size]
    trans = np.array(replay_buffer)[batch]
    return trans
```

14.2.6.3 범주형 DQN 클래스 정의

범주형 DQN 알고리즘을 구현할 Categorical_DQN이라는 클래스를 정의해 보겠습니다. 전체 코드를 한 번에 살펴보는 대신 중요한 부분만 살펴보겠습니다. 이 절에 사용된 전체 코드는 책의 GitHub 레포지토리에서 사용할 수 있습니다.

명확한 이해를 위해 코드를 한 줄씩 살펴보겠습니다.

```
class Categorical_DQN():
```

14.2.6.3.1 초기화 메소드 정의

먼저 init 메서드를 정의해 보겠습니다.

```
    def __init__(self,env):
```

TensorFlow 세션을 시작합니다.

```
        self.sess = tf.InteractiveSession()
```

$V_{\min}$과 $V_{\max}$를 초기화합니다.

```
        self.v_max = v_max
        self.v_min = v_min
```

원자 수를 초기화합니다.

```
        self.atoms = atoms
```

엡실론 값을 초기화합니다.

```
        self.epsilon = epsilon
```

환경에서 상태의 shape을 가져옵니다.

```
        self.state_shape = env.observation_space.shape
```

환경에서 행동의 shape을 가져옵니다.

```
        self.action_shape = env.action_space.n
```

step을 초기화합니다.

```
        self.time_step = 0
```

타겟 상태의 shape을 초기화합니다.

```
        target_state_shape = [1]
        target_state_shape.extend(self.state_shape)
```

상태에 대한 플레이스홀더를 정의합니다.

```
        self.state_ph = tf.placeholder(tf.float32,target_state_shape)
```

행동에 대한 플레이스홀더를 정의합니다.

```
        self.action_ph = tf.placeholder(tf.int32,[1,1])
```

m 값에 대한 플레이스홀더를 정의합니다(타겟 분포의 분포 확률).

```
        self.m_ph = tf.placeholder(tf.float32,[self.atoms])
```

Δz의 값을 $\Delta z = V_{\max} - V_{\min}/N-1$로 계산합니다.

```
        self.delta_z = (self.v_max - self.v_min) / (self.atoms - 1)
```

서포트 값을 $z_i = V_{\min} + i\Delta z : 0 \le i \le N$로 계산합니다.

```
        self.z = [self.v_min + i * self.delta_z for i in range(self.
atoms)]
```

범주형 DQN을 빌드합니다.

```
        self.build_categorical_DQN()
```

모든 TensorFlow 변수를 초기화합니다.

```
        self.sess.run(tf.global_variables_initializer())
```

14.2.6.3.2 범주형 DQN 빌드

깊은 신경망을 구축하기 위해 build_network라는 함수를 정의해 보겠습니다. 우리는 Atari 게임을 다루기 때문에 컨볼루션 신경망을 사용합니다.

```
    def build_network(self, state, action, name, units_1, units_2,
weights, bias):
```

첫 번째 컨볼루션 레이어를 정의합니다.

```
        with tf.variable_scope('conv1'):
            conv1 = conv(state, [5, 5, 3, 6], [6], [1, 2, 2, 1],
weights, bias)
```

두 번째 컨볼루션 레이어를 정의합니다.

```
        with tf.variable_scope('conv2'):
            conv2 = conv(conv1, [3, 3, 6, 12], [12], [1, 2, 2, 1],
weights, bias)
```

두 번째 컨볼루션 레이어의 결과로 얻은 특성 맵을 평평하게 나열시킵니다.

```
        with tf.variable_scope('flatten'):
            flatten = tf.layers.flatten(conv2)
```

첫 번째 덴스 레이어를 정의합니다.

```
        with tf.variable_scope('dense1'):
            dense1 = dense(flatten, units_1, [units_1], weights, bias)
```

두 번째 덴스 레이어를 정의합니다.

```
        with tf.variable_scope('dense2'):
            dense2 = dense(dense1, units_2, [units_2], weights, bias)
```

두 번째 덴스 레이어를 다음 행동과 연결합니다.

```
        with tf.variable_scope('concat'):
            concatenated = tf.concat([dense2, tf.cast(action,
tf.float32)], 1)
```

세 번째 레이어를 정의하고 세 번째 레이어의 결과에 소프트맥스 함수를 적용하고 각 원자에 대한 확률을 구합니다.

```
        with tf.variable_scope('dense3'):
            dense3 = dense(concatenated, self.atoms, [self.atoms],
weights, bias)

        return tf.nn.softmax(dense3)
```

이제 기본 및 타겟 범주형 DQN을 빌드하기 위해 build_categorical_DQN이라는 함수를 정의해 보겠습니다.

```
    def build_categorical_DQN(self):
```

메인 범주형 DQN을 정의하고 확률을 구합니다.

```
        with tf.variable_scope('main_net'):
            name = ['main_net_params',tf.GraphKeys.GLOBAL_VARIABLES]
            weights = tf.random_uniform_initializer(-0.1,0.1)
            bias = tf.constant_initializer(0.1)

            self.main_p = self.build_network(self.state_ph,self.action_
ph,name,24,24,weights,bias)
```

타겟 범주형 DQN을 정의하고 확률을 구합니다.

```
        with tf.variable_scope('target_net'):
            name = ['target_net_params',tf.GraphKeys.GLOBAL_VARIABLES]

            weights = tf.random_uniform_initializer(-0.1,0.1)
            bias = tf.constant_initializer(0.1)

            self.target_p = self.build_network(self.state_ph,self.
action_ph,name,24,24,weights,bias)
```

메인 범주형 DQN에서 얻은 확률로 주요 Q 값을 $Q(s,a)=\sum_i z_i p_i(s,a)$와 같이 계산합니다.

```
        self.main_Q = tf.reduce_sum(self.main_p * self.z)
```

유사하게, 타겟 범주형 DQN에서 얻은 확률로 타겟 Q 값을 $Q(s',a)=\sum_i z_i p_i(s',a)$와 같이 계산합니다.

```
          self.target_Q = tf.reduce_sum(self.target_p * self.z)
```

교차 엔트로피 손실을 Cross Entropy $= -\sum_i m_i \log p_i(s,a)$와 같이 정의합니다.

```
          self.target_Q = tf.reduce_sum(self.target_p * self.z)
```

아담 옵티마이저(Adam optimizer)를 사용하여 옵티마이저를 정의하고 교차 엔트로피 손실을 최소화합니다.

```
        self.optimizer = tf.train.AdamOptimizer(0.01).minimize(self.
cross_entropy_loss)
```

메인 신경망 매개변수를 가져옵니다.

```
        main_net_params = tf.get_collection("main_net_params")
```

타겟 신경망 매개변수를 가져옵니다.

```
        target_net_params = tf.get_collection('target_net_params')
```

메인 신경망의 매개변수를 복사하여 타겟 신경망 매개변수를 업데이트하기 위한 update_target_net 작업을 정의합니다.

```
        self.update_target_net = [tf.assign(t, e) for t, e in
zip(target_net_params, main_net_params)]
```

14.2.6.3.3 훈련 함수 정의하기

신경망을 훈련시키기 위해 train이라는 함수를 정의해 보겠습니다.

```
    def train(self,s,r,action,s_,gamma):
```

타임 스텝을 증가시킵니다.

```
        self.time_step += 1
```

타겟 Q 값을 가져옵니다.

```
        list_q_ = [self.sess.run(self.target_Q,feed_dict={self.state_
ph:[s_],self.action_ph:[[a]]}) for a in range(self.action_shape)]
```

최대 Q 값을 갖는 다음 상태의 행동 a'을 선택합니다.

```
        a_ = tf.argmax(list_q_).eval()
```

0 값으로 초기화한 서포트 개수의 shape을 갖는 배열 m을 초기화합니다. m은 투영 단계 후 타겟 분포의 분포 확률을 나타냅니다.

```
        m = np.zeros(self.atoms)
```

타겟 범주형 DQN을 사용하여 각 원자에 대한 확률을 가져옵니다.

```
        p = self.sess.run(self.target_p,feed_dict = {self.state_
ph:[s_],self.action_ph:[[a_]]})[0]
```

투영 단계를 수행합니다.

```
        for j in range(self.atoms):
            Tz = min(self.v_max,max(self.v_min,r+gamma * self.z[j]))
```

```
                bj = (Tz - self.v_min) / self.delta_z
                l,u = math.floor(bj),math.ceil(bj)

                pj = p[j]

                m[int(l)] += pj * (u - bj)
                m[int(u)] += pj * (bj - l)
```

손실을 최소화하여 신경망을 훈련합니다.

```
        self.sess.run(self.optimizer,feed_dict={self.state_ph:[s] ,
self.action_ph:[action], self.m_ph: m })
```

메인 신경망 매개변수를 복사하여 타겟 신경망 매개변수를 업데이트합니다.

```
        if self.time_step % update_target_net == 0:
            self.sess.run(self.update_target_net)
```

14.2.6.3.4 행동 선택하기

행동을 선택하기 위해 select_action이라는 함수를 정의해 보겠습니다.

```
    def select_action(self,s):
```

난수를 생성하고 숫자가 엡실론보다 작으면 임의 동작을 선택하고, 그렇지 않으면 최대 Q 값을 갖는 동작을 선택합니다.

```
        if random.random() <= self.epsilon:
            return random.randint(0, self.action_shape - 1)
        else:
            return np.argmax([self.sess.run(self.main_Q,feed_
dict={self.state_ph:[s],self.action_ph:[[a]]}) for a in range(self.
action_shape)])
```

14.2.6.3.5 신경망 훈련하기

이제 신경망 훈련을 시작하겠습니다. 먼저 체육관을 이용하여 Atari 게임 환경을 만듭니다. 테니스(Tennis) 게임 환경을 만들어 보겠습니다.

```
env = gym.make("Tennis-v0")
```

Categorical_DQN 클래스에 대한 객체를 생성합니다.

```
agent = Categorical_DQN(env)
```

에피소드 수를 설정합니다.

```
num_episodes = 800
```

각 에피소드마다 루프를 수행합니다.

```
for i in range(num_episodes):
```

done을 False로 설정합니다.

```
    done = False
```

return을 초기화합니다.

```
    Return = 0
```

환경을 리셋하여 상태를 초기화합니다.

```
    state = env.reset()
```

에피소드가 끝날 때까지 반복 수행합니다.

```
    while not done:
```

환경을 렌더링합니다.

```
        env.render()
```

행동을 선택합니다.

```
        action = agent.select_action(state)
```

선택된 행동을 수행시킵니다.

```
        next_state, reward, done, info = env.step(action)
```

리턴 값을 업데이트합니다.

```
        Return = Return + reward
```

트랜지션 정보를 리플레이 버퍼에 저장합니다.

```
        replay_buffer.append([state, reward, [action], next_state])
```

리플레이 버퍼의 길이가 버퍼 크기보다 크거나 같으면 리플레이 버퍼에서 트랜지션을 샘플링하여 신경망 훈련을 시작합니다.

```
        if len(replay_buffer) >= batch_size:
            trans = sample_transitions(batch_size)
            for item in trans:
                agent.train(item[0],item[1], item[2], item[3],gamma)
```

상태를 다음 상태로 업데이트합니다.

```
        state = next_state
```

에피소드에서 얻은 리턴을 출력합니다.

```
    print("Episode:{}, Return: {}".format(i,Return))
```

범주형 DQN의 작동 방식과 구현 방법을 배웠으므로 이제 다음 절에서 또 다른 흥미로운 알고리즘에 대해 알아보겠습니다.

14.3 분위수 회귀 Quantile Regression DQN QR-DQN

이 절에서는 QR-DQN이라는 또 다른 흥미로운 분포형 강화학습 알고리즘을 살펴보겠습니다. 범주형 DQN과 유사한 범주형 DQN 알고리즘입니다. 그러나 범주형 DQN보다 더 유리한 몇 가지 기능이 있습니다.

14.3.1 수학적 필수 요소

계속 진행하기 전에 QR-DQN에서 사용하는 두 가지 중요한 개념을 요약해 보겠습니다.

- 분위수(Quantile)
- 역 누적 분포 함수(Inverse cumulative distribution function) (역 CDF)

14.3.1.1 분위수

분포를 동일한 확률 영역으로 나눌 때 분위수라고 합니다. 예를 들어, 그림 14.18에서 볼 수 있듯이 우리는 분포를 두 개의 동일한 확률 영역으로 나누고 각각 50% 확률을 가진 두 개의 분위수를 가지고 있습니다.

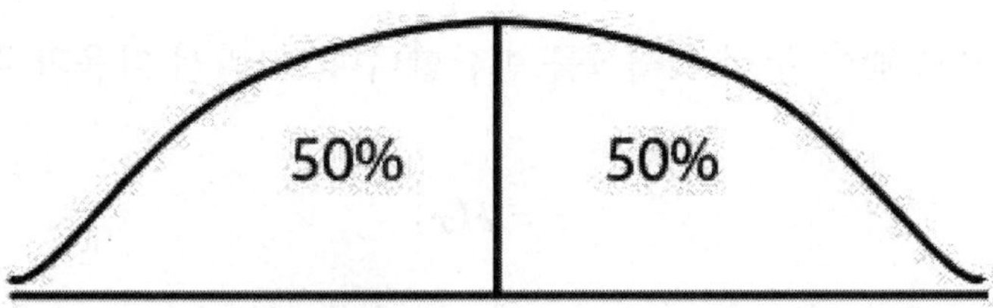

그림 14.18 2 분위수 그림

14.3.1.2 역 CDF(분위수 함수)

역 누적 분포 함수(inverse CDF)를 이해하기 위해 먼저 누적 분포 함수(CDF)가 무엇인지 알아봅시다.

확률 변수 X를 고려해서 P(X)는 X의 확률 분포를 나타내봅시다. 그러면 누적 분포 함수는 다음과 같이 표현됩니다.

$$F(x) = P(X \leq x)$$

기본적으로 F(x)는 x보다 작거나 같은 모든 확률을 더하여 얻을 수 있음을 의미합니다.

다음 CDF를 살펴봅시다.

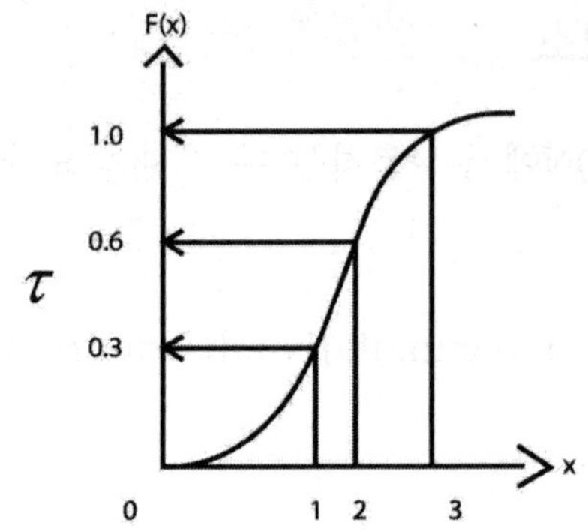

그림 14.19 CDF

앞의 그림에서 τ_i는 누적 확률, 즉 $\tau_i = F(x_i)$를 나타냅니다.

$i = 1$이라고 한다면 $\tau_1 = F(1) = 0.3$와 같이 됩니다.

CDF는 x를 입력으로 받아 누적 확률 τ를 반환합니다. 따라서 다음과 같이 작성할 수 있습니다.

$$\tau = F(x)$$

$x = 2$라고 하면 $\tau = 6$이 됩니다.

이제 역 CDF를 살펴보겠습니다. 역 CDF는 이름에서 알 수 있듯이 CDF의 역입니다. 즉, CDF에서 서포트 x가 주어지면 누적 확률 τ를 얻는 반면, 역 CDF에서는 누적 확률 τ가 주어지면 서포트 x를 얻습니다. 역 CDF는 다음과 같이 표현할 수 있습니다.

$$x = F^{-1}(\tau)$$

다음 그림은 역 CDF를 보여줍니다.

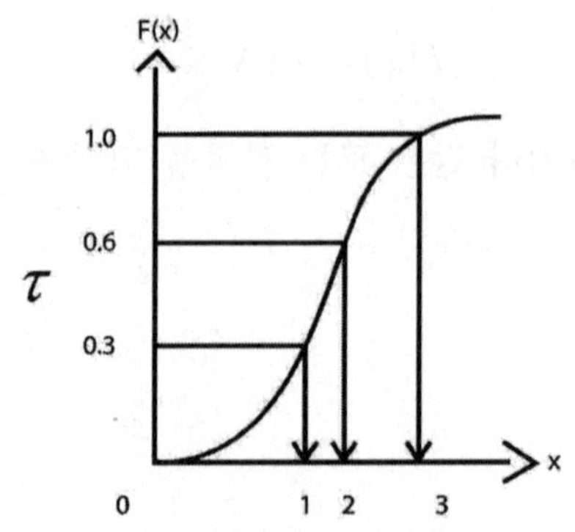

그림 14.20 역 CDF

그림 14.20과 같이 누적 확률 τ가 주어졌을 때 서포트 x를 얻습니다.

$\tau = 0.6$이라고 하면 $x = 2$가 됩니다.

우리는 분위수가 균등하게 나누어진 확률을 배웠습니다. 그림 14.20에서 볼 수 있듯이 균등하게 분할된 확률을 가진 3개의 분위수 q_1, q_2, q_3가 있으며 분위수 값은 각각 [0.3,0.6,1.0]입니다. 이는 단지 누적 확률입니다. 따라서 역 CDF(분위수 함수)는 동등하게 나누어진 확률에서 서포트 값을 얻는 데 도움이 된다고 말할 수 있습니다. 역 CDF에서 서포트는 누적 확률을 기반으로 하므로 항상 증가해야 합니다.

이제 분위수 함수가 무엇인지 배웠으므로 QR-DQN이라는 알고리즘을 사용하여 분포 RL 설정에서 분위수 함수를 사용하는 방법을 이해할 것입니다.

14.3.2 QR-DQN 이해하기

범주형 DQN(C51)에서 우리는 가치 분포를 예측하기 위해 신경망이 분포의 서포트를 입력으로 사용하고 확률을 반환한다는 것을 배웠습니다.

서포트를 계산하려면 서포트의 개수 N, 서포트의 최솟값 $V_{\min}$, 서포트의 최댓값 $V_{\max}$도 결정해야 합니다.

C51에서 보자면, 우리의 서포트 값은 고정된 위치 $(z_1, z_2, \ldots, z_n)$에 균등하게 간격을 두고 있으며 우리는 이 균등 간격 서포트를 입력으로 주고 불균등 확률 $(p_1, p_2, \ldots, p_n)$을 얻었습니다. 그림 14.21에서 볼 수 있듯이 C51에서 상태 s와 함께 신경망에 대한 입력으로 동일한 간격의 서포트 (z_1, z_2, z_3, z_4)를 입력으로 주고 출력으로 불균등 확률 (p_1, p_2, p_3, p_4)을 얻습니다.

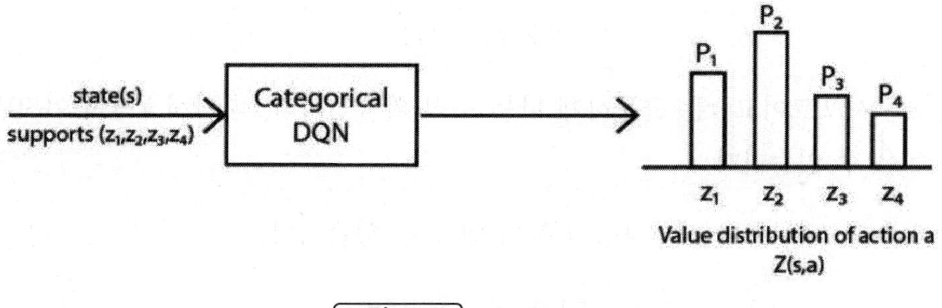

그림 14.21 범주형 DQN

QR-DQN은 C51과 반대로 볼 수 있습니다. QR-DQN에서 가치 분포를 추정하기 위해 균등 확률 $(p_1, p_2, ..., p_n)$을 입력으로 주고 신경망은 가변 위치 $(z_1, z_2, ..., z_n)$에서 서포트를 출력합니다. 다음 그림에서 볼 수 있듯이 우리는 상태와 함께 신경망에 대한 입력으로 균등 확률 (p_1, p_2, p_3, p_4)을 입력으로 주고 출력으로 가변 위치에 배치된 서포트 (z_1, z_2, z_3, z_4)를 얻습니다.

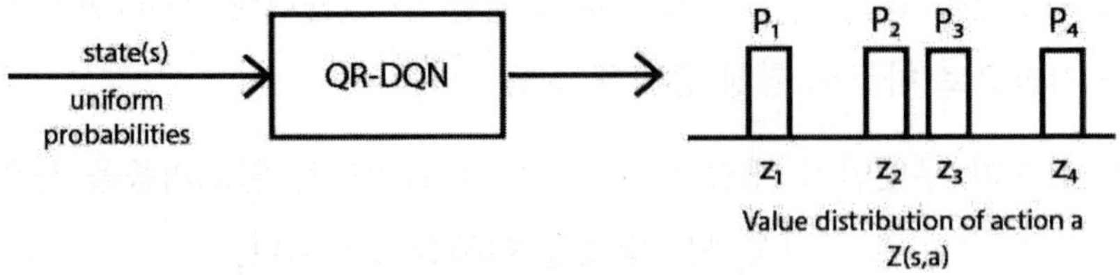

그림 14.22 QR-DQN

따라서 앞의 두 그림에서 우리는 상태와 함께 범주형 DQN에서 균등 간격의 고정 서포트를 신경망에 대한 입력으로 제공하고 불균등한 확률을 리턴하는 반면, QR-DQN에서는 상태와 함께 고정된 균등 확률을 신경망에 대한 입력으로 제공하고 가변 위치에서 서포트를 리턴합니다(불균등 간격 서포트).

그러면 QR-DQN은 정확히 어떻게 작동할까요? 이에 대해 자세히 살펴보겠습니다. QR-DQN은 균등한 확률을 입력으로 사용하고 가치 분포를 추정하기 위한 서포트 값을 리턴한다는 것을 이해했습니다. 분위수 함수를 사용하여 가치 분포를 추정할 수 있습니까? 그렇습니다. 우리는 분위수 함수가 동등하게 나누어진 확률이 주어졌을 때 서포트 값을 얻는 데 도움이 된다는 것을 배웠습니다. 따라서 QR-DQN에서는 분위수 함수를 추정하여 가치 분포를 추정합니다.

분위수 함수는 다음과 같이 주어집니다.

$$z = F^{-1}(\tau)$$

여기서 z는 서포트이고 τ는 균등하게 나눈 누적 확률입니다. 따라서 τ가 주어지면 서포트 z를 얻을 수 있습니다.

N을 분위수라고 하면 확률은 다음과 같이 얻을 수 있습니다.

$$p_i = \frac{1}{N} \text{ for } i = 1, 2, ..., N$$

예를 들어, $N=4$이면 $p=[0.25,0.25.0.25,0.25]$입니다. $N=5$이면 $p=[0.20,0.20,0.20,0.20,0.20]$입니다.

분위수 N의 수를 결정하면 누적 확률(분위수 값)은 다음과 같이 얻을 수 있습니다.

$$\tau_i=\frac{i}{N}\ \text{for}\ i=1,\ ...,N$$

예를 들어 $N=4$이면 $\tau=[0.25,0.50.0.75,1.0]$입니다. $N=5$이면 $\tau=[0.2,0.4,0.6,0.8,1.0]$입니다.

우리는 이 균등하게 나눈 누적 확률(분위수 값)을 QR-DQN에 입력으로 제공하고 서포트 값을 리턴합니다. 즉, 우리는 QR-DQN이 가치 분포를 분위수 함수로 추정한다는 것을 배웠으므로 τ를 입력하여 주고 가치 분포의 서포트 값 z를 얻을 수 있습니다.

간단한 예를 들어 보겠습니다. 우리가 상태 s에 있고 그 상태에서 수행할 수 있는 두 가지 행동 위-아래가 있다고 가정합니다. 다음 그림에서 볼 수 있듯이 상태 s를 신경망에 대한 입력으로 주는 것과 함께 등분할 누적 확률인 분위수 값 τ도 전달합니다. 그런 다음 신경망은 행동의 분포를 위-아래 행동 분포에 대한 서포트를 리턴합니다.

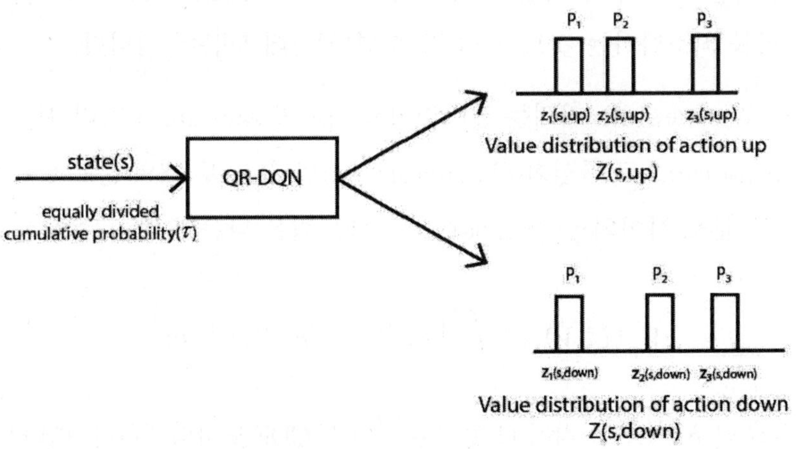

그림 14.23 QR-DQN

C51에서는 주어진 상태와 행동에 대한 확률 $p(s,a)$를 계산했지만 여기 QR-DQN에서는 주어진 상태와 행동에 대한 서포트 $z(s,a)$를 계산합니다.

> Z(s, a)를 사용하여 가치 분포를 나타내고 z(s, a)를 사용하여 분포 서포트를 나타냅니다.

마찬가지로 분위수 함수를 사용하여 타겟 가치 분포를 계산할 수도 있습니다. 그런 다음 예측된 분위수와 타겟 분위수 분포 사이의 거리를 최소화하여 신경망을 훈련합니다.

그럼에도 불구하고 근본적인 질문은 우리가 왜 분위수 회귀 DQN을 사용하는 것인지 입니다. C51보다 어떻게 더 좋을 수 있을까요? 범주형 DQN에 비해 분위수 회귀 DQN에는 아래와 같은 몇 가지 장점이 있습니다.

- 서포트의 수와 서포트의 범위 즉, $V_{\min}$과 $V_{\max}$를 선택할 필요가 없습니다.
- 서포트 범위에는 제한이 없으므로 리턴 범위는 상태마다 다를 수 있습니다.
- 타겟의 서포트와 예측된 분포를 일치시키기 위해 C51에서 수행한 투영 단계를 제거할 수도 있습니다.

QR-DQN의 또 다른 중요한 이점은 예측 분포와 타겟 분포 사이의 p-Wasserstein 거리를 최소화한다는 것입니다. 타겟과 예측 분포 사이의 Wasserstein 거리를 최소화하면 교차 엔트로피를 최소화하는 것보다 더 잘 수렴되는 데 도움이 됩니다.

자, 정확히 p-Wasserstein 거리는 얼마일까요? p-Wasserstein 거리 W_p는 역 CDF에서 L_p 메트릭(metric)으로 특성화(characterized)됩니다. 두 개의 분포 U와 V가 있다고 가정하면 이 두 분포 사이의 p-Wasserstein 메트릭은 다음과 같이 주어집니다.

$$W_p(U, V) = \left(\int_0^1 \left| F_V^{-1}(w) - F_U^{-1}(w) \right|^p dw \right)^{\frac{1}{p}}$$

여기서 $F_U^{-1}(w)$ 및 $F_V^{-1}(w)$는 각각 U 및 V 분포의 역 CDF를 나타냅니다. 따라서 두 개의 역 CDF 사이의 거리를 최소화하는 것은 Wasserstein 거리를 최소화한다는 것을 의미합니다.

우리는 QR-DQN에서 예측된 분포와 타겟 분포는 분위수 함수(역 CDF)이며 두 분포 사이의 거리를 최소화하여 신경망을 훈련함을 배웠습니다. 따라서 예측 분포와 타겟 분포(역 CDF) 사이의 거리를 최소화하는 것은 Wasserstein 거리를 최소화한다는 것을 의미합니다.

QR-DQN 논문의 저자(자세한 내용은 본 장의 마지막 페이지 논문링크 참조) 또한 분위수 값 τ에 대한 서포트를 계산하는 대신 분위수 중간점 값 $\hat{\tau}$을 사용하는 것이 좋습니다. 분위수 중간점은 다음과 같이 계산할 수 있습니다.

$$\hat{\tau_i} = \frac{\tau_{i-1} + \tau_i}{2}$$

즉, 서포트 z의 값은 분위수 값을 $z = F^{-1}(\hat{\tau})$로 사용하여 서포트를 얻는 대신 $z = F^{-1}(\tau)$로 분위수 중간점 값을 사용하여 얻을 수 있습니다.

그런데 왜 분위수 중간점을 사용할까요? 분위수 중간점은 최소화기(minimizer) 역할을 합니다. 즉, 분위수 값 τ대신 분위수 중간점 값 $\hat{\tau}$을 사용할 때 두 역 CDF 사이의 Wasserstein 거리는 더 작아집니다. 타겟과 예측 분포 사이의 Wasserstein 거리를 최소화하려고 하기 때문에 분위수 중간점 $\hat{\tau}$을 사용하여 그 사이의 거리가 더 작아지도록 할 수 있습니다. 예를 들어, 그림 14.24에서 볼 수 있듯이 분위수 값 τ대신 분위수 중간점 값 $\hat{\tau}$을 사용할 때 Wasserstein 거리는 더 작다는 것을 확인할 수 있습니다.

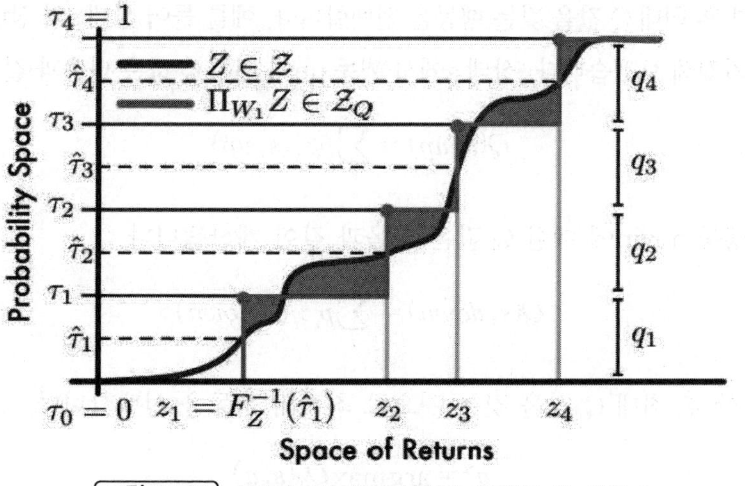

그림 14.24 분위수 값 대신 분위수 중간점 값 사용
Source(https://arxiv.org/pdf/1710.10044.pdf)

간단히 말해서 QR-DQN에서 가치 분포를 분위수 함수로 계산합니다. 그래서 우리는 확률을 균등하게 나눈 누적 확률을 신경망에 입력하고 분포의 서포트 값을 얻고 타겟과 예측 분포 사이의 Wasserstein 거리를 최소화하여 신경망을 훈련합니다.

14.3.2.1 행동 선택하기

QR-DQN의 동작 선택은 C51과 동일합니다. 먼저 예측 가치 분포에서 Q 값을 추출한 다음 최대 Q 값을 갖는 것으로 행동을 선택합니다. 가치 분포의 기댓값을 구함으로써 Q 값을 추출할 수 있습니다. 분포의 기댓값은 서포트의 합계에 해당 확률을 곱한 값으로 제공됩니다.

C51에서는 Q 값을 다음과 같이 계산했었습니다.

$$Q(s,a) = \sum_i z_i p_i(s,a)$$

여기서 $p_i(s,a)$는 상태 s 및 동작 a에 대해 신경망에서 제공하는 확률이고 z_i는 서포트입니다.

반면 QR-DQN에서는 신경망이 확률 대신 서포트를 출력합니다. 따라서 QR-DQN의 Q 값은 다음과 같이 계산할 수 있습니다.

$$Q(s,a) = \sum_i p_i z_i(s,a)$$

여기서 $z_i(s,a)$는 상태 s와 동작 a에 대해 신경망에서 제공하는 서포트이고 p_i는 확률입니다.

Q 값을 계산한 후 최대 Q 값을 갖는 행동을 선택합니다. 예를 들어 상태 s와 상태에 두 가지 행동이 있다고 가정해 보겠습니다. 상태 s에서 행동 up에 대한 Q 값은 다음과 같이 계산됩니다.

$$Q(s,up) = \sum_i p_i z_i(s,up)$$

상태 s에서 행동 down에 대한 Q 값은 다음과 같이 계산됩니다.

$$Q(s,down) = \sum_i p_i z_i(s,down)$$

Q 값을 계산한 후 최대 Q 값을 갖는 것으로 최적의 행동을 선택합니다.

$$a^* = \arg\max_a Q_\theta(s,a)$$

이제 QR-DQN에서 행동을 선택하는 방법을 배웠으므로 다음 절에서는 QR-DQN의 손실 함수를 살펴보겠습니다.

14.3.2.2 손실 함수

C51에서는 신경망이 가치 분포의 확률을 예측하기 때문에 교차 엔트로피 손실을 손실 함수로 사용했습니다. 그래서 우리는 타겟 분포와 예측 분포 사이의 확률을 최소화하기 위해 교차 엔트로피 손실을 사용했습니다. 그러나 QR-DQN에서는 확률 대신 분포의 서포트를 예측합니다. 즉, QR-DQN에서 확률을 입력으로 제공하고 서포트를 출력으로 예측합니다. 그렇다면 QR-DQN의 손실 함수는 어떻게 정의할 수 있을까요?

분위수 회귀 손실을 사용하여 타겟 서포트와 예측 서포트 사이의 거리를 최소화할 수 있습니다. 그러나 먼저 타겟 서포트 값을 계산하는 방법을 이해해 봅시다.

먼저 DQN에서 타겟 값을 계산하는 방법을 생각해 봅시다. DQN에서는 벨만 방정식을 사용하고 타겟 값을 다음과 같이 계산합니다.

$$y = r + \gamma \max_{a'} Q(s', a')$$

앞의 방정식에서 가능한 모든 다음 상태-행동 쌍에 대해 최대 Q 값을 취하여 동작 a'을 선택합니다.

마찬가지로 QR-DQN에서 타겟값을 계산하기 위해 분포 벨만 방정식을 사용할 수 있습니다. 분포 벨만 방정식은 다음과 같이 주어질 수 있습니다.

$$\tau Z(s, a) \equiv r + \gamma Z(s' + a')$$

따라서 타겟 서포트 z_j는 다음과 같이 계산할 수 있습니다.

$$\tau z_j = r + \gamma z_j(s' + a')$$

상태 s'에 대한 서포트 z_j를 계산하기 위해 우리는 또한 몇 가지 행동 a'을 선택해야 합니다. 어떻게 행동을 선택할 수 있을까요? 우리는 타겟 신경망을 사용하여 모든 다음 상태-행동 쌍의 리턴 분포를 계산하고 최대 Q 값을 갖는 행동을 선택합니다.

$$\tau z_j = r + \gamma z_j(s', a^*)$$

타겟 서포트 값을 계산하는 방법을 배웠으므로 이제 분위수 회귀 손실을 계산하는 방법을 살펴보겠습니다. 분위수 회귀 손실을 사용하는 이점은 과대 평가 및 과소 평가 오류에 패널티를 추가한다는 것입니다.

타겟 서포트 값이 [1, 5, 10, 15, 20]이고 예측 서포트 값이 [100, 5, 10, 15, 20]이라고 가정해 보겠습니다. 우리가 볼 수 있듯이, 우리의 예측된 서포트는 초기 분위수에서 매우 높은 값을 가지며 감소하고 있습니다. 역 CDF 절에서는 누적 확률을 기반으로 하므로 서포트가 항상 증가해야 함을 배웠습니다. 그러나 예측 값을 보면 서포트가 100에서 시작하여 감소합니다.

다른 경우를 생각해봅시다. 타겟 서포트 값이 [1, 5, 10, 15, 20]이고 예측 서포트 값이 [1, 5, 10, 15, 4]라고 가정하겠습니다. 보시다시피 예측된 서포트 값은 초기 분위수에서 증가하다가 최종 분위수에서 4로 감소합니다. 그러나 이런 일이 일어나서는 안됩니다. 역 CDF를 사용하고 있으므로 서포트 값은 항상 증가해야 합니다.

따라서 서포트가 줄어들지 않고 증가해야 합니다. 따라서 초기 분위수 값이 높은 값으로 과대평가되고 나중 분위수 값이 낮은 값으로 과소평가되면 패널티를 받을 수 있습니다. 즉, 과대추정된 값에 τ를 곱하고 과소추정된 값에 $(\tau-1)$을 곱합니다. 그러면 값이 과대평가되었는지 과소평가되었는지 어떻게 확인할 수 있을까요?

먼저 타겟값과 예측값의 차이를 계산합니다. 타겟 서포트값과 예측 서포트값의 차이를 u라 해봅시다. 그런 다음, u의 값이 0보다 작으면 u에 $(\tau-1)$을 곱하고, 그렇지 않으면 u에 τ를 곱합니다. 이를 분위수 회귀 손실이라고 합니다.

그러나 분위수 회귀 손실의 문제는 0에서 매끄럽지 않고 그래디언트가 일정하게 유지된다는 것입니다. 따라서 분위수 회귀 손실을 사용하는 대신 분위수 후버 손실(후버 loss)이라는 새로운 수정된 버전의 손실 방법을 사용합니다.

후버 손실이 정확히 어떻게 작동하는지 이해하기 위해 먼저 후버 손실를 살펴보겠습니다. 실제 값과 예측 값의 차이를 u로 표시합시다. 그러면 후버 손실 $L_k(u)$는 다음과 같이 주어진다.

$$L_k(u) = \begin{cases} 0.5u^2, & \text{if } |u| \le k \\ k(|u|-0.5k), & \text{otherwise} \end{cases}$$

$k=1$라고 하고 절대값 $|u|$가 k보다 작거나 같을 때 후버 손실은 2차 손실 $0.5u^2$로 주어지고, 그렇지 않으면 선형 손실 $K(|u|-0.5k)$로 주어집니다.

다음 Python 스니펫은 후버 손실을 더 잘 이해하는 데 도움이 됩니다.

```
def huber_loss(target,predicted, kappa=1):

    #compute u as difference between target and predicted value
```

```
    u = target - predicted

    #absolute value of u
    abs_u = abs(u)

    #compute quadratic loss
    quad_loss = 0.5 * (abs_u ** 2)

    #compute linear loss
    linear_loss = kappa * (abs_u - 0.5 * kappa)

    #true where the absolute value is less than or equal to kappa
    flag = abs_u <= kappa

    #Loss is the quadratic loss where the absolute value is less than
kappa
    #else it is linear loss

    loss = (flag) * quad_loss + (~flag) * linear_loss

    return loss
```

이제 후버 손실 $L_k(u)$가 무엇인지 이해했으므로 분위수 후버 손실을 살펴보겠습니다. 분위수 후버 손실에서 u 값(타겟과 예측 서포트 간의 차이)이 0보다 작으면 후버 손실 $L_k(u)$에 $1-\tau$를 곱하고 u 값이 0보다 크거나 같을 때 후버 손실 $L_k(u)$에 τ를 곱합니다.

QR-DQN이 어떻게 작동하는지 이해했으므로 다음 절에서는 D4PG라는 또 다른 흥미로운 알고리즘을 살펴보겠습니다.

14.4 Distributed Distributional DDPG (D4PG)

Distributed Distributional Deep Deterministic Policy Gradient의 약자인 D4PG는 가장 흥미로운 정책 그래디언트 알고리즘 중 하나입니다. 이름만으로도 D4PG가 어떻게 작동하는지 추측할 수 있습니다. 이름에서 알 수 있듯이 D4PG는 기본적으로 DDPG와 분포형 강화학습의 조합이며 분산 방식으로 작동합니다. D4PG가 어떻게 작동하는지 자세히 살펴보고 이해해봅시다.

D4PG의 작동 방식을 이해하려면 12장, DDPG, TD3, SAC 학습에서 다룬 DDPG 알고리즘을 되새겨보는 것이 좋습니다. 우리는 DDPG에서 액터가 정책을 액터려고 하고 크리틱이 Q 함수를 사용하여 액터가 생성한 정책을 평가하려고 하는 액터-크리틱 방법이라는 것을 배웠습니다. 크리틱은 Q 함수을 추정하기 위해 심층 Q 신경망을 사용하고 액터는 정책을 계산하기 위해 정책 신경망을 사용합니다. 따라서, 액터는 행동을 수행하고 크리틱은 액터가 수행한 행동에 대해 피드백을 제공하고, 크리틱의 피드백을 기반으로 액터 신경망이 업데이트됩니다.

D4PG는 DDPG처럼 작동하지만 크리틱 신경망에서는 Q 함수를 추정하기 위해 DQN을 사용하는 대신 범주형 DQN을 사용하여 가치 분포를 추정할 수 있습니다. 즉, 이전 절에서 C51 및 QR-DQN과 같은 여러 분산 DQN 알고리즘을 배웠습니다. 따라서 크리틱 신경망에서는 일반 DQN을 사용하는 대신 C51과 같은 분산 DQN 알고리즘을 사용할 수 있습니다.

이 외에도 D4PG는 DDPG 아키텍처에 대한 몇 가지 변경 사항도 제안합니다. 그래서 우리는 세부 사항에 들어가서 D4PG가 DDPG와 정확히 어떻게 다른지 배울 것입니다. 계속 진행하기 전에 표기법을 명확하게 해봅시다.

- 정책 신경망 매개변수는 ϕ로 표시되고 타겟 정책 신경망 매개변수는 ϕ'로 표시됩니다.
- 크리틱 신경망 매개변수는 θ로 표시되고 타겟 크리틱 신경망 매개변수는 θ'로 표시됩니다.
- 결정론적 정책은 μ로 표현하고 정책 신경망은 정책을 매개변수화하므로 μ_ϕ로 정책을 나타낼 수 있습니다.

이제 D4PG에서 크리틱과 액터 신경망이 정확히 어떻게 작동하는지 이해할 것입니다.

14.4.1 크리틱 신경망

DDPG에서 우리는 Q 함수를 추정하기 위해 크리틱 신경망을 사용한다는 것을 배웠습니다. 따라서 상태와 행동이 주어지면 크리틱 신경망은 Q 함수를 $Q_\theta(s,a)$로 추정합니다. 크리틱 신경망을 훈련시키기 위해 우리는 벨만 최적 방정식에 의해 주어진 타겟 Q 값과 신경망에 의해 예측된 Q 값 사이의 MSE를 최소화합니다.

DDPG의 타겟 값은 다음과 같이 계산됩니다.

$$y_i = r_i + \gamma Q_{\theta'}(s'_i, \mu_{\phi'}(s_i')) \tag{1}$$

타겟 값을 계산하면 타겟 값과 예측 값 사이의 MSE로 손실을 다음과 같이 계산합니다.

$$J(\theta) = \frac{1}{K}\sum_i (\mathrm{y}_i - Q_\theta(s_i, a_i))^2$$

여기서 K는 리플레이 버퍼에서 무작위로 샘플링된 트랜지션 수를 나타냅니다. 손실을 계산한 후 그래디언트를 계산하고 경사하강법을 사용하여 크리틱 신경망 매개변수를 업데이트합니다.

$$\theta = \theta - \alpha \nabla_\theta J(\theta)$$

이제 D4PG의 크리틱에 대해 이야기해봅시다. D4PG에서 배웠듯이 범주형 DQN을 사용하여 Q 값을 추정합니다. 따라서 상태와 행동이 주어지면 크리틱 신경망은 가치 분포를 $Z_\theta(s,a)$로 추정합니다.

크리틱 신경망을 훈련시키기 위해 우리는 분포 벨만 방정식에 의해 주어진 타겟 가치 분포와 신경망에 의해 예측된 가치 분포 사이의 거리를 최소화합니다.

D4PG의 타겟 가치 분포는 다음과 같이 계산됩니다.

$$y_i = r_i + \gamma Z_{\theta'}(s'_i, \mu_{\phi'}(s_i')) \tag{2}$$

방정식 (2)는 타겟 가치 분포를 계산하고 있음을 알 수 있습니다. Q를 Z로 대체했다는 점을 제외하고는 (1)과 유사합니다. D4PG는 타겟값 계산에 한 번 더 변경을 제안합니다. 단일 스텝의 리턴 r을 사용하는 대신 N-스텝 리턴을 사용하며 다음과 같이 표현할 수 있습니다.

$$y_i = \left(\sum_{n=0}^{N-1} \gamma^n r_{i+N}\right) + \gamma^N Z_{\theta'}(s'_{i+N}, \mu_{\theta'}(s'_{i+N}))$$

여기서 N은 리플레이 버퍼에서 샘플링한 트랜지션의 길이입니다.

타겟 가치 분포를 계산한 후 타겟 가치 분포와 예측가치 분포 사이의 거리를 다음과 같이 계산할 수 있습니다.

$$J(\theta) = \frac{1}{K}\sum_i d(\mathrm{y}_i, Z_\theta(s, a))$$

여기서 d는 두 분포 사이의 거리를 측정하기 위한 거리 측정 방식을 의미합니다. C51을 사용하고 있다고 가정하면 d는 교차 엔트로피를 나타내고 K는 리플레이 버퍼에서 샘플링된 트랜지션 수를 나타냅니다. 손실을 계산한 후 그래디언트를 계산하고 크리틱 신경망 매개변수를 업데이트합니다. 그래디언트는 다음과 같이 계산할 수 있습니다.

$$\nabla_\theta J(\theta) = \frac{1}{K}\sum_i \nabla_\theta d(\mathrm{y}_i, Z_\theta(s, a))$$

D4PG는 그래디언트 업데이트에 약간의 변경을 제안합니다. D4PG에서는 우선 순위 경험 리플레이(prioritized experience replay)를 사용합니다. 크기가 R인 경험 리플레이 버퍼가 있다고 가정해 보겠습니다. 리플레이 버퍼의 각 트랜지션은 균등하지 않은 확률 p_i를 갖습니다. 불균등한 확률은 우리가 다른 것보다 하나의 트랜지션에 더 많은 중요성을 부여하는 데 도움이 됩니다. 샘플 i가 있다고 가정하면 그 확률은 $\frac{1}{Rp_i}$ 혹은 Rp_i^{-1}로 주어질 수 있습니다.

크리틱 신경망을 업데이트하는 동안 업데이트에 중요성을 부여하는 $(Rp_i)^{-1}$를 사용하여 업데이트에 가중치를 부여합니다.

따라서 그래디언트 계산법은 다음과 같습니다.

$$\nabla_\theta J(\theta) = \frac{1}{K}\sum_i \nabla_\theta (Rp_i)^{-1} d(\mathrm{y}_i, Z_\theta(s, a))$$

그래디언트를 계산한 후 그래디언트 하강을 $\theta = \theta - \alpha \nabla_\theta J(\theta)$로 사용하여 크리틱 신경망 매개변수를 업데이트할 수 있습니다. 이제 크리틱 신경망이 D4PG에서 어떻게 작동하는지 이해했으므로 다음 절에서 Actor 신경망을 살펴보겠습니다.

14.4.2 액터 신경망

먼저 DDPG에서 액터 신경망이 작동하는 방식을 빠르게 요약해 보겠습니다. DDPG에서 우리는 액터 신경망이 상태를 입력으로 받고 행동을 리턴한다는 것을 배웠습니다.

$$a = \mu_{\phi}(s)$$

우리는 연속적 행동 공간에서 결정론적 정책을 사용하고 있으며 새로운 행동을 탐색하기 위해 행동이 연속적인 값이기 때문에 액터 신경망에 의해 생성된 행동에 약간의 노이즈 N를 추가합니다.

따라서 수정된 행동은 다음과 같이 나타낼 수 있습니다.

$$a = \mu_{\phi}(s) + N$$

따라서 액터의 목적 함수는 크리틱 신경망에서 생성된 Q 값을 최대화하는 행동을 산출하는 것입니다.

$$J(\phi) = \frac{1}{K} \sum_{i} Q_{\theta}(s_i, a)$$

위 식에서 행동은 $a = \mu_{\phi}(s_i)$와 같습니다.

목적 값을 최대화하기 위해 목적 함수 $\nabla_{\phi} J(\phi)$의 그래디언트를 계산하고 그래디언트 상승을 수행하여 액터 신경망 매개변수를 업데이트한다는 것을 배웠습니다.

이제 D4PG의 액터를 살펴봅시다. D4PG에서는 약간의 차이를 제외하고 거의 동일한 절차를 수행합니다. 크리틱에서 Q 함수를 사용하지 않는다는 점에는 유의하십시오. 대신 가치 분포를 계산하므로 목적 함수는 다음과 같습니다.

$$J(\phi) = \frac{1}{K} \sum_{i} Z_{\theta}(s, a)$$

여기서 행동은 $a = \mu_{\phi}(s_i)$에 의해 생성되고, DDPG에서 본 것처럼 목적을 최대화하기 위해 먼저 목적 함수 $\nabla_{\phi} J(\phi)$의 그래디언트를 계산합니다. 그래디언트를 계산한 후 그래디언트 상승을 수행하여 액터 신경망 매개변수를 업데이트합니다.

$$\phi = \phi + \alpha \nabla_{\phi} J(\phi)$$

우리는 D4PG가 분산 알고리즘이라는 것을 배웠습니다. 즉, 하나의 액터를 사용하는 대신 L개의 액터를 사용합니다. 각 액터는 병렬로 작동하고 환경에 독립적이며 경험을 수집하고 리플레이 버퍼에 경험을 저장합니다. 그런 다음 주기적으로 신경망 매개변수를 액터에 업데이트합니다.

따라서 요약하자면 D4PG는 다음을 제외하고는 DDPG와 유사합니다.

1. Q 값을 추정하기 위해 정규 DQN을 사용하는 대신 크리틱 신경망에서 범주형 DQN을 사용합니다.
2. 1단계 리턴을 계산하는 대신 타겟에서 N단계 리턴을 계산합니다.
3. 우리는 우선 순위 경험 재생을 사용하고 크리틱 신경망의 그래디언트 업데이트에 중요성을 추가합니다.
4. 하나의 액터를 사용하는 대신 L개의 독립 액터를 사용합니다. 각 액터는 병렬로 작동하고 경험을 수집하고 경험을 리플레이 버퍼에 저장합니다.

이제 우리는 D4PG가 어떻게 작동하는지 이해하고 배운 모든 개념을 통합했으므로 다음 절에서 D4PG의 알고리즘을 살펴보겠습니다.

14.4.3 D4PG 알고리즘

t_{target}은 타겟 크리틱 및 액터 신경망 매개변수를 업데이트하려는 타임 스텝을 나타냅니다. 에피소드의 2스텝마다 타겟 크리틱 신경망와 타겟 액터 신경망 매개변수를 업데이트함을 의미하는 $t_{target}=2$를 설정합니다. 유사하게, t_{actors}는 신경망 가중치를 L 액터에 복제하고자 하는 타임 스텝을 나타냅니다. 에피소드의 2단계마다 신경망 가중치를 액터에게 복제한다는 의미로 $t_{actors}=2$를 설정했습니다.

D4PG의 알고리즘은 다음과 같이 주어집니다.

1. Initialize the critic network parameter θ and actor network parameter ϕ
2. Initialize target critic network parameter θ' and target actor network parameter ϕ by copying from θ and ϕ respectively
3. Initialize the replay buffer $\mathcal{D}$
4. Launch the L number of actors
5. For N number of episodes, repeat *step 6*
6. For each step in the episode, that is, for $t = 0, \ldots, T-1$:
    1. Randomly sample a minibatch of K transitions from the replay buffer $\mathcal{D}$

2. Compute the target value distribution of the critic, that is,

$$y_i = \left(\sum_{n=0}^{N-1} \gamma^n r_{i+N} \right) + \gamma^N Z_{\theta'}(s'_{i+N}, \mu_{\theta'}(s'_{i+N}))$$

3. Compute the loss of the critic network and calculate the gradient as

$$\nabla_\theta J(\theta) = \frac{1}{K} \sum_i \nabla_\theta (Rp_i)^{-1} d\left(y_i, Z_\theta(s,a)\right)$$

4. After computing the gradients, update the critic network parameter using gradient descent: $\theta = \theta - \alpha \nabla_\theta J(\theta)$
5. Compute the gradient of the actor network $\nabla_\phi J(\phi)$
6. Update the actor network parameter by gradient ascent: $\phi = \phi + \alpha \nabla_\phi J(\phi)$
7. If t mod $t_{target} = 0$, then:

   Update the target critic and target actor network parameter using soft replacement as $\theta' = \tau\theta + (1-\tau)\theta'$ and $\phi' = \tau\phi + (1-\tau)\phi'$ respectively
8. If t mod $t_{actors} = 0$, then:

   Replicate the network weights to the actors

그리고 액터 신경망에서 다음 1~3 단계를 수행합니다.

1. 정책 $\mu_\phi(s)$ 및 탐색 노이즈, 즉 $a = \mu_\phi(s) + N$에 따라 행동을 선택합니다.
2. 선택한 행동 a를 수행하고 다음 상태 s'로 이동하여 보상 r을 얻고 트랜지션 정보를 리플레이 버퍼 D에 저장합니다.
3. 학습이 완료될 때까지 1-2단계를 반복합니다.

따라서 우리는 D4PG가 어떻게 작동하는지 배웠습니다.

요약

우리는 분포형 강화학습이 어떻게 작동하는지 이해하는 것으로 이 장을 시작했습니다. 우리는 분포형 강화학습에서 기대 리턴을 기반으로 행동을 선택하는 대신 리턴 분포를 기반으로 행동을 선택한다는 것을 배웠습니다. 이를 종종 가치 분포 또는 리턴 분포라고 합니다.

다음으로 C51이라고도 하는 범주형 DQN 알고리즘에 대해 배웠습니다. 여기서 상태와 분포의 서포트를 입력으로 제공하고 신경망은 가치 분포의 확률을 리턴합니다. 또한 투영 단계가 타겟의 서포트와 일치하는 방법을 배웠고 교차 엔트로피 손실을 적용할 수 있도록 가치 분포를 예측했습니다.

계속해서 우리는 quantile regression DQN에 대해 배웠습니다. 여기서 상태와 동등하게 나눈 누적 확률 τ를 신경망에 대한 입력으로 제공하고 분포의 서포트 값을 리턴합니다.

이 장의 끝에서 우리는 D4PG가 어떻게 작동하는지 배웠고 DDPG와 어떻게 다른지 배웠습니다.

평가

다음 질문에 답하여 분포형 강화학습에 대한 지식을 테스트해 보겠습니다.

1. 분포형 강화학습이란 무엇입니까?
2. 범주형 DQN이란 무엇입니까?
3. 범주형 DQN을 C51 알고리즘이라고 하는 이유는 무엇입니까?
4. 분위수 함수란 무엇입니까?
5. QR-DQN은 범주형 DQN과 어떻게 다릅니까?
6. D4PG는 DDPG와 어떻게 다릅니까?

참고문헌

자세한 내용은 다음 논문들을 참조하십시오.

- A Distributional Perspective on Reinforcement Learning by Marc G. Bellemare, Will Dabney, Remi Munos, https://arxiv.org/pdf/1707.06887.pdf
- Distributional Reinforcement Learning with Quantile Regression by Will Dabney, Mark Rowland, Marc G. Bellemare, Rémi Munos, https://arxiv.org/

pdf/1710.10044.pdf

- Distributed Distributional Deep Deterministic Policy Gradient by Gabriel Barth-Maron, et al., https://arxiv.org/pdf/1804.08617.pdf

15 Imitation Learning and Inverse RL

모방 학습과 역 강화학습

데모(demonstration)에서 배우는 것을 종종 모방 학습(imitation learning)이라고 합니다. 모방 학습 환경에서, 우리는 전문가 데모(expert demonstration)를 하고 우리의 에이전트가 그러한 전문가 데모를 모방하도록 훈련 시킵니다. 데모에서 배우는 것은 에이전트가 더 빨리 배우는 것을 돕는 것을 포함하여 많은 이점이 있습니다. 모방 학습을 수행하기 위한 몇 가지 접근 방식이 있으며, 그 중 두 가지는 감독(supervised) 모방 학습과 역 강화학습(Inverse RL, IRL)입니다.

먼저 지도 학습을 사용하여 모방 학습을 수행하는 방법을 이해한 다음 Dataset Aggregation(DAgger)라는 알고리즘에 대해 알아봅니다. 다음으로 데모를 통한 심층 Q 학습(Deep Q Learning from Demonstrations, DQfD)라는 알고리즘을 사용하여 DQN에서 데모 데이터를 사용하는 방법을 배웁니다.

계속해서 IRL과 이것이 강화학습과 어떻게 다른지 배울 것입니다. 우리는 최대 엔트로피 IRL(maximum entropy IRL)이라고 하는 가장 인기 있는 IRL 알고리즘 중 하나에 대해 배울 것입니다. 이 장의 끝에서 우리는 생성적 적대적 모방 학습(Generative Adversarial Imitation Learning, GAIL)이 어떻게 작동하는지 이해할 것입니다.

이 장에서는 다음 내용들에 대해 배웁니다.

- 감독형 모방 학습(Supervised imitation learning)
- DAgger
- 데모를 통한 심층 Q 학습
- 역 강화학습
- 최대 엔트로피 역 강화학습
- GAIL

지도형 모방 학습(supervised imitation learning)이 어떻게 작동하는지 이해하는 것으로 이 장을 시작하겠습니다.

15.1 지도형 모방 학습

모방 학습 환경에서 우리의 목표는 전문가를 모방하는 것입니다. 예를 들어 에이전트가 자동차를 운전하도록 훈련하고 싶은 경우, 에이전트가 환경과 상호 작용하도록 하여 처음부터 에이전트를 훈련시키는 대신 전문가 데모를 통해 에이전트를 훈련할 수 있습니다. 전문가 데모는 무엇입니까? 전문가 데모는 각 행동이 전문가에 의해 수행되는 상태-행동 쌍으로 구성된 일련의 경험입니다.

다양한 각 상태에서 전문가가 수행한 행동을 모방하도록 에이전트를 훈련할 수 있습니다. 따라서 전문가 데모를 에이전트를 훈련하는 데 사용되는 훈련 데이터로 볼 수 있습니다. 모방 학습의 기본 개념은 전문가의 행동을 모방(학습)하는 것입니다.

모방 학습을 수행하는 가장 간단하고 순진한 방법 중 하나는 모방 학습 행동을 지도 학습 행동으로 처리하는 것입니다. 먼저 전문가 데모 세트를 수집한 다음 분류자를 훈련하여 각 주에서 전문가가 수행하는 것과 동일한 행동을 수행합니다. 우리는 이것을 넓은 의미의 다중 클래스 분류 문제로 볼 수 있으며 각 상태에서 전문가가 수행한 행동을 수행하도록 에이전트를 훈련시킬 수 있습니다.

우리의 목표는 손실 $L(a^*, \pi_\theta(s))$를 최소화하는 것입니다. 여기서 a^*는 전문가 행동이고 $\pi_{\theta(s)}$는 에이전트가 수행하는 행동을 나타냅니다.

따라서 감독형 모방 학습에서는 다음 1~3 단계를 수행합니다.

1. 전문가 데모 세트를 수집합니다.
2. 정책 π_θ를 초기화합니다.
3. 손실 함수 $L(a^*, \pi_\theta(s))$를 최소화하여 정책을 학습합니다.

그러나 이 방법에는 몇 가지 문제와 단점이 있습니다. 에이전트에 대한 지식은 전문가 데모(훈련 데이터)에만 국한되므로 에이전트가 전문가 데모에 없는 새로운 상태를 만나면 에이전트는 해당 상태에서 수행할 행동을 알지 못합니다.

예를 들어, 감독형 모방 학습을 사용하여 자동차를 운전하도록 에이전트를 훈련시키고 에이전트가 실제 세계에서 수행하도록 합니다. 훈련 데이터에 에이전트가 교통 신호를 만나는 상태가 없으면 에이전트는 교통 신호에 대한 단서가 없어 해당 상태에 무지합니다.

또한 에이전트의 정확성은 전문가의 지식에 크게 의존합니다. 전문가 데모가 열악하거나 최적이 아닌 경우 에이전트는 올바른 행동나 최적의 정책을 학습할 수 없습니다.

감독형 모방 학습의 문제를 극복하기 위해 Dagger라는 새로운 알고리즘을 도입했습니다. 다음 절에서는 Dagger의 작동 방식과 감독형 모방 학습의 한계를 극복하는 방법을 알아보겠습니다.

15.2 DAgger

Dagger는 가장 많이 사용되는 모방 학습 알고리즘 중 하나입니다. 예를 들어 Dagger가 어떻게 작동하는지 이해해봅시다. 에이전트가 자동차를 운전하도록 훈련시키는 예를 다시 살펴보겠습니다. 먼저 빈 데이터세트 D를 초기화합니다.

첫 번째 반복에서는 자동차를 운전하기 위한 몇 가지 정책 π_1로 시작합니다. 따라서 정책 π_1를 사용하여 경험 τ를 생성합니다. 우리는 경험이 일련의 상태와 행동으로 구성된다는 것을 알고 있습니다. 이제 우리는 정책 π_1에 의해 방문한 상태만 가져와서 새로운 데이터세트 D_1를 만들고 전문가를 사용하여 해당 상태에 대한 행동을 제공합니다. 즉, 우리는 경험에서 모든 상태를 가져오고 전문가에게 해당 상태에 대한 행동을 제공하도록 요청합니다.

이제 새로운 데이터세트 D_1를 초기화된 빈 데이터세트 D와 결합하고 D를 다음과 같이 업데이트합니다.

$$D = D \cup D_1$$

다음으로, 이 업데이트된 데이터세트 D에 대해 분류기를 훈련하고 새로운 정책 π_2을 학습합니다.

두 번째 반복에서는 새로운 정책 π_2을 사용하여 경험을 생성하고, 새로운 정책 π_2가 방문한 상태만 가져와서 새 데이터세트 D_2를 만들고, 전문가에게 해당 상태에 대한 행동을 제공하도록 요청합니다.

이제 데이터세트 D_2를 D와 결합하고 D를 다음과 같이 업데이트합니다.

$$D = D \cup D_2$$

다음으로 이 업데이트된 데이터세트 D에 대해 분류기를 훈련하고 새로운 정책 π_3을 학습합니다.

세 번째 반복에서는 새 정책 π_3을 사용하여 경험을 생성하고 새 정책 π_3가 방문한 상태만 취하여 새 데이터세트 D_3를 만든 다음 전문가에게 해당 상태에 대한 행동을 제공하도록 요청합니다.

이제 D_3 데이터세트를 D와 결합하고 D를 다음과 같이 업데이트합니다.

$$D = D \cup D_3$$

다음으로 업데이트된 데이터세트 D에 대해 분류기를 훈련하고 새로운 정책 π_4을 배웁니다. 이러한 방식으로 Dagger는 최적의 정책을 찾을 때까지 일련의 반복 작업을 수행합니다.

이제 Dagger에 대한 기본적인 이해가 생겼습니다. 더 자세히 살펴보고 Dagger가 최적의 정책을 찾는 방법을 알아보겠습니다.

15.2.1 DAgger 이해하기

인간인 전문가가 있다고 가정하고 전문가 정책을 π_E로 표시해 보겠습니다. 빈 데이터세트 D와 초보자 정책 $\hat{\pi}_i$를 초기화합니다.

반복 1

첫 번째 반복에서는 다음과 같이 새 정책 π_1를 만듭니다.

$$\pi_1 = \beta_1 \pi_E + (1 - \beta_1)\hat{\pi_1} \tag{1}$$

앞의 방정식은 우리가 전문가 정책 π_E과 초보자 정책 π_1의 비율을 섞어 새로운 정책 π_1을 생성함을 의미합니다. 우리가 취하는 전문가 정책과 초보자 정책의 비율은 β 매개변수에 의해 결정됩니다. β의 값은 다음과 같이 주어집니다.

$$\beta_i = p^{i-1}$$

p의 값은 0.1과 0.9 사이에서 선택됩니다. i = 1을 대입하여 반복 1에 있으므로 다음과 같이 작성할 수 있습니다.

$$\beta_i = p^0 = 1$$

따라서 식 (1)에 $\beta_1 = 1$를 대입하면 다음과 같이 쓸 수 있습니다.

$$\pi_1 = \pi_E$$

첫 번째 반복에서 볼 수 있듯이 π_1 정책은 전문가 정책 π_E과 같을 뿐입니다. 이제 정책 π_1을 사용해서 경험들을 생성합니다. 다음으로, 정책 π_1이 방문한 모든 상태를 수집하여 새 데이터세트 D_1를 만들고 전문가에게 해당 상태의 행동을 제공하도록 요청합니다. 따라서 데이터세트는 $D_1 = \{(s,\ \pi_E(s))\}$로 구성됩니다.

이제 D_1 데이터세트를 초기화된 빈 데이터세트 D와 결합하고 D를 다음과 같이 업데이트합니다.

$$D = D \cup D_1$$

업데이트된 데이터세트 D가 있으므로 이 새 데이터세트를 통해 분류기를 훈련하고 새 정책을 생성합니다. 새로운 정책은 $\hat{\pi}_2$로 표시합니다.

반복 2

두 번째 반복에서는 다음과 같이 새 정책 π_2을 만듭니다.

$$\pi_2 = \beta\pi_E + (1-\beta)\hat{\pi}_2$$

앞의 방정식은 우리가 이전 반복에서 얻은 전문가 정책 π_E와 정책 π_2의 일부를 가져와서 새로운 정책 $\hat{\pi}_2$을 생성함을 의미합니다. 우리는 β 값이 $\beta_i = p^{i-1}$로 된다는 것을 알고 있습니다. 따라서 두 번째 반복에서 $\beta_2 = p^1$가 결정됩니다.

이제 정책 π_2를 사용하여 경험들을 생성합니다. 다음으로 정책 π_2가 방문한 모든 상태를 수집하여 새 데이터세트 D_2를 만들고 전문가에게 해당 상태의 행동을 제공하도록 요청합니다. 따라서 데이터세트는 $D_2 = \{(s, \pi_E(s))\}$로 구성됩니다.

이제 D_2 데이터세트를 D과 결합하고 D를 다음과 같이 업데이트합니다.

$$D = D \cup D_2$$

업데이트된 데이터세트 D가 있으므로 이 새 데이터세트를 통해 분류기를 훈련하고 새 정책을 생성합니다. 새로운 정책은 $\hat{\pi}_3$로 정의됩니다.

최적의 정책을 얻기 위해 이러한 단계를 여러 번 반복합니다. 각 반복에서 관찰할 수 있듯이 데이터세트 D를 모으고 분류기를 훈련하여 새 정책을 얻습니다. 그리고 β의 값이

기하급수적으로 감소하고 있음을 주목해야합니다. 이는 일련의 반복을 통해 우리의 정책이 더 좋아지고 전문가 정책의 비중을 줄일 수 있기 때문에 의미가 있습니다.

Dagger가 어떻게 작동하는지 이해했으므로 다음 절에서는 더 나은 이해를 위해 Dagger 알고리즘을 살펴보겠습니다.

15.2.2 DAgger 알고리즘

Dagger의 알고리즘은 다음과 같습니다.

1. Initialize an empty dataset $\mathcal{D}$
2. Initialize a policy $\hat{\pi}_1$
3. For iterations $i = 1$ to N:
    1. Create a policy $\pi_i = \beta_i \pi_E + (1 - \beta_i)\hat{\pi}_i$.
    2. Generate a trajectory using the policy π_i.
    3. Create a dataset $\mathcal{D}_i$ by collecting states visited by the policy π_i and actions of those states provided by the expert π_E. Thus, $\mathcal{D}_i = \{(s, \pi_E(s))\}$.
    4. Aggregate the dataset as $\mathcal{D} = \mathcal{D} \cup \mathcal{D}_i$.
    5. Train a classifier on the updated dataset $\mathcal{D}$ and extract a new policy $\hat{\pi}_{i+1}$.

Dagger 알고리즘을 배웠으므로 다음 절에서는 DQfD에 대해 알아보겠습니다.

15.3 데모를 통한 심층 Q 학습

우리는 모방 학습에서 전문가의 데모를 통해 배우려고 한다는 것을 배웠습니다. DQN에서 전문가 데모를 활용하고 더 나은 성능을 낼 수 있을까요? 그렇습니다. 이 절에서는 DQfD라는 알고리즘을 사용하여 DQN에서 전문가 데모를 사용하는 방법을 배웁니다.

이전 장에서 몇 가지 유형의 DQN에 대해 배웠습니다. 우리는 바닐라(기본)(vanilla) DQN으로 시작한 다음 더블 DQN, 듀얼 DQN, 우선 순위 경험 리플레이 등과 같은 DQN

에 대해 다양하게 개선된 알고리즘을 배웠습니다. 모든 방법에서 에이전트는 환경과 상호 작용하여 처음부터 배우려고 합니다. 에이전트는 환경과 상호 작용하고 상호 작용 경험을 리플레이 버퍼라는 버퍼에 저장하고 경험을 기반으로 학습합니다.

에이전트가 더 나은 성능을 발휘하려면 환경에서 많은 경험을 수집하고 이를 리플레이 버퍼에 추가하고 스스로 훈련해야 합니다. 그러나 이 방법은 많은 훈련 시간을 필요로 합니다. 지금까지 배운 모든 이전 방법에서 우리는 시뮬레이터에서 에이전트를 훈련시켰으므로 에이전트는 더 나은 성능을 위해 시뮬레이터 환경에서 경험을 수집합니다. 최적의 정책을 배우기 위해 에이전트는 환경과 많은 상호 작용을 수행해야 하며 이러한 상호 작용 중 일부는 에이전트에 매우 나쁜 보상을 제공할 수도 있습니다. 이것은 시뮬레이터 환경에서 허용되는 사항입니다. 그러나 실제 환경에서 에이전트를 어떻게 훈련 시킬 수 있을까요? 실제 환경과 직접 상호 작용하는 상황에서 나쁜 행동을 용인하며 에이전트를 훈련 시키는 것은 어렵습니다.

따라서 이러한 경우 실제 환경에 해당하는 시뮬레이터에서 에이전트를 훈련할 수 밖에 없습니다. 하지만 문제는 대부분의 훈련 사례에서 실제 환경에 맞는 정확한 시뮬레이터는 찾기 어렵다는 점이 문제입니다. 그러나 전문가 데모는 쉽게 얻을 수 있다는 장점이 있습니다.

예를 들어, 에이전트가 체스를 잘하도록 훈련 시키고 싶다고 가정해 봅시다. 에이전트가 체스를 하도록 훈련 시키는 정확한 시뮬레이터를 찾지 못했다고 가정해 봅시다. 그러나 우리는 체스를 두는 전문가의 좋은 전문가 데모를 쉽게 얻을 수 있습니다.

이제 이러한 전문가 데모를 활용하고 에이전트를 훈련할 수 있습니다. 환경과 상호 작용하여 처음부터 배우는 대신 전문가 데모를 직접 리플레이 버퍼에 추가하고 이러한 전문가 데모를 기반으로 에이전트를 사전 훈련하면 에이전트가 더 빠르고 더 잘 학습할 수 있습니다.

이것이 DQfD의 기본 아이디어입니다. 우리는 전문가 데모로 리플레이 버퍼를 채우고 에이전트를 사전 훈련시킵니다. 이러한 전문가 데모는 에이전트를 사전 훈련하는 데만 사용됩니다. 에이전트가 사전 훈련되면 에이전트는 환경과 상호 작용하고 더 많은 경험을 수집하고 학습에 사용합니다. 따라서 DQfD는 사전 훈련과 본 훈련의 두 단계로 구성됩니다.

먼저 전문가 데모를 기반으로 에이전트를 사전 훈련 시킨 다음 환경과 상호 작용하여 에이전트를 훈련시킵니다. 에이전트가 환경과 상호 작용할 때 일부 경험을 수집하고 에이전트의 경험(자체 생성 데이터)도 리플레이 버퍼에 추가됩니다. 에이전트는 학습을 위해 전문가 데모와 자체 생성 데이터를 모두 사용합니다. 우리는 우선 순위 경험 리플레이 버퍼를 사용하고 자체 생성 데이터보다 전문가 데모에 더 많은 우선 순위를 부여합니다. 이제 DQfD에 대한 기본적인 이해를 하였으므로 자세히 살펴보고 정확히 어떻게 작동하는지 알아보겠습니다.

15.3.1 DQfD의 단계

DQfD는 두 단계로 구성됩니다.

- 사전 훈련 단계
- 훈련 단계

15.3.1.1 사전 훈련 단계

사전 훈련 단계에서 에이전트는 환경과 상호 작용하지 않습니다. 우리는 전문가 데모를 리플레이 버퍼에 직접 추가하고 에이전트는 리플레이 버퍼에서 전문가 데모를 샘플링하여 학습합니다.

에이전트는 경사하강법을 사용하여 손실 $J(Q)$를 최소화하여 전문가 데모에서 학습합니다. 그러나 전문가 데모가 가능한 모든 트랜지션들을 포함하지 않기 때문에 전문가 데모만으로 사전 훈련을 하는 것만으로는 에이전트가 더 잘 수행할 수 없습니다. 그러나 전문가 데모를 통한 사전 훈련은 에이전트를 훈련하기 위한 좋은 출발점 역할을 합니다. 에이전트가 데모로 사전 훈련되면 훈련 단계에서 에이전트는 무작위 행동을 수행하는 대신 초기 반복 자체에서 환경에서 더 나은 행동을 수행하므로 에이전트가 빠르게 학습할 수 있습니다.

15.3.1.2 훈련 단계

에이전트가 사전 훈련되면 에이전트가 환경과 상호 작용하고 경험을 기반으로 학습하는 훈련 단계를 시작합니다. 에이전트는 사전 훈련 단계에서 전문가 데모에서 이미 유용한 정보를 배웠기 때문에 환경에서 임의의 행동을 수행하지 않습니다.

훈련 단계에서 에이전트는 환경과 상호 작용하고 해당 전환 정보(경험)를 리플레이 버퍼에 저장합니다. 우리는 리플레이 버퍼가 전문가 데모 데이터로 미리 채워질 것이라는 것을 배웠습니다. 따라서 이제 리플레이 버퍼는 전문가 데모와 에이전트의 경험(자체 생성 데이터)이 혼합된 것으로 구성됩니다. 우리는 리플레이 버퍼에서 경험의 미니 배치를 샘플링하고 에이전트를 훈련시킵니다. 여기서는 우선 순위가 지정된 리플레이 버퍼를 사용하므로 샘플링하는 동안 에이전트가 생성한 데이터보다 전문가 데모에 더 많은 우선 순위를 부여합니다. 이런 식으로 리플레이 버퍼에서 경험을 샘플링하여 에이전트를 훈련시키고 경사하강법을 사용하여 손실을 최소화합니다.

우리는 에이전트가 환경과 상호 작용하고 경험을 리플레이 버퍼에 저장한다는 것을 배웠습니다. 리플레이 버퍼가 가득 차면 에이전트가 생성한 새로운 전환 정보로 버퍼를 덮어씁니다. 그러나 우리는 전문가 데모를 덮어쓰지 않을 것입니다. 따라서 전문가 데모는 에이전트가 학습을 위해 전문가 데모를 사용할 수 있도록 항상 리플레이 버퍼에 남아 있습니다.

우리는 전문가 데모를 통해 에이전트를 사전 훈련시키고 훈련시키는 방법을 배웠습니다. 다음 절에서는 DQfD의 손실 함수에 대해 알아보겠습니다.

15.3.2 DQfD의 손실 함수

DQfD의 손실 함수는 다음 4가지 손실의 합으로 구성됩니다.

1. 더블 DQN 손실
2. N-스텝 더블 DQN 손실
3. 감독형 분류 손실
4. L2 손실

이제 이러한 손실을 각각 살펴보겠습니다.

더블 DQN 손실 : $J_{DQ}(Q)$는 1단계 더블 DQN 손실을 나타냅니다.

N-스텝 더블 DQN 손실 - $J_{DQ}(Q)$는 N-스텝 더블 DQN 손실을 나타냅니다.

감독형 분류 손실 : $J_E(Q)$는 감독형 분류 손실을 나타냅니다. 다음과 같이 표현됩니다.

$$J_E(Q) = \max_{a \in A}[Q(s,a) + l(a_E, a)] - Q(s, a_E)$$

여기서 a_E와 $l(a_E, a)$는 다음과 같습니다.

- a_E는 전문가가 취한 행동입니다.
- $l(a_E, a)$는 마진(margin) 함수 또는 마진 손실로 알려져 있습니다. 취한 행동이 전문가 행동이 $a = a_E$와 같으면 0이 됩니다. 그렇지 않으면 양수가 됩니다.

L2 정규화 손실 : $J_{L2}(Q)$는 L2 정규화 손실을 나타냅니다. 에이전트가 데모 데이터에 과적합되는 것을 방지합니다.

따라서 최종 손실 함수는 앞의 4가지 손실의 합계가 됩니다.

$$J(Q) = J_{DQ}(Q) + \lambda_1 J_n(Q) + \lambda_2 J_E(Q) + \lambda_3 J_{L2}(Q)$$

여기서 λ의 값은 가중 요인(weighting factor)으로 작용하고 각 손실의 중요성을 제어하는 데 도움이 됩니다.

이제 DQfD가 어떻게 작동하는지 배웠으므로 다음 절에서 DQfD 알고리즘을 살펴보겠습니다.

15.3.3 DQfD 알고리즘

DQfD의 알고리즘은 다음과 같이 주어집니다.

1. Initialize the main network parameter θ
2. Initialize the target network parameter θ' by copying the main network parameter θ
3. Initialize the replay buffer $\mathcal{D}$ with the expert demonstrations
4. Set d: the number of time steps we want to delay updating the target network parameter
5. **Pre-training phase**: For steps $t = 1,2,\ldots,T$:
    1. Sample a minibatch of experience from the replay buffer $\mathcal{D}$
    2. Compute the loss $J(Q)$
    3. Update the parameter of the network using gradient descent
    4. If t mod $d = 0$:

        Update the target network parameter θ' by copying the main network parameter θ

6. **Training phase**: For steps $t = 1, 2, ..., T$:
    1. Select an action
    2. Perform the selected action and move to the next state, observe the reward, and store this transition information in the replay buffer $\mathcal{D}$
    3. Sample a minibatch of experience from the replay buffer $\mathcal{D}$ with prioritization
    4. Compute the loss $J(Q)$
    5. Update the parameter of the network using gradient descent
    6. If $t \bmod d = 0$:

        Update the target network parameter θ' by copying the main network parameter θ

여기까지 DQfD에 대해 알아보았습니다. 다음 절에서는 IRL이라는 매우 흥미로운 개념에 대해 배울 것입니다.

15.4 역 강화학습

역 강화학습(IRL)은 강화학습의 가장 재미있는 분야 중 하나입니다. 강화학습에서 우리의 목표는 최적의 정책을 학습하는 것입니다. 즉, 우리의 목표는 최대 리턴(경험의 보상 합)을 제공하는 최적의 정책을 찾는 것입니다. 최적의 정책을 찾기 위해서는 먼저 보상 함수를 알아야 합니다. 보상 함수는 상태 s에서 행동 a를 수행하여 얻을 수 있는 보상을 알려줍니다. 보상 함수가 있으면 에이전트를 훈련 시켜 최대 보상을 얻을 수 있는 최적의 정책을 학습할 수 있습니다. 그러나 문제는 복잡한 행동에 대해 보상 함수를 설계하는 것이 그리 쉽지 않다는 것입니다.

에이전트가 걷기, 자율 주행 자동차 등과 같은 행동에 대한 보상 함수를 설계하는 것을 생각해보십시오. 이러한 경우 보상 함수를 설계하는 것은 그리 쉽지 않으며 다양한 에이전트 행동에 보상을 할당해야 합니다. 예를 들어, 자동차 운전을 배우는 에이전트에 대한 보상 함수를 설계하는 것을 생각해보십시오. 이 경우 에이전트의 모든 행동에 대해 보상을 할당해야 합니다. 예를 들어 에이전트가 교통 신호를 따르고 보행자를 피하고 물체를 치지 않는 등의 경우 높은 보상을 할당할 수 있습니다. 그러나 이러한 방식으로 보상 함수를 설계하는 것은 최적이 아니며 에이전트의 여러 다른 행동을 놓칠 수 있습니다.

자, 이제 문제는 보상 함수를 직접 설계하는 것 대신 학습시킬 수 있을까요? 가능합니다. 전문가 데모가 있으면 전문가 데모를 통해 보상 함수를 학습시킬 수 있습니다. 하지만 정확히 어떻게 할 수 있을까요? 여기에서 IRL이 우리를 도와줍니다. 이름에서 알 수 있듯이 IRL은 강화학습의 역입니다.

RL에서는 보상 함수가 주어지면 최적의 정책을 찾으려고 하지만 IRL에서는 전문가 데모를 통해 보상 함수를 학습하려고 합니다. IRL을 사용하여 전문가 데모에서 보상 함수를 도출하면 보상 함수를 사용하여 에이전트가 강화학습 알고리즘을 사용하여 최적의 정책을 학습하도록 훈련할 수 있습니다.

IRL은 몇 가지 흥미로운 알고리즘으로 구성됩니다. 다음 절에서는 최대 엔트로피 IRL이라고 하는 가장 널리 사용되는 IRL 알고리즘 중 하나를 배웁니다.

15.4.1 최대 엔트로피 IRL

이 절에서는 최대 엔트로피 IRL이라는 IRL 알고리즘을 사용하여 주어진 전문가 데모 세트에서 보상 함수를 추출하는 방법을 배웁니다. 최대 엔트로피 IRL에 대해 알아보기 전에 최대 엔트로피 IRL이 작동하는 방식을 이해하는 데 필요한 몇 가지 중요한 용어를 알아보겠습니다.

15.4.1.1 핵심 용어들

특징 벡터(feature vector) : 상태를 특징 벡터 f로 나타낼 수 있습니다. 상태가 s라고 가정해 보겠습니다. 그러면 특징 벡터는 f_s로 정의될 수 있습니다.

특징 수(feature count) : 경험이 τ라고 가정해 보겠습니다. 경험의 특징 수는 경험에 있는 모든 상태의 특징 벡터의 합으로 정의됩니다.

$$f_\tau = \sum_{s \in \tau} f_s \tag{2}$$

여기서 f_τ는 τ 경험의 특징 수를 나타냅니다.

보상 함수 - 보상 함수는 특징의 선형 조합, 즉 특징 벡터의 합에 가중치 θ를 곱한 것으로 정의할 수 있습니다.

$$R_\theta(\tau) = \theta_1 f_{s_1} + \theta_2 f_{s_2} + \cdots + \theta_T f_{s_T}$$

여기서 θ는 가중치를 나타내고 f_s는 특징 벡터를 나타냅니다. θ가 우리가 훈련시키려는 매개변수임을 주목하십시오. 최적의 θ를 얻으면 올바른 보상 함수를 갖게 됩니다. 다음 절에서 최적의 θ를 찾는 방법을 배우게 될 것입니다.

시그마 표기법으로 앞의 방정식을 다음과 같이 나타낼 수 있습니다.

$$R_\theta(\tau) = \sum_{s \in \tau} \theta^T f_s$$

특징 수가 경험에 있는 모든 상태의 특징 벡터의 합이라는 것을 알고 있으므로 (2)에서 앞의 방정식을 다음과 같이 다시 쓸 수 있습니다.

$$R_\theta(\tau) = \theta^T f_\tau$$

따라서 경험의 보상은 경험의 특징 수를 곱한 가중치입니다.

15.4.1.2 최대 엔트로피 IRL로 돌아가기

이제 최대 엔트로피 IRL이 어떻게 작동하는지 알아보겠습니다. 전문가 데모 D가 있다고 가정해보겠습니다. 우리의 목표는 주어진 전문가 데모에서 보상 함수를 배우는 것입니다. 어떻게 할 수 있을까요?

우리는 이미 보상 함수가 $R_\theta(\tau) = \theta^T f_\tau$로 주어짐을 배웠습니다. 최적의 매개변수 θ를 찾는 것은 올바른 보상 함수를 배우는 데 도움이 됩니다. 따라서 전문가 데모 D에서 경험 τ를 샘플링하고 최적의 매개변수 θ을 학습시켜 보상 함수를 찾으려고 합니다.

전문가 데모에서 경험을 샘플링할 확률은 보상 함수의 지수에 정비례합니다. 즉, 더 많은 보상을 받는 경험은 더 적은 보상을 받는 경험보다 데모에서 샘플링될 가능성이 더 큽니다.

$$p(\tau) = \exp(R_\theta(\tau))$$

확률은 0에서 1 사이여야 합니다. 그러나 $\exp(R_\theta(\tau))$의 값은 0에서 1의 범위에 있지 않을 것입니다. 따라서 이를 정규화하기 위해 정규화 상수 역할을 하고 $Z = \sum_\tau \exp(R_\theta(\tau))$로 주어지는 z를 도입합니다. 이전 수식을 z를 통해 아래와 같이 다시 쓸 수 있습니다.

$$p(\tau) = \frac{\exp(R_\theta(\tau))}{z} \tag{3}$$

이제 우리의 목표는 $p(\tau)$를 최대화하는 것, 즉 더 많은 보상을 제공하는 경험을 선택할 로그 확률을 최대화하는 것입니다. 따라서 목적 함수를 다음과 같이 정의할 수 있습니다.

$$L(\theta) = \frac{1}{M}\log p(\tau) \tag{4}$$

여기서 M은 데모 횟수를 나타냅니다.

(4)에서 (3)을 대입하면 다음과 같이 쓸 수 있습니다.

$$L(\theta) = \frac{1}{M}\log\left(\frac{\exp(R_\theta(\tau))}{z}\right)$$

로그 규칙 $\log a/b = \log a - \log b$에 따라 다음과 같이 작성할 수 있습니다.

$$L(\theta) = \frac{1}{M}\log(\exp(R_\theta(\tau)) - \log z)$$

로그 항과 지수 항은 서로를 상쇄하므로 앞의 방정식은 다음과 같습니다.

$$L(\theta) = \frac{1}{M}(\mathrm{R}_\theta(\tau) - \log z)$$

우리는 $z = \sum_\tau \exp R_\theta(\tau)$를 알고 있습니다. z 값을 대입하면 앞의 방정식을 다음과 같이 다시 쓸 수 있습니다.

$$L(\theta) = \frac{1}{M}\left(\mathrm{R}_\theta(\tau) - \log\sum_\tau \exp(R_\theta(\tau))\right)$$

그리고 $R_\theta(\tau) = \theta^T f_\tau$임을 알고 있습니다. $R_\theta(\tau)$값을 대입하면 최종적으로 단순화된 목적 함수는 다음과 같이 주어집니다.

$$L(\theta) = \frac{1}{M}\left(\theta^T f_\tau - \log\sum_\tau \exp(\theta^T f_\tau)\right)$$

최적의 매개변수 θ를 찾기 위해 앞 선 목적 함수의 그래디언트 $\nabla_\theta L(\theta)$를 계산하고 θ 값을 $\theta = \theta + \alpha\nabla_\theta L(\theta)$로 업데이트합니다. 다음 절에서는 그래디언트 $\nabla_\theta L(\theta)$을 계산하는

방법을 배웁니다.

15.4.1.3 그래디언트 계산하기

목적 함수가 다음과 같이 주어진다는 것을 배웠습니다.

$$L(\theta)=\frac{1}{M}\left(\theta^T f_\tau-\log\sum_\tau \exp(\theta^T f_\tau)\right)$$

이제 θ에 대한 목적 함수의 기울기를 계산합니다. 계산 후 기울기는 다음과 같이 주어집니다.

$$\nabla_\theta L(\theta)=\frac{1}{M}\left(\sum_\tau f_\tau-\sum_\tau p(\tau|\theta)f_\tau\right)$$

$$\nabla_\theta L(\theta)=\frac{1}{M}\sum_\tau f_\tau-\frac{1}{M}\sum_\tau p(\tau|\theta)f_\tau$$

특징 수의 평균은 기능 기대치 $\tilde{f}$이므로 $\frac{1}{M}\sum_\tau f_\tau=\tilde{f}$와 같이 대체하고 앞의 방정식을 다음과 같이 다시 작성할 수 있습니다.

$$\nabla_\theta L(\theta)=\tilde{f}-\frac{1}{M}\sum_\tau p(\tau|\theta)f_\tau$$

경험의 모든 상태를 다음과 같이 결합하여 앞 선 방정식을 다시 작성할 수 있습니다.

$$\nabla_\theta L(\theta)=\tilde{f}-\sum_s p(s|\theta)f_s \tag{5}$$

따라서 앞의 방정식을 사용하여 기울기를 계산하고 매개변수 θ를 업데이트합니다. 앞의 방정식을 보면 특징 기대치 $\tilde{f}$인 첫 번째 항을 쉽게 계산할 수 있지만 두 번째 항의 $p(s|\theta)$는 어떻습니까? $p(s|\theta)$는 상태 방문 빈도라고 하며 주어진 상태에 있을 확률을 나타냅니다. 자, 어떻게 $p(s|\theta)$를 계산할 수 있을까요?

정책 π가 있는 경우 해당 정책을 사용하여 상태 방문 빈도를 계산할 수 있습니다. 그러나 우리는 아직 어떤 정책도 가지고 있지 않습니다. 따라서 가치 반복과 같은 동적 프로그래밍 방법을 사용하여 정책을 계산할 수 있습니다. 그러나 가치 반복 방법을 사용하여 정책을 계산하려면 보상 함수가 필요합니다. 따라서 우리는 보상 함수 $R_\theta(\tau)$를 제공하고 가치 반복을 사용하여 정책을 추출합니다. 그런 다음 추출된 정책을 사용하여 상태 방문 빈도를 계산합니다.

정책 π를 사용하여 국가 방문 빈도를 계산하는 단계는 다음과 같습니다.

1. 시간 t에서 상태 s를 방문할 확률을 $\mu_t(s)$라고 합시다. 첫 번째 시간 단계 t=1에서 초기 상태 s1을 방문할 확률을 다음과 같이 쓸 수 있습니다.

$$\mu_1(s) = p(s = s_1)$$

2. 그런 다음 시간 단계 $t = 1$에서 T까지 다음을 계산합니다.

$$\mu_{t+1}(s) = \sum_a \sum_{s'} \mu_t(s')\pi(a|s')p(s|s', a)$$

3. 상태 방문 빈도를 다음과 같이 계산합니다.

$$p(s|\theta) = \sum_t \mu_t(s)$$

최대 엔트로피 IRL이 작동하는 방식을 명확하게 이해하기 위해 다음 절에서 알고리즘을 살펴보겠습니다.

15.4.1.4 최대 엔트로피 IRL 알고리즘

최대 엔트로피 IRL의 알고리즘은 다음과 같습니다.

1. Initialize the parameter θ and gather the demonstrations $\mathcal{D}$
2. For N number of iterations:
    1. Compute the reward function $R_\theta(\tau) = \theta^T f_\tau$
    2. Compute the policy using value iteration with the reward function obtained in the previous step
    3. Compute state visitation frequency $p(s|\theta)$ using the policy obtained in the previous step
    4. Compute the gradient with respect to θ, that is, $\nabla_\theta L(\theta) = \tilde{f} - \sum_s p(s|\theta) f_s$
    5. Update the value of θ as $\theta = \theta + \alpha \nabla_\theta L(\theta)$

따라서 일련의 반복을 통해 최적의 매개변수 θ를 찾을 수 있습니다. θ가 있으면 이를 사용하여 올바른 보상 함수 $R_\theta(\tau)$을 정의할 수 있습니다. 다음 절에서는 GAIL에 대해 알아보겠습니다.

15.5 생성적 적대적 모방 학습

생성적 적대적 모방 학습(Generative Adversarial Imitation Learning, GAIL)은 또 다른 인기 있는 IRL 알고리즘입니다. 이름에서 알 수 있듯 생성적 적대적 신경망(Generative Adversarial Networks, GAN)을 기반으로 하며 7장, 딥러닝 기초에서 배웠습니다. GAIL이 작동하는 방식을 이해하려면 먼저 GAN이 작동하는 방식을 요약할 수 있어야 합니다.

GAN에는 두 개의 신경망이 있습니다. 하나는 생성기(generator)이고 다른 하나는 판별기(discriminator)입니다. 생성기의 역할은 입력 데이터세트의 분포를 학습하여 새로운 데이터 포인트를 생성하는 것입니다. 판별기의 역할은 주어진 데이터 포인트가 생성기에 의해 생성되었는지(학습된 분포) 또는 실제 데이터 분포에서 나온 것인지 분류하는 것입니다.

GAN의 손실 함수를 최소화한다는 것은 실제 데이터 분포와 가짜 데이터 분포(학습된 분포) 간의 젠슨 섀넌 다이버전스(Jensen Shannon(JS) divergence)를 최소화하는 것을 의미합니다. JS 다이버전스는 두 확률 분포가 서로 어떻게 다른지를 측정하는 데 사용됩니다. 따라서 실제 분포와 가짜 분포 사이의 JS 다이버전스가 0이면 실제 데이터 분포와 가짜 데이터 분포가 동일함을 의미합니다. 즉, 생성기 신경망이 실제 분포를 성공적으로 학습했음을 의미합니다.

이제 IRL 설정에서 GAN을 사용하는 방법을 알아보겠습니다. 먼저 점유 분포(occupancy measure)라는 새로운 용어를 소개하겠습니다. 우리 에이전트가 어떤 정책 π로 환경을 탐색하는 동안 접하게 되는 상태 및 행동의 분포로 정의됩니다. 간단히 말해서 기본적으로 정책 π에 따른 상태-행동 쌍의 분포입니다. 정책 π의 점유 분포는 ρ_π로 표시됩니다.

모방 학습 환경에서는 전문가 정책이 있는데, 전문가 정책을 π_E로 표시하겠습니다. 마찬가지로 에이전트의 정책을 π_θ로 표시해 보겠습니다. 이제 우리의 목표는 에이전트가 전문가 정책을 배우게 하는 것입니다. 전문가 정책과 에이전트 정책의 점유 분포를 동일하게 하면 에이전트가 전문가 정책을 성공적으로 학습했음을 의미합니다. 즉, 점유 분포는 정책에 따른 상태-행동 쌍의 분포입니다. 에이전트 정책의 상태-행동 쌍 분포를 전문가 정책의 상태-행동 쌍 분포와 동일하게 만들 수 있다면 우리 에이전트가 전문가 정책을 학습했음을 의미합니다. GAN을 사용하여 이 작업을 수행하는 방법을 살펴보겠습니다.

전문가 정책의 점유 분포는 실제 데이터 분포로, 에이전트 정책의 점유 분포는 가짜 데이터 분포로 인식할 수 있습니다. 따라서 전문가 정책의 점유 분포 $\rho_{\pi E}$와 에이전트 정책의 점유 분포 $\rho_{\pi\theta}$간의 JS 다이버전스를 최소화하는 것은 에이전트가 전문가 정책을 학습한다는 것을 의미합니다.

GAN을 사용하면 생성기의 역할이 주어진 데이터세트의 분포를 학습하여 새로운 데이터 포인트를 생성하는 것임을 알고 있습니다. 마찬가지로 GAIL에서 생성기의 역할은 전문가 정책의 분포(점유 분포)를 학습하여 새로운 정책을 생성하는 것입니다. 판별기의 역할은 주어진 정책이 전문가 정책인지 에이전트 정책인지를 분류하는 것입니다.

GAN을 사용하면 생성기의 경우 최적의 판별기가 실제 데이터 분포와 가짜 데이터 분포를 구별할 수 없다는 것을 압니다. 마찬가지로 GAIL에서 최적의 판별기는 생성된 상태-행동 쌍이 에이전트 정책에서 나온 것인지 전문가 정책에서 나온 것인지 구별할 수 없는 것입니다.

명확히 하기 위해 GAN 용어와 관련하여 GAIL에서 사용하는 용어를 이해해 보겠습니다.

- 실제 데이터 분포 : 전문가 정책의 점유도(occupancy) 측정
- 가짜 데이터 유포 : 에이전트 정책의 점유 분포
- 실제 데이터 : 전문가 정책에 의해 생성된 상태-행동 쌍
- 가짜 데이터 : 에이전트 정책에 의해 생성된 상태-행동 쌍

간단히 말해서, 우리는 판별기가 상태-행동 쌍이 전문가 정책을 사용하여 생성되었는지 또는 에이전트 정책을 사용하여 생성되었는지 구별할 수 없는 방식으로 상태-행동 쌍을 생성하기 위해 생성기를 사용합니다. 생성기와 판별기는 모두 신경망입니다. TRPO를 사용하여 전문가 정책과 유사한 정책을 생성하도록 생성기를 훈련합니다. 판별기는 분류기이며 Adam을 사용하여 최적화됩니다. 따라서 GAIL의 목적 함수를 다음과 같이 정의할 수 있습니다.

여기서 θ는 생성기의 매개변수이고 ω는 판별기의 매개변수입니다.

이제 GAIL이 작동하는 방식을 이해했으므로 더 자세히 살펴보고 앞 선 방정식이 어떻게 도출되는지 알아보겠습니다.

15.5.1 GAIL의 공식화

이 절에서는 GAIL의 수식을 살펴보고 어떻게 작동하는지 살펴봅니다. 수식에 관심이 없으면 이 절을 건너뛸 수 있습니다. 강화학습에서 우리의 목표는 최대 보상을 제공하는 최적의 정책을 찾는 것이며, 다음과 같이 표현할 수 있습니다.

$$\mathrm{RL}(r) = \underset{\pi}{\arg\max}\, \mathbb{E}_{\pi}[r(s,a)]$$

다음과 같이 정책의 엔트로피를 추가하여 목적 함수를 다시 작성할 수 있습니다.

$$\mathrm{RL}(r) = \underset{\pi}{\arg\max}\, \mathrm{H}(\pi) + \mathbb{E}_{\pi}[r(s,a)]$$

앞의 방정식은 정책의 엔트로피를 최대화하는 동시에 보상도 최대화할 수 있음을 알려줍니다. 보상 측면에서 목적 함수를 정의하는 대신 비용 측면에서 목적 함수를 정의할 수도 있습니다.

즉, 우리의 목표는 비용을 최소화하는 최적의 정책을 찾는 것이므로 비용 측면에서 RL 목적 함수를 정의할 수 있습니다. 이것은 다음과 같이 표현할 수 있습니다.

$$\mathrm{RL}(c) = \underset{\pi \in \Pi}{\arg\min} - H(\pi) + \mathbb{E}_{\pi}[c(s,a)] \tag{6}$$

여기서 c는 비용입니다. 따라서 주어진 비용 함수에서 우리의 목표는 비용을 최소화하는 최적의 정책을 찾는 것입니다.

이제 IRL에 대해 이야기해 보겠습니다. 우리는 IRL에서 우리의 목표가 주어진 전문가 데모 세트에서 보상 함수를 찾는 것임을 배웠습니다. 우리는 또한 보상 대신 비용 측면에서 IRL의 목적을 정의할 수 있습니다. 즉, 우리의 목적은 전문가 데모가 최적인 비용 함수를 찾는 것이므로 비용 측면에서 IRL 목적 함수를 정의할 수 있습니다. 목적은 최대 인과(causal) 엔트로피 IRL을 사용하여 다음과 같이 표현할 수 있습니다.

$$IRL(\pi_E) = \underset{c}{\arg\max}(\underset{\pi}{\min} - H(\pi) + \mathbb{E}_{\pi}[c(s,a)]) - \mathbb{E}_{\pi_E}[c(s,a)]$$

IRL 설정에서 우리의 목표는 전문가 데모(전문가 정책)가 주어진 비용 함수를 배우는 것입니다. 전문가 정책이 다른 정책보다 더 잘 수행된다는 것을 알고 있으므로 전문가 정책에 낮은 비용을 할당하고 다른 정책에 높은 비용을 할당하는 비용 함수 c를 학습하려고 합니다. 따라서 앞의 목적 함수는 전문가 정책에 낮은 비용을 할당하고 다른 정책에 높은 비용을 할당하는 비용 함수를 찾으려고 함을 의미합니다.

과적합을 줄이기 위해 정규화기 ψ를 도입하고 앞의 방정식을 다음과 같이 다시 작성합니다.

$$\mathrm{IRL}_{\psi}(\pi_E) = \underset{c}{\operatorname{argmax}}\,\psi(c) + (\underset{\pi}{\min} - H(\pi) + \mathbb{E}_{\pi}[c(s,a)]) - \mathbb{E}_{\pi_E}[c(s,a)] \quad (7)$$

방정식 (6)에서 우리는 강화학습 설정에서 주어진 비용에서 최적의 정책을 얻는다는 것을 배웠고 (7)에서 IRL 설정에서 전문가 정책(전문가 데모)이 주어졌을 때 다음을 얻습니다. 비용. 따라서 (6)과 (7)에서 IRL의 출력이 RL에 대한 입력으로 전송될 수 있음을 관찰할 수 있습니다. 즉, IRL은 비용 함수를 생성하고 이 비용 함수를 최적 정책을 학습하기 위해 RL의 입력으로 사용할 수 있습니다. 따라서 IRL의 결과가 RL에 대한 입력으로 제공됨을 의미하는 $\mathrm{RL}(\mathrm{IRL}_{\psi}(\pi_E))$를 쓸 수 있습니다.

이것을 기능적 합성 형태로 $\mathrm{RL} \circ \mathrm{IRL}_{\psi}(\pi_E))$와 같이 표현할 수 있습니다.

$$\mathrm{RL} \circ \mathrm{IRL}_{\psi}(\pi_E)) = \underset{\pi}{\operatorname{argmax}} - H(\pi) + \psi^*(\rho_{\pi} - \rho_{\pi_E}) \quad (8)$$

방정식 (8)에서 다음이 사항들이 적용됩니다.

- ψ^*는 정규화기 ψ의 컨벡스 최적화입니다.
- ρ_{π}는 에이전트 정책의 점유 분포입니다.
- ρ_{π_E}는 전문가 정책의 점유 분포입니다.

방정식 (8)이 어떻게 유도되는지 알아보려면 장의 끝 부분에 제공된 GAIL 논문링크를 참조하십시오. 목적 함수(수식 (8))는 점유 분포이 전문가 정책의 점유 분포에 가까운 최적의 정책을 찾으려고 함을 의미합니다. 에이전트 정책과 전문가 정책 간의 점유 분포는 ψ^*에서 측정합니다. 정규화기 ψ^*에 대한 몇 가지 선택 사항이 있습니다. 생성적 적대적 정규화기 ψ^*_{GA}를 사용하고 방정식을 다음과 같이 씁니다.

$$\mathrm{RL} \circ \mathrm{IRL}_{\psi}(\pi_E)) = \underset{\pi}{\operatorname{argmin}} - H(\pi) + \psi^*_{GA}(\rho_{\pi} - \rho_{\pi_E}) \quad (9)$$

따라서 $\psi^*_{GA}(\rho_\pi - \rho_{\pi_E})$를 최소화한다는 것은 기본적으로 에이전트 정책 ρ_π의 점유 분포와 전문가 정책 ρ_{π_E} 사이의 JS 다이버전스를 최소화한다는 것을 의미합니다. 따라서 방정식 (9)의 RHS를 다음과 같이 다시 쓸 수 있습니다.

$$\min_\pi - \lambda H(\pi) + \psi^*_{GA}(\rho_\pi - \rho_{\pi_E}) = - \lambda H(\pi) + D_{JS}(\rho_\pi - \rho_{\pi_E})$$

$$\min_\pi \psi^*_{GA}(\rho_\pi - \rho_{\pi_E}) - \lambda H(\pi) = D_{JS}(\rho_\pi - \rho_{\pi_E}) - \lambda H(\pi)$$

여기서 λ는 정책 정규화일 뿐입니다. 우리는 에이전트 정책 ρ_π의 점유 분포와 전문가 정책 ρ_{π_E} 간의 JS 다이버전스가 GAN을 사용하여 최소화된다는 것을 알고 있으므로 앞의 방정식에서 $D_{JS}(\rho_\pi, \rho_{\pi_E})$를 GAN 목적 함수로 다음과 같이 바꿀 수 있습니다.

$$\min_\pi \psi^*_{GA}(\rho_\pi - \rho_{\pi_E}) - \lambda H(\pi) = \max_\theta \min_w \mathbb{E}_{\pi_\theta}[\log(D_w(s,a))] + \mathbb{E}_{\pi_E}[\log(1 - D_w(s,a))] - \lambda H(\pi) \quad (10)$$

여기서 θ는 생성기의 매개변수이고 ω는 판별기의 매개변수입니다.

따라서 GAIL의 최종 목적 함수는 다음과 같습니다.

$$\mathrm{RL} \circ \mathrm{IRL}_\psi(\pi_E)) = \max_\theta \min_w \mathbb{E}_{\pi_\theta}[\log(D_w(s,a))] + \mathbb{E}_{\pi_E}[\log(1 - D_w(s,a))] - \lambda H(\pi) \quad (11)$$

목적 함수의 방정식은 전문가 정책과 에이전트 정책의 점유 분포를 최소화하여 최적의 정책을 찾을 수 있음을 의미하며 GAN을 사용하여 이를 최소화합니다.

생성기의 역할은 전문가 정책의 점유 분포를 학습하여 정책을 생성하는 것이고, 판별기의 역할은 생성된 정책이 전문가 정책인지 에이전트 정책인지 분류하는 것입니다. 그래서 우리는 TRPO를 사용하여 생성기를 훈련하고 판별기는 기본적으로 생성기에서 생성한 정책이 전문가 정책인지 에이전트 정책인지 알려주는 신경망입니다.

요약

우리는 모방 학습이 무엇이며 감독형 모방 학습이 어떻게 작동하는지 이해하는 것으로 이 장을 시작했습니다. 다음으로, 일련의 반복을 통해 얻은 데이터세트를 집계하고 최적의 정책을 학습하는 Dagger 알고리즘에 대해 배웠습니다.

Dagger를 살펴본 후 DQfD에 대해 배웠습니다. 여기서 우리는 리플레이 버퍼를 전문가 데모로 미리 채우고 훈련 단계 전에 전문가 데모로 에이전트를 사전 훈련시킵니다.

계속해서 IRL에 대해 배웠습니다. 강화학습에서는 보상 함수가 주어진 최적의 정책을 찾으려고 하지만 IRL에서는 전문가 데모를 통해 보상 함수를 학습하려고 한다는 것을 이해했습니다. IRL을 사용하여 전문가 데모에서 보상 함수를 도출하면 보상 함수를 사용하여 에이전트가 강화학습 알고리즘을 사용하여 최적의 정책을 학습하도록 훈련할 수 있습니다. 그런 다음 최대 엔트로피 IRL 알고리즘을 사용하여 보상 함수를 학습하는 방법을 탐구했습니다.

장의 끝에서 GAN을 사용하여 최적의 정책을 학습하는 GAIL에 대해 배웠습니다. 다음 장에서는 Stable Baselines라는 강화학습 라이브러리를 살펴보겠습니다.

평가

모방 학습과 IRL에 대한 이해도를 평가해 봅시다. 다음 질문에 답해 봅시다.

1. 감독형 모방 학습은 어떻게 작동합니까?
2. Dagger는 감독형 모방 학습과 어떻게 다릅니까?
3. DQfD의 수행 절차를 설명하십시오.
4. IRL이 필요한 이유는 무엇입니까?
5. 특징 벡터란 무엇입니까?
6. GAIL은 어떻게 작동합니까?

참고문헌

자세한 내용은 다음 논문들을 참조하십시오.

- A Reduction of Imitation Learning and Structured Prediction to No-Regret Online Learning by Stephane Ross, Geoffrey J. Gordon, J. Andrew Bagnell, https://arxiv.org/pdf/1011.0686.pdf
- Deep Q-learning from Demonstrations by Todd Hester, et al., https://arxiv.org/pdf/1704.03732.pdf
- Maximum Entropy Inverse Reinforcement Learning by Brian D. Ziebart, Andrew Maas, J.Andrew Bagnell, Anind K. Dey, https://www.aaai.org/Papers/AAAI/2008/AAAI08-227.pdf
- Generative Adversarial Imitation Learning by Jonathan Ho, Stefano Ermon, https://arxiv.org/pdf/1606.03476.pdf

16

Deep Reinforcement Learning with Stable Baselines

심층 강화학습과 Stable Baselines

지금까지 우리는 다양한 심층 강화학습(RL) 알고리즘을 배웠습니다. 심층 RL 알고리즘을 쉽게 구현할 수 있는 라이브러리가 있으면 좋지 않을까요? 심층 RL 알고리즘을 쉽게 구축할 수 있는 다양한 라이브러리가 있습니다.

그러한 인기 있는 심층 RL 라이브러리 중 하나는 OpenAI Baselines입니다. OpenAI Baselines는 많은 심층 강화학습(RL) 알고리즘을 효율적으로 구현하여 사용하기 쉽게 만듭니다. 그러나 OpenAI Baselines는 읽기 좋은 설명 문서를 제공하지 않습니다. 그래서 OpenAI Baselines에서 분기된 라이브러리인 Stable Baselines를 살펴보겠습니다.

Stable Baselines는 OpenAI Baselines의 개선된 버전입니다. Stable Baselines는 사용이 더 쉬우며 몇 가지 유용한 기능과 함께 최신의 심층 강화학습 알고리즘도 포함합니다. 강화학습 모델을 빠르게 프로토타이핑(prototyping)하기 위해 Stable Baselines를 사용할 수 있습니다.

Stable Baselines를 설치하여 이 장을 시작하고 라이브러리를 사용하여 에이전트를 만드는 방법을 배웁니다. 다음으로 벡터화된 환경에 대해 알아보겠습니다. 더 나아가 Stable Baselines를 사용하여 여러 가지 심층 강화학습(RL) 알고리즘을 구현하는 방법과 baselines의 다양한 기능을 탐색하는 방법을 배웁니다.

이 장에서는 다음 주제를 배웁니다.

- Stable Baselines 설치
- Stable Baselines로 에이전트 생성
- 벡터화된 환경을 통한 다중 처리
- DQN 및 그 변형으로 아타리(Atari) 게임 플레이
- A2C를 사용한 루나 랜더(lunar lander)
- DDPG를 사용한 펜듈럼 스윙업(swinging up a pendulum)
- TRPO를 사용하한 에이전트의 보행 훈련
- GAIL 구현

16.1 Stable Baselines 설치

먼저 필수 패키지들을 설치합니다.

```
sudo apt-get update && sudo apt-get install cmake libopenmpi-dev
zlib1g-dev
```

여러 심층 강화학습(RL) 알고리즘을 실행하려면 MPI가 필요하므로 MPI를 설치해 보겠습니다.

```
sudo pip install mpi4py
```

이제 pip를 통해 Stable Baselines를 설치할 수 있습니다.

```
pip install stable-baselines[mpi]
```

현재 Stable Baselines는 TensorFlow 버전 1.x에서만 작동합니다. 따라서 TensorFlow 1.x로 Stable Baselines 실험을 실행하고 있는지 확인해보십시오.

이제 Stable Baselines를 설치했으므로 이를 사용하여 첫 번째 에이전트를 만드는 방법을 살펴보겠습니다.

16.2 Stable Baselines로 첫 번째 에이전트 만들기

이제 Stable Baselines를 사용하여 첫 번째 심층 RL 알고리즘을 구축해 보겠습니다. 마운틴 카(mountain car) 작업을 위해 DQN(Deep Q Network)을 사용하여 간단한 에이전트를 만들어 보겠습니다. 마운틴 카 작업에서 자동차는 두 개의 산 사이에 배치되고 오른쪽의 산을 올라 운전하는 것이 에이전트의 목표입니다.

먼저, stable_baselines에서 gym과 DQN을 가져오겠습니다.

```
import gym
from stable_baselines import DQN
```

마운틴 카 환경 만들기:

```
env = gym.make('MountainCar-v0')
```

이제 에이전트를 객체화하겠습니다. 다음 코드에서 볼 수 있듯이 MlpPolicy를 전달하고 있습니다. 이는 신경망가 다중 레이어 퍼셉트론(multilayer perceptron)임을 의미합니다.

```
agent = DQN('MlpPolicy', env, learning_rate=1e-3)
```

이제 훈련시키려는 타임 스텝의 수를 지정하여 에이전트를 훈련시켜 보겠습니다.

```
agent.learn(total_timesteps=25000)
```

DQN 에이전트를 구축하고 훈련하는 것은 매우 간단합니다.

16.2.1 훈련된 에이전트 평가하기

evaluate_policy를 사용하여 평균 보상을 보고 훈련된 에이전트를 평가할 수 있습니다.

```
from stable_baselines.common.evaluation import evaluate_policy
```

다음 코드에서 에이전트는 훈련된 에이전트이고, agent.get_env()는 에이전트를 훈련시킨 환경을 가져오고, n_eval_episodes는 에이전트를 평가하는 데 필요한 에피소드 수를 나타냅니다.

```
mean_reward, n_steps = evaluate_policy(agent, agent.get_env(), n_eval_
episodes=10)
```

16.2.2 훈련된 에이전트 저장 및 로드하기

Stable baselines를 사용하면 훈련된 에이전트를 저장 장치에 저장하고 저장 장치에서 로드할 수도 있습니다.

에이전트를 다음과 같이 저장할 수 있습니다.

```
agent.save("DQN_mountain_car_agent")
```

저장 후 에이전트를 다음과 같이 로드할 수 있습니다.

```
agent = DQN.load("DQN_mountain_car_agent")
```

16.2.3 훈련된 에이전트 관찰하기

훈련 후에는 훈련된 에이전트가 환경에서 어떻게 수행하는지 확인할 수도 있습니다.

환경을 초기화하여 상태를 초기화를 합니다.

```
state = env.reset()
```

5,000스텝 동안 환경과 상호작용합니다.

```
for t in range(5000):
```

훈련된 에이전트를 사용하여 주어진 상태에서 수행할 행동을 추론합니다.

```
action, _ = agent.predict(state)
```

추론된 행동을 수행합니다.

```
next_state, reward, done, info = env.step(action)
```

현재 상태로 상태를 업데이트합니다.

```
state = next_state
```

환경을 렌더링합니다.

```
env.render()
```

이제 훈련된 에이전트가 환경에서 어떻게 수행하는지 확인할 수 있습니다.

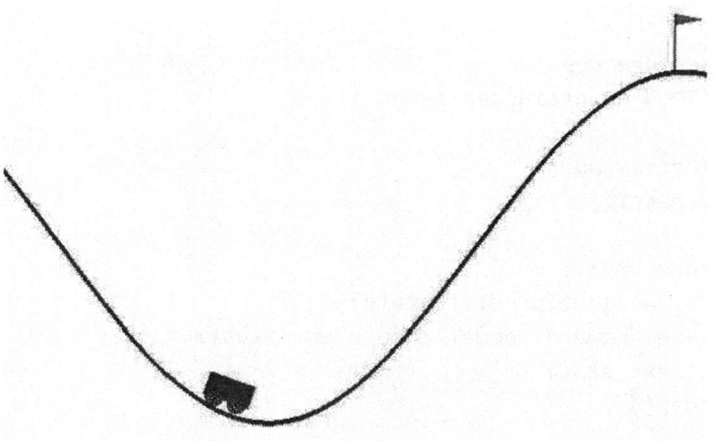

그림 16.1 산을 오르는 법을 배우는 에이전트

16.2.4 종합하기

이제 지금까지 배운 모든 것을 결합한 최종 코드를 살펴보겠습니다.

```
#import the libraries
import gym
from stable_baselines import DQN
from stable_baselines.common.evaluation import evaluate_policy

#create the gym environment
env = gym.make('MountainCar-v0')

#instantiate the agent
agent = DQN('MlpPolicy', env, learning_rate=1e-3)

#train the agent
agent.learn(total_timesteps=25000)

#evaluate the agent
mean_reward, n_steps = evaluate_policy(agent, agent.get_env(), n_eval_
episodes=10)

#save the trained agent
agent.save("DQN_mountain_car_agent")

#view the trained agent
state = env.reset()

for t in range(5000):
    action, _ = agent.predict(state)
    next_state, reward, done, info = env.step(action)
    state = next_state
    env.render()
```

이제 Stable Baselines를 사용하는 방법에 대한 기본 아이디어를 얻었으므로 자세히 살펴보겠습니다.

16.3 다수 환경을 벡터화하기

Stable Baselines의 매우 흥미롭고 유용한 기능 중 하나는 별도의 프로세스(SubprocVecEnv 사용) 또는 동일한 프로세스(DummyVecEnv 사용)의 여러 독립 환경에서 에이전트를 훈련할 수 있다는 것입니다.

예를 들어 카트 폴 균형 잡기(a cart pole balancing) 환경에서 에이전트를 훈련한다고 가정해 보겠습니다. 단일 카트 폴 균형 잡기 환경에서만 에이전트를 훈련시키는 대신 다중 카트 폴 균형 잡기 환경에서 에이전트를 훈련할 수 있습니다.

일반적으로 스텝당 단일 환경에서 에이전트를 훈련하지만 이제는 스텝당 여러 환경에서 에이전트를 훈련할 수 있습니다. 이는 에이전트가 더 빨리 학습하는 데 도움이 됩니다. 이제 우리의 상태, 행동, 보상 및 종료 여부는 여러 환경에서 에이전트를 훈련하기 때문에 벡터 형태가 됩니다. 그래서 우리는 이것을 벡터화된 환경이라고 부릅니다.

Stable Baselines에서 제공하는 벡터화된 환경에는 두 가지 유형이 있습니다.

- SubprocVecEnv
- DummyVecEnv

16.3.1 SubprocVecEnv

서브프로세스 벡터 환경(subproc vectorized environment)에서는 각 환경을 별도의 프로세스에서 실행합니다(다중 처리 활용). 이제 서브프로세스 벡터 환경을 만드는 방법을 살펴보겠습니다.

먼저 SubprocVecEnv를 가져오겠습니다.

```
from stable_baselines.common.vec_env import SubprocVecEnv
from stable_baselines.common import set_global_seeds
```

다음으로 환경을 초기화하기 위해 make_env라는 함수를 만듭니다.

```
def make_env(env_name, rank, seed=0):
    def _init():
        env = gym.make(env_name)
        env.seed(seed + rank)
        return env
    set_global_seeds(seed)
    return _init
```

그런 다음 다음과 같이 서브프로세스 벡터 환경을 만들 수 있습니다.

```
env_name = 'Pendulum-v0'
num_process = 2
env = SubprocVecEnv([make_env(env_name, i) for i in range(num_
process)])
```

16.3.2 DummyVecEnv

더미 벡터 환경(dummy vectorized environment)에서는 현재 Python 프로세스에서 각 환경을 순서대로 실행합니다. 다중 처리를 지원하지는 않습니다. 이제 더미 벡터 환경을 만드는 방법을 살펴보겠습니다.

먼저 DummyVecEnv를 가져옵니다.

```
from stable_baselines.common.vec_env import DummyVecEnv
```

다음으로 다음과 같이 더미 벡터 환경을 만들 수 있습니다.

```
env_name = 'Pendulum-v0'
env = DummyVecEnv([lambda: gym.make(env_name)])
```

이제 벡터화된 환경을 사용하여 여러 독립 환경에서 에이전트를 훈련하는 방법을 배웠으므로 다음 절에서는 사용자 지정 환경을 Stable Baselines에 통합하는 방법을 살펴보겠습니다.

16.4 사용자 지정 환경 통합하기

또한 Stable Baselines를 사용하여 자체 환경에서 에이전트를 훈련할 수 있습니다. 자체 환경을 만드는 동안 사용자 정의 환경이 Gym 인터페이스를 따르는지 확인해야 합니다. 즉, 우리 환경에는 step, reset, render 등과 같은 메소드가 포함되어야 합니다.

사용자 지정 환경의 이름이 CustomEnv라고 가정합니다. 먼저 다음과 같이 사용자 지정 환경을 객체화합니다.

```
env = CustomEnv()
```

다음으로 평소와 같이 사용자 지정 환경에서 에이전트를 훈련할 수 있습니다.

```
agent = DQN('MlpPolicy', env, learning_rate=1e-3)
agent.learn(total_timesteps=25000)
```

다음 절에서는 DQN과 그 변형을 사용하여 Atari 게임을 플레이하는 방법을 알아보겠습니다.

16.5 DQN 및 그 변형으로 아타리 게임 플레이하기

이제 Stable Baselines로 아타리 게임을 플레이하기 위해 DQN을 생성하는 방법을 알아보겠습니다. 먼저 필요한 모듈을 가져오겠습니다.

```
from stable_baselines import DQN
```

우리는 아타리 게임을 다루기 때문에 바닐라 신경망 대신 컨볼루션 신경망을 사용할 수 있습니다. 따라서 CnnPolicy를 사용합니다.

```
from stable_baselines.deepq.policies import CnnPolicy
```

우리는 에이전트에게 게임 화면을 제공하기 전에 게임 화면을 사전 처리한다는 것을 배웠습니다. Stable Baselines를 사용하면 수동으로 사전 처리할 필요가 없습니다. 대신 게임 화면을 사전 처리하는 make_atari 모듈을 사용할 수 있습니다.

```
from stable_baselines.common.atari_wrappers import make_atari
```

이제 아타리 게임 환경을 만들어 보겠습니다. 아이스하키 게임 환경을 만들어 봅시다:

```
env = make_atari('IceHockeyNoFrameskip-v4')
```

에이전트를 객체화합니다.

```
agent = DQN(CnnPolicy, env, verbose=1)
```

에이전트 훈련시킵니다.

```
agent.learn(total_timesteps=25000)
```

에이전트를 훈련시킨 후 훈련된 에이전트가 환경에서 어떻게 수행하는지 확인할 수 있습니다.

```
state = env.reset()
while True:
    action, _ = agent.predict(state)
    next_state, reward, done, info = env.step(action)
    state = next_state
    env.render()
```

앞의 코드는 훈련된 에이전트가 아이스하키 게임을 하는 방법을 표시합니다.

그림 16.2 아이스하키 게임을 하는 에이전트

16.5.1 DQN 변형 구현

Stable Baselines를 사용하여 DQN을 구현하는 방법을 방금 배웠습니다. 이제 더블 DQN, 우선 순위 경험 리플레이가 있는 DQN 및 듀얼링 DQN과 같은 DQN의 변형을 구현하는 방법을 살펴보겠습니다. Baselines를 사용하면 DQN 변형을 구현하는 것이 매우 간단합니다.

먼저 키워드 인수를 다음과 같이 정의합니다.

```
kwargs = {"double_q": True, "prioritized_replay": True, "policy_
kwargs": dict(dueling=True)}
```

이제 에이전트를 객체화하는 동안 키워드 인수를 전달하기만 하면 됩니다.

```
agent = DQN(CnnPolicy, env, verbose=1, **kwargs)
```

그런 다음 평소와 같이 에이전트를 훈련할 수 있습니다.

```
agent.learn(total_timesteps=25000)
```

이제 우리는 우선순위 경험 리플레이가 있는 듀얼링 더블 DQN을 갖게 되었습니다. 다음 절에서는 Advantage Actor-Critic Algorithm(A2C)을 사용하여 루나 랜더(lunar lander) 게임을 하는 방법을 배웁니다.

16.6 A2C를 이용한 루나 랜더

루나 랜더 작업을 위해 Stable Baselines로 A2C를 구현하는 방법을 알아보겠습니다. 루나 랜더 환경에서 에이전트는 우주선을 운전하고 에이전트의 목표는 착륙장에 올바르게 착륙하는 것입니다. 에이전트(랜더)가 착륙장에서 떨어져 착륙하면 보상을 잃게 되며 에이전트가 충돌하거나 정지하면 에피소드가 종료됩니다. 환경의 행동 공간에는 4가지 개별 행동이 포함됩니다. 즉, 아무 것도 하지 않음, 왼쪽 방향 엔진 점화, 가운데 엔진 점화, 오른쪽 방향 엔진 점화입니다. 이제 에이전트가 A2C를 사용하여 착지 패드에 올바르게 착지하도록 훈련하는 방법을 살펴보겠습니다.

먼저 필요한 라이브러리를 가져오겠습니다.

```
import gym
from stable_baselines.common.policies import MlpPolicy
from stable_baselines.common.vec_env import DummyVecEnv
from stable_baselines.common.evaluation import evaluate_policy
from stable_baselines import A2C
```

Gym을 사용하여 루나 랜더 환경 만들기:

```
env = gym.make('LunarLander-v2')
```

더미 벡터 환경을 사용합시다. 우리는 더미 벡터 환경에서 각 환경을 동일한 프로세스로 실행한다는 것을 배웠습니다.

```
env = DummyVecEnv([lambda: env])
```

에이전트 생성합니다.

```
agent = A2C(MlpPolicy, env, ent_coef=0.1, verbose=0)
```

에이전트 훈련시킵니다.

```
agent.learn(total_timesteps=25000)
```

훈련 후에는 평균 보상을 보고 에이전트를 평가할 수 있습니다.

```
mean_reward, n_steps = evaluate_policy(agent, agent.get_env(), n_eval_
episodes=10)
```

또한 훈련된 에이전트가 환경에서 어떻게 수행하는지 확인할 수 있습니다.

```
state = env.reset()
while True:
    action, _states = agent.predict(state)
    next_state, reward, done, info = env.step(action)
    state = next_state
    env.render()
```

앞의 코드는 훈련된 에이전트가 랜딩 패드에 얼마나 잘 착지하는지 보여줍니다.

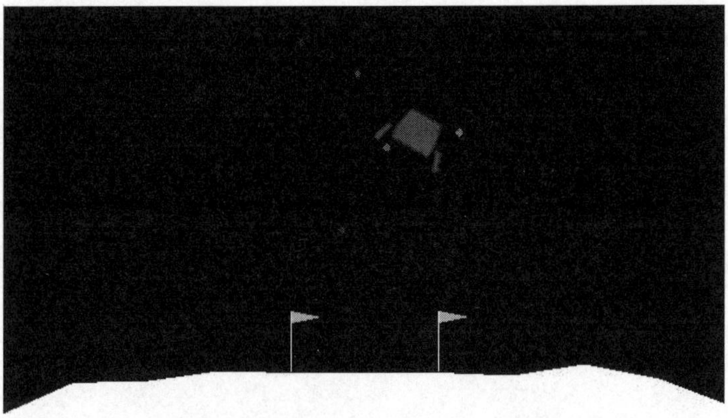

그림 16.3 루나 랜더 게임을 하는 에이전트

16.6.1 사용자 지정 신경망 만들기

이전 절에서 Stable Baselines를 사용하여 A2C를 생성하는 방법을 배웠습니다. 기본 신경망을 사용하는 대신 신경망 아키텍처를 사용자 지정할 수 있을까요? Stable Baselines를 사용하면 자체 사용자 지정 아키텍처를 사용할 수도 있습니다. 어떻게 하는지 봅시다.

먼저 피드포워드(feedforward) 정책(피드포워드 신경망)을 가져오겠습니다.

```
from stable_baselines.common.policies import FeedForwardPolicy
```

이제 다음 스니펫과 같이 사용자 지정 정책(사용자 지정 신경망)을 정의할 수 있습니다. 다음 코드에서 볼 수 있듯이 신경망 아키텍처를 지정하는 net_arch=[dict(pi=[128, 128, 128], vf=[128, 128, 128])]를 전달합니다. pi는 정책 신경망의 아키텍처를 나타내고 vf는 가치 신경망의 아키텍처를 나타냅니다.

```
class CustomPolicy(FeedForwardPolicy):
    def __init__(self, *args, **kargs):
        super(CustomPolicy, self).__init__(*args, **kargs,
                                          net_arch=[dict(pi=[128, 128,
128], vf=[128, 128, 128])], feature_extraction="mlp")
```

다음과 같이 사용자 지정 정책을 사용하여 에이전트를 객체화할 수 있습니다.

```
agent = A2C(CustomPolicy, 'LunarLander-v2', verbose=1)
```

이제 평소처럼 에이전트를 훈련할 수 있습니다.

```
agent.learn(total_timesteps=25000)
```

다음 절에서는 DDPG(Deep Deterministic Policy Gradient) 알고리즘을 사용하여 역 펜듈럼 스윙업(inverted pendulum swing-up) 작업을 수행하는 방법을 알아보겠습니다.

16.7 DDPG를 활용한 펜듈럼 스윙업 훈련

Stable Baselines를 사용하여 역 펜듈럼 스윙업 작업을 위한 DDPG를 구현하는 방법을 알아보겠습니다. 먼저 필요한 라이브러리를 가져오겠습니다.

```
import gym
import numpy as np

from stable_baselines.ddpg.policies import MlpPolicy
from stable_baselines.common.noise import NormalActionNoise,
OrnsteinUhlenbeckActionNoise, AdaptiveParamNoiseSpec
from stable_baselines import DDPG
```

Gym을 사용하여 펜듈럼 환경 만들기:

```
env = gym.make('Pendulum-v0')
```

작업 수를 가져옵니다.

```
n_actions = env.action_space.shape[-1]
```

우리는 DDPG에서 행동을 직접 선택하는 대신 탐험을 보장하기 위해 Ornstein-Uhlenbeck 프로세스를 사용하여 약간의 노이즈를 추가한다는 것을 알고 있습니다. 따라서 다음과 같이 행동 노이즈를 생성합니다.

```
action_noise = OrnsteinUhlenbeckActionNoise(mean=np.zeros(n_actions),
sigma=float(0.5) * np.ones(n_actions))
```

에이전트를 객체화합니다.

```
agent = DDPG(MlpPolicy, env, verbose=1, param_noise=None, action_
noise=action_noise)
```

에이전트를 훈련해봅시다.

```
agent.learn(total_timesteps=25000)
```

에이전트를 훈련한 후 훈련된 에이전트가 환경을 렌더링하여 펜듈럼을 어떻게 휘두르는지 볼 수도 있습니다. DDPG의 연산 그래프도 볼 수 있습니다. 다음 절에서는 그 방법을 알아보겠습니다.

16.7.1 TensorBoard에서 계산 그래프 확인하기

Stable Baselines를 사용하면 TensorBoard에서 모델의 계산 그래프를 더 쉽게 볼 수 있습니다. 그러기 위해서는 다음과 같이 에이전트를 객체화하는 동안 로그 파일을 저장할 디렉토리를 전달하기만 하면 됩니다.

```
agent = DDPG(MlpPolicy, env, verbose=1, param_noise=None, action_
noise=action_noise, tensorboard_log="logs")
```

그런 다음 에이전트를 훈련할 수 있습니다.

```
agent.learn(total_timesteps=25000)
```

훈련 후 터미널을 열고 다음 명령을 입력하여 TensorBoard를 실행합니다.

```
tensorboard --logdir logs
```

아래 그림에서 관찰할 수 있듯이 이제 DDPG 모델(에이전트)의 계산 그래프를 볼 수 있습니다.

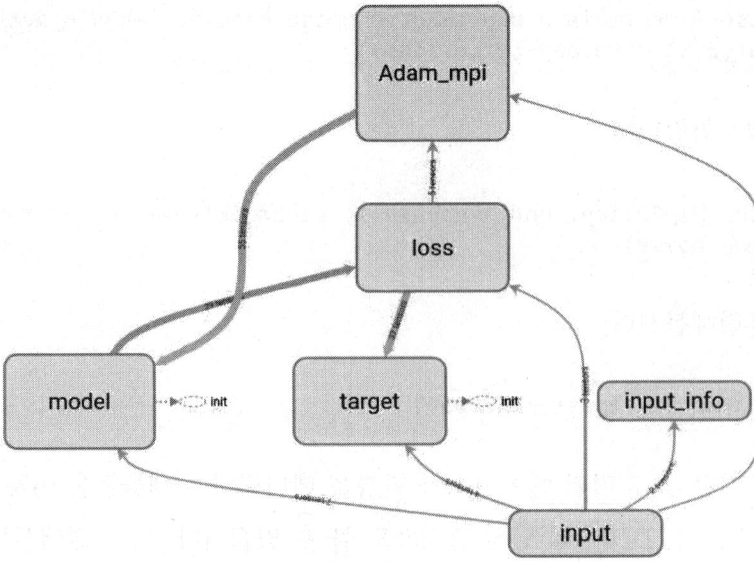

그림 16.4 DDPG의 계산 그래프

그림 16.4에서 12장, DDPG, TD3, SAC 학습에서 배운 것처럼 DDPG 계산 그래프가 어떻게 생성되는지 이해할 수 있습니다.

이제 명확히 하기 위해 모델 노드를 확장하고 살펴보겠습니다.

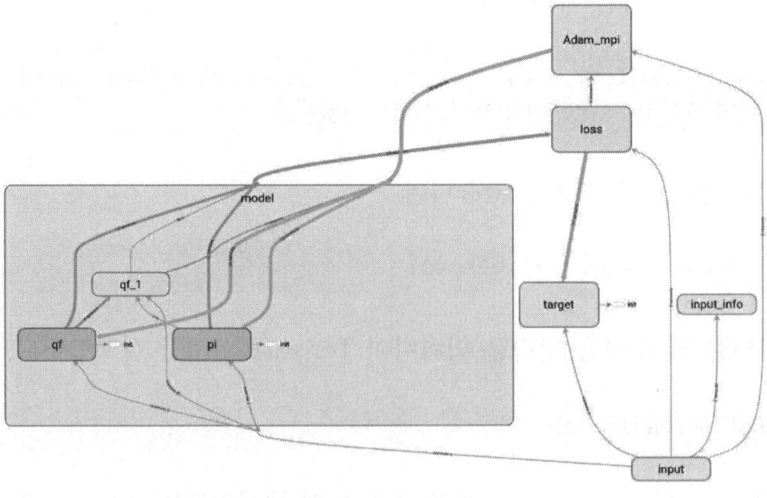

그림 16.5 DDPG의 계산 그래프

그림 16.5에서 볼 수 있듯이 우리 모델은 정책(액터) 신경망과 Q(크리틱) 신경망을 포함합니다.

역 펜듈럼 스윙업 작업에 대해 DDPG를 구현하기 위해 Stable Baselines를 사용하는 방법을 배웠으므로 다음 절에서는 Stable Baselines를 사용하여 TRPO를 구현하는 방법을 배웁니다.

16.8 TRPO를 활용한 에이전트 보행 훈련

이 절에서는 TRPO(Trust Region Policy Optimization)를 사용하여 에이전트를 훈련시키는 방법을 알아보겠습니다. 에이전트 훈련을 위해 MuJoCo 환경을 사용합시다. MuJoCo는 Multi-Joint Dynamics with Contact의 약자이며 에이전트가 연속적인 제어 작업을 수행하는 데 사용되는 가장 인기 있는 시뮬레이터 중 하나입니다.

MuJoCo는 독점 물리 엔진이므로 사용하려면 라이센스를 취득해야 합니다. 또한 MuJoCo는 30일 무료 체험 기간을 제공합니다. MuJoCo를 설치하려면 몇 가지 준비 작업이 필요합니다. 따라서 다음 절에서는 MuJoCo 환경을 설치하는 방법을 살펴보겠습니다.

16.8.1 MuJoCo 환경 설치

먼저 홈 디렉토리에 .mujoco라는 새 숨김 폴더를 만듭니다. 다음으로 MuJoCo 웹사이트(https://www.roboti.us/)로 이동하여 운영 체제에 따라 MuJoCo를 다운로드합니다. 그림 16.6과 같이 MuJoCo는 Windows, Linux, macOS에 대한 지원을 제공합니다.

Download	mujoco200 win64	mjpro150 win32	mjpro140 win32	mjpro131 win32
	mujoco200 linux	mjpro150 win64	mjpro140 win64	mjpro131 win64
	mujoco200 macos	mjpro150 linux	mjpro140 linux	mjpro131 linux
		mjpro150 osx	mjpro140 osx	mjpro131 osx

그림 16.6 다양한 MuJoCo 버전

Linux를 사용하는 경우 mujoco200 linux라는 zip 파일을 다운로드할 수 있습니다. zip 파일을 다운로드한 후 파일의 압축을 풀고 이름을 mujoco200으로 변경합니다. 이제 mujoco200 폴더를 복사하고 홈 디렉토리의 .mujoco 폴더 안에 폴더를 배치합니다.

그림 16.7에서 볼 수 있듯이 이제 홈 디렉토리에 .mujoco 폴더가 있고 .mujoco 폴더 안에 mujoco200 폴더가 있습니다.

그림 16.7 MuJoCo 설치

이제 평가판 라이선스를 받아야 합니다. 먼저 https://www.roboti.us/license로 이동합니다. 그림 16.8과 같이 html을 열고 평가판 라이선스를 등록합니다.

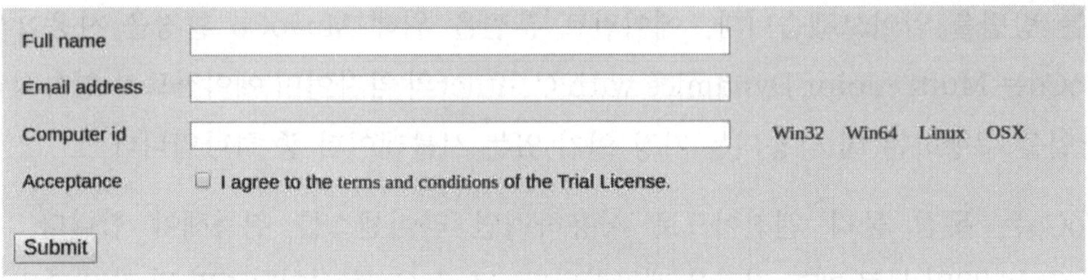

그림 16.8 평가판 라이선스 등록

등록하려면 컴퓨터 ID도 필요합니다. 그림 16.8에서 볼 수 있듯이 Computer id 필드의 오른쪽에는 서로 다른 플랫폼의 이름이 있습니다. 이제 운영 체제를 클릭하기만 하면 관련 실행 가능한 getid 파일을 얻을 수 있습니다. 예를 들어 Linux를 사용하는 경우 getid_linux라는 파일을 얻게 됩니다.

getid_linux 파일을 다운로드한 후 터미널에서 다음 명령을 실행합니다.

```
chmod +x getid_linux
```

그런 다음 다음 명령을 실행합니다.

```
./getid_linux
```

앞의 명령은 컴퓨터 ID를 표시합니다. 컴퓨터 ID를 얻은 후 양식을 작성하고 등록하여 라이선스를 얻습니다. 제출 버튼을 클릭하면 Roboti LLC Licensing에서 이메일을 받게 됩니다.

이메일에서 mjkey.txt라는 파일을 다운로드합니다. 다음으로 mjkey.txt 파일을 .mujoco 폴더에 넣습니다. 그림 16.9에서 볼 수 있듯이 이제 .mujoco 숨겨진 폴더에는 mjkey.txt 파일과 mujoco200이라는 폴더가 포함됩니다.

그림 16.9 MuJoCo 설치

그런 다음 터미널을 열고 다음 명령을 실행하여 bashrc 파일을 편집합니다.

```
nano ~/.bashrc
```

다음 줄을 bashrc 파일에 복사하고 사용자 이름 텍스트를 자신의 사용자 이름으로 바꿉니다.

```
export LD_LIBRARY_PATH=$LD_LIBRARY_PATH:/home/username/.mujoco/
mujoco200/bin
```

그런 다음 파일을 저장하고 나노 편집기를 종료합니다. 이제 터미널에서 다음 명령을 실행합니다.

```
source ~/.bashrc
```

이제 MuJoCo GitHub 저장소를 복제합니다.

```
git clone https://github.com/openai/mujoco-py.git
```

mujoco-py 폴더로 이동합니다.

```
cd mujoco-py
```

패키지를 업데이트합니다.

```
sudo apt-get update
```

필수 패키지를 설치합니다.

```
sudo apt-get install libgl1-mesa-dev libgl1-mesa-glx libosmesa6-dev
python3-pip python3-numpy python3-scipy
```

마지막으로 MuJoCo를 설치합니다.

```
pip3 install -r requirements.txt
sudo python3 setup.py install
```

MuJoCo가 성공적으로 설치 되었는지 테스트하기 위해 환경에서 임의의 작업을 수행하여 휴머노이드(Humanoid) 에이전트를 실행해 보겠습니다. 따라서 다음 코드를 사용하여 mujoco_test.py라는 Python 파일을 만듭니다.

```
import gym
env = gym.make('Humanoid-v2')
env.reset()
for t in range(1000):
  env.render()
  env.step(env.action_space.sample())

env.close()
```

다음으로 터미널을 열고 Python 파일을 실행합니다.

```
python mujoco_test.py
```

앞의 코드는 그림 16.10과 같이 휴머노이드 환경을 렌더링합니다.

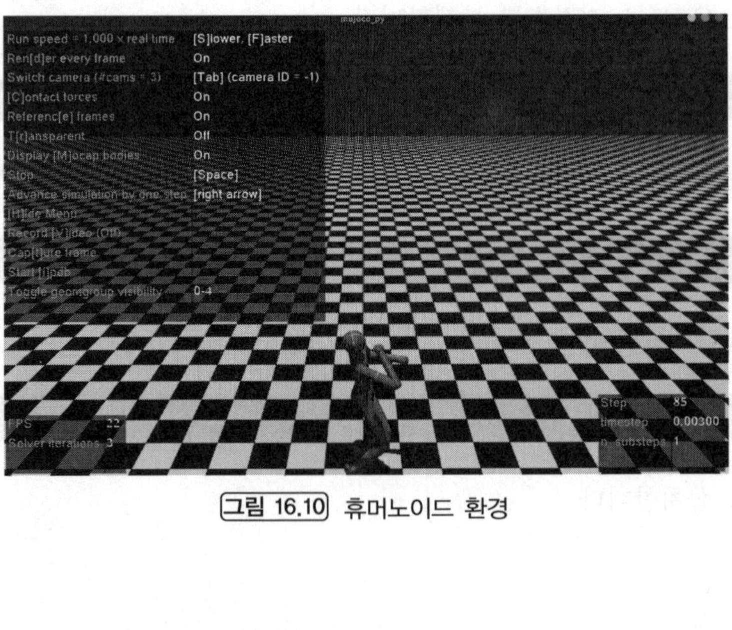

그림 16.10 휴머노이드 환경

이제 MuJoCo를 성공적으로 설치했으므로 다음 절에서 에이전트가 걷도록 훈련하기 위해 TRPO 구현을 시작하겠습니다.

16.8.2 TRPO 구현하기

필수 라이브러리들을 설치합니다.

```
import gym

from stable_baselines.common.policies import MlpPolicy
from stable_baselines.common.vec_env import DummyVecEnv, VecNormalize
from stable_baselines import TRPO
from stable_baselines.common.vec_env import VecVideoRecorder
```

DummyVecEnv를 사용하여 벡터화된 휴머노이드 환경을 만듭니다.

```
env = DummyVecEnv([lambda: gym.make("Humanoid-v2")])
```

상태 혹은 관찰을 정규화합니다.

```
env = VecNormalize(env, norm_obs=True, norm_reward=False,
                   clip_obs=10.)
```

에이전트를 객체화합니다.

```
agent = TRPO(MlpPolicy, env)
```

에이전트를 훈련합니다.

```
agent.learn(total_timesteps=250000)
```

에이전트를 훈련한 후 훈련된 에이전트가 환경을 렌더링하여 걷는 법을 학습한 방법을 확인할 수 있습니다.

```
state = env.reset()
while True:
    action, _ = agent.predict(state)
    next_state, reward, done, info = env.step(action)
    state = next_state
    env.render()
```

이 절에서 사용된 전체 코드를 trpo.py라는 Python 파일에 저장한 다음 터미널을 열고 파일을 실행합니다.

```
python trpo.py
```

훈련된 에이전트가 그림 16.11에서 걷는 법을 배운 방법을 볼 수 있습니다.

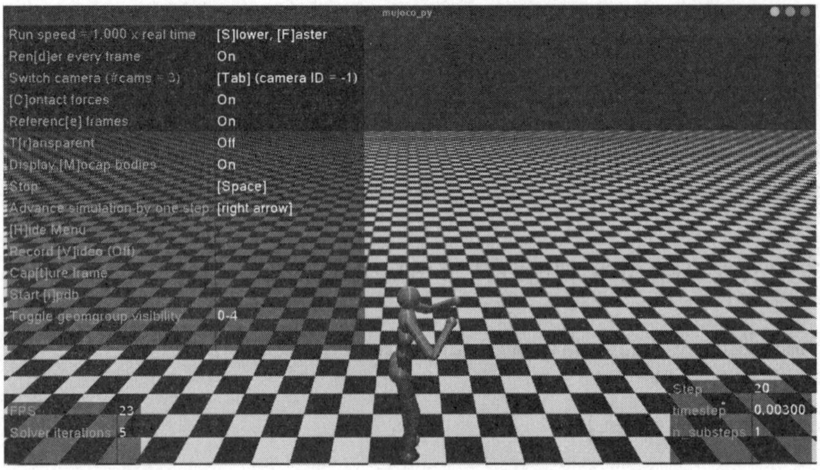

그림 16.11 TRPO를 사용하여 걷는 법을 배우는 에이전트

> MuJoCo 환경을 사용하는 프로그램을 실행하려면 항상 터미널을 사용하십시오.

다음 절에서는 훈련된 에이전트의 행동을 비디오로 녹화하는 방법을 배웁니다.

16.8.3 비디오 녹화하기

이전 절에서 에이전트가 TRPO를 사용하여 걷는 법을 배우도록 훈련했습니다. 훈련된 에이전트의 비디오도 녹화할 수 있을까요? 그렇습니다. Stable Baselines를 사용하면 VecVideoRecorder 모듈을 사용하여 에이전트의 비디오를 쉽게 녹화할 수 있습니다.

비디오를 녹화하려면 컴퓨터에 ffmpeg 패키지가 설치되어 있어야 합니다. 설치되어 있지 않으면 다음 명령어들을 사용하여 설치하십시오.

```
sudo add-apt-repository ppa:mc3man/trusty-media
sudo apt-get update
sudo apt-get dist-upgrade
sudo apt-get install ffmpeg
```

이제 VecVideoRecorder 모듈을 불러오겠습니다.

```
from stable_baselines.common.vec_env import VecVideoRecorder
```

비디오 녹화를 위해 record_video라는 함수를 정의합니다.

```
def record_video(env_name, agent, video_length=500, prefix='', video_
folder='videos/'):
```

환경을 생성합니다.

```
    env = DummyVecEnv([lambda: gym.make(env_name)])
```

비디오 녹화기(recorder)를 객체화합니다.

```
    env = VecVideoRecorder(env, video_folder=video_folder,
        record_video_trigger=lambda step: step == 0, video_
length=video_length, name_prefix=prefix)
```

타임 스텝 수가 비디오 길이로 설정된 훈련된 에이전트를 사용하여 환경에서 행동을 선택합니다.

```
    state = env.reset()
    for t in range(video_length):
        action, _ = agent.predict(state)
        next_state, reward, done, info = env.step(action)
        state = next_state
    env.close()
```

이제 우리의 record_video 함수를 호출해 봅시다. 환경 이름, 훈련된 에이전트, 비디오 길이 및 비디오 파일 이름을 전달하고 있습니다.

```
record_video('Humanoid-v2', agent, video_length=500, prefix='Humanoid_
walk_TRPO')
```

이제 비디오 폴더에 Humanoid_walk_TRPO-step-0-to-step-500.mp4라는 새 파일이 생깁니다.

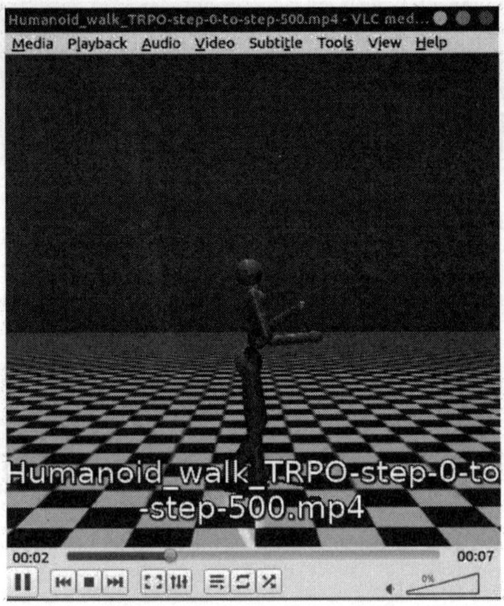

그림 16.12 비디오 녹화기

이런 식으로 훈련된 에이전트의 행동을 기록할 수 있습니다. 다음 절에서는 Stable Baselines를 사용하여 PPO를 구현하는 방법을 배웁니다.

16.9 PPO를 사용하여 실행하도록 치타 봇 훈련

이 절에서는 Proximal Policy Optimization(PPO)를 사용하여 실행하도록 2D 치타 봇(cheetah bot)을 훈련하는 방법을 알아보겠습니다. 먼저 필요한 라이브러리를 가져옵니다.

```
import gym
from stable_baselines.common.policies import MlpPolicy
from stable_baselines.common.vec_env import DummyVecEnv, VecNormalize
from stable_baselines import PPO2
```

DummyVecEnv를 사용하여 벡터화된 환경을 만듭니다.

```
env = DummyVecEnv([lambda: gym.make("HalfCheetah-v2")])
```

상태를 정규화합니다.

```
env = VecNormalize(env,norm_obs=True)
```

에이전트를 객체화합니다.

```
agent = PPO2(MlpPolicy, env)
```

에이전트를 훈련해봅시다.

```
agent.learn(total_timesteps=250000)
```

훈련 후 훈련된 치타 봇이 환경을 렌더링하여 실행하는 방법을 학습한 방법을 확인할 수 있습니다.

```
state = env.reset()
while True:
    action, _ = agent.predict(state)
    next_state, reward, done, info = env.step(action)
    state = next_state
    env.render()
```

이 절에서 사용된 전체 코드를 ppo.py라는 Python 파일에 저장한 다음 터미널을 열고 파일을 실행합니다.

```
python ppo.py
```

그림 16.13에서 볼 수 있듯이 훈련된 치타 봇이 어떻게 달리기를 배웠는지 확인할 수 있습니다.

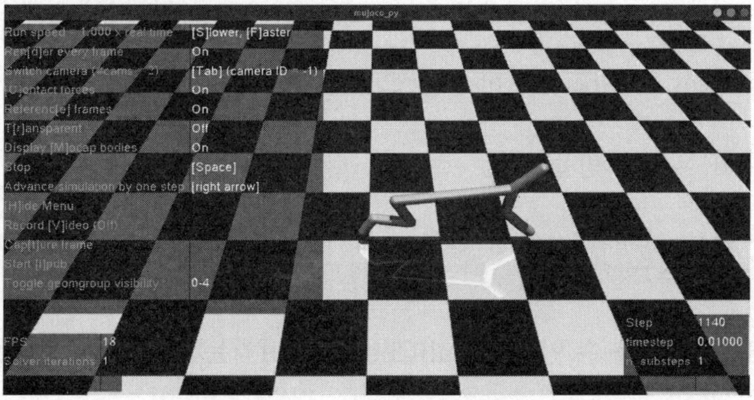

그림 16.13 1872 달리기를 배우는 치타 봇

16.9.1 훈련된 에이전트의 GIF 만들기

이전 절에서 PPO를 사용하여 실행하도록 치타 봇을 훈련시키는 방법을 배웠습니다. 훈련된 에이전트의 GIF 파일도 만들 수 있을까요? 어떻게 하는지 봅시다.

먼저 필요한 라이브러리를 불러옵니다.

```
import imageio
import numpy as np
```

이미지 저장을 위한 목록을 초기화합니다.

```
images = []
```

환경을 재설정하여 상태를 초기화합니다. 여기서 에이전트는 이전 절에서 훈련한 에이전트입니다.

```
state = agent.env.reset()
```

환경을 렌더링하고 이미지를 가져옵니다.

```
img = agent.env.render(mode='rgb_array')
```

환경의 모든 스텝에 대해 이미지를 저장합니다.

```
for i in range(500):
    images.append(img)
    action, _ = agent.predict(state)
    next_state, reward, done ,info = agent.env.step(action)
    state = next_state
    img = agent.env.render(mode='rgb_array')
```

다음과 같이 GIF 파일을 만듭니다.

```
imageio.mimsave('HalfCheetah.gif', [np.array(img) for i, img in
enumerate(images) if i%2 == 0], fps=29)
```

이제 그림 16.14에서 볼 수 있듯이 HalfCheetah.gif라는 새 파일이 생성됩니다.

그림 16.14 훈련된 에이전트의 GIF

이런 식으로 훈련된 에이전트의 GIF를 얻을 수 있습니다. 다음 절에서는 Stable Baselines를 사용하여 GAIL을 구현하는 방법을 배웁니다.

16.10 GAIL 구현하기

이 절에서는 Stable Baselines를 사용하여 생성적 적대적 모방 학습(GAIL)을 구현하는 방법을 살펴보겠습니다. 15장, 모방 학습과 역 RL에서 우리는 판별자가 상태–행동 쌍이 전문가 정책을 사용하여 생성되었는지 또는 에이전트 정책을 사용하여 생성되었는지 구별할 수 없는 방식으로 상태–행동 쌍을 생성하기 위해 생성기를 사용하는 것을 배웠습니다. 우리는 TRPO를 사용하여 전문가 정책과 유사한 정책을 생성하도록 생성기를 훈련하고, 판별기는 분류기이며 Adam을 사용하여 최적화합니다.

GAIL을 구현하려면 생성기가 전문가 경험을 모방하는 법을 배우도록 전문가 경험이 필요합니다. 자, 그럼 어떻게 전문가의 경험을 얻을 수 있을까요? 먼저 TD3 알고리즘을 사용하여 전문가 경험을 생성한 다음 전문가 데이터 세트를 생성합니다. 그런 다음 이 전문가 데이터 세트를 사용하여 GAIL 에이전트를 훈련합니다. TD3를 사용하는 대신 전문가 경험을 생성하기 위해 다른 알고리즘을 사용할 수도 있습니다.

먼저 필요한 라이브러리를 불러오겠습니다.

```
import gym
from stable_baselines import GAIL, TD3
from stable_baselines.gail import ExpertDataset, generate_expert_traj
```

TD3 에이전트를 객체화합니다.

```
agent = TD3('MlpPolicy', 'MountainCarContinuous-v0', verbose=1)
```

전문가 경험을 생성합니다.

```
generate_expert_traj(agent, 'expert_traj', n_timesteps=100, n_
episodes=20)
```

전문가 경험을 사용하여 전문가 데이터세트를 만듭니다.

```
dataset = ExpertDataset(expert_path='expert_traj.npz', traj_
limitation=10, verbose=1)
```

전문가 데이터세트(전문가 경험)로 GAIL 에이전트를 객체화합니다.

```
agent = GAIL('MlpPolicy', 'MountainCarContinuous-v0', dataset,
verbose=1)
```

GAIL 에이전트를 훈련시킵니다.

```
agent.learn(total_timesteps=25000)
```

훈련 후에는 환경을 렌더링하고 훈련된 에이전트가 환경에서 어떻게 수행하는지 확인할 수도 있습니다. 즉, Stable Baselines를 사용하여 GAIL을 구현하는 것은 간단합니다.

요약

우리는 Stable Baselines가 무엇이며 어떻게 설치하는지 이해하는 것으로 이 장을 시작했습니다. 그런 다음 DQN을 사용하여 Stable Baselines로 첫 번째 에이전트를 만드는 방법을 배웠습니다. 에이전트를 저장하고 로드하는 방법도 배웠습니다. 다음으로 벡터화를 사용하여 여러 독립 환경을 만드는 방법을 배웠습니다. 또한 SubprocVecEnv 및 DummyVecEnv라는 두 가지 유형의 벡터화된 환경에 대해 배웠습니다.

SubprocVecEnv에서는 각 환경을 다른 프로세스에서 실행하는 반면 DummyVecEnv에서는 동일한 프로세스에서 각 환경을 실행한다는 것을 배웠습니다.

그 다음 우리는 Stable Baselines를 사용하여 아타리 게임을 플레이하기 위해 DQN 및 그 변형을 구현하는 방법을 배웠습니다. 다음으로 A2C를 구현하는 방법과 커스텀 정책 신경망을 만드는 방법을 배웠습니다. 계속해서 DDPG를 구현하는 방법과 TensorBoard에서 계산 그래프를 보는 방법을 배웠습니다.

더 나아가 MuJoCo 환경을 설정하는 방법과 TRPO를 사용하여 걷도록 에이전트를 훈련시키는 방법을 배웠습니다. 또한 훈련된 에이전트의 비디오를 녹화하는 방법도 배웠습니다. 다음으로 PPO를 구현하는 방법과 훈련된 에이전트의 GIF를 만드는 방법을 배웠습니다. 이 장의 끝에서 우리는 Stable Baselines를 사용하여 생성적 적대적 모방 학습을 구현하는 방법을 배웠습니다.

평가

Stable Baselines에 대한 지식을 테스트해 보겠습니다. 다음 질문에 답해 보십시오.

1. Stable Baselines이란 무엇입니까?
2. 훈련된 에이전트를 어떻게 저장하고 로드합니까?
3. 벡터화된 환경이란 무엇입니까?
4. SubprocVecEnv와 DummyVecEnv 환경의 차이점은 무엇입니까?
5. TensorBoard에서 계산 그래프를 어떻게 시각화합니까?
6. 훈련된 에이전트의 비디오를 어떻게 녹화합니까?

참고문헌

자세히 알아보려면 다음 참고 소스를 확인하세요.

- https://stablebaselines.readthedocs.io/en/master/index.html에서 Stable Baselines 문서를 확인하십시오.

17

Reinforcement Learning Frontiers

강화 학습의 기초부터 시작하여 점차 최첨단 심층 강화 학습 알고리즘에 대해 배웠습니다. 이 장에서는 강화 학습에서 흥미롭고 유망한 연구 동향을 살펴보겠습니다. 메타 학습(Meta learning)이 무엇이며 다른 학습 패러다임과 어떻게 다른지 배우는 것으로 이번 장을 시작해보겠습니다. 그런 다음 가장 많이 사용되는 메타 학습 알고리즘 중 하나인 MAML(Model-Agnostic Meta Learning)에 대해 알아봅니다.

MAML을 자세히 이해한 다음 강화 학습 환경에 적용하는 방법을 살펴보겠습니다. 다음으로 계층적 강화 학습에 대해 배우고 MAXQ 가치 함수 분해라고 하는 인기 있는 계층적 강화 학습 알고리즘을 살펴봅니다.

이 장의 끝에서 우리는 모델 기반 학습과 모델 없는 학습을 모두 사용하는 I2A

(Imagination Augmented Agents)라는 흥미로운 알고리즘을 살펴볼 것입니다.

이 장에서는 다음 주제를 배웁니다.

- 메타 강화 학습(Meta reinforcement learning)
- 모델에 구애받지 않는 메타 학습(Model-agnostic meta learning)
- 계층적 강화 학습(Hierarchical reinforcement learning)
- MAXQ 가치 함수 분해(MAXQ value function decomposition)
- I2A(I2A augmented agents)

17.1 메타 강화 학습

메타 강화 학습이 어떻게 작동하는지 이해하기 위해 먼저 메타 학습을 이해해봅시다.

메타 학습은 인공 지능 분야에서 가장 유망하고 유행하는 연구 분야 중 하나입니다. 인공 일반 지능(Artificial General Intelligence, AGI) 달성을 위한 디딤돌로 여겨집니다. 메타 학습이란 무엇입니까? 그리고 왜 메타 학습이 필요한가요? 이러한 질문에 답하기 위해 딥 러닝이 작동하는 방식을 다시 살펴보겠습니다.

우리는 딥 러닝에서 작업을 수행하기 위해 심층 신경망을 훈련한다는 것을 알고 있습니다. 그러나 심층 신경망의 문제는 몇 개의 데이터만 존재한다면 학습에 실패하기 때문에 네트워크를 훈련시키기 위해 큰 훈련 데이터 세트가 필요하다는 것입니다.

작업 A를 수행하기 위해 딥 러닝 모델을 훈련했다고 가정해 보겠습니다. 작업 A와 밀접하게 관련된 새 작업 B가 있다고 가정합니다. 작업 B가 작업 A와 밀접하게 관련되어 있지만 작업 B에 대해 작업 A에 대해 훈련한 모델을 사용할 수는 없습니다. 작업 B를 위해 새 모델을 처음부터 훈련해야 합니다. 따라서 각 작업에 대해 관련이 있을 수 있지만 새 모델을 처음부터 훈련해야 합니다. 그러나 이것이 정말로 진정한 AI입니까? 우리 인간은 학습을 여러 개념으로 일반화하며 배웁니다. 그러나 현재 학습 알고리즘은 하나의 작업만 마스터합니다. 여기에서 메타 학습이 시작됩니다.

메타 학습은 처음부터 학습하지 않고도 다양한 작업을 수행하는 방법을 학습할 수 있는 다목적 AI 모델을 생성합니다. 우리는 적은 데이터 포인트로 다양한 관련 작업에 대한 메타 학습 모델을 훈련하므로 새로운 관련 작업에 대해 이전 작업에서 달성한 학습을 사용할 수 있습니다. 많은 연구자와 과학자들은 메타 학습이 AGI를 달성하는 데 더 가까이 다가갈 수 있다고 믿습니다. 다음 섹션에서 MAML이라는 인기 있는 메타 학습 알고리즘을 살펴봄으로써 메타 학습이 정확히 어떻게 작동하는지 이해할 것입니다.

17.2 모델에 구애받지 않는 메타 학습

MAML(Model-Agnostic Meta Learning)은 가장 널리 사용되는 메타 학습 알고리즘 중 하나이며 메타 학습 연구에서 획기적인 발전을 이룩했습니다. MAML의 기본 아이디어는 더 나은 초기 모델 매개변수를 찾는 것이므로 좋은 초기 매개변수를 사용하면 모델이 더 적은 그래디언트 단계로 새 작업에 대해 빠르게 학습할 수 있습니다.

신경망을 사용하여 분류 작업을 수행한다고 가정해 보겠습니다. 우리는 어떻게 네트워크를 훈련합니까? 무작위 가중치를 초기화하여 시작하고 손실을 최소화하여 네트워크를 훈련합니다. 손실을 최소화하려면 어떻게 해야 합니까? 경사 하강법을 사용하여 손실을 최소화합니다. 하지만 어떻게 경사 하강법을 사용하여 손실을 최소화합니까? 우리는 수렴에 도달할 수 있도록 최적의 가중치를 찾기 위해 여러 그래디언트 단계를 수행합니다.

MAML에서는 유사한 작업의 분포를 학습하여 이러한 최적의 가중치를 찾으려고 합니다. 따라서 새로운 작업을 위해 무작위로 초기화된 가중치로 시작할 필요가 없습니다. 대신, 수렴에 도달하는 데 더 적은 그래디언트 단계가 필요하고 훈련을 위해 더 많은 데이터 포인트가 필요하지 않은 최적의 가중치로 시작할 수 있습니다.

MAML이 어떻게 작동하는지 간단한 용어로 이해합시다. T_1, T_2 및 T_3의 세 가지 관련 작업이 있다고 가정해 보겠습니다.

먼저 모델 매개변수(가중치) θ를 무작위로 초기화합니다. 작업 T_1에서 네트워크를 훈련시킵니다. 그런 다음 경사 하강법으로 손실 L을 최소화하려고 합니다. 최적의 매개변수를 찾아 손실을 최소화합니다. 작업 T1에 대한 최적의 매개변수를 θ_1'라 하겠습니다. 유사하게, 작업 T_2 및 T_3에 대해 무작위로 초기화된 모델 매개변수 θ로 시작하고 경사 하강법으로 최적의 매개변수를 찾아 손실을 최소화합니다. 작업 T_2와 T_3에 대한 최적의 매개변수를 각각 θ_2'와 θ_3'라고 하겠습니다.

다음 그림에서 볼 수 있듯이 무작위로 초기화된 매개변수 θ로 각 작업을 시작하고 작업 T_1, T_2 및 T_3 각각에 대해 최적의 매개변수 θ_1', θ_2'와 θ_3'를 찾아 손실을 최소화합니다.

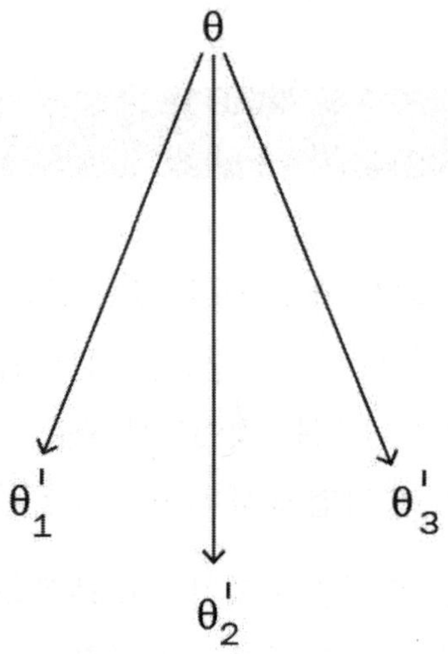

그림 17.1 임의의 위치(매개변수) 초기화

그러나 임의의 위치, 즉 임의의 값을 사용하여 θ를 초기화하는 대신 세 가지 작업 모두에 공통적인 위치에서 θ를 초기화하면 많은 그래디언트 단계를 수행할 필요가 없고 훈련 시간이 덜 걸립니다. MAML은 정확히 이것을 하려고 합니다. MAML은 많은 관련 작업에 공통적인 이 최적의 매개변수 θ를 찾으려고 하므로 많은 그래디언트 단계를 수행하지 않고도 적은 데이터 포인트로 비교적 빠르게 새 작업을 훈련할 수 있습니다.

그림 17.2에서 볼 수 있듯이 θ를 다른 모든 최적의 θ'값에 공통적인 위치로 이동합니다.

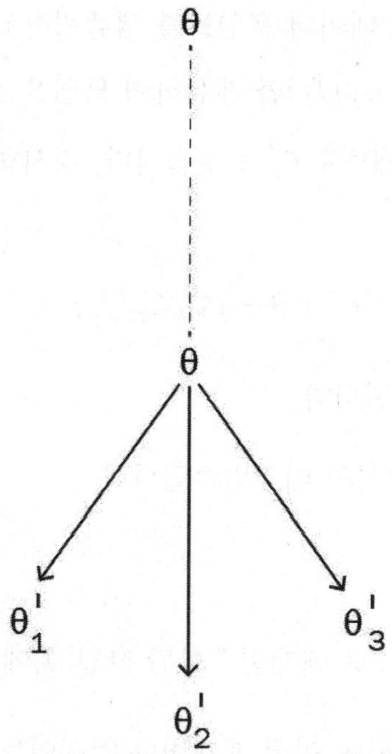

그림 17.2 최적의 위치에서 θ를 초기화

따라서 새로운 관련 작업, 예를 들어 T_4의 경우 무작위로 초기화된 매개변수 θ로 시작할 필요가 없습니다. 대신 최적의 θ값으로 시작하여 수렴을 달성할 수 있습니다.

따라서 MAML에서는 더 적은 데이터 포인트에서 학습하고 학습 시간을 최소화하는 데 도움이 되는 관련 작업에 공통적인 이 최적의 θ값을 찾으려고 합니다. MAML은 모델에 구애받지 않고, 즉, 경사하강법으로 학습할 수 있는 모든 모델에 MAML을 적용할 수 있습니다. 그러나 MAML은 정확히 어떻게 작동합니까? 모델 매개변수를 최적의 위치로 어떻게 이동합니까? 이제 우리는 MAML에 대한 기본적인 이해를 얻었으므로 다음 섹션에서 이러한 모든 질문을 다룰 것입니다.

17.2.1 MAML 이해하기

θ에 의해 매개변수화된 모델 f, 즉 f_θ가 있고 작업에 대한 분포 $p(T)$가 있다고 가정합시다. 먼저 매개변수 θ를 임의의 값으로 초기화합니다. 다음으로, 우리는 작업에 대한 분포, 즉 $T_i \sim p(T)$에서 작업 T_i 배치를 샘플링합니다. T_1, T_2, T_3, T_4, T_5의 5가지 작업을 샘플링했다고 가정해 보겠습니다.

이제 각 작업 T_i에 대해 k개의 데이터 포인트를 샘플링하고 θ에 의해 매개변수화된 모델 f를 학습합니다. 우리는 손실 $L_{T_i}(f_\theta)$를 계산하여 모델을 훈련하고 경사하강법 사용하여 손실을 최소화하고 최적의 매개변수 θ_i'를 찾습니다. 경사하강법을 사용한 매개변수 업데이트 규칙은 다음과 같습니다.

$$\theta_i' = \theta - \alpha \nabla_\theta L_{T_i}(f_\theta) \tag{1}$$

앞의 방정식에서 다음이 적용됩니다.

- θ_i'은 작업 T_i에 대한 최적의 매개변수입니다.
- θ는 초기 매개변수이다.
- α는 학습률이다.
- $\nabla L_{T_i}(f_\theta)$는 모델이 f_θ으로 매개변수화된 작업 T_i에 대한 손실 그래디언트입니다.

따라서 기울기 하강법을 사용하여 이전 매개변수 업데이트 후에 샘플링한 모든 5개 작업에 대해 최적의 매개변수를 갖게 됩니다. 즉, 작업 T_1, T_2, T_3, T_4, T_5에 대해 각각 최적의 매개변수 $\theta_1', \theta_2', \theta_3', \theta_4', \theta_5'$를 가질 것입니다.

이제 다음 반복 전에 메타 업데이트 또는 메타 최적화를 수행합니다. 즉, 이전 단계에서 각 작업 T_i에 대한 학습을 통해 최적의 매개변수 θ_i'를 찾습니다. 이제 우리는 몇 가지 새로운 작업 세트를 취하고 이러한 새 작업 $T_{i'}$ 각각에 대해 임의의 위치에서 시작할 필요가 없습니다. 대신 최적의 위치에서 시작하여 모델을 훈련할 수 있습니다.

즉, 새로운 태스크 $T_{i'}$ 각각에 대해 무작위로 초기화된 매개변수 θ를 사용하는 대신 최적의 매개변수 θ_i'를 사용합니다. 이는 f_θ 사용하지 않고 θ_i'로 매개변수화한 모델 f를 학습시킨다는 것을 의미합니다. 그런 다음, 우리는 손실 $\nabla L_{T_i}(f_{\theta_i'})$를 계산하고, 그래디언트를 계산하고, 매개변수 θ를 업데이트합니다. 이것은 무작위로 초기화된 매개변수 θ가 우리가 많은 그래디언트 단계를 수행할 필요가 없는 최적의 위치로 이동하도록 합니다. 이 단계를 메타 업데이트, 메타 최적화 또는 메타 훈련이라고 합니다. 다음과 같이 표현할 수 있습니다.

$$\theta = \theta - \beta \nabla_\theta \sum_{T_i \sim p(T)} L_{T_i}(f_{\theta_i'}) \tag{2}$$

앞의 방정식에서 다음이 적용됩니다.

- θ는 초기 매개변수이다.
- β는 학습률이다.
- $\nabla_\theta \sum_{T_i \sim p(T)} L_{T_i}(f_{\theta_i'})$는 모델이 $f_{\theta_i'}$으로 매개변수화된 작업 T_i에 대한 손실 그래디언트입니다.

이전 메타 업데이트 방정식(2)을 자세히 살펴보면 θ에 의해 매개변수화된 모델 f를 사용하여 각 새 작업 T_i의 그래디언트의 평균을 취함으로써 모델 매개변수 θ_i'를 업데이트하고 있음을 알 수 있습니다.

그림 17.3은 MAML 알고리즘을 더 잘 이해하는 데 도움이 됩니다. 우리가 관찰할 수 있는 바와 같이, 우리의 MAML 알고리즘에는 두 개의 루프가 있습니다. 즉, 초기 매개변수 θ로 매개변수화된 모델 f를 사용하여 각 작업 T_i에 대한 최적의 매개변수 θ_i'를 찾는 내부 루프와 외부 루프가 있습니다. 여기서 우리는 이전 단계에서 얻은 최적 매개변수 θ_i', 즉 $f_{\theta_i'}$에 의해 매개변수화된 모델 f를 사용하고 새로운 작업 세트에 대해 모델을 훈련하고 손실을 계산하여 업데이트합니다.

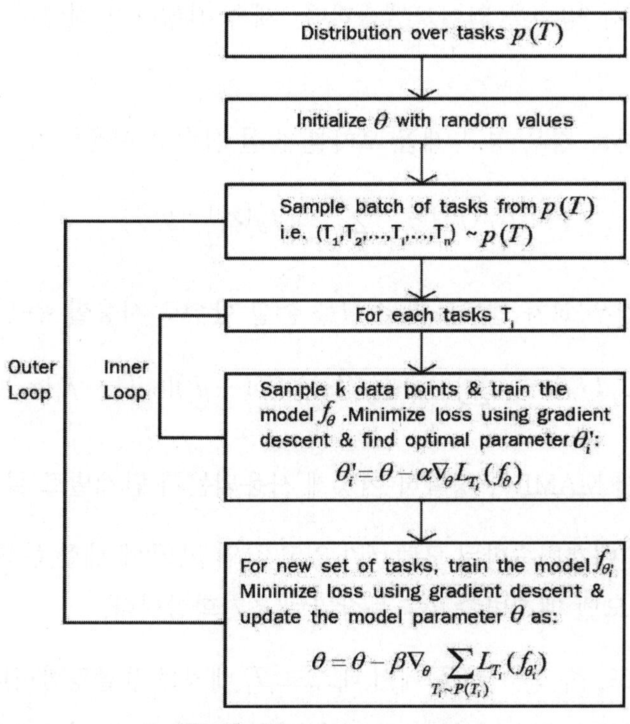

그림 17.3 MAML 알고리즘

> θ_i'를 찾을 때 사용한 것과 동일한 작업 세트를 사용해서는 안 됩니다.
> 외부 루프에서 모델 매개변수 θ를 업데이트할 때

간단히 말해서, MAML에서 작업 배치를 샘플링하고 배치의 각 태스크 T_i에 대해 경사하강법을 사용하여 손실을 최소화하고 최적의 매개변수 θ_i'를 얻습니다. 그런 다음, θ로 매개변수화된 모델을 사용하여 각 새 작업 T_i에 대한 그래디언트를 계산하여 무작위로 초기화된 모델 매개변수 $f_{\theta_i'}$를 업데이트합니다.

MAML이 정확히 어떻게 작동하는지 아직 확실하지 않습니까? 걱정마! 단계를 더 자세히 살펴보고 다음 섹션에서 지도 학습 설정에서 MAML이 작동하는 방식을 이해하겠습니다.

17.2.2 지도 학습에서의 MAML

앞에서 배운 것처럼 MAML은 모델에 구애받지 않으므로 경사하강법으로 훈련할 수 있는 모든 모델에 MAML을 적용할 수 있습니다. 이 섹션에서는 지도 학습 환경에서 MAML 알고리즘을 적용하는 방법을 알아보겠습니다. 계속 진행하기 전에 손실 함수를 정의해 보겠습니다.

만약 회귀를 수행하는 경우 평균 제곱 오차를 손실 함수로 사용할 수 있습니다.

$$L_{T_i}(f_\theta)=\sum_{x_j, y_j \sim T_i} \| f_\theta(x_i)-y_i \|_2^2$$

분류를 수행하는 경우 교차 엔트로피 손실을 손실 함수로 사용할 수 있습니다.

$$L_{T_i}(f_\theta)=\sum_{x_j, y_j \sim T_i} y_i \log f_\theta(x_j)+(1-y_j)\log(1-f_\theta(x_j))$$

이제 지도 학습에서 MAML이 정확히 어떻게 사용되는지 단계별로 살펴보겠습니다.

매개변수 θ에 의해 매개변수화된 모델 f가 있고 작업 $p(T)$에 대한 분포가 있다고 가정해 보겠습니다. 먼저 모델 매개변수 θ를 무작위로 초기화합니다.

다음으로, 작업 분포, 즉 $T_i \sim p(T)$에서 태스크 T_i 배치를 샘플링합니다. 세 가지 작업을 샘플링했다고 가정해 보겠습니다. 그런 다음 작업들 T_1, T_2, T_3이 있습니다.

내부 루프 : 각 작업 Ti에 대해 k 데이터 포인트를 샘플링하고 훈련 및 테스트 데이터 세트를 준비합니다.

$$D_i^{train} = \{(x_1, y_1), (x_2, y_2) \cdots (x_k, y_k)\}$$
$$D_i^{test} = \{(x_1, y_1), (x_2, y_2) \cdots (x_k, y_k)\}$$

훈련 및 테스트 데이터 세트는 무엇입니까? 최적의 매개변수 θ_i'를 찾기 위해 내부 루프의 학습 데이터 세트를 사용하고 최적의 매개변수 θ_i'를 찾기 위해 외부 루프의 테스트 세트를 사용합니다. 테스트 데이터 세트가 모델의 성능을 확인한다는 의미는 아닙니다. 기본적으로 외부 루프에서 훈련 세트 역할을 합니다. 테스트 세트를 메타 훈련 세트라고 부를 수도 있습니다.

이제 우리는 훈련 데이터셋 D_i^{train}에 대해 모델 f_θ을 훈련하고, 손실을 계산하고, 경사하강법을 사용하여 손실을 최소화하고, 최적의 매개변수 θ_i'을 $\theta_i' = \theta - \alpha \nabla_\theta L_{T_i}(f_\theta)$로 업데이트 합니다.

즉, 각각의 작업 Ti에 대해 k개의 데이터 포인트를 샘플링하고 D_i^{train}과 D_i^{test}를 준비합니다. 다음으로, 훈련 데이터셋 D_i^{train}의 손실을 최소화하고 최적의 매개변수 θ_i'을 얻습니다. 3개의 작업을 샘플링하면 3개의 최적 매개변수 $\theta_1', \theta_2', \theta_3'$을 갖게 됩니다.

외부 루프 : 이제 테스트 세트(메타 훈련 세트)에 대해 메타 최적화를 수행합니다. 즉, 우리는 테스트 세트 D_i^{test}에서 손실을 최소화하려고 노력합니다. 여기에서 우리는 이전 단계에서 계산된 최적의 매개변수 θ_i'를 모델 f를 매개변수화합니다. 그래서 우리는 모델 $L_{T_i}(f_{\theta_i'})$의 손실과 손실의 그래디언트를 계산하고 테스트 데이터셋(메타 훈련 데이터셋)을 사용하여 무작위로 초기화된 매개변수 θ를 다음과 같이 업데이트합니다.

$$\theta = \theta - \beta \nabla_\theta \sum_{T_i \sim p(T)} L_{T_i}(f_{\theta_i'})$$

최적의 매개변수를 찾기 위해 이전 단계를 여러 번 반복합니다. 지도 학습에서 MAML이 작동하는 방식에 대한 명확한 이해를 위해 다음 섹션에서 알고리즘을 살펴보겠습니다.

17.2.3 알고리즘 - 지도 학습에서의 MAML

지도 학습에서 MAML의 알고리즘은 다음과 같습니다.

1. 매개변수 θ에 의해 매개변수화된 모델 f가 있고 작업 $p(T)$에 대한 분포가 있다고 가정합니다. 먼저 모델 f의 매개변수를 무작위로 초기화
2. 작업 분포, 즉 $T_i \sim p(T)$에서 작업 T_i 배치를 샘플링
3. T_i 만큼 반복:
    1. k 데이터 포인트를 샘플링하고 훈련 및 테스트 데이터 세트를 준비

    $$D_i^{train} = \{(x_1, y_1), (x_2, y_2) \cdots (x_k, y_k)\}$$

    $$D_i^{test} = \{(x_1, y_1), (x_2, y_2) \cdots (x_k, y_k)\}$$

    2. 훈련 데이터 세트 D_i^{train}에 대해 f_θ 모델을 훈련시키고 손실을 계산
    3. 경사하강법을 사용하여 $\theta_i' = \theta - \alpha \nabla_\theta L_{T_i}(f_\theta)$ 손실을 최소화하고 최적의 값을 얻습니다.
    4. 이제, 테스트 세트 D_i^{test}의 손실을 최소화합니다. 모델 f를 이전 단계에서 계산된 최적의 매개변수 θ_i'로 매개변수화하고, 손실 $L_{T_i}(f_{\theta_i'})$을 계산합니다. 손실의 그래디언트를 계산하고 테스트(메타 훈련) 데이터 세트를 사용하여 무작위로 초기화된 매개변수 θ를 다음과 같이 업데이트합니다.

    $$\theta = \theta - \beta \nabla_\theta \sum_{T_i \sim p(T)} L_{T_i}(f_{\theta_i'})$$

    5. 2~4 단계를 반복

다음 그림은 지도 학습에서 MAML 알고리즘이 어떻게 작동하는지에 대한 개요를 제공합니다.

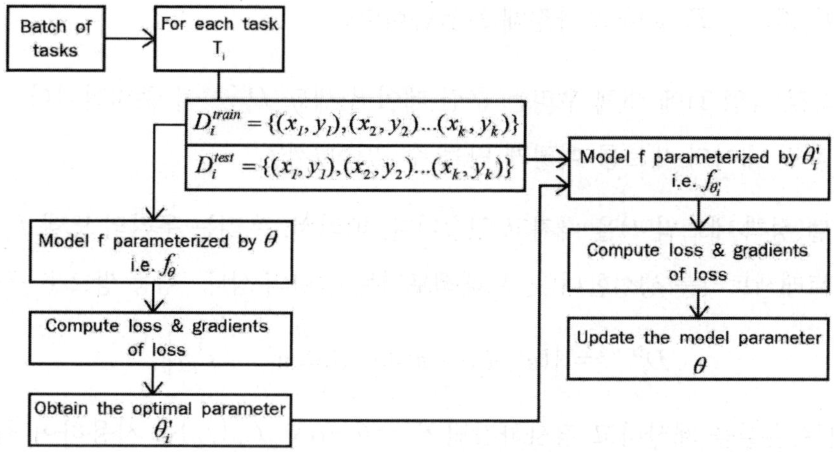

그림 17.4 MAML 전반적인 절차

지도 학습에서 MAML을 사용하는 방법을 배웠으므로 다음 섹션에서는 강화 학습에서 MAML을 사용하는 방법을 살펴보겠습니다.

17.2.4 강화 학습에서 MAML

이제 강화 학습 설정에서 MAML 알고리즘을 적용하는 방법을 알아보겠습니다. 강화학습의 목적은 최적의 정책, 즉 최대의 수익을 내는 정책을 찾는 것임을 알고 있습니다. 우리는 최적의 정책을 찾기 위한 여러 강화 학습 알고리즘에 대해 배웠고, θ에 의해 매개변수화된 신경망을 사용하는 최적의 정책을 찾기 위한 여러 심층 강화 학습 알고리즘에 대해서도 배웠습니다.

경사 하강법으로 훈련할 수 있는 모든 알고리즘에 MAML을 적용할 수 있습니다. 예를 들어 정책 그래디언트 방법을 살펴보겠습니다. 정책 그래디언트 방법에서는 θ에 의해 매개변수화된 신경망을 사용하여 최적의 정책을 찾고 경사 하강법을 사용하여 네트워크를 훈련합니다. 따라서 정책 그래디언트 방법에 MAML 알고리즘을 적용할 수 있습니다.

그렇다면, 강화 학습에서 MAML이 어떻게 작동하는지 단계별로 이해합시다.

매개변수 θ에 의해 매개변수화된 모델(정책 네트워크) f가 있다고 가정합니다. 모델(정책 네트워크) f는 최적의 매개변수 θ를 학습하여 최적의 정책을 찾으려고 합니다. 작업 $p(T)$에 대한 분포가 있다고 가정합니다. 먼저 모델 매개변수 θ를 무작위로 초기화합니다.

다음으로, 작업 분포, 즉 $T_i \sim p(T)$에서 태스크 T_i 배치를 샘플링합니다. 세 가지 작업을 샘플링하여 T_1, T_2, T_3 있다고 가정해 보겠습니다.

내부 루프 : 각 작업 Ti에 대해 우리는 훈련 데이터 세트 D_i^{train}를 준비합니다. 강화 학습 설정에서 훈련 데이터 세트를 어떻게 만들 수 있습니까?

우리는 모델(정책 네트워크)을 가지고 있습니다. 따라서, 우리는 우리의 모델 f_θ을 사용하여 k개의 트래젝토리를 생성합니다. 트래젝토리는 일련의 상태-행동 쌍으로 구성됩니다.

$$D_i^{train} = \{(s_1^1, a_1^1, \cdots s_T^1), \cdots, (s_1^k, a_1^k, \cdots s_T^k)\}$$

이제 우리는 손실을 계산하고 경사하강법 $\theta_i' = \theta - \alpha \nabla_\theta L_{T_i}(f_\theta)$을 사용하여 최소화하고 최적의 매개변수 θ_i'를 얻습니다.

즉, 각 작업 Ti에 대해 k 개의 트래젝토리를 샘플링하고 훈련 데이터셋 D_i^{train}을 준비합니다. 다음으로, 훈련 데이터셋의 손실을 최소화하고 최적의 매개변수 θ_i'를 구합니다. 3개의 작업을 샘플링하면 3개의 최적 매개변수 $\theta_1', \theta_2', \theta_3'$를 갖게 됩니다.

우리는 또한 외부 루프에서 사용하는 테스트 데이터 D_i^{test}도 필요합니다. 테스트 데이터 세트를 어떻게 준비합니까? 이제 최적의 매개변수 θ_i'에 의해 매개변수화된 모델 $f_{\theta_i'}$를 사용합니다. 즉, 우리는 $f_{\theta_i'}$을 사용하여 k개의 트래젝토리를 생성합니다.

$$D_i^{test} = \{(s_1^1, a_1^1, \cdots s_T^1), \cdots, (s_1^k, a_1^k, \cdots s_T^k)\}$$

D_i^{train}는 f_θ에 의해 생성되고 테스트(메타-훈련) 데이터셋 D_i^{test}는 $f_{\theta_i'}$에 의해 생성된다는 것을 기억하세요.

외부 루프 : 이제 테스트(메타 훈련) 데이터 세트에 대해 메타 최적화를 수행합니다. 즉, 우리는 테스트 데이터셋 D_i^{test}에서 손실을 최소화하려고 한다. 여기에서 우리는 이전 단계에서 계산된 최적의 매개변수 θ_i'로 모델 f를 매개변수화합니다. 그래서, 우리는 모델 $L_{T_i}(f_{\theta_i'})$의 손실과 손실의 기울기를 계산하고 테스트(메타 훈련) 데이터 세트를 사용하여 무작위로 초기화된 매개변수 θ를 다음과 같이 업데이트합니다.

$$\theta = \theta - \beta \nabla_\theta \sum_{T_i \sim p(T)} L_{T_i}(f_{\theta_i'})$$

최적의 매개변수를 찾기 위해 이전 단계를 여러 번 반복합니다. 강화 학습에서 MAML이 작동하는 방식에 대한 명확한 이해를 위해 다음 섹션에서 알고리즘을 살펴보겠습니다.

17.2.5 알고리즘 - 강화 학습에서 MAML

강화 학습 설정에서 MAML의 알고리즘은 다음과 같습니다.

1. 매개변수 θ에 의해 매개변수화된 모델 f가 있고 작업 p(T)에 대한 분포가 있다고 가정합니다. 먼저 모델 f의 매개변수를 무작위로 초기화
2. 작업 분포, 즉 T ~ p(T)에서 작업 Ti 배치를 샘플링
3. T_i 만큼 반복:
    1. k 데이터 포인트를 샘플링하고 훈련 데이터 세트를 준비

    $$D_i^{train} = \left\{(s_1^1, a_1^1, \cdots s_T^1), \cdots, (s_1^k, a_1^k, \cdots s_T^k)\right\}$$

    2. 훈련 데이터 세트 D_i^{train}에 대해 f_θ 모델을 훈련시키고 손실을 계산
    3. 경사하강법을 사용하여 $\theta_i' = \theta - \alpha \nabla_\theta L_{T_i}(f_\theta)$ 손실을 최소화하고 최적의 값을 얻습니다.
    4. k 데이터 포인트를 샘플링하고 테스트 데이터 세트를 준비

    $$D_i^{test} = \left\{(s_1^1, a_1^1, \cdots s_T^1), \cdots, (s_1^k, a_1^k, \cdots s_T^k)\right\}$$

4. 이제, 테스트 세트 D_i^{test}의 손실을 최소화합니다. 모델 f를 이전 단계에서 계산된 최적의 매개변수 θ_i'로 매개변수화하고, 손실 $L_{T_i}(f_{\theta_i'})$을 계산합니다. 손실의 그래디언트를 계산하고 테스트(메타 훈련) 데이터 세트를 사용하여 무작위로 초기화된 매개변수 θ를 다음과 같이 업데이트합니다.

$$\theta = \theta - \beta \nabla_\theta \sum_{T_i \sim p(T)} L_{T_i}(f_{\theta_i'})$$

5. 2~4 단계를 반복

메타 학습은 성장하는 연구 분야입니다. 이제 메타 학습에 대한 기본 아이디어를 얻었으므로 메타 학습에 대해 더 많이 탐색하고 강화 학습에서 메타 학습이 어떻게 사용되는지 확인할 수 있습니다. 다음 섹션에서는 계층적 강화 학습에 대해 알아보겠습니다.

17.3 계층적 강화 학습 Hierarchical Reinforcement Leaning

강화 학습의 문제는 많은 수의 상태 공간과 행동으로 확장할 수 없다는 점이며, 이는 궁극적으로 차원의 저주라는 문제로 이어집니다. 계층적 강화 학습(HRL)은 계층의 큰 문제를 작은 하위 문제로 분해하는 차원의 저주를 해결하기 위해 제안됩니다. 에이전트의 목표가 학교에서 집에 도착하는 것이라고 가정해 보겠습니다. 이제 우리의 목표는 교문 밖으로 나가기, 택시 예약 등과 같은 일련의 하위 목표로 분할됩니다.

상태 공간 분해, 상태 추상화 및 시간 추상화와 같이 HRL에서 사용되는 다양한 방법이 있습니다. 상태 공간 분해에서 우리는 상태 공간을 다른 부분 공간으로 분해하고 더 작은 부분 공간에서 문제를 해결하려고 합니다. 에이전트가 전체 상태 공간을 탐색하는 것을 원하지 않기 때문에 상태 공간을 세분화하면 탐색 속도도 빨라집니다. 상태 추상화에서 에이전트는 현재 상태 공간에서 현재 하위 작업을 달성하는 것과 관련이 없는 변수를 무시합니다. 시간 추상화에서는 단일 단계를 여러 단계로 나누는 작업 시퀀스와 작업 집합이 그룹화됩니다.

이제 HRL에서 가장 일반적으로 사용되는 알고리즘 중 하나인 MAXQ 값 함수 분해를 살펴보겠습니다.

17.4 MAXQ 값 함수 분해

MAXQ 값 함수 분해는 HRL에서 가장 자주 사용되는 알고리즘 중 하나입니다. 이 섹션에서는 MAXQ 값 함수 분해가 작동하는 방식에 대한 기본 아이디어와 개요를 살펴보겠습니다. 예를 들어 MAXQ 값 함수 분해가 어떻게 작동하는지 이해합시다. 그림 17.5와 같은 택시 환경을 가정해 보겠습니다.

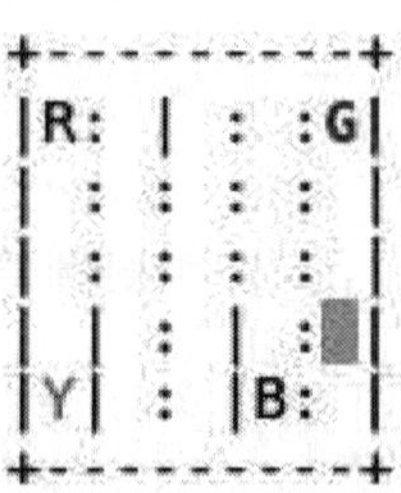

그림 17.5 택시 환경

에이전트가 택시를 운전한다고 가정해 봅시다. 그림 17.5에서 볼 수 있듯이 노란색의 작은 직사각형은 에이전트가 운전하는 택시입니다. 문자(R, G, Y, B)는 다른 위치를 나타냅니다. 따라서 총 4개의 위치가 있으며 에이전트는 한 위치에서 승객을 태우고 다른 위치에서 내려야 합니다. 에이전트는 성공에 대한 보상으로 +20포인트를 받고 매 단계마다 −1포인트를 받습니다. 그러나 에이전트는 불법 픽업 및 하차에 대해서도 −10점을 잃게 됩니다.

따라서 에이전트의 목표는 불법 승객을 추가하지 않고 짧은 시간에 올바른 위치에서 승객을 태우고 내리는 방법을 배우는 것입니다.

이제 에이전트의 목표를 다음과 같이 4개의 하위 작업으로 나눕니다.

탐색 : 탐색 하위 작업에서 에이전트의 목표는 현재 위치에서 대상 위치 중 하나로 택시를 운전하는 것입니다. Navigation(t) 하위 행동은 북쪽, 남쪽, 동쪽 및 서쪽 네 가지 기본 행동을 사용합니다.

탑승 : 탑승 하위 작업에서 에이전트의 목표는 현재 위치에서 승객의 위치까지 택시를 운전하고 승객을 태우는 것입니다.

하차 : 하차 하위 작업에서 에이전트의 목표는 현재 위치에서 승객의 목적지까지 택시를 몰고 승객을 내려주는 것입니다.

루트 : 루트는 전체 작업입니다.

그림 17.6에서 볼 수 있듯이 작업 그래프라고 하는 방향성 비순환 그래프로 이러한 모든 하위 작업을 나타낼 수 있습니다.

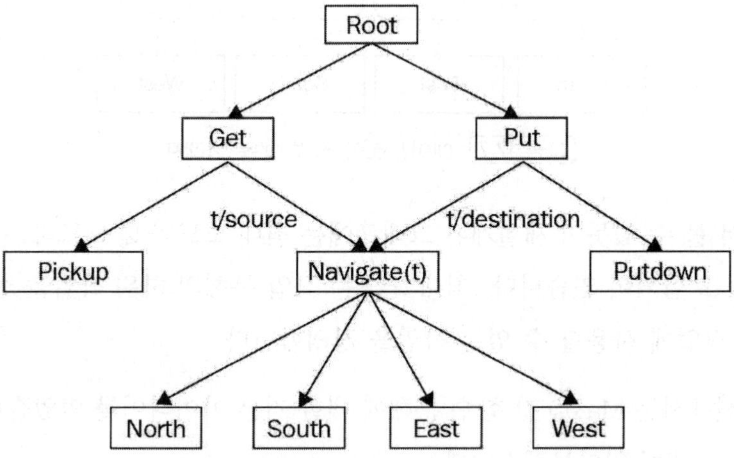

그림 17.6 작업 그래프

앞의 그림에서 알 수 있듯이 모든 하위 행동은 계층적으로 배열되어 있습니다. 각 노드는 하위 작업 또는 기본 행동을 나타내며 각 가장자리는 하위 행동을 호출할 수 있는 방식으로 연결됩니다. 표시된 대로 기본 Root 하위 행동에는 픽업 행동과 하차 행동이 있습니다. 또한, Navigate(t) 하위 행동에는 동쪽, 서쪽, 북쪽 및 남쪽의 네 가지 기본 행동이 있습니다.

MAXQ 가치 함수 분해에서 우리는 가치 함수를 각 하위 행동에 대한 가치 함수 세트로 분해합니다. MAXQ 분해의 효율적인 설계 및 디버깅을 위해 그림 17.7과 같이 작업 그래프를 다시 설계할 수 있습니다.

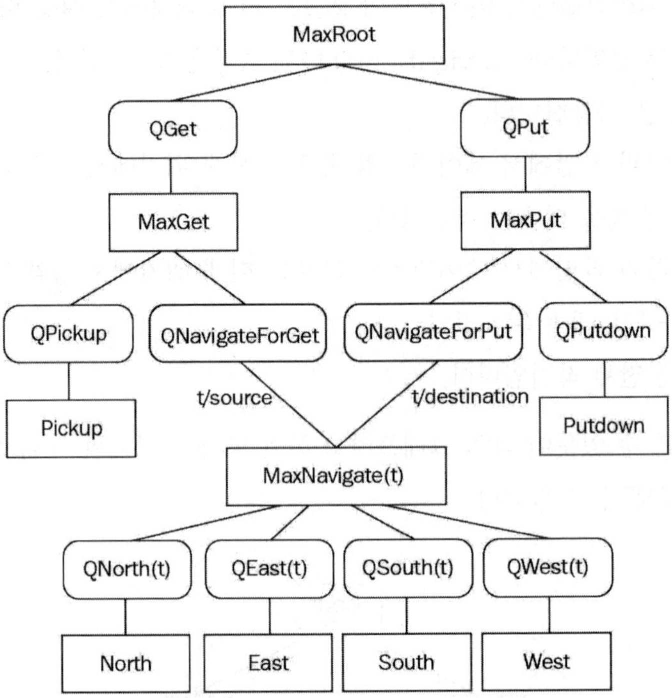

그림 17.7 에이전트의 작업 행동 그래프

그림 17.7에서 볼 수 있듯이 재설계된 그래프에는 최대 노드와 Q 노드라는 두 가지 특수 유형의 노드가 포함되어 있습니다. 최대 노드는 작업 분해의 하위 작업을 정의하고 Q 노드는 각 하위 작업에 사용할 수 있는 작업을 정의합니다.

따라서 이 섹션에서는 MaxQ 값 함수 분해에 대한 기본 아이디어를 얻었습니다. 다음 섹션에서는 I2A에 대해 알아보겠습니다.

17.5 상상 증강 에이전트들

당신은 체스의 팬입니까? 내가 당신에게 체스를 하라고 한다면 당신은 어떻게 체스를 하시겠습니까? 체스판에서 체스 말을 옮기기 전에 체스 말을 움직일 때의 결과를 상상하고 게임에서 승리하는 데 도움이 될 것이라고 생각하는 체스 말을 움직일 수 있습니다. 그래서 기본적으로 어떤 행동을 취하기 전에 결과를 상상하고, 그것이 유리하다면 그 행동을 계속하고, 그렇지 않으면 그 행동을 하지 않습니다.

마찬가지로 I2A(Imagination Augmented Agents)도 상상력으로 증강됩니다. 환경에서 어떤 행동을 취하기 전에 에이전트는 행동을 취한 결과를 상상하고 그 행동이 좋은 보상을 제공할 것이라고 생각하면 행동을 수행할 것입니다. I2A는 모델 기반 학습과 모델 없는 학습을 모두 활용합니다. 그림 17.8은 I2A의 아키텍처를 보여줍니다.

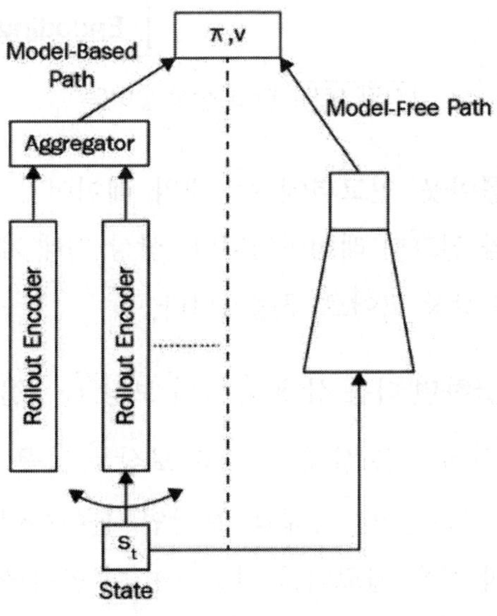

그림 17.8 I2A 아키텍처

그림 17.8에서 볼 수 있듯이 I2A 아키텍처에는 모델 기반 경로와 모델 없는 경로가 있습니다. 따라서 에이전트가 취하는 작업은 모델 기반 경로와 모델 없는 경로 모두의 결과입

니다. 모델 기반 경로에는 롤아웃 인코더가 있습니다.

이러한 롤아웃 인코더는 에이전트가 상상 작업을 수행하는 곳이므로 롤아웃 인코더를 자세히 살펴보겠습니다. 그림 17.9는 단일 롤아웃 인코더를 보여줍니다.

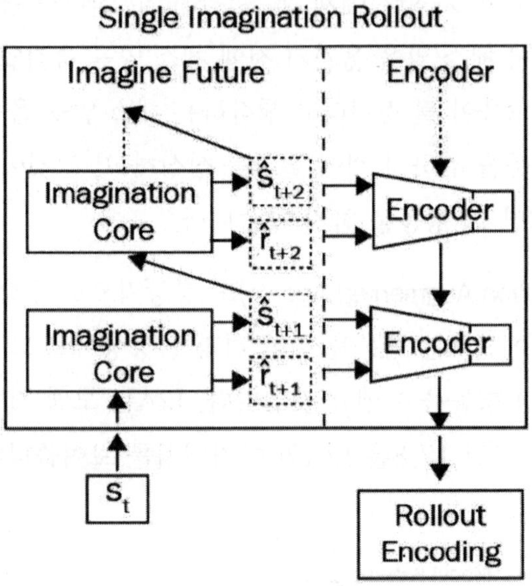

그림 17.9 단일 상상 롤아웃

그림 17.9에서 우리는 롤아웃 인코더에 두 개의 레이어가 있음을 볼 수 있습니다. Imagine future 레이어와 인코더 레이어입니다. 상상 미래 계층은 상상이 일어나는 곳입니다. 상상 미래 계층은 상상 코어로 구성됩니다.

상태 st를 상상 코어에 공급하면 다음 상태 $\hat{s}_{t+1}$와 보상 $\hat{r}_{t+1}$을 얻고, 이 다음 상태 $\hat{s}_{t+2}$를 다음 상상 코어에 공급하면 다음 상태 $\hat{s}_{t+2}$ 및 보상 $\hat{r}_{t+2}$을 얻습니다. 이를 n 단계 동안 반복하면 기본적으로 한 쌍의 상태와 보상인 롤아웃이 발생하고 LSTM(Long Short-Term Memory)과 같은 인코더를 사용하여 이 롤아웃을 인코딩합니다. 결과적으로 롤아웃 인코딩을 얻습니다. 이러한 롤아웃 인코딩은 실제로 미래의 상상 경로를 설명하는 임베딩입니다. 미래에 상상되는 다양한 경로에 대해 여러 개의 롤아웃 인코더가 있으며 이 롤아웃 인코더를 집계하기 위해 집계자를 사용합니다.

하지만 상상의 핵심에서 상상은 정확히 어떻게 일어나는가? 상상의 핵심에는 과연 무엇이 있을까? 그림 17.10은 단일 상상 코어를 보여줍니다.

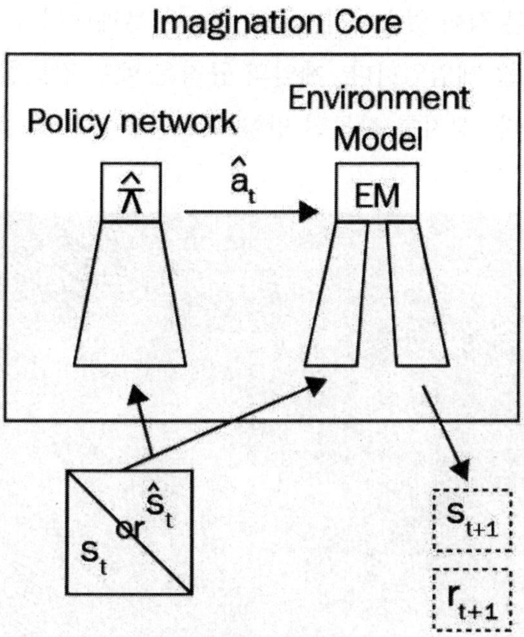

그림 17.10 상상 코어

그림 17.10에서 볼 수 있듯이 상상의 핵심은 정책 네트워크와 환경 모델로 구성된다. 환경 모델은 에이전트가 지금까지 수행한 모든 작업에서 학습합니다. 상태 s_{t+1}에 대한 정보를 취하여 경험을 고려하여 가능한 모든 미래를 상상하고 높은 보상을 주는 행동 $\hat{a}_t$을 선택한다.

그림 17.11은 모든 구성 요소가 확장된 I2A의 전체 아키텍처를 보여줍니다.

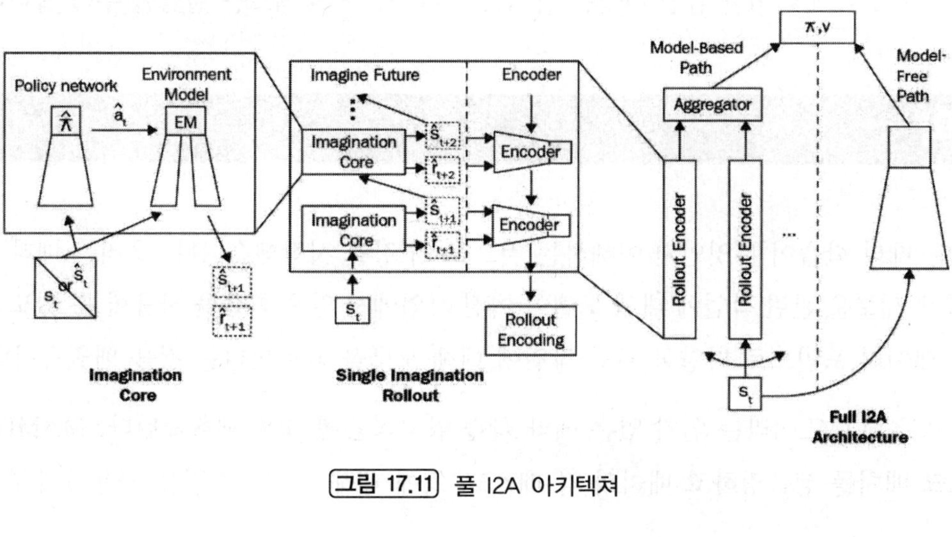

그림 17.11 풀 I2A 아키텍쳐

이전에 Sokoban을 해본 적이 있습니까? Sokoban은 플레이어가 상자를 목표 위치로 밀어야 하는 고전적인 퍼즐 게임입니다. 게임의 규칙은 매우 간단합니다. 상자는 밀 수만 있고 당길 수는 없습니다. 상자를 잘못된 방향으로 밀면 퍼즐을 풀 수 없게 됩니다.

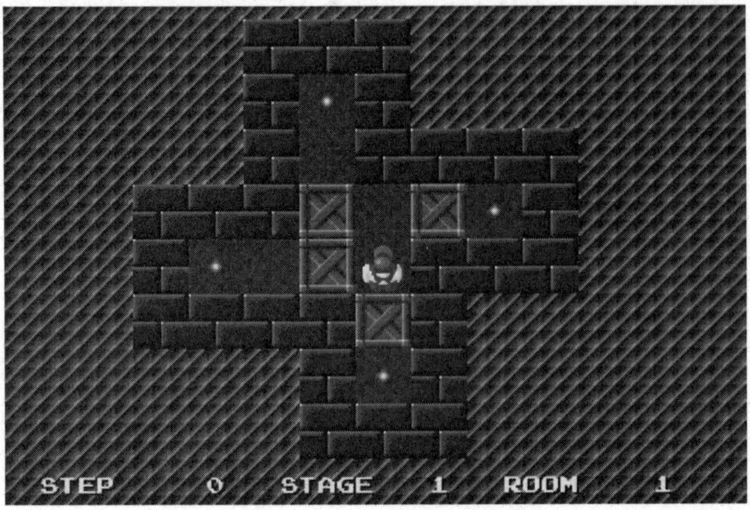

그림 17.12 Sokoban 환경

I2A 아키텍처는 에이전트가 조치를 취하기 전에 미리 계획해야 하는 이러한 종류의 환경에서 좋은 결과를 제공합니다. 이 논문의 저자들은 Sokoban에서 I2A 성능을 테스트했고 훌륭한 결과를 얻었습니다.

심층 강화 학습과 관련하여 다양하고 흥미로운 연구 발전이 일어나고 있습니다. 책 읽기를 마쳤으므로 이제 이러한 발전 사항을 탐색하고 다양한 프로젝트를 실험할 수 있습니다.

요약

우리는 메타 학습이 무엇인지 이해하는 것으로 이 장을 시작했습니다. 우리는 메타 학습을 통해 새로운 관련 작업에 대해 모델이 이전 작업에서 얻은 학습을 사용할 수 있도록 몇 가지 데이터 포인트로 다양한 관련 작업에 대해 모델을 훈련한다는 것을 배웠습니다.

다음으로 MAML이라는 인기 있는 메타 학습 알고리즘에 대해 배웠습니다. MAML에서 태스크 배치를 샘플링하고 배치의 각 태스크 T_i에 대해 경사하강법을 사용하여 손실을 최소화하고 최적의 매개변수 를 얻습니다. 그런 다음, θ_i'으로 매개변수화된 모델을 사용하여 새로운 작업 T_i 각각에 대한 그래디언트를 계산하여 무작위로 초기화된 모델 매개변수 $f_{\theta_i'}$를 업데이트합니다.

계속해서 큰 문제를 계층 구조의 작은 하위 문제로 분해하는 HRL에 대해 배웠습니다. 또한 상태 공간 분해, 상태 추상화 및 시간 추상화와 같이 HRL에서 사용되는 다양한 방법을 살펴보았습니다. 다음으로 MAXQ 가치 함수 분해에 대한 개요를 얻었습니다. 여기서 가치 함수를 각 하위 작업에 대한 가치 함수 세트로 분해합니다.

이 장의 끝에서 우리는 상상력으로 증강된 I2A에 대해 배웠습니다. 환경에서 어떤 행동을 취하기 전에 에이전트는 행동을 취했을 때의 결과를 상상하고, 그 행동이 좋은 보상을 제공할 것이라고 생각하면 행동을 수행할 것입니다.

심층 강화 학습은 흥미로운 발전과 함께 매일 진화하고 있습니다. 다양한 최첨단 심층 강화 학습 알고리즘에 대해 배웠으므로 이제 흥미로운 프로젝트를 구축하고 심층 강화 학습 연구에 기여할 수 있습니다.

평가

이 장에서 배운 알고리즘에 대한 이해를 평가해 보겠습니다. 다음 질문에 답해 보세요.

1. 왜 메타 학습이 필요한가?
2. MAML이 무엇인가?
3. 메타의 목적은 무엇인가?
4. 메타 훈련 데이터셋은 무엇인가?
5. 계층적 강화 학습의 정의하면?
6. I2A 작업은 어떻게 동작 하는가?

참고문헌

자세한 내용은 다음 문서를 참조하십시오.

- Model-Agnostic Meta-Learning for Fast Adaptation of Deep Networks by Chelsea Finn, Pieter Abbeel, Sergey Levine, https://arxiv.org/pdf/1703.03400.pdf
- Hierarchical Reinforcement Learning with the MAXQ Value Function Decomposition by Thomas G. Dietterich, https://arxiv.org/pdf/cs/9905014.pdf
- Imagination-Augmented Agents for Deep Reinforcement Learning by Théophane Weber, et al., https://arxiv.org/pdf/1707.06203.pdf